TEACHER EDUCATION

全国百所高校规划教材
教师教育精品教材

心理学概论

XINLIXUE GAILUN

白学军 主 编

北京师范大学出版集团
BEIJING NORMAL UNIVERSITY PUBLISHING GROUP
北京师范大学出版社

图书在版编目(CIP)数据

心理学概论 / 白学军主编. —北京：北京师范大学出版社，
2015.8(2023.12重印)
ISBN 978-7-303-18878-9

Ⅰ．①心… Ⅱ．①白… Ⅲ．①心理学—师范大学—教材
Ⅳ．①B84

中国版本图书馆 CIP 数据核字(2015)第 075266 号

图书意见反馈：gaozhifk@bnupg.com 010-58805079
营销中心电话： 010—58802755 58800035
北师大出版社教师教育分社微信公众号 京师教师教育

出版发行：北京师范大学出版社 www.bnup.com
北京市西城区新街口外大街 12-3 号
邮政编码：100088
印 刷：保定市中画美凯印刷有限公司
经 销：全国新华书店
开 本：787 mm×1092 mm 1/16
印 张：26.75
插 页：1
字 数：582 千字
版 次：2015 年 8 月第 1 版
印 次：2023 年 12 月第 9 次印刷
定 价：45.00 元

策划编辑：王剑虹 责任编辑：齐 琳 常慧青
美术编辑：焦 丽 装帖设计：焦 丽 锋尚设计
责任较对：陈 民 责任印制：陈 涛 赵 龙

全书栏目

本课程的发展历史

- 德国心理学家艾宾浩斯说过:"心理学作为一门科学只有很短的历史,却却有一个漫长的过去。"
- 早在古希腊时期,哲学家如柏拉图、亚里士多德等人的哲学思想就讨论了身和心的关系以及人的认识是怎样产生的问题。我国春秋战国时代的孔子和荀子、汉代的王充等人都对过灵魂也是不少关于心灵的论述。
- 在欧洲文艺复兴时期,英国的培根、英近、法国的笛卡儿等都是这段时间里,英国经验主义的代表人物之一)等人都认图中正于古代中的科学奠下了心理学的基础,并给予符合科学的解释,他们认为心理是哲学研究对象,心理学虽然早都出取思想概念,这都推动了心理学的发展,拉梅特里在《人是机器》一书中下酚把人说成是一架机器,体现了原始的唯物论观点。

- 中国心理学的发展始于19世纪末期,1879年颜永京牧师在上海圣约翰书院,以美国神教学士约瑟·海文之心理学为教本,开设心理学课程,随后又翻译出版了约瑟·海文的《心灵学》一书(1889),该书是我国第一部心理学汉译心理学。王国维于1907年将海甫定丹麦海甫定定著的《心理学概论》一书,蔡元培于1907~1913年留学德国,其中三年在莱比锡大学学习,他亲自听过冯特的心理学课程。
- 在过去的一百年里,对中国心理学发展产生重大影响的事情有十件,它们分别是:
- 第一、中国第一个心理学实验室建成,1917年,北京大学哲学门(系)的心理学、哲学教授陈大齐在最大功先生的支持下,创立了我国第一个心理学实验室,1918年,陈大齐教授出版了《心理学大纲》,这是我国第一本大学心理学教材,这标志着我国科学心理学的诞生。

> **本课程的发展历史**:开始本课程之前,先了解一下它的发展历程。

本课程的研究方法

心理学是关注人的心理发生、发展及其活动规律的一门科学,是自然科学与社会科学相结合的科学。自1879年成为一门独立的学科,逐渐形成了完整的理论体系,有着明确的概念和政略,心理学的研究内容主要来自于个体的社会实践,但研究过程主要采用自然科学的方法——实验的方法来研究。因此,对于学生而言,掌握一些基本的心理学研究方法,对于系统和深入人了解心理学有着重要的促进作用。

一、观察法

观察法是通过一定的程序收集资料,以期获得描述性的数据来简化复杂现象的过程。深入细致的观察需要建心理学工作者能够排除系统而笼的信息。观察法是心理学工作者最常采用而且是最能够获得大科学发现的方法之一,可了解其组织次的心理活动。观察法的优点是观察对象处于比较自然的状态下,易获得个体真实的活动特点及规律。

二、实验法

实验法是根据研究的目的、有计划、严格地控制某些条件来引起个体的某种心理活动,目的是揭示心理活动生的因果关系。在研究心理活动时,实验法是广泛应用的一种方法。实验的优点是真实验者对进行严格控制,有利于实验者弄清楚某种特定条件与个体心理和行为的因果关系。实验法还一个化从最终结果可靠重复性高。实验法的缺点是由于特殊的实验条件和个体正常的生活条件差异较大,因此实验结果推广广可能受到一定的限制。

三、访谈法

访谈法是通过与研究对象的交谈来收集有关对方的心理特征和行为资料的研究方法。访谈法允许访谈尽可能以接近日常生活的思维方式展示自己的心理活动,使研究者在很短时间内向收集大量的资料,同时研究者通过与访谈对象深入谈话,可了解其深层次的心理活动。然而,访谈法也不是主要是,第一,访谈过程中,访谈对象可能会有意无意地表达出于研究之境,从而研究对象所了解真真实无心理活动的方;第二,访谈对象的言语表达能力会直接影响访谈的结果,如果访谈对象于言讷表达,则其会得不到心理活动表达出来,让研究者有更好的了解,否则,研究者对访谈对象的心理活动越少了解越少。

四、测验法

测验法也借根据事先编制的测验量表来测定不同年龄个体心理特征上个体差异的方法。心理测验是一种测量手段,其理论依据是心理现象也是一种客观现象,可以进行数量化的测量

> **简要目录**:一个层级的简要目录让你一眼览尽全书的章目要点。

> **详细目录**:三个层级的详细目录为你提供更具体的页码索引,并展现作者阐释每个章节的角度。

关键术语表

第一章		
心理学	psychology	是一门研究心理过程和行为的科学。
认知科学	cognitive science	是一门包括语言学、神经科学、哲学、心理学、人类学、人工智能、教育等等许多科的新兴科学门。
客观性原则	objectivity principle	是指在心理学研究的过程中,研究者必须客观求实地反映客观事物的真实面貌,以达到对真面目的认识。
发展性原则	development principle	是指要用发展变化的观点来研究心理学所涉及的问题。
教育性原则	educational principle	是指心理学研究要符合教育的要求,要有利于学生身心的正常发展。
理论联系实际原则	theory contacts practicality principle	是指心理学研究的问题来源于实践,研究的成果也应服务于实践。
伦理性原则	ethical principle	是指在研究心理学的问题时,必须遵循伦理规范的原则,不能违反社会的伦理道德规则。
观察法	observational methods	是通过一定程序收集资料,以期获得描述性的数据来简化复杂现象的过程。
实验法	experimental methods	是根据研究的目的、有计划、严格地控制某些条件来引起个体的某种心理活动、分析个体心理活动的因果关系的方法。
访谈法	interview methods	是通过与研究对象的交谈来收集有关对方的心理特征和行为资料的研究方法。
测验法	test methods	是根据事先编制的测验量表来测定不同年龄个体心理特征上个体差异的方法。
个案法	case studies	是在收集特定的一个或几个个体生活中各种情况的基础上,通过分析具体生活中的历史事件和来验验证假设的一种方法。

> **关键术语表**:书后会对全书的关键术语做一个整体呈现,并配上英文和解释。

章前栏目

本章概述：学习每章之前，先了解一下它的内容概要。

第一章
心理学概述

本章概述

本章首先介绍了心理学的研究对象，界定了心理学的含义，心理学的本质和心理学的学科性质。其次，探讨了心理学的任务，从心理学的目标和心理学的领域展开说明。再次，介绍了心理学的研究方法，包括研究原则和具体研究方法。最后，是心理学的简史，介绍了科学心理学诞生的原因以及当前主要的心理学理论。

章结构图：这张"地图"助你在第一时间把握本章知识结构。

结构图

章学习目标：清楚了解目标，学习才能更高效。

本章重点
1. 心理的本质
2. 心理学的学科性质
3. 心理学的研究原则
4. 心理学的简史

本章难点
1. 心理的本质
2. 心理学的学科性质
3. 心理学的任务

学完本章，你应该能够做到：
1. 掌握心理学的含义、本质
2. 掌握心理学的学科性质
3. 了解心理学的任务
4. 掌握心理学的研究原则和方法
5. 了解心理学的主要理论要点

读前反思

在日常生活中，经常遇到这样的情况，一听说你学心理学，就被问"你学心理学可知道人的心理？看出人的心事？"学习心理学，是不是就能知道别人的心理，揣测别人的心事？

俗话说："知人知面不知心"，这里所说的"心"指的就是心理，这是因为心理在里面，从外面不可能知道。正因为这种说法，人们才认为心理学是一门特殊的学问，有独特门道和奥妙讲究，能把大家认为不可知的"心"都知道了！

在学心理学之前，你有这样的想法吗？

读前反思：反思的问题将带你进入新的知识探索。

第一节
心理学的研究对象

学习目标

掌握心理学的含义和本质
理解心理学的学科性质

一、什么是心理学

（一）心理学的含义

心理学是一门研究心理过程和行为的科学。
在希腊语中，"心理"一词的意思是灵魂，用字母来表示，读作"psy"，后来变成英文psyche。其实，在希腊语中，灵魂还有"呼吸"的意思，因为古时候人们认为生命依赖于呼吸，呼吸停止，生命就完结了。
现代心理学家认为心理学研究的内容是心理过程和个性心理，其中心理过程是共性的，每个人都会有，而个性心理是个性的，人与人之间会存在差异。

> 心理学是一门研究心理过程和行为的科学。

心理学家语录

心理学的任务就是要探索者心理规律，规律就是若干事物的变化之间确定的关系。
——黄建辉

1. 心理过程和个性心理
（1）心理过程
心理过程包括认知过程、情绪过程和意志过程。

章内栏目

节学习目标： 完成节学习目标，才能实现章学习目标，直至掌握全书内容。

案例： 丰富的案例助你更好地掌握理论，并在实践中灵活运用。

名家语录： 这里有教育家、哲学家、思想家……听一听他们的真知灼见吧。

第二节
心理学的任务

学习目标
掌握心理学的目标
了解心理学的研究领域

一、心理学的目标

心理学家从事基础研究的目的是描述、解释、预测、控制行为和提高生活质量，这也是心理学的根本目标。

（一）描述

观察是心理学的首要任务，心理学家要揭示客观的本质，必须要对观察对象的行为进行仔细、系统地观察。因此，心理学研究中有观察获得结果表为行为的数据，对个体的行为和行为发生时对观察的观察记录。

描述有两种，直接描述和间接描述。直接描述是直接呈现观察对象的心理和行动，间接描述是间接呈现观察对象的心理活动和行为。

（二）解释

解释是对所观察现象的本质加以说明。因此，心理学家的主要任务是要找到行为与心理过程之间的一般因果关系。换言之，解释就是对行为产生的原因加以说明，通常，对行为产生原因的说明都是根据一定的心理学理论来进行的。

例如，经过观察，班里有一位同学学习成绩很好，对其展开学习行为的产生原因，不同心理学理论的解释就完全不同的。行为主义心理学主张，他的这种行为是想要得到老师的正强化；人本主义心理学主张，他这种行为是想满足自我实现的需要；格式塔心理学认为，这是因其结构保持完整。精神分析心理学认为，他的行为是受无意识驱动的。

（三）预测

在心理学中，预测是对一个特定行为将要发生的可能性和一种特定的关系将被发现的可能的陈述。

如果能对个体的特定行为原因做出精确解释，那么我们就能对未来某种情境下的行为做出精确的预测。例如，如果知道A同学的气质类型是典型的胆汁质，我们便可以非常有信心地预测，当有人从A同学拿走东西时，A同学会愤懑地抢回自己的东西里；如果知道B同学的气质类型是典型的多血质，我们便可以满怀信心地预测，在遇到陌生人时，B同学会很快地与陌生人交谈起来。

患者进行了尸体解剖，发现在肉眼水平上，患者脑左侧破裂处的一个小区坏死了，这就是著名的布洛卡区。该区出现病变，患者可阅读、理解和书写，知道自己想说什么但发音困难，说话缓慢费力，言语不自然也不流利，即布洛卡区损伤会导致运动性失语症。此外，1874年德国学者威尔尼克（Wernicke）发现了威尔尼克区（Wernicke's area），该区位于大脑颞上回后部，主要功能是辨别语言，形成语义。威尔尼克区受损，患者可讲出语法正确的句子，但句子没有任何意义。

通过动物实验，能更直接地揭示心理是脑的机能。例如，科学家在一头牛的大脑中埋入电极，当牛发怒时，给它电刺激，牛会马上平静下来，说明埋藏电极的区域是负责愤怒的，上述例子说明，大脑损伤会直接导致心理障碍。

案例

大脑受损伤后影响人的心理与行为

1848年，在美国，有位名叫盖吉（Gage, P. P.）的铁路工头主管事件，在一次爆破中，一根埋过1米的铁钎对穿了他的头部。一位名叫哈洛（Harlow, J. M.）的医生于1868年首次向美国医学会报告了该病例，盖吉虽然身体伤害并不严重，仍是丧失大脑、左脑额叶，其容貌、运动和言语都正常，但是他的性格却发生了重大的变化，受伤之前，其行为举止文明，计划性强，而伤受后，行为发展，丧停有精彩而泼辣的语言，图1-1是盖吉受伤后的头颅。

图1-1 盖吉受伤的头颅

2 心理是脑对客观现实的反映

由于心理是脑的机能，所以大脑一旦受损，就会直接导致心理异常，然而，有些人出生时大脑正常，但是与现实环境隔离时，其心理发展水平也偏低。这方面具说服力的例子就是狼孩。

1920年10月，印度一位名叫辛格（Singh, J. A. L.）的传教士，在加尔各答的丛林中发现两个由狼喂养的女孩，在发现时，年龄大的女孩约8岁，小的约1岁半。辛格给年龄大的女孩取名为卡玛拉（Kamala），给年龄小的女孩取名为阿玛拉（Amala），当她们初次被带到孤儿院时，其生活习惯如同野兽。

辛格夫妇对她们悉心抚养和教育，阿玛拉发展显得较快些，进入孤儿院两个不日后，在其口渴时，会说"水"，但阿玛拉入院不到一年便去世了，卡玛拉用了25个月才能说出第一个词

有重要的影响。经验论的代表人物洛克（J. Locke）认为人最初的心理像一张白纸，一切知识和观念都是后天从经验中获得的。两种哲学观点的争论一直持续至今，并表现在现代心理学各种理论派别的论战中。联想主义哲学的兴起，刺激学习心理学、记忆和思维的产生了探讨的影响。

（2）生理学的发展。在19世纪中叶，生理学已经成为一门独立的实验科学。生理学的发展，特别是神经系统生理学和感官生理学的发展，对心理学走上独立发展的道路，产生了重要的影响。这个时期生理学家和物理学家在感官生理方向的一系列重要发现，也为心理学用实验方法研究感知觉问题奠定了基础。赫尔姆霍茨第一次明确测定了神经冲动的传导速度，并用实验研究了视觉、听觉现象。

（3）心理物理学的兴起。德国物理学家和心理学家韦伯（E. H. Weber）第一次以实验说明了阈限的操作概念，并得出了最小触觉可以察觉的数量法则。费希纳（Fechner G. T.）在韦伯的基础上发现了物理量与心理量间的函数关系。

二、主要心理学派别

在心理学百余年的发展过程中，主要产生了八大学派。

心理学家语录

在心理学领域中，从没有存在一种渗透一切心理学研究领域的范式理论。相反，普遍可用时存在着几种方式。

——[奥]赖根汉

（一）构造主义学派

构造主义学派是心理学成为一门独立的实验科学以后出现于欧美的第一个心理学派，19世纪末产生于德国，后来又在美国发展。主要代表人物是冯特的铁钦纳（E. B. Titchener, 1867—1927）（如图1-5）。

冯特主张心理学要研究直接经验（意识）的科学。因此认为心理学应该对实验内容的方法，分析意识的内容，并找出意识的组成部分以及它们如何构成或各种复杂心理过程的规律。

图1-5 铁钦纳

章后栏目

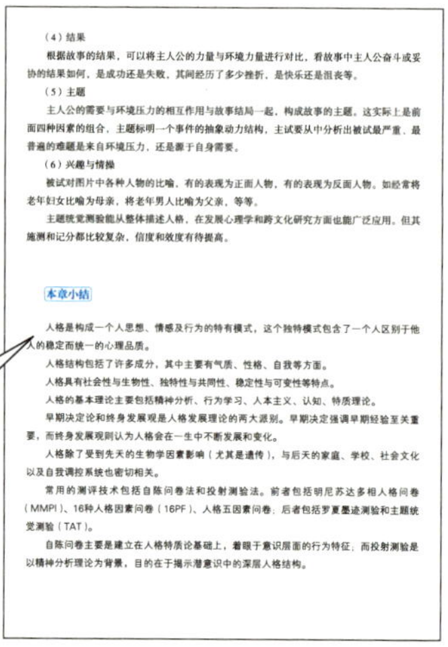

（4）结果

根据故事的结果，可以将主人公的力量与环境力量进行对比，看故事中主人公奋斗或妥协的结果如何，是成功还是失败，其间经历了多少挫折，是快乐还是沮丧等。

（5）主题

主人公的需要与环境压力的相互作用与故事结局一起，构成故事的主题。这实际上是前面四种因素的组合，主题标明一个事件的抽象动力结构，主试要从中分析出被试最严重、最普遍的难题是来自环境压力，还是源于自身需要。

（6）兴趣与情操

被试对图片中各种人物的比喻，有的表现为正面人物，有的表现为反面人物。如经常将老年妇女比喻为母亲，将老年男人比喻为父亲，等等。

主题统觉测验能从整体描述人格，在发展心理学和跨文化研究方面也能广泛应用。但其施测和记分都比较复杂，信度和效度有待提高。

本章小结

人格是构成一个人思想、情感及行为的特有模式，这个独特模式包含了一个人区别于他人的稳定而统一的心理品质。

人格结构包括了许多成分，其中主要有气质、性格、自我等方面。

人格具有社会性与生物性、独特性与共同性、稳定性与可变性等特点。

人格的基本理论主要包括精神分析、行为学习、人本主义、认知、特质理论。

早期决定论和终身发展观是人格发展理论的两大派别。早期决定强调早期经验至关重要，而终身发展观则认为人格会在一生中不断发展和变化。

人格除了受到先天的生物学因素影响（尤其是遗传），与后天的家庭、学校、社会文化以及自我调控系统也密切相关。

常用的测评技术包括自陈问卷法和投射测验法。前者包括明尼苏达多相人格问卷（MMPI）、16种人格因素问卷（16PF）、人格五因素问卷；后者包括罗夏墨迹测验和主题统觉测验（TAT）。

自陈问卷主要是建立在人格特质论基础上，着眼于意识层面的行为特征；而投射测验是以精神分析理论为背景，目的在于揭示潜意识中的深层人格结构。

本章小结：它概述了本章的重要知识点，为你的复习和回顾提供方便。

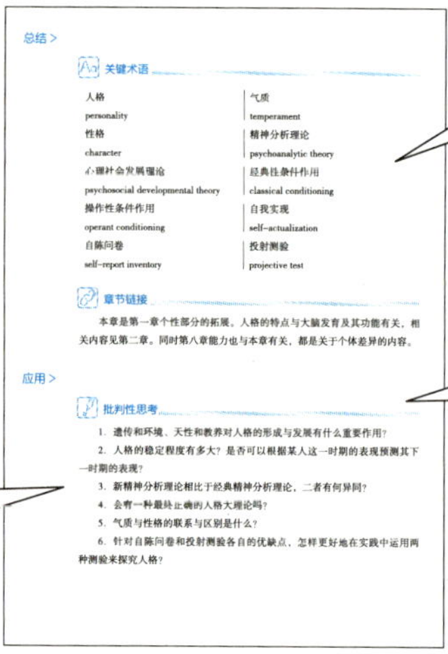

总结 >

关键术语

人格 personality	气质 temperament
性格 character	精神分析理论 psychoanalytic theory
心理社会发展理论 psychosocial developmental theory	经典性条件作用 classical conditioning
操作性条件作用 operant conditioning	自我实现 self-actualization
自陈问卷 self-report inventory	投射测验 projective test

章节链接

本章是第一章个性部分的拓展。人格的特点与大脑发育及其功能有关，相关内容见第二章。同时第八章能力也与本章有关，都是关于个体差异的内容。

应用 >

批判性思考

1. 遗传和环境、天性和教养对人格的形成与发展有什么重要作用？
2. 人格的稳定程度有多大？是否可以根据某人这一时期的表现预测其下一时期的表现？
3. 新精神分析理论相比于经典精神分析理论，二者有何异同？
4. 会有一种最终正确的人格大理论吗？
5. 气质与性格的联系与区别是什么？
6. 针对自陈问卷和投射测验各自的优缺点，怎样更好地在实践中运用两种测验来探究人格？

关键术语：章后为你提供了本章的关键术语，包括它的英文名称。

章节链接：知识之间是有联系的，章节链接为你提供了这种指引，它能让你的知识更加融会贯通。

批判性思考：这里，会以提问的方式引导你进一步思考。

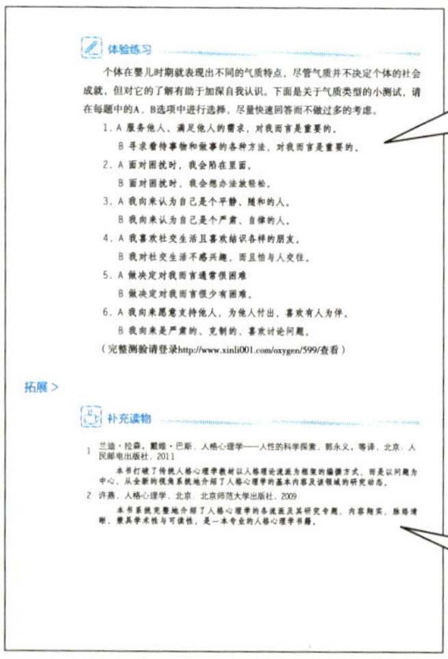

体验练习

个体在婴儿时期就表现出不同的气质特点，尽管气质并不决定个体的社会成就，但对它的了解有助于加深自我认识。下面是关于气质类型的小测试，请在每题中的A、B选项中进行选择，尽量快速回答而不做过多的考虑。

1. A 服务他人、满足他人的需求，对我而言是重要的。
   B 寻求看待事物和做事的各种方法，对我而言是重要的。
2. A 面对困扰时，我会陷在里面。
   B 面对困扰时，我会想办法放轻松。
3. A 我向来认为自己是个平静、随和的人。
   B 我向来认为自己是个严肃、自律的人。
4. A 我喜欢社交生活且喜欢结识各样的朋友。
   B 我对社交生活不感兴趣，而且怕与人交往。
5. A 做决定对我而言通常很困难
   B 做决定对我而言很少有困难。
6. A 我向来愿意支持他人，为他人付出，喜欢有人为伴。
   B 我向来是严肃的、克制的、喜欢讨论问题。

（完整测验请登录http://www.xinli001.com/oxygen/599/查看）

拓展 >

补充读物

1 兰迪·拉森，戴维·巴斯．人格心理学——人性的科学探索．郭永义，等译．北京：人民邮电出版社，2011

本书打破了传统人格心理学教材以人格理论流派为框架的编撰方式，而是以问题为中心，从全新的视角系统地介绍了人格心理学的基本内容及该领域的研究动态。

2 许燕．人格心理学．北京：北京师范大学出版社，2009

本书系统完整地介绍了人格心理学的各流派及其研究专题，内容翔实，脉络清晰，兼具学术性与可读性，是一本专业的人格心理学书籍。

在线学习资源

1. https://implicit.harvard.edu/implicit/内隐项目
2. http://www.xinli001.com/壹心理

体验练习：练习能深化你对知识的学习，并助你查漏补缺。

在线学习资源：扫一扫二维码，就可以轻松浏览为你精心准备的在线学习资料。

补充读物：它为你的学习提供了更广阔的阅读空间。

接观察到，所以不必关注。这一观点在心理学界掀起了一场影响深远的行为主义运动。20世纪40年代前后出现的新行为主义，强调在实验操作的基础上研究人和动物的行为。新行为主义者的代表人物斯金纳曾大胆地尝试把行为主义原理用于改造社会。

- 在行为主义兴起的同时，欧洲出现了两大心理学派别，一个是格式塔学派，另一个是精神分析学派。
- 格式塔心理学诞生于德国，反对冯特构造心理学的元素主义，其代表人物是韦特海默、考夫卡和柯勒。格式塔是德语Gestalt的音译，意思是整体、完形。该学派主张心理学研究大脑的内部过程，认为人在观察外界事物的时候，所看到的东西并不完全决定于外界，而是在人的大脑中有某种"场"的力量把刺激组织成一定的完形，从而决定人看到的外界东西是什么样的。由于在当时的物理学中正流行着"场"的理论，格式塔学派则认为人的大脑是物质世界的一部分，所以物理规律同样适用于大脑的活动。
- 格式塔学派反对冯特学派只强调分析的做法，而认为心理现象是一个整体，整体决定其内在的部分。这种强调整体和综合的观点对以后心理学的发展是有益的。科学研究不应只从分析的观点看问题，整体中的相互关系是更重要的一面。
- 精神分析学派的创始人是奥地利医生弗洛伊德，以1900年出版的著作《梦的解析》为标志。弗洛伊德利用

- 第六，中国科学院心理研究所成立。1951年12月7日，中国科学院心理所正式成立。1953年1月改为心理研究室，1956年南京大学心理系与心理室合并又扩建成所，于12月22日在北京举行成立大会。中国科学院心理研究所隶属科学院生物学部。
- 第七，全国心理学学科座谈会召开。1976年10月粉碎"四人帮"，迎来了科学的春天。心理学也重获新生。1977年夏季在中国科学院的推动下，各门学科都在制定新的长远科学规划。由心理所主持于1977年8月16—24日，在北京平谷召开了全国心理学学科规划座谈会。来自全国各地的23位代表在会上拟定了规划初稿，后经修改作为草案，由心理所分寄有关单位征求意见。这是一个比较详细和全面的心理学学科发展规划，对我国心理学工作者起了极大的鼓舞作用。是中国心理学发展史上的一个重要转折点。
- 第八，中国心理学会加入国际心理科学联合会。1980年7月6—12日，国际心理科学联合会在德国莱比锡举行第22届国际心理学大会，会上讨论并一致通过接纳中国心理学会代表中国加入国际心联，成为其第44个

催眠术、梦的解析和自由联想法让精神病患者回忆往事，以找出致病的原因。他发现患者的童年经验，特别是儿童与父母的情感关系非常重要。

- 弗洛伊德认为，一方面个体内在生物性的性欲是其最基本的冲动；另一方面社会习俗、礼教和道德又约束着这种原始冲动的发泄，将其压抑到无意识中去。意识的内容是理智的、自觉的；无意识的内容多与理智、道德相违背。当理智与无意识的矛盾激化后，就导致个体出现神经症。为了治病就需要对病人的无意识进行心理分析。

- 精神分析学派认为，心理学是研究"无意识"的作用。认为人的根本心理动机都是无意识的冲动。正是这种强有力的"无意识"的心理活动在人的生活中起着决定性的根本作用。至于有意识的心理过程则只是显露在表面的一些孤立的片断。新精神分析学派已不再强调生物性的性欲冲动的作用，而是更重视人与人之间的社会关系。

- 在欧美心理学迅速发展的同时，苏联心理学家维果茨基、列昂节夫、鲁利亚等人从社会文化和历史发展角度创立社会文化历史学派，史称维列鲁学派。该学派强调社会文化历史制约着人心理发展；心理的发展就是在环境和教育的影响下，在低级心理机能的基础上逐渐向高级心理机能转化的过程；语言符号这一中介

国家会员。这标志着中国心理学走向世界。

- 第九，赢得第28届国际心理学大会主办权且于2004年胜利召开。1996年7月在加拿大蒙特利尔第26届国际心理学大会上，经各国代表的投票表决，我国成功获得第28届国际心理学大会的主办权。第28届国际心理学大会于2004年8月8—13日在北京胜利召开。

- 第十，心理学成为国家一级学科。1999年，科技部开始组织制订"全国基础研究'十五'计划和2015年远景规划"，并由国家自然科学基金委员会牵头评审"学科发展和优先领域"。根据学科地位、国际发展趋势和前沿性、在我国的现状、未来发展规划和相关政策措施六个方面的综合状况，进行综合评审，将心理学确定为18个优先发展的基础学科之一。2000年，心理学被国务院学位委员会确定为国家一级学科。这表明心理学被正式列入我国主要学科建设系列。

本课程的研究方法

心理学是关注人的心理发生、发展及其活动规律的一门科学，是自然科学与社会科学相结合的科学。自1879年成为一门独立的学科起，逐渐形成了完整的理论体系，有着明确的概念和范畴。心理学的研究内容主要来自于个体的社会实践，但研究过程主要采用自然科学的方法——实验的方法来研究。因此，对于学生而言，掌握一些基本的心理学研究方法，对于系统和深入了解心理学有着重要的促进作用。

一、观察法

观察法是通过一定程序收集资料，以期获得描述性的数据来简化复杂现象的过程。深入细致的观察常常使心理学工作者能获得系统而重要的信息。观察法是心理学工作者最常采用而且也是能够获得重大科学发现的方法。观察法的优点是观察对象处于比较自然的状态下，易获得个体真实的活动特点及规律。

二、实验法

实验法是根据研究的目的，有计划、严格地控制某些条件来引起个体的某种心理活动，目的是揭示心理活动发生的因果关系。在研究个体心理活动时，实验法是广泛应用的一种方法。实验法的优点是实验者可对实验条件进行严格控制，有利于实验者弄清楚某种特定条件与个体心理和行为间的因果关系。实验法还有一个优点是结果的可重复性高。实验法的缺点是由于特设的实验条件与个体正常的生活条件差异较大，所以实验结果在推广时受到一定的限制。

三、访谈法

访谈法是通过与研究对象的交谈来收集有关对方的心理特征和行为资料的研究方法。访谈法允许访谈对象尽可能以接近日常生活的思维方式展示自己的心理活动，使研究者在很短时间内收集大量的资料，同时研究者通过与访谈对象深入谈话，可了解其深层次的心理活动。

然而，访谈法的不足主要是：第一，访谈过程中，访谈对象可能会有意或无意地取悦于研究者，从而使研究者难以了解其真实心理活动；第二，访谈对象的言语表达能力会直接影响访谈的结果，如果访谈对象善于言语表达，则其会将自己的心理活动表达出来，让研究者有更好的了解，否则，研究者对访谈对象的心理活动了解较少。

四、测验法

测验法指根据事先编制的测验量表来测定不同年龄个体心理特征上个体差异的方法。心理测验是一种测量手段，其理论依据是心理现象也是一种客观现象，可以进行数量化的测量与分析。

测验法的优点是测验结果便于评分，对测验结果可进行统计分析；有一些测验有现成的常模，可以使研究者将同一年龄或不同年龄个体的结果进行直接比较；如果是团体测验，则可使研究者进行大样本的研究，节省人力和物力。

测验法的不足是：由于测验是事先编制好的，其内容固定不变，所以其灵活性差；测验法对实施测试的人员有较高的要求，一般需要进行专门的培训。

五、个案法

个案法指在收集特定的一个或几个个体生活中各种信息的基础上，通过分析其生活中的历史事件来检验理论假设的一种方法。

个案法的优点是：研究者对研究对象的特点有充分的了解与认识；收集到研究对象的资料比较全面，可使研究者对特定问题有深入了解；个案研究因其对象较少，一般只有1～2个，所以整体研究可节省人力、物力和财力。

个案法的不足是研究结果的代表性差，依据某（几）个特殊个案所得出的结论，不一定适合于其他个体；研究结论的效度取决于所获得个案的资料准确性上。

当然，心理学的研究方法还有很多，不能一一道尽，以上只是简要介绍了几种常用的研究方法，学生在使用时应根据具体情况进行具体选择，寻找合适的方法组合。

简要目录

第一章　心理学概述

第二章　心理的神经基础

第三章　注意与意识状态

第四章　感觉与知觉

第五章　学习

第六章　记忆

第七章　思维与言语

第八章 能力

第十一章　心理发展

第十二章　健康心理

本章概述

　　本章首先介绍了心理学的研究对象，界定了心理学的含义，心理学的本质和心理学的学科性质；其次，探讨了心理学的任务，从心理学的目标和心理学的领域展开说明；再次，介绍了心理学的研究方法，包括研究原则和具体研究方法；最后，是心理学的简史，介绍了科学心理学诞生的原因以及当前主要的心理学理论。

结构图

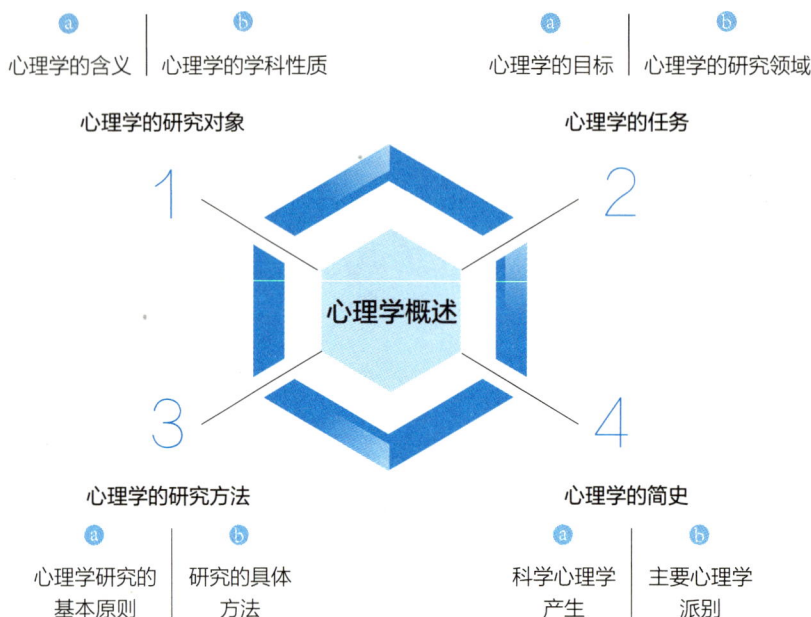

心理学的含义 | 心理学的学科性质

心理学的目标 | 心理学的研究领域

心理学的研究对象

心理学的任务

心理学概述

1

2

3

4

心理学的研究方法

心理学的简史

心理学研究的
基本原则 | 研究的具体
方法

科学心理学
产生 | 主要心理学
派别

学习目标

本章重点：

1. 心理的本质

2. 心理学的学科性质

3. 心理学的研究原则

4. 心理学的简史

本章难点：

1. 心理的本质

2. 心理学的学科性质

3. 心理学的任务

学完本章，你应该能够做到：

1. 掌握心理学的含义、本质

2. 掌握心理学的学科性质

3. 了解心理学的任务

4. 掌握心理学的研究原则和方法

5. 了解心理学的主要理论要点

在日常生活中，经常遇到这样的情况，一听说你学心理学，就被问："你学心理学可知道人的心理？看出人的心事？"学习了心理学，是不是就能知道别人的心理，揣测别人的心事？

俗话说："知人知面不知心"，这里所说的"心"指的就是心理。这是因为心理在里面，从外面不可能知道。正因为有这种说法，人们才认为心理学是一门特殊的学问，有独特门道和奥妙诀窍，能把大家认为不可知的"心"都知道了！

在学心理学之前，你有这样的想法吗？

第一节
心理学的研究对象

学习目标

掌握心理学的含义和本质
理解心理学的学科性质

一、什么是心理学

（一）心理学的含义

心理学是一门研究心理过程和行为的科学。

在希腊语中，"心理"一词的意思是灵魂，用字母Ψ表示，读作"sy"。后来变成英文psyche。其实，在希腊语中，灵魂还有"呼吸"的意思，因为古时候人们认为生命依赖于呼吸，呼吸停止，生命就完结了。

现代心理学家认为心理学研究的内容是心理过程和个性心理。其中心理过程是共性的，每个人都会有，而个性心理是个性的，人与人之间会存在差异。

> 心理学是一门研究心理过程和行为的科学。

心理学家语录

心理学的任务就是要探索心理规律。规律就是若干事物的变化之间确定的关系。

——张述祖

1. 心理过程和个性心理

（1）心理过程

心理过程包括认知过程、情绪过程和意志过程。

认知过程是对客观现实的反映。反映的水平从低级到高级依次是感觉、知觉、记忆、思维、想象和言语等。

感觉是人脑对客观事物个别属性的反映。如听到声音，看到画面，嗅到气味等。

知觉是人脑对客观事物整体属性的反映。如香蕉，其形状像月牙，颜色是黄的，气味是水果的香甜。综合这些个别属性就会产生对香蕉的认识。

记忆是对过去所经历的客观事物的反映，是由记到忆的过程。感知过的事物保留在头脑中，在一定的条件下再认或再现出来，就是记忆。如在考试时，学生需要回忆起课堂上教师教授的知识。

思维是对客观事物概括的和间接的反映。人们通过思维，可以根据已知的事物来推断未知的事物。例如，金属具有导电的性质，如果发现了一种新的金属元素，那么可以推断由其形成的物体也具有导电的性质。

想象是根据已知形象形成新形象的过程。例如，《西游记》中，孙悟空就是将瘦人与猴头相结合而产生的新形象；猪八戒就是将胖子与猪头相结合而形成的新形象。

言语是人利用语言符号和语言规则进行的多方面复杂的交际过程。语言与言语是不同的，语言是指话，例如，英国人说的话是英语，俄罗斯人说的话是俄语，中国人说的话是汉语等。言语是指说。

情绪过程是对客观事物与人的需要之间关系的反映。两者关系一致时，人就会产生积极的体验，如当一个人通过努力取得成功后，会感到愉快、高兴；若两者关系不一致时，人就会产生消极的体验，如当一个人付出努力，但最后还是失败了，这会使其愤怒、悲伤。在我国，古人将情绪分为喜、怒、哀、乐、爱、恶、惧七种基本形式。现代心理学家将情绪分为喜悦、愤怒、悲伤、恐惧、厌恶、惊奇六种形式。

意志过程是指人自觉地确定目的、制订计划、克服困难和实现预定目标的心理过程。

一个人是否伟大，关键在于其克服困难的大小。如果一个人只能克服非常小的困难，那么他是一个普通人；如果一个人克服了巨大的困难，那么他就是一个伟大的人。例如，毛泽东及其领导的中国共产党领导中国人民建立新中国。完成这件事需要克服巨大的困难，但是他们通过28年艰苦卓绝的斗争，实现了理想，所以，毛泽东是一代伟人。

（2）个性心理

个性心理是人在进行心理活动时所表现出来的整体特点与差异。主要包括能力（或智力）和人格（含气质和性格）。

能力是影响心理活动效率的基本因素。能力也是人在获得和应用知识的过程中或完成某种活动过程中表现出来的一种的心理特性。人与人的能力（或智力）存在水平差异。

人格影响人的活动风格。影响人活动风格的先天因素是气质，影响人活动风格的后天因素是性格。

气质是与生俱来、与别人不同的稳定的心理特征。它是那些不依赖于内容和动机，在任何时间、空间条件下都能稳定地表现出来的心理动力特点。气质的先天性在胎儿期就表现出来，有的母亲报告自己的胎儿胎动次数多，这些孩子出生后大多哭声响亮；有的母亲报告胎动次数少，这些孩子出生后常常是慢条斯理、哼哼唧唧地哭。

在现实中，有的人活泼好动、反应灵敏，有的人安静稳重、反应迟钝，有的人做事急躁，有的人做事磨磨蹭蹭。这些现象体现了人与人之间气质上的差异。人们常说的"江山易改，禀性难移"，指的就是气质。

性格是人对客观现实稳定的态度和惯常的行为方式中表现出的稳定心理特征。例如，有的人勤劳，有的人懒惰；有的人诚实，有的人狡诈；有的人勇敢，有的人懦弱；有的人谦虚，有的人狂妄。这些就是性格上的差异。人们常说，性格决定命运，如果一个人有好的性格（如勤劳、诚实、勇敢、谦虚），他就有好的运气和结果。心理过程和个性心理有密切联系。在个体的心理活动中，两者密不可分。

2. 行为

行为是有机体适应环境的方式。行为也就是行动。心理学研究的内容在很大程度上是人类和其他动物的能够观察的行为。

根据行为的特点，可将行为分为不同的类型。

（1）外显行为和内隐行为

外显行为是指能被直接观察、测量和记录的行为。如微笑、奔跑、抚摸、拥抱等。

内隐行为是指不能被外界直接观察、测量和记录，但可通过间接手段测量的行为。例如，当人对某物感到好奇时瞳孔会变大，瞳孔的变化可用瞳孔测量仪进行测量。

（2）本能行为和社会行为

本能行为是由人的生物属性所决定的行为，即不学而会的行为。包括：摄食、睡眠、性行为、攻击行为和自我防御行为等。

社会行为是由人的社会属性所决定的行为，是通过个体社会化的过程而逐渐形成的行为。例如，文明礼貌、遵守法纪、利他行为、自私行为等。

（二）心理的本质

心理的本质是脑的机能和脑对客观现实的反映。

1. 心理是脑的机能

列宁指出，人的心理、意识是人脑这一按特殊方式组成的物质的高级产生。这已被科学研究发现所证实。1861年布洛卡对一名不能说话的患者进行检查，结果发现：患者的喉头肌肉和发音器官是正常的，不会阻碍其正常的语言运动，也没有其他瘫痪的症候可以妨碍发音，患者很聪明，能借助符号来进行交际，就是不能说话。患者去世后，布洛卡医生当天对患者进行了尸体解剖，发现在肉眼水平上，患者额下回后部、靠近大脑外侧裂处的一个小区坏死了，这就是著名的布洛卡区。该区出现病变，患者可阅读、理解和书写，知道自己想说什么但发音困难不清晰，说话缓慢费力，言语不自然也不流利，即布洛卡区损伤会导致运动性失语症。此外，1874年德国学者威尔尼克（Wernicke）发现了威尔尼克区（Wernicke's area），该区位于大脑颞上回后部，主要功能是分辨语音，形成语义。威尔尼克区受损，患者可讲出语法正确的句子，但句子没有任何意义。

通过动物实验，能更直接地揭示心理是脑的机能。例如，科学家在一头牛的大脑中埋入电极，当牛发怒时，给它电刺激，牛会马上平静下来，说明埋藏电极的区域是负责愤怒的。上述例子说明，大脑损伤会直接导致心理异常。

🔍 案例

大脑受损伤后影响人的心理与行为

1848年，在美国，有位名叫盖吉（Gage, P. P.）的铁路监工发生事故。在一次爆破中，一根超过1米的铁钎刺穿了他的颅骨。一位名叫哈洛（Harlow, J. M.）的医生于1868年首次向麻省医学会报告了该病例。虽然盖吉的身体伤害并不严重，仅是左眼失明、左脸麻痹，其姿势、运动和言语都正常，但是他的性格却发生了重大的变化，受伤之前，其行为举止文明、计划性很强，而他受伤后，行为放纵，且伴有粗俗和污秽的语言。图1-1是盖吉受伤后的头颅。

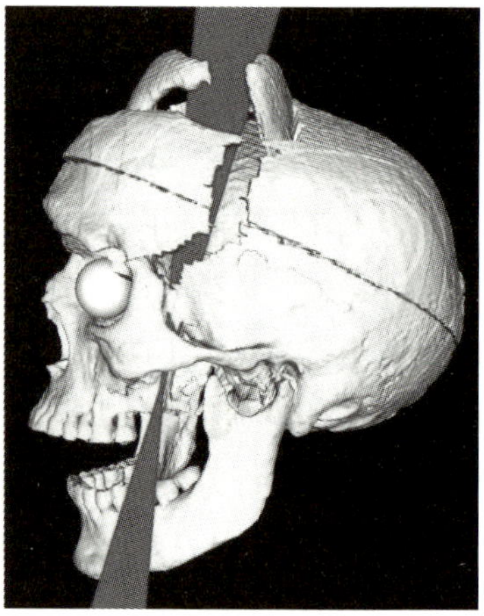

图1-1 盖吉受伤的头颅

2. 心理是脑对客观现实的反映

由于心理是脑的机能，所以大脑一旦受损，就会直接导致心理异常。然而，有些人出生时大脑正常，但是与现实环境隔离后，其心理发展水平也很低。这方面最具说服力的例子就是狼孩。

1920年10月，印度一位名叫辛格（Singh, J. A. L.）的传教士，在加尔各答的丛林中发现两个由狼哺育的女孩。在发现时，年龄大的女孩约8岁，小的约1岁半。辛格给年龄大的女孩起名为卡玛拉（Kamala），给年龄小的女孩起名为阿玛拉（Amala）。当她们初次被带到孤儿院时，其生活习惯如同野兽。

辛格夫妇对她们耐心抚养和教育，阿玛拉发展得较快些，进入孤儿院两个月后，在其口渴时，会说"水"。但阿玛拉入院不到一年便去世了。卡玛拉用了25个月才能说出第一个词

"ma"；4年后学会6个字；7年后学会45个字，并能说出用3个字组成的句子。进入孤儿院2年8个月后卡玛拉才会用两脚站起来，5年多才会用两脚走路，但其跑步时又会用四肢。卡玛拉活到了17岁，其智力水平只相当于三四岁正常儿童的水平。

正常的人如果远离人类社会，即使其脑的发育已经成熟，但心理发展也会受到影响。在日本入侵中国时，被日本人掳走的年轻华人刘连仁，在北海道的深山中，远离人类社会，过了13年茹毛饮血的生活。1958年被发现时，他的心理受到了严重损伤。

二、心理学的学科性质

（一）心理学是自然科学和社会科学的交叉学科

从本质上说，心理是脑的机能。因此，心理学家要像自然科学家那样，借助各种实验仪器研究心理的神经生物学基础，探讨有关心理活动的生理基础和机制。例如，美国脑科学家斯佩里将癫痫病患者的胼胝体切断后（裂脑人），经过一系列实验发现大脑左半球主要负责加工语言信息，大脑右半球主要负责加工形状信息。另外，儿童自闭症（也称孤独症）是一种广泛性发育障碍，其主要表现为不同程度的言语发育障碍、人际交往障碍、兴趣狭窄和行为方式刻板等症状。其患病率为万分之三到万分之四，近年报道有上升的趋势。还有一项研究采用眼动记录仪，记录并分析自闭症儿童与正常儿童对人的注视特点。结果发现：与正常儿童相比，自闭症儿童更多地注视了一个人的嘴、身体和周围的物体，更少注视人的眼睛。

同时，心理学家还与人工智能专家合作，在计算机上模拟人类的行为。例如，1997年5月11日，IBM（国际商业机器公司）的超级电脑"深蓝"击败了国际象棋世界冠军卡斯巴罗夫。

心理学主要研究人的社会心理活动和行为，因此又属于社会科学。马克思曾经指出，人就其本质而言，是一切社会关系的总和。每一个人都是社会中的人，不可能独来独往，总是与其他社会成员发生种种联系，形成各种社会关系，如父子关系、母子关系、夫妻关系、师生关系、上下级关系等，从而产生了不同的社会心理现象，如从众、社会偏见、风俗习惯等。

社会文化对人的心理也会产生影响，例如，西方崇尚个人主义文化，东方崇尚集体主义文化。前者强调个人的作用，后者强调集体的作用。这方面最典型的例子是奥本海默和邓稼先的故事，二人分别是美国和中国原子弹设计的领导人，可是他们的性格截然不同。奥本海默是一个拔尖的人物，锋芒毕露。他20多岁的时候在德国哥廷根镇做波恩的研究生。波恩在他晚年所写的自传中提到，奥本海默常常在别人做学术报告时，打断报告，走上讲台拿起粉笔说："这可以用下面的办法做得更好……"奥本海默说一不二、锋芒毕露、直率急躁的行为风格，使其成功地领导美国原子弹研究计划。邓稼先则以忠厚朴实、真诚坦白、身先士卒、谦虚谨慎、遇事与人商量的行为风格，领导中国原子弹的研究计划。后来有人说，如果他们两个换一下，都不可能成功。

人是社会的成员，其心理是在社会的影响下发展起来的，所以每个人的心理具有社会制约性。生活的社会环境不同，阶段地位不同，人的心理活动水平也不同。这些说明心理学的研究又具有社会科学的性质。

总之，心理学的性质是既属于然科学，又属于社会科学，是一门交叉学科。

（二）心理学是认知科学的主干学科

认知科学是一门包括语言学、神经科学、哲学、心理学、人类学、人工智能、教育学等跨学科的新兴科学。其研究对象为人类、动物和人工智能机制的理解和认知。认知科学建立在对感知、智能、语言、计算、推理甚至意识等诸多现象的研究和模型化上，其结构如图1-2所示。

> 认知科学是一门包括语言学、神经科学、哲学、心理学、人类学、人工智能、教育学等跨学科的新兴科学。

心理学是认知科学的主干学科。这是因为认知心理学的研究方向与认知科学一致，其研究范围与认知科学有共同之处，对认知科学有重要作用。2006年国务院颁布了《国家中长期科学和技术发展规划纲要（2006—2020年）》，其第六部分基础研究中提出，要以深刻认识自然现象、揭示自然规律，获取新知识、新原理、新方法和培养高素质创新人才等为基本使命。确立的八个科学前沿问题中的第七个问题是"脑科学与认知科学"，主要研究方向是：脑功能的细胞和分子机理，脑重大疾病的发生发展机理，脑发育、可塑性与人类智力的关系，学习记忆和思维等脑高级认知功能的过程及其神经基础，脑信息表达与脑式信息处理系统，人脑与计算机对话等。这体现了我国政府对认知科学的重视。

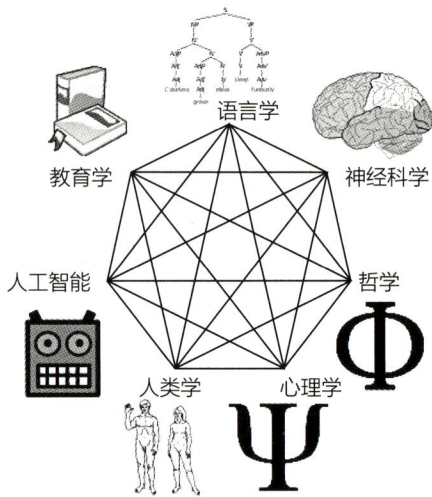

图1-2　认知科学的框架

第二节
心理学的任务

一、心理学的目标

心理学家从事基础研究的目的是描述、解释、预测、控制行为和提高生活质量，这些是心理学的根本目标。

（一）描述

观察是心理学的首要任务。心理学家要想揭示心理的本质，必须要对观察对象的行为进行仔细、系统地观察。因此，心理学研究中将观察所得结果称为行为的数据，即对个体的行为和行为发生时环境的观察记录。

描述有两种：直接描述和间接描述。直接描述是直接呈现观察对象的心理和行动。间接描述是间接呈现观察对象的心理活动和行为。

（二）解释

解释是对所观察现象的本质加以说明。因此，心理学家的主要任务是要找到行为与心理过程之间的一般因果关系。换言之，解释就是对行为产生的原因加以说明。通常，对行为产生原因的说明都是依据一定的心理学理论来进行的。

例如，经过观察，班里有一位同学学习很刻苦且学习成绩很好。对其刻苦学习行为的产生原因，不同心理学理论的解释是完全不同的。行为主义心理学主张，他的这种行为是想获得更多的正强化；人本主义心理学主张，他的这种行为是想满足自我实现的需要；格式塔心理学认为，这是其心理结构保持完整；精神分析心理学认为，他的行为是受无意识驱动的。

（三）预测

在心理学中，预测是对一个特定行为将要发生的可能性和一种特定的关系将被发现的可能的陈述。

如果能对个体的特定行为原因做出精确解释，那么我们就能对其未来某种情境下的行为做出精确的预测。例如，如果知道A同学的气质类型是典型的胆汁质，我们就可以非常有信心地预测，当有人向A同学借东西时，A同学会慷慨地将自己的东西借出；如果知道B同学的气质类型是典型的多血质，我们可以满怀信心地预测，在遇到陌生人时，B同学会很快地与陌生人交谈起来。

实际上，预测人的心理是很难的，因为影响人心理的因素多种多样，常见的有环境因素（家庭生活背景、经济状况、生活的环境等），生理因素（身体健康状况、生理周期等）和心理因素（认知能力、情绪状态、人格特征等）。

🔍 案例

诸葛亮观人七法

三国时期著名的政治家、军事家诸葛亮，在长期的实践中，总结出观察一个人是否能够委以重任的七种方法。具体内容如下：

第一，问之以是非而观其志。即通过对是非曲直的回答来观察其对事物的判断力，观察其志向。

第二，穷之以辞辩而观其变。即通过激烈的言辞激怒来观察其应对突然问题或事件的应变能力。

第三，咨之以计谋而观其识。即通过询问谋略来了解其学识的真伪和眼界的大小。

第四，告之以祸难观其勇。即突然告诉一个人说大难降至，通过观察他的表现判断其胆识和勇气。

第五，醉之以酒而观其性。即通过一起喝酒来观察其酒后的言论及真性情。

第六，临之以利而观其廉。即用金钱来考验人，使其面临财富，来考察其是否清正廉洁。

第七，期之以事而观其信。即交代一件事情，让其完成，通过对事情的处理来观察其诚信和忠心。

（四）控制

对于心理学家来说，控制心理是所追求的最大目标。

控制是让个体的行为发生或不发生。控制意味着：

（1）引起行为。如教师课上利用提问、提醒等方法，将学生的注意力吸引到课堂上来。（2）维持行为。如教师通过变化自己讲课的语气、声调的高低来维持学生听讲。（3）终止行为。如在教师讲课的过程中，若有的同学不注意听讲且有小动作，教师需要提醒其终止与听课无关的行为。（4）影响行为的强度。如教师通过精巧设计自己的教学内容，让学生在课堂中投入很大的精力，产生强烈的学习动机和热情。（5）影响行为出现的频率。如教师经常表扬上课发言积极的同学，会使课堂上发言人数和次数的增加。

（五）提高生活质量

提高人们的生活质量是时代发展的要求。心理健康是指一种持续积极发展的心理状况。

世界卫生组织定义的健康包括躯体健康、心理健康、社会适应能力良好和道德健康。心理健康对生活质量的提高有重要的意义，心理学的研究是提高人们生活质量的重要途径。只有心理健康，人们才能对外界做出良好的适应，充分发挥自己的身心潜能。心理健康的人能较充分地发挥其心理的潜在能量，在其他条件相同的情况下，他们的工作和学习成绩优于心理不健康者。这是因为心理健康的人，具有良好的心理素质和奉献精神，能耐受挫折和困境，能够在逆境中战胜困难，其创造力和潜力能得到最大限度的发挥，创造财富，提高生活水平，对社会做出应有的贡献。长期的情绪不良会导致身体免疫力下降甚至造成疾病，A型性格的人比B型性格的人更易出现冠心病，因为前者争强好胜、时间压力感强。

二、心理学的研究领域

（一）心理学研究类型

心理学研究个体的心理过程和行为。但是，不同心理学家的研究工作又存在很大差异。

有些心理学家从事基础研究，即纯粹的科学研究。基础研究源自于好奇心和求知欲，研究结果不能立即投入应用，却经常能够对人类未来的生活方式产生影响。例如，在20世纪早期，随着行为主义心理学的兴起，心理学家对鸽子、老鼠和猴子做了大量有关学习和动机问题的研究，其成果广泛应用于现代教育教学中。

还有一些心理学家从事应用研究，主要目的是解决个人和社会的某个具体问题。通过运用心理学的知识来帮助个体改善行为从而更有效地满足其自身需要。

（二）心理学家工作的场所

至1998年底，美国心理学会（APA）有15.5万余名来自世界各国的会员。1999年，美国心理学会对其获得博士学位会员的调查结果发现，有33.9%的会员工作在学术机构，在独立机构工作的占22.0%，其余分布在与人们生活密切相关的部门，具体如图1-3所示。

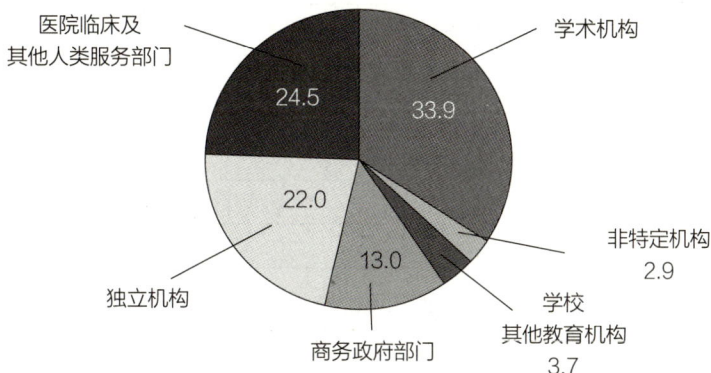

图1-3　心理学家工作的场所

2000年对在美国各大学心理学系或研究院攻读心理学博士学位的研究生的专业分布情况进行的一项调查报告显示：在1998—1999年几乎一年的时间里，有47.4%的心理学博士攻读临床心理学专业，其次是咨询心理学专业（占8.5%），其余的专业分布情况是：实验与生理心理学专业7.9%，教育与学校心理学专业7.5%，发展心理学专业5.7%，普通、社会和人格心理学专业5.3%，工业和组织心理学专业4.8%，认知心理学专业4.4%，其他专业占8.5%。

美国心理学会（American Psychological Association，APA）现在共有54个专业分会，具体见表1-1。

表1-1　美国心理学会下设专业分会

序号	分会名称
1	Society for General Psychology 普通心理学学会
2	Society for the Teaching of Psychology 教学心理学学会
3	Experimental Psychology 实验心理学学会
4	Evaluation, Measurement, and Statistics 评估、测量和统计学会
5	Behavioral Neuroscience and Comparative Psychology 行为神经科学和比较心理学学会
6	Developmental Psychology 发展心理学学会
7	Society for Personality and Social Psychology 人格与社会心理学学会
8	Society for the Psychological Study of Social Issues（SPSSI）社会问题的心理研究学会
9	Society for the Psychology of Aesthetics, Creativity and the Arts 美学、艺术创造力心理学学会
10	Society of Clinical Psychology 临床心理学学会
11	Society of Consulting Psychology 心理咨询协会
12	Society for Industrial and Organizational Psychology 工业和组织心理学协会
13	Educational Psychology 教育心理学学会
14	School Psychology 学校心理学学会
15	Society of Counseling Psychology 心理咨商协会
16	Psychologists in Public Service 心理学家公共服务协会
17	Society for Military Psychology 军事心理学协会
18	Adult Development and Aging 成人发展与老年协会
19	Applied Experimental and Engineering Psychology 应用实验和工程心理学协会
20	Rehabilitation Psychology 康复心理学协会
21	Society for Consumer Psychology 消费心理协会
22	Society for Theoretical and Philosophical Psychology 理论与哲学社会心理学协会
23	Behavior Analysis 行为分析协会
24	Society for the History of Psychology 心理学史协会
25	Society for Community Research and Action: Division of Community Psychology 社区研究和行动：社区心理科学协会

续表

序号	分会名称
26	Psychopharmacology and Substance Abuse 精神药理学和药物滥用协会
27	Psychotherapy 心理治疗学会
28	Society of Psychological Hypnosis 社会心理催眠学会
29	State, Provincial, and Territorial Psychological Association Affairs 国家、省和地区事务心理协会
30	Society for Humanistic Psychology 人文心理学协会
31	Intellectual and Developmental Disabilities 知识产权和发展障碍协会
32	Population and Environmental Psychology 人口与环境心理学学会
33	Society for the Psychology of Women 妇女心理学协会
34	Psychology of Religion 宗教心理学协会
35	Society for Child and Family Policy and Practice儿童和家庭政策与实践协会
36	Health Psychology 健康心理学协会
37	Psychoanalysis 精神分析学会
38	Clinical Neuropsychology 临床神经心理学协会
39	American Psychology-Law Society 美国法学心理学学会
40	Psychologists in Independent Practice 心理学家独立实践
41	Society for Family Psychology 家庭心理学协会
42	Society for the Psychological Study of Lesbian, Gay, and Bisexual, and Transgender Issues同性恋、男同性恋和双性恋者心理研究和变性问题学会
43	Society for the Psychological Study of Ethnic Minority Issues 学会少数民族问题心理研究学会
44	Media Psychology 媒体心理学协会
45	Exercise and Sport Psychology运动心理学协会
46	Society for the Study of Peace, Conflict, and Violence: Peace Psychology Division和平、冲突和暴力行为的研究协会
47	Group Psychology and Group Psychotherapy 团体心理治疗学会
48	Addictions 成瘾研究学会
49	Society for the Psychological Study of Men and Masculinity男性心理研究学会
50	International Psychology 国际心理学学会
51	Society of Clinical Child and Adolescent Psychology 临床儿童和青少年社会心理学协会
52	Society of Pediatric Psychology 儿科心理学学会
53	American Society for the Advancement of Pharmacotherapy 美国社会的药物治疗促进协会
54	Trauma Psychology 心理创伤学会

中国心理学会下设9个工作委员会，21个专业委员会（或分会）和2个编辑委员会，具体见表1-2。

表1-2　中国心理学会第十一届理事会分支机构

序号	机构名称
1	学术工作委员会
2	国际学术交流工作委员会
3	心理学普及工作委员会
4	心理学教学工作委员会
5	心理危机干预工作委员会
6	青年工作委员会
7	心理学标准与服务研究委员会
8	出版工作委员会
9	员工心理促进工作委员会
10	教育心理专业委员会
11	发展心理专业委员会
12	普通心理和实验心理专业委员会
13	理论心理与心理学史专业委员会
14	工业心理专业委员会
15	医学心理专业委员会
16	生理心理专业委员会
17	心理测量专业委员会
18	法律心理学专业委员会
19	学校心理专业委员会
20	体育运动心理专业委员会
21	社会心理学专业委员会
22	临床与咨询心理学专业委员会
23	军事心理学专业委员会
24	人格心理学专业委员会
25	工程心理学专业委员会
26	临床心理学注册工作委员会
27	决策心理学专业委员会
28	老年心理学专业委员会
29	民族心理学专业委员会
30	护理心理学专业委员会
31	《心理学报》编辑部
32	《心理科学》编辑部

（三）心理学的学科范围

心理学主要包括以下13个学科方向（国务院学位委员会第六届学科评议组，2013）。

1. 基础心理学

基础心理学是研究一般的心理现象与规律的学科。内容主要包括心理的实质及神经机制，感觉与知觉，意识与注意，学习与记忆，思维与言语，情绪与意识，个性（人格）心理特征与个性（人格）倾向性等。

2. 认知神经科学（也称脑与认知科学）

认知神经科学是研究认知过程和心理活动的脑机制的学科。主要研究基本认知过程的神经基础，情绪和社会认知的神经基础，心智障碍的神经基础，基因、环境与脑、行为的相互作用。

3. 发展心理学

发展心理学是研究人类个体心理发生发展特点和规律的学科。内容主要包括研究不同年龄阶段（婴儿期、幼儿期、儿童期、少年期、青年期、中年期和老年期）的心理发展特点和规律，毕生认知、人格与社会性发展的心理及神经机制，以及对各年龄阶段个体发展问题的干预。

4. 社会心理学

社会心理学是研究人们的社会行为规律及其隐藏的内在心理机制的学科。主要研究内容包括态度，社会知觉，价值取向，沟通与人际关系，助人与侵犯，从众与服从，群体中的相互影响等。

5. 心理测量学（也称心理计量学）

心理测量学是研究有关心理测量理论、方法和应用技术的学科。该学科以经典测量理论、现代测量理论和心理统计学原理为基础，主要研究心理物理学、心理量表法、心理与教育测验等理论和方法。

6. 教育心理学与学校心理学

教育心理学是研究教育教学情境中个体心理活动及其发展变化机制、规律和有效促进策略的学科。主要探讨学习心理，包括知识、技能与能力的学习过程与规律，品德的培养过程与规律，学习动机的形成过程与规律等；教学心理，包括如何进行课堂管理，教学设计和教学成效测评等。学校心理学作为教育心理学的应用分支，主要研究如何运用教育心理学和临床心理学的基本原理解决儿童青少年的行为和学习问题，包括儿童青少年行为和学习问题的诊断、治疗，儿童青少年的心理教育、心理评估、职业心理辅导、心理咨询等。

7. 管理心理学（又称工业与组织心理学）

管理心理学是用心理学原理和方法探究社会生活各领域中涉及人的管理行为特点及规律

的学科。主要研究工作分析与环境设计，人员选拔和测评，培训和职业发展，绩效评估与反馈，领导行为与决策，职业健康心理，组织与员工促进，组织变革与危机应对等。

8. 体育运动心理学

体育运动心理学是研究体育运动的心理学基础和人在体育运动中心理活动的特点及其规律的学科。主要研究个体的认知、情绪和个性特点对体育运动的影响，通过掌握运动知识、形成运动技能，来研究技能训练的心理学规律、运动竞赛中人的心理状态、运动员的心理选拔和测量等。

9. 工程心理学

工程心理学是以人—机—环境系统为对象，研究系统中人的心理特征、行为规律以及人与机器和环境相互作用的学科。主要研究人操作的信息加工机制，认知操作与工作绩效的关系，心理负荷与情境意识，选拔与训练，心理规律在人机交互设计中的应用等。

10. 临床与咨询心理学

临床与咨询心理学是将心理学应用到临床实践领域的有关人心理健康的学科。主要研究心理障碍及其评估与诊断，心理病理机制，心理治疗与预防，正常人的生活、学习和职业等方面的适应和发展性问题，学业指导、生涯发展、人际关系等领域问题的表现、评估与咨询和干预等。

11. 军事心理学

军事心理学是用心理学的理论和方法描述、解释军事环境下军人心理活动和作业绩效特点及其规律的学科。主要研究军人心理选拔与分类，军事学与作业绩效，军事环境对心理活动的影响，军人心理训练，军队领导与组织管理，军队临床心理与咨询，心理战与防御等。

12. 法律心理学

法律心理学是用心理学的理论和方法揭示与解释在法律创制、实施、监督等法律运行过程中出现的各种法律行为与精神过程发生、发展及规律的学科。主要研究公众选择对立法的影响，法律社会化与法律意识，守法行为的培养，违法犯罪心理，民事司法心理，刑事司法中测谎，审讯技巧，罪犯矫正等。

13. 心理学史

心理学史是研究心理学产生、发展和演变规律的学科。主要内容包括中外心理学思想史、中外科学心理学史、中外心理学思想比较史、心理学各个流派的基本理论、理论心理学的基本问题等。

第三节
心理学的研究方法

🎯 **学习目标**

掌握心理学的研究
原则
了解心理学的具体
研究方法

一、心理学研究的基本原则

（一）客观性原则

　　客观性原则指在心理学研究过程中，研究者必须实事求是地反映客观事物的真实面貌，以达到对其真理性的认识。因此，坚持客观性原则是一切科学研究的根本原则，违背了这个原则，就会误入歧途，甚至导致反科学的结论。怎样在心理学研究中贯彻客观性原则呢？具体研究中要做到以下两点：

　　第一，坚持以实事求是地揭示心理学的规律为研究目的。要达到此目的，首先必须在整个研究过程中做到实事求是。从对研究对象的选择、研究设计、实验仪器的使用、结果的记录、数据的统计分析、结论的得出等都要实事求是。上述任何一个环节出现失误，都不符合客观性原则。

> 客观性原则是指在心理学研究过程中，研究者必须实事求是地反映客观事物的真实面貌，以达到对其真理性的认识。

　　第二，在研究心理学时，要确立客观的指标。心理学研究的客观指标应该是能被研究者观察、测量到的，最好能利用仪器设备来测定、记录和分析。

（二）发展性原则

　　发展性原则指坚持用发展变化的观点来研究心理学所涉及的问题。

　　第一，在思想上树立人的心理是不断发展变化的观点。不能用静止的眼光来看待一个人心理发展的现状和水平；在衡量和评价一个人的心理发展水平时，标准和指标不能是绝对的、一成不变的，要采用动态的、变化的指标来衡量一个人的心理发展水平。

　　第二，坚持教育是促进一个人心理发展变化的决定性因素的观点。要发挥教师的主导作用，来促进一个人心理产生质的发展变化；让学生在教育的影响下发挥其主观能动性，充分考虑学生已有的态度和经验对其心理发展的积极或消极作用。

（三）教育性原则

　　教育性原则指心理学研究要符合教育的要求，要有利于学生身心的正常发展。

　　在开展心理学的研究时，一定要牢记，学生是人，他们和物体不同。因此，在选择方法和安排程序时，不能只考虑对所要研究的问题是否有利，还要考虑所用的方法对学生的身心发展是否会产生不良影响，是否侵犯了学生的个人权利或人格。

在心理学研究中贯彻教育性原则，应做到以下几点：

第一，始终牢记研究对象是人，要考虑所施加的实验条件对其心理发展的当前和长期影响，特别要注意这些条件可能会对学生身心发展产生哪些不利影响。

第二，明确教育研究对学生心理发展所起的主导作用，不能为研究而研究，不能为研究而损害学生的身心发展。

第三，尽量控制实验研究中一些意外事件对学生心理的不良影响。一旦出现，必须想方设法消除它。

（四）理论联系实际原则

理论联系实际原则指心理学研究的问题来源于实践，研究成果也将服务于实践。因此心理学的研究工作必须和实际密切结合，以充分保证其实际效用。

> 理论联系实际原则是指心理学研究的问题来源于实践，研究成果也将服务于实践。

具体来说，坚持理论联系实际原则，首先，要做到研究的课题应是我国当前学生教育、卫生保健和心理健康等领域中所提出的重大问题。其次，在研究设计和进行过程中，既要紧密联系当前学生的实际，又要有理论指导。这里所说的理论，不仅指正确的指导思想（唯物辩证法思想），而且指在研究过程中要依据正确的心理学理论。

（五）伦理性原则

伦理性原则指在研究心理学的问题时，必须遵循伦理规范的原则，不能违反社会的伦理道德准则。在设计实验时不仅注重设计的科学性和严密性，更要关注被试的利益、权利和尊严。

常见的心理学伦理问题有以下几点：

第一，保护被试。保护被试主要涉及知情同意、数据保密和事后解释。心理学研究中应使用被试容易理解的语言告知被试研究的具体内容，让其在不受任何强迫并且了解和理解研究内容的知情的情况下自愿性决定参加。数据保密是指在研究过程中和结束后要保障数据的安全和保密性。事后解释是研究结束后研究者留出时间与希望了解研究的被试进行讨论，详细、诚恳地回答他们提出的问题。需要指出的是，事后解释是为了被试的利益，而不是为了研究者的利益。

第二，研究中的"欺骗"问题。在有些情况下，若不使用欺骗就不能进行研究，所以有时也会有目的地使用欺骗。除非在独特的情况下使用欺骗，一般来说，欺骗具有虚假的特性，会导致有害的社会结果，不仅有害于研究者，也会在被试之间产生相互猜疑，违背知情的自愿性原则。

第三，保护隐私。在某些情况下，研究可能涉及研究对象的隐私权问题。一般的解决办法是：征求被试的同意，或者采取对数据不提姓名的方式。

🔊 心理学家语录

心理现象是用自然科学的方法——实验的方法来研究的，也因为如此，心理学才能够不断迅速发展。

——朱滢

二、研究的具体方法

（一）观察法

1. 观察法的含义

观察法是通过一定程序收集资料，以期获得描述性的数据来简化复杂现象的过程。深入细致的观察常常使心理学家能获得系统而重要的信息。观察法是心理学工作者最常采用而且也是能够获得重大科学发现的方法。

2. 观察法的分类

（1）自然观察。指在自然情境中对个体行为的观察。例如，教师在课堂上，通过提问来观察学生的行为反应，以了解学生对知识的掌握情况，教师运用的就是自然观察。

（2）结构观察。指在实验室情境中对个体行为的观察。在这种方法中，研究者设置一个能激起个体特定行为的情境，每一个被试都有相同的机会表现出这些行为。例如，班杜拉设计的儿童攻击行为实验（见第五章第二节行为学习中的图5-5）。

班杜拉首先让儿童观看电影，内容是一名成年人正在攻击洋娃娃。然后让看过电影的儿童到实验室里，实验室中放置一个与电影中完全一样的洋娃娃。然后观察儿童的行为表现。结果发现，观看攻击行为受到表扬的儿童，在后来自己进入实验室后，更多地表现出攻击行为；观看攻击行为受到惩罚儿童，在后来自己进入实验室后，更少地表现出攻击行为。

3. 观察的要求

观察是发展心理学研究中的一种专门技术。观察的主要内容包括：

第一，观察对象。观察对象的年龄、特征、扮演的角色等。第二，观察内容。观察对象做了什么、说了什么、如何表现、行为过程等。第三，发生的时间。观察对象及观察内容所发生的时间，持续了多久，什么时间结束的。第四，发生的地点。观察对象或观察事件发生的地点，是否其他地点也发生了，为什么在此地发生。第五，发生的情形。事件是为何发生的，这个事件是否与其他事件有关联，事件与其他场合的事件有何不同。

观察法的优点是观察对象处于比较自然的状态下，所以他们的心理表现是自然和真实的。缺点是研究者只能处于被动的地位，消极地等待研究对象的相关行为现象出现，研究结果难以重复而且研究结果的量化比较困难。

（二）实验法

1. 实验法的含义

在研究个体心理发展时，实验法是应用广泛的一种方法。实验法是根据研究的目的，有计划、严格地控制某些条件来引起个体的某种心理活动，分析个体心理活动发生的因果关系的方法。

> 实验法是根据研究的目的，有计划、严格地控制某些条件来引起个体的某种心理活动，分析个体心理活动发生的因果关系的方法。

2. 实验法的分类

（1）自然实验。指在自然情境下，改变一种或几种影响心理的条件，来研究个体心理和行为的方法。其优点是把实验寓于个体真实的生活情境中，因而研究所得到的结果更真实。教育心理实验是自然实验的一种特殊形式，指在教育教学过程中，改变某些条件来研究学生心理和行为的方法。教育心理实验的优点是将研究与教育教学相结合，研究结果直接为教育教学服务，针对性强。因为属于自然实验研究，所以研究结果易于推广。缺点是在实验过程中，受干扰的因素较多且不易控制，理想的实验设计不易达到，所以结果的精确性较实验室实验差。

（2）实验室实验。指根据研究目的，在特别设定的环境中，引起或改变某些条件来研究心理和行为发展变化的方法。实验室实验常借助于一定的仪器、设备来记录和测试个体心理的变化。

实验室实验的优点是对实验条件进行了严格控制，有利于实验者弄清楚特设条件与个体心理和行为之间的因果关系。实验可以重复且精确性高。缺点是由于实验室条件与个体正常的生活条件相差较大，所以实验结果在推广时受到一定的限制。

🔍 **案例**

喝酒对记忆的影响

关于喝酒对人记忆的影响，有一项研究对此问题进行了探讨。研究者让被试朗读一组单词，然后要求他们报告各词出现的次数。一组被试在朗读前饮酒；另一组被试在朗读后饮酒；还有一组在朗读前和朗读后都不饮酒。研究者发现，读前饮酒的被试，其判断成绩显著比不饮酒的差，表明受到了酒精的影响；而读后饮酒的被试，他们的判断成绩则与不饮酒的没有差异，表明没有受酒精的影响。这表明：酒精只是干扰信息进入长时记忆，而不影响信息的提取。因为读前饮酒对信息进入长时记忆有干扰，而读后饮酒对信息的提取无干扰。

（3）实验室实验与自然实验的比较。实验室实验与自然实验既有共同之处，又有差异之处，具体见表1-3所示。

表1-3　实验室实验与自然实验的比较

	实验室实验	自然实验
对变量的控制程度	高	低
随机分配程度	几乎总是	很少
便利性	通常很高	通常很低
真实性	低	高
自变量受到的影响	倾向于更低一些	倾向于更高一些
被试的怀疑和实验偏向	倾向于更高一些	倾向于更低一些
外部效度	低	高

3. 实验法的变量

在心理学实验中，研究对象一般被称为被试。从事心理研究的人被称为实验者或主试。实验法中最主要的内容是变量，包括自变量、因变量和无关变量。

（1）自变量指由实验者所操纵并能施加于被试的各种刺激物。

（2）因变量指实验中所要观察的被试的各种反应，所以又叫反应变量。它是由自变量变化而产生的结果。

（3）无关变量指在实验过程中，除自变量以外，其他一切可能对因变量发生影响的变量，因而是需要加以限制的变量。之所以称为"无关变量"，是因为这些变量与所要研究的主要问题无关。如果在实验中不加以严格限制，它们就会直接影响实验的结果。

> 自变量指由实验者所操纵并能施加于被试的各种刺激物。
> 因变量指实验中所要观察的被试的各种反应，又叫反应变量。

（三）访谈法

1. 访谈法的定义

访谈法是通过与研究对象的交谈来收集有关对方的心理特征和行为资料的研究方法。它是心理学研究中运用最广泛的研究方法之一。

2. 访谈法的分类

根据在心理学研究中，对研究对象的提问和反应的结构方式不同，可分为结构访谈和无结构访谈。

结构访谈是指在心理学研究中，一种有指导的、正式的、事先决定了问题项目和反应可能性的访谈形式。

无结构访谈是指在心理学研究中，一种非指导的、非正式的、自由提问和做出回答的访谈形式。

3. 访谈的要求

（1）相互信任。访谈者与研究对象之间建立起相互信任的关系至关重要。

（2）气氛友好。在访谈过程中，访谈者要努力营造一种友好的气氛。如说话的语气要真诚，态度要和蔼。不能在访谈过程中制造紧张气氛。

（3）问题要简单明了。在访谈的过程中，所问的问题一定简单明了，有利于被访谈对象的理解。当被访谈对象对问题理解出现困难时，一定要采取通俗易懂的语言来正确表达自己所要问的意思。

（4）及时追问。在访谈的过程中，当被访谈对象的回答用词出现歧义时，访谈者要及时追问，让其更清楚地表达自己的意思或观点。

访谈法的优点主要有：第一，允许访谈对象尽可能以接近日常生活的思维方式展示自己的思想；第二，访谈者在很短时间内收集大量的资料；第三，能够了解访谈对象的深层次心理活动。

访谈法的缺点主要有：第一，访谈的过程中，访谈对象可能会有意或无意地取悦于访谈者，从而难以真实地了解其心理；第二，访谈对象的语言表达能力直接影响访谈的结果。如果访谈对象语言表达能力强，则使访谈者能更好地了解其思想活动；如果访谈对象的语言表达能差，则访谈者很难了解其思想活动；第三，访谈法对访谈者的要求很高，特别是访谈者的灵活应变能力和及时捕捉重要细节的能力。因此未经特殊训练的人很难胜任此工作。

（四）测验法

1. 测验法的含义

测验法指根据事先编制的测验量表来测定不同年龄个体心理特征上个体差异的方法。

心理测验是一种测量手段，其理论依据是心理现象也是一种客观现象，可以进行数量化的测量与分析。

> 测验法指根据事先编制的测验量表来测定不同年龄个体心理特征上个体差异的方法。

2. 测验法的分类

（1）能力测验。能力测验包括一般能力测验、特殊能力测验和一般能力倾向测验。

（2）学业成绩测验。学业成绩测验主要是测量个人经过某种正式教育或训练之后对知识和技能掌握的程度。

（3）个性测验。个性测验主要测量人格、气质、兴趣、态度等个性特征。

3. 测验的要求

（1）在测验前要做好准备工作。包括：通知被试测试的时间、地点和测验的内容；主持测验的人员要熟悉测验指导语，必要时能够准确地背诵；准备好测验材料；熟悉测验的程序。

（2）保持良好的测验环境。一般需要安静的环境。正式测验开始后，无关人员不得出现于测验现场。

（3）严格按测验要求进行。在对被试进行测试时，一定要严格按照测验的要求进行，不能擅自改动测验的要求或测验的指导语。在进行能力测验时，一定要有严格的时间限制。

（4）按标准评定测验结果。对测验结果的评定一定要按评分手册进行。在评定完原始分数后，根据手册中的常模表，对数据进行正确转换。

测验法的优点是：测验结果便于评分和对结果的统计分析；测验有现成的常模，所以可以将同一年龄或不同年龄被试的结果进行直接比较；如果是团体测验，则可进行大样本的研究，节省人力和物力。测验法的缺点是：测验的内容是固定的，因此不能在测试过程中变动测验的内容；对测试人员的要求比较高，一般需要进行专门的培训。

（五）个案法

1. 个案法的含义

个案法指在收集特定的一个或几个个体生活中各种信息的基础上，通过分析其生活中的历史事件来检验理论假设的一种方法。

2. 个案研究的要求

（1）确立研究的个案。在心理学研究中，如果要采用个案法进行研究，一个重要的问题就是要选择典型的个案。所谓典型性是指个案具有一般研究对象不具备的特殊特征，如计算方面的天才、音乐天才，遗传方面具有特殊的特征等。

（2）搜集个案的资料。第一，个案的基本资料：姓名、性别、年龄、文化程度、职业、民族、籍贯、婚姻状况等。第二，个案身体健康资料：既往病史、药物过敏史等。第三，个案成长资料：母亲妊娠、出生、营养、环境等。第四，个案心理发展资料：智力、人格、情绪、态度、价值观、品德等。第五，个案的家庭背景资料：父母职业、父母年龄、父母文化程度、父母的收入水平；家庭居住环境；父母的教育方式；家庭中重大生活事件；家族疾病史等。

个案法的优点主要有：研究人员对研究对象的特点有充分的了解与认识；个案研究收集到的数据比较深入；收集到的资料比较全面；个案研究的对象较少，可节省人力、物力和财力。个案法的缺点是研究结果的代表性差，依据某（几）个特殊个案所得出的结论，不一定适合于其他个体；从个案中得出的结论带有主观性，研究结论的效度取决于所获得的个案资料的准确性。

第四节
心理学的简史

🎯 **学习目标**

掌握科学心理学的诞生及标志
了解心理学主要理论的要点

一、科学心理学产生

（一）科学心理学的诞生

艾宾浩斯曾说过，心理学有一个长期的过去，但只有一个短暂的历史。

德国心理学家冯特（W. Wundt，1832—1920）（如图1-4）在莱比锡大学创建了第一个独立的心理学实验室，开始对心理现象进行系统的实验室研究。这件事发生在1879年，因此，1879年成为科学心理学的诞生之年。

冯特是德国生理学家、心理学家，科学心理学的创始人。1832年生于巴登地区曼海姆市的内卡劳镇，1856年毕业于海德堡大学医学系，1858年成为赫尔姆霍茨（H. V. Helmholtz）的助手，1874年出版了他的代表作《生理心理学原理》。1875年冯特成为莱比锡大学的教授，并于1879年创建了世界上第一个独立的心理实验室。

图1-4　冯特

（二）科学心理学为什么诞生在德国

为什么科学心理学能在德国诞生呢？主要原因有三：

（1）近代哲学思潮的影响。唯理论的代表人物笛卡儿（R. Descartes）关于身心关系的思想推动了解剖学和生理学的发展，他对理性和天赋观念的重视，对现代心理学的理论发展也有重要的影响。经验论的代表人物洛克（J. Locke）认为人最初的心理像一张白纸，一切知识和观念都是后天从经验中获得的。两种哲学观点的争论一直持续至今，并表现在现代心理学各种理论派别的论战中。联想主义哲学的兴起，则对学习心理、记忆和思维的产生了深远的影响。

（2）生理学的发展。在19世纪中叶，生理学已经成为一门独立的实验科学。生理学的发展，特别是神经系统生理学和感官生理学的发展，对心理学走上独立发展的道路，产生了重要的影响。这个时期生理学家和物理学家在感官生理学方面的一系列重要发现，也为心理学用实验方法研究感知觉问题奠定了基础。赫尔姆霍茨第一次精确测定了神经冲动的传导速度，并用实验法研究了视觉、听觉现象。

（3）心理物理学的兴起。德国物理学家和心理学家韦伯（E. H. Weber）第一次以实验说明了阈限的操作概念，并得出了最小触觉可觉差的数量法则。费希纳（Fechner G. T.）在韦伯的基础上发现了物理量与心理量间的函数关系。

二、主要心理学派别

在心理学百余年的发展过程中，主要产生了八大学派。

🔊 心理学家语录

在心理学领域中，从没有存在一种渗透一切心理学研究领域的范式理论。相反，常常同时存在着几种范式。

——[美]赫根汉

（一）构造主义学派

构造主义学派是心理学成为一门独立的实验科学以后出现于欧美的第一个心理学派。19世纪末产生于德国，后来又在美国发展。主要代表人物是冯特和铁钦纳（E. B. Titchener，1867—1927）（如图1-5）。

冯特主张心理学是研究直接经验（意识）的科学。因此认为心理学应该采用实验内省的方法，分析意识的内容，并找出意识的组成部分以及它们如何联结成各种复杂心理过程的规律。

图1-5　铁钦纳

构造主义学派的贡献是让心理学走上了实验研究的道路，从而使心理学成为一门独立的科学。该学派的局限是主张要对心理进行"纯内省"和"纯科学"的分析，只研究心理内容或构造本身，不去讨论其意义和功用，严重脱离实际。

（二）机能主义学派

机能主义学派产生于19世纪末20世纪初，由美国心理学家詹姆斯（W. James，1842—1910）（如图1-6）所创立。

詹姆斯是美国第一位心理学家、哲学家、教育学家，实用主义的倡导者，美国机能主义心理学派创始人之一。1842年1月11日出生在美国纽约市，1869年获哈佛大学医学博士学位。1875年，建立美国第一个心理学实验室。1890年出版《心理学原理》。1904年当选为美国心理学会主席。1906年当选为国家科学院院士。

图1-6　詹姆斯

机能主义学派主张意识是一个连续的整体，心理学的研究对象是具有适应性的心理活动并且重视心理学的实际应用，反对构造主义学派将意识分析为感觉、情感等元素，

机能主义强调心理现象对客观环境的适应和作用，同时关注心理学在动物心理、儿童心理、教育心理、变态心理、差异心理等领域的功效和应用，并且改进了心理学的研究方法。

（三）行为主义学派

行为主义学派产生于20世纪初的美国，之后的30多年时间在美国心理学研究中一直处于统治地位，创始人是华生（J. B. Watson，1878—1958）（如图1-7）。新行为主义学派的代表人物是斯金纳（B. F. Skinner，1904—1990）（如图1-8）。

华生是行为主义心理学的创始人。1878年华生出生于美国南卡罗来纳州的格林维尔。1903年获芝加哥大学哲学博士学位，1908年任约翰·霍普金斯大学教授。华生受俄国生理学家巴甫洛夫经典条件反射学说的影响，于1913年发表论文《行为主义者眼中的心理学》，标志着行为主义心理学的诞生。1915年当选为美国心理学会主席。

图1-7　华生

华生主张心理学研究要抛开意识，径直去研究行为；将刺激—反应（S-R）作为解释人的一切行为的工具；强调心理学研究要采用客观的实验方法，而不使用内省法。该学派的不足之处在于，根据过分简化的刺激—反应公式来解释行为以及通过控制环境去塑造人的心理和行为，即典型的环境决定论的观点。

斯金纳（B. F. Skinner, 1904—1990），美国新行为主义学派的创始人。1904年3月20日出生于美国宾夕法尼亚州，1926年斯金纳从汉密尔顿学院毕业，转入哈佛大学心理系，1930年获哈佛大学心理学硕士学位，1931年又获心理学博士学位。1945—1947年任印第安纳大学心理系主任。1947年他重返哈佛大学，担任心理学系的终身教授。1958年美国心理学会授予他"卓越科学贡献奖"。1968年荣获美国国家科学奖章。1971年美国心理学基金会授予他一枚金质奖章。1990年8月10日美国心理学会授予其"心理学毕生贡献奖"荣誉证书，8天后去世。

图1-8　斯金纳

斯金纳主张，人类行为主要是由操作性反射构成的操作性行为，操作性行为是作用于环境而产生结果的行为。

行为主义学派对心理学的贡献是促进了心理学的客观化研究；让心理学摆脱思辨的性质；扩展了心理学的研究领域。其不足是用简单机械主义观点来说明心理活动，忽视高级心理过程，特别是大脑的作用。

（四）格式塔学派

格式塔学派产生于20世纪初的德国，其创始人是韦特海默（Wertheimer M., 1880—1943）（如图1-9）。格式塔是德语Gestalt的音译，意思是整体、完形。

韦特海默是德国格式塔学派的创始人。1880年4月15日生于捷克斯洛伐克的布拉格。1904年在德国维尔茨堡大学获哲学博士学位。1912年与苛勒、考夫卡在法兰克福共同研究似动现象。在研究的基础上，建立格式塔心理学。1916—1929年，他任职于弗里德里希—威尔海姆大学。1933年离开德国，受聘为美国纽约社会研究新学院教授。1943年去世。代表著作是1945年出版的《创造性思维》。

图1-9　韦特海默

格式塔学派反对构造主义的元素主义，也反对行为主义的"刺激—反应"（S—R）公式。主张整体不等于部分之和，意识经验不等于感觉和感情等元素的集合；行为也不等于反射弧的集合，主张要从整体的角度来研究心理现象，强调整体并不等于部分的总和，整体乃是先于部分而存在并制约着部分的性质和意义。

格式塔学派强调整体观，这对后来心理学的发展是有益的，关于知觉的组织原则、学习和思维中的研究成果至今仍对心理学有积极意义。

（五）精神分析学派

精神分析学派产生于20世纪初，创始人是奥地利精神病学家弗洛伊德（S. Freud，1856—1939）（如图1-10）。

弗洛伊德是奥地利精神病医生及精神分析学家。1856年生于摩拉维亚的弗莱堡。1873年进入维也纳大学，1881年获医学博士学位。代表性著作有《梦的解析》（1900）、《日常生活的精神病理学》（1904）、《精神分析引论》（1910）、《图腾与禁忌》（1913）、《精神分析引论新编》（1933）等。1936年当选为英国皇家学会通讯会员，1939年9月23日在英国伦敦去世。

图1-10　弗洛伊德

精神分析学派主张人的心理包含两个主要部分：意识和无意识。意识是能够觉察到的心理活动。无意识包含人的本能冲动，以及出生以后被压抑的欲望，介于意识和无意识之间的一种中间心理状态叫作前意识。弗洛伊德把人的心理结构分为三个层次：本我、自我、超我，并认为三者发展平衡就会形成健全的人格，否则就会导致精神疾病的发生。

（六）社会文化历史学派

社会文化历史学派的创立者是维果茨基（L. Vygotsky，1896—1934）（如图1-11），之后列昂节夫（A. N. Leontiev）、鲁利亚（Luriya A. R.）对该学派的发展做出了贡献，史称维列鲁学派。

维果茨基于1896年出生于白俄罗斯的明斯克，1917年毕业于莫斯科大学法律系和沙尼亚夫斯基大学历史哲学系。1924年到莫斯科心理研究所工作。维果茨基对人的高级心理

图1-11　维果茨基

机能进行了研究，并在1925年发表了《意识是行为主义心理学的问题》，明确提出研究意识问题对科学心理学的重大意义。1934年维果茨基因患肺结核逝世，年仅38岁。

该学派强调社会文化历史制约着人的心理发展；心理的发展就是在环境和教育的影响下，在低级心理机能的基础上逐渐向高级心理机能转化的过程；语言符号这一中介环节是儿童心理机能发展的本质动因，只有掌握这个工具，才能使心理机能转化为间接的、随意的、高级的、社会历史的，而高级的社会历史心理活动形式，首先是作为外部的活动而形成的，以后才内化到头脑中。

（七）人本主义学派

20世纪六七十年代，在美国迅速崛起一种心理学思潮，即人本主义学派。人本主义学派自己认为是精神分析学派和行为主义学派之后西方心理学的"第三势力"。代表人物有马斯洛（A. Maslow，1908—1970）（如图1-12）和罗杰斯（C. R. Rogers，1902—1987）（如图1-13）等人。

马斯洛于1908年4月1日出生于纽约市布鲁克林区一个犹太家庭。1926年进入康奈尔大学，三年后转至威斯康星大学攻读心理学，1934年获得博士学位。1951年被聘为布兰戴斯大学心理学教授兼系主任。1967年任美国人格与社会心理学会主席和美国心理学会主席。1970年6月8日逝世。

图1-12　马斯洛

罗杰斯于1902年1月8日生于芝加哥附近的奥克帕克。1928年获得哥伦比亚大学硕士学位，1931年获得博士学位。1940年，罗杰斯成为俄亥俄州立大学临床心理学教授。1945年在芝加哥大学建立了一个咨询中心。同时期担任芝加哥大学的心理学教授（1945—1957）。1957—1963年在威斯康星大学教授心理学。1956年，获美国心理学会颁发的"杰出科学贡献奖"。1972年获美国心理学会"卓越专业贡献奖"，1987年去世。

图1-13　罗杰斯

人本主义学派主张心理学应着重研究人的价值和人格发展；心理学要研究对人类进步有意义的现实问题；要关心人的本性、潜能、尊严和价值；人的本质是好的、善良的，不是受无意识欲望的驱使，并为实现这些欲望而挣扎的野兽；人有自由意志，有自我实现的需要。因此，只要有适当的环境，就会力争达到某些积极的社会目标。

（八）认知心理学派

1967年美国心理学家奈瑟（U. Neisser，1928—2012）发表了《认知心理学》一书，标志着认知心理学的诞生。

奈瑟1928年出生于德国的一个知识分子家庭，三岁时移居美国。1946年他考入哈佛大学，先是主修物理学，后改学心理学。1956年获得哈佛大学心理学博士学位。1967年出版世界上第一本以认知心理学命名的专著《认知心理学》，被誉为认知心理学之父。

认知心理学把人看作是一个类似于计算机的信息加工系统，并以信息加工的观点，即从信息的输入、编码、转换、储存和提取等加工过程来研究人的认知活动；强调用计算机模拟心理过程。

本章小结

心理学是一门研究心理过程和行为的科学。

心理学研究的内容是心理过程和个性心理。其中心理过程是共性的；个性心理是个性的。

心理过程包括认知过程、情绪过程和意志过程。

个性心理是人在进行心理活动时所表现出来的整体特点与差异。主要包括能力（或智力）和人格（含气质和性格）。

行为是有机体适应环境的方式。

心理的本质是脑的机能和脑对客观现实的反映。

心理学的性质是既属于自然科学，又属于社会科学，是一门交叉学科。

心理学是认知科学的主干学科。

心理学家的研究目的是描述、解释、预测、控制行为和提高生活质量。

心理学研究类型分为基础研究和应用研究。

心理学研究的基本原则包括客观性原则、发展性原则、教育性原则、理论联系实际原则和伦理性原则。

心理学的研究的具体方法包括观察法、实验法、访谈法、测验法、个案法。

1879年德国心理学家冯特在莱比锡大学创建了第一个独立的心理学实验室，标志着科学心理学的诞生。

科学心理学能在德国诞生的原因有三：近代唯理论和经验论哲学思潮、生理学的发展和心理物理学的兴起。

心理学的主要学派包括构造主义学派、机能主义学派、行为主义学派、格式塔学派、精神分析学派、社会文化历史学派、人本主义学派和认知心理学。

总结 >

Aa 关键术语

心理学 psychology	认知科学 Cognitive Science	客观性原则 objectivity principle
发展性原则 development principle	教育性原则 educational principle	理论联系实际原则 theory contacts practicality principle
伦理性原则 ethical principle	观察法 observational methods	实验法 experimental methods
访谈法 interview methods	测验法 test methods	个案法 case studies

章节链接

本章是对其他章节内容的概述。其中第二章和第三章是关于心理本质的展开；第四章、第五章、第六章、第七章是关于心理过程的具体论述；第八章、第九章和第十章是关于个性心理的具体论述。第十一章、第十二章和第十三章关于心理本质发展和社会环境制约等内容的具体阐述。

应用 >

批判性思考

你同意"知人知面不知心"这句话吗？

《周易》是一部中国古哲学书籍，是建立在阴阳二元论基础上对事物运行规律加以论证和描述的书籍，其对于天地万物进行性状归类，天干地支五行论，甚至精确到可以对事物的未来发展做出较为准确的预测。

请你读一下《周易》，谈一谈自己对《周易》预测事物的认识。

✏️ **体验练习** ::

拖延行为问卷

目的：看一看自己有多拖沓（Aitken编制，陈小莉等修订）。

指导语：请仔细阅读下面的句子，根据自己的实际情况做出相应的回答。请在相应的地方打"√"。每个题目的答案没有对错，请不要有任何顾虑。

		完全不符合	基本不符合	不确定	基本符合	完全符合
1	我总是等到最后一刻才开始做事情					
2	我很注意按时归还图书馆的书					
3	即便某件事情非做不可，我也不会立即开始做					
4	我总是能按要求的进度完成每天的任务					
5	我很愿意去参加一个关于如何改变拖延行为的研修班					
6	约会和开会时，我常常迟到					
7	我会利用课间的空闲时间来完成晚上要做的事情					
8	做事情时我总是开始得太迟以至于不能按时完成					
9	我常常会在最后期限到来之前拼命地赶任务					
10	我开始做一件事情之前总是要磨蹭很久					
11	当我认为必须做某样工作时，我不会拖延					
12	如果有一个很重要的项目，我会尽可能快地开始					
13	当考试期限逼近时，我常发现自己仍然在忙别的事					
14	我总是能按时完成任务					
15	我总是要在最后期限即将来临时才会认真做这件事					
16	当有一个重要的约会时，我会提前一天把要穿的衣服准备好					
17	我在参加学校的活动时，一般都到的比较早					
18	我通常能按时上课					
19	我会过高地估计自己在指定时间内完成大量工作的能力					

记分方法：完全不符合记1分，基本不符合记2分；不能确定记3分；基本符合4分；完全符合5分。其中：2、4、7、11、12、14、16、17、18这9个题为反向记分题。

结果评定：男生的平均分为47.49±10.34；女性的平均分为46.80±10.34。得分显著高于此分的，表明自己有拖沓行为，需要及时改正。

拓展 >

☕ 补充读物

1. 理查德·格里格，菲利普·津巴多. 心理学与生活. 王垒，等译. 北京：人民邮电出版社，2014

《心理学与生活》是一部心理学经典教科书，心理学导论类教材。首版于20世纪50年代，半个多世纪以来，不断与时俱进，已修订19次。每一次的修订既反映心理学的最新研究进展，又保持其一贯的宗旨，即心理学是一门科学，同时关注这门科学在生活中的应用。该教材的优点是密切联系生活实际，科学性与趣味性并存。是一本入门的好教材。

2. 张述祖，沈德立. 基础心理学. 北京：教育科学出版社，1987；天津：天津教育出版社，2008

《基础心理学》于1987年由教育科学出版社出版。2008年天津教育出版社以"名家学术文库"再版。因其内容主要反映国内外20世纪70年代以来心理学研究的进展，特别系统地反映了中国心理学的研究成果，先后获得全国优秀图书奖，全国首届优秀教育理论著作奖，全国首届普通高等学校优秀教学成果国家级优秀奖，第二届普通高等学校优秀教材全国优秀奖。1995年作者又出版了《基础心理学增编》（教育科学出版社出版）。内容反映了从1986年到1995年国内外心理学研究的最新成果。

🖥 在线学习资源

1. http://course.jingpinke.com/details?uuid=8a833999-22118f32-0122- 118f32ff-0021&objectId=oid:8a833999-22118f32-0122-118f32ff-0020&courseID=E080017 华东师范大学梁宁建教授主持的2008年国家级精品课程

2. http://course.jingpinke.com/details?uuid=8a833996-18ac928d-0118-ac928f0a-01b0&objectId=oid:8a833996-18ac928d-0118-ac928f0a-01b1&courseID=A060120安徽师范大学姚本先主持的2006年国家级精品课程

3. http://www.psych.cas.cn/xscbw/中国心理学会和中国科学院心理研究所主办的《心理学报》，有中国心理学家研究的最新成果

第二章

心理的神经基础

本章概述

　　本章首先介绍神经系统的结构与功能，包括外周神经系统（躯体神经系统和自主神经系统）和中枢神经系统（脑和脊髓），其中大脑是进化阶梯上最后出现的脑组织，是各种心理活动最重要的物质本体；其次，介绍内分泌系统及其对行为的调节作用；最后，介绍微观层面的神经系统的信息传递，包括神经元的构造和神经兴奋传递的特点。神经元是神经系统的基本结构单位和功能单位，神经元之间的联系构成了复杂的神经网络。

结构图

大脑的结构

ⓐ 神经系统的结构 | ⓑ 脑结构及其功能

1

心理的神经基础

2
内分泌系统

ⓐ 了解常见的腺体 | ⓑ 掌握腺体的心理功能

3
大脑中信息的传递

ⓐ 神经元的结构与分类 | ⓑ 神经元的信息传递 | ⓒ 神经网络

学习目标

本章重点:

1. 神经系统和脑的结构与功能

2. 腺体的心理功能

3. 神经元的结构及信息传递

本章难点:

1. 神经系统和脑的结构与功能

2. 腺体的心理功能

3. 神经元和神经网络的信息传递

学完本章,你应该能够做到:

1. 掌握神经系统的结构和功能

2. 掌握脑的结构与功能

3. 了解常见的腺体

4. 掌握腺体的心理功能

5. 了解神经元的结构与分类

6. 掌握神经元的信息传递

7. 了解神经网络的信息传递方式

每四年一次的奥运盛事，我们都会看到一些优秀的运动员带着遗憾离开。甚至一些非常优秀的运动员总是与奥运会冠军失之交臂。想想大家熟知的乒乓球名将王皓。若说中国乒乓球队最悲情的人，王皓也许是不二人选。雅典奥运会男单决赛，王皓输给了柳承敏；北京奥运会男单决赛，王皓输给了马琳；在伦敦奥运会乒乓球男单决赛中，王皓又输给了比自己小5岁的张继科。三届奥运会收获三块男单银牌，王皓始终无法在奥运会的赛场上证明自己。

王皓这些年确实是中国男乒表现最出色的选手，因为在过去6年里，他闯进了所参加的所有世界大赛的决赛，这是与他同时代的其他选手无法做到的。尽管如此，他却无法通过奥运会的比赛证明自己的实力，不能不说是一大遗憾！

想一想：无论是奥运会赛场上的比赛，还是决定命运的大学入学考试，为什么在关键时刻，有人表现出色，有人却会大失水准呢？

第一节
大脑的结构

学习目标

了解神经系统和大脑的结构
掌握不同脑结构对心理功能的作用

正如第一章提及的盖吉的故事，尽管对脑损伤后行为变化的研究，促使临床研究者假设脑是人格和理性行为的重要基础，但是研究者无法控制脑损伤的部位和损伤的程度。为了更好地理解大脑与行为和认知功能的关系，科学家逐渐发展了一些技术方法来精确地测定脑的活动。例如，利用电极记录脑的电生理活动，用正电子发射计算机断层扫描（PET）可以测量大脑的血液流动，用CT机可以对大脑结构进行X射线断层照相，利用功能性核磁共振（fMRI）可以对大脑活动进行观察等。至此，人们对内心活动的了解也逐渐加深。下面我们就对已揭示的脑及神经系统的结构和心理功能进行阐述。

心理学家语录

心理生理学主要研究的问题有：不同的心理功能是由大脑的哪些部位来完成的，它们之间的关系怎样，人的思想和情感与身体健康的关系，遗传在人的行为中的作用等。

——[日]深堀元文

一、神经系统的结构

神经系统是一个完整结构。为了便于理解，我们把它分成中枢神经系统和周围神经系统两大部分。中枢神经系统由脑和脊髓组成；周围神经系统由躯体神经系统和负责传递信息的自主神经系统组成。大脑是神经系统的中枢，通过脊髓、周围神经系统及其他通道与躯体各部分进行信息交换。图2-1显示了中枢神经系统和周围神经系统的关系。

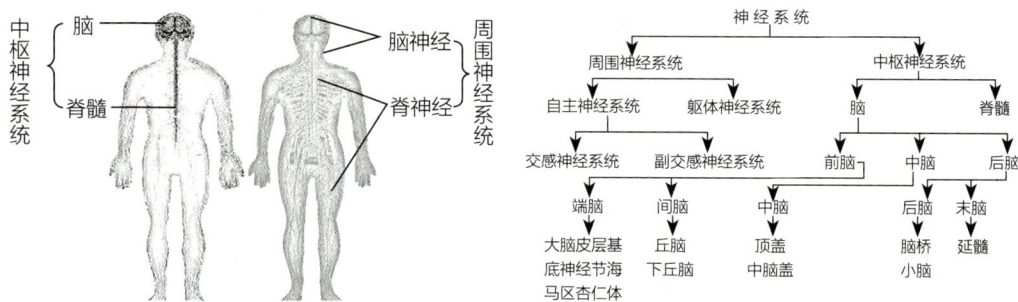

图2-1　中枢神经系统和周围神经系统的关系

（左图为中枢神经系统和周围神经系统的示意图，右图为中枢神经系统和周围神经系统分类图）

（一）周围神经系统

周围神经系统由躯体神经系统和自主神经系统组成。

1. 躯体神经系统

躯体神经系统，是负责传递来往于中枢与感觉器官和骨骼肌之间信息的，主要调节身体骨骼肌的动作，所控制的行为是随意性的。例如，设想你在打字，手指在键盘上的运动，由躯体神经系统控制。当你决定要敲击什么键时，大脑发出命令要手指按键盘上的某些键。同时手指也会给大脑发回它们的位置和运动的信息。如果你按错了键（如神精），则躯体神经系统就会通知脑，由脑发出纠正的命令，只用零点几秒的时间，你就能删除错误并击中正确键（如神经）。

> 躯体神经系统是负责传递来往于中枢与感觉器官和骨骼肌之间信息的，主要调节身体骨骼肌的动作，所控制的行为是随意性的。
> 自主神经系统是负责传递内脏器官和腺体信息的。

2. 自主神经系统

自主神经系统，是负责传递内脏器官和腺体信息的。它维持机体的基本生命过程，该系统每天24小时全天候工作，调节着那些一般情况下不需要意识控制的功能，如呼吸节律、体温的升降、血压的高低、心跳的快慢等。

依照形态和机能的不同，自主神经系统又分为交感神经和副交感神经两部分。

（1）交感神经

一般来说，人们把交感神经看成是一个"应急"的系统。当人们挣扎、搏斗、恐惧或者愤怒时，交感神经马上发挥作用，其功能是唤起脑的结构发出指令去战斗或者逃避危险，动员全身力量以应付危急。例如，加速心脏的跳动；下令肝脏释放更多的血糖，使肌肉得以利用；暂时减缓或停止消化器官的活动。

（2）副交感神经

当危险过去后，副交感神经负责减缓这些过程，使躯体保持平静，或使兴奋起来的躯体返回到较低的唤醒水平。恢复消化活动，脉搏变慢，肌肉放松。因此，副交感神经会在突发事件结束后或情绪活动之后很快被激活。此外，副交感神经还负责执行机体非紧急情况下的常规维护，如排除体内废物，保护视觉系统（通过眼泪和瞳孔收缩），持久保持身体的能量，使心率、呼吸或消化功能保持在维持生命所必需的水平。

（二）中枢神经系统

中枢神经系统由脑和脊髓组成，见图2-1。负责整合和协调全身的功能，加工传入的神经信息，向身体不同部分发出命令。中枢神经系统发出和接受神经信息是通过脊髓而实现的。

1. 脑

脑是中枢神经系统的头端膨大部分，位于颅腔内。人脑可分为大脑（有时也称为端脑）、间脑、中脑、脑桥（又称为桥脑）、小脑和延脑（也称为延髓）六个部分。延脑向下和脊髓相连接。

2. 脊髓

脊髓就像一根电缆，将脑与周围神经系统联系起来，是中枢神经系统的最低部分。它位于椎管内，上端在枕骨大孔处与脑相连，下端变细呈圆锥状。

脊髓的主要功能有两个。首先，脊髓将脑和周围神经联系起来，成为脑神经传入与传出的中转站。人体躯干四肢各部分收到的感觉信息，经脊髓向上传导至脑。脑对躯干四肢活动的控制和调节，也要经过脊髓才能传到全身各处。其次，脊髓还具有协调身体左、右侧活动，并负责不须脑参与的快速简单动作反射。它是一些反射活动的低级中枢，一些较为简单的反射无须脑的参与，仅凭脊髓就可以完成，如膝跳反射、腹壁反射、排便反射、排尿反射等。虽然脑在正常条件下会注意到这些动作，但当没有自脑而下的信息时，肢体依然能完成这些反射动作。如脊髓和脑分割开的机体，受到疼痛刺激时仍能收缩其肢体。

二、脑结构及其功能

脑是中枢神经系统最重要的结构。人脑的结构大体上可分为三个相互联系的层次：最深层包括脑干、丘脑和小脑，主要与心率、呼吸、吞咽和消化等自主功能有关；外包在这个中央结构的是边缘系统，它与动机、情感和记忆过程有关；包在这两层脑结构之外的是大脑，人类的全部心理活动发生在这里。大脑及其表层即大脑皮层整合感觉信息，协调运动，促成抽象思维和推理，如图2-2。让我们更加详细地了解这三层脑结构的功能，先从最外层的大脑皮层谈起。

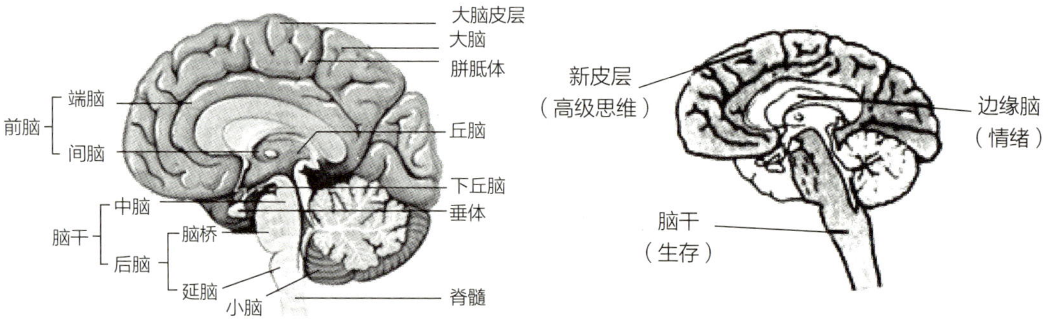

图2-2　脑结构

（一）大脑皮层

人类的大脑占全脑总重量的2/3，它的作用是调节脑的高级认知功能和情绪功能。大脑的外表面由数十亿个细胞组成，形成1/10英寸厚度的薄层组织，称为大脑皮层。

大脑分成左右对称的两半，称为大脑两半球。两个半球由一条厚厚的叫作胼胝体的纤维带连接起来，如图2-3。胼胝体是大脑左半球和右半球进行交流的主要"电缆系统"。例如，当一个人弹奏钢琴时，双手的协调运动要求左半球和右半球必须飞快地交换信息。因此，音乐训练等早期经验可以改变胼胝体的大小。研究发现，受过古典音乐训练的音乐家脑中的胼胝体比较大，而未受过此类科班训练的音乐爱好者的胼胝体比较小。更令人惊奇的是，每个半球都在控制对侧的躯体，左脑主要控制躯体右侧部分，而右脑则主要控制躯体左侧部分。例如，如果一个人的右半球受到损伤，左侧躯体将会瘫痪或者丧失感觉；如果左半球受到损伤，出问题的将是右侧躯体。

大脑皮层除了可以分成左、右两个半球外，还可按照皮层的两条沟从垂直和水平方向将两个半球又分成四个区域，称为脑叶（如图2-4）。脑叶的功能是在临床和实验研究中逐步确定的。以下就是一些对不同脑叶功能的研究结果。

图2-3　大脑皮层和胼胝体剖图

图2-4　大脑皮层功能分区示意图

1. 额叶

额叶位于外侧裂之上和中央沟之前（见图2-4）。额叶具有较为高级的运动控制和认知活动的功能，如筹划、决策、目标设定等。

在大脑的顶部，有一个非常重要的弧形组织，叫作运动皮层（如图2-5），它指挥着全身的肌肉。如果使用电流刺激这个部位，将会引起身体各部位的抽搐。脑一侧发出的命令传向身体对侧的肌肉。

从图2-5中可以看出，一个躯体部位所占面积的大小反映了这个部位运动的重要性，这与即将讲到的躯体感觉区的分配原则是一样的。可以看出，运动皮层的两个最大区域支配手指，尤其是大拇指和言语活动相关的肌肉活动，这反映出操作物体和语言交流活动的重要性。而且，手在运动区中所占的面积比脚大，这是手的动作能够如此灵活的原因。

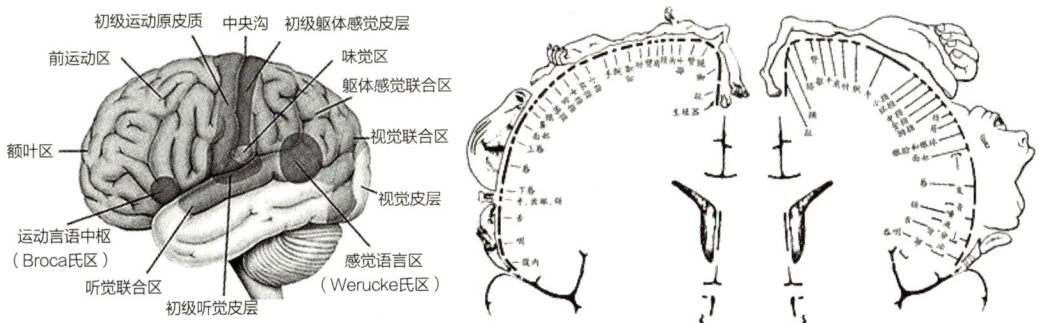

图2-5　不同躯体部分的感觉中枢和运动中枢在皮层的分布
（左图展示不同脑叶及初级运动区、初级感觉区示意图，
右图展示了不同躯体部分的感觉中枢和运动中枢在皮层的分布）

在左半球额叶的后下方，靠近外侧裂处，有一个言语运动区，通过邻近的运动区控制说话时舌头和上颚的运动。这个区域受到损伤会引发运动性失语症。这种病人说话不流利，话

语中常常遗漏功能词，因而形成"电报式"语言。

运动皮层之外的全部额叶皮层称为前额叶，与许多心理活动有关。如第一章所提到的盖吉的病历，正是因为这一脑区受损引起明显的个性和情绪的变化。此外，额叶损伤病人在完成推理时也常常遇到困难，他们总是一遍又一遍地重复错误的答案，说明推理等智力活动是依靠额叶完成的。研究者还发现工作记忆也位于前额叶皮层。

🔍 **案例**

体育明星为何与冠军失之交臂

正如本章一开始所提及的王皓的经历，人在压力之下都会患得患失，担心所处的境况、事情的结果以及他人对自己的看法，总是担心会因为某次失败而输掉一切，或者怀疑自己是否有能力取得成功。研究体育运动的心理学家发现，运动员越是担心自己表现得不好，越有可能在比赛中表现欠佳。原因是想得太多。如果想着取悦朋友、教练、队友和粉丝，要给他们留下深刻印象，就会瞻前顾后、畏首畏尾。因为这些忧虑，常常想把所有事情掌控在自己手里，在这种情况下，就会有意识地注意通常不会注意到的动作细节，从而导致动作失误。

美国芝加哥大学心理学实验室曾做过一项研究，让技术娴熟的大学生足球运动员一方面运球通过一系列障碍物，一方面注意一直与球接触的脚。此做法意在让这些技术娴熟的运动员注意他们通常不会注意到的动作细节。研究发现，与没有任何指示的运球相比较，让运动员注意自己的脚会减慢运球的速度，也更容易犯错。当动作技能达到熟练程度时，通常情况下我们根本不会注意到动作的细节和步骤，动作的发出是下意识的，由感觉运动大脑皮层掌管。当要求运动员关注他们平常运球过程中无须关注的动作细节时，动作的有意识关注，唤醒了大脑前额叶皮层的参与，就如同我们急急忙忙下楼时如果想着腿和脚的动作，我们更可能会跌倒一样，关注会非常有害。

"想做就做（Just do it!）"这句耐克的广告语很好地诠释了在体育比赛中获得完美表现的关键。

2. 顶叶

顶叶位于中央沟之后，负责触觉、痛觉和温度觉。从图2-5中可以看到，身体部位的大小与其在感觉区所占的面积并不是对应的。躯体部位在感觉区中所占的面积越大，感觉的敏感程度就越高。例如：嘴唇在感觉区中所占的面积很大，这一部分对刺激特别敏感；背部和躯干所占面积很小，这些躯体部分的敏感程度较低。

3. 枕叶

枕叶位于头后部，是视觉信息到达的部位，是皮层上的初级视觉区。它接收由眼睛输入的神经冲动，产生初级形式的视觉，如对光的觉察。如果枕叶某处产生肿瘤，病人就会在视觉上出现盲点。

　　在顶叶和枕叶交界处，还有言语视觉中枢。损伤言语视觉中枢将出现书面言语的理解障碍，病人看不懂文字材料，从而产生视觉失语症或失读症。

4. 颞叶

　　颞叶位于外侧裂下部，即每个大脑半球的侧面，听觉信息在此直接传入，它是听觉的主要中枢。如果用电极刺激颞叶的初级听觉区，将会在没有声音时"听到"一系列声音。如果由上而下对颞叶进行刺激，人将会"听到"音调由低向高的变化。这些研究结果表明，不同质量声音的听觉，显然与颞叶的不同部位有关。在颞叶上方、靠近枕叶处，有一个言语听觉中枢，它与理解口头言语有关。该中枢一般在左侧颞叶，仅有约5%的人在右侧颞叶。损伤这个区域将引起听觉性失语症，即病人不理解口语单词，不能重复他刚刚听过的句子，也不能完成听写活动。

　　在图2-5中我们可以看到，初级感觉区和运动区只占了大脑皮层的很小一部分。那么，剩下的大片区域是做什么的呢？这些区域叫作联合皮层。对皮层联合区功能的认识主要来自一些对脑损伤病人的研究。联合皮层不接受任何感觉系统的直接输入，从这个脑区发出的纤维，也很少直接投射到脊髓支配身体各部分的运动。该区域只负责对来自各个感觉器官的信息进行综合处理。例如，在对猴子进行的延迟反应实验中，发现前额叶的联合区受损伤后，不对延迟后的刺激做出正确反应；而前额叶未受损伤的猴子，能做出正确反应。额叶联合区与思维策略等高级心理能力的发展有关。从系统发生上来看，联合区是大脑皮层上进化较晚的一些脑区，它与各种高级心理机能有密切的关系。动物的进化水平越高，联合区在皮层上所占的面积就越大，人类大脑皮层的联合区占4/5，比感觉区和运动区要大得多。

　　虽然不同脑叶的功能不同，但并不是每叶脑组织单独控制某一特殊功能。事实上，脑完成其功能如同一场音乐会中交响乐队那样合作工作。不管你是在做菜还是在做数学题，还是和朋友聊天，你的脑作为一个统一的整体在工作，各个脑叶之间相互影响、协调工作。但不同脑叶在某一特定功能上的作用是显著的。如前所述，当某一脑叶组织受损时，它的功能就会受损或完全丧失。

🔍 **案例**

左右脑的差异研究

　　如果大脑真的被分成两部分，或者说左、右大脑之间的联系受到破坏时，一个人还能正常地行动吗？既然感觉输入是同时作用于左右两侧的，那么视觉、听觉、触觉等会受到怎样的影响？

为了回答上述问题，斯佩里和加扎尼加采用了不同的方法对割裂脑患者进行了研究。在其中一项研究里，他们将一种物品（如钢笔）放在患者的右手中，不让患者看到和听到，物品的有关信息只能通过触觉传递到大脑的左半球，在这种条件下，发现患者能够说出物品的名字，并能描述它，指出它的用途。然而，当把同样的物品放在患者的左手时，患者却不能说出物体的名字，更不能描述它。但当要求被试从他面前的各种物体中找出与左手物品相匹配的物品时（被试并没有看见它），他们能很容易地找出来。这一结果表明，口头语言表达在大脑的左半球。正常人能说出放在左手里的物品名字，是因为信息从大脑的右半球经过胼胝体传到了左半球，语言中枢在那里会形成答案。

现在我们已经知道，在大多数人中，言语是左半球的功能。当一侧脑半球完成某些功能时具有主要作用，则认为这就是功能—侧化。研究发现，仅有5%的右利手和15%的左利手在大脑两半球中都发生言语加工过程。

（二）边缘系统

边缘系统是位于大脑半球和脑干之间的环周结构，由三个部分组成，即海马、杏仁核和下丘脑，见图2-6。

> 边缘系统是位于大脑半球和脑干之间的环周结构，由海马、杏仁核和下丘脑三个部分组成。

边缘系统的功能复杂，与内脏活动和心理活动都有密切的关系。该系统参与体温、血压和血糖水平的调节，并执行其他体内环境的调节活动；同时也参与动机、情绪状态和记忆过程。在边缘系统中，可以找到控制愤怒、害怕、性反应和其他强烈觉醒反应的对应点。例如，当用电击刺激猫的边缘系统时，能够引起猫的攻击行为，表现为蜷缩、嘶叫、伸开爪子、前倾和绷紧它们的肌肉，表现出所有防御和攻击的特征。

1. 海马

海马是边缘系统中最大的脑结构，海马对于外显记忆的形成非常重要。我们通常把记忆划分为两类，外显记忆和内隐记忆。外显记忆是推理能力和回忆的基础。如回想两周前和朋友对话的详细内容靠的就是这种记忆。内隐记忆经常用来指导动

图2-6　边缘系统结构

作执行的记忆，如同一份行动指南，只要遵照这份指南，你就能在骑自行车、打高尔夫球、挥舞棒球棍击球或者玩手机上获得成功。大量的临床证据表明海马在外显记忆的获得中具有重要作用。

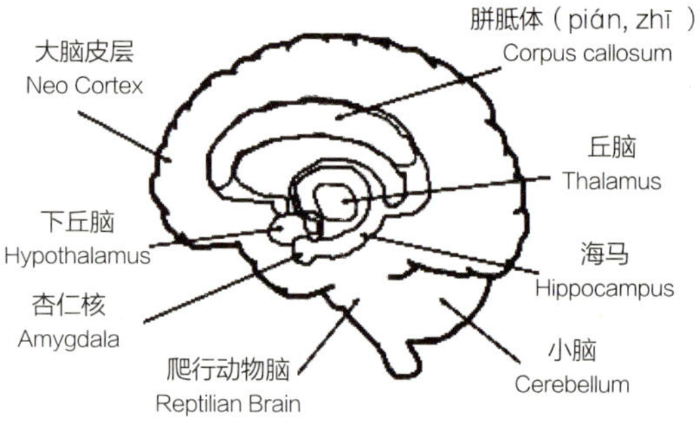

2. 杏仁核

杏仁核在情绪控制和情绪记忆形成中具有一定作用。尤其与恐惧情绪有着密切的联系，并起着通往皮层的"快速通道"的作用，这使得我们能够在完全弄清楚刺激的性质之前就做出对可能有害刺激的反应。例如，一位刚退伍的老兵听到汽车发动机的后喷声音，便一下跳到路边灌木丛中——那声音非常像枪声。虽然是恐惧系统的"提前反映"所产生的错误行为，但这在现实情境中是有意义的，因为这种快速反应很可能帮助士兵在战场上保住性命。杏仁核一些区域的损伤也破坏面孔表情识别能力。

3. 下丘脑

下丘脑是脑内很小的结构，位于丘脑下方，也叫丘脑下部，仅有小葡萄那么大，但在日常生活中的许多重要功能中具有重要作用。下丘脑是情绪和许多基本动机的主要中枢，包括饮食、睡眠、体温调节、激素分泌、觉醒、情感和性行为。下丘脑维持着身体内部平衡。当身体能量储备降低，下丘脑维持兴奋并激发机体寻找食物和进食；当体温下降，下丘脑引起血管收缩并产生非随意的微微颤动，这就是通常所说的以发抖产热平衡体温的降低，下丘脑也调节内分泌系统的活动。

（三）脑干、小脑和丘脑

1. 脑干

当脊髓进入颅骨并与脑相连后，体积变宽，形成脑干。脑干上连大脑半球，下连脊髓，呈不规则的柱状形，是大脑与脊髓之间的联络通路。脑干有多方面的功能，主要维持个体生命，如心跳、呼吸、消化、体温、睡眠等重要的生理活动，这些功能由脑干的下列四个重要的结构来承担。

（1）延脑。位于脊椎的最上端，背侧覆盖着小脑，是一个狭长的结构。延脑与机体的基本生命活动有重要关系，具有调节呼吸、血液循环、消化等功能，所以延脑的损伤是致命的，因而又称为"生命中枢"。药物、疾病或者击打对延髓的破坏将置人于死地。另外，从身体发出的上行神经纤维和自脑发出的下行神经纤维在延脑发生交叉，这就意味着身体的左侧与脑的右侧相关联，而身体的右侧与脑的左侧相关联。

（2）脑桥。紧贴延脑之上的是脑桥，它位于延脑和中脑之间，提供传入纤维到其他脑干结构和小脑之中。脑桥是中枢神经和周围神经之间传递信息的必经之路。它对人的睡眠具有调节和控制作用。

（3）中脑。位于丘脑底部，小脑、脑桥之间。形体较小，结构简单，主要支配眼球、面部肌肉活动，以及调节身体姿势和随意运动。中脑受损，会出现面部表情呆板或者舞蹈症。

（4）网状结构。在脑干隔断的广大区域，有一类质密的神经细胞网络，称为网状结构或者网状系统。它提供传入纤维到其他脑干结构和小脑之中。由于大脑的传入和传出信息都要经过网状结构，因此，这一系统对注意、运动、警觉和一些反射活动都有重要影响。例如，当信息进入大脑时，网状结构决定着哪些信息可以有优先权，哪些信息将被删除，因此影响着人的注意力。同时网状结构也修改发送到躯体的命令，如肌肉状态、姿势，眼睛、面部、头部、躯体、四肢的运动都受到网状系统的影响。另外，这一系统还控制着呼吸、打喷嚏、咳嗽和呕吐等反射性活动。网状结构的另一项重要功能是维持警觉和唤醒水平。它唤醒大脑皮层去注意新刺激，甚至在睡眠中也保持着脑的警觉反应。过去的读书人"头悬梁、锥刺股"，让疼痛驱除自己的困意，其中的道理就是通过网状系统激活，来使得大脑保持活跃和警觉。这个区域的大面积损伤会导致昏迷。

2. 小脑

小脑位于脑的基部，贴在脑干之上，主要负责调整姿势、肌肉的紧张程度和协调肌肉的运动。一些复杂的运动，如走路、舞蹈等，一旦学会似乎就编入小脑，并能自动进行。最近的研究表明，在学习能力上，如控制身体运动的运动机能学习，小脑有着重要作用，同时小脑在习惯性行为模式的记忆中也起着重要的作用。小脑损伤会出现痉挛、运动失调、丧失简单的运动能力。

3. 丘脑

丘脑相当于一个中转站，传入的感觉信息可通过丘脑到达大脑皮层的适当区域，并在那里进一步加工。视觉信息、听觉信息、味觉信息和触觉信息都在这个小小的圆形结构中停留一下，由这个系统进行初步分析。例如，丘脑把眼睛获得的视觉信息传递到大脑皮层视觉区。丘脑受到丝毫的损伤，都有可能会导致耳聋、失明或者其他感觉的丧失。唯有嗅觉信息不经过丘脑而直接传送到皮层，所以丘脑损伤不影响嗅觉。

第二节
内分泌系统

🎯 **学习目标**

了解常见的内分泌腺体

掌握不同腺体的心理功能

如果说神经系统是身体中的第一大信息交流系统，那么，内分泌系统就是第二大信息交流系统，它的主要作用是辅助神经系统的工作。内分泌系统由许多腺体组成，它制造和分泌化学物质——激素到血液和淋巴系统中。激素被输送到身体的每一个部位，尤其在生命的某些阶段或者某些情况下显得尤为重要。身体中有几个不同器官产生激素，它们像工厂一样制造出不同激素，来调节体内不同的生理过程。下面我们分别对这些激素的生理过程进行讨论。

🔊 **心理学家语录**

大脑构造及其化学成分的很多方面可以被经验改变。

——[美]哈克

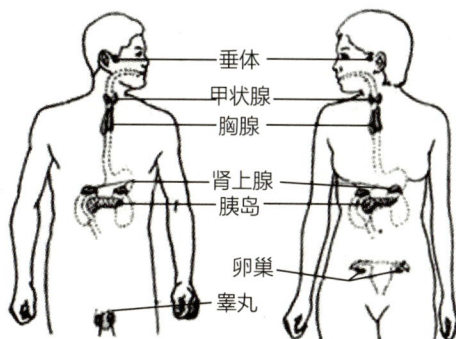

人体主要的内分泌腺

图2-7　男女内分泌腺

一、脑垂体

脑垂体垂在脑的下部，见图2-7，其形状似豌豆。在人的成长过程中，脑垂体起着非常重要的调节作用。童年期，脑垂体分泌的生长激素，能够加速身体的生长。没有这种生长激素会导致侏儒症，过量则会造成巨人症。如比姚明还高出半头的北京金隅队的中锋孙明明因患有脑垂体瘤，身高达到2.30米。

脑垂体对压力反应过程进行调节。心理应激状态下，脑垂体可以从下丘脑接收一些激素，进一步影响其他内分泌腺的激素释放，如甲状腺、肾上腺和卵巢或睾丸都受到脑垂体的调节。因此，脑垂体通常被称为"主腺体"。

二、松果体

松果体是脊椎动物大脑中的一个小型内分泌腺。它的形状和大小与石松的果实相似，因而得名。松果体位于大脑中心附近，在两个脑半球之间，夹在两个圆形丘脑所在的凹槽中，见图2-8。

松果体分泌一种叫褪黑素的激素，使得我们能够对白昼和黑夜的变化做出反应。黄昏时褪黑素在血液中的水平升高，午夜时达到最高，接近天亮时又降低，由光驱动循环帮助控制身体节律和睡眠周期。也正是这一原因，褪黑激素保健品被用于治疗严重失眠和倒时差。

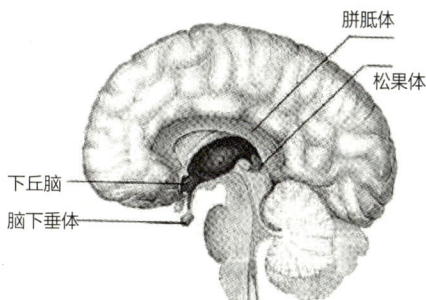

图2-8　松果体解剖示意图

三、甲状腺

甲状腺位于颈部，功能是调节新陈代谢，同时对人格有着相当大的影响。甲状腺功能亢进会导致甲状腺分泌过多，个体会变得紧张、易激惹和神经质，新陈代谢加快，身体消瘦。甲状腺功能低下会导致甲状腺分泌过少，成年人会表现为少动、嗜睡、动作迟缓和肥胖；儿童则会表现为神经系统发育受影响，甚至智力落后。

四、肾上腺

肾上腺是位于肾脏正上方的两个小腺体。分为内外两层，内层为肾上腺髓质，外层为肾上腺皮质。这两部分通过两条神经内分泌途径对情绪产生影响：一是下丘脑—交感神经—肾上腺髓质系统，二是下丘脑—垂体—肾上腺皮质系统。可见，肾上腺既受自主神经系统所支配，又受中枢神经系统的直接调节。

1. 下丘脑—交感神经—肾上腺髓质系统

在对情绪性刺激发生反应时，交感神经同时刺激内脏器官和肾上腺髓质。通过神经的作用，内脏器官立即进入应激活动，体内会发生许多重要变化，以准备应付外部的危险；肾上腺髓质则分泌两种激素——肾上腺素和去甲肾上腺素，并促进生理应激反应，如心跳加快，血压升高，肝糖原和脂肪分解加速，血糖升高，肌肉变得紧张并接受更多的血液，等等。激素到达器官速度较慢，但对各器官的生理效应具有较长的持续效果，直到活动的需要终结为止。去甲肾上腺素不仅是肾上腺髓质分泌的激素，同时也是交感神经的传递介质。这样，内分泌系统不仅具有神经激活作用，还参与化学激活反应。而且，交感神经直接支配肾上腺髓质，控制激素的分泌，肾上腺激素的分泌还调节效应器官的活动，并对中枢神经系统形成反馈调节。可见，中枢神经系统、自主神经系统和内分泌系统之间存在网络性的交互作用关系。

🔍 **案例**

人未老，发先白

俗话说"笑一笑十年少，愁一愁白了头"。那么情绪如何影响我们的身心健康呢？随着现代生活节奏的加快，情绪与健康的关系越来越受到重视，为此，许多研究者进行了情绪对神经内分泌影响的相关研究。

研究者运用不同情绪色彩的图片诱发健康被试正性、中性和负性的情绪反应，结果发现与中性和正性情绪图片相比，负性情绪图片可以诱发被试心率、血压明显增加；血浆中肾上腺素、去甲肾上腺素、皮质醇和促肾上腺皮质激素含量明显增加，但是对于正性和中性情绪图片则无明显反应变化。

有研究者发现，引发大笑的电影与对照条件相比较，可以使得被试皮质醇水平下降。这一结果与调整积极心理状态的手段，如放松指导和音乐训练造成被试皮质醇水平降低的结果类似。进一步研究发现，长时间幽默刺激可影响皮质醇的水平。如被试观看9分钟的电影片段，发现积极、消极情绪均可引起皮肤电和心率的变化，但是皮质醇水平未出现明显改变。而观看90分钟的幽默片之后，被试的皮质醇水平才发生显著降低。

2. 下丘脑—垂体—肾上腺皮质系统

情绪产生时，下丘脑产生促肾上腺皮质激素释放因子，调节垂体前叶促肾上腺皮质激素的分泌量，而促肾上腺皮质激素又控制着肾上腺皮质类固醇的分泌。肾上腺皮质分泌的激素按功能分为：① 盐皮质激素，参与机体钠、钾代谢的调节，即保钠、保水、排钾，人体缺少该激素，会出现精神萎靡、肌肉无力等症状；② 糖皮质激素，调节机体的物质代谢，并能增强机体的应激能力，如加强机体对创伤、高温、惊恐、疼痛等刺激的抵抗力，使机体产生相应的应激反应；③ 性激素，主要是指少量的雄性激素，具有促进人体男性化的作用，并能促进蛋白质的合成，对女性而言，该激素过多，会出现男性化的病理特征（例如，一个过度男性化的女性会长出胡须）。肾上腺皮质激素一方面影响身体各器官的生理效应，另一方面又对中枢神经系统和垂体具有反馈调节作用。

研究表明，焦虑、发怒、恐惧、无望等有害的情绪刺激，能明显地增加促肾上腺皮质激素和皮质类固醇的分泌量，并导致一系列生理症状。例如，人处在焦虑状态时，外周血管收缩，血糖浓度下降，肌肉松弛，消化腺分泌活动下降，这与促肾上腺皮质激素和皮质类固醇分泌的增加有关，这两种激素水平的变化是心理紧张的函数。

🔍 **案例**

考试考砸的原因

一直以来，人们认为考试考砸的原因是压力和焦虑。真的如此吗？为此，心理学研究者要求学生们参加一次相当难的数学测试，在考试之后，研究者用小试管分别收集每个学生的唾液，从而测出每个人唾液中的皮质醇含量。皮质醇是肾上腺分泌的一种激素，与压力相关的身体变化有关。当人们处于紧张环境时，皮质醇的分泌量会加大，因而许多研究者认为皮质醇是一种在特定时间内，检测出被试对象所承受压力水平的简单快捷的方式。本研究出现了极为矛盾的结果：数学成绩低的学生皮质醇水平高，一部分学生皮质醇水平越高，数学成绩越低；但其他学生身上则出现了截然不同的结果，皮质醇水平越高，他们的数学成绩越好。进一步研究发现：那些皮质醇越高表现越差的人，就是在之前的实验中自称对做数学题感到极其焦虑的人；而那些皮质醇水平越高表现越好的人，就是那些不会对数学有任何焦虑感的人。这一研究对于那些在课堂黑板前当着大家的面解题的学生来说是个好消息，甚至对于处在高压环境下，如大型演讲时的你来说是一个好消息。如果你能成功地将身体对环境的反应理解为积极的信号，那么你就有可能表现良好。如果你把身体的信号，如手心出汗、肚子疼、心跳加速、肌肉发紧等表现理解为处境不佳，找不到解决办法，那么这种担心或者忐忑就会让你考试成绩不佳。

五、性腺

性腺于男性为睾丸，女性为卵巢。它既是人体的主要生殖器官，能产生生殖细胞（精子、卵子），又是人体的重要内分泌器官，能分泌男性激素和女性激素。性激素的作用有两个：一是促进和维持性器官的发育成熟及生殖功能的成熟，二是促进第二性征的出现及生殖过程的进行。

案例

女孩与类固醇的使用

传统意义上，使用像类固醇这类提高运动表现性的大部分是男性。然而，最近的研究却发现，年轻女性（有些只有9岁）使用促进身材发育的类固醇，并非为了比赛时的优秀表现，而是让自己的身材看起来更成熟，同时塑造得更像模特儿和电影明星。

越来越多的女性运动员陷入使用危险性睾丸素制剂的丑闻中。研究发现大部分女性为了能在比赛场上表现更强而使用类固醇，研究者还认为由于有越来越多女性加入竞技体育，因此使用类固醇的数量也增加了。但大部分是为了看起来肌肉均匀。对于年轻女性来说，使用类固醇的目的还和控制体重及减少脂肪有关。

以青少年女性来说，使用男性荷尔蒙的副作用包括粉刺、乳房缩小、嗓音变厚、脸毛和体毛增多、月经失调、忧郁、妄想症和脾气暴躁。同时类固醇还可能提高心脏病、中风的风险，以及导致部分癌症的形成。

第三节
大脑中信息的传递

学习目标

了解神经元的构造
和分类

掌握信息在神经元
内和神经元之间传
递的方式

理解神经网络如何
实现信息在脑和全
身内的传递

一、神经元的结构与分类

（一）神经元

　　脑内的神经细胞被称为神经元，它是神经系统的最小单位。人脑是由无数个神经元构成的，虽然一个孤立的神经元能够发挥的作用

> 神经元是脑内的神经细胞，是神经系统的最小单位。

极为有限，但联在一起的神经元就会形成巨大的神经网络，使我们有了意识和智慧。所以，要了解大脑如何工作，首先要从了解神经元开始。神经系统是由神经网络组成的，在脑内有一千亿个以上的神经元。

（二）神经元的结构

　　神经元由四个基本部分构成，即树突、胞体、轴突、神经末梢，见图2-9。

1. 树突

　　树突较短，长度只有几百微米（1微米=10^{-3}毫米），形状如树的分支，它的主要作用类似电视的接收天线，负责从其他神经元接收信息，并将信息传向细胞体。

2. 细胞体

　　细胞体的形态和大小有很大差别，有圆形、

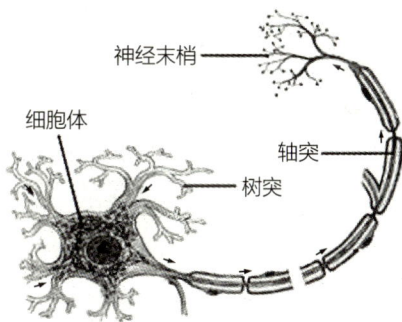

图2-9　神经元模式图

锤体形、梭形、星形等，负责整合从树突接收的信息，或者在一些情况下细胞体不经过树突直接从另一个神经元接收信息。

3. 轴突

　　轴突长短不一，有些只有0.1毫米长，有些长达1米左右，每个神经元只有一根轴突，负责把细胞体发出的信息传导至与它联系的其他神经元。

4. 神经末梢

　　轴突的末端被称为神经末梢，这部分连接着其他神经元的树突或者细胞体，使得信息能

够从一个神经元传递到另外一个神经元。神经元一般只沿着一个方向传递信息，从树突通过胞体沿轴突传到神经末梢。

（三）神经元的类型

神经系统各部分的神经元具有不同的功能，据此可将神经元分为不同的类型。

（1）感觉神经元，又称为传入神经元，与感受器相连，收集和传导身体内、外的刺激，使之到达中枢；

（2）运动神经元，又称为传出神经元，主要位于脑、脊髓和植物神经节内，将信息传给肌肉和腺体，只配合效应器官的活动；

（3）中间神经元，脑内的大部分神经元都是中间神经元，起联络作用，负责将感觉神经元接收到的信息传递到其他中间神经元或运动神经元。每个运动神经元都有多达5000个中间神经元，这些中间神经元的连接形成了大的中介网络，构成脑内信息加工的主要场所。

二、神经元的信息传递

信息在神经元内的传导过程称为神经冲动电传导。因此，从性质上来说，神经元内的传导主要是一种电信号。我们可以通过想象多米诺骨牌来理解神经冲动，当第一块骨牌被推倒时，随后所有的骨牌将会波浪式地被推倒，直到最后一块。每一次神经冲动之后，神经元就如同被推倒的骨牌快速复原摆好，为下一次神经冲动做好准备。

神经冲动需要一定的时间。例如，当有人踩了你一脚时，你的大脑并不是立即知道的，而是在大约1/50秒之后才得到这个信息。在轴突中，神经冲动的传导速度大约是每秒2.5米。轴突半径越大，传导速度越快。在一些粗大的轴突中，传导速度最快可达每秒100米，即每小时约360千米。神经冲动的传导服从全或无法则。神经元反应的强弱并不随外界刺激的强弱而改变。就像鞭炮的引火线一样，一段一段燃烧下去，不依赖于火力的大小，这种特性使得信息在传递中不会变得越来越微弱。

一个神经元如同一节小小的生物电池，来自其他神经元的信息通过一系列的神经冲动被传递至轴突，之后传向下一级神经元。

人类神经元之间的信息传递基本都是化学性质的。两个神经元之间有一个极小的间隙，即突触，见图2-10。

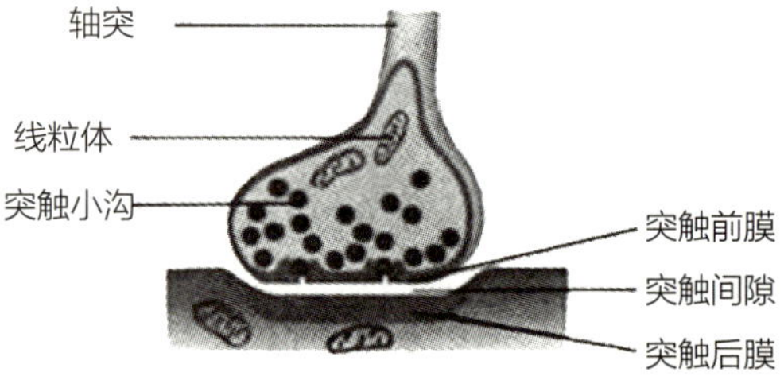

信息通过突触从一个神经元传递到另一个神经元。当一个神经冲动到达轴突末梢时，会引起那里神经递质的释放。神经递质

图2-10　突触结构示意图

是能够引起其他神经元兴奋的化学物质。当神经递质分子穿过突触间隙后，就到达了其他神经元的胞体或者树突上的受体部位，这些区域对特定的神经递质非常敏感。一旦神经递质附着到受体部位上，就可以给下一个神经元提供兴奋或者抑制的信息。至此，神经递质就完成了它的工作，从受体分子上脱离，在突触间隙游荡，或是受酶的作用而分解，或是被轴突终端再吸收，很快再利用。

> 神经递质是能够引起其他神经元兴奋的化学物质。

🔊 心理学家语录

人类大脑的确可以完成无限多的复杂任务，其能力的强大远远超出人类的想象，这一点毋庸置疑。

——[英]东尼·博赞

三、神经网络

神经元与神经元通过突触建立了广泛的联系，构成了极端复杂的神经网络，从而实现对信息的接收、传递和处理功能。有研究显示，一个脊髓的前角运动神经元胞体可有2000个突触，大脑皮层每个神经元可有30000个突触。芝加哥大学神经学家赫里克（J. Herrick）计算，100万个皮层细胞两两组合，可以得到$10^{2783000}$种组合。由此可见神经网络的复杂程度。现在，你可以想象一下，就在你的大脑中，有1000亿个神经元和其间形成的100兆个突触正在接收和发送信息，这是一台多么神奇的生物计算机啊！

具体来说，神经元的联系方式主要有三种：

（1）辐射式：即一个神经元的轴突通过它的末梢分支与许多神经元建立突触联系，这种联系可以使得一个神经元的冲动引发多个神经元同时性冲动或者抑制，传入神经元主要按照辐射式建立突触联系。

（2）聚合式：即许多神经元的神经末梢共同与一个神经元建立突触联系，这种联系表现了神经冲动在时间上和空间上的整合作用，传出神经元按照聚合式建立突触联系。

（3）环式：即一个神经元发出的神经冲动经过几个中间神经元，又传回原发冲动的神经元，使得神经冲动在这个回路内反复传递，形成时间上的多次加强。

🔍 **案例**

高手是天赋超常还是后天训练造就的

出租车司机在其熟悉城市里的大街小巷穿行自如，因为他们在不断练习。大城市的出租车司机在涉足这一行之前，要花好几年的时间探索如何在拥挤的市区找到行车路线，到达目的地。科学家发现，这种寻找路线的练习使得出租车司机的大脑发生了变化。证据就是，出租车司机与常人相比，大脑的海马区域变大了，而且从业时间越长的司机其海马区域越大。

杂技训练对大脑也有着类似的影响。长达数月的杂技训练可以增大大脑中参与处理动作的神经元细胞体，这就意味着大脑细胞之间的信息交流增加。有趣的是，一旦人们停止了密集的杂技训练，神经元细胞体又会恢复到原来的水平。

研究者对高水平射击运动员和新手的大脑活动进行了比较，发现两者有很大的不同。高手在瞄准时与快要扣动扳机时神经元活动相对较弱，在扣动扳机的一瞬间，大脑活动更为明显。高手的大脑运动区域与前额叶皮层的其他大脑区域，如推理、观察活动所发生的区域之间的协调与交流减少。一旦扣动扳机，这些区域彼此间频繁的交流就停止了。这种协调性减弱在初学者身上没有发现。研究结果显示，运动技能越娴熟，运动员所用到的大脑网络区域越少。

本章小结

神经系统分成中枢神经系统和周围神经系统。中枢神经系统包括脑和脊髓；周围神经系统分为躯体神经系统和自主神经系统。

躯体神经系统，是负责传递来往于中枢与感觉器官和骨骼肌之间信息的，主要调节身体骨骼肌的动作，所控制的行为是随意性的。

自主神经系统，是负责传递内脏器官和腺体信息的。分为交感神经和副交感神经。交感神经与活动的兴奋有关，副交感神经与活动的抑制有关。

人脑分为脑干、丘脑和小脑，边缘系统，大脑。

大脑及其表层即大脑皮层整合感觉信息，协调运动，促成抽象思维和推理。

边缘系统与长时记忆，攻击行为、饮食和性行为调节有关。

脑干负责呼吸、消化和心率的调节。

内分泌系统的内分泌腺将激素释放到血液中，使得身体中产生化学信息的交流。内分泌腺的活动影响着人的心境、行为和人格。

脑垂体影响多数内分泌腺的激素释放，同时受到下丘脑的控制。

神经元是神经系统的最小单位，接受、处理和传递信息到其他细胞、腺体和肌肉。神经元内的信息传递是电传导；神经元之间的信息传递是化学传导。

总结 >

Aa 关键术语

躯体神经系统	自主神经系统	边缘系统
somatic nervous system	autonomic nervous system，简称ANS	limbic system
神经元	神经递质	
neuron	neurotransmitters	

章节链接

本章是第一章"心理本质"是脑的机能这一内容的进一步拓展。第三章的意识状态与本章内容有关。第六章记忆的脑机制也与本章中海马的功能有关。第十一章的心理发展也与本章中神经系统和脑的发育有关。

应用 >

批判性思考

人脑是由无数敏感的神经细胞和神经纤维组成的。大脑控制维持生命所需要的各种功能，保持着与外部世界的广泛联系，向肌肉和腺体发布着一道道命令，对人体的每一种需求做出反应，创造着人神奇的意识，并随时调整脑的自身活动。然而，我们必须明确心理与大脑之间的关系非常复杂，还有很多的问题没有搞清楚。

随着科学家对大脑研究的逐步深入，人们对心理活动的了解也随之加深。请想一想，有一天心理学是否会被脑科学取代？

在未来的某一天，人类会不会制造出比自身更为聪明的机器？

✎ 体验练习 ··

测一测压力承受能力

目的：测一测自己在体育、演奏、面试等关键活动中是否会因为压力大而发挥失常（理查德·马斯特斯编制）。

指导语：请仔细阅读下面的句子，根据自己的实际情况做出相应的回答。请在相应的地方打"√"。每个题目的答案没有对错，请不要有任何顾虑。

题号	题目内容	是	否
1	让我沮丧或愤怒的事情发生很长一段时间之后，我仍然记得很牢		
2	我只是想想曾经让我沮丧的事情就会觉得紧张		
3	我经常发现自己一遍又一遍地回忆那些让我愤怒的人或事		
4	即使事情已经过去很久了，我还是想回去找那个让我愤怒的人		
5	我不会忘记那些让我沮丧或者愤怒的人，哪怕是鸡毛蒜皮的事		
6	当有人提醒我曾经的失败时，我觉得一切又要再次发生了		
7	相比我认识的大多数人，我比他们更不担心未来		
8	我总是尝试着理解自己		
9	我经常反思自己		
10	我总是要检查自己的动机		
11	我有时会有那种在别处观察自己的感觉		
12	我对自己情绪的变化很敏感		
13	我能意识到自己解决问题时的大脑活动		
14	我关心自己做事的方式		
15	我关心自己表现的方式		
16	我会意识到自己的表现方式		
17	我经常担心自己不能给别人留下好的印象		
18	我出门要做的最后一件事情是照镜子		
19	我关心别人对我的看法		
20	我经常犹豫不决		

结果评定：这个自省问卷的得分越高，当压力出现时，你在体育、演奏、面试等压力很大的活动中越容易发挥失常。

拓展 >

☕ 补充读物

1　哈克．改变心理学的40项研究：探索心理学研究的历史．白学军，等译．北京：人民邮电出版社，2014

　　《改变心理学的40项研究：探索心理学研究的历史》的作者为美国门多西诺学院的心理学教授哈克（R. R. Hock）博士。他在多年讲授"普通心理学"课程的过程中，有感于心理学教科书与基础研究过程之间的严重脱节而编写本书，1992年一经出版就备受关注，至2005年已修订出版第5版，受到专业人员与学生的好评。作者站在学科发展的高度，纵观心理学科学研究短短几十年的发展历程，精心筛选出对心理发展影响最大、文献引用较多且至今仍对该学科产生重要作用的40项实验研究，范围涵盖心理学的各主要分支。

2　西恩·贝洛克．超常发挥．吴奕俊，吴纯佩，译．北京：中信出版社，2011

　　《超常发挥》是一部通俗易懂的心理学实用书籍。对于人为什么会在关键时刻表现得不尽如人意，本书给出了可读性很强的解释。凡是遭遇过以下状况者，都要读读《超常发挥》这本书：平时讲话条理清晰，一上台就语无伦次；背得滚瓜烂熟的知识，进了考场就全忘了；日常训练得心应手，正式比赛却状况频出；策划案准备得无懈可击，提案时却大失水准，关键时刻总是"掉链子"，一再错失人生良机。

🖥 在线学习资源

1. http://www.pai314.com/ 中国脑科学网

2. http://www.psych.cas.cn/xscbw/ 有中国心理学会和中国科学院心理研究所主办的《心理学报》，可阅读中国心理学家研究的最新成果

第三章

注意与意识状态

本章概述

    本章主要介绍了注意和意识的概念、分类及其特征。在注意部分，主要介绍了注意的含义、注意的基本特征、注意的分类、注意的功能和注意的外部表现，重点介绍了注意的品质，包括注意广度、注意稳定性、注意分配性和注意转移。在意识部分，首先介绍了意识的含义、意识的基本特征、意识水平和意识的功能，其次介绍了常见的意识状态，包括睡眠、梦、催眠和白日梦。

结构图

ⓐ	ⓑ	ⓒ	ⓓ	ⓐ	ⓑ	ⓒ	ⓓ
注意的含义	注意的分类	注意的功能	注意的外部表现	注意广度	注意稳定性	注意分配性	注意转移

注意概述　　　　　　　　　　　　　　　　　　**注意的品质**

1　　　　　**注意与意识状态**　　　　　2

3　　　　　　　　　　　　　　　　　　　4

意识概述　　　　　　　　　　　　　　　　　　**常见的意识状态**

ⓐ	ⓑ	ⓒ	ⓓ	ⓐ	ⓑ	ⓒ	ⓓ
意识的含义	意识的基本特征	意识水平	意识的功能	睡眠	梦	催眠	白日梦

学习目标

本章重点：

1. 注意的含义

2. 注意的基本特征

3. 注意的分类与功能

4. 注意的外部表现

5. 注意的品质

6. 意识的基本特征与水平

7. 意识的功能

本章难点：

1. 注意的品质

2. 睡眠的阶段

学完本章，你应该能够做到：

1. 掌握注意的含义、注意的基本特征

2. 掌握注意的分类与功能、注意的外部表现

3. 掌握注意的品质

4. 掌握意识的基本特征、含义与功能

5. 了解常见的意识状态，如睡眠、梦、催眠和白日梦

读前
反思

当前处于一个信息超载的时代，你的注意是不是难以长时间集中在一件事情上？请检查一下，你是否做过以下一些事情：

（1）在电脑上完成作业时，不时地中断正在做的事情而去回复一个QQ留言。

（2）刚买的一本新书，翻看几页就放下了，然后就永远读不完。

（3）上自习时，过一段时间就要检查一下有无手机短信。

学生在学习时通常出现注意难以集中的情况。以一个学生在家做家庭作业的情景为例。书桌上摆着手机、MP3播放器，书桌旁边放着前几天读完的科幻小说，客厅中传来电视的声音和父母的谈话声，窗外传来邻居家小孩玩电子游戏的声音，窗外远处霓虹灯还在闪烁……在这样的情况下，学生会受到过量信息的冲击，注意集中在家庭作业上的时间比较短，从而导致学习效率低下。

对于大多数人而言，这些现象非常普遍。当然，生活中还有很多类似的情景，导致个体的工作和学习效率下降。

假设你是一名中学教师，如果现在有个学生来找你咨询关于如何提高注意集中的能力，你该怎么建议？

第一节
注意概述

学习目标

掌握注意的含义和基本特征

掌握注意的分类和功能

掌握注意的外部表现

一、注意的含义

（一）什么是注意

注意是个体心理活动对一定事物的指向与集中，其本质是意识的聚焦和集中，是心理过程的动力特征。虽然注意是一种非常重要的心理现象，但其并不是一种独立的心理过程，总是伴随着其他心理过程而出现，离开了具体的心理过程，注意就无从产生和维持。人在注意某种事物的时候，总是在感知、记忆、想象或体验该事物的某些特征。比如，当人们说"注意看屏幕"时，是感知活动中的注意；"注意思考这个问题"，则是思维活动中的注意。如果没有注意对心理活动的组织作用，大多数心

> 注意是个体心理活动对一定事物的指向与集中。

理活动都无法开展和进行。可以说，注意是信息加工系统的"卫士"，它直接影响着其他心理活动的开展。

（二）注意的基本特征

指向性和集中性是注意的两个基本特征。注意的指向性表现为人的心理活动具有选择性。即在某一时刻，人的心理活动总是有选择地指向一定对象。因为人不可能在某一时刻同时注意所有事物，接收所有信息，只能有选择地对一定对象进行注意和加工。就像在人群里找人，在某一时刻只能看清某个位置的一个人或几个人。集中性是指心理活动停留在一定对象上，对其进行深入加工。当注意集中时，个体的心理活动只关注当前注意所指向的事物，即注意对象，与当前注意对象无关的事物或活动则被抑制。比如，当学生集中注意写作业的时候，对走廊里同学的说话声、窗外的汽车声都听而不闻。注意的集中性保证了个体对当前注意对象有更为深入的加工和理解。

指向性和集中性统一于同一注意过程中，保证了注意的产生和维持。当学生上课的时候，其心理活动不可能指向教室内外的各种事物，只能选择教师的教学活动作为自己的注意对象。另外，在听课过程中，学生必须始终关注教师的教学，抑制与听课无关的小动作。只有在正确指向的基础上加以集中，才能清晰、完整和深入地理解教师的教学内容。

二、注意的分类

根据注意产生和保持时有无目的性以及意志努力程度的不同，可以把注意分为不随意注意和随意注意两种。

（一）不随意注意

不随意注意也称为无意注意，是指没有预定目的、不需要意志努力、不由自主地对一定事物所发生的注意。如上课时，大家都看着教师在黑板上写写画画讲解一道难题，此时，突然教室门被推开了，一个穿红衣服的人站在门口，大家都不由自主地转头去看那个人；大街上突然出现一声巨响，行人都不由自主地张望。这些都属于不随意注意。不随意注意是注意的初级表现形式，人和动物都具有不随意注意。

> 不随意注意是指没有预定目的、不需要意志努力、不由自主地对一定事物所发生的注意。

容易引起不随意注意的原因主要有两个。一是刺激物的特点。刺激物的新异性、强度和刺激物的运动和变化，刺激物之间的对比等都会影响不随意注意。刺激物的新异性越大，强度越大，就越容易引起不随意注意；运动着的物体和不断变化的物体也容易引起不随意注意；两个刺激物之间在一些属性（如颜色、大小、形状等）上的差别越大，就越能引起不随意注意。二是个体自身的状态。个体的需要、兴趣、期望和情绪状态等也会影响不随意注意。凡是能够满足个体需要、符合个体兴趣、个体期望发生的事物等均容易引起不随意注意；积极情绪状态下，个体容易对外界的新鲜事物产生不随意注意，而在消极情绪状态下，则对同样的事物视而不见。另外，对某些事物怀有特殊情感也容易产生不随意注意，如一个男孩喜欢一个女孩，这个女孩的细微变化都能引起他的不随意注意。

（二）随意注意

随意注意也称为有意注意，是指有预定目的、需要意志努力、主动地对一定事物所发生的注意。在生活中，有些事物本来并不能吸引人们的注意，但是由于这些事物与人们的某些需要有一定的关系，人们就有意地注意这些事物。这种注意是个体向自己提出一定的任务，并且自觉地把某些刺激从背景中区分出来作为注意的对象。当一个人决定要做某件事（如写作业）之后，在完成这件事的过程中就会有意地把注意集中在自己要做的事情上。此时，不论所注意的那个刺激物是否新异，人们都必须集中注意，同时排除各种无关刺激的干扰。因此，随意注意必须付出意志努力。

> 随意注意是指有预定目的、需要意志努力、主动地对一定事物所发生的注意。

容易引起随意注意的原因有四个。第一，个体的注意目标和任务的明确性。个体的目的越明确，任务越具体，就越容易引起随意注意。第二，个体的兴趣。越是能吸引个体兴趣的事物，越能引起随意注意。第三，个体的经验。对不熟悉的事物或活动，在整个加工或操作过程中，需要个体付出一定的意志努力，将注意集中在当前的活动上。比如，刚学会开车的人在开车过程中就有意地集中注意处理车内外的各种信息。第四，个体的人格特质。对于那些意志顽强、坚韧不拔的人来说，更容易对当前的任务产生随意注意。

虽然不随意注意和随意注意存在明显的区别，但是在人类活动中两者往往是不能截然分开的，很多活动的完成需要这两种注意同时参与。如果单凭不随意注意去完成某个工作，那么，不仅工作乱成一团糟，而且也难以持久。同理，如果只靠随意注意从事工作，那么就要付出巨大的能量，时间久了，会使人感到疲劳。所以，人类的具体活动往往是既需要不随意注意，也需要随意注意。

在一些活动中，不随意注意和随意注意可以相互转化。例如，一个人偶尔被某种新奇的活动所吸引，尝试性地从事这种活动，这是不随意注意的参与。渐渐地他意识到这项活动对自己具有重大意义，于是他主动地、有目的地去从事这种活动，并且在遇到困难和干扰时仍能坚持完成该活动，此时就是随意注意的参与。这就是不随意注意转化为随意注意。相反，随意注意也可以转化为不随意注意。例如，一个人在刚开始完成某件工作时，由于不熟悉，往往需要一定的意志努力才能把注意保持在工作上。经过一段时间后，对这件工作熟悉了，就可以不需要意志努力而继续保持注意，这就是随意注意转化为不随意注意。

> 随意后注意是指有预先目的、但只需要非常少的意志努力的注意。

当个体对某个活动的熟悉程度达到自动化程度时，就会出现随意后注意。随意后注意又称有意后注意，是指有预先目的、但只需要非常少的意志努力的注意。它既服从于当前活动的目的和任务，又不需要太多的意志努力。它是在随意注意的基础上发展起来的，是由随意注意升华而来的更高级的注意，是随意注意的一种特殊形式。引起随意后注意的主要条件是当前活动必须具有高度的自动化，即不需要太多的意志努力。比如，母亲一边看电视一边织毛衣，此时，母亲对织毛衣这一活动的注意就是随意后注意。

三、注意的功能

（一）选择功能

注意的选择功能是指注意对外界信息进行选择性加工。每一时刻，个体内外存在各种类型的大量刺激，在注意的作用下，个体只是选取符合当前需要的、有意义的刺激，排除和抑制不重要的、无关的刺激。注意的选择功能使个体在同一时刻将注意指向于一项或少数几项工作或事件，使心理活动具有一定的方向性，使人们能在纷繁复杂的刺激面前做出有意义的选择，从而高效率地适应环境。

（二）维持功能

注意的维持功能是指注意对象的表象或内容在意识中得以保持，然后得到进一步加工，直到完成任务为止。具体来说，当外界信息进入知觉、记忆等心理过程进行加工时，注意能够将已经选择好的有意义的、需要进一步加工的信息保持在意识之中，使之得到进一步加工。例如，文字校对员可以连续很长时间将注意集中于校对任务上；小朋友观看动画片时可以聚精会神很长时间。注意的维持功能在人们的生活和工作中起着重要作用。

（三）调节与监督功能

注意可以提高活动的效率，还体现在注意具有调节和监督功能。在注意集中的情况下，人们常常需要把自己的当前行为与既定目标进行比较，然后通过信息反馈，对当前行为进行相应的调节，使之与目标相一致，直至达到目标为止。在实现目标的过程中，注意还起着监督功能，目的是使行为效率增加，错误减少，准确性和速度提高。例如，有些小学生的作业出现错误，不是他们不会计算这些题目，而是由于他们在做作业时注意的参与程度不够，监督功能不完善，才导致错误的出现。

四、注意的外部表现

个体在集中注意时，常常伴随特定的生理变化和某些外部动作或行为，这些动作或行为就是注意的外部表现，它们可以作为注意研究的客观指标之一。注意的外部表现主要有下列三种：

（一）适应性动作的出现

适应性动作是注意最明显的外部表现。当一个人在注意看一个物体时，会把视线集中在该物体上，一直盯着看，即所谓的"目不转睛"；当一个人在注意听一个声音时，耳朵会转向声音的方向，即所谓的"侧耳倾听"；当一个人沉浸于思考问题时，手托着下巴，周围的事物就变得模糊起来，即所谓的"托颌沉思"。

（二）无关运动的停止

无关运动的停止是紧张注意的一种特征。当人集中注意时，除了感觉器官朝向刺激物之外，身体的肌肉也处于紧张状态，此时多数无关的动作停止下来。比如，当教师通过一个紧张的故事抓住学生的注意时，学生都全神贯注地听故事，不会出现其他小动作。再如，当演员的表演能够抓住观众注意的时候，观众就会停止身体的无关运动。

（三）呼吸模式的变化

人在注意时，呼吸变得轻微而缓慢，呼与吸的时间比例也改变了，一般吸得更短促，呼得愈加延长了。在紧张注意时，甚至会出现呼吸暂时停止的情况，即"屏息"现象。

虽然在大多数情况下可以根据一个人的外部表现来推测他的注意情况，但是有时注意的外部表现可能与内部状态不相一致，貌似注意一件事而实际上心理活动却指向和集中于另一件事。例如，有的学生上课的时候，身体端坐，眼睛直视黑板，好像在认真听讲，其实他是在思考其他事情。

第二节
注意的品质

🎯 **学习目标**

掌握注意广度的含义及其影响因素

掌握注意稳定性的含义及其影响因素

掌握注意分配性的含义及其影响因素

掌握注意转移的含义及其影响因素

一、注意广度

（一）注意广度的定义

注意广度又称注意的范围，是指一个人在同一时间内能够清楚地把握注意对象的数量。从信息论角度看，注意广度是指在注视点来不及移动的

> 注意广度是指一个人在同一时间内能够清楚地把握注意对象的数量。

很短时间内（100毫秒）个体所能接受的同时输入信息的量[1]。它反映了注意品质的空间特性。

关于注意的广度，耶文斯（Jevons，W. S.）早在1871年就对此进行了研究。他往白盘子里撒了一把黑豆，要求人们快速判断黑豆的数量[2]。结果发现，如果每次撒3颗或者4颗黑豆，人们判断非常快，并且准确率几乎是100%。但当黑豆的数量为5颗时，人们的判断开始出现错误，但是错误率很低，只有5%左右。如果黑豆的数量为10颗时，判断的正确率只有50%左右。

（二）影响注意广度的因素

1. 注意对象的特点

注意广度会因注意对象特点的变化而变化。注意对象呈现时的规律性越强，相互之间的组织性越强并成为一个有机的整体，个体的注意广度就越大。一般情况下，个体在知觉形状大小相同且排列规则的对象时注意广度大一些，而知觉大小不一、排列无序的对象时注意广度小一些。另外，对象信息量的大小也会影响注意广度。比如，对不同颜色字母的注意广度小于单色字母的注意广度。

2. 任务的性质

个体完成的任务性质不同，则其注意广度就不同。活动任务少或者简单，需要耗费的认知资源少，注意广度就会大一些；活动任务多或者复杂，需要耗费的认知资源多，注意广度就会小一些。

1　张述祖，沈德立. 基础心理学. 北京：教育科学出版社，1987：224.
2　张述祖，沈德立. 基础心理学. 北京：教育科学出版社，1987：224.

3. 个体经验

个体知识经验的丰富程度，会影响注意广度。一般来说，个体的知识经验越丰富，知识结构越完整，注意广度就越大。

二、注意稳定性

（一）注意稳定性的定义

注意稳定性也称为注意的持久性，是指注意在同一对象或活动上所保持时间的长短。这是注意的时间特征。注意的稳定性有狭义与广义之分。

> 注意稳定性是指注意在同一对象或活动上所保持时间的长短。

狭义的稳定性是指注意在某一事物上所维持的时间，如长时间看书、看电影等。但人在注意同一事物时，很难长时间地对注意对象保持固定不变。一项研究发现，成年人的高度随意注意最多能维持20分钟[1]。

在一项实验研究中，研究者把一只机械手表放在被试的耳朵附近，并保持一定距离，使他能隐约听到表的滴答声，要求被试报告是否听到表的滴答声。结果发现，被试时而能听到表的滴答声，时而又听不到。注意这种周期性变化的现象，叫作注意的起伏。人们在注视双关图时，可以明显体验到注意的起伏。如图3-1，如果一个人盯着图形中央的小正方形看一段时间，就会感觉小正方形一会儿向外凸起，一会儿又向内凹进，这两种情况不断转换，这就是注意的起伏。

广义的注意稳定性是指注意在某项活动上保持的时间。在广义的注意稳定性中，注意指向的活动总目标始终不变，但注意的具体对象可以不断变化。例如，学生在上课的时候，听课是学生的总任务，这一目标始终不变，但是在整个听课过程中，学生的注意随教师教学活动的变化而变化，一会儿看黑板，一会儿记笔记，一会儿读课文。虽然注意的对象不断变换，但都服从于听课这一总任务。

同注意稳定性相反的表现是注意分散。注意分散又称分心，是指在注意过程中，由于无关刺激的干扰或者单调刺激的持续作用引起的偏离注意对象的状态。人们所处的环境，常常有很多刺激可能引起不随意注意，妨碍随意注意的活动；另外，单调刺激千篇一律，毫无新意，会引起主体的疲劳和精神松懈，也会产生注意分散。

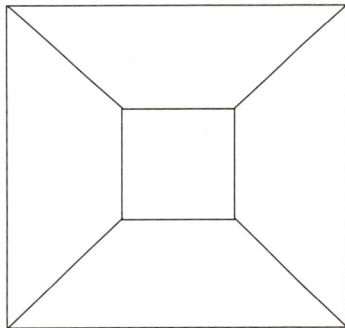

图3-1 注意的起伏

---

1 张述祖，沈德立. 基础心理学. 北京：教育科学出版社，1987：229.

（二）影响注意稳定性的因素

1. 注意对象

注意对象本身的一些特点影响注意在它上面维持的时间长短。一般来说，内容丰富的对象比单调的对象更能维持注意的稳定性。比如，人们在一幅色彩丰富的油画上维持注意的时间肯定长于一个简单的示意图。此外，运动的事物比静止的事物更能维持注意的稳定性。相对于一幅画，人们可能花更多时间关注活动的电视画面。

2. 主体的意志力和精神状态

注意的稳定性实际上就是保持良好的随意注意，因此需要有效地抑制各种干扰。个体的意志力强，就可以战胜各种困难，克服自身的缺点和不足，从而保证活动的顺利进行。除此之外，个体的主观状态也影响注意的稳定性。一个人身体健康，情绪良好，精力充沛，就会在学习和工作中全力投入，注意持续时间长，且不容易疲劳。

三、注意分配性

（一）注意分配性的定义

注意分配性是指在同一时间内把注意指向不同的对象。在学习和工作活动中，注意分配有重要的现实意义。如教师需要一边讲课，一边注意学生的课堂反应；司机需要一边驾车，一边观察路况。

> 注意分配性是指在同一时间内把注意指向不同的对象。

（二）注意分配的条件

1. 活动的自动化程度

在同时进行的几种活动中，只能有一种活动是生疏的，其余应该是高度熟练的。当多种活动达到自动化的熟练程度时，个体就可以集中大部分精力去关注生疏的活动，保证几种活动同时进行。学生可以边听报告边记笔记，是由于写字已经达到熟练化的程度；有人可以一边织毛衣一边看电视，是由于织毛衣已经成为自动化行为。

2. 活动之间的内在联系

同时进行的几种活动之间必须有内在联系。当几种活动同时进行时，有联系的活动才便于注意分配。这是因为活动间的内在联系有利于形成固定的反应系统，组织具有合理性，分配注意要容易一些。例如，自弹自唱，边歌边舞，在弹与唱、歌与舞之间形成了系统的联系后，才能实现注意的分配。

四、注意转移

（一）注意转移的定义

注意转移是指个体根据活动任务的要求，主动地把注意从一个对象变换到另一个对象，或从一种活动变换到另一种活动。例如，如果第一节课是语文课，第二节课是数学课，那么学生就应根据教学需要，把注意主动及时地从语文的教学内容转移到数学的教学内容。

> 注意转移是指个体根据活动任务的要求，主动地把注意从一个对象变换到另一个对象，或从一种活动变换到另一种活动。

注意的转移和注意的分散都是注意对象的变换，但是注意的转移不同于注意的分散。前者是根据任务需要，有目的地、主动地转换注意对象，为的是提高活动效率，保证活动的顺利完成。后者是由于外部刺激或主体内部因素的干扰作用引起的，是消极被动的，违背了活动任务的要求，注意中心离开了需要注意的对象，降低了活动效率。

（二）影响注意转移的因素

1. 对原活动的注意紧张程度

个体对原活动兴趣越浓厚，注意越集中，注意的转移就越困难。对于一个正沉迷于电脑游戏的孩子来说，很难让他将注意转移到做作业上来。但是，如果个体对原活动的注意不够集中，那么就比较容易将注意转移到其他活动上。

2. 新注意对象的特点

如果新的活动对象能引起个体的兴趣，或能够满足他的心理需要，注意的转移就比较容易实现。假如那个正在玩电脑游戏的孩子，听到自己喜欢的电视动画片开演了，他的注意可能会离开电脑并转移到电视上。

3. 信号提示

在活动中，当需要注意转移的时候给出明确的信号，就可以帮助个体的大脑处于兴奋和唤醒状态，从而灵活迅速地转换注意对象。例如，教师在讲到重点知识时，加重语气并明确表示这是重点知识，学生就会迅速将注意转移到这个知识点上。这种提示信号，既可能是物理刺激（如铃声），也可以是他人的言语，甚至是自己的内部言语。

4. 个体的个性特点和自控能力

个体的个性特点也会影响注意转移。灵活性高的人比灵活性低的人更容易进行注意转移，自控能力强的人比自控能力弱的人更善于主动及时地进行注意的转移。

第三节
意识概述

一、意识的含义

什么是意识？这是一个很难回答的问题。迄今为止，人们还没有找到一个令人满意的关于意识的定义。研究者关注的角度不同，对意识的理解就不同。从哲学角度看，意识是与物质相对立的精神层面，主要由思想、唤醒、梦等构成；从心理状态角度看，意识指的是个体处于清醒、警觉、注意集中的状态；从心理机能角度看，意识是指个体觉察到了某种事物或现象，发现了外界的变化；从行为反应角度看，意识指的是个体有意地控制自己的行为和言语，而非自动化的动作和言语。

综合来看，意识是人所特有的反映现实的最高形式，是人对现实的一种有目的的、有组织的反映。例如，人们既可觉知到自身的感受、需求、焦虑等种种内部经验，也可觉知到外界的声、光、气味等环境信息，还可觉知到自己与周围其他人之间的关系，这种个体对内外环境信息具有目的性和组织性的反映，就是意识。

> 意识是人所特有的反映现实的最高形式，是人对现实的一种有目的的、有组织的反映。

🔊 **心理学家语录**

意识本身可以把地狱造就成天堂，也能把天堂折腾成地狱。

——[英]弥尔顿

二、意识的基本特征

（一）主观性

意识主观性的第一个表现是，每个人的意识世界都是专有的、独一无二的。对于任何人来说，他可以清晰地、直接地觉知到自己的思想和情感，但是却只能通过观察和聆听间接地理解他人的意识经验。意识主观性的另一个表现是，人们所处的环境中有很多信息，个体不可能对作用于机体内外的所有刺激都加以注意，此时就需要个体对这些信息进行选择和整合，而这种选择和整合受个体经验的影响。

（二）能动性

意识的能动性表现在三个方面。第一，个体能觉知到自己与环境之间的信息沟通与交互作用，觉知自己对所处环境的适应程度，并实时调整自己的状态，以便与环境保持平衡；第二，意识把个体的过去（记忆内容）与现在（感知内容）联系起来，使个体有一个连续的意识经验，这是自我同一性的基础；第三，个体依据感知到的信息，将过往的记忆信息与现在的感知联系起来，控制个体的当前行为，计划个体的未来行动，以便实现预期目标。

心理学家语录

蜜蜂建筑蜂房的本领使人间许多建筑师感到惭愧。但是，最蹩脚的建筑师从一开始就比最灵巧的蜜蜂高明的地方，是他在用蜂蜡建筑蜂房以前，已经在自己的头脑中把它建成了。

——[英]弥尔顿

（三）统一性

意识的统一性表现为个体意识到的经验是一个统一的整体。各种感知形式都被整合为一个独特的、具有明显个人特征的、连贯的意识经验。比如，当一个人来到节日的广场上，看到鲜花盛开、彩旗飘扬、人头攒动，不仅在那个时刻个体的感知经验是一个整体，即使过了数个月后，当他再次想当时的情景时，回忆起的场景仍然是一个整体。尽管视觉和听觉通路接受的刺激不同，但个体经验仍然是一个统一的整体。

三、意识的水平

弗洛伊德认为，人的意识可以分为三个层次：意识、前意识和潜意识，这三个层次各自具有不同的特性，在心理活动中发挥不同的作用。

（一）意识

意识指个体自己能察觉的心理活动，是人能认识自己和认识环境的心理部分。弗洛伊德认为，意识是心理系统的表层，其功能是从人的心理活动中把那些先天的、本能的欲望排除掉。

（二）前意识

前意识又称下意识，是介于意识与潜意识之间的一种意识层面，处于潜意识层面的被压抑的欲望或冲动在到达意识之前，要先经过前意识，其作用是去除不为意识层面所接受的内容，并将其压抑到潜意识中去。前意识中也存在着潜意识的冲动和欲望，但它可能很容易地转移到意识系统中。前意识在整个心理系统中执行着"检察官"的作用，其目的在于保证个体的当前行为和想法既适合于潜意识层面的本能要求，又适合于意识层面的道德和良心的要求。

（三）潜意识

潜意识又称无意识，是指隐藏在意识层面之下的情感、记忆、欲望等复杂经验，因受意识的控制和压抑使个体不能觉知的内容。潜意识心理系统中的深层部分，是人的生物本能和欲望。弗洛伊德认为，被压抑到潜意识中的思想和冲动虽然不能进入意识，但它们会以间接或伪装的方式（如通过梦、口误等）影响着人们的日常行为。

四、意识的功能

（一）觉知功能

意识的觉知功能是指人对环境刺激和自身内部状态的了解，表现为人不仅能意识到客观事物的存在，也能意识到自身的存在。这里的客观事物既包括自然界的各种现象，也包括人类社会的各种社会现象；自身既包括个体的生理反应，也包括心理活动。

意识的觉知功能表现在三个方面：首先，人们能够觉知外部世界的各种事物及其与自己的关系；其次，人们能够了解社会生活中的复杂人际关系；第三，人们还能够觉知自我，不仅知道自己的身高、体重、肤色等生理特征，还知道自己当前的心理活动，比如，知道自己在看什么，思考什么，是高兴还是悲伤，还知道自己的性格特征等。

（二）选择功能

意识的选择功能是指人们有意识地对外界各种各样的信息进行有目的的选择，接受那些适合自己、对自己有用的信息，限制和过滤那些与当前目的无关的信息，使那些对自己有用的信息得到进一步的加工。例如，在嘈杂的广场上，个体只是加工一些对自己当前利害相关的信息，而那些无用信息则被排除在外。

（三）监控功能

意识的监控功能包括两个方面：一是可以监控自己内部心理活动和外部环境的刺激信息；二是可以调节和控制自身状态与周围环境之间的相互关系。意识不仅能够监控自身与周围环境的信息，还能够控制自身与周围环境之间的关系，以便更好地调节和约束自己的心理活动和行为反应。

（四）计划功能

意识的计划功能是指个体总是有目的、有计划地完成各种心理与行为活动。个体在适应环境的过程中，不是盲目地开展活动，而是有目的、有计划地开展各种实践活动，这种目的和计划是以观念的形式保存在人脑之中。个体进行活动之前，知道自己行为的目的，知道此次活动该如何进行，也知道此次活动的意义。另外，在活动进行过程中，个体还可以根据活动的进程对原方案进行调整，使之更好地达到预期目标。

第四节
常见的意识状态

🎯 **学习目标**

了解睡眠的功能、睡眠的阶段
了解常见的睡眠障碍
了解梦、催眠和白日梦的特点

一、睡眠

睡眠是最熟悉的活动之一，是维持生命不可缺少的过程，人的一生中大约有1/3的时间是在睡眠中度过的。睡眠行为的主要表现是身体完全放松，感觉阈限提高，会产生一些特殊的脑电信号[1]。

（一）睡眠的功能

睡眠是人类和动物在进化过程中形成的一种基本的生理需要。如果个体每夜能得到7~8小时的睡眠，那么他的各项功能就会运转正常。持续地熬夜或长时间的睡眠剥夺会令人感到极度不适，并且很快就会变得无法忍受。在对动物进行的研究中发现，强制性的睡眠剥夺会导致动物感染疾病甚至死亡。如果人类被剥夺睡眠的时间足够长，也会导致类似结果。

对于维持正常的心理功能来说，睡眠必不可少。即使是只熬了一个通宵，个体的注意集中性、记忆能力、思维灵活性和创造力等都会受到影响。长期的睡眠剥夺会损害与学习和记忆有关的脑细胞。连续几天不睡觉会使人产生幻觉和妄想。当然，短期的睡眠剥夺很少会达到上述程度，但是人们会经常受到睡眠剥夺所带来的轻度或中度影响。图3-2展示了各种类型生物需要睡眠的平均时间。

1　安东尼奥·巴特罗，库巴特·费希尔，皮埃尔·莱纳. 受教育的脑. 周加仙，等译. 北京：教育科学出版社，2011：105.

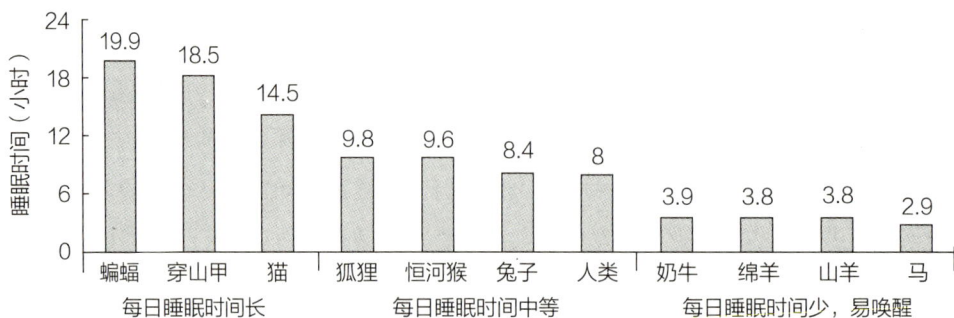

图3-2　各种类型生物每天的睡眠时间

（詹姆斯·卡拉特．生物心理学．苏彦捷，等译．北京：人民邮电出版社，2011：300）

（二）睡眠的阶段

20世纪50年代，生理学家克雷特曼（Kleitman，N.）和他的学生采用脑电技术（EEG）与其他技术相结合的方法测量了人体睡眠时的脑电波、肌肉紧张程度、呼吸和其他生理反应的变化，发现了睡眠时的脑电波变化模式，提出快速眼动睡眠模式。快速眼动睡眠（rapid eye movement，REM）是脑电波频率升高，振幅变小，同时还出现心率加快、血压升高、肌肉松弛等生理变化的睡眠状态，最明显的外显特征就是眼球快速、不停地左右转动。

在睡眠过程中，快速眼动睡眠阶段与非快速眼动睡眠阶段（眼动较少的睡眠阶段）交替进行，大约每90分钟就会重复一次。其中，快速眼动阶段持续的时间是变化的，可以从几分钟到一个小时，平均持续时间为20分钟。无论快速眼动何时开始，睡眠者的脑电活动模式都会变化为接近觉醒状态下的模式。非快速眼动阶段可以细分为更短的独立阶段，每阶段分别与一种独特的脑电模式相对应，见图3-3。

当一个人刚刚躺在床上，闭上眼睛并且全身放松时，大脑就会出现α波。α波是一种有规律的慢波，波幅较大。之后，这些脑电波会变得越来越慢，就进入了睡眠状态，接着就会经过以下四个阶段：

第一阶段，脑电的波幅较小，频率较高。此时个体处于浅睡阶段，很容易被外部刺激惊醒。如果个体在这一阶段被唤醒，他可以回忆起某些幻象或一些视觉图像。

第二阶段，偶尔会出现被称为"睡眠纺锤波（sleep spindles）"的脑电波。这是一种短暂爆发的、频率高且波幅大的脑电波。在这一阶段，个体很难被轻微的噪声唤醒。

第三阶段，除了出现第二阶段的"睡眠纺锤波"，大脑还会不时产生δ波，这种脑电波频率较低，波幅很大。此时个体的呼吸和脉搏变慢，肌肉放松，并且很难被唤醒。

第四阶段，大多数脑电波为δ波，个体进入深度睡眠。这时个体通常需要猛烈的摇晃或很强的噪声才能被唤醒。梦游、梦呓通常都是发生在这个阶段。

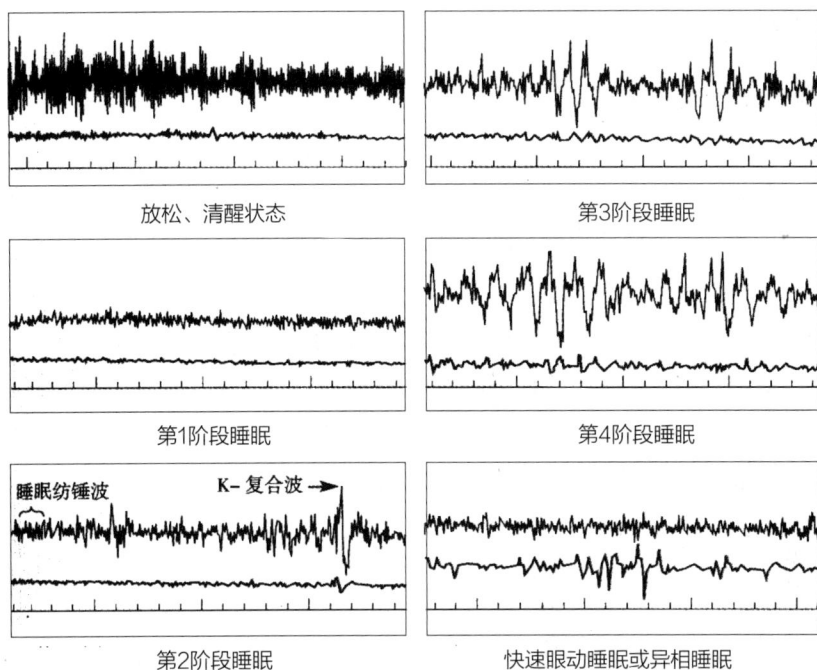

图3-3 觉醒和睡眠状态下的脑电模式

注： 每个小图中上面一条是脑电记录结果，中间一条是眼动记录结果，最下面是时间轴，单位是1秒。

（**资料来源：** 詹姆斯·卡拉特. 生物心理学. 苏彦捷，等译. 北京：人民邮电出版社，2011：287）

　　这四个阶段依次出现，大概需要经历30~45分钟。接下来按照相反的顺序依次经历第四、第三、第二和第一阶段。一个循环周期结束后，个体不再像预期的那样进入朦胧欲醒的状态，相反，大脑爆发出一种快而无序的脑电波，并且这种脑电波持续发生的时间比较长。这时个体的心率加快，血压升高，呼吸变得更快、更无规则，并且个体的面部或手指还会出现小小的抽动。而骨骼肌依然松软，此时便进入了快速眼动睡眠阶段。在快速眼动睡眠阶段，大脑异常活跃，肢体完全放松，个体最有可能做梦。

　　快速眼动睡眠和非快速眼动睡眠在整个晚上的睡眠过程中交替出现，随着时间的流逝，第三和第四阶段的持续时间逐渐变短，甚至消失，而每个快速眼动睡眠阶段则变得越来越长，并且间隔的时间也越来越短，最后甚至合并为一个阶段。这种模式可以解释为什么清晨的闹钟把人吵醒时，人们往往正在做梦。但是，事实上睡眠各阶段的循环远远不是这样有规律。例如，有的人会从第四阶段直接到第二阶段，或者从快速眼动睡眠阶段跳至第二阶段，然后再返回到快速眼动睡眠阶段。此外，快速眼动睡眠阶段与非快速眼动睡眠阶段之间的时间间隔变化也非常大，不仅存在人与人的差异，即便是同一个人，每晚也会有不同的时间间隔。

（三）睡眠障碍

1. 失眠症

失眠症是指实际睡眠时间过短，包括入睡困难、夜间频繁觉醒以及早醒，或睡眠时间正常但睡眠质量低。判断失眠的最好标准是看个体第二天的精神状态如何。如果第二天感到非常疲倦，则说明晚上睡眠不足。

> 失眠症是指实际睡眠时间过短，包括入睡困难、夜间频繁觉醒以及早醒，或睡眠时间正常但睡眠质量低。

导致失眠的原因既有生理因素，也有心理因素，还有环境因素。当然，对于一些人来讲，还有一些特殊的因素。某些类型的疾病、部分药物、不恰当的饮食等会导致个体失眠；烦恼、焦虑、精神压力过大等心理因素也会导致失眠；学习和生活无规律，也容易出现失眠现象；环境中的噪声、温度变化等也会引起失眠。另外，对于一些长期以来依靠安眠药入睡的人来说，一旦停药，也会出现失眠现象。

2. 嗜睡症

嗜睡症是一种以白天频繁进入睡眠状态为特征的睡眠障碍，其症状表现为患者在白天会多次感到无法预期和无法遏制的困意，或者有时在白天会突然睡着，持续时间大概为5~30分钟。嗜睡症的发病率大约是千分之一，个别病例表现出家族性特征。

嗜睡症具有以下四个特征：① 在白天逐渐或突然出现睡眠状态；② 偶发性猝倒，患者清醒时突发性的肌肉无力；③ 睡眠瘫痪，入睡或起床时，身体不能动弹。一些人可能偶尔会出现这种现象，但是嗜睡症患者的出现频率更高；④ 入睡前幻觉，类似做梦，常常不能将它与现实区分开。

3. 睡眠窒息

睡眠窒息指个体在睡眠状态下，阶段性地出现呼吸暂停或感到呼吸困难而惊醒过来，并大口喘息。这是一种上呼吸道睡眠障碍。睡眠窒息发作的时候，个体体内血氧水平下降，应激激素分泌，致使睡眠者醒来并恢复呼吸。对于大多数人来说，每夜偶尔出现一次或几次睡眠窒息是正常现象，而睡眠窒息患者则每夜要经历上百次这样的情形。造成睡眠窒息的原因有许多，如呼吸道阻塞，大脑未能很好地控制呼吸系统等。如果长期多次发生睡眠窒息，个体还会出现高血压和心律不齐等疾病。

> 睡眠窒息指个体在睡眠状态下，阶段性地出现呼吸暂停或感到呼吸困难而惊醒过来，并大口喘息。

案例

如何获得良好的睡眠

你也许经常遇到这样的难题：晚上熄灯上床后，闭上眼睛等待睡眠的到来。然而一个小时后却仍然醒着。最后好不容易睡着了，可令人气愤的是，凌晨3点又醒了。到了雄鸡报晓的时候，你又经历了一个难过的夜晚。在此，睡眠专家为你提出一些好的建议：

1. 确定自己是否有睡眠障碍。许多人只是想当然地认为自己睡得不好。他们过多地估计了自己的入睡时间，并且低估了自己的实际睡眠时间。诊断睡眠障碍的标准是观察你在白天的感受。即使你的睡眠比大多数人都少，只要你能在白天保持良好的工作或学习状态，那么就不应当担心，因为担心本身就会导致失眠。

2. 避免过度饮酒或过量使用其他药物。许多日常生活中的饮料都会影响睡眠。例如，咖啡、茶、可乐、巧克力都含有咖啡因，咖啡因是一种兴奋剂；酒精会抑制快速眼动睡眠；一些药物，如安定和利眠宁则会减少第四阶段的睡眠。

3. 不要把卧室和觉醒联系起来。当环境线索重复与某种行为发生联系时，这些线索就会诱发该种行为。如果你不想让卧室诱发觉醒状态，就不要在卧室看书、学习或看电视。也不要清醒地躺在床上，花几个小时的时间来等待睡眠。如果你不能入睡，不如起来在另一个房间做些枯燥和放松的事。当你感到困倦时，再去尝试入睡。

4. 关心自己的健康和饮食。健康的饮食习惯对良好的睡眠至关重要，例如，氨基酸中的色胺酸能促进睡眠，其他饮食因素也会对觉醒或放松产生一定影响。白天的体育锻炼能够促进夜晚睡眠，但是不要在睡觉前进行锻炼，因为这样会提高一个人的觉醒程度。

最后还要强调的是，失眠症与焦虑有关，这对你寻找问题的根源有一定帮助。艾伦曾经说过这样的话："羔羊可以和狮子躺在一起，但是羔羊根本不会入睡。"如同羔羊试图与狮子一同入睡一样，如果你的心中充满焦虑，导致相应激素的不断分泌，那么你根本就不可能获得良好的睡眠。

（**资料来源：** 韦德，塔佛瑞斯. 心理学的邀请. 白学军，等译. 北京：北京大学出版社，2006：218）

二、梦

（一）什么是梦

梦是在睡眠状态下所发生的想象活动。人在觉醒的状态下接触外部的客观世界，获得了丰富的感性材料，经人脑加工成为经验和表象。在睡眠状态下，这些经验和表象中的一部分重

> 梦是在睡眠状态下所发生的想象活动。

新呈现出来，就成了梦的内容。梦有时生动鲜活，有时模糊不清，有时令人恐惧，有时又平和温馨。当人回忆梦时，梦的情节总是不合乎逻辑、怪诞、缺乏连续感。有时，一些人会出

现明晰的梦。在这种状态下，他们知道自己正在做梦，并且感觉自己有清晰的意识。

一般情况下，根据梦中自我意识状态的变化，可以将梦划分为三个阶段：① 完整的自我阶段，此阶段梦的内容合乎逻辑，做梦者自我保留了一定的现实感；② 解构的自我阶段，在这个阶段，做梦者自我丧失了现实感，梦的内容变得怪诞离奇；③ 再构的自我阶段，梦的内容再度趋于合理，但做梦者并未醒来。

🔊 **心理学家语录**

神话和梦都是以相同的象征语言写成。

——[德]弗洛姆

（二）梦的解释

1. 精神分析学派的观点

弗洛伊德是最早研究梦的心理学家之一。他提出，通过梦可以了解个体的深层欲望、动机和意识不到的心理冲突，即"梦是通往潜意识的康庄大道"。弗洛伊德认为，人们能够在梦中表达潜意识愿望和冲动，而这些愿望和冲动通常具有性和暴力的色彩。

根据弗洛伊德的观点，无论梦的内容看起来多么荒谬，也都是有意义的。若要了解梦的意义，必须能够区分梦的显性内容和隐性内容，前者是人们在梦中能够意识到的部分，并且在醒来后也记得的内容；后者是用抽象符号来表达的潜意识愿望和想法。但是如果梦的内容能够引起焦虑感，心理的理性部分必然会使这部分内容伪装起来，从而扭曲梦的内容。

2. 激活—整合理论

激活—整合理论侧重于从生理学角度来解释，这种解释最早由霍布森（Hobson，A.，1988）提出。他认为，梦是位于脑深处的桥脑神经元在快速眼动睡眠阶段自发放电而形成的产物。这些神经元控制眼动、凝视方向、平衡和姿势，并且不断向觉醒时负责视觉加工和随意运动的感觉皮层和运动皮层发送信息。

根据激活—整合理论，梦是大脑试图对支离破碎、歪曲的信息进行合理化的过程。来自桥脑的信号本身并没有心理意义，但是大脑皮层试图根据已有的知识和记忆整合这些信息，使它们变得有意义，从而得出比较连贯的解释。

3. 临床解剖假说

梦的临床解剖假说来源于临床上对多种类型脑损伤患者的研究（Solms，1997，2000）。

梦的临床解剖假说把梦看成是发生在特殊条件下的思维。其中一个特殊条件是，大脑从感觉器官接收到的信息减少，初级视觉皮层和听觉皮层的激活水平也比平时低，于是其他脑区在未受到干预的情况下就产生了想象。同时，由于初级运动皮层和脊髓的运动神经元受到抑制，那些唤醒的脑区并不能支配肢体的运动。另外，由于掌管工作记忆的前额皮层也受到抑制，因此个体醒来后就忘掉了大部分梦境内容，同时也失去了追溯梦境的线索。

三、催眠

催眠是指在特殊情境中，催眠师通过暗示使被催眠者的感觉、知觉、思维、情感或行为不自觉地发生变化的过程。通常情况下，催眠过程中所使用的暗示包括以下几种：① 使被催眠者做出某种行为，如"你的胳膊会缓慢抬起"；② 使被催眠者不能做出某种行为，"你的胳膊不能弯曲了"；③ 对正常知觉或记忆的扭曲，如"你不会感到疼痛"。一般地，被催眠者经常报告自己感到自然而然地遵从了这些暗示。

易感性是影响催眠效果的主要因素之一，是指个体对标准化的暗示做出的反应并体验催眠反应的程度。催眠过程中，起关键作用的是被催眠者的投入而不是催眠师的技巧。有些人比其他人具有更好的易感性。有研究发现，对催眠的易感性与人格特质（如轻信、顺从）无关。容易被催眠的人通常能够轻易地专注于他们正在进行的活动，并且容易沉浸于想象的世界里。

> 催眠是指在特殊情境中，催眠师通过暗示使被催眠者的感觉、知觉、思维、情感或行为不自觉地发生变化的过程。

尽管催眠并不像人们过去一贯认为的那样具有广泛的用途，但是在心理治疗领域和部分医疗情境中，催眠的确是非常有效的手段。催眠暗示被广泛用于缓解压力、焦虑和剧烈的疼痛；可以对需要进行牙科治疗、外科手术或分娩的人起到麻醉作用；能帮助戒除吸烟或咬指甲等不良习惯；能帮助癌症患者减轻化疗时的恶心感；也有助于提高运动员的自信心。

四、白日梦

白日梦是在非睡眠状态下产生的高度自我卷入的幻想活动。它是一种随心所欲的想法，也是逃避当前自己生活经历的一种方式。它是思维的产物，是意识的产物，具有一定程度的可控性。白日梦与幻想有本质上的不同，它是幻想的系统化、梦境化和病

> 白日梦是在非睡眠状态下产生的高度自我卷入的幻想活动。

理化。处于白日梦的思维是难以自控的流程。尽管白日梦者的意识是存在的，但其不能行使真正意识的功能，而是按照潜意识去勾画"美妙"的意境，借以达到欲望的满足。

白日梦的形成条件主要有以下几个方面：第一，个体所从事的事情流程很单调、枯燥，不断重复；第二，个体对自己当前所从事的事情不感兴趣，比如，学生上课时，对课堂内容不感兴趣，就容易出现白日梦；第三，个体正在从事的活动不需要太多的心理资源，如果这

时候没有明确目标，资源得到释放，就容易形成白日梦；第四，个体受到一些外界因素的干扰，比如个体经历了一些能引起情绪大幅波动的事情，如被批评、受欺负、与恋人或家庭成员的矛盾等，就容易出现白日梦；第五，个体的自控能力，注意集中程度也有一定的影响。另外，服用某些药物也容易导致白日梦。

本章小结

注意是个体心理活动对一定事物的指向与集中，其本质是意识的聚焦和集中，是心理过程的动力特征。

注意的基本特征是指向性和集中性。

根据注意产生和保持时有无目的性以及意志努力程度的不同，注意分为不随意注意和随意注意。

不随意注意也称为无意注意，是指没有预定目的、不需要意志努力、不由自主地对一定事物所发生的注意。

随意注意也称为有意注意，是指有预定目的、需要意志努力、主动地对一定事物所发生的注意。

注意的功能包括选择、维持、调节与监督。

注意的外部表现包括适应性动作的出现、无关运动的停止和呼吸模式的变化。

注意的品质包括注意广度、注意稳定性、注意分配性和注意转移。

注意广度又称注意的范围，是指一个人在同一时间内能够清楚地把握注意对象的数量。

注意稳定性也称为注意的持久性，是指注意在同一对象或活动上所保持时间的长短。

注意分配性指在同一时间内把注意指向不同的对象。

注意转移指个体根据活动任务的要求，主动地把注意从一个对象变换到另一个对象，或从一个活动变换到另一种活动。

意识是人所特有的反映现实的最高形式，是人对现实的一种有目的的、有组织的反映。

意识的基本特征包括主观性、能动性和统一性。

弗洛伊德将意识分为意识、前意识和潜意识。

意识的功能主要有觉知功能、选择功能、监控功能和计划功能。

睡眠是身体完全放松、感觉阈限提高、会产生一些特殊的脑电信号的意识状态。

梦是在睡眠状态下所发生的想象活动。

催眠是指在特殊情境中，催眠师通过暗示使被催眠者的感觉、知觉、思维、情感或行为不自觉地发生变化的过程。

白日梦是在非睡眠状态下产生的高度自我卷入的幻想活动。

总结 >

Aa 关键术语

注意 attention	不随意注意 involuntary attention	随意注意 voluntary attention
随意后注意 post-voluntary attention	注意广度 span of attention	注意稳定性 stability of attention
注意分配性 distribution of attention	注意转移 shift of attention	意识 consciousness
梦 dream	催眠 hypnosis	白日梦 day dream

🔗 章节链接

　　本章内容分为注意和意识两部分，其中注意的神经机制部分可以与第二章相联系，注意的品质部分可与第五章的学习相联系，第十一章有注意发展的内容。意识部分的内容与第十章人格、第十二章、第十三章的部分内容存在联系。

应用 >

批判性思考

　　1. 在一些中小学，有些班级将教室里布置的非常鲜艳，墙上贴着挂图，窗户玻璃上贴着花，天花板挂着五颜六色的挂花。请思考这种环境对学生的学习是利还是弊？

　　2. 现在由于电子产品的普及，不少小朋友在很小的时候就接触平板电脑、电子游戏机等设备，有些家长认为这些设备有利于开发孩子的智力，有些家长则认为这些设备对孩子有害。请从注意角度对这些现象进行分析。

　　3. 现在，有一部分中学生经常晚上熬夜学习到一两点钟。请根据本章相关知识谈谈你的看法。

✏️ 体验练习

划消测验

在划消测验中，事先规定某种符号为目标，要求被试迅速、准确地找到规定符号并划掉。划消测验分为限定工作量和限定时间两种方式，前者通常用于个别实验，后者通常用于集体测试，但精确性不如限定工作量的划消测验。划消测验的指标为工作效率（E），计算方法如下：

（1）限定工作量测验

$$E=100 \times A/T$$

$$A=（c-w）/（c+o）$$

其中，T代表检查每行符号所用的时间，A代表划消的精确度，c代表正确划掉符号的个数，o代表漏划符号的个数，w代表错划符号的个数。

（2）限定时间测验

$$E=e \times A$$

$$A=（c-w）/（c+o）$$

其中，e为每行检查过的符号个数。

下面请你体验注意力测试。请你把每行中的"0"用斜线划掉。方法是：从左到右浏览数字，凡遇到"0"就用铅笔划掉，要求既快又准。请注意，每行开始前填写开始时间，每行结束后填写结束时间，时间精确到秒。

开始时间		结束时间	用时	漏划数	错划数	总错误	正确数
	26335037714611588133407210678795962608419178886336						
	88758616053384343623627742551709560418408512660755						
	95044998961376331764939706098714692710393416521297						
	60826747185652729508919751369525215722370633773439						
	26335037714611588133407210678795962608419178886336						
	35661428321624077410206862665656969886241131524 9187						
	83746476940614342741383389769469300998641964115083						
	21717131412270768165584401918708421238720303634208						
	18386138621098804197187707275771488111336950344037						
	82685323237462514510859272801780588147565493776379						
	27998425626340210056816684874408400831241989618805						

计分方法：

用时：结束时间减开始时间，单位为秒。

漏划数：每行中没有划掉的数字"0"的个数。

错划数：每行中划掉的非"0"数字的个数。

总错误数：漏划数与错划数相加即得总错误数。

正确数：每行中正确划掉的数字"0"的个数。

拓展 >

☕ 补充读物 ||||||||||||||||||||||||||||||||||||||||||||||||||||||||||||||||||||||||

1　罗跃嘉，魏景汉．注意的认知神经科学研究．北京：高等教育出版社，2004

　　本书系统介绍了注意的概念、认知理论，注意的神经解剖与生理基础；从听觉通路、视觉通路和视听跨通路的角度阐述了用认知神经科学方法研究注意的脑机制，以及对意识的初步认识与探索。本书不但总结了作者在注意方面多年的研究成果，也反映了目前国际注意认知神经科学领域的最新进展。

2　霍涌泉．意识心理学．上海：上海教育出版社，2006

　　本书以20世纪90年代意识心理学的新进展为切入点，以当代心理学对意识问题的科学重建为基本逻辑线索，采用文理结合、史论结合、元理论宏观研究与实体理论微观探析相结合的方法，力图系统客观地阐述当前意识心理学研究的整体现状和面临的深层发展难题。作者坚持"先述后评，评述结合"的思路，尽可能展望心理学纯理论研究与精彩的学术范式特点。

3　杨海波．注意控制心理学．天津：天津教育出版社，2014

　　该书包括注意与注意控制的概述、注意控制的研究方法、注意控制的神经机制、注意控制的研究进展、注意控制的发展、工作记忆与注意控制、注意控制与学绩表现以及特殊儿童的注意控制等方面。总体上看，该书较为全面地反映了近十年选择性注意及注意控制的研究进展，同时也探讨注意控制与中小学生学习效率的关系，对于一线教师的教学具有一定的参考作用。

🖥 在线学习资源

1. http://www.icourses.cn/jpk/viewCharacterDetail.action?courseId=6583&sectionId=83120国家精品课程《普通心理学》注意与意识

2. http://jpkc.ecnu.edu.cn/0605/index.asp华东师范大学精品课程《普通心理学》注意

3. http://www.focusedattention.org/注意集中性训练

4. http://www.payattentionshop.com/注意能力提高

本章概述

　　本章首先介绍了感觉与知觉的概念、生理机制，以及感受性及其特点；其次，介绍了感觉的基本类型，包括视觉、听觉和其他感觉；最后，介绍了形状知觉、深度知觉、时间知觉和运动知觉几种知觉类型，以及知觉的选择性、整体性、理解性和恒常性几种知觉基本特征。

结构图

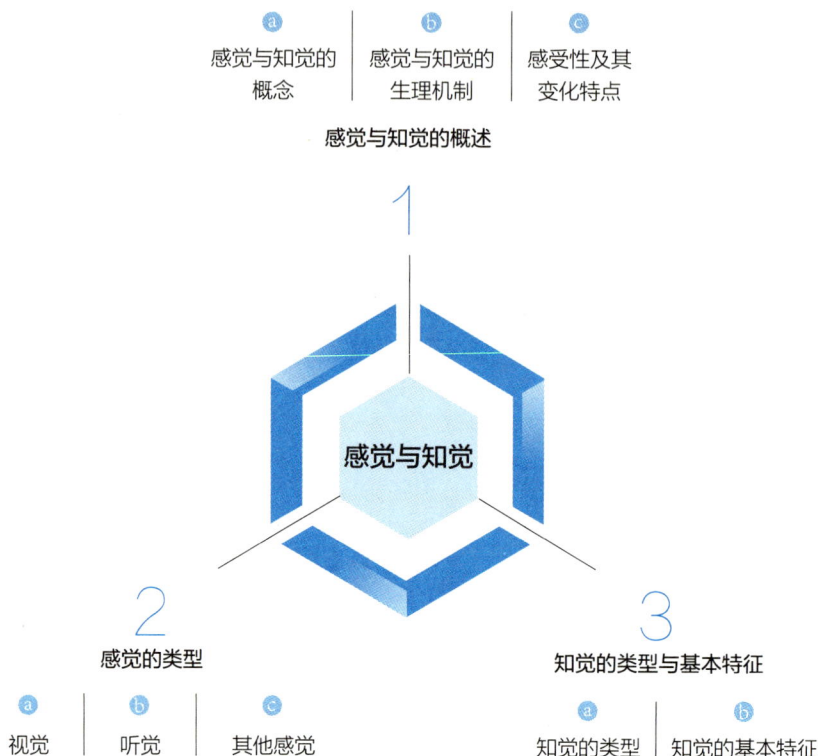

感觉与知觉的概述

ⓐ 感觉与知觉的概念 　 ⓑ 感觉与知觉的生理机制 　 ⓒ 感受性及其变化特点

感觉与知觉

感觉的类型

ⓐ 视觉 　 ⓑ 听觉 　 ⓒ 其他感觉

知觉的类型与基本特征

ⓐ 知觉的类型 　 ⓑ 知觉的基本特征

学习目标

本章重点:

1. 感觉与知觉的关系

2. 视觉现象

3. 知觉的类型

本章难点:

1. 感觉与知觉的生理机制

2. 感受性与感觉阈限的特点

3. 知觉的基本特征

学完本章,你应该能够做到:

1. 掌握感觉与知觉的含义、关系

2. 掌握感受性的本质、特征

3. 了解感觉的基本类型

4. 了解知觉的基本类型

5. 掌握知觉的特征

想一想为什么一个人长期在封闭的环境中生活，会出现感觉迟钝异常现象？为什么感觉对我们是如此重要？

想一想为什么"入芝兰之室，久而不闻其香；入鲍鱼之肆，久而不闻其臭"？为什么在注视一个红色正方形之后，再看一张灰白纸，在这张灰白纸上可以看到一个蓝绿色的正方形？感觉存在哪些规律呢？

想一想为什么说"月亮走，我也走"？在没有月光的夜晚，仰视天空的某一亮点几分钟，这个亮点好像会游动起来，这是为什么呢？知觉有哪些规律？

第一节
感觉与知觉的概述

学习目标

掌握感觉与知觉之
间的关系
理解感觉与知觉的
生理机制
掌握感受性和感觉
阈限的关系

人是怎样认识世界的？这是一个古老的哲学和心理学问题。人类对世界的认识是从感觉开始的。感觉为机体提供了内外环境的信息，保持机体与环境的信息平衡。人们不仅要认识事物的个别属性，还要认识事物整体，这就是知觉。感觉与知觉是最初级也是最基本的认知过程，是认识的开端，是一切知识的源泉。

一、感觉与知觉的概念

（一）什么是感觉

感觉是人脑对直接作用于感觉器官的事物的个别属性的认识[1]。

感觉是其他一切心理现象的基础，可以说没有感觉就没有其他一切心理现象。例如，在我们面前有一个橘子，我们是如何认识它的呢？我们用眼睛去看，可知它有黄的颜色，圆的形

> 感觉是人脑对直接作用于感觉器官的事物的个别属性的认识。
> 知觉是人脑对直接作用于感觉器官的客观事物的各个部分和属性的整体的反映。

---

1 彭聃龄. 普通心理学. 北京：北京师范大学出版社，2004：78.

状；拿在鼻子边嗅，可闻见酸涩的气味；放在手里一掂，感到它有一定重量；把它剥开放在嘴里，知道它是酸甜的；这里的黄、圆、酸涩、重量和酸甜都是橘子的一些个别属性。当然，感觉并不是只反映事物的一种属性，如我们看到一个橘子，会同时看到颜色和形状等属性。可见，我们可以同时反映许多种属性，但是这些属性之间既无组织、也无界限，我们的头脑同时加工了这些属性，进而认识了这些属性，这一过程就是感觉。

感觉有三个基本特征：（1）感觉反映的是当前直接作用于感觉器官的事物；（2）感觉反映的是事物的个别属性；（3）只有在接受刺激的感官不受损的情况下，才能产生正常的感觉。

感觉虽然简单，但是非常重要，它在人们的日常生活、学习和工作中具有重要的意义。

🔍 **案例**

感觉剥夺实验

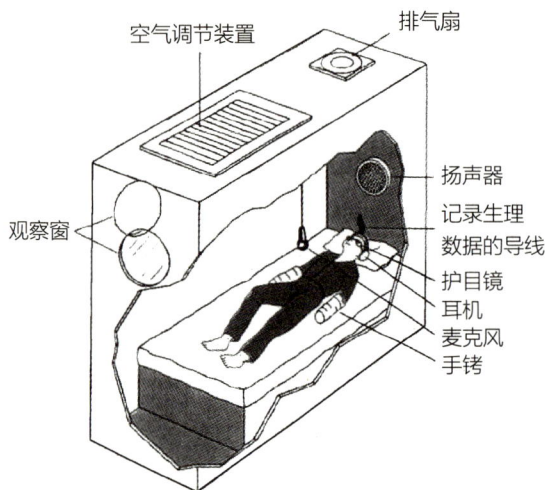

图4-1 感觉剥夺实验

贝克斯顿，赫伦和斯克特（Bexton, Heron, & Scott, 1954）曾做过一个感觉被剥夺的实验（图4-1）。在实验中，研究者要求被试安静地躺在实验室里一张舒适的床上，环境十分安静，听不到任何声音；一片漆黑，什么也看不见，双手戴上手套，并用纸卡住。被试的吃喝由研究者事先安排好，用不着被试移动手脚。总之，对于被试来讲，来自外界环境的一切刺激几乎都被"剥夺"了。实验刚开始时，被试还能安静地躺着，但随后，开始不耐烦，急切地寻求刺激，唱歌、自言自语、双手相互敲打。尽管这个实验给予被试一定的报酬，但也很难让他们在实验室里坚持2~3天。这个实验说明，人的感觉一旦被剥夺，人的日常生存就将受到严重损害。

（资料来源：彭聃龄.普通心理学.北京：北京师范大学出版社，2001：75）

（二）什么是知觉

知觉是人脑对直接作用于感觉器官的客观事物的各个部分和属性的整体的反映。

人们通过感官得到内部和外部环境的信息，这些信息经过头脑的加工（整合和解释），产生了对事物的整体认识，这就是知觉过程。知觉是在感觉的基础上产生的，是对感觉信息的整合和解释。

与感觉一样，知觉也是人脑对当前客观事物的直接反映。但与感觉相比较，知觉具有如下特征：（1）它反映的是事物的意义，知觉的目的是解释作用于人体感官的事物是什么，并尝试着用词去标示它，所以知觉是一种对事物进行解释的过程；（2）知觉是对感觉属性的概括，是对不同感觉通道的信息进行综合加工的结果，所以知觉是一种整合过程；（3）知觉有思维因素。

（三）感觉与知觉的关系

感觉和知觉是既有区别，又有联系的两个概念。

1. 感觉与知觉的区别

（1）感觉与知觉反映的客观事物的属性不同。感觉是对客观事物个别属性的孤立的、无界限的反映，而知觉是对客观事物的各种属性、各个部分及其关系的有组织、有界限的整体反映。

（2）感觉仅依赖于个别感觉器官对事物个别属性的反映活动，而知觉依赖于多个感觉器官对事物整体属性的联合反映活动。

（3）感觉的产生主要由刺激物的性质决定，感觉没有经验也可以发生；而知觉除了受刺激物的性质制约外，还必须依赖于其他心理成分的参与，如动机、需要、兴趣、思维等，即在很大程度上依赖于个体的知识经验。

2. 感觉与知觉的联系

感觉反映的是客观事物的个别属性，知觉反映的是客观事物的整体属性。由于客观事物的个别属性和整体属性密不可分，因此感觉与知觉的关系是十分密切的。

（1）感觉是知觉产生的基础，知觉是感觉的进一步发展。但是知觉并不是个别感觉信息的简单相加，它比个别感觉的简单相加要复杂得多，因为它是按一定方式来整合个别感觉信息，形成一定的结构，并借助个体已有的知识经验来解释由感觉通道提供的信息。通过感觉人们只能了解客观事物的个别属性，只有通过知觉，才能对客观事物形成一个完整的映象，知道它是什么，了解它的意义。但由于客观事物是由多种属性所组成的，不了解它的个别属性，也不可能了解其整体属性。对客观事物的个别属性了解越充分，对其知觉就越完整、越正确。

（2）感觉与知觉是联系在一起的，很难分开。在日常生活中，很少有孤立的感觉存在，如人们看到某种颜色，总是有一定的主体，听到的声音也是同样的道理，这些颜色或声音等属性都与一定客体相联系，并具有一定意义。在人们生活的世界里，不与任何具体事物相联系且完全没有客体意义的感觉几乎是不存在的。通常感觉和知觉融为一体，因此常把感觉和知觉合称为感知。

二、感觉与知觉的生理机制

（一）感觉的生理机制

感觉的生理机制是指能够引起和产生感觉的生理结构和机能。这种生理机制被称为分析器。分析器是分析刺激的器官，由感受器、传入神经和大脑的神经中枢三部分组成。分析器在内外环境影响下产生的神经过程是各种感觉产生的生理基础。

感受器是直接接受刺激产生神经冲动的装置，主要是感觉细胞或神经末梢。例如，耳朵接受外界声波刺激并产生神经冲动的是内耳柯蒂氏器上的毛细胞，因此感受器是将各种不同的刺激物能量转换成神经系统可以传导的生物电能——神经冲动。传导神经的功能就是把感受器与神经中枢连接起来。当前人们认为传导神经构成复杂的网络，可以进行信息加工，实现对输入信息的初级加工。一般外界的信息在大脑皮层及皮层下代表区进行复杂的分析与综合，相应地产生对刺激的感觉经验。

感觉的产生主要由两种因素造成：（1）有机体内外环境中不断变化的事物形成了刺激；（2）有机体对刺激做出反应。从神经生理学的角度分析，感觉的产生经历这样一个过程：有机体内外环境的刺激直接作用于感觉器官，将刺激能量转变为神经脉冲；经由传入神经，把神经脉冲传递到神经中枢；在大脑皮层的相应感觉投射中枢产生特定的感觉。

（二）知觉的生理机制

俄国生理学家巴甫洛夫认为，知觉的生理基础是条件反射，是客观事物作用于感受器时在大脑皮层上形成的暂时神经联系，而分析器的皮层对知觉刺激进行复杂的分析与综合，在此基础上完成事物的特征整合。20世纪50年代以后，随着认知神经科学的兴起与发展，研究者逐渐认为知觉的分析与综合发生在神经系统的不同水平上。

在神经系统的微观水平上，存在各种特征觉察器，在对刺激进行特征觉察的同时，神经系统也在不同水平和不同层次上实现对刺激的整合，实现"特征捆绑"的过程。

在神经系统的宏观水平上，大脑的不同区域执行不同的分析与综合。例如，大脑皮层一级区主要负责对外部刺激初步的分析与综合；皮层二级区主要负责更高层次的整合，这个区域受损伤会失去对刺激的辨别能力；皮层三级区主要负责整合各种感觉，这个区域受伤会导致复杂的、同时性综合能力的损坏。

已有研究发现，除了皮层感觉区以外，额叶在人们的知觉活动中起着重要作用。例如，额叶受到损伤的人会失去主动知觉的意图，不能对知觉客体做出合理的假设，不能对知觉的结果进行正确的评定。在人的视觉系统中存在两个功能不同的子系统：（1）what（是什么）系统，主要负责处理物体是什么的信息，由枕叶到颞叶的通路组成；（2）where（位置）系统，主要负责物体放在哪里，由枕叶到顶叶的通路组成的。

知觉是由多种分析器协同活动实现的。知觉产生具有以下几种情况：

（1）当事物的属性、成分同时或先后作用于同一分析器时，会引起该分析器内的神经兴奋，这时经过大脑的分析综合活动，就形成了对事物的整体反映。

（2）事物的各种属性相互联系、相互依存，构成复合刺激物，通常作用于不同的分析器。当复合刺激物作用于人们的感官时，引起大脑皮层不同区域的神经兴奋，这时兴奋区域相互沟通，在各个分析器之间建立起暂时的神经联系；另一方面，大脑通过分析，把事物的关键属性从背景中区分出来并通过一系列的神经过程进行综合分析活动，实现对感觉信息的加工，从而形成事物的整体映象。

（3）复合刺激物的各个成分以及复合刺激物之间都可以形成各种不同的相互关系。这些关系反映在大脑中就形成了关系反射。当复合刺激物的各种成分以不同的关系相互联系、组合时，大脑就反映出不同的知觉整体。在复合刺激物的各成分中，起决定作用的是其关键性的成分。只要关键性的成分保留，尽管其他成分改变了或丧失了，仍然不会破坏已存在的"关系"。

三、感受性及其变化特点

感觉是由刺激物直接作用于感官引起的，产生感觉的刺激除了是适宜的刺激外，还必须使这种适宜刺激保持在一定的强度范围内。个体对适宜刺激的感觉灵敏程度就是感觉能力，而这种感觉能力称为感受性。感受性可用感觉阈限来测量。感觉阈限是指能引起感觉持续一定时间的刺激量，使个体感到某个刺激存在，或刺激发生变化所需刺激强度的临界值。

（一）绝对感受性和绝对感觉阈限

人并不是对所有的刺激都有相应的感觉，如在空气中，人们很难感受到落在皮肤上的尘埃，人要对刺激有所感觉，这个刺激必须达到一定的强度。绝对感觉阈限是指那种刚刚能引起感觉的最小刺激强度。绝对感受性是指人的感官觉察这种最小

> 绝对感觉阈限是指那种刚刚能引起感觉的最小刺激强度。
> 绝对感受性是指人的感官觉察这种最小刺激量的能力。

刺激量的能力。绝对感受性可用绝对感觉阈限来衡量。绝对感觉阈限越低，绝对感受性越高，两者存在反比关系。

绝对感受性与绝对感觉阈限的关系可用公式来表示：

$$E=1/R$$

在公式中，E表示绝对感受性，R表示绝对感觉阈限。

（二）差别感受性与差别感觉阈限

差别感受性是指觉察到刺激物之间微弱差别的能力。差别感觉阈限，又称最小可觉差（just noticeable difference，简称JND）是指那种刚刚能引起差别感觉的刺激物之间的最小差异量[1]。差别感受性越高的人，引起差别感觉所需要的刺激差别就越小，即差别感觉阈限越低。

描述觉察刺激的微弱变化所需变化量与原有刺激之间关系的规律，是由19世纪德国生理学家韦伯（E. H. Weber）在研究感觉的差别阈限时发现的，即对刺激的差别感觉，不取决于刺激物增加的绝对重量，而主要取决于刺激物增量与标准刺激量的比值。如果标准刺激强度较大，则需要较大的变化量才能觉察出与标准刺激的差别；反之，则需较小的变化量就可觉察与标准刺激的差别。这种刺激增量与标准刺激量之间的关系，可用公式表示：

$$K=\triangle I/I$$

其中，I为原刺激强度，$\triangle I$为此时的差别阈限，K为常数，即韦伯常数。这个公式也称为韦伯定律（Weber's law）。韦伯定律指出，在一个刺激量上发现一个最小可觉察的感觉差异所需要的刺激变化量与刺激量的大小有固定的比例关系。这个固定比例对于不同感觉是不同的，用K表示，常称为韦伯常数。韦伯常数只适用于中等强度的刺激。

> 韦伯定律是指在一个刺激量上发现一个最小可觉察的感觉差异所需要的刺激变化量与刺激量的大小有固定的比例关系。

1860年，德国心理学家费希纳（Fechner G. T.）在韦伯定律的基础上，通过实验测量了刺激的物理量和它所引起的心理量之间的关系，结果发现心理量和刺激的物理量之间并不是一一对应的关系，也不是刺激的物理量增加一个单位时，它所引起的心理强度也增加一个单位，因此不能用物理量的变化单位作为心理量变化的单位。费希纳受韦伯定律的启发，运用积分运算，在韦伯定律的基础上推导出一个表示感觉大小与刺激强度之间关系的公式：

$$P=K\lg I$$

这就是费希纳对数定律。其中，P表示感觉量，I表示刺激量，K是常数，不同感觉通道

---

1 彭聃龄. 普通心理学. 北京：北京师范大学出版社，2004：83.

的K值是不同的。这个公式表明，感觉大小和刺激强度的对数成正比，当刺激强度按几何级数增长时，它所引起的心理强度按算术级数增长。费希纳定律也只适用于中等强度的刺激。例如，一份一元钱的报纸一夜之间突然涨到了50元，你会觉得荒唐至极，无法接受。但是，如果原来100万元的奔驰也涨了50元，你会觉得价钱根本没什么变化。

第二节
感觉的类型

学习目标

掌握视觉的基本现象
掌握听觉的基本现象
了解其他感觉

一、视觉

视觉是人类最重要的一种感觉，主要由光刺激作用于人眼所产生。在人类获得的外界信息中，有80%来自视觉。

（一）视觉的适宜刺激

视觉的适宜刺激是可见光。光是电磁波，人们可以看到的光只是整个电磁波谱中很小的一部分。可见光波的波长分布范围大约在380~780纳米（nm）。

能够产生光的物体称为光源。太阳是主要的光源，此外还有电灯、蜡烛等。日光通过三棱镜的折射产生由红到紫不同的光谱，这就是人眼的可见光谱。人眼所接受的光主要是来自日光及其照射在物体上而被物体反射出来的光。

光波有三种物理属性，即强度、波长（或频率）和纯度。它们分别决定了视觉的明度（非彩色的黑白程度）、色调（颜色）和饱和度（颜色的鲜艳程度）。

（二）视觉分析器与神经过程

眼睛是人的视觉器官，是视觉的外周感受器。当光进入眼睛时，依次通过角膜、前房中的房水、水晶体、玻璃体，这些构造形成了一个完整而精巧的光路系统，负责对入射光进行适当折射，使外界的物像清晰地聚焦在视网膜上，见图4-2。视网膜位于眼底，是入射光的最后归宿。它由多层细胞构成，主要包括感光细胞、双极细胞和神经节细胞，见图4-3。

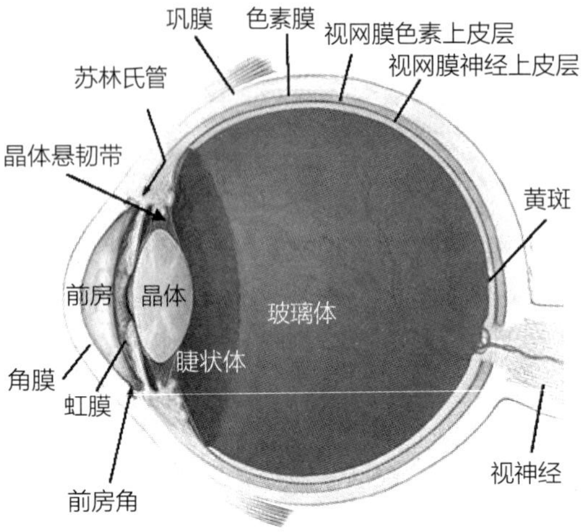

图4-2 眼球结构模式图

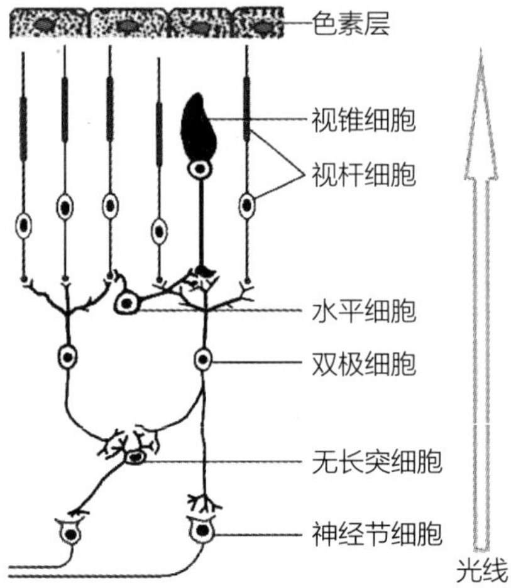

图4-3 视网膜的组织结构

感光细胞是视觉的感受器。它主要有视锥细胞和视杆细胞两种类型。视锥细胞，又称锥体细胞，分布于网膜中央，其主要机能特点是：（1）神经节细胞只与较少视锥细胞相连，因此具有对物体细节精细辨别的能力；（2）含有昼视觉所必需的视紫质，能够分辨颜色，因此是昼视觉和颜色视觉的器官。另一种感光细胞是视杆细胞，又称棒体细胞，主要分布于网膜的周边，它的主要机能特点是：（1）多个视杆细胞通过双极细胞与一个神经节细胞相连接，由于空间积累效应，能起到光放大作用，使视觉对光敏感；（2）含有夜视觉所必需的视紫红质，因此是夜视器官，但不能分辨颜色。

网膜感光细胞的机制是：当光经过折射系统抵达视网膜时，引起感光细胞中色素（如视紫质和视紫红质）的变化而产生光化学反应，将光能转化为化学能；光化学反应引起神经细胞的兴奋，化学能转化为神经电能，产生神经电脉冲，并沿着神经节细胞形成的视神经，离开眼睛上行传入大脑。

在眼底网膜中央有一块不大的碟形区域，称为中央窝。它含有密集的视锥细胞，因此有敏锐的视觉，颜色和空间细节的辨别主要由它承担。在偏离中央窝15度左右的区域，有一小块无视觉区，由于神经节细胞在此处聚集成束，形成视神经进入大脑。这个区域称为盲点。

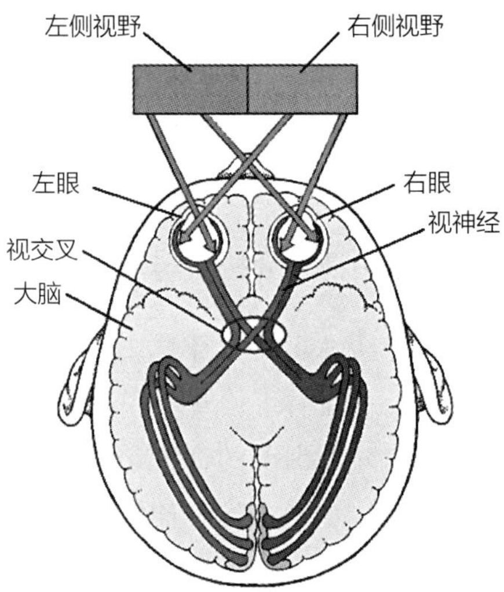

两只眼睛各自的视神经离开眼睛后，分成两支。其中，来自眼睛鼻内侧的一部分交叉到脑的一侧，形成视交叉，此后仍形成两条分离的上行通

图4-4 人的视觉通道模式图

路。上行不久，又有一部分神经连向脑干的四叠体上丘，这块神经核团是原始的视觉中枢，其机能主要是负责处理有关客体位置的信息，但不能说明客体是什么。大部分上行神经进入丘脑的外侧膝状体，随后又形成视放射线，投射到大脑皮层两侧的枕叶视觉区，在这里对来自两眼的信息进行加工，产生完整、丰富的视觉，见图4-4。

（三）视觉现象

1. 彩色视觉

彩色的感觉是由视觉刺激所具有的光线波长来决定的。人眼大约能分辨150多种光波，因此产生多种彩色感觉，其中主要有红、橙、黄、绿、青、蓝、紫七种彩色感觉。

人们生活中所看到的光大多是含有各种波长的混合光，像彩虹那样被分解的单色光在自然界中是很少见的。色光混合造成的视觉现象有一定的规律，具体表现在：（1）互补律，即如果两种色光混合产生白色或灰色，那么这两种色光互为补色；（2）间色律，即两种非互补色相混合，会产生出一种中间色，其色调需根据原有两种颜色的比例来定，哪种颜色所占的比例大，就接近哪种颜色，如红、黄混合生成橙色；（3）替代律，即以任何方式混合生成颜色相同的混合色，可以互相替代，而不受原有被混合颜色的具体光谱成分的影响，如黄色可以由红色和绿色的混合替代。

2. 色觉理论

关于色觉的理论，主要有"三色说"和"四色说"。

英国学者托马斯·杨假设，在视网膜上存在三种不同的颜色感受器，它们分别含有对红、绿、蓝敏感的视色素。每种感受器只对光谱上的特定波长最敏感，红色感受器对长波最敏感，绿色感受器对中波最敏感，蓝色感受器对短波最敏感。当某种光刺激作用于感受器时，它所引起的兴奋程度不同，从而产生相应的颜色感觉。各种颜色感觉就是各感受器相应的有比例活动的结果，若红色感受器的兴奋活动占优势，则产生红色感觉。当三个感受器兴奋程度相同时，则产生白色的感觉。这种观点被称为三色说。

四色说由黑林提出。该学说假设在视网膜上存在着三对感光视素，它们是黑—白视素、红—绿视素和黄—蓝视素。这三对视素在光刺激作用下会表现出对抗的过程。例如，光刺激下，黑—白视素分解，产生白色感觉；无光刺激时，黑—白视素合成，产出黑色感觉。同样，红光刺激时，红—绿视素分解，产生红色感觉；绿光刺激时，红—绿视素合成，产生绿色感觉。

3. 视敏度

视敏度是指视觉系统分辨最小物体或物体细节的能力[1]。视敏度的大小常用视角大小表

1　彭聃龄. 普通心理学. 北京：北京师范大学出版社，2004：105.

示。视角是指物体通过眼睛节点所形成的夹角。视角大小取决于物体的大小及物体离眼睛的距离。

> 视敏度是指视觉系统分辨最小物体或物体细节的能力。

当人们能够看清一个物体或物体间的距离时，所对视角越大，则视力越差；若视角越小，则视力越好。通常用"C"或"E"形视标测定视敏度，如图4-5。最小视角为1分（1/60度）时，视力则定为1.0，这是正常眼的视敏度。当眼正视物体时，光线落在中央窝处，此处锥体细胞密集并且直径很小，所以视角最小，视敏度最高。光线落在周围部分，则视敏度大减。

觉察　　　　　　　　　　　　　　　　　　认知

图4-5　视敏度的测定
（**资料来源：**彭聃龄. 普通心理学. 北京：北京师范大学出版社，2004：106）

4. 后像和闪光融合

后像是一种刺激物对感受器的作用停止以后，感觉现象并不会立刻消失，它能保留短暂的时间的现象。后像可分为正后像和负后像。前者是指后像的品质与刺激物相同；后者是指后像的品质与刺激物相反。例如，在注视电灯光之后，闭上眼睛，眼前会出现灯的一个光亮形象，位于黑色背景之上，这是正后像；以后可能看到一个黑色形象，出现在光亮背景之上，这是负后像[1]。

闪光融合是一种断续的闪光由于频率增加，人们会得到融合的感觉的现象。例如，日光灯的光线每秒闪动100次，人们看不出它在闪动，这是闪光融合的结果。闪光融合临界频率，又称闪烁临界频率，是指刚刚能够引起融合感觉的刺激的最小频率。它表明视觉系统分辨时间能力的极限。

5. 视觉适应

适应是由于刺激对感受器的持续作用从而使感受性发生变化的现象。视觉系统对明度的适应（光适应）可分为暗适应和明适应。

暗适应是指从亮处转入暗处或照明停止时，视觉系统光感受性提高的过程。在由明处来到暗处，开始什么都看不清楚，过一段时间，就可逐渐看清周围东西的轮廓了。例如，白天从太阳光下进入昏暗的电影院内，最初什么也看不清，几分钟以后，眼睛对这种暗的光线产生了适应能力，逐渐能看清周围的环境，时间越久看得越清楚，这种适应过程称为

1　彭聃龄. 普通心理学. 北京：北京师范大学出版社，2004：108.

暗适应。

明适应是指从暗处转入亮处或照明开始时，视觉系统光感受性降低的过程。在由暗处来到亮处，特别是强光下，最初一瞬间感到耀眼，几乎看不清外界物体，但很快就恢复正常状态。例如，当我们看完电影，从电影院走出来，在明媚的阳光下，你就觉得阳光眩目，睁不开眼，要过一会儿才能看清周围的景物，这一过程正好与暗适应相反。

6. 视觉对比

对比是指同一感受器接受不同刺激而使感受性发生变化的现象。视觉中的对比可分为同时性对比和继时性对比。

同时性对比是指两个刺激同时作用于同一感受器所引起的感觉对比现象。例如，灰色纸在白色背景下显得更暗，而在黑色背景下显得更亮。继时对比是指两个刺激先后作用于同一感受器所引起的感觉对比现象。例如，看一块放在白纸上的黑纸半分钟以后，再看一张灰纸，就会在这张灰纸上看到一个与原来那块黑纸大小、形状相同的浅灰色的影子。

二、听觉

（一）听觉的适宜刺激

听觉的适宜刺激是声波。声波是由物体振动时，对周围音媒所产生的压力，使其分子产生疏密相间的运动，并在音媒中传播开来。声波是由物体振动所产生的16~20 000Hz的机械波。16Hz以下的声波称为次声波，20 000Hz以上的声波称为超声波。一般来讲，人听不到次声波和超声波。声波传递到人耳，从而产生听觉。

声音有三种物理属性：频率、振幅和波形。与声音的三种物理属性相对应的，是听觉的三个基本特性：音高、响度和音色。

音高是一种主要由声波频率决定的听觉特性。一般，声波的频率越高，音高就越高；反之，声波的频率越低，音高也就越低。音乐的声波频率一般处于50~5 000Hz之间。人对1 000~4 000Hz的声波最敏感。

响度是人对声音大小强弱的主观感受。它与声波的振幅密切相关。一般说来，一个纯音声波的振幅越大，响度越强；反之，振幅越小，响度越弱。

音色是对声音品质的主观感受。它由声波的波形决定。不同发音体发出的声波都有自己的特异性。例如，用长笛、小提琴、单簧管演奏同一乐曲，尽管频率、振幅大体相同，但由于三者波形相差很大，听起来三者并不相同，这就是音色上的差异。

（二）听觉感受器与刺激过程

耳朵是人的听觉器官，由外耳、中耳、内耳组成，如图4-6所示。

外耳包括耳廓和外耳道，主要起收集声波的作用。

中耳由鼓膜、听小骨、卵圆窗和正圆窗组成。听道内接鼓膜，传入的声波会引起它的振动。鼓膜后面是由锤骨、砧骨、镫骨组成的听小骨系统；镫骨与中耳另一端的隔膜，即卵圆窗相接。整个中耳构造巧妙，听小骨系统就像一副特殊的杠杆，两端连接的鼓膜和卵圆窗面积相差很大，从而起到将声波振动放大（约20~30倍）的作用。

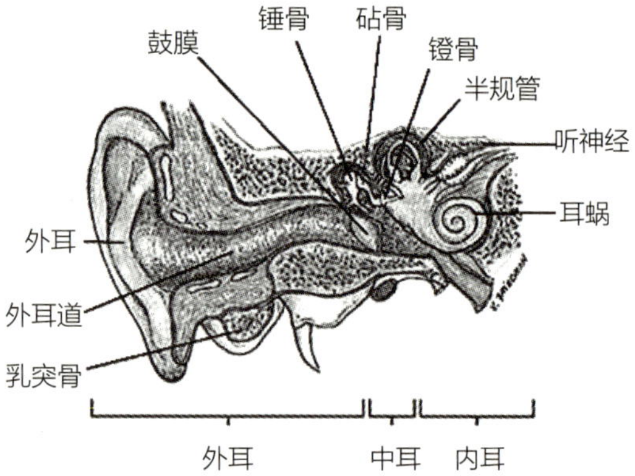

图4-6 人耳的结构

卵圆窗将声波传导到后面的内耳，内耳由前庭器官和耳蜗组成。前庭是平衡觉的器官。耳蜗是一个螺旋状骨组织，耳蜗内充满了液体，其中部有一层膜，是基底膜，将耳蜗分成两部分。卵圆窗将振动传入耳蜗内的液体，液体中压力的变化引起基底膜的位移。基底膜是由许多不同长短的横纤维组成的隔膜，其厚度自耳蜗底部至顶部逐渐增大。基底膜上分布有许多听觉感受器——科蒂氏器官，它由支持细胞和末端有细毛的毛细胞组成，听神经由此发出。听神经的兴奋是由基底膜的位移刺激毛细胞产生的；兴奋向大脑传导，最后达到皮层颞叶的听觉中枢，在那里产生听觉。

（三）听觉现象

1. 听觉适应与听觉疲劳

听觉适应所需时间很短，恢复也很快。听觉适应具有选择性，即仅对作用于耳的那一频率的声音发生适应，而对其他未作用的声音并不产生适应现象。

听觉疲劳是指如果声音较长时间连续作用，则会引起听觉感受性显著降低的现象。听觉疲劳和听觉适应不同，它在声音停止作用后还需很长一段时间才能恢复。如果这种疲劳经常性发生，则会造成听力减退甚至耳聋。

2. 声音的混合与掩蔽

两个声音同时到达耳朵相混合时，由于两个声音的频率、振幅不同，混合的结果也不同。

如果两个声音强度大致相同，频率相差较大，就会产生混合音。但如果两个声音强度相差不大，频率也很接近，就会听到以两个声音频率的差数为频率的声音起伏现象，称为拍音。例如，两个声音的频率分别为222Hz和223Hz，它们混合将产生每秒一次的声音起伏感觉。

如果两个声音强度相差较大，就只能感受到较强的声音，这种现象称为声音的掩蔽。声音的掩蔽受到频率和强度的影响。如果掩蔽音和被掩蔽音均为纯音，则会产生这样的规律，即两个声音频率越接近，掩蔽作用越大；低频音对高频音的掩蔽作用比高频音对低频音的掩蔽作用大。掩蔽音强度提高，掩蔽作用增加；掩蔽音强度减小，掩蔽作用覆盖的频率范围也小，而强度增加时，掩蔽作用覆盖的频率范围也增加。

三、其他感觉

人的感觉除视、听觉之外，还有皮肤觉、嗅觉、味觉以及机体的内部感觉。人通过这些感觉，不断获得有机体内外环境的信息，以适应环境的变化。

（一）皮肤感觉

皮肤感觉，又称肤觉，是指刺激物作用于皮肤引起的各种感觉，主要包括触觉、冷觉、温觉和痛觉。肤觉感受器在皮肤上呈点状分布。刺激物接触到皮肤表面时的感觉为触觉。当刺激加强，使皮肤引起明显形变，就引起压觉。触觉感受器分布于真皮之中，是迈斯纳触觉小体和巴西尼氏环层小体。身体不同部位的触压觉感受性相差很大，一般活动性高的部位感受性高，如额头、眼皮、舌头、指尖等部位的感受性高，而躯干、胸腹部感受性低。温觉包括冷觉与热觉。低于皮肤温度，即生理零度的温度刺激作用于皮肤就产生冷觉，而高于生理零度的刺激作用于皮肤就产生热觉。温度感受器是罗佛尼氏小体（热感受器）和克劳斯氏球（冷感受器）。身体的不同部位，温度觉的感受性不同。一般面部皮肤感受性高，下肢皮肤感受性低。痛觉有不同于其他感觉的特点，不论是机械的、化学的还是电的刺激，只要达到一定的强度，就会产生痛觉。痛觉没有一定的适宜刺激，因此能对有机体起保护作用。身体各个部位的痛觉感受性不相同，背部和面颊感受性最高，手的感受性较差。痛觉常不能精确定位，痛觉的适应也较差。

（二）嗅觉

嗅觉是指由挥发性物质的分子作用于嗅觉器官的感受细胞而引起的一种感觉。作为嗅觉感受器的嗅细胞位于鼻腔上部两侧的黏膜中。嗅觉的感受性受许多因素的影响，如环境条件（空气的清洁度）、湿度以及机体健康状况（感冒）等。嗅觉的适应很快，如"入芝兰之室，久而不闻其香；入鲍鱼之肆，久而不闻其臭"。

关于嗅觉的产生机制，有研究者提出了嗅觉的立体化学说，认为气味主要有七种：樟脑气味，麝香气味，花香气味，胡椒气味，腐烂气味，醚气味和烟气味。这些不同气味分子的立体形状不同，分别感受这些不同气味分子的嗅觉细胞有相应立体形状的槽模，从而能够一一对应地激发出神经冲动。

（三）味觉

味觉的适宜刺激是能溶于水的化学物质。其感受器是分布在舌表面、咽喉黏膜以及软腭等处的味蕾。人的基本味觉有酸、甜、苦、咸四种。这四种基本味觉有各自的感受器味蕾，并且在舌头上的分布也不同。舌尖上甜感受器分布最丰富，所以对甜味最敏感；舌中、舌两侧及舌后部分别对咸、酸、苦最敏感。

味觉的传导机制是味蕾中的味觉细胞兴奋后，冲动沿着颜面神经、舌咽神经和迷走神经，经弧束核、丘脑弓状核至皮层后回的底部，产生味觉。可见，味觉没有单独专用的味神经。味觉在大脑皮层上也没有精确的定位。

（四）运动感觉

运动感觉又称动觉，是对身体各部分的位置及相应运动进行反应的感觉。其感受器为肌梭、腱梭和关节小体，分别位于肌肉、肌腱、韧带和关节中。当机体运动时，肌梭、腱梭和关节小体兴奋，冲动沿着脊后索上传，经丘脑至中央皮层前回，产生动觉。人在活动时，不断有冲动传至中央前回产生动觉。皮层对所有冲动进行分析综合，再下传冲动对肌肉进行控制调节。正是由于这样的传导过程，人才能动作协调，精密准确地完成复杂的动作。

（五）平衡感觉

平衡感觉又称静觉，是对人体执行直线的加速和减速运动或旋转运动进行反映的感觉。平衡感觉的感受器是位于内耳的半规管和前庭。半规管反映人的旋转运动，而前庭反映人的直线加速或减速运动。前庭与小脑关系密切，对保持身体平衡有重要作用。前庭感受性高的人易眩晕，如容易晕车。平衡觉常常与视觉、内脏感觉有联系。经过练习可以改变前庭器官的感受性。例如，对于从事航海或航空工作的人需进行这方面的检查，以便发现个体前庭感受性特点，可以通过练习适应工作条件。

（六）内脏感觉

内脏感觉又称机体觉，是机体对饥、渴、痛、温等状态的感觉。内脏感觉的感受器处于脏器壁上。它们将内脏的活动及变化信息传入中枢。当人体各内部器官工作正常时，各种感觉便融合形成人所谓的自我感觉。通常情况下，内部感受器的冲动传至大脑皮层，就被外部感受器的冲动掩蔽了，没有在言语系统中得以反映。只有当内部器官受到强烈的刺激，内部感受器发放的冲动很强，机体觉才变得鲜明，处于优势。

第三节
知觉的类型与基本特性

🎯 **学习目标**

了解知觉的类型
掌握知觉的基本特征

一、知觉的类型

知觉的类型很多，可从不同角度对知觉进行分类。根据知觉时起主导作用的分析器的特征，可把知觉分为视知觉、听知觉、触知觉、嗅知觉、味知觉、运动知觉和平衡知觉等。例如，对一首乐曲的声音方向、节奏、音律的知觉，听觉器官起主导作用，因此属于听知觉。根据被反映事物的特性，知觉可分为空间知觉（如形状知觉、深度知觉、大小知觉、方位知觉）、时间知觉、运动知觉等。下面将介绍几种主要的知觉类型。

（一）形状知觉

物体无论规则、不规则，都有一定的形状。形状知觉指物体的形状特征在人脑中的反映。

> 形状知觉指物体的形状特征在人脑中的反映。

形状知觉的产生是视觉、触摸觉和运动觉协同活动的结果。视网膜上物体呈现的形状，眼球沿着物体的轮廓扫描，以及手触摸物体的表面，这些连续的动觉刺激会向大脑发送物体形状信号，经过大脑分析、综合，就产生了物体形状的知觉。

在形状知觉中，视觉具有极其重要的作用，知觉对象的轮廓具有重要意义。在知觉过程中，只要抓住事物的主要轮廓，就能知觉物体形状的足够信息。某些时候物体的轮廓不明显，也能正确知觉物体的形状，这种现象称为主观轮廓，如图4-7所示。

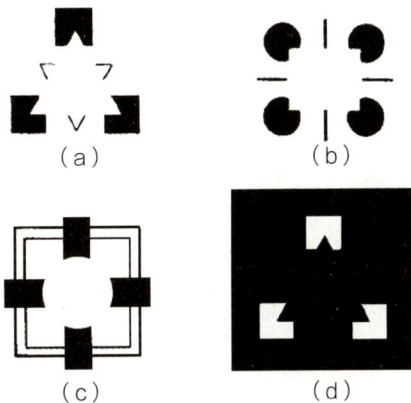

（a） （b）

（c） （d）

图4-7 几种主观轮廓

（**资料来源：** 彭聃龄. 普通心理学. 北京：北京师范大学出版社，2001：139）

（二）深度知觉

深度知觉是指人脑对物体的空间距离及立体特性的反映。它是多种分析器协同活动的结果，其中，视觉具有重要的作用。单眼线索是指用一只眼睛感受深度的线索，它只能够对有限的距离产生效应。双眼线索是指用两只眼睛感受深度的线索，它既可以提供距离信息，也是产生立体知觉的主要机制。

影响深度知觉的因素有很多。

1. 单眼线索包括以下几种：

（1）对象重叠。判断物体前后关系的重要条件是遮挡，即相互重叠的物体，被遮挡物体被知觉得远些，而挡者被知觉得近些，如图4-8所示。

（2）线条透视。两个或两列线条状的物体，由近处向远处伸展，近处的对象所占的视角大，知觉时就显得大些；远处的对象所占的视角小，知觉时就显得小些，如图4-9所示。

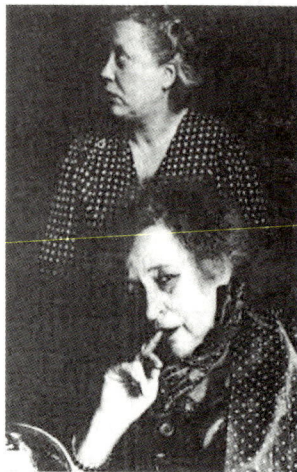

图4-8　对象重叠

（**资料来源：**彭聃龄. 普通心理学. 北京：北京师范大学出版社，2004：151）

（3）空气透视。由于空气中有尘埃、水蒸气等杂质，越远的地方，被尘埃、水蒸气挡住的机会越多，因此远处显得模糊，近处显得清晰，如图4-10所示。

（4）相对高度。在其他条件相等时，两个物体相对位置较高的那一个，就显得远些，低的那个显得近些，如图4-11所示。

（5）纹理梯度。视野中的物体在视网膜上的投射大小和投影密度发生层次的变化，使得远处物体在视网膜上的投射较小，而投影密度较大；近处物体在视网膜上的投射较大，而投影密度较小，如图4-12所示。

图4-9　线条透视

图4-10　空气透视

图4-11　相对高度

图4-12　纹理梯度

（6）运动视差。当不同距离的物体与主体成相对运动时，因视角在速度和方向上的差异，使得近处物体看上去移动得快些，方向相反；而远处物体移动较慢些，方向相同。

2. 双眼线索包括以下两种：

（1）双眼视轴的辐合。当注视某一物体时，两眼视轴向注视对象靠拢。看近处物体时，视轴趋于集中；看远处物体时，视轴趋于分散。当物体渐远时，视轴逐渐趋向平行。

（2）双眼视差。它是指人们知觉物体的距离与深度，主要依赖于两只眼睛所提供的线索。双眼视差所获得的深度知觉能力受距离影响，只对500米以内的物体知觉起作用。

（三）时间知觉

时间知觉是人脑对客观事物的延续性和顺序性的反映。例如，一粒种子从播种、发芽、开花到结果几个过程，都是系列连续变化的。多种感觉都能对时间进行估计。在精确性方面，听觉的能力最强，最高达到0.01秒，触觉最高为0.025秒，而视觉最高为0.05~0.1秒。

> 时间知觉是人脑对客观事物的延续性和顺序性的反映。

对时间进行知觉需要借助各种媒介间接地进行。

第一，自然界的周期现象。例如，日出日落、昼夜交替、四季变化、月亮圆缺等周期性出现的自然现象。

第二，有机体的生理节律。人体的生理活动，许多是具有周期性和节律性的。例如，人在正常情况下的呼吸频率为每分钟17次；心跳每分钟60~70次；从进食到饥饿，每个周期是4~6小时左右；人们依据身体的这些节律性活动，能估计事件持续的时间。有机体的这些节律性活动，称为生物钟。它给人们提供了时间信息。

第三，计时工具。古时候人们就通过设计计时工具来知觉时间。从古代的"干支"计时、燃香、水或沙的滴漏等方式计时到现在的日历、时钟、手表等。借助这些计时工具，人们不仅可以准确地估计诸如世纪、年、月这样较长的时间，也可以精确地记录短暂的时间。

第四，周期性的社会活动。人的许多活动都具有周期性。例如，城市闹市区的活动规律是晨起、午闹、夜稀等。

时间知觉不仅受上述客观参照物影响，而且还受人自身主观因素的影响。

第一，时间间隔的长短。一般来讲，人对1秒左右的时间估计得最准确；短于1秒的时间间隔，人倾向于高估；而长于1秒的时间间隔，人倾向于低估。

第二，刺激的物理性质。例如，较弱的刺激比较强的刺激显得时间更短些；对熟悉性刺激的呈现时间比不熟悉性刺激的呈现时间显得更短些。

第三，兴趣、态度和情绪。对于有兴趣的事情，感觉时间似乎飞驰而过；对于无趣的事情，感觉时间似乎无比冗长；引人入胜的表演总会使人忘却时间流逝，而冗长乏味的报告简直没完没了。热切期待中的事，总会使人感到姗姗来迟；而为人所厌烦的事情，又是不期而至。欢乐时，觉得时间过得快；痛苦时，觉得时间过得慢。

第四，个人的知识经验。由于每个人的知识经验不同，因此在时间的估计和知觉上，存在明显的个体差异。对时间的估计是在实践中发展起来的。随着年龄的增长，实践活动的增加，个体会逐渐减少误差，接近准确。成年人在时间估计的准确性和精确性方面远优于儿童。

（四）运动知觉

运动知觉是人脑对物体运动特性（如鸟儿飞、鱼游、车行驶、河水流动等）的反映。它对动物和人的适应性具有重要的意义。

运动知觉的产生依赖一些主客观条件，主要包括：（1）物体的运动速度；（2）主体与运动物体的距离，即在速度一定的前提下，运动物体距离主体近，会感觉速度很快；距离主体远，会感觉速度很慢；（3）主体自身处在静止状态，还是运动状态，是运动物体的参照系统。

运动知觉有不同的种类，具体表现在：（1）真动是指物体按照特定的速度，在空间和位置上发生连续性的变化，如快速转动的电扇叶片；（2）似动是指在一定的条件下，人把客观上静止的物体看成是运动的，或把客观上不连续的位移看成是连续运动的现象；（3）诱动是指一个物体的运动使其相邻的另一个静止的物体产生运动的现象，如坐在一列正靠站停下来的火车里，如果旁边的另一列火车已开始启动，你会觉得自己所坐的火车在运动；（4）自动是指人在暗室中注视一个静止的光点，过一段时间会发现这个光点在运动，但实际上这一光点是静止的。

二、知觉的基本特性

（一）知觉的选择性

知觉的选择性是指人在知觉时，会将少数事物作为知觉的对象，而将其他事物作为知觉的背景，以便清晰地感知一定的事物与对象。从某种意义上讲，知觉过程就是从背景中区分出对象的过程。这一过程与选择性注意有关。当注意指向某种事物时，这种事物就成了对象，而其他事物就成了知觉的背景；当注意从一个对象转向另一个对象时，原来的对象和背景也跟着转移。如图4-13所示。

> 知觉的选择性是指人在知觉时，会将少数事物作为知觉的对象，而将其他事物作为知觉的背景，以便清晰地感知一定的事物与对象。

影响知觉选择性的因素很多。一般，强度较大的、色彩鲜明的、运动的、变化的刺激物容易成为知觉的对象；组合较为规律的刺激物（如良好图形）容易成为知觉的对象。此外，知觉对象的特点，及知觉者自身的主观因素，如兴趣、态度、爱好、情绪、知识经验、观察能力等，也都会对知觉的选择性产生影响。

值得注意的是，知觉的对象与背景之间不仅互相转化，而且互相依赖。知觉的对象与背景的关系，不仅存在于空间的刺激组合中，而且存在于时间系列中。对一个物体的知觉，往往受到前后相继出现的物体的影响。发生在前面的知觉直接影响到后来的知觉，产生了对后续知觉的准备，这种现象叫知觉定势[1]，见图4-14。

图4-13 双歧图形

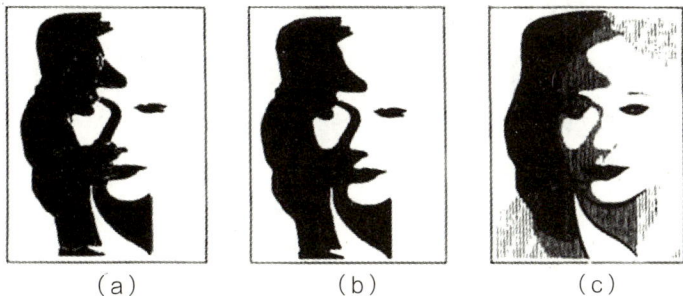

（a）　　　　（b）　　　　（c）

图4-14 知觉定势

1 彭聃龄. 普通心理学. 北京：北京师范大学出版社，2004：133.

（二）知觉的整体性

知觉的整体性是指对客体的知觉总是以自己的过去经验来补充当时获得的感觉信息，使其形成具有一定结构的整体[1]。人的知觉系统具有把个别属性综合成整体的能力。当然，知觉的这种整合作用离不开构成整体的各成分的特点。

例如，图4-15所示的点子图，尽管这些点子并没有用线连接起来，但人们还是能看到一个三角形和一个长方形。

图4-15　点子图

> 知觉的整体性是指对客体的知觉总是以自己的过去经验来补充当时获得的感觉信息，使其形成具有一定结构的整体。

🔍 **案例**

知觉是整体优先还是局部优先

在人的知觉过程中，是整体优先还是局部优先？纳温（Navon，1977）在实验中给被试呈现由许多小字母构成的一个大字母的图片，如由小字母"H"和"S"组成的大字母"H"与"S"（见图4-16）。

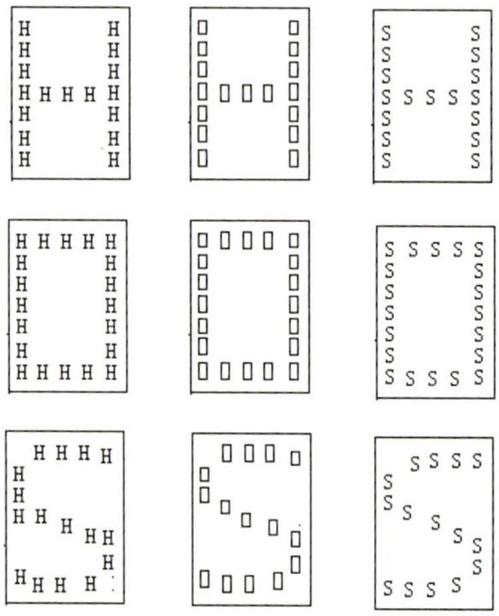

要求被试做局部反应和整体反应。在局部反应里，要求被试对小字母做判断；在整体反应里，要求被试对大字母做判断。结果发现，对整体特征的知觉快于对局部特征的知觉，当人们有意识地去注意整体特征时，知觉加工不受局部特征的影响。这一结果表明整体特征是先于局部特征被知觉的，整体加工是处于局部分析之前的一个必要知觉阶段，即知觉是从整体到部分的。

图4-16　部分对整体的依赖关系图

1　章志光．心理学．北京：人民教育出版社，2002：131.

（三）知觉的理解性

知觉的理解性是指在感知事物时，人总是依据过去的知识经验来解释和判断，并将该事物归到一定的事物系统中，从而能够更深刻地感知（如图4-17）。人在知觉过程中总是依据知觉对象所提供的线索信息，提出相应的假设，并验证这一假设，最后获得符合逻辑的解释。因此，知觉的过程可以看成一个假设检验的过程。

影响知觉理解性的条件概括起来有以下几个方面：

第一，言语的作用。人的知觉是在两种信号系统的协同活动中实现的，词的作用有助于对知觉对象的理解，使知觉更迅速、更完整。例如，天空中漂浮着的云朵，自然界中的各种奇景，在感知时附加词和言语的指导，会使人很快地知觉到。

第二，活动任务的明确性。当有着明确的活动任务时，知觉将服从于当前的活动任务，这时所知觉的对象就比较清晰和深刻。

> 知觉的理解性是指在感知事物时，人总是依据过去的知识经验来解释和判断，并将该事物归到一定的事物系统中，从而能够更深刻地感知。

图4-17 不完整的图形

第三，对知觉对象的态度。如果对知觉对象持有消极态度，则不能深刻地感知客观事物；只有对知觉对象产生兴趣，持有积极的态度才能加深对它的理解。

（四）知觉的恒常性

知觉的恒常性是指当知觉的条件在一定范围内发生改变时，知觉的映象仍然保持相对不变。例如，对认识的人，不会因为他的发型、服饰的改变而变得不认识；一首熟悉的歌曲，不会因为它高了八度或低了八度而感到生疏等。

> 知觉的恒常性是指当知觉的条件在一定范围内发生改变时，知觉的映象仍然保持相对不变。

在视觉范围内，知觉的恒常性种类主要有大小恒常性、形状恒常性、方向恒常性、明度恒常性和颜色恒常性。

1. 大小恒常性

大小恒常性是指在一定的范围内，个体对物体大小的知觉不会随着距离的变化而变化，也不会随着视网膜上视像大小的变化而变化，其知觉映象仍按实际特征的大小知觉。

在知觉物体大小时，人们学会了把物体与观察者的距离因素考虑在内，当自己处于不同距离位置知觉同一物体大小时，知觉的结果经常是一致的。

2. 形状恒常性

形状恒常性是指当从不同角度观察同一物体时，物体在视网膜上投射的形状是不断变化的，但人们知觉到的物体形状并没有发生明显的变化。例如，在观察一本书时，不管从正上方看还是从斜上方看，感觉它都是长方形的。如图4-18所示，从不同角度观察一扇门时，无论门是完全关闭，还是完全打开，人们看上去它都是长方形的。

图4-18　形状恒常性

3. 方向恒常性

方向恒常性是指个体不随身体部位或视像方向变化而改变感知物体实际方位的知觉特征。个体身体各部位的相对位置时刻都在发生变化，如弯腰、侧卧、侧头、倒立等，当身体部位发生改变，与之相应的环境中事物的关系也随之变化，但人对环境中对象方位的知觉仍然保持相对稳定，不会因为身体部位的改变而变化。

4. 明度恒常性

明度恒常性是指当照明条件发生改变时，个体知觉到物体的相对明度仍然保持不变的知觉特征。例如，将黑、白两块布，一半放在亮处，一半放在暗处，虽然每块布的两半部分亮度存在差异，但个体仍然会把它知觉为一块黑布或一块白布，而不会把它知觉成两段明暗不同的布料。

5. 颜色恒常性

颜色恒常性是指个体对熟悉的物体，当其颜色由于照明等条件的变化而改变时，颜色知觉却趋向于保持相对不变的知觉特征。例如，室内的家具，在不同色光照明下，对其颜色知觉仍保持相对不变。从物理特性和生理角度来看，当色光照射到物体表面时，根据色光混合原理，其色调会发生变化，但由于人对物体颜色的知觉不受照射到物体表面色光的影响，因此仍然把物体知觉为其固有的颜色。

本章小结

感觉是人脑对直接作用于感觉器官的事物的个别属性的认识。

知觉是人脑对直接作用于感觉器官的客观事物的各个部分和属性的整体的反映。

感受性是个体对适宜刺激的感觉灵敏程度，也就是感觉能力。

感觉阈限是指能引起感觉持续一定时间的刺激量，使个体感到某个刺激存在，或刺激发生变化所需刺激强度的临界值。

绝对感觉阈限是指那种刚刚能引起感觉的最小刺激强度。

绝对感受性是指人的感官觉察这种最小刺激量的能力。

差别感受性是指觉察到刺激物之间微弱差别的能力。

差别感觉阈限是指那种刚刚能引起差别感觉的刺激物之间的最小差异量。

韦伯定律、费希纳对数定律。

后像是一种刺激物对感受器的作用停止以后，感觉现象并不会立刻消失，它能保留短暂的时间的现象。

闪光融合是一种断续的闪光由于频率增加，人们会得到融合的感觉的现象。

闪光融合临界频率是指刚刚能够引起融合感觉的刺激的最小频率。

适应是由于刺激对感受器的持续作用从而使感受性发生变化的现象。

暗适应是指从亮处转入暗处或照明停止时，视觉系统光感受性提高的过程。

明适应是指从暗处转入亮处或照明开始时，视觉系统光感受性降低的过程。

听觉疲劳是指如果声音较长时间连续作用，会引起听觉感受性显著降低的现象。

知觉的类型包括形状知觉、深度知觉、时间知觉、运动知觉。

知觉的基本特征包括选择性、整体性、理解性、恒常性。

总结 >

Aa 关键术语

感觉	知觉	感受性
sensation	perception	sensitivity
感觉阈限	差别感受性	差别感觉阈限
sensory threshold	difference sensitivity	difference threshold

绝对感觉阈限	绝对感受性	后像
absolute sensory threshold	absolute sensitivity	afterimage
闪光融合	适应	明适应
flicker fusion	adaptation	bright adaptation
暗适应	听觉疲劳	形状知觉
dark adaptation	auditory fatigue	shape perception
深度知觉	时间知觉	运动知觉
depth perception	time perception	motion perception
知觉选择性	知觉整体性	知觉理解性
perceptual selection	perceptual integrity	perceptual understanding
知觉恒常性		
perceptual constancy		

🔗 章节链接

　　本章是第一章中认知过程内容的拓展。能否意识到知觉到的对象，与第三章注意与意识有密切关系。第六章记忆的内容是本章内容的深化。人们对所知觉对象进行概括，这与第七章思维与语言有密切联系。

应用 >

⚡ 批判性思考

　　在《列子》中，有这样的记载：孔子东游，见两小儿辩斗，问其故。

　　……

　　一儿曰："日初出大如车盖，及日中则如盘盂。此不为远者小而近者大乎？"

　　一儿曰："日初出沧沧凉凉，及其日中如探汤。此不为近者热而远者凉乎？"

　　孔子不能决也。

　　两小儿笑曰："孰为汝多知乎？"

　　这里提及的近如"车盖"，远似"盘盂"都是错觉的现象。

　　请你谈一谈自己对错觉现象的认识，在生活和学习中都遇到哪些错觉现象呢？

✏ **体验练习**

你能看到多少张脸呢？

仔细看下面的图，你能从中找到多少张脸？

结果评定：

（1）看到1~3张，说明观察力弱

（2）看到4~6张，说明观察力正常

（3）看到7~10张，说明观察力强

（4）看到11~15张，说明观察力超强

拓展 >

☕ **补充读物**

1 [美]菲利普·津巴多，罗伯特·约翰逊，安·韦伯. 津巴多普通心理学. 王佳艺，译. 北京：中国人民大学出版社，2008

　　《津巴多普通心理学》是一部心理学经典教科书。该书的优势在于参与性强。你可以看到，厚厚的一本书可以浓缩为几十个问答，即"关键问题"和"核心概念"。特别值得一提的是，每章末尾的"推荐书籍和视频资料"部分，虽然列出的书籍学生不太容易读到，但是列出的大部分影片还是能够找到的。所以，阅读这本教材的一大乐趣就是按图索骥，观看作者推荐的一些电影。这些电影不但精彩，而且与相关章节的主题丝丝入扣。看电影学心理学一定是一种快乐的学习方式。

　　该书第5章"感觉和知觉"主要介绍的内容包括：（1）刺激是如何变成感觉的；（2）各种感觉有哪些相似之处，又有哪些差异；（3）感觉和知觉之间有什么关系；（4）感觉和知觉的研究现状。

2 [美]劳拉·金. 劳拉·金普通心理学：积极心理学新视角（原书第1版）. 王飞雪，等译. 北京：中国人民大学出版社，2013

　　《劳拉·金普通心理学：积极心理学新视角》以积极心理学者的视角，用科学家好奇、开放、热情的眼睛和头脑解决了广义的人类行为，强调了心理学对普通人的意义。该书为心理学课程树立新标准：重视心理学在健康和幸福中的整合作用。该书强调心理学学习的首要原则是整合。作者将最新的研究进展与经典研究成果交织在一起，强调心理学与社会现实的联系，注重心理学在日常生活中的价值。

　　该书第5章"感觉和知觉"主要介绍的内容包括：（1）我们如何感觉与知觉世界；（2）视觉系统；（3）听觉系统；（4）其他感觉；（5）感觉、知觉和健康与幸福。

🖥 在线学习资源

1. http://open.sina.com.cn/course/id_27/lesson_1334/新浪教育公开课，哈佛大学

   TalBen-Shahar教授等主讲的积极心理学课程

2. http://mspde.usc.edu/inspiring/resource/sensor/Sensation%20and%20Perception.htm

   加拿大阿萨巴斯卡大学在线资源中的感觉与知觉部分

本章概述

    本章首先介绍了学习的内涵与分类；其次介绍了行为主义关于学习的研究，包括经典条件作用、操作条件作用和观察学习；再次探讨了认知心理学关于学习的研究，包括发现学习、接受学习以及学习的信息加工学说；最后是建构主义学习思潮，以及人本主义心理学的意义学习观点。

结构图

| ⓐ | ⓑ | | ⓐ | ⓑ | ⓒ |
| 学习的内涵 | 学习的分类 | | 经典条件作用 | 操作条件作用 | 观察学习 |

学习概述　　　　　　　　　行为学习

学习

认知学习　　　　　　　　　经验学习

| ⓐ | ⓑ | ⓒ | | ⓐ | ⓑ |
| 发现学习 | 接受学习 | 信息加工学习 | | 建构学习 | 意义学习 |

本章重点：

1. 学习的本质与分类

2. 行为学习的类型与规律

3. 认知学习的类型与规律

本章难点：

1. 接受学习的内涵与规律

2. 信息加工学习的内涵与规律

3. 建构学习的内涵与规律

学完本章，你应该能够做到：

1. 掌握学习的含义与分类

2. 掌握各种行为学习、认知学习和经验学习的内涵

3. 掌握各种行为学习、认知学习和经验学习的规律

4. 了解各种行为学习、认知学习和经验学习的应用

学习目标

读前
反思

《庄子·养生主》讲述了一个"庖丁解牛"的故事。庖丁为文惠君解牛，"手之所触，肩之所倚，足之所履，膝之所踦，砉然响然，奏刀騞然，莫不中音，合于《桑林》之舞，乃中《经首》之会"。文惠君询问原因，庖丁回答说：

"始臣之解牛之时，所见无非牛者。三年之后，未尝见全牛也。方今之时，臣以神遇而不以目视，官知止而神欲行。依乎天理，批大郤，导大窾，因其固然。技经肯綮之未尝，而况大軱乎！良庖岁更刀，割也；族庖月更刀，折也；今臣之刀十九年矣，所解数千牛矣，而刀刃若新发于硎。彼节者有闲，而刀刃者无厚；以无厚入有闲，恢恢乎其于游刃必有余地矣，是以十九年而刀刃若新发于硎。虽然，每至于族，吾见其难为，怵然为戒，视为止，行为迟。动刀甚微，謋然已解，如土委地。提刀而立，为之四顾，为之踌躇满志，善刀而藏之。"

庖丁经历了一个不断学习的过程。"解牛之时""所见无非牛"；"三年之后""未尝见全牛"；"方今之时""以神遇而不以目视，官知止而神欲行"。想一想，在这个学习过程中，发生了什么？

第一节
学习概述

学习目标

掌握学习的含义
掌握学习的分类

一、学习的内涵

学习是学习者通过经验而引起的心理与行为的较为持久的变化。

首先，学习是由经验引起的。人生而具有的本能不是学习。例如，婴儿生下来就能抓住手中的东西，这不是学习。又如，松鼠的贮藏行为也非学习所得，在隔离环境下长大的松鼠，第一次看到松果，就会试图埋藏它；

> 学习是学习者通过经验而引起的心理与行为的较为持久的变化。

甚至把松鼠放在光滑的木地板上，给以松果，它也会用爪子刮擦地板，并用鼻子捣压松果，似乎要在地板上挖出洞，把松果压进去。另外，人的自然成熟也不是学习。例如，人从婴儿到幼儿，随着年龄增长，体力越来越强，这不是学习。学习一定是由后天的经验引起。

其次，在学习中，心理或行为发生了变化。学生由于经验而引起的行为变化是学习。例如，从没有掌握三步投篮，到掌握这项行为技能，这是学习；学生由于经验而引起的认知变化，也属于学习。

🔍 **案例**

托尔曼的"潜伏学习"实验

托尔曼（E. C. Tolman）曾做过"潜伏学习"实验。他让三组老鼠走迷宫。第一组老鼠走迷宫，不做任何安排；第二组老鼠每走对一次迷宫，就给予美味的食物作为奖励；第三组老鼠前十天不给奖励，到第十一天给予食物奖励。结果发现，第三组老鼠走迷宫的成绩在前十天接近第一组，到第十一天，成绩甚至超过第二组。显然，对第三组老鼠来说，前十天走迷宫中，不但行为发生了变化，对迷宫的认知也发生了变化。只是老鼠对迷宫的认知是潜在的，没有在前十天表现出来，结果如图5-1。托尔曼称这种学习为"潜伏学习"。

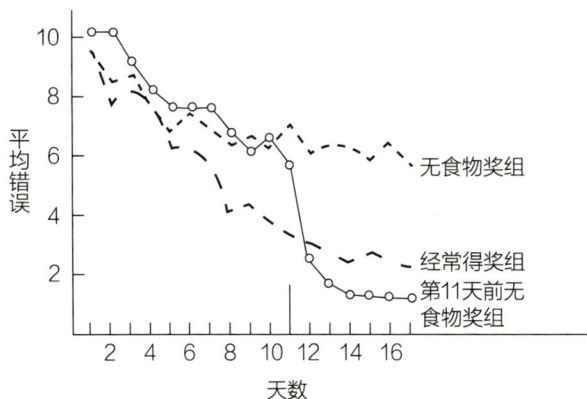

图5-1 托尔曼潜伏学习实验结果

最后，心理或行为的变化是较为持久的。短暂的心理或行为变化，不是学习。例如，因药物、疾病、疲劳等引起工作效率的暂时变化，不是学习。有研究发现，给被试呈现不熟悉的内容，不让其复述，被试会保持这些材料约3秒的时间，但在接下来的15秒内，被试几乎会忘掉所有这些材料。显然，这不属于学习。

二、学习的分类

（一）加涅学习结果分类

加涅（R. M. Gagné）从学习结果的角度，将学习分为五类。这项分类有助于回答"学到什么"的问题。

（1）言语信息的学习。即掌握由语言所表达的知识的学习。学习的内容是陈述性知识，主要解决"是什么"的问题。例如，学习杜甫的诗歌，杜甫的生平事迹，以及杜甫的主要思想等。

（2）智慧技能的学习。即如何使用符号与环境相互作用的学习。学习的内容是程序性知识，主要解决"如何做"的问题。例如，学习区分圆形与正方形，圆形的概念，圆面积的计算，利用圆面积公式解应用题等。

（3）认知策略的学习。即如何调节和控制学习者自身注意、学习、记忆和思维过程的学习。与智慧技能面向外部环境不同，认知策略主要是对学习者内部行为的监控。例如，在解答题目时，可以让学生使用"问题清单"策略，来监控自己的解题过程。如在审题环节，学习者可以随着审题过程，问自己如下问题：这个问题是什么？目前有哪些已知条件？我有怎样的计划？还有没有其他的办法？下一步要做什么？通过使用此类"问题清单"的认知策略，学习者能够较好地监控自己的解题过程。

（4）动作技能的学习。即如何通过练习获得依照一定规则协调自身肌肉运动的学习。如写字、体操、操作仪器等的学习。动作技能包括运动规则和肌肉协调两部分。学习的实质是通过练习，以运动规则支配学习者的肌肉协调，使动作机能熟练并接近自动化。

（5）态度的学习。即如何获得影响学习者行为选择的内部状态的学习。这种内部状态影响着学习者对人、物、事的选择倾向。如学生在自习课中，宁愿选择学习语文而不愿选择学习数学。

（二）我国学者对学习的分类

冯忠良从教育的实际需要出发，沿知识、技能、品德三个方面，将学习分为知识的学习、技能的学习和行为规范的学习。

（1）知识的学习。是掌握反映事物属性、联系的知识与知识体系的学习。

（2）技能的学习。是通过联系而建立的合乎法则的活动方式的学习，包括心智技能的学习与动作技能的学习。

（3）行为规范的学习。是掌握社会规范的学习。

第二节
行为学习

🎯 **学习目标**

掌握经典条件作用的
内涵及规律

掌握操作条件反射的
内涵及规律

掌握观察学习的内涵
及规律

一、经典条件作用

（一）经典条件作用的提出

经典条件作用的最初提出者是俄国生理学家巴甫洛夫（I. P. Pavlov, 1849—1936）。他因消化生理研究而获得诺贝尔生理学奖。他在研究中发现，当狗听到研究人员的脚步声时，会分泌唾液。起初狗对脚步声是不会分泌唾液的。这种反应是怎样产生的？

巴甫洛夫认为，行为反应包括无条件反射和条件反射。无条件反射是生来就有的本能反应。例如，狗看到食物就分泌唾液。无条件反射包括无条件刺激和无条件反应。无条件刺激是引发产生无条件反射的刺激。例如，引起狗分泌唾液的食物。无条件反应是由无条件刺激引发的自然反应。例如，狗看到食物后，会分泌唾液。条件反射是在后天环境中形成的反射。例如，狗听到研究人员的脚步声分泌唾液。条件反射包括条件刺激和条件反应。条件刺激是引发条件反射的中性刺激。例如，研究人员的脚步声。条件反应是由条件刺激引起的反应。例如，狗听到脚步声，会分泌唾液。条件反射的形成过程是学习的过程。

图5-2　经典条件作用的实验情境

巴甫洛夫在狗的腮部唾腺位置上划一小口，插入导管来获得唾液（如图5-2）。他选择节拍器的声音作为条件刺激。在实验之初，狗看到食物分泌唾液，听到节拍器的声音则不分泌唾液。接下来，在给狗呈现食物前，使其听到节拍器的声音。如此反复多次。最后，撤去食物，只给狗呈现节拍器的声音，狗也能够分泌唾液。巴甫洛夫还使用香草气味等刺激，使狗形成条件反射。

（二）经典条件作用的规律

1. 获得与消退

条件反射在无条件反射的基础上形成，可分为三个阶段，见表5-1。第一个阶段，无条件刺激引起无条件反应，而条件刺激无法引起条件反应。第二个阶段，无条件刺激与条件刺激多次一起呈现，引起无条件反应。第三个阶段，条件刺激引起条件反应。显然，条件反射的关键，在于条件刺激与无条件刺激的接近出现。

表5-1 经典条件作用形成阶段

阶段	刺激与反应的关系		
1	UCS 无条件刺激	⟶	UCR 无条件反应
2	UCS 无条件刺激 CS 条件刺激	⟶	UCR 无条件反应
3	CS 条件刺激	⟶	CR 条件反应

巴甫洛夫认为，条件反射形成的神经机制，在于大脑皮层形成的神经联系。无条件刺激与条件刺激在大脑皮层中有着各自的兴奋点。两个兴奋点间本无联系，因多次接近出现，不断扩散集中，形成了一条暂时的神经通路。条件反射形成时，条件刺激引发的大脑兴奋点能够通过暂时性神经通路，引起条件反射。

消退是指条件刺激单独出现而不伴随无条件刺激时，条件反应逐渐渐弱，以至消失。条件反射消退之后，如果过一段时间再次呈现条件刺激，又引起条件反应，这种现象称作自然恢复。

2. 泛化与分化

泛化是对与条件刺激类似的刺激物产生相同的反应。例如，狗听到节拍器每分钟响70次就分泌唾液。当节拍器适当变快或变慢，狗也会对节拍器的声音产生反应，分泌唾液。又如，成语"爱屋及乌"也说明了这个道理。"爱人者，兼其屋上之乌"，喜欢一个人，会喜欢与之接近的事物。

分化是对特定刺激产生反应，而对其他刺激不产生反应。例如，巴甫洛夫在实验中，给狗食物时，呈现圆形，使狗对圆形形成条件反射。给狗呈现椭圆形，且不给予食物，使狗对圆形与椭圆形形成分化反应。不过，当巴甫洛夫将椭圆形越来越接近圆形时，却发现狗出现"情绪障碍"，如有的狗狂吠不止。他将这种失控行为称作"实验性神经症"。

（三）经典条件作用的应用

1. 动物行为

20世纪70年代，加西亚（J. Garcia）等使用经典条件作用来解决美国西部草原狼捕食家畜的问题。研究者将使动物恶心、呕吐的氯化锂置入羊肉中，使草原狼对羊形成条件性厌恶。草原狼在闻到羊的味道时，便迅速逃离。研究同时发现，躲避羊的草原狼并不排斥吃兔子等其他动物。这种容易习得特定食物味道与之后身体不适间关系的现象被称作"加西亚效应"。据称，该效应一方面能够满足农场主保护家畜的愿望，另一方面又实现了环境保护主义者保护草原狼的主张。

2. 教学安排

教师在教学中起到重要作用。当学生喜欢教师时，容易"爱屋及乌"，喜欢教师所讲授的课程。相反，当学生不喜欢某位教师时，容易对该门课程产生排斥的态度，甚至可能导致该门课程学习成绩下降，出现偏科现象。因此，教师在课堂教学中，要在学生喜欢的基础上，将自己与自己的课程"打包销售"，促进学生对课程的喜爱。另外，在教学的具体安排中，教师要擅于将学生喜欢的事情与教学联系起来。例如，通过小组间的竞赛开展教学。让学生在享受竞赛的同时，参与到教学之中。

🔊 **心理学家语录**

如果你想增强某种反应或行为模式，就奖赏它！

——斯金纳

二、操作条件作用

（一）操作条件作用的提出

1. 试误说

桑代克（E. L. Thorndike，1874—1949）是心理学史上首次使用动物进行实验研究的心理学家。他最为经典的实验是猫逃离笼子的迷箱。该迷箱中有一装置，猫触动后，门就可以打开。桑代克发现，猫在笼中起初会做出各种与打开笼门无关的动作，如抓咬栏杆等，然后偶然触动装置逃出来。经过多次实验后，

图5-3　桑代克的迷箱

猫的无效动作逐渐减少，触动装置的动作渐趋稳定。实验中的15只猫中，有11只猫学会了触动装置打开笼门，见图5-3。

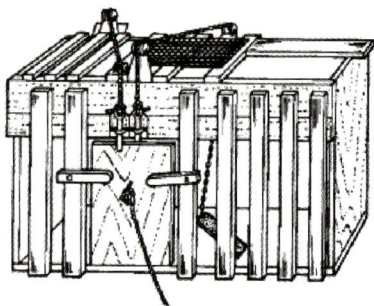

桑代克据此提出，学习的过程是错误次数不断降低的尝试错误过程。例如，爱迪生在发明电灯的过程中，试用了接近1 600种材料进行试验，最终找到合适的材料。学习的本质是感觉印象与行为冲动间通过尝试错误建立联结的过程。

桑代克还得出三条学习定律，即（1）准备律，当传导单位准备传导时，给予传导就引

起满意；当传导单位准备好传导但没有传导或当一个传导单位不准备传导而强行传导就引起烦恼。（2）练习律，指练习越多，联结就变得越强；练习越少，联结就越弱；（3）效果律，指联结如果伴随满意事态，就得到增强；如果伴随烦恼事态，就得到减弱。

2. 斯金纳的操作条件作用

斯金纳（B. F. Skinner，1904—1990）在桑代克效果律的基础上提出操作性条件作用。斯金纳设计了"斯金纳箱"，该装置由栅格底板、灯、杠杆和食物杯组成，见图5-4。斯金纳发现，动物在学习过程中，受到学习效果的影响。例如，老鼠按压杠杆时，会触发喂食装置，食物滚到食物杯中。老鼠如果获得了食物，就会越来越多地按压该杠杆。

斯金纳区分出两种行为：应答行为，是由刺激引发的行为，相当于经典条件作用中的行为；操作行为，是由有机体发出的行为，这是斯金纳关注的行为。操作行为受到效果的影响。效果可以分为两类：强化，是使得行为越来越多地发生的效应，如食物、金钱、荣誉等；惩罚，是使得行为越来越少地发生的效应，如电击、批评、体罚等。

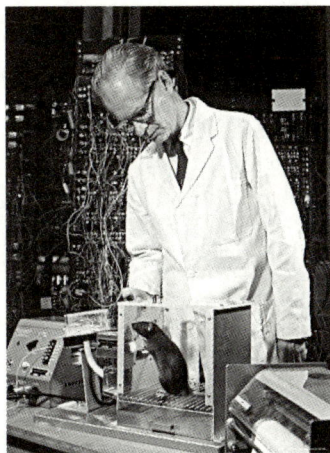

图5-4 斯金纳用"斯金纳箱"进行实验

（二）操作条件作用的规律

1. 获得与消退

应答行为存在从无到有，或从有到无的过程；操作行为是有机体本身可以做出的，其变化发生在概率上，是从少到多，或从多到少的过程。

操作行为的增多在于强化的作用。如果一个行为做出后，接着给予一个强化刺激，那么其发生的概率就增加。例如，老鼠按压杠杆后获得食物，会继续按压杠杆；婴儿叫一声"妈妈"，妈妈给予微笑，婴儿便学会了叫"妈妈"。

当操作行为做出后，没有得到强化，其力量就会渐弱。例如，老鼠按压杠杆后没有得到食物，压杆反应会减少。消退发生后，如果过一段时间再次出现该操作行为，这种现象就是自然恢复。

2. 泛化与分化

操作行为通过强化而发生概率上的变化，其泛化表现在强化作用上。如果有一种强化物，对于多种行为都起到强化作用，如金钱，这种强化物所起到的就是泛化强化作用。

分化是指通过安排强化反应的某一特征，使得有机体形成有选择反应。例如，老鼠在按压杠杆时，仅当按压杠杆力量超过一定强度，才能够得到强化，老鼠就会不断提高按压力量的强度，而不关注按压的持续时间等方面。按压杠杆这一操作行为就形成了分化。

（三）操作条件作用的应用

1. 动物训练

通过对动物行为给予恰当的强化，可以促使其形成各种定型的行为。例如，斯金纳曾训练鸽子用翅膀打乒乓球，他还曾研究用鸽子来引航导弹。又如，马戏团用食物等对动物进行强化，使其能够做出精彩的表演。另外，动物受到强化后，倾向于做出仪式化的行为，如鸽子会摇头、转圈等，似乎这样的行为更易于得到强化刺激。这种仪式化行为被称作迷信行为。

2. 程序教学

斯金纳将操作条件作用原理用于教学，提出程序教学模式。该模式强调学生以小步子节奏，自定步调进行学习，并在学习中做出外显反应，得到即时强化和反馈。在具体教学中，教师以小步骤呈现教学内容，学生按照自己的速度学习，并给予积极回答，而不是被动地听讲。学生回答后，教师要马上给予反馈，并就正确的回答进行强化。该教学能够做到个别化教学，曾风行一时，后结合计算机，发展成为计算机辅助教学。

三、观察学习

（一）观察学习的提出

观察学习是由班杜拉（A. Bandura，1925—　）提出的。他于1961年进行了观察学习的实验研究。研究选取72名3~6岁的儿童，平均分配到控制组、攻击性榜样组和非攻击性榜样组中。在攻击性榜样组中，成年人榜样对充气的娃娃做出用木槌击打、坐在娃娃身上、抛向空中等行为，并伴有攻击语言。之后观察儿童对玩具的攻击情况。结果发现，在身体攻击方面，攻击性榜样组中男性被试平均每人有38.2次攻击行为，女性平均每人为12.7次；在语言上两性被试分别为17次和15.7次。而另两组则没有表现出相应的行为和语言。榜样和儿童的攻击行为可见图5-5所示。

图5-5　班杜拉的观察学习实验

（二）观察学习的机制

1. 观察学习的内涵

班杜拉区分出两种学习：实际去做的行动性学习，包括经典条件作用和操作条件作用；通过观察榜样行为的替代性学习。观察学习就是通过观察榜样的行为结果而习得新的反应，或改变原有行为方式的替代性学习。它不必直接做出反应，也无须亲身接受强化，只要通过观察他人在特定环境中的行为，并观察他人接受强化的情况，便可完成。

> 观察学习就是通过观察榜样的行为结果而习得新的反应，或改变原有行为方式的替代性学习。

2. 观察学习的特点

观察学习具有如下四个特点：首先，观察学习不一定有外显的行为表现；其次，观察学习不依赖直接强化；再次，观察学习是认知过程；最后，观察学习不是简单模仿，观察者可以从榜样中获得抽象原理，甚至做出创造性的行为。

（三）观察学习的应用

1. 媒体暴力

媒体所描述的暴力，通过观察学习，使得观察者形成错误的认知过程，并进一步导致犯罪行为。虚构的大众媒体为攻击性行为方式提供了榜样。例如，美国某电视节目"末日航班"中，播出了勒索分子通过告知飞机上安装了气压敏感炸弹进行勒索的情节。节目播出后的两个月中，利用该炸弹进行勒索的事件骤然增加。非虚构的媒体节目也会鼓励暴力行为。例如，电视报道攻击行为的详细信息，报道暴力事件所配备的生动画面，都可能会鼓动类似情境中的攻击行为。

2. 教学安排

教师是教学中最具影响力的榜样。学生通过观察教师的示范举止，将其加以内化，成为自我评价的标准。例如，教师对自己制定的道德标准，将内化为学生表扬或批评自己的标准。另外，在教学中，教师对于如何做的程序性知识，如某种类型题目的解题思路，要通过自己的实际解决过程展现出来，为学生树立认知上的榜样。学生通过观察学习，将该知识内化到自己的头脑中。

第三节
认知学习

🎯 **学习目标**

掌握发现学习的内涵
及规律

掌握接受学习的内涵
及规律

掌握信息加工学习的
内涵及规律

一、发现学习

（一）发现学习的提出

1. 顿悟说

格式塔心理学家苛勒（W. Köhler，1887—1967）1913—1917年在太平洋上的加纳利群岛特纳利夫岛上研究猩猩的习性。他发现，猩猩在学习过程中，并不像桑代克实验中的猫那样，存在尝试错误的过程。猩猩的学习是一下子就完成的。例如，猩猩看到笼子外放有香蕉，笼子内的两根短棒都无法够到。猩猩思考一段时间后，突然将两根短棒接起来，够到香蕉，如图5-6。苛勒认为学习是一种

图5-6 猩猩将两根短棒接在一起够食物

顿悟过程。学习并非刺激与反应间的联结过程，而是学习者对所处情境的内在关系进行整体把握的过程；该过程并非渐进的尝试错误过程，而是质变的顿悟过程。顿悟过程可能有前期的长时间准备，但整体的把握过程，是直接完成的。

2. 发现学习

布鲁纳（J. S. Bruner，1915—　）在格式塔心理学的基础上，提出发现学习，即学习是学生主动探索发现的过程。

🔍 **案例**

发现学习的一项实验

布鲁纳曾进行小学生学习代数定律的实验。研究以8岁小学生为被试，以设计的天平为工具（如图5-7），让其学习代数中的变换律。小学生虽然能够说出"2乘9等于18"，"3乘6等于18"，但并不能够掌握其间的关系。研究者在天平一端的

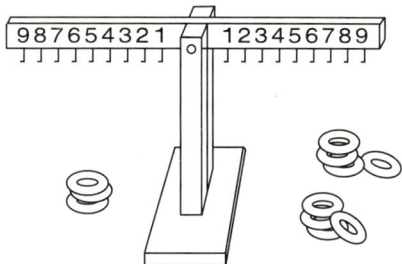

图5-7 布鲁纳的天平实验

钩子9上挂两个小环，让小学生自行操作，在另一端寻找如何让天平保持平衡的方法。小学生已经根据生活中坐跷跷板等的经验，知道平衡均等的原理。他们很快就发现了在钩子2上挂9个小环，在钩子3上挂6个小环，或者在钩子9上挂2个小环的结论。通过这样的操作，小学生掌握了数学中的变换律。

（二）发现学习的机制

1. 发现学习的内涵

发现学习是通过主动地分类形成认知结构的学习过程。首先，学习应像黑猩猩解决问题一样，是学习者主动地探索发现过程，建立在学习者自身的需要、期待和经验基础之上。其次，学习的结果，像顿悟学习一样，是对学习内容的整体把

> 发现学习是通过主动地分类形成认知结构的学习过程。

握。布鲁纳将这种整体把握称为认知结构。认知结构是对事物进行感知和概括的一般方式或经验所构成的观念结构，其核心是由概念构成的编码系统。例如，食物包括水果、蔬菜和肉类，水果包括苹果、香蕉、橘子等；蔬菜包括青菜、萝卜、土豆等；肉类包括猪肉、牛肉、羊肉等。每一概念以其特征，归属于上一级概念，由此构成编码系统。最后，学习是在已有编码系统基础上，通过对学习内容进行分类，形成新的认知结构的过程。

心理学家语录

任何科目都能够按照某种正确的方式，教给任何年龄阶段的任何儿童。

——[美]布鲁纳

2. 发现学习的特征

发现学习具有如下四个特征：

首先，发现学习具有过程性。认识是一种过程，学习者是主动探索者，只有投入到学习过程之中，才能够获得知识。

其次，发现学习重视直觉思维。发现学习是学生主动探索发现的过程，在此过程中，直觉思维成为学习的前奏，起到重要的先导作用。由于直觉思维的本质是图像，想象在学习过程中起到重要作用。

再次，发现学习重视内在动机。学习者的探索过程，主要受到好奇心的推动。与好奇心相比，外在奖赏等处于次要地位。学习最终获得的答案，无论正确与否，都是对内在动机的反馈，其作用远胜于外在的奖励。

最后，发现学习强调信息的提取。发现学习在记忆中，重视通过知识的提取，对信息进行组织和加工，而非信息的单纯贮存。布鲁纳曾让两组被试学习30个单词，一组被试仅仅记住，另一组被试则将单词造成句子。结果造句子组被试的回忆成绩达到95%，而单纯记忆组的成绩还没有达到50%。

（三）发现学习的应用

1. 发现法教学模式

发现学习的过程，是学习者主动探索的过程。发现法教学模式以此为基础，强调教师不应让学生被动接受知识，而应创设问题情境，引导学生主动探索问题，从中发现问题的内在联系，形成新的认知结构。这种教学模式的特点，在于教学不采取固定的组织形式，以学生的发现活动为主，围绕问题情境展开，以最大程度地发挥学生的主观能动性。例如，教师在进行动物分类的知识教学中，可以举出丰富的例子，让学生自己通过观察各种动物的相似与差异，来对动物进行识别和分类。教师对划分出的动物类别赋予不同的标签，仅起到引导作用。发现法教学模式尤其适用于低年级学生的教学。

2. 结构教学观

发现学习的结果，在于形成认知结构。建立在发现学习基础上的教学，需要以知识结构为中心展开。首先，教学的目标在于促进学生对学科基本结构的理解。基本结构包括学科的基本知识、基本方法和基本态度。掌握了学科的基本结构，有利于理解整个学科知识，有利于记忆效果的加强，有利于举一反三，将知识迁移到其他领域中去。其次，教材与课程的中心在于学科基本结构。教材的编写，以及课程的设计，都要围绕学科基本结构展开。

🔊 心理学家语录

如果我不得不把教育心理学的所有内容简约成一条原理的话，我会说：影响学习的最重要的因素是学生已知的内容。

——[美]奥苏贝尔

二、接受学习

（一）接受学习的提出

奥苏贝尔（D. P. Ausubel, 1918—2008）认为，学习从根本上是一种意义学习。从新旧知识关联的角度看，意义学习是新知识所代表的观念与学习者原有认知结构中已有的适当观念

> 意义学习是新知识所代表的观念与学习者原有认知结构中已有的适当观念间建立实质的与非人为的联系的过程。
> 接受学习是学生以定论形式接受知识的学习过程。

间建立实质的与非人为的联系的过程。所谓实质的联系，指新知识所代表的观念与已有认知结构中的观念间建立的是内在的本质联系，而非外在的表面联系。所谓非人为的联系，指新知识所代表的观念与已有认知结构中的观念间建立的是逻辑的联系，而非人为的随意联系。例如，"蝙蝠"与"哺乳动物"间存在本质的逻辑所属关系。当把它归于"鸟"类时，显然人为强调了两者的表面联系，忽视了两者间的本质差异。与意义学习相对的是机械学习，指学习者在未理解知识意义的情况下进行的学习。

接受学习是学生以定论形式接受知识的学习过程。接受学习既存在机械学习，也存在意义学习。以下所考察的，是意义学习层面的接受学习：从学习过程上看，接受学习经历了教师呈现知识、学习知识、消化知识，最终形成新的认知结构的过程；发现学习则是学生自主发现知识，其后依然是消化知识，最终形成新的认知结构。两者的区别，仅在于接受学习最初接受定论形式的知识，而发现学习最初主动发现知识。从思维过程上看，发现学习侧重归纳推理，而接受学习强调演绎推理。

（二）接受学习的机制

从新旧知识间的逻辑关系看，意义接受学习中发生了如下三种情况，如图5-8所示：

1. 下位学习

下位学习是指将概括程度或包容面较低的新概念或命题，归属到认知结构中原有的概括程度或包容面较高的观念之下，从而获得新概念或新命题的意义的过程。例如，学生在已经掌握"哺乳动物"知识的基础上，学习猿类和人类等"灵长类"动物知识。

2. 上位学习

上位学习是指新概念或命题具有较广的包容面或较高的概括水平，从而将已有的观念包含于其下而获得意义的过程。例如，在学习了"等边三角形""等腰三角形"等的基础上，学习"三角形"概念。

3. 并列结合学习

并列结合学习是指当新概念或新命题与原有观念既非下位关系，又非上位关系时所产生的学习过程。例如，在学习"白细胞"概念后，学习"红细胞"的概念。

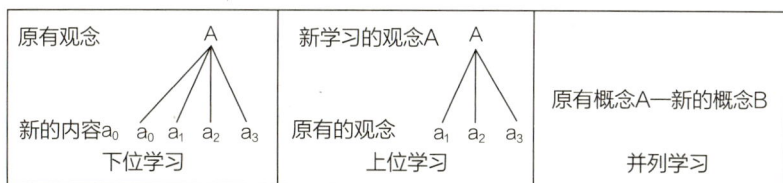

图5-8 意义接受学习的机制

（三）接受学习的应用

1. 讲授式教学模式

既然学生可以以定论方式接受知识，教师就可以采取讲授的方式进行教学。奥苏贝尔认为，讲授式教学长期遭受误解，学生接受教师的知识被视作鹦鹉学舌，这仅发生在机械学习中。教师讲授有意义的知识，促进学生的意义学习，其实极具价值。教师在讲授时，需要帮助学生将知识细化为具体的知识要点，并促进已有知识与新知识之间的联系。这一教学模式尤其适合高年级学生的教学。

2. 教学基本原则

教学需遵循"逐渐分化"和"整合协调"的原则。"逐渐分化"原则是指学生应先学习最普遍、最具概括性的观念，然后逐渐学习具体的知识，并在基础知识基础上，对具体知识加以分化，以促进下位学习。例如，在专业课程学习中，学生首先学习的知识，是最基础的知识，然后才逐渐学习更具体的各分支学科的知识。

"整合协调"原则是学生应该对于认知结构的已有知识进行整理，通过理清新旧知识间的关系，形成良好的认知结构。从接受学习的角度看，学习中的困难不在于对新旧知识的理解，而在于处理新旧知识间的矛盾。当学生无法在新旧知识基础上形成新的认知结构时，他们往往将新知识隔离起来，置之不理。教学中需要对新旧知识间的关联进行详细的阐释。尤其在进行上位学习时，需要帮助学生理清不同的知识结构，澄清其间的误解。

三、信息加工学习

（一）信息加工学习的提出

加涅（R. M. Gagné, 1916—2002）将信息加工观点引入学习，提出信息加工的学习理论。信息加工的学习理论采取计算机模拟的思路，将人的学习过程比喻成计算机的信息加工过程。学习的实质在于对信息的加工。学习的过程则表现为信息加工的具体过程，即信息的输入、编码、存储和提取过程。

（二）信息加工学习的系统

信息加工的学习理论将学习分为三个系统：加工系统、执行控制系统与期望系统。

加工系统是学习的核心系统。它负责对信息进行加工、存储和提取。外界环境的信息经感受器传入，在感觉登记器处进行直接的复制，不进行任何形式的加工。通过感觉登记器的信息，经过注意后，才可进入短时记忆。短时记忆是对信息进行有意识加工的阶段。通过该阶段的加工，信息为学习者所理解。加工后的信息如果经过复述，会进入长时记忆之中。长时记忆是储存信息的知识库。需要时，信息会从短时记忆或长时记忆中提取出来，经过反应生成器以及反应器，作用于环境。

执行控制系统是对加工系统的监控和调整系统。即加涅学习结果分类中的认知策略。它表明学习者在学习过程中，能够有意识地对自身的学习加以监视和调控。

期望系统则是学习者对达到目标的期待。这一系统起到动机的作用，能够激活、维持加工系统朝向一定目标努力。

（三）信息加工学习的应用

加涅以信息加工的学习理论为基础，提出了系统的教学设计模型。他倡导"为学习设计教学"。认为教学是一种外部事件，需要与学习达成完善的匹配，以推动学生进行更好的学习。他的这项工作成为教学设计的典范。

加涅以"推断空气中存在水蒸气"课程为例，来说明如何在学习基础上设计教学。首先，教师提出冬天窗玻璃上的云状花纹等现象，激起学生的期望。其次，教师让学生将冰块放入锡罐中并仔细观察，指引学生的注意。教师要求学生描述观察到的现象，并与学生讨论"水""蒸气"的检验，唤起学生的已有知识。再次，教师请学生陈述自己的观察，推断和检验，让其理解"空气中存在水蒸气"这一新知识。在学生理解新知识基础上，教师提出2~3个新的情境让学生进行推断，以推动学生保持住新知识，并"举一反三"，促进知识的迁移。最后，教师呈现一个新情境，要求学生进行推断，并提供详细的反馈，以强化学生的学习。

第四节
经验学习

🎯 **学习目标**

掌握建构学习的内涵及规律

掌握意义学习的内涵及规律

一、建构学习

（一）建构学习的提出

建构主义是20世纪90年代以来兴起的一种激进思潮，被誉为当代教育心理学中的一场革命。建构主义是对行为主义和认知心理学的反思和深化。这种思潮认为，行为主义与认知心理学都假定了先在的客观世界，行为学习通过刺激与反应间的联结，来适应客观世界；认知学习则通过掌握关于客观世界的确定知识，来反映客观世界。建构主义认为，学习不是对世界的被动适应，而是对世界的主动建构。

🔍 案例

"鱼牛"的故事

建构主义者常使用"鱼牛"的故事来阐明其观点。李奥尼在绘本《鱼就是鱼》中，描绘了一条米诺鱼，听一只青蛙讲岸上的世界。青蛙告诉米诺鱼，岸上有一种名为"奶牛"的动物，有四条腿，长着犄角，吃青草，肚子下坠着些粉红色的奶袋子。于是，在米诺鱼的脑海里，浮现了一只"鱼牛"的图景：四条腿，长犄角，吃青草；不过，身体却是一条鱼，如图5-9。米诺鱼的学习过程，并非被动掌握既定知识的过程，而是根据自己的知识经验，主动地对知识进行新的理解。

在建构主义者看来，学习是处于社会文化情境下的学习者，在已有知识经验的基础上，主动加工新信息且建构知识的意义的过程。

图5-9 "鱼牛"的故事

（二）建构学习的机制

1. 学习过程

建构主义认为，学习是学习者主动建构内在心理表征的过程。学习者并非空无所有的白板，从唯一的角度，被动地接受外来的既定信息。学习者有着已有知识经验和自己的立场观点。学习者身处复杂的自然与社会情境，通过独特的信息加工过程，建构自己关于知识的理解，并获得自己特有的意义。

建构主义认为，学习过程是学习者建构新意义的过程。这种建构包含两方面：第一，对新信息的理解是在已有经验基础上建构的，超越了所提供的新信息；第二，从记忆中提取信息，并非单纯地提取，而是对信息进行重新理解和建构的过程。

2. 学习结果

认知观点认为，学习是掌握知识的过程。所掌握的知识是普遍的，是对客观世界的可靠反映；建构主义认为，知识并非对世界的准确表征，它仅是一种解释，一种假设。甚至，它并非问题的最终答案。在学习者与世界的相互作用中，新的知识会源源不断地创造出来。

建构主义认为，学习可以分为低级学习和高级学习。低级学习包括概念、原理和技能等的学习，是去情境化的，属于结构良好领域。学习者所形成的，是有逻辑顺序的认知结构。高级学习是情境化的，属于结构不良领域。其中概念与原理的相互作用是非结构化的。学习者所形成的认知结构也并非结构性的，而是围绕核心主题所建构出来的复杂知识网络。该网络是开放的，灵活的，学习者可从网络的任何一点进入，展开学习活动。

（三）建构学习的应用

建构主义在教学的理解与设计上，具有如下三个显著的特点：

1. 以学生为中心

建构主义倡导教学要从传统的知识为中心转向学生为中心。教学如果以知识为中心，教师就容易成为知识的灌输者，学生容易成为知识的被动接收者。教学要以学生为中心，将学生视为探索性的"思想家"，充分发挥学生的主动性和灵活性。教师仅是帮助者和促进者。例如，建构主义开发出的"贾斯帕问题解决系列"课程以探险故事为主题。在每一个故事中，主人公都需要解决一个数学难题。学生在教学中，以小组的形式对该问题展开主动探索，帮助主人公完成探险任务。

2. 注重教学的情境性

建构主义倡导围绕现实问题的教学，以推动学习参与到社会化的真实情境中，在结构不良的领域，对真实的社会问题进行主动的学习。这种教学能够将学习者嵌入现实世界，使得学生的学习成为社会成长的有机组成部分。例如，建构主义提出随机通达教学设计。该教学设计主张学习者可以通过任意途径、方式进入同一教学内容，从而获得对同一问题多方面的认识与理解。学习者的每次进入，都有着不同的目的，经历不同的具体情境，从而形成关于该主题的丰富理解。

3. 注重教学的互动性

建构主义提倡，教学是发生在真实的人与人之间的。教师与学生之间、学生与学生之间要展开充分的交流与互动。在教师与学生的互动上，建构主义提倡师徒制教学。教师与学生就如传统的师傅带徒弟一样，在个体化的交流中展开教学。学生通过观摩教师的示范，在教师的密切指导下，展开具体问题的学习过程。在学生与学生的互动中上，建构主义提倡合作学习。教学中将学生分成一个个小组。学生在小组内共同合作，充分参与到任务解决过程中。

🔊 **心理学家语录**

教师的首要任务就是允许学生学习，允许他（她）满足自己的好奇心。

——[美]罗杰斯

二、意义学习

（一）意义学习的提出

意义学习由罗杰斯（C. Rogers，1902—1987）提出。罗杰斯是人本主义心理学家，提倡人生来具有向善的潜能，认为如果环境许可，人将会在潜能的推动下朝自我实现的方向迈进。他对美国传统的教育提出批评，认为传统教育偏重智能，忽视人的整体尤其是情感，是"脖子以上的"教育。在美国传统教育中，教师仅是知识的持有者，学生是知识的被动接受者。教师偏重通过教材等途径传授知识，并通过考试手段来检查学生的接受情况。教师拥有绝对的权力，通过权威控制学生，据说当时教师中流行着一句话："圣诞节前不要给学生笑脸！"

罗杰斯认为，教育应该促进人释放潜能，实现自我。他提出，教育的目标在于培养"完整的人"，这种人身体、心理、社会和精神方面融为一体，并能够自由地用理智和情感去认识和处理事务。具体来说，在心理上，完整的人富有创造性，对经验采取开放的态度。在人际关系上，完整的人具有建设性和信任感，积极向上，乐于助人，容易受到他人的信任和尊重，又具有独立自主性。在社会适应上，完整的人能够适应社会变化并知道如何学习。

罗杰斯将学习划分为两大类：无意义学习和意义学习。二者分别处于一个维度的两端。无意义学习重视智能，不涉及情感和个人价值，与完整的人无关。意义学习则关注感情和个人价值，与完整的人有关，它能够使得人的行为、态度、个性以及在未来选择行动方针时发生重大变化。例如，一个五岁的女孩移居国外，每天晚上数小时与新朋友在一起，虽然没有接受任何专门的外语训练，也可以在几个月内学会新的语言，学会正确的发音和语调。因为她是在切身相关的生活中，以有意义的方式进行学习。

> 意义学习关注感情和个人价值，与完整的人有关，它能够使得人的行为、态度、个性以及在未来选择行动方针时发生重大变化。

罗杰斯的意义划分与奥苏贝尔不同。罗杰斯认为意义是感受的，与个人的情感、价值有关；而奥苏贝尔认为意义是逻辑的，与个人的认知、理解有关。

（二）意义学习的特征

（1）意义学习具有个人参与的性质

学习者包括情感和认知在内的整个人都投入学习活动。

（2）意义学习是自发的

意义学习是兴趣主导的。儿童对世界的一切都感兴趣，在他们身上，可以看到永远无法满足的好奇心。成年人也同样拥有这种宝贵的财富。学习者在兴趣的推动下探索、发现、成长。

（3）意义学习是渗透的

罗杰斯批评传统教育只重视逻辑，强调分析，是一种"左脑教育"。意义学习重视情感与直觉，是个人全身心投入，左右脑并用的学习。在意义学习中，学生的行为、态度乃至个性是一个整体，都处于变化之中。

（4）意义学习采取学生自我评价

学生最清楚自己的学习状况，了解学习是否满足自己的需要，是否有助于弄清自己想要知道的内容。学生承担起责任，自己决定评价的标准，衡量自己进步的程度。

（三）经验学习的应用

1. 开放课堂教学模式

人本主义心理学提出了一些课堂教学设计模式。其中最具特色的是开放课堂教学模式。这种教学模式的最大特点是学生充分主导自己的学习。学生不需要将自己限定在课堂中。他可以学自己想学的任何科目。在开放课堂内，如果学生不感兴趣，可以随时退出。如果学生感兴趣，可以在下课后继续学习。教师破除固定课本教学的局限，采取生活多样化的教材。教师采用个别化的教学，充分以学生为中心，围绕学生设置教学情境，展开教学。

2. 夏山学校[1]

夏山学校是极端人本主义教育的典型。该学校由尼尔于1921创办于英格兰。该校具有如下四个特征：第一，入学年龄不限制，多在5~15岁；第二，采取混合编班制，小班5~7岁，中班8~10岁，大班11~15岁；第三，学校虽有课程，但只为教师而设，学生上课与否不加限制，学校不举行任何成绩考查，更无所谓及格与否的问题；第四，学生人数始终未过百，全部住校，每周前五天活动完全自由，周六举行生活讨论会，凡事公决，师生共同遵守。

关于该学校的教育成效，有学者访问后指出，学生具有如下四个特点：第一，两性相处较为自然；第二，能在自由环境中发展个人兴趣；第三，成年后较多了解子女生活，有较好的亲子关系；第四，在校期间能学到以后从事社会生活所需的知识与能力。

---

1 张春兴. 教育心理学. 杭州：浙江教育出版社，1998：276.

本章小结

学习是学习者通过经验而引起的心理与行为的较为持久的变化。

加涅将学习分为言语信息的学习、智慧技能的学习、认知策略的学习、动作技能的学习、态度的学习。

冯忠良将学习分为知识的学习、技能的学习和行为规范的学习。

条件反射的关键，在于条件刺激与无条件刺激的接近出现。

操作性条件作用建立在桑代克效果律的基础上。斯金纳区分出两种行为：应答行为，是由刺激引发的行为，相当于经典条件作用中的行为；操作行为，是由有机体发出的行为。

操作条件作用的规律包括获得与消退、泛化与分化等。程序教学模式强调学生以小步子节奏，自定步调进行学习，并在学习中做出外显反应，得到即时强化和反馈。

班杜拉区分出两种学习：实际去做的行动性学习，包括经典条件作用和操作条件作用；通过观察榜样行为的替代性学习。

发现学习具有四个特征：发现学习具有过程性；发现学习重视直觉思维；发现学习重视内在动机；发现学习强调信息的提取。

接受学习的机制包括下位学习、上位学习与并列结合学习。

信息加工的学习理论将学习分为三个系统：加工系统、执行控制系统与期望系统。

建构主义认为，学习是学习者主动建构内在心理表征的过程。知识并非对世界的准确表征，它仅是一种解释，一种假设。学习者所形成的认知结构也并非结构性的，而是围绕核心主题所建构出来的复杂知识网络。

罗杰斯将学习划分为两大类：无意义学习和意义学习。意义学习的特征包括：意义学习具有个人参与的性质；意义学习是自发的；意义学习是渗透的；意义学习采取学生自我评价。

总结 >

Aa 关键术语

学习	观察学习	发现学习
learning	observational learning	discovery learning
意义学习	接受学习	建构学习
meaningful learning	reception learning	constructivism learning

章节链接

本章的内容与第二章心理的神经基础有关系，了解了心理的神经基础可更好地理解学习的本质；学习过程需要注意、记忆、思维与语言的参与，所以本章还有第三章、第六章、第七章有关；学习也是形成能力的重要基础，本章与第八章有关。

应用 >

批判性思考

梅耶认为，20世纪的学习受三个隐喻的指引：联结主义隐喻，认为学习是联结的加强或削弱；信息加工隐喻，认为学习是信息的处理；认知心理学隐喻，认为学习是知识的建构。但第四个隐喻尚未出现。梅耶认为，自20世纪90年代中期开始，寻找新的学习隐喻的主张出现了，表现为两个倾向：一个是将动机、情感、社会、文化和生物、生理相结合的科学研究路径，另一个是政治批判路径。你认为第四个隐喻有可能是什么？

体验练习

大学生求知兴趣问卷

指导语：你好！这是一份大学生求知兴趣问卷。请根据自己与各个项目所描述的情况相符的程度在每题后面的相应的空格中打"√"。

	符合	有点不确定	有点不符合	比较不符合	不符合
1. 我总觉得大学的学习是令人愉快的					
2. 随着学习程度的深入，我的专业学习兴趣越来越浓了					
3. 我因为努力学习而很少感到空虚					
4. 总的来说，我对大学课程的学习有浓厚的兴趣					
5. 课后我经常去图书馆阅读与自己专业相关的书籍和杂志					
6. 我敢确信，渴望在将来使祖国变得更加富强是我学习的主要动力					
7. 在大学里学习，我的精神比中学要好					

续表

	符合	有点 不确定	有点 不符合	比较 不符合	不符合
8. 通过坚持学习，我能读懂的专业文献比一般同学要多					
9. 我经常通过看专业书籍而有意识地提高自己的科研能力					
10. 我试图通过提高自己的学习成绩来为班集体增添荣誉					
11. 我常因学习上的优势而产生强烈的满足感					

结果评定：

符合记5分；有点不确定记4分；有点不符合记3分，比较不符合记2分，不符合记1分。

得分在44分以上，表明你有强烈的求知兴趣；得分在33~44分，表明你有比较强的求知兴趣；得分在22~33分，表明你的求知兴趣一般；得分在22分以下，表明你的求知兴趣差。

拓展 >

☕ 补充读物

1 [美]戴尔·申克. 学习理论：教育的视角（第三版）. 韦小满，等译. 南京：江苏教育出版社，2003

该书由十章组成，在绪论部分论述学习理论、研究状况及一些争论的问题。第二章介绍行为主义的学习理论，从第三章到第七章，分别介绍班杜拉的社会认知学习理论、信息加工理论、认知学习过程、发展与学习和内容—领域学习；最后三章分别介绍了动机、自我调节和教学。本书的特点是资料丰富，语言通俗。

2 刘儒德. 学习心理学. 北京：高等教育出版社，2010

该书有七部分共十五章。第一部分为导论，介绍了学习理论与学习科学；第二部分是学习与生物，介绍了学习与脑、学习与进化；第三部分是学习与认知，介绍学习与注意、学习与记忆、学习与思维、自我调节学习、学习与迁移；第四部分是学习与情绪，介绍了学习动机、学习与情绪；第五部分是学习与行为；第六部分是学习与个体差异，介绍了学习信念与学习风格、学习与特殊需要；第七部分是学习与环境，介绍了学习与社会文化、学习与媒体。本书反映了最新的学习研究成果。

在线学习资源

1. http://www.icourses.cn/viewVCourse.action?courseCode=10269V001华东师范大学庞卫国教授主持的国家级视频公开课程《学习心理学》

2. http://www.icourses.cn/coursestatic/course_3135.html华东师范大学庞维国主持的国家级资源共享课程《教育心理学》

3. http://www.icourses.cn/coursestatic/course_6554.html华南师范大学何先友教授主持的国家资源共享课程《教育心理学》

本章概述

　　记忆是人类的高级认知过程，艾宾浩斯、巴特莱特等认知心理学家对记忆进行了开创性的科学实验研究。一百多年来，记忆科学家们对各种类型的记忆进行了实证探索，而认知神经科学的研究使人类进一步认识到大脑与记忆的密切关系；记忆科学在工作记忆、错误记忆和元记忆领域积累了丰富的研究成果，并且在实践中已得到充分的应用；针对具体的教学实践，本章还重点介绍了三种操作性强的有效记忆策略。

结构图

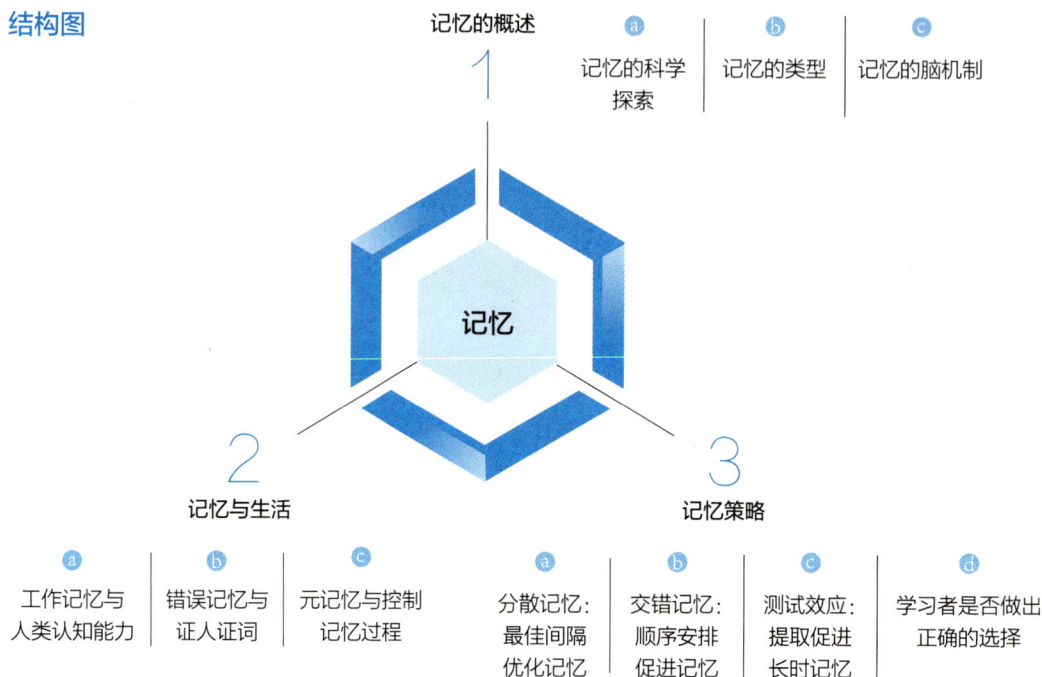

| | 记忆的概述 | | |
| 1 | ⓐ 记忆的科学探索 | ⓑ 记忆的类型 | ⓒ 记忆的脑机制 |

记忆

| 2 记忆与生活 | | | 3 记忆策略 | | | |
| ⓐ 工作记忆与人类认知能力 | ⓑ 错误记忆与证人证词 | ⓒ 元记忆与控制记忆过程 | ⓐ 分散记忆：最佳间隔优化记忆 | ⓑ 交错记忆：顺序安排促进记忆 | ⓒ 测试效应：提取促进长时记忆 | ⓓ 学习者是否做出正确的选择 |

学习目标

本章重点：

1. 记忆的分类

2. 工作记忆的本质

3. 错误记忆的含义

4. 记忆策略的使用

本章难点：

1. 记忆的脑机制

2. 元记忆的本质

3. 测试效应

4. 内隐记忆的本质

学完本章，你应该能够做到：

1. 知晓记忆科学的经典研究，认识人类记忆的各种类型

2. 掌握与记忆功能相关的大脑皮层和皮层下结构

3. 熟悉工作记忆、错误记忆、元记忆等研究在实践中的应用

4. 理解并掌握与教学有关的三种有效记忆策略

读前
反思

在记忆科学界，有一位著名的人物，叫亨利·莫莱森（Henry Molaison），简称H.M.，他不是记忆科学家，而是神经科学史上最重要的研究对象之一，因为患有癫痫，H.M.不得不切除大部分的颞叶。虽然癫痫得到缓解，他的智力也依然正常，但他的记忆却受到影响：他几乎无法记住新发生的事情。想象一下，你刚认识一位新朋友，但转眼间他对你而言又成了陌生人！记忆对人类的重要性无须多言，人类在清醒状态下的每时每刻，甚至包括做梦的时候所进行的心理活动都与记忆有关。上学或上班时选择一条习惯的路线；下课后跟同学聊刚才课堂上的内容；下班后去停车场开车；碰到一个刚遭遇情感问题的朋友想想要说什么话……

离开记忆我们什么也做不了。记忆对人类而言如此重要，你对记忆了解多少？记忆科学的研究与我们的工作、生活和学习有什么关系？本章将介绍记忆科学的一些较成熟的研究发现及其与我们的关系，并特别介绍与教师教育相关的记忆科学的应用研究。

第一节
记忆的概述

学习目标

了解记忆科学的入门性知识

掌握记忆科学的发展简史

掌握记忆类型的特点及其脑生理基础

一、记忆的科学探索

为什么经历地震灾害的人们很难忘却那些悲惨的景象？为什么考前记得很牢的知识在考试时却怎么也想不起来？你还能记起小学五年级语文课本要求背诵的那些段落吗？我们记不起来的东西真的就在头脑里头消失了吗？遗忘是怎么发生的？如果有一天我们无法回忆起过去发生的所有事情或者无法记住计划要做的事，那会是怎样？……

对这些问题的回答都与记忆这一人类高级心理过程有关，而这些有趣的且与我们的生存和生活息息相关的问题也一直激发着哲学家和心理学家们孜孜不倦的探索。记忆科学是近100多年来心理学研究中最活跃的领域之一，科学家通过大量实证研究正层层揭开人类记忆的面纱，但时至今日我们对自身记忆的了解仍然非常有限。2005年，在纪念著名杂志《Science》创刊125周年之际，科学家们总结了当今人类125个未解之谜。其中意识的生物学基础、记忆的存储和提取、合作行为的演化这3个心理学问题，被列在最为重要的前25个问题之中。

（一）艾宾浩斯与遗忘曲线

艾宾浩斯（Ebbinghaus，H. 1850—1909）是对人类记忆进行科学研究的先驱，在其1885年的《记忆：对实验心理学的贡献》一书中他报告了著名的遗忘曲线。艾宾浩斯

> 遗忘曲线是在学习结束的短时间内，个体将迅速遗忘，随后趋于平缓。

（如图6-1）的实验设计颇为独特：首先，所有实验都只有一名被试——他自己；其次，他采用无意义音节作为实验材料，它由前后两个辅音字母和中间一个元音字母所构成，如ZOK，VAP，所以也称为CVC音节（Consonant-Vowel-Consonant）。采用这类实验材料的目的是最大程度地减小语义联想的影响，例如，以词、句子或文章段落为材料（艾宾浩斯此前曾采用诗歌片断作为材料）就存在这一问题，不同被试间由于知识背景的不同差别可能很大。当然，无意义音节也并非就可以完全避免这一问题，因为被试可以人为地赋予意义，但它将这种影响干扰控制到尽可能小。

实验时，艾宾浩斯以一定的速率大声读出这些无意义音节，读完后立即盖住材料并尽量地背诵出来或写出来。很显然，只读一遍是不可能回忆出多少的，但他可以记录正确回忆量。然后再读第二遍，再回忆，如此反复，直到最终能回忆出所有材料。艾宾浩斯在学习结束的一个月后测查记忆保持水平，虽然他用材料中的第一个无意义音节作为线索提示，但无法回忆起先前所识记的那些材料。这是否意味着他先前所记住的内容在头脑中荡然无存了呢？应如何检测记忆保持的程度？艾宾浩斯创造性地解决了这一问题。在先前的学习阶段，他记录了刚好能完全回忆出学习材料所需要的次数。一个月之后他再学这些材料，并

图6-1　艾宾浩斯

记录能完全回忆时所需要的次数。艾宾浩斯发现，虽然他根本无法回忆出先前所学的内容，但在重学那些材料时，所需的次数减少了。艾宾浩斯将这种减少称为节省分，其计算方法很简单：

$$节省分=（OL-RL）/OL \times 100\%$$

OL（original learning）指初始记忆所需学习遍数，RL（relearning）指再记忆所需学习遍数。

例如，如果先前艾宾浩斯用了10遍将材料记住，再学时只用了5遍，则节省分为（10-5）/10 × 100%=50%。那么，在初始学习结束后，节省分和间隔时间之间有何关系呢？这是艾宾浩斯进一步思考的问题，而这一问题的答案便是著名的遗忘曲线。

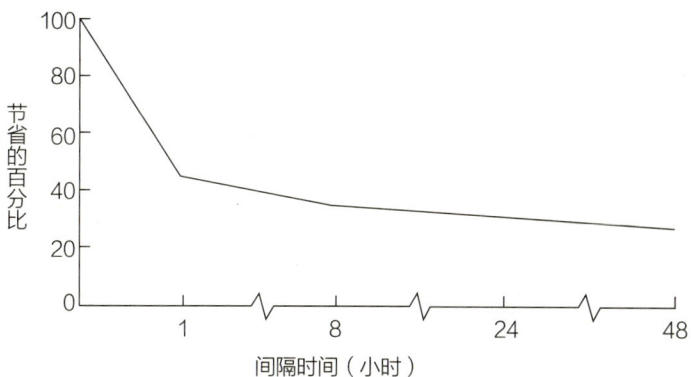

图6-2　遗忘曲线

图6-2中，横坐标是初始学习之后的间隔时间，纵坐标是节省分。从中我们可以直观地得知遗忘与间隔时间的关系：在学习结束的短时间内，个体将迅速遗忘（节省分在1小时内从100%降至约40%），随后趋于平缓。所以，根据艾宾浩斯的发现，我们无法回忆出来的内容并非就真的"忘"了。很多同学在大学毕业参加工作多年之后会经常感慨，"大学四年里学的知识全忘光了，白学了。"是不是真的忘光了呢？其实当你因为参加某些资格证书考试需要用到以前的知识时，重新拿起书本，是不是觉得比以前学得快，感觉更容易一些呢？这种"节省"证明以前学的东西还在大脑中。

心理学家语录

知识的保持和复现，在很大程度上依赖于有关的心理活动第一次出现时注意和兴趣的强度。

——[德]艾宾浩斯

（二）巴特莱特与记忆重构

英国心理学家巴特莱特（Bartlett，F. 1886—1969）对艾宾浩斯的研究持批判态度。他认为以无意义音节作为实验材料来避免被试已有知识经验的影响，缺乏现实意义。而且，他还指出艾宾浩斯的研究由于过度关注材料本身的特性，忽视了被试的态度及先前经验对记忆的影响。1932年，巴特莱特（如图6-3）撰写了《记忆：实验社会心理学中的一项研究》，指出了记忆研究的一个新取向。

巴特莱特开展记忆的实验研究与艾宾浩斯的不同，主要体现在所采用的方法和材料上。他的研究主要包括两种方法：一种是重复再现，即被试在不同的时间段对所记忆内

图6-3 巴特莱特

容进行多次回忆，然后将再回忆的内容与原始材料进行比较，分析记忆的衰退和变化情况。另一种方法是系列再生，由多个被试"系列性"地参与实验：被试A先识记某一材料，一段时间后要求其再现所学材料；然后让B识记A所再现的材料，一段时间后同样再现所记内容；C又在B再现的基础上再现，依次下去，就可得出一个系列的再现结果，通过分析比较系列中各环节间的异同，便可得知当信息在不同人之间传递时是否发生变化。

巴特莱特主要采用故事和图画等有意义的实验材料进行研究。以故事"鬼魂的战争"为材料的实验是其中的一项经典实验。"鬼魂的战争"是从北美印第安民间故事中节选的一个故事，被试为学生。实验时，首先，让第一个被试按正常速度阅读故事两遍，15~30分钟后要求其回忆并将回忆内容写下来；然后，第二个被试阅读第一个被试写下的内容两遍，15~30分钟后同样要求其回忆并写下回忆的内容，依此类推。最后，巴特莱特将被试回忆的内容与故事原文进行比较和分析，结果发现两者存在很大差别：被试回忆出来的故事比原来更合乎逻辑，前后更一致，且总体而言比原文短了许多。巴特莱特认为，回忆的过程包含建构的成分，在回忆时人们会使用已保存的内容以及头脑中的图式重新组织所学内容。

> 记忆重构是个体在回忆时会使用已保存的内容以及头脑中的图式重新组织所学内容。

巴特莱特强调记忆研究应使用有意义的材料以及如何在现实生活情境中研究记忆的问题，实际上涉及了记忆材料的文化背景因素，也表明了拥有不同经验的人在解释、记忆、回忆相同材料时的方式是非常不同的。这是当时为心理学家们所忽略的问题，它也突出了巴特莱特研究的价值所在。

二、记忆的类型

（一）感觉记忆、短时记忆和长时记忆

根据记忆保持时间的长短，将记忆分为感觉记忆、短时记忆和长时记忆。

生活中我们也许有这样的经历，参加朋友的聚会，刚走进聚会场所时你同时听到、看到各种各样的信息，突然发现一位好朋友，于是开始兴奋地聊天，忘记了刚进来时很感兴趣的一个盆景（感觉记忆）；你的朋友把他的几个朋友介绍给你，当你和第三个人握手时你可能已经忘了第一个人的名字（短时记忆）；但是可能有一位你久违的老朋友，虽然小学毕业之

后就再未见过面，你一下子就能叫出他的名字（长时记忆）。上述例子分别反映了记忆的三种类型：感觉记忆、短时记忆和长时记忆。

1. 感觉记忆

感觉记忆指感觉刺激停止之后所保持的瞬间映象。由于它的作用时间极其短暂，又称为瞬时记忆。它是一种原始的感觉形式，是记忆系统在对外界信息进行进一步加工之前的暂时登记。感觉记忆的主要特点是有较大的容量，但保存的时间短暂，约为0.5~3秒。斯伯林（Sperling，1960）的一项关于视觉形象贮存的经典实验很好地证明了感觉记忆的特点。图6-4类似于实验中呈现的材料（卡片）。刚开始，研究者以50毫秒每张的速率快速呈现卡片，然后要求被试报告所看到字母，结果被试仅能报告4~5个字母，但被试认为12个字母都看见了。研究者推测，被试看到的比他能报告的多。为了证实这一点，他设计了一个巧妙的方法——部分报告法。

与传统方法不同的是，部分报告法并不要求被试报告所有的12个字母，而是在每次刺激呈现完毕后给出随机的声音提示，指定被试报告某一行的字母。例如，如果是高音则被试报告第一行的4个字母，中音则报告第二行的4个字母，低音则报告第三行的4个字母。由于三种音调是随机出现的，如果无论要求报告的是哪一行，被

X	M	R	J
C	N	K	P
V	F	L	B

图6-4 斯伯林感觉记忆实验材料

试每次都能正确报告出该行的字母，那就可以推测被试是能够看到所有的12个字母的，只不过由于保持的时间非常短，在被试说出4个字母之后，其他字母的映象就消失了。实验结果验证了斯伯林的构想，采用部分报告法后，被试的感觉记忆容量达到平均9.1个项目。而且鉴于部分报告法中报告过程仍然占用时间，信息消退的影响仍不可避免，实际的感觉记忆容量恐怕还要大得多。

2. 短时记忆

感觉记忆中的大量信息很快就会衰退，只有被注意到的部分信息进入短时记忆中。短时记忆是信息从感觉记忆到长时记忆之间的一个过渡阶段，这种快速的遗忘与艾宾浩斯所研究的遗忘不一样，其主要特点是对信息的保持时间较短，约为十几秒到一分钟左右；且容量有限，一般为7±2个组块。组块是人们熟悉的一个单元。数字、英文字母、汉语单字、句子等都可以是组块，例如，8967925这组数字如果你是第一次见，它们对你来说可能是7个单元，但如果它是你家的电话号码，那对你来说就是一个组块。

🔍 **案例**

中小学生的短时记忆容量

陈辉以240名中小学生为被试，采用汉字、图形、数字、位置等17种刺激材料，研究短时记忆容量的年龄特点和材料特点，结果见表6-1所示。

表6-1　不同年级学生对各种材料的短时记忆容量

材料	小学二年级	小学五年级	八年级	高中二年级
单字	3	4	5	7
双字词	3	4	5	7
四字成语	1	3	3	4
一位数	4	6	10	7
两位数	2	3	6	4
实物图形	3	3	6	6
复杂的几何图形	1	2	2	3

从表中数据可以看出：短时记忆容量受多种因素制约，既有与年龄有关的主观因素，也有与材料相联系的客观因素，难以用7±2个"组块"一概而论，需要根据年龄和材料具体分析。

那么，短时记忆是如何编码的呢？关于这一问题有大量的实验研究。对于短时记忆的编码，经实验证明可以分为听觉编码和视觉编码。例如，研究者通过研究语音相似性对回忆效果的影响，证实了听觉编码方式的存在：给被试呈现B，C，P，T，V，F等辅音字母，要求被试严格按顺序进行回忆。结果发现，在视觉呈现条件下，发音相似的字母（B和V）容易发生混淆，而形状相似的字母之间（E和F）很少发生混淆。这说明听觉编码是短时记忆的一种主要编码方式。

工作记忆是与短时记忆紧密相关的概念，两者既有区别又有联系。巴德利等（Baddeley，1974）指出，工作记忆是一种对信息进行暂时加工和贮存的容量有限的记忆系统，在许多复杂的认知活动中起重要作用。巴德利主张用工作记忆的概念替代短时记忆的概念。实际上，从工作记忆的概念可以看出，工作记忆涵盖了短时记忆，但它强调短时记忆与个体当前所从事活动的联系。工作记忆可以被理解为一个临时的心理"工作平台"，在这个工作平台上，人们对信息进行操作处理和组装，以帮助我们理解语言、进行决策以及解决问题。

3. 长时记忆

短时记忆中的信息经过复述或经由各种编码策略加工后进入长时记忆。长时记忆是指存储时间在一分钟以上的记忆。它涉及个体对先前所学但不在眼前的内容的记忆提取，主要特点是存储的时间长，且一般认为其容量没有限制。长时记忆中的信息是有组织的知识系统，其编码形式主要有下列几种：

（1）按语义类别编码。在记忆一系列语词概念材料时，人们总是倾向于把它们按语义的关系组成一定的系统，并进行归类。（2）以语言的特点为中介进行编码。借助语言的某些特点，如语义、发音、字形等，对当前输入的某些信息进行编码，使它成为便于存储的信息。这种编码方式在无意义音节记忆过程中经常使用。（3）主观组织。学习无关联的材料时，如果既不能分类也没有联想意义上的联系，这时个体会倾向于采取主观组织对材料进行加工。

（二）外显记忆和内隐记忆

1. 外显记忆

外显记忆指个体对生活中的事件或情景有意识的回忆。例如，要求个体回忆在某时某地所学习的内容，或要求个体在真实情景与虚假干扰之间做出区分。又如，"请回忆上周六你做了什么事情？""你从实验心理学这门课中都学了什么知识？"。一般来说，用于测量短时记忆和长时记忆的实验任务都被划分到外显记忆的范畴，因为个体是被"外显"地告知对过去事件进行提取回忆的。如自由回忆、线索回忆、再认、配对联想学习等。

2. 内隐记忆

内隐记忆也包含个体对过去事件的提取，但不同的是，这种提取是无须个体的意识性努力参与的（Roediger & McDermott，1993）。内隐记忆的产生几乎是自动的，例如，当你弯腰系鞋带时，你无须对自己说"我该怎么做呢？我是什么时候学会系鞋带的？我现在还记得怎么系吗？"你会觉得这是自然而然的事情，而且如果你在系鞋带时停下来想这些问题，它只会让你做得更糟糕。当然，内隐的知识肯定也是需要经过先前学习的，但它与外显记忆间差异的关键点在于，内隐记忆不需要个体有意识地提取信息。

外显记忆测验要求被试有意识地回忆先前所学的材料，如自由回忆、线索回忆和再认。而对于被试自身无法有意识知晓的记忆，研究者又是如何知晓的呢？当代关于内隐记忆的实验研究可以追溯到20世纪六七十年代神经心理学有关遗忘症病人的研究，它直接引发了内隐记忆的系列研究。20世纪60年代，英国神经心理学家沃林顿和韦斯克兰茨采用不同的测验形式对遗忘症患者的记忆进行了考察，发现虽然重度遗忘症患者在完成再认和自由回忆任务时存在明显的障碍，但在某些间接测验形式下，他们的成绩却与正常人接近。这一研究思路被称为"分离"，其核心是将内隐记忆与外显记忆分别对应于两种不同的、可测量的指标，从而达到区分的目的。

🔍 **案例**

失忆症患者与正常人内隐记忆和外显记忆的差异

有一项研究是让失忆症患者和正常人看由6个字母组成的单词词表，并评定自己对各单词的喜爱程度。然后以两种方式测验被试的记忆成绩。第一种方式是回忆所看过的各个单词；第二种方式是提示各个单词的前三个字母，要求写出最先想到的那个单词。结果发现：在要求回忆（外显记忆）的条件下，失忆症患者的成绩显著低于正常人的；但在要求填写想到的单词（内隐记忆）条件下，失忆症患者与正常人的成绩没有差异。表明失忆症患者的外显记忆受损，而内隐记忆没有受损。

（三）真实记忆和错误记忆

按照提取的准确性，可将记忆划分为真实记忆和错误记忆。

真实记忆指正确地报告出曾经呈现过的词或发生过的事。而错误记忆指错误地声明一个以前未呈现过的词或从未发生过的事曾经呈现或发生。从记忆的科学研究开始，研究者的研究思路更多地偏向于个体记忆的正确性、保持量，如记忆实验往往考察被试最终能正确回忆词表中的多少个单词。相对而言，对个体记忆过程中的歪曲、错误等现象及其产生原因的研究近年来才受到较多的关注，虽然早在1932年，巴特莱特的运用再生法发现个体记忆过程中的重构性，已部分地触及错误记忆的概念。

错误记忆的研究范式主要有联想研究范式、无意识知觉研究范式、误导信息干扰范式等。所有这些研究范式可以归为两大类，其中联想研究范式和无意识知觉范式主要考察的是人们对单词的错误记忆，而误导信息干扰范式则考察人们对事件的错误记忆。它们分别从不同侧面揭示了错误记忆产生的原因和机制。

（四）情景记忆和语义记忆

图尔文（Tulving）依据所储存信息的类型将长时记忆划分为情景记忆和语义记忆。

情景记忆接收和储存关于个人的特定时间的情景或事件以及这些事件的时间—空间联系的信息。情景记忆是对事件中人、物、何时、何地以及情节的记忆。例如，对收到大学录取通知书的记忆。此外，情景记忆是基于个体亲身经历的，比如，记得有一次一只蜥蜴从树上掉下来，正好掉在你的面前。情景记忆的事件可能是生活琐事，也可能是一个人所经历的重大事件。例如，闪光灯记忆，即对个体亲身经历的一些重大事件的记忆。任何一个经历过"5.12汶川大地震"的人都能清晰地记得地震时自己身在何处正在做什么。我们在描述情景记忆的内容时往往是用"我记得"而不是"我知道"。

语义记忆是运用语言时所必需的记忆，它接收和储存各种知识，如"牛顿定律""乘法交换律"等公式或定律。例如，中国首都是北京，内蒙古自治区在北京的北面。语义记忆的内容是一个个的事实、故事、单词和当我们认识这个世界时所产生的联想，这些信息基本上属于非个人的信息。因此，语义记忆和情景记忆的不同之处在于回忆的内容、对个人的意义以及它所激发情绪的不同。我们在描述语义记忆的内容时，往往用"我知道"，而不是"我记得"。

三、记忆的脑机制

（一）皮层下结构与记忆

1. 海马

皮层下结构中的边缘系统有一个跟记忆密切相关的组织——海马。边缘系统主要涉及记忆和情绪，而海马主要和记忆相联系。研究表明，海马作为神经回路的重要部分与新记忆信息（意识或无意识）的编码有关，与信息的存储或表征无关，但当记忆信息被提取时，海马是处于被激活状态的。除了人类之外，很多动物，如老鼠、猴子、夜莺等动物的大脑中都有海马，而且都与记忆有关。人类海马的损伤会导致遗忘症，导致学习新信息的困难。

大脑的左右半脑均有海马，左海马负责语言记忆，而右海马负责空间记忆和方位记忆。以各种鸟类为被试的研究发现，鸟类大脑的海马功能与人类相似，左海马负责"唱歌"的记忆，而右海马负责迁徙路线。而且鸟类左右海马内的受损也会出现遗忘症：如果左海马受损，它们将不能"唱歌"，而右海马受损，它们将不能在冬天准确地飞到温暖的南方。相似地，人类左海马受损将影响到故事或词语的记忆，而右海马受损则影响方位和图片的记忆。

2. 杏仁核与间脑

杏仁核也属于边缘系统，它与海马和下丘脑都紧密相连，而下丘脑与人类的一些基本情绪有关。因为这些联系，杏仁核与情感相关的记忆关系密切，与恐惧的条件反射形成和各种情绪学习有关。

间脑包括丘脑、下丘脑等。丘脑与大脑的其他脑区紧紧相连，类似于枢纽中心。它对于来自眼、耳等感觉器官的信息传输至大脑皮层起着重要作用。间脑包含了颞叶内侧和海马间的大量联系，间脑受损将引发严重的记忆障碍。

（二）大脑皮层与记忆

大脑皮层，是大脑区域中进化最晚的，也是人类大脑与其他动物最具不同的。大脑皮层主要有四个结构区：枕叶、顶叶、颞叶、额叶，各区以其所在的脑区位置命名。

枕叶主要负责视觉加工。就记忆而言，当人们记忆来自生活事件中的人或物时，这部分脑区为提供视觉影像起重要作用。例如，当回忆某个朋友哪里长得像某个明星时，你的视觉皮层将被激活；类似地，当你在思考上次在巴黎罗浮宫看到的蒙娜丽莎画像时，你的视觉皮层也被激活。枕叶涉及基本视觉记忆，例如，枕叶的某些区域与颜色加工相关，如果个体的该区域损伤，可能会忘记物体的颜色，如忘记成熟的香蕉是黄色的。

顶叶与躯体感知觉和注意力有关。躯体感知觉指冷热觉、触觉、压觉和痛觉等，负责躯体感知觉的相关脑区位于顶叶的前部，邻近额叶；而负责注意力的脑区在顶叶的后部，靠近枕叶附近，右半部负责空间注意，左半部负责言语材料的注意。

颞叶中涉及记忆加工过程最多的区域领近海马，这部分区域被称为颞叶皮层内侧。与海马相类似，颞叶内侧主要与记忆的信息编码相关，而不是实际地存储或提取某部分信息。研究表明，人类大脑的左颞叶更多涉及言语信息的加工，右颞叶则涉及空间信息。颞叶内侧受损会产生与海马损伤相似的遗忘。

额叶与记忆关联最密切的部分是位于额叶最前部的前额叶区。前额叶区的负责启动记忆（开始有意识的记忆过程），同时还与源监控有关。源监控指确定记忆信息的来源，例如，分辨某段记忆是亲身经历的还是他人描述的，是既属事实还是主观想象。正常个体的源监控一般不会有问题，但前额叶区受损的病人却会因为不能从虚幻中区分真实记忆而经常虚构一些事实。此外，前额叶还与元记忆有关，涉及对个体记忆过程的监测和控制。当然，前额叶除了监控记忆外，还与人类的高级情感（如嫉妒、尊重）和问题解决或创造力方面有关。

第二节
记忆与生活

🎯 学习目标

了解工作记忆、错误记忆和元记忆

掌握工作记忆、错误记忆和元记忆在日常生活中的应用

一、工作记忆与人类认知能力

工作记忆是实验心理学中最有哲学意味的术语之一，许多认知心理学家认为工作记忆是意识中的一种活跃成分。也就是说，无论你现在意识到的是什么，你的工作记忆都将把它们立刻呈现出来。比如，当你读到这里时被正在播放的电视节目或舍友正在玩的游戏吸引过去了，此处的内容就已经在你的工作记忆中停止了，你的注意和意识已经转移到了别处。工作记忆在人类的认知活动中起着重要的作用，许多认知障碍都与工作记忆受损有关。

（一）阅读和言语表达的流畅性与工作记忆

当阅读时你的工作记忆也在运行——此时此刻，你的工作记忆正在处理这句话的字词和句法，帮助你理解这句话。工作记忆能力对阅读来说至关重要，想象一下，如果一个人的工作记忆每次只能处理2个词，那阅读将是怎样一个缓慢而费劲的过程。

丹尼曼和卡朋特（Daneman & Carpenter，1980）的研究表明，在儿童成为流畅的阅读者之前（约12岁），工作记忆和阅读之间确实存在明确的关系：能够在工作记忆中保持较多信息的儿童在阅读时"回看"次数更少，阅读速度更快。该项研究还发现，工作记忆能力强的被试在对文章的理解上也更好，并且这个优势将保持到他们的大学阶段。他们的另一项研究还发现，工作记忆能力较好的人在学习能力测验（SAT）中的成绩也相对较高（Daneman & Hannon，2001）。

（二）注意力缺陷多动障碍与工作记忆

注意力缺陷多动障碍（Attention Deficit Hyperactivity Disorder，ADHD），或称多动症，表现为与年龄和发育水平不相称的注意力不集中和注意时间短暂、活动过度和冲动，常伴有学习困难、品行障碍和适应不良。多动症与工作记忆能力存在密切关系。如科林伯格等（Klingberg et.al.，2002）的研究发现，多动症儿童的工作记忆能力一般比正常儿童的差。但幸运的是，欧尔森等（Oleson etal.，2004）的一项研究发现多动症儿童在工作记忆能力上的欠缺是可逆转的。经过工作记忆能力的专业训练，多动症患者的工作记忆能够得到较大程度的提高。另外，研究还发现，通过训练，正常个体的工作记忆能力也可以得到提高，而工作记忆能力的提高有助于提高个体在各类测验，甚至包括智力测验上的成绩。

（三）阿尔兹海默症与工作记忆

在遗忘症研究领域，工作记忆能力上的诊断结果可用于鉴别阿尔兹海默症（Alzheimer's Disease）。阿尔兹海默症在发病初期很难做出准确判断，因为它的早期症状很难与一般性的健忘症区分开来。卡扎和贝勒维尔（Caza & Belleville，2008）的研究解决了这一问题，他们的研究发现，一般性的健忘症往往是由中颞叶受损导致，患者的工作记忆能力不受影响，而阿尔兹海默症患者却伴随着工作记忆障碍。因此，可以通过对工作记忆的检测来判定阿尔兹海默症的早期特征。

二、错误记忆与证人证词

（一）"脆弱"的错误记忆

本章第一节谈及错误记忆，此处将着重介绍错误记忆在司法领域中的应用。司法领域有很多事件都与个体的记忆有关，例如，犯罪行为的目击证人必须依靠记忆来协助调查，办案人员应如何询问目击证人才能从其记忆中获取可靠的证词就显得格外重要。特别是当目击证人很自信地说，"我永远不会忘记那一天——就是在那里的那个人犯下这一罪行！"我们是否能够真的相信这一陈述？错误记忆研究领域中有关目击证人证词可靠性的研究告诉我们，目击证人的记忆是很容易出错的，提问者措辞中微小的差异、干扰信息的出现都能扭曲或改变人们关于犯罪行为的记忆。

洛夫特斯和赞尼（Loftus & Zanni，1975）的研究发现，发问者仅采用"那个"或"一个"的不同表述都会对记忆产生强烈的影响作用。在他们的研究中，被试观看车祸回放录像。之后，一半被试被问到，"你有没有看到那盏破碎的前灯？"而另一半被试被问到，"你有没有看到一盏破碎的前灯？"但事实上，影片中并没有出现破碎的前灯。这些句子中，"那盏破碎的前灯"意味着有一盏破碎的前灯，同时询问个体是否注意到它。当句子中包含"一盏破碎的前灯"时，该句子意味着并不知道是不是有一盏前灯破碎了，询问目击者前灯是破碎了还是没有。结果发现，当使用词语"一盏"时，只有7%的被试错误地报告了有一盏破碎的前灯。然而，当使用"那盏"这一词时，18%的被试报告他们看到了一盏破碎的前灯。

（二）基于"认知访问"的询问程序

鉴于错误记忆的易感性，要使得目击证人证词在最大程度上可靠，应当通过一定的方式使其排除所受的暗示和干扰。费舍尔和盖索曼（Fisher & Geiselma，1992）在实证研究的基础上，设计了"认知访问"的审问程序，用于帮助办案人员从目击证人证词中获得最大数量的信息，同时保证将引发错误记忆的可能性降到最低。

首先，办案人员在询问证人时应先提开放式问题，以限制无意中流露的误导信息。例如，问"你看到了什么？"而不是"你有没有看到拿着一把枪的人？"因为后者具有存在误导信息的可能性。但是，开放式问题有时无法提供足够的线索让目击者回忆特定的细节，而这些细节对于调查来说可能是很重要的。因此，在询问完开放式问题之后，为了获取足够的信息量，提示性的线索也是必要的。

为避免提示性线索可能产生的消极暗示和错误诱导，"认知访问"提出了三条原则。第一，让目击者回想目击事件的物理环境。特别注意的是，要求目击者回想物理环境时不能引入误导信息，要求他想象自己处于案发现场，并报告看到了什么。第二，让目击者依照不同的时间顺序回忆事件：先从最近的到最远的，然后从事件开端到事件结束。第三，要求目击者从多个视角想象犯罪现场——从自身角度和从旁观者角度。不同的视角将提供不同的提取线索和更多的信息。研究表明，与一般性的询问程序相比，基于"认知访问"的询问程序能增加30%的回忆信息报告量，而且不会提高错误信息的百分比（Fisher & Schreiber，2007）。

三、元记忆与控制记忆过程

元记忆是指个体关于自己记忆过程的认识及相关知识，包括了个体对自身记忆能力的监测和控制，使其能够对其记忆过程进行反馈并且能够积极地对其记忆过程进行自我管理。元记忆使我们可以反思自己记住了什么、未能记住什么，从而指导我们准确地判定当前的记忆程度，避免产生过高估计。因此，元记忆的研究既具有其理论意义，同时在提高和促进人类学习和记忆方面上也具有实践价值，这也使得此领域的研究成为21世纪前十年记忆研究的最热门主题之一。元记忆对合理安排资源、做出恰当的时间分配从而实现有效记忆有重要意义。

（一）学习时间分配的"无用功"效应

假定你要为下周进行的社会心理学和心理统计学两门课程的考试做准备，从总体而言有两个需要面对的问题，首先，你必须决定先学什么；其次，你必须决定每门课需要学习的时间。在学习每门课时，你还必须对各种概念、定义和例子分配学习的时间。比如，是否理解了什么是"认知失调"，是否应该花更多时间弄懂"方差分析"的过程？这些与学习时间分配相关的问题都涉及元记忆控制。

> 无用功效应是学习者在自认为尚未掌握的内容上分配了更多的时间，但并未取得更好的记忆效果。

学习时间分配看似简单——当某一内容的学习和记忆达到掌握水平后即可转向新的学习内容，但当面临具体的学习任务时，在一定的时间范围内如何安排学习时间才能使其性效比最高？是应当将时间更多地安排在困难的内容上，还是应当在较简单的内容上多花些时间？纳尔逊和莱昂纳西奥（Nelson & Leonesio，1988）的一个研究探讨了这一问题。在其研究中，被试的任务是记忆"英语—西班牙语"的词对，类似于我们记外语单词。被试在每学完一词对后对其做学习判断，随后选择要用多少时间来学习该词对。然后，再次给被试呈现所有的词对，由被试选择所欲学习的词对。研究结果发现，学习判断和学习时间呈负相关，即学习判断水平越低（难度较大）的词对得到越多的学习时间；但在最终测验上，回忆成绩较好的却是那些学习判断水平高的词对。换言之，即使被试将更多的时间花在困难词对上，但是他们仍然在容易词对上表现得更好，研究者将这一现象称为"无用功效应"。

（二）基于最近学习区的动态策略

"无用功效应"表明在某些学习条件下，学习者惯用的学习时间分配模式并不能取得最佳效果。在实际的学习情况中，我们经常碰到相类似的情况：学习时间有一定限制，有时候甚至是相对紧急的，在这样的学习情况下，选择何种学习时间分配模式才能达到最好的学习效率？有研究者进一步探讨了这一问题。在其研究中，被试先浏览不同主题的小短文，每一主题的小短文浏览完后要求被试对其做出学习判断。在所有材料都浏览完后，被试分为两组，一组被试被告知他们还有30分钟的学习时间，另一组被试被告知还有60分钟的学习时间，在规定的时间范围内，被试可以自由选择所欲学习的材料。学习结束将进行测试以考核他们的掌握情况。另外，还告知被试：通常来说完全掌握所有的材料需要60分钟（Son & Metcalfe，2000）。

有60分钟学习时间的被试倾向于选择学习判断水平低的材料，即与上述有关"无用功效应"的研究结果一致，学习判断和学习时间呈负相关。但对于仅有30分钟学习时间的被试而言，结果却刚好相反：学习判断和学习时间呈正相关，即被试在学习判断水平高的项目上分配了更多的学习时间。而这种学习时间分配方式的选择的确使被试在最终测验中取得更好的成绩。梅特卡芙在该研究的基础上提出了最近学习区的概念，处

> 最近学习区是学习中的动态过程，即所学习或记忆的内容对学习者而言处于难度中等、掌握到一定程度但还未完全掌握的阶段。

在最近学习区的内容既不是难度极大、甚至无法掌握的项目，也不是那些已经掌握的简单项目，而是那些难度中等但还未完全掌握的项目（Metcalfe，2002）。因此，在学习时间限定的条件下，选择那些处于最近学习区范围的内容进行学习是一种有效的元记忆控制策略。

第三节
记忆策略

🎯 **学习目标**

了解三个经过验证且在教学实践中操作性较强的记忆策略
领会间隔、顺序和提取等变量在有效记忆中的作用

自艾宾浩斯对记忆开展科学实验研究以来，学习与记忆领域积累了大量的基础性研究发现，增进了人类对自身认知能力的理解。但从教育教学实践来看，因种种原因这些成果并未得到应有的运用。如实验室研究的外部效度问题，在教学实践中的可操作性、易用性等问题。认知心理学家们对这些问题的思考、批判和改进一直都未停止过，尤其是在近10年，许多认知心理学家、教

育心理学家重新审视和检验学习和记忆研究中众多具体的原则和定律，提出了一些可操作性和控制性较强的有助于促进长时记忆的记忆策略。

一、分散记忆：最佳间隔优化记忆

在学校教学实践以及各类培训教育中，学习者经常需要在一段较短的时间内记住、掌握某一内容，如考前复习、外语培训中所谓的"浸入式"学习（培训期间高强度、高密度地接触外语知识）。那么这种短期的压缩学习是否真正有效呢？关于识记某一知识时应当将时间集中还是分散已经探讨了一个多世纪，目前所形成的共识是——将某一给定的时间拆分或间隔为多个阶段的记忆效果（以延时测试成绩为衡量标准）好于集中记忆的效果，这方面的实验依据非常丰富。

虽然总体而言，以往的研究已明确表示分散记忆的效果好于集中记忆，但对于学习者或教学者而言，使用这一策略时必然会考虑的一个问题是："我该如何安排分散的时间间隔？"分散效应的实验范式一般为"初次识记→间隔（时间或插入其他任务）→再次识记→间隔→最终测试"。按一般性的推理，如果最终测试之前的时间间隔是固定的，那么识记阶段的时间间隔越大，首次识记后的遗忘也将越大，进而将影响最终测试的成绩。但研究表明，在一定范围内，增大间隔将导致更好的学习效果（间隔超出某一临界点之后，最终测试成绩将有所下降）（Rohrer & Pashler, 2010）。因此，无论从理论还是实践角度来看，分散学习实验范式中的两次"间隔"都是至关重要的，科学地安排"间隔"将有助于实现记忆效果的最优化。

> 最优化分散记忆是记忆阶段的间隔时间控制在测试间隔时间的5%～10%，将最大程度地实现分散记忆效应。

🔍 **案例**

一日之内对不同性质材料记忆的最佳时间

有一项研究发现，在一天中不同的时间对同性质的记忆材料回忆成绩不同；但不同性质的记忆材料，则有不同的最佳时间。被试为成年人。记忆的材料按加工深度（从深到浅）分为三种方式：第一种，按语义来加工名词，如呈现"钥匙"一词，主试问被试，能用来开门吗？第二种，按字形加工名词，如主试问被试，该单词是大写还是小写的？第三种，按字母结构加工名词，如主试问被试，该单词中各元音的先后位置是否符合字母顺序？每种条件下有18个名词。呈现每个名词前给予提示。词单呈现完毕后要求默写。结果发现：第一种方式下，最佳识记时间是18：00点，最差识记时间是2：00点；第三种方式下则正好相反。

苛派德（Cepeda，2008）考查了不同学习时间间隔（从20分钟到105天），不同最终测试前的时间间隔（从7天到350天）情况下，被试识记情况的变化趋势，结果如图6-5所示。图6-5是立体图，呈马鞍形，横坐标包含了识记阶段的时间间隔和最终测试前的时间间隔，纵坐标为测试成绩。在记忆时间间隔维度上，测验分数随着测试间隔的增长呈现负加速降低；对任何的非零测试时间间隔，测验分数是记忆时间间隔的非单调函数（与学习间隔不是简单的一一对应关系）；当测试时间间隔增大时，其所对应的最佳学习间隔时间也相应增长，如图6-5中间的实线所示。研究者指出，从现实角度出发，记忆阶段的间隔时间控制在测试间隔时间的5%~10%是最佳的。苛派德等的研究结果表明，如果学习者希望所记忆的内容能在头脑中长期保持，那么记忆阶段的间隔时间就应当适当延长。

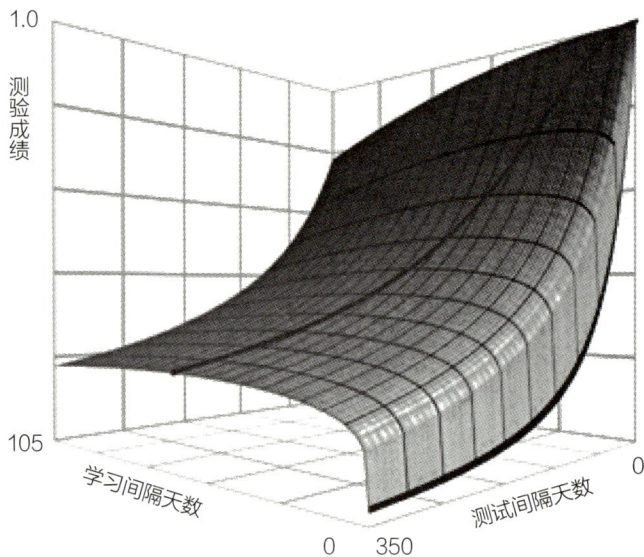

图6-5　最优化分散记忆模式

二、交错记忆：顺序安排促进记忆

当学习者在某一时间范围内需要记住多个内容时，其记忆方式可以分为最基本的两种类型，一种为批量式，形式为a-a-a-b-b-b-c-c-c，另一种为交错式，形式为a-b-c-b-c-a-c-a-b。有关这两种记忆方式的比较研究多见于动作技能习得领域，研究表明交错式效果更好。例如，关于击球手练习各种类型的发球的研究已表明，交错式学习使击球手在随后的击球测试中表现更好（Rohrer & Pashler，2010）。也有研究表明，交错式的记忆方式对相关内容的识记和辨别同样起促进作用。例如，苛内尔和比约克的研究让被试分别采用交错式和批量式的方式默记12位风格相似的画家的作品，最后测试时呈现这些画家的其他作品（先前未见过），要求被试辨认分别是哪位画家的作品。结果表明，交错式的记忆方式提高了被试判断的正确率（Kornell & Bjork，2008）。

交错式与批量式在记忆时间和精力投入上并没有实质上的区别，两者只是在顺序上做了一定的调整，与"田忌赛马"相类似。按理说，如此简单的策略应当在教学实践中能得以广泛的应用，然而事实并非如此，交错式的学习与记忆在实践中并未引起重视。无论从教师的单元内容教学或教材内容的编排，还是从学习者记忆的习惯性策略来看，大多数情况下教学者或学习者更倾向于以批量模式进行学习与记忆。例如，当前的大多数教材，无论是文科类的还是理科类的，在设计内容编排顺序时一般都是先呈现章节内容供学生学习与记忆，然后在章节后安排针对性强的系列习题，要求学生对前面所学的内容进行强化式复习，从形式上来看，这相当于批量式。当然，这种批量式可以使得学生将所学内容较快地强化巩固下来，但是如果单纯凭借这一形式，就忽视了交错式的学习与记忆策略的作用。此外，这种批量式的内容编排形式还可能导致另一个问题：使得学生在完成练习题之前就形成一种采用刚刚学习的知识、方法解题的倾向性。研究者发现，模式下，不少学生学习应用题解答方法时甚至无须审题，仅看题目中的数字，就套用前面所讲的方法进行解题了。其直接后果就是，学生在期末考试或其他形式的标准化考试中，当他们缺乏直接线索时，便会出现解题困难。国外研究者已经开始尝试着通过改善教材编排结构而不改变各章节的主体内容的前提下避免这一情况，例如，在某一章节后面安排的练习题数量不变，但这些练习题中的部分题目与其他章节内容相关。这一简单的变化起到了不错的效果（Mayfield & Chase，2002）。

三、测试效应：提取促进长时记忆

我们在进行识记时，最常见的形式是进行第一遍记忆后，再重复地记多遍，或记了若干遍之后，掩卷而思，尝试回忆一下，看看自己能记起多少。研究表明，多次重复确实增强了对材料的熟悉度，但对于长时记忆保持的作用却较有限；而尝试回忆，"测一测"自己的识记水平，却能够促进记忆的有效保持，因为长时回忆所包含的提取过程对于有效记忆而言具有超

> 测试效应是相对于基于编码的记忆策略而言，对记忆进行提取才是使所记忆内容得以长期保持的关键。

乎常识的重要作用（Roediger & Karpicke，2006）。这一观点本身并非全新发现，早在1939年的一项研究中就已揭示，当被要求对学习信息进行提取练习时，学习者对信息的记忆表征将得到增强（Roediger & Karpicke，2006a）。但在教学实践中，对记忆内容进行尝试提取或评测往往更多地被看成是对学习内容的测量和评价，告诉学习者识记的程度如何，哪些还需要

进一步记忆，即长时回忆或提取的元认知功能。然而，新近的研究表明，这一直观认识存在偏颇，因为除了元认知诊断功能外，提取对记忆结构本身将产生重要影响。

研究发现，记忆某一内容时，"记忆+提取"（即便提取练习后无反馈）的学习事件组合比同样时间的"记忆+记忆"组合更为有效，更能促进记忆的长期保持，即所谓测试效应（McDaniel，Roediger et al.，2007；Roediger & Karpicke，2006）。例如，罗迪格和卡匹克的研究发现，从学习阶段结束的5分钟后进行的最终测试来看，"记忆+提取"的组合学习相比"记忆+记忆"组合，似乎对学习有所削弱，但在一周后进行的最终测试中却发生了反转，前者大大优于后者（Roediger & Karpicke，2006b）。卡朋特等将最终测试的时间间隔延长到42天，也发现了同样的趋势（Carpenter et. al，2008）。

🔊 **心理学家语录**

测试效应就好比海森堡测不准原理——电子位置在它被测量的同时将发生位置的改变——从记忆信息进行提取的同时记忆已经发生变化了。

——[美]亨利·罗迪格

虽然有关测试效应的系列研究足以证明，对所记内容进行提取是使其保存在长时记忆中的有效策略。但在实践中，基于"提取"的识记方式仍然缺乏足够的重视，原因之一在于，传统的"学习观"认为学习过程才是影响学习效果的主要因素，在"编码"阶段采用了有助于知识习得的识记方式，可保证其日后的提取使用。的确，许多基于"编码"的记忆策略已被证明可促进学习和记忆，如列提纲、概念图、意义学习策略等。那么，相对于基于"编码"的记忆策略而言，基于"提取"的记忆策略是否依然能表现出优势？如果基于"提取"的记忆策略对记忆的促进仅与基于"编码"的学习策略相当，甚至不如后者，那它的推广价值就存在局限了。卡匹克和布朗特的一项研究详细地验证了上述问题，研究者比较了基于"提取练习"的记忆策略与"概念图"策略在促进有效记忆上的差异。所谓概念图法，是指用图解形式将几个概念连接起来，并在各连接点上标明相互间的关系。实验结果表明，重复学习组、概念图组和提取练习组在两类测验中的成绩均好于单次学习组，其中提取练习组的成绩最好，概念图组次之，两者均好于重复学习组（Karpicke & Blunt，2011）。由此可见，学习策略所体现的"主动性"并非是决定个体学习效能的标准，学习策略的性质（基于"编码"或"提取"）才真正地决定了学习的程度和质量。在精加工过程中，被试通过丰富或增加编码特征获得了已编码知识的详细表征。而在提取过程中，被试在特定时间、特定地点运用提取的线索重构所学的知识。

总之，测试效应在不同任务和材料中都得到了强有力的证明。例如，研究者已证明提取练习可提高外语词汇记忆效果，促进对科普类文章所包含知识的长时记忆，还可促进地图学习。同时，在各类学习环境中也都发现了测试效应的存在，如学习者在课堂之外的自我调节学习，教师指导下的学习，以及多媒体教学等。当然，研究者仍然需要通过进一步的研究以确定测试效应发生的范围。上述关于测试效应的研究表明，如果在学习或教学的过程中，学习者对所学内容进行提取的时间比率越高（在一定范围内），学习的效果将越好。从其中的一些研究可以得知，即便仅是非常简单的自我测试策略（原原本本地回忆所学的内容），也比大部分流行的学习策略更为有效。

四、学习者是否能做出正确的选择

从记忆策略的效果来看，有关分散记忆、交错式记忆、提取练习的研究已经充分地证明了它们是有效的记忆策略，但学习者能意识到这些有效的记忆策略并做出选择吗？有关元认知的研究表明，学习者似乎并不能。在学习活动中，元认知表现为个体对自身学习过程的监测和控制，影响着学习方式的选择和学习效果。例如，背单词时，觉得记住了（监测）就翻下一页背新的单词（控制），但这一过程可能是有问题的，我们可能在并未真正记住或仅在短时间内记住时就认为自己已经记住了，记忆研究中发现的"元认知错觉"已充分地证明了这一点。例如，罗迪格和卡匹克（Roediger & Karpicke，2008）的研究发现，在"记忆+记忆"和"记忆+提取"两种学习形式下请学习者对掌握程度做出预估判断，重复记忆组做出更高水平的判断，但最终的记忆成绩是"记忆+提取"组更好，这就出现了对记忆水平的高估。比约克（Bjork，2013）认为这可能是由于学习者无法意识到当下的掌握水平和未来的掌握水平之间的差别而造成的，在学习阶段能够很流畅地提取所识记的内容并不意味着在较长一段时间后仍能提取；重复识记、集中识记和批量式识记都能够使学习者产生这种"流畅提取"的错觉，从而使学习者觉得自己是"高效率学习"，而大量研究表明，实际上这只是"伪高效率"，在一定时间后，学习者将出现相当高的遗忘率。

元认知错觉领域的研究告诉我们，学习者似乎总是无法认识到提取、分散识记和交错式识记对有效记忆的作用。尽管有些方法并不要求他们付出更多的精力，例如，分散和交错都只不过是调整了学习事件的次序和间隔而已，总的学习时间是一致的。如果学习者只是根据其在学习与记忆阶段时的体验来判断某一策略的效能，他将容易倾向于选择那些导致较差学习效果的学习策略。

如何才能有效地避免"伪高效率"学习的出现呢？前面所提及的有关测试效应的相关研究表明，学习和记忆过程中的经常性提取对保障有效记忆有着重要意义。有关研究表明，如果让学习者对先前阅读识记的材料进行再次阅读，然后让其对材料中内容的习得程度进行判断，其判断结果与最终测试的真正成绩之间相关程度极低。而如果将"再次阅读"换成一次提取回忆，则学习者的元认知判断更为准确（Rawson & Dunlosky，2007）。

本章小结

艾宾浩斯用节省分的方法和无意义音节材料探索了遗忘的规律；巴特莱特用重复再现、系列再生的方法和有意义材料证明：回忆的过程包含着个体对头脑中原有图式的重构。

人类记忆根据不同划分标准可加以分类，常见的有感觉记忆、短时记忆和长时记忆外显记忆和内隐记忆；真实记忆和错误记忆；语义记忆和情景记忆。

认知神经科学技术使我们认识到人类记忆与大脑皮层和皮层下结构是紧密相连的。

工作记忆关系到人类的言语能力、注意力和记忆保持；错误记忆很容易产生，在司法领域应用"认知访问"技术有助于避免消极暗示和错误诱导；元记忆对合理安排资源、做出恰当的时间分配从而实现有效记忆有重要意义。

分散记忆、交错记忆和回忆提取有助于实现有效记忆。但学习者由于元认知错觉往往难以意识到。对重复所记内容的提取可提高元认知判断的准确性。

总结 >

Aa 关键术语

遗忘曲线 forgetting curve	节省分 saving score	重复再现 repeated reproduction
感觉记忆 sensory memory	短时记忆 short-term memory	工作记忆 working memory
长时记忆 long-term memory	内隐记忆 implicit memory	外显记忆 explicit memory
真实记忆 veridical memory	错误记忆 false memory	情景记忆 episodic memory
语义记忆 semantic memory	认知访问 cognitive interview	元记忆 meta-memory
分散记忆 spacing memory	测试效应 testing effect	

🔗 章节链接

本部分内容中关于记忆的生理机制，可以更进一步地阅读第二章。本章内容与第五章学习有密切关系；个人的记忆能力随年龄而变化，这一部分内容与第八章有密切关系。

应用 >

✒ 批判性思考

记忆心理学领域采用实验的方法开展了许多基础性的科学研究，总结了大量有关记忆特点、性质和规律的相关知识，使我们了解了人类记忆的奥秘。的确，其中的不少研究已经在实践应用中体现其价值，如有关错误记忆、工作记忆等的研究，但在教育教学领域，有关研究并未得到充分的认可和应用，你觉得可能的原因有哪些？可采取什么措施促进认知科学在教育科学上的应用？

✏ 体验练习

记忆科学的研究成果之所以如此丰富，得益于科学家采用严谨的实验方法。下面是一个关于记忆研究的小实验，动手试试吧。

第一步，请先拿一本书把下面的方框遮住，注意，不要看里面的内容。

第二步，逐个默读两条横线内的词。

第三步，默读结束后，把横线内的词遮掩起来，回答方框内的问题。

床铺	梦乡	毯子	瞌睡	枕头	午觉
打鼾	垫子	闹钟	休息	睡觉	打盹
床单	床铺	小床	摇篮	头晕	哈欠

****************默读时请遮住方框内的内容****************

看下面四个词中哪些是出现过的，哪些是未出现过的？

沙滩	睡眠	台灯	厨房

这是有关错误记忆的一种研究范式（DRM范式），如果刚才你的回答是"睡

眠",说明你的记忆受到诱导。因为刚才所看的词语中并未出现"睡眠"一词,只是与其存在关联而已。如果你未受到诱导,也不能因此否认这一范式的有效性,可能是由于此处只是实验演示,与严谨的实验控制存在一定的差距。DRM范式已经得到充分的证明,你可以通过查阅错误记忆的相关文献以进一步了解。

拓展 >

补充读物

1 杨治良,等.记忆心理学(第三版).上海:华东师范大学出版社,2012

> 由华东师范大学杨治良教授及其团队所著,主要包括三个部分,即(1)记忆的基本问题。其中结合四个章节回顾了记忆研究的历史和发展进程,并从传统信息加工的视角探讨了记忆的编码、储存和提取问题。(2)记忆的类型。介绍了目前备受关注的几种记忆类型,并分别阐述了它们各自的研究方法、理论模型、神经生理机制和应用范围。(3)记忆的特性。主要对围绕记忆的场合依存性、自我参照特性、源检测特性和情绪性等特征的研究结论进行了深入的阐释。阅读该书有助于从科学的角度认识记忆的本质及记忆研究在人们生活中的应用。

2 刘儒德.高效实用的记忆策略:来自心理学的建议.上海:华东师范大学出版社,2013

> 由北京师范大学刘儒德教授主编,该书较通俗地介绍了一些经典的记忆规律,并基于这些规律提炼出一些实用的记忆方法,有较好的借鉴价值。此外,该书还针对各类记忆方法辅以范例和练习,且大部分范例与具体的中小学各科目内容相关,对中小学教师的教学与学生的学习有指导意义。

在线学习资源

1. http://rcls.seu.edu.cn/东南大学学习科学研究中心

2. http://psych.wustl.edu/memory/美国圣路易斯华盛顿大学记忆实验室

3. http://bjorklab.psych.ucla.edu/index.html美国洛杉矶加州大学比约克学习与遗忘实验室

4. http://v.163.com/movie/2007/1/0/L/M6HUJ9GBL_M6HV4BJOL.html耶鲁大学公开课:《心理学导论》之记忆

第七章

思维与言语

本章概述

　　思维是一种高级的认知活动，与人们的日常生活密不可分。思维能整合感觉、知觉、记忆等认知过程所加工的信息，不仅反映事物的内在联系和规律，也能反映事物的本质属性和规律。言语是思维的载体，思维通过言语来表达和交流。本章主要介绍思维的概念及种类，思维的过程及其品质；问题解决及其影响因素；创造性思维及其培养；言语的概述及言语产生的理论。

结构图

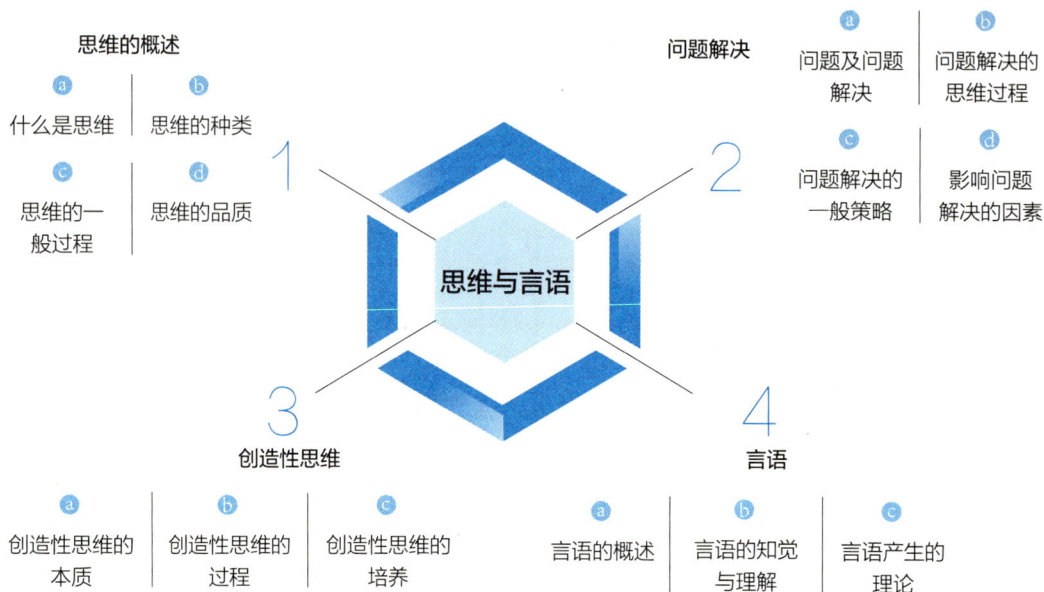

思维的概述

ⓐ 什么是思维

ⓑ 思维的种类

ⓒ 思维的一般过程

ⓓ 思维的品质

1

问题解决

ⓐ 问题及问题解决

ⓑ 问题解决的思维过程

ⓒ 问题解决的一般策略

ⓓ 影响问题解决的因素

2

思维与言语

3 创造性思维

ⓐ 创造性思维的本质

ⓑ 创造性思维的过程

ⓒ 创造性思维的培养

4 言语

ⓐ 言语的概述

ⓑ 言语的知觉与理解

ⓒ 言语产生的理论

学习目标

本章重点：

1. 思维的本质、种类及其品质

2. 问题解决的策略及其影响因素

3. 创造性思维的特点及其培养方法

4. 言语与思维的关系及其产生的理论

本章难点：

1. 思维的品质

2. 问题解决的策略

3. 创造性思维的培养方法

4. 言语产生的理论

学完本章，你应该能够做到：

1. 理解思维的本质，掌握思维的种类及其品质

2. 理解并掌握问题解决的策略及其影响因素

3. 理解掌握创造性思维的特点及其培养方法

4. 理解言语与思维的关系，掌握言语产生的理论

读前反思

　　明朝文人解缙入朝为官后，很多同朝大臣嫉妒其才华，经常为难他。在金銮殿里，有明太祖朱元璋的一对玉桶，是传国之宝，谁也动不得。一天，几个大臣指着其中一只玉桶对解缙说："都说你胆大，你敢不敢打掉这只玉桶？"只听"哐啷"一声，解缙把一只玉桶打碎了。朱棣大怒，责问解缙打碎玉桶的原因。"为了万岁的江山，我打掉了一只玉桶。因为天无二日，民无二主，只有一统（桶）江山，哪有二统（桶）江山？如果有二统（桶）江山，国家怎得安宁？"朱棣拍案："对呀！打得好！"几个大臣又围住解缙："解大人，要是你敢打破第二只玉桶，就算真有本事。"解缙说："这有何难？"说罢，把剩下的一只玉桶也打掉了。朱棣大怒："解缙，你刚才说只有一统江山，现在你为什么把剩下的一只玉桶也打掉了？"解缙奏道："玉桶江山，脆而不坚，铁桶江山万万年。为了皇业永固，还是打掉玉桶换成铁桶吧，这样江山就会像铁桶一样，万代相传了。"解缙的话说到了朱棣的心坎上，他立即下令铸一只大铁桶放在金銮殿上。

　　这便是思维与语言的魅力，让我们进入本章来分享思维与语言的相关内容。

第一节
思维的概述

学习目标

理解思维的本质
掌握思维的种类及其
品质

一、思维的内涵

（一）思维的定义

　　思维是人脑以已有的知识经验为中介，对客观事物本质属性和规律的反映。人们常说的"考虑""设想""预计""深思熟虑"等都是思维的表现形式。感知觉是对当前事物的反映，记忆是对过去事物的反映，而思维是在当前或过去信息的基础上对事物内在规律和本质属性的反映。

> 思维是人脑以已有的知识经验为中介，对客观事物本质属性和规律的反映。

（二）思维的特征

1. 概括性

人们能够把同类事物共同的、本质的属性抽取出来，概括地反映事物之间的规律性关系。思维的概括性使人的认识摆脱了具体事物的局限性和对具体事物的依赖性，并在思维的概括活动中形成概念和命题，这就无限地扩大了人的认知范围，加深了人对世界的了解。

2. 间接性

对不能直接把握的事物，人们往往借助媒介物和头脑来加工、反映。如中医的望、闻、问、切四诊法，就是医生根据体温、血液、脉搏、病人自诉等来诊断病人内部器官的状态，从而由外及内进行推断。

（三）思维的形式

概念、判断、推理是思维的基本形式。判断是由概念组成的，推理是由判断组成的，所以概念是思维的细胞，是思维进行的基础。逻辑学要求我们在思维过程中，力求做到概念明确、判断恰当、推理合乎逻辑。如果在概念上出了问题，就会做出错误的判断和推理。

1. 概念

概念是人脑反映事物本质属性的思维形式。把所感知的事物的共同本质特点抽象出来加以概括就成为概念，它包括内涵与外延两个方面，内涵即概念所反映的事物本质属性，外延即概念的适用范围。

概念是思维的基本单位，通过概念，可使人们掌握事物的本质和规律。随着社会的发展，概念的内涵和外延会不断发生变化。比如，原来人们认为地球是平的，后来才证明是球形的。

2. 判断

判断是用概念去肯定或否定某事物具有某种属性的思维形式。一般用"是""否""有""无"等词语来表示。通常判断分为直接判断和间接判断。直接判断是通过感知活动进行的判断，不需要复杂的思维过程就能判断，如"苹果是红的"。间接判断是根据事物内部关系和联系进行的判断，一般需要复杂的思考，如"风欲起而石燕飞，天将雨而商羊舞（石燕：零陵山之石燕，遇风雨即飞，雨止复变为石头；商羊：鸟名，传说只有一只）"。

3. 推理

推理是从已知判断推出新判断的思维过程。它是人们间接认识客观事物的基本途径，已知判断是前提（大、小前提），推出的新判断是结论。推理一般分演绎推理、归纳推理和类比推理。

二、思维的种类

（一）动作思维、形象思维和逻辑思维

根据思维任务的性质和解决问题的方式可以分为动作思维、形象思维与逻辑思维。

1. 动作思维

动作思维是伴随实际动作而展开的思维活动，又叫行动思维、操作思维或实践思维，它以实际动作为支柱，是思维的初级水平。三岁前的儿童常借助触摸、摆弄物体等方式进行这种思维，幼儿在学习计数或加减法时，常借助于数手指，实际操作活动一停止，这种思维就结束。成年人的动作思维因为有经验基础和第二信号系统的调节而与儿童的动作思维有本质区别。

2. 形象思维

形象思维是运用已有表象，通过对其联想而进行的思维活动。比如，儿童的判断、证明、解释往往通过列举事例，若问什么是火车？他们就会回答"火车很长""火车冒烟""火车能拉很多人"等，这都是借助于事物的形象或表象进行的思维。这种思维就是用具体形象来反映事物的本质和规律。

3. 逻辑思维

逻辑思维是运用概念进行判断和推理的思维。儿童一般在6~7岁后就有了抽象思维。抽象思维是人类所特有的高级思维，如数学定理、公式的证明、科学设想的提出等都离不开抽象逻辑思维。

从个体心理发生和发展规律的角度看，儿童的动作思维、形象思维产生较早，抽象思维出现较晚。对于成年人来说，这三种思维在解决问题时常常是协同起作用的，它们既是不同类型的思维，也是不同水平的思维。

（二）聚合思维和发散思维

根据思维过程不同的指向性可以分为聚合思维和发散思维。

1. 聚合思维

聚合思维是指把各种信息聚合起来朝一个方向得出一个正确答案的思维过程，又称为求同思维、集中思维、辐合思维。主要是利用已有的知识经验或传统的方法来解决问题，是有方向、有范围、有条理的思维，比如，根据已知条件归纳出一种结论。

> 聚合思维是指把各种信息聚合起来朝一个方向得出一个正确答案的思维过程，又称为求同思维、集中思维、辐合思维。
> 发散思维是指从一个目标出发，从不同方向来寻求多种可能答案的思维过程，又称为求异思维、分散思维、辐射思维。

2. 发散思维

发散思维是指从一个目标出发，从不同方向来寻求多种可能答案的思维过程，又称为求异思维、分散思维、辐射思维。这种思维是根据已有信息，不依常规、从不同角度、不同方向寻求解决问题的结论或方案，但是答案在未作检验之前，正确性很难确定。

测量一个人的发散思维能力一般需要从三个维度考量：流畅性、变通性和独特性。流畅性，即思维迅速且答案较多，自由回忆是测量流畅性最常用的方法，例如，用汉字顶真组词，从"国家"开始，自由回忆，国家、家庭、庭院、院落等；变通性，即思维从不同的方向、不同的角度、不同的途径来运行，常用"非常规用途测验"来测量思维的变通性，如吉尔福特要求被试在8分钟内列出红砖的各种用途；独特性，是对思考的问题能提出异乎寻常的新颖见解，常用"命题测验"来测量思维的独特性，即给被试讲一个故事，要求被试给这个故事命一个不同寻常的题目。

（三）常规思维和创造思维

根据思维的创新程度可以分为常规思维和创造思维。

1. 常规思维

常规思维是人们用现成的程序、惯用的方法、固定的模式直接解决问题的思维过程，也称再造性思维、习惯性思维。如学生用学过的公式、定理解决同一类型的问题。这种思维的创造性水平低，一般不需要对已掌握的知识进行重新构建，因而缺乏新颖性和独创性。

2. 创造思维

创造思维是个人在已有知识经验的基础上，发现新事物、创造新方法、解决新问题的思维过程。它是多种思维综合的结果，是人类思维的高级过程。如剧作家创作一个新的剧目，工程设计师发明一部新机器等。

> 创造思维是个人在已有知识经验的基础上，发现新事物、创造新方法、解决新问题的思维过程。

（四）直觉思维和分析思维

根据思维的逻辑性可以分为直觉思维和分析思维。

1. 直觉思维

直觉思维就是对突然出现的新问题、新事物、新现象，能够迅速理解并做出判断的思维过程。其特点是非逻辑性、直接领悟性。达尔文在阅读马尔萨斯的人口论时突然领悟出"物竞天择，适者生存"的自然选择理论，魏格纳在看地图的时候突然闪现出"大陆漂移"的想法，阿基米德在洗澡的时候突然发现浮力，等等，都是直觉思维的典型例证。在一定程度上，直觉思维是逻辑思维的凝聚或简缩，是经过深度思考而"偶然得之"的灵感。

2. 分析思维

分析思维就是逻辑思维，是遵循逻辑规律，经过分析、推导而得出合乎逻辑的答案或结论的思维。比如，经过推理和论证解决了一道数学难题。

三、思维的一般过程

思维是非常复杂的心理活动过程，包括分析与综合、比较与分类、抽象与概括、系统化与具体化等操作过程。其中分析与综合是思维的基本过程，其他过程必须以分析与综合为基础。

（一）分析与综合

1. 分析

分析就是在头脑中把事物或现象分解为各个组成部分或各种属性的思维。比如，把植物分解为根、茎、叶、花、果实、种子等，把动物分为头、尾、足、躯体等。思维过程一般从分析开始，它能够使人深入细致地认识事物的各个部分和各种属性。

2. 综合

综合是在头脑中把事物或现象的各个组成部分或各种属性联合成为一个整体的思维过程。例如，把一个学生的思想品德、智力水平、学业成绩、健康状况等联系起来加以评价，做出结论。综合可以让我们了解事物或现象的各个组成部分或各种属性之间的联系或关系，并使我们的认识更完整和更全面。

（二）比较与分类

1. 比较

比较是在头脑中对比事物或现象之间的异同点，并确定其关系的思维过程。事物或现象之间存在着性质上的异同、数量上的多少、形式上的美丑、质量上的优劣，客观事物之间的同一性和差异性是进行比较的基础。比较以分析为前提，通过分析来对比不同的特征，然后确定它们之间的关系，所以比较也是综合。比如，挑选电脑，先对比分析各种电脑的性能、外形、价格等，再综合比较以选取自己要购买的机型。

2. 分类

分类是在头脑中依据事物或现象的异同点，把它们归入适当的类别中的思维过程。它是在比较的基础上，按一定标准将有共同点的划为一类，再根据更小的差异在同一类中继续划分成不同的种属，从而揭示其隶属关系和等级系统。分类能使知识系统化。

（三）抽象与概括

1. 抽象

抽象是人脑把同类事物或现象的本质属性抽取出来，并舍弃非本质属性的思维过程。抽象是在分析与比较的基础上进行的。比如，从手表、怀表、石英钟、座钟、挂钟等不同的钟表中，抽取它们"能计时"的共同本质特征，舍弃它们大小、形状、构造、颜色等非本质属性。抽象实际上是把本质属性和非本质属性区分开来，它的作用是使我们认识事物或现象的本质和规律。

2. 概括

概括就是把抽象出来的同类事物或现象的本质属性综合起来，并推广到同类事物中的思维过程。概括是在抽象和综合的基础上进行的。比如，通过抽象得出结论"有生命的物质叫生物"，并把这个结论推广到植物、动物和微生物中。概括能够把本质属性综合起来，使个体形成特定的概念。

（四）系统化与具体化

1. 系统化

系统化是在头脑中把不同事物按一定层次归入一定的体系之中，形成一个统一而有层次的结构的思维过程。例如，把心理现象分为心理过程和个性心理，心理过程再分为知、情、意三个过程，个性心理再分为个性心理倾向和个性心理特征，在学习过程中，学生把感觉归为认知过程，把能力归到个性心理特征等，这就是一个系统化的过程。系统化有助于把握知识的整体结构。

2. 具体化

具体化是在头脑中把抽象、概括出来的概念、原理、理论应用到实际中的思维过程。具体化能使问题更容易被理解，真实性、可靠性强，具体化有助于理解、掌握和运用理论知识，例如，用举例的方法说明定律、公理、规律。

四、思维的品质

人的思维活动有明显的个体差异，一般说来，良好的思维品质表现在以下六个方面：

（一）思维的广阔性

思维的广阔性指能全面而细致地考虑问题。思维广阔的人，不仅能考虑到问题的整体，还能考虑到问题的细节；不但能考虑到问题的本身，而且还考虑和问题有关的其他条件。思维的广阔性是以丰富的知识为依据的。只有具备大量的知识，才能从事物的不同方面和不同联系上考虑问题，从而避免片面性和狭隘性。

（二）思维的批判性

思维的批判性指能使自己的思维受到已知客观事物的充分检验。换言之，在思考问题时能冷静地分析其依据、是非、利弊，不易受别人暗示或自己的情绪左右。这是一种既善于从实际出发，又善于独立思考的思维品质。

缺乏思维批判性的人，往往走两个极端：或者自以为是，或者人云亦云。自以为是的人，常常把第一假设当作最后的真理，主观自恃，骄傲自大；人云亦云的人，则轻信轻疑，没有主见，容易上当受骗，随波逐流。

（三）思维的深刻性

思维的深刻性即思维的深度，指思维活动的抽象程度和逻辑水平。它是以批判性为前提的。因为只有通过客观事物的充分检验，丢掉不符合实际的假设，保留符合实际并能真正解决问题的假设，才能为思维的深刻性创造必要的条件。具有思维深刻性的人善于钻研问题，能够抓住事物的本质与核心，并做出正确的预测。他们能从别人看来是简单而普遍的事物中发现复杂而独特的规律。

（四）思维的灵活性

思维的灵活性指一个人的思维活动能根据客观情况的变化而变化。也就是说，能够根据所发现的新事物，及时修改自己原有的想法，使思维从成见和教条中解放出来，平时我们说一个人"机智"，是就思维的灵活性而言的，思维的灵活性不是无原则的见风使舵，一会儿想想这儿，一会儿想想那儿，碰到问题就打退堂鼓。有的人在客观情况变化以后，思想一时跟不上；有的人比较固执，爱钻牛角尖，这都是思维缺乏灵活性的表现。

（五）思维的敏捷性

思维的敏捷性指能在很快的时间内提出解决问题的正确意见。也就是说，人在解决问题时，能够当机立断，不徘徊，不犹豫。思维的敏捷性是思维其他品质发展的结果，也是所有优良思维品质的集中表现。因为，思维的广阔性使人全面细致地考虑问题，批判性使人丢掉那些与事实不相符的假设，深刻性使人抓住事物的本质，灵活性使人能够随机应变，以上品质使敏捷性的产生成为可能。

（六）思维的逻辑性

思维的逻辑性指考虑和解决问题时的思路鲜明，条理清楚，严格遵循逻辑规律。即提出的问题明确清晰，推理严谨，层次分明，论证充分，有的放矢，有说服力，论据确凿。

第二节
问题解决

一、问题及问题解决

（一）问题

问题是指不能直接用已有知识解决，但可以间接用已有知识解决的情境。

问题一般含有三个基本成分：（1）给定的条件，是一组已知的关于问题条件的描述，即问题的起始状态；（2）要达到的目标，是关于构成问题结论的描述，即问题要求的清单或目标状态；（3）存在的障碍，即问题的解决方法不是直接的、显而易见的，必须间接通过一定的思维活动才能找到答案或达到目标状态。

问题的条件和目标之间有着内在的联系，但是其间存在着障碍，要把握这种联系，需要进行思维活动。

（二）问题解决

问题解决是由一定情景引起的，按照一定的目标，应用各种认知活动、技能方法，经过一系列思维操作，使问题得以解决的过程。

问题解决是心理学长期研究的课题，它是一种复杂的活动，包含多种成分。思维活动一般是为了解决某个或某些问题而展开的，分析问题解决过程中的思维活动及影响因素对于人的各种实践活动都具有重要意义。

> 问题解决是由一定情景引起的，按照一定的目标，应用各种认知活动、技能方法，经过一系列思维操作，使问题得以解决的过程。

（三）问题解决的特点

1. 情境性

问题总是由问题情境引起的。问题情境出现，使我们感到困惑但又不能利用经验直接解决，才促使我们进行思考，并采取相应的策略去改变这种困境。问题解决的过程就是问题情境消失的过程。

2. 目标指向性

问题具有明确的目标状态。问题解决的过程就是探索如何从初始状态达到目标状态的过程，可以通过直觉与猜测，也可以通过分析与推理，还可以通过联想与想象，但不管哪种途径，都必须从初始状态指向目标状态。

3. 操作序列性

问题解决包含一系列心理操作，这种操作是成序列、有系统的。当然采用不同的方法和途径解决同一问题时会呈现出不同的序列。选择一种解决问题的方法和途径，实际上就是选择了一种序列或者系统。序列出现错误，问题就无法解决。

4. 认知操作性

认知操作是解决问题的最基本成分。解决问题有情感的伴随，也常常需要付诸行动，但认知操作是不可缺少的。

二、问题解决的思维过程

人们解决问题的具体过程千差万别，因此，问题解决的阶段划分有许多不同意见。我国心理学界一般把问题解决分为四个阶段。

（一）发现问题

爱因斯坦曾说："发现问题比解决问题更重要。"能否发现问题，往往标志着个体思维水平的高低，发现问题既是思维的起点，又是思维的动力。只有发现问题，才能展开思维活动去解决问题。

（二）分析问题

分析问题就是将问题明确或具体化的过程。问题包含三个方面：（1）问题的初始状态，即问题所给出的条件；（2）任务的目标状态，即问题所要达到的目标；（3）完成任务的算子，即从条件到目标的转化操作。分析问题是解决问题的基础，它可以使思维活动沿着一个更加具体的方向展开。

（三）提出假设

找出问题解决的原则、途径和方法是解决问题的关键。如果需要解决的问题比较简单，那么解决它的途径、方法就比较明确。如果所需解决的问题比较复杂，或是一些新问题，就需要运用有关方面的知识，对所掌握的材料进行分析、综合、抽象、概括，运用推理的形式提出假设。即提出问题解决的原则、途径和方法。

（四）检验假设

问题解决的最后阶段是检验假设。检验假设就是将解决问题的方案付诸实施，并把实施的结果与原有解决问题的要求相对照。检验假设的方法有两种，一种是通过实践活动直接进行检验，如果实践成功，问题得到解决，就证明假设是正确的；另一种是凭借已有的知识、经验，在头脑中通过逻辑推理对假设做出合乎规律的检验。

三、问题解决的一般策略

问题解决中，问题解决者会使用各种策略，这些策略大致可分为两大类：算法策略和启发式策略。

（一）算法策略

算法策略是按逻辑来随机尝试解决问题的策略，即在问题空间内搜索所有可能的解决方法，并逐一尝试，最终使问题得以解决。例如，如果你忘记了一个三位数密码箱的密码，每位数的数字可能是0～9这10个数字中的一个，那么密码箱的密码就有$10 \times 10 \times 10 = 1000$种可能，只要你一一尝试，最终能打开，但有可能在第1000次打开，因此，算法策略的最大缺点是费时。

（二）启发式策略

启发式策略是根据已有知识经验，在问题空间内进行较少搜索，以达到解决问题的方法。启发式不能保证一定能把问题解决，但一旦解决，就是省时省力的。人们经常使用的启发式策略有以下三种：

1. 手段—目的分析

手段—目的分析是将所要达到的目标分成若干子目标，通过实现一系列的子目标最终达到总目标。它的基本步骤是：比较初始状态和目标状态，提出第一个子目标，然后找出完成第一个子目标的方法，并实现它，接着再提出新的子目标，如此直至问题解决。例如，河内塔问题，就可以用手段—目的分析法来解决。

手段—目的分析是一种不断减小当前状态与目标状态之间的差别而逐步前进的策略，它是人类解决问题最常用的一种策略，对解决复杂问题有重要的应用价值。

🔍 **案例**

解决河内塔问题

河内塔问题是一个古老的问题，如图7-1。通过解决此问题，能看出一个人解决问题策略水平的高低。具体问题是：你能借助于②号杆把①号杆上的珠子移动到③号杆上吗？移动的规则是：每次只能移动一个珠子；大珠子不能放在小珠子上面。

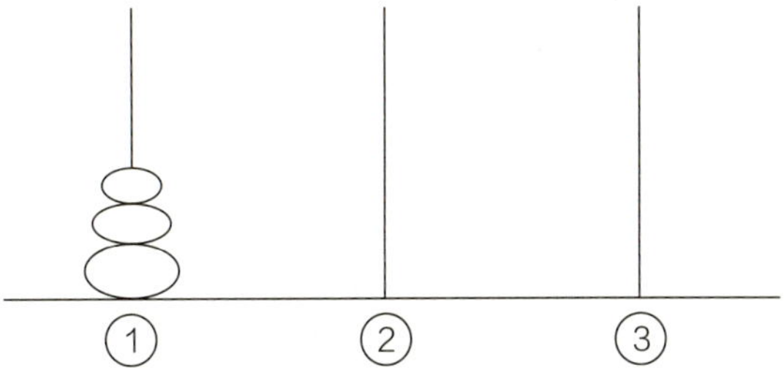

图7-1 河内塔问题图

2. 逆向推理

逆向推理是指从问题的目标状态出发，按照子目标组成的逻辑顺序逐级向当前状态递归的问题解决策略。数学中的反证法就是一种逆向推理。

> 逆向推理是指从问题的目标状态出发，按照子目标组成的逻辑顺序逐级向当前状态递归的问题解决策略。

3. 假设检验

假设检验一般分为两步进行，一是产生一个"候选"答案；二是检验其是否真是答案。如果被否定，则另外产生一个"候选"答案，并再度检验，直到找出真正的答案为止。这种策略的缺点是：没有提供如何尽快选择"候选"答案的方法，对答案的选择可能较费时；要求解决问题的答案是完整的，否则难以检验，而要完整列出所有"候选"答案也较困难。

总之，在解决问题时可以选择不同的策略。但人们一般不去寻求最优的策略，而是找到一个较满意的策略。因为即使是解决最简单的问题，要想得到次数最少、效能最高的问题解决策略也是很困难的。同时抱负水平的高低会影响问题解决的满意度。

四、影响问题解决的因素

影响问题解决的因素是多方面的，它们互相联系、互相影响，综合地影响着问题解决的思维过程。

（一）问题情境

1. 刺激模式

刺激模式即问题呈现时的形态。一般来讲，刺激模式与人的认知结构差异越大，问题就越难解决。例如，已知一个圆的半径是6厘米，请问圆的外切正方形的面积是多少？这个问题的知觉呈现方式有两种（如图7-2中a和b）。由于图a较难看出圆半径与外切正方形边长之间的关系，而图b较容易看出圆半径与正方形边长之间的关系，所以人们一般在解决图a问题时出错多，解决图b问题时出错少。

（a）   （b）

图7-2　两种圆外切正方形图

2. 问题表征

问题表征是在头脑中对问题进行信息记载、理解和表达的方式。要能解决一个问题，不仅有赖于分解该问题的策略，也取决于我们对该问题如何进行表征。图7-3所示的九点方阵和火柴排摆两个问题，看似简单，做起来并不容易，不容易的原

> 问题表征是在头脑中对问题进行信息记载、理解和表达的方式。

因是受到知觉情境的限制。下图中的9个点，很容易使人在知觉上构成一个封闭的四边形，从而让人难以突破知觉经验，但四条直线必须延伸到9个点构成的区域之外才能达到目的；右图[1]中的6根火柴是在平面上排列的，但想在平面上排成4个连接的三角形，6根火柴无法达到目的，唯一的可能是将6根火柴架成立体的。

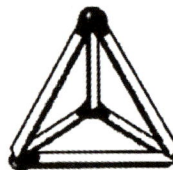

用不中断的4条
直线贯穿9个点

用6根火柴做成4个
彼此连接的三角形

图7-3　九点方阵和火柴排摆图

1　郑宗军. 普通心理学. 济南：山东人民出版社，2014：155.

3. 信息量

问题情境中所包含的信息量太少或太多都不利于问题解决。太少可能信息不足，太多会造成干扰。例如，在抽屉里有黑白两种短袜混在一块，黑白袜的数量之比是4∶5，那么，为了保证得到一双同色袜子，要从抽屉里取出多少只袜子？其中，数量之比就是一条多余的信息，对问题解决造成干扰。

4. 问题的具体化

问题本身是否具体对问题解决有直接的影响，尤其是当个体对问题所在领域很陌生时，其影响更为明显。例如，让一些未受逻辑训练的被试解决下面的问题：有些A是B，有些C是B，因此有些A是C。对这个结论，许多人认为是正确的，但是如果将这个问题具体化，其错误显而易见：有些香蕉是绿色的，有些橘子是绿色，因此有些香蕉是橘子。

（二）认知因素

1. 思维定势

思维定势是指个体先前的思维活动形成的心理准备状态对后继同类思维活动的影响。定势常常是意识不到的，有时有助于问题的解决，有时会妨碍问题的解决。梅尔最初研究定势在解决问题中的作用。陆钦斯的量水实验是说明定势作用的一个典型实验。

2. 功能固着

功能固着指某个物体被以惯有的功能所接受时，人们很难想起它的其他功能。此概念由德国心理学家东克尔首先提出，是指人们把某种功能赋予某种物体的倾向，它是一种特殊类型的定势，是思维活动的刻板化。如衣服好像只有一种用途，很少想到它可用于扑灭烈火。看到某个物品有一种惯常用途后，就很难看出它的其他用途。这类现象使我们趋向于以习惯的方式运用物品，从而妨碍运用它以新的方式来解决问题。

有这样一个问题：给被试一支蜡烛、一枚图钉、一盒火柴，要求不借用其他物品，把蜡烛点燃，并固定在教室直立的墙壁上。

不易想到解决方法之一：只需用火柴把蜡烛点燃，然后用图钉把空火柴盒固定在墙上，再用蜡油把蜡烛粘在火柴盒上，如图7-4所示。

3. 酝酿效应

当反复探索一个问题的解决方案而毫无结果时，把问题暂时搁置一段时间，几小时、几天或几个星期，然后再回过头来解决，反而可能很快找到解决办法。这种现象称为酝酿效应。在酝酿期间，个体虽在意识中终止了解决问题的思维过程，但其思维过程并没有完全终止，而是仍然在潜意识中断断续续地进行着。通过酝酿，最近的记忆和已有的记忆整合在一起，弱化了心理定势的效应，并容易激活比较遥远的思维线索，因而容易重构出新的事物，产生对问题的新看法，使问题得以顺利解决。

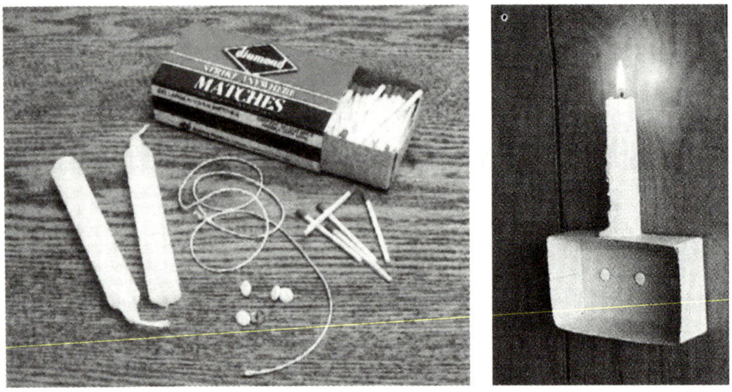

图7-4　火柴盒功能固着图[1]

4. 知识经验

知识经验对问题解决的影响比较复杂，某方面知识经验越多，就越有可能形成顽固的思维定势或功能固着，遇到新问题时难以打开思路，从而不利于问题解决；但是，如果没有足够数量的知识经验，那么就不可能对问题做准确和全面地把握，也不利于问题的解决。这里，起主要作用的其实是个体对待知识的态度，如果能够灵活运用知识，那么知识经验越丰富越有利于问题解决；如果知识僵化，运用刻板，那么知识经验越多越不利于问题解决。例如，德·格鲁特（De Groot，1965）在一系列实验中，比较了国际象棋大师和普通棋手的差异。其中一项研究是，给象棋大师和新手看实际比赛的棋局5秒钟，然后打乱棋子的位置，让他们重新恢复棋局。结果发现，象棋大师恢复棋子的正确数量是20~25个，而新手只有6个。但当他们所看到的是随机排列的棋局时，他们恢复棋子的数量没有差别，都是6个。

（三）非认知因素

1. 动机

人们在解决问题的过程中，总是有一定的动机，耶基斯—多德森定律（The Yerks-Dobson Law）表明动机强度与工作效率之间不是一种线性关系，而是倒U形曲线，如图7-5。适中的动机水平有利于问题的解决，过强或过弱的动机水平都不利于问题的解决。因为太强的动机水平，会使人处于高度紧张状态，因而容易忽视解决问题的重要线索。而动机太弱，个体又容易被无关因素所吸引。

1　郑宗军. 普通心理学. 济南：山东人民出版社，2014：155.

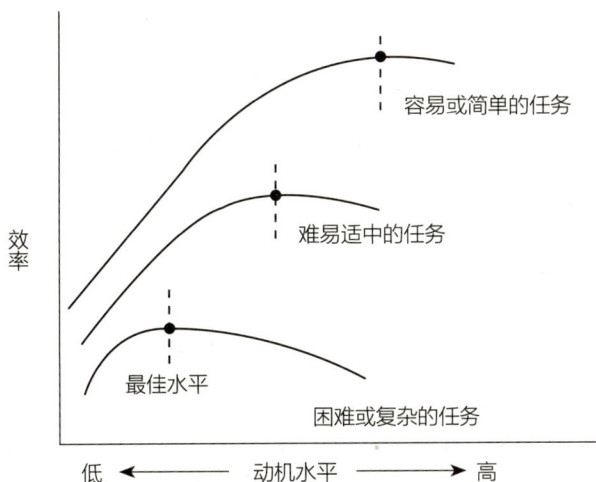

图7-5 耶基斯—多德森定律

2. 情绪

人们在解决问题的过程中，常伴随一定的情绪情感，情绪能促进或阻碍问题解决。一般来说，紧张、惶恐、烦躁、压抑等消极情绪会阻碍问题解决，而乐观、平静等积极的情绪有助于问题的解决。例如，学生考试时如果情绪紧张会影响发挥，在竞技领域中，运动员高度紧张焦虑情绪的产生往往伴随着消极的认知，从而影响运动员的竞赛成绩，这已是不争的事实。赛前、赛中把运动员的情绪调节到最佳竞技心理状态，是每一位运动员和教练员都渴望和追求的，最佳竞技心理状态也是运动员战术水平在比赛中充分发挥和创造优异运动成绩的心理保证。

第三节
创造性思维

🎯 **学习目标**

理解创造性思维的特点

掌握创造性思维的培养方法

一、创造性思维的本质

（一）创造性思维的定义

广义的创造性思维是指思维主体有创见、有意义的思维活动，每个正常人都有这种创造性思维；狭义的创造性思维是指思维主体发明创造、提出新的假说、创见新的理论，形成新的概念等探索未知领域的思维活动，这种创造性思维是少数人才有的。创造性思维是在抽象思维和形象思维的基础上相互作用而发展起来的，抽象思维和形象思维是创造性思维的基本形式。

（二）创造性思维的特点

从创造性思维的定义中，可以看到创造性思维具有如下特点：

1. 创新性

创新是创造性思维的基本特点，它包括独创性和新颖性两层含义。创造性思维贵在创新，它或者体现在思考的方法上，或者体现在形成的结论上，具有与众不同之处，具有在一定范围内的首创性、新颖性。因此，想要发挥创造性思维，必须善于打破常规思维，勇于另辟蹊径，以求新的发现，这种发现就是一种独创和新的突破。

2. 综合性

创造性思维是一种综合性思维，综合性是创造性思维的重要特点。这里的综合并不是简单的排列组合，而是具有创新性的综合，即以目标为核心，综合运用多种思维形态和多种思维方法，对已有的众多信息进行有目的地选择和重组，从而寻求最佳的解决方法。

3. 灵活性

创造性思维是一种开放的、灵活多变的思维，并没有现成的思维方法和程序可以遵循，进行创造性思维活动的人在考虑问题时，可以迅速地从一种思路转向另一种思路，对问题进行全方位思考。因此，创造性思维常伴有"想象""直觉""灵感"之类的非逻辑、非规范的思维活动，他人不可以完全模仿或者模拟。创造思维在思维效果上具有整体性，能使成果迅速夸大和展开，带来整体价值更新。

4. 敏感性

敏感性指及时把握住独特新颖观念的能力。创造性观念并不处于我们随心所欲的控制之中，它要求有敏锐的感受性。独特新颖的观念"像一位陌生的客人"来到思想者身边。思维的敏感性，就是对这位"陌生的客人"的评价并及时加以把握的能力。富有创造力的人其思维具有高度的敏感性。

二、创造性思维的过程

创造性思维伴随着创造过程，了解创造性思维的过程有助于我们理解人类的创造性成果是怎样产生的。由于各自研究的角度不同，对创造心理过程的研究结果也不尽相同。最有影响且广为流传的理论是英国心理学家华莱士提出的四阶段理论。

（一）准备阶段

准备阶段是指创造性思维形成之前，对问题相关知识的理解与累积。创新思维是从发现问题、提出问题开始的。"问题意识"是创新思维的关键，提出问题后必须为着手解决问题做充分的准备。这种准备包括必要的事实和资料的收集，必需的知识和经验储备，技术和设备的筹集以及其他条件的提供等。同时，必须对前人在同一问题上所积累的经验有所了解、对前人在该问题上尚未解决的方面作深入的分析。这样既可以避免重复前人的劳动，又可以站在新的起点从事创造工作，还可以帮助自己从旧问题中发现新问题，从前人的经验中获得有益的启示。准备阶段常常要经历相当长的时间，有时会于大量的事实经验和文献资料中理不出头绪，找不到问题的特点，不能进入创造活动的下一个阶段。

（二）酝酿阶段

酝酿阶段是对前一阶段所获得的各种资料和事实进行消化吸收，从而明确问题的关键所在，并提出解决问题的各种假设和方案。此时，有些问题虽然经过反复思考、酝酿，仍未获得完美的解决，思维常常出现"中断"的现象。在这种情形下，问题引起的创造性思维表面看似乎停止了，但事实上它仍在潜意识中进行酝酿。许多人在这一阶段常常表现得狂热和如痴如醉，令常人难以理解。例如，牛顿把手表当鸡蛋煮，陈景润在马路上与电线杆相撞等。这个阶段可能是短暂的，也可能是漫长的，有时甚至延续好多年。创新者的观念仿佛是在"冬眠"，等待着"复苏"。

（三）豁朗阶段

豁朗阶段是指经过潜伏性的酝酿期之后，具有创造性的新观念可能突然出现，大有豁然开朗的感觉，"像闪电一样，谜一下解开了"。灵感的来临，往往是突然的、不期而至的：它可能产生在半睡半醒中，可能产生在沐浴时，也可能产生在旅途中。总之，灵感多半是在与创造无直接关系的活动中产生的。灵感可遇而不可求，它是创造性思维导向创造结果的关键。例如，阿基米德因鉴别皇冠是否掺假问题长期思考不得其解，在一次洗澡时得到了启发，找到了鉴别皇冠是否掺假的方法。

（四）验证阶段

验证阶段指思路豁然贯通以后，灵感产生的新观念并不一定是正确的，所得到的解决问题的构想和方案还必须在理论上和实践上进行论证和试验，验证其可行性。经验证后，有时方案得到确认，有时方案得到改进，有时反而完全被否定，需要重新酝酿，直到反复验证无误，创造性思维的历程才算结束。

三、创造性思维的培养

创造思维在人类的创造活动中起着重要作用，培养创新型人才是教育工作的一项重要任务。可以从以下四个方面培养学生的创造性思维。

（一）保护好奇心，激发求知欲

好奇心是人对新异事物产生诧异并进行探究的一种心理倾向。求知欲又称认识兴趣，它是好奇心的升华，是人渴望获得知识的一种心理状态。好奇心和求知欲是人们主动积极地观察世界、进行创造性思维的内部动因。具有强烈好奇心和求知欲的人，对事物有着执着的追求与迷恋，不会感到学习和创造是一种负担，而会在活动中获得极大的精神鼓舞和情感满足。在教学中教师应该进行启发式教学或创设问题情境，使学生面临疑难，产生求知的需要和探索的欲望，主动质疑和提问，有意识地强化他们对一切事物的兴趣，以保护好奇心和求知欲。

（二）加强发散思维的训练

发散思维是创造思维的主要成分，因此发展发散思维对培养创造性思维有重要作用。科学实验证明，通过有目的、有意识的训练，可以发展学生思维的流畅性、变通性、独特性，例如，通过一题多解和一题多变的练习，培养学生思维的灵活性和变通性，鼓励学生自编习题试题，以发展学生思维的独特性和新颖性。通过课外活动也可以发展学生的发散思维，比如，可以给学生提供某些原材料和原部件，鼓励他们按自己的设计进行组装活动；也可以在课外文学小组活动中鼓励学生进行填对联和猜谜语的活动。

（三）丰富知识经验和想象力

丰富的知识经验和想象力是产生创造性思维的重要条件。各种新异念头从头脑中涌现出来，绝非无中生有，创造性思维过程是对头脑中已有知识经验的重组过程，有时以从未有过的组合形式表现出来，但任何形式的组合都不会脱离一个人已有知识经验的范围。

并不是有知识经验的人就一定有创造力，对于一个不善于调用和重组头脑中的储存材料，又缺乏高水平的表象建造能力的人来说，即使有丰富的知识，也不能表现出创造性思维。因此想象力是创造活动中不可缺少的心理因素。在教学中，教师应该在丰富学生知识经验的基础上，加强想象力的训练，使其大胆想象，敢于"异想天开"，创新进取。

（四）培养利于创造的优良个性

创造性思维也跟非智力因素有关。吉尔福特（J. P. Guilford）的研究发现发散思维中的流畅性、独特性、变通性与创造性行为存在高相关；克尼洛在元分析的基础上提出创造性人格特征包括12个项目：（1）中上等智力；（2）观察力；（3）流畅性；（4）变通性；（5）独创性；（6）精致性；（7）怀疑；（8）持久性；（9）智力的游戏性；（10）幽默感；（11）独立性；（12）自信心。有实验研究发现，有创造力的儿童富有责任感、热情、有毅力、勤奋、依赖性小、勇于克服困难、冒险、有较强的独立性等。因此要培养学生的创造力，应结合教学实际，加强对学生的独立性、勤奋、自信和坚持性等优良个性特征的培养。

🔍 **案例**

创造思维的训练

一、发散思维训练

发散思维是培养创造思维的重要途径，通过以下发散训练，有利于培养创造思维能力。

1．材料发散

材料发散是以某个物品为材料，当作发散点，设想它的各种用途。如说出回形针的用途：把纸或文件别在一起、当发夹……

2．功能发散

功能发散是以某种事物的功能作为发散点，设想出获得该功能的各种可能性。如达到照明的目的的方式：点油灯、开电灯、点火把……

3．结构发散

结构发散是以某种事物的结构作为发散点，设想利用该结构的各种可能性。如尽可能多地说明圆形结构的东西：太阳、乌龟、酒杯……

4．特征发散

特征发散是以某种事物的特征作为发散点，设想出利用某种特征的各种可能性。如利用红色可以做的事情：禁止通行的交通信号、红印泥……

二、缺点列举训练

缺点列举即对某事物存在的某个或某些缺点产生不满，往往是创造发明的先导，只要想办法把列举出的缺点加以克服，就会有新的发明创造，如尽可能多地列举玻璃杯的缺点：易碎、较滑、盛热水后很烫、有小缺口会划破手……

三、愿望列举训练

愿望列举也称"希望点列举"，人们对美好愿望的追求，往往成为创造发明的强大动力。如人们希望烧饭能自动控制，结果就发明了"电饭煲"。愿望列举就是把"如果是这样该多好"之类的想法列举出来。提出积极的希望比仅仅克服缺点会产生更好的创意。如什么样的电视机能实现人民的愿望：看起来像立体的、具有每个人都可以分开看的装置、想看的频道节目会自动出现、能看到全世界的节目……

第四节
言语

◎ 学习目标

理解言语与思维的关系

掌握言语产生的理论

一、言语的概述

（一）语言和言语

语言，是由词汇按一定的语法所构成的复杂符号系统，包括语音系统、词汇系统和语法系统。语言是人类所特有的交际工具，随着人类社会而产生和发展。

言语是人们在交际活动中运用语言的过程。人们日常进行的交谈、讲演、做报告等都是言语的活动。

语言和言语的区别表现在三个方面。第一，两者属于不同学科研究的对象：语言学的研究对象是语言，心理语言学的研究对象是言语；第二，语言是社会现象，而言语是心理现象；第三，语言是交际和思维的工具，言语则是对工具的运用。

同时，言语和语言又是密切联系的，语言离不开言语，因为任何一种语言都必须通过人们的言语活动才能发挥其交际工具的作用。一旦某种语言不再被人们用来进行交际，它将面临从社会上消失。总之，语言和言语既有区别又密切联系。

（二）言语和思维的关系

言语和思维既有区别又有联系。

首先，两者的本质属性不同。思维是心理现象，是揭示事物本质及其规律的心理过程，以意识形式存在；而言语，作为一种符号系统，有其声与形的物质形态，以物质的形式存在。

其次，两者与客观事物的关系不同。思维与客观事物之间是反映与被反映的关系，如红薯被概括地反映为"以块根为主要收获的一年或多年生草本植物"。言语与客观事物之间是标志与被标志的关系，红薯可以有不同的语词标志，如甘薯、山芋、地瓜等。

最后，两者密切相关，相辅相成，互相促进。从思维和言语的发生角度来说，思维先于言语，而对已经掌握了言语的人来说，思维和言语紧密交织在一起，不可分割。言语是一种社会上约定俗成的符号系统，思维活动的进行依赖于感知觉所提供的材料，凭借言语来实现。言语是思维的工具，是思维的物质载体。思维的发展可以进一步丰富言语的内涵，言语的发展又会促进思维水平的提高。

（三）言语的种类

在心理学研究中，一般把人类的言语活动分为外部言语和内部言语两类。

1. 外部言语

外部言语是指表现为外显的语音或文字符号的交际性言语。外部言语主要有口头言语和书面言语两种形式。

（1）口头言语。口头言语是指一个人凭借自己的发音器官发出语音以表达思想和情感的言语。口头言语可分为对话言语和独白言语两种类型。

🔍 **案例**

晏子谏杀烛邹

齐景公喜欢射鸟，派烛邹为他管鸟，结果鸟飞跑了。齐景公大怒，传令开斩。晏子说："烛邹有三条大罪，让我列完了再杀。"景公允许，于是召来烛邹，晏子在景公面前数他的罪状："你替君王管鸟而让鸟跑了，这是第一条大罪；使君王因鸟的缘故而杀人，这是第二条大罪；使诸侯得悉此事，以为君王重鸟轻人，这是第三条大罪。"晏子数毕烛邹的罪状后，请景公下令开斩。景公说："不要杀了，我明白你的意思了。"

（《晏子春秋·外篇上》）

对话言语是指两个或两个以上的人直接进行交流时的言语活动。常见的表现形式有聊天、座谈、讨论等。对话言语是一种最基本的言语形式，其他形式的口头言语和书面言语都是在对话言语的基础上发展起来的。

独白言语是一个人独自进行的、与叙述思想和情感相联系的、较长的连贯性言语。常见的独白言语形式有做报告、讲课或话剧演员在舞台上的独白。

（2）书面言语。书面言语是指一个人借助于文字来表达自己的思想或借助于阅读来了解别人的言语。书面言语一般通过视觉、发音器官和手部的协调活动来实现。

对于人类发展和个体发展来说，书面言语是所有言语中发展最晚的。口头言语的发展是与人类发展同步的，而书面言语的发展则在文字出现以后。

2. 内部言语

内部言语指不出声的自言自语。

内部言语具有两个特点：一是发音器官活动的隐蔽性，人在进行内部言语活动时能够记录到发音器官的肌电活动，但没有外显的语音；二是言语结构具有不定型性；即内部言语高度减缩，主要是谓语性的，其他成分被省略了。

二、言语的知觉与理解

（一）言语的知觉

1. 语音知觉

语音知觉是指人们对语音的识别过程。语音是口头语言的物质外壳，正确地知觉语音，才能更好地接受其所代表的意义。

汉语普通话单音节的接受阈限为27分贝，声音达到这个强度时，句子知觉的清晰度为100%。如果将声强降低4分贝，句子听觉的清晰度降为85%。和英语单音节的接受阈限33分贝相比，汉语的较低。

如果要在有噪声的情况下清晰地感知语音，那么，当噪声强度为20分贝时，语音就要提高10分贝；当噪声强度为40分贝时，语音需要提高19分贝；当噪声强度为60分贝时，语音就得提高30分贝；而要抗拒100分贝的大噪声时，语音就必须提高72分贝。

2. 汉字字形的知觉

汉字辨认的难易与字形结构有很大关系。对称的字比不对称的汉字易认；由横竖笔画组成的字比斜笔画组成的字易认。不同结构汉字的正确再认率从高到低依次是：对称、左右结构、半包围。在左右结构的汉字中，被试首先看清其右下角。而对半包围结构的汉字，被试首先看清的则是其左上角。而汉字笔画的多少对于汉字辨认难易没有多大关系，即不一定笔画多就难认，笔画少就容易认[1]。

（二）言语的理解

言语的理解就是根据语音或字形来建立意义的过程。言语理解有三种水平：对单个字词的理解是初级水平，对短语和句子的理解是次级水平，高级水平是对说话人的意图和动机的理解。

1. 对字词的理解

汉字是由音、形、义三者构成。汉字的字形与字义的联系是直接的，不必经过字音的中介；而字音与字义之间的联系是间接的，需要以字形为中介。

对于一个字或词义的理解，更多地取决于该词与其他词的联系。也就是说，一个词与其

1　沈德立. 基础心理学. 上海：华东师范大学出版社，2010：113.

他词之间的联系越多，学习起来就越容易。字词理解存在词优效应，即识别单个汉字的速度比识别汉语词组的某一汉字的速度慢，正确率低。上下文的语境也影响字词的理解，理解单个字词的成绩比理解字词在句子中的成绩差。

2. 对句子的理解

影响对句子意思理解的主要因素有两个方面：一是句子含义的真假，当句子含义为真时理解起来比较容易，理解的速度也比较快；当句子含义是假时，理解起来比较困难，理解的速度也较慢。二是句子的表达方式，当句子用主动的方式表达时，理解的成绩较高；当句子用被动方式表达时，理解的成绩则较低。

3. 对说话者动机和意图的理解

对说话者动机和意图的理解是言语理解的最高级水平。它是在理解字词、句子等基础上，运用推理、整合等方式揭示说话者所说话语整体意义的过程。对说话者动机和意图的理解效果既有赖于正确理解其话语中的字词和句子，又受到推理、语境等因素的影响。推理可以在说话者话语已有的基础上增加信息，或者在话语的不同成分间建立联结。语境能使读者把头脑中已有的知识和当前话语的信息很好地整合起来，促进对话语的理解。语境既包括文字形式，也包括图画等其他形式。

三、言语产生的理论

（一）模仿说

模仿说由布朗（W. R. Brown）等人提出，强调模仿在儿童言语获得中的作用。该理论认为言语是儿童在与成年人（特别是母亲）的交往中，模仿成年人说话而习得的。一方面儿童以减缩的方式模仿成年人的言语，如"爸爸的皮包"，儿童说成"爸爸皮包"；另一方面，成年人将儿童的言语加以扩展，为儿童提供了模仿的榜样，如母亲把儿童说的"宝宝板凳"扩展为"宝宝要坐小板凳"，从而帮助儿童模仿成年人的言语。

但是，模仿说不能完全解释儿童言语的习得。如果儿童只依靠模仿来学习言语，那么儿童只会说成年人说过的话，只会用成年人用过的句子。而实际上，儿童的言语有创造性，在儿童经常使用的语句中，有许多是成年人没有使用过的，因此仅仅用模仿来解释儿童言语的获得是不全面的。

（二）强化说

强化说由斯金纳（B. F. Skinner）提出，用刺激—反应模式来解释儿童言语的获得。该学说认为，言语行为像其他大多数行为一样，是一种操作行为，它是通过各种强化手段而获得的。例如，某种语言环境中成年人言语的声音、手势、表情、动作等，都能成为言语行为的强化手段。如果孩子发出符合成年人发音规律的语音，会得到成年人点头或微笑等强化反应，这些反应将提高孩子再次发出这种语音的可能性，于是儿童学习了成年人的言语模式，从而正确地使用言语。

但是，强化说不能完全解释儿童言语的获得。首先，强化说无法解释儿童语法的获得。在儿童与成年人的言语交往过程中，成年人往往只关心儿童说话的内容，而不大注意儿童发音以及他们的话语是否符合语法的要求。其次，强化说无法解释儿童在出生后较短的时间内学会如此复杂的人类语言。美国心理学家米勒（G.A Miller）曾保守地估计，英语中有1 020个由20个单词组成的句子。无论通过模仿或强化，都不可能在一生几十年的时间内学会数量如此巨大的思维语句。

（三）生成语法说

生成语法说由乔姆斯基（A. N. Chomsky）提出，该学说认为儿童天生具有"语言获得装置"（LAD），使儿童在短时间内获得语言。

乔姆斯基提出了语言的深层结构和表层结构观点。深层结构是认识的内容，表层结构是认识内容的表述。同样的深层结构可以用不同的表层结构来表示，如"杯子打碎了"，或"打碎了杯子"都能表示茶杯打碎这个事实；不同的深层结构也可以用相同的表层结构来表述，如"张三走了"这句话，可以表述几个不同的意思，表示疑问："张三走了？"，表示肯定："张三走了。"，表示生气："张三走了！"等。

乔姆斯基认为不同民族的人，表述同样的事实就语言的深层结构来说是一样的。表层结构则服从于这个民族共同使用的语言规律。不同民族的人怎样才能把深层结构转化成表层结构呢？这个转化怎样实现？乔姆斯基认为并非通过学习，而是先天具有这种转化的本领。按照他的观点，语言的掌握既不能靠一个句式一个句式地学习，更不能靠一个句子一个句子地学习，因为那样一生也学不完。所以，他认为儿童一出生就有一种独特的、具体的能力，使他们能够学习语言，这种能力叫"语言获得装置"，通过"语言获得装置"，儿童便能在从周围听到的为数不多的素材基础上，用较短的时间建立起该种语言的语法规则。儿童学习语言的这种内在潜能，在青春期之后就迅速消失了。

乔姆斯基的理论受笛卡儿的"天赋观念"学说影响，他强调语言能力的先天预成性，而对社会生活条件的作用有所忽视。但是，他强调认知表征在语言获得中的作用，这对研究言语过程的心理机制，促进心理语言学和认知心理学的发展，起了巨大的作用。

本章小结

思维是对客观事物本质属性及其规律的反映。思维具有概括性和间接性特征。

思维的品质有思维的广阔性、批判性、深刻性、灵活性、敏捷性、逻辑性。

思维的种类包括：动作思维、形象思维与逻辑思维；聚合思维和发散思维；常规思维和创造思维；直觉思维和分析思维。

问题解决的策略包括算法策略和启发式策略（手段—目的分析、逆向推理、假设检验）。

影响问题解决因素有：问题情境（刺激模式、问题表征、信息量、问题的具体化）、认知因素（思维定势、功能固着、酝酿效应、知识经验）、非认知因素（动机、情绪）。

创造性思维具有创新性、综合性、灵活性、敏感性等特点。

创造性思维的培养方法包括：保护好奇心，激发求知欲；加强发散思维的训练；丰富知识经验和想象力；培养利于创造的优良个性。

言语是思维的工具，是思维的物质载体，言语和思维既有区别又有联系。

言语产生的理论有模仿说、强化说、生成语法说。

总结 >

Aa 关键术语

思维 thinking	概念 concept	判断 judgement
推理 reasoning	动作思维 action thinking	形象思维 imaginal thinking
逻辑思维 logical thinking	聚合思维 convergent thinking	发散思维 divergent thinking
常规思维 conventional thinking	创造思维 creative thinking	直觉思维 intuitive thinking
分析思维 analytic thinking	问题解决 problem solving	算法策略 algorithm strategy
启发式策略 heuristic strategy	逆向推理 backward inference	问题表征 problem representation

思维定势	功能固着	酝酿效应
thinking set	functional fixedness	incubation effect
口头言语	对话言语	独白言语
oral speech	dialogue words	monologue words
书面言语	模仿说	强化说
written speech	imitation theory	reinforcement theory
语言获得装置		
language acquisition device		

🔗 **章节链接**

　　本章内容是第四章、第六章和第九章内容的进一步拓展。在思维过程中，个体既需要对思维材料进行感知、记忆，而且会产生情绪情感体验。第八章也与本章有密切关系，个体能否顺利完成任务，与他们的思维有重要关系。

应用 >

📝 **批判性思考**

　　"为什么我们的学校总是培养不出杰出人才？"这是钱学森生前的疑问，也是钱老的临终遗言。于是11位教授联名发表了一封给教育部部长袁贵仁及全国教育界的公开信，让我们直面"钱学森之问"！钱学森之问成为中国教育界有识之士关注的焦点，是关于中国教育事业发展的一道艰深命题，需要整个教育界乃至社会各界共同破解。

　　钱学森曾经说："现在中国没有完全发展起来，一个重要原因是没有一所大学能够按照培养科学技术发明创造人才的模式去办学，没有自己独特的创新的东西，老是'冒'不出杰出人才。这是很大的问题。"

✏️ **体验练习**

测测你的思维能力

选择题（每题5分，共60分）

（一）数字推理。给你一个数列，但其中缺少一项，要求你仔细观察数列的排列推理。然后从四个选项中选择你认为最合理的一项，来填补空缺，使之符合数列排列规律。

1. 4　2　12　28　80　（　　　）

　　A. 124　　　　　　B. 96　　　　　　C. 216　　　　　D. 348

2. 0　3　2　5　（　　　）

　　A. 7　　　　　　　B. 4　　　　　　　C. 8　　　　　　D. 12

（二）数学运算。该部分每道试题呈现一段表述数字关系的文字，要求迅速、准确地计算出答案。你可以在草稿纸上运算。

3. 2006年某人连续打工24天，共赚得190元（日工资10元，星期六半天工资5元，星期日休息无工资）。已知他打工是从1月下旬的某一天开始的，这个月的1日恰好是星期日，这人打工结束的那一天是（　　　）。

　　A. 2月6日　　　　B. 2月14日　　　　C. 2月18日　　　D. 2月21日

4. 由甲地到乙地有一条线路的巴士，全程行驶时间为42分钟，到达总站后，司机至少休息10分钟，巴士就调头行驶。如果这条线路甲、乙两边总站每隔8分钟都发一辆（不必是同一时间），则这条线路至少需（　　　）辆巴士？

　　A. 15　　　　　　B. 14　　　　　　　C. 13　　　　　　D. 12

5. 庆祝建国40周年，接受检阅的一列彩车车队共52辆，每辆车长4米，前后每辆车相隔6米，车队每分行驶105米。这列车队要通过536米长的检阅场地，需要（　　　）分？

　　A. 12　　　　　　B. 11　　　　　　　C. 10　　　　　　D. 9

6. 编号为1~10的十个果盘中，每盘都盛有水果，共盛放100个。其中第一盘里有16个，并且编号相邻的三个果盘中水果数的和都相等，求第8盘中水果最多可能有（　　　）个。

　　A. 11　　　　　　B. 12　　　　　　　C. 13　　　　　　D. 14

7. 某班44人，从A、B、C、D、E五位候选人中选取班长。A得选票23张，B得选票占第二位，C、D得票相同，E选票最少，得4票，那么B得选票（　　　）张。

　　A. 5　　　　　　　B. 6　　　　　　　C. 7　　　　　　D. 8

8. 某玩具店第一天卖出玩具小狗98个，每个获得利润44元1角；第二天卖出玩具小狗133个，获得的利润是成本的40%。已知第一天卖玩具小狗所得的钱数和第二天所得的一样多，那么每个玩具小狗的成本是（　　　）元。

　　A. 54　　　　　　B. 50　　　　　　　C.49　　　　　　D. 45

（三）图形推理。请从所给的四个选项中，选择最适合的一个填在问号处，使之呈现一定的规律性。

9.（   ）   10.（   ）

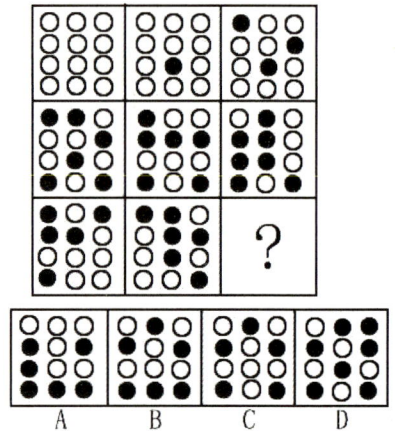

11.（   ）   12.（   ）

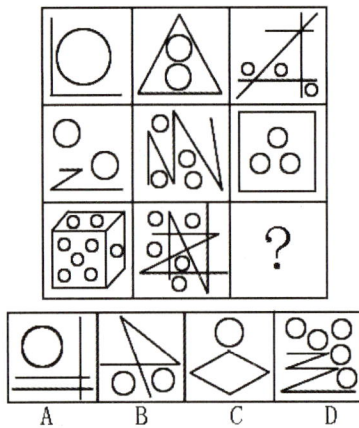

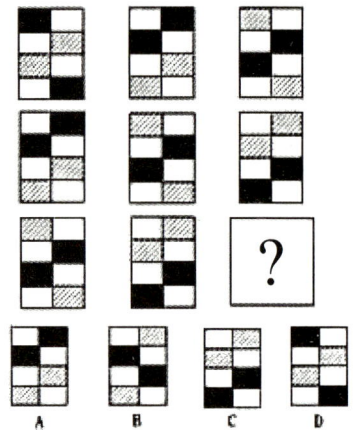

【思维能力题参考答案】

1.【答案】C。解析：12=（4+2）×2，28=（2+12）×2，80=（12+28）×2，（216）=（28+80）×2

2.【答案】B。解析：各项都满足：$(-1)^n+n$

3.【答案】C。解析：每7天工资为5×10+5=55（元），一共有24÷7=3（周）……3天，而3周的工资为3×55=165（元），所以剩下的3天中赚了190-165=25

（元），则他应该在周四开始打工。由于他从1月下旬某一天开始的，所以这一天应该为1月26日，故他在2月18日结束。

4.【答案】C。解析：一辆车在一总站发车，到下一次在这个总站再发车，需要（42+10）×2=104（分钟），104÷8=13（辆）。

5.【答案】C。解析：车队行驶的路程等于检阅场地的长度与车队长度的和。

6.【答案】A。解析：编号相邻的三个盘中水果共有（100-16）÷3=28（个），其中1、4、7、10号盘水果数相等，2、5、8号盘水果数也相等。而2、3号盘水果总数为28-16=12。

7.【答案】C。解析：B、C、D的选票共44-23-4=17（张）。C、D的选票至少各5张，如果他们的选票超过5张，那么B、C、D的选票超过6+6+6=18（张），这不可能。所以C、D各得5票，B得17-5-5=7（张）。

8.【答案】C。解析：由题意知，第二天1个玩具小狗的售价，等于收回了1.4个玩具小狗的成本。售出133个，等于收回了133×1.4个玩具小狗的成本。并由题意知，第一天的总利润等于（133×1.4-98）个玩具小狗的成本。故知，每个玩具小狗的成本是44.1×98÷（133×1.4-98）=49（元）。

9.【答案】B。解析：每一行构成3只鸟的基本图形元素相同，但是组合不同。所以，依据这一规律，选B。

10.【答案】A。解析：逐行看，每一个图形都由前一个图形变化而来，变化的次数依次为1~8。所以，依据这一规律，选A。

11.【答案】B。解析：每一行、每一列的图形中，圆圈数都比其中的线条数少1。所以，依据这一规律，选B。

12.【答案】D。解析：每行第一个图形中各方块向下移动一格得到第二个图形，第二个图形依法得到第三个图形。

拓展 >

补充读物

1　[英]德·博诺. 水平思考的力量. 周悬崖，译. 北京：中信出版社，2009

德·博诺因开发出用于训练创新思维的"水平思考"方法而被誉为"创新思维之父"。本书是德·博诺对其"水平思考"方法的总结之作。

很多人认为创造力是一种天赋，有些人天生就具有这种天赋，而另外一些人则望尘莫及。德·博诺去除了笼罩在"创造力"之上的神秘光环，开创性地指出，每一个智力健全的人都可以通过培养水平思考的能力而获取创造力。本书以大量的水平思考应用实例，深入浅出地讲解了水平思考的原理以及掌握水平思考的技巧。这些技巧并不是新的魔法，它们只是实现了一种需要，那就是将水平思考方式纳入人们惯常的思考过程之中，从而释放出创造力。

2　朱智贤，林崇德. 思维发展心理学. 北京：北京师范大学出版社，2002

该书是一部关于思维发展心理学的重要著作，两位作者是我国著名的心理学家。他们在书中系统在回答了一些重要的理论问题，如思维是什么？思维是怎样产生和发展的？思维表现为哪些主要形态？思维的结构是什么？怎样正确评价各主要心理学派关于思维和思维发展的理论？

🖥 在线学习资源

1. http://www.zhuyili55.com/中国思维科学研究所

2. http://club.baby.sina.com.cn 亲子论坛　关于培养孩子的创造力

本章概述

　　能力作为个体顺利完成某种活动的必要心理条件，在我们的日常生活、学习中非常重要。心理学通过有效的测量技术，可以对每个人能力方面表现出来的各种差异加以度量。能力不仅有强弱之分，也存在结构上的不同及发展早晚的差异。究其原因，主要是遗传、环境、教育等因素各异所致。心理学家力图从能力的构成因素、各因素之间的关系、心理加工过程等多角度诠释其中的原理和机制，为揭示能力、智力这一人类之谜的本质和规律做出不懈的努力。

结构图

ⓐ	ⓑ	ⓒ		ⓐ	ⓑ	ⓒ
能力的内涵	能力的分类	能力的理论		能力测量的一般问题	一般能力的测量	特殊能力的测量

能力概述   能力的测量

1   2

能力

3   4

能力的个体差异   影响能力发展的因素

ⓐ	ⓑ	ⓒ	ⓓ		ⓐ	ⓑ
能力水平方面的差异	能力表现早晚的差异	能力结构的差异	能力的性别差异		遗传	环境与教育

学习目标

本章重点：

1. 能力的含义

2. 能力的分类

3. 能力的理论

4. 能力的测量

5. 能力的个体差异

6. 能力的影响因素

本章难点：

1. 能力的含义

2. 能力的分类

3. 能力的理论

4. 能力的测量

学完本章，你应该能够做到：

1. 掌握能力的含义和分类

2. 理解能力的理论

3. 了解能力测量的主要工具

4. 掌握能力个体差异的表现形式

5. 理解影响能力的主要因素

读前
反思

没有一个班级同学的成绩会是完全相同的，不是总分有差异，就是各学科的表现不同。教师会以培养出成绩优异的学生而自豪，也会因有着同样辛苦付出而成绩却不尽如人意的学生而苦恼，这样的现实的确值得反思。

学生学习成绩的差异是因为自身的知识基础不同，还是他们的智力差异所致？

怎么判断学生之间的智力差异？智力测验有哪些？智商是怎么得来的？

学习成绩不好就是能力差吗？智力是多元的吗？

在智力发展过程中，遗传和环境哪一个更重要？

关于能力，的确有太多的问题值得思考。随着人类对其奥妙的探索，能力丰富的内涵得到越来越多的揭示。本章就极具影响的理论、技术加以概略介绍，目的在于引导人们去正确地认识能力。并通过不断地应用与实践，去探索包括上述问题在内的各种疑问的答案。

第一节
能力概述

学习目标

掌握能力的基本含义和分类
理解能力的主要理论

一、能力的内涵

能力是一种心理特征，是顺利完成某种活动的心理条件。

> 能力是一种心理特征，是顺利完成某种活动的心理条件。

首先，能力是通过活动的效率和质量加以体现的。当一个人能够顺利完成某项任务，或完成任务的效率较高、质量较好，我们便称此人有这方面的能力或此方面的能力较强。

其次，能力是一种心理特征，它有别于气质、性格。能力是直接影响活动效率和质量的心理因素，既包括现实的能力也包括潜在的能力；而气质、性格的作用则是间接的。

最后，能力与知识和技能既有联系又有区别。个体所掌握的知识是人脑对客观事物的主观表征，技能则是指人们通过练习而获得的动作方式和动作系统。知识和技能与能力有着密切的关系。在完成任务的过程中，知识和技能是不可或缺的，可以说知识和技能是能力实现的基础。但知识和技能不是能力，只有那些能够广泛应用和迁移的知识和技能，才能转化成为能力，能力的形成和发展依赖于知识、技能的获得。反过来，能力的高低又会影响知识、技能掌握的水平。可以说，能力是掌握知识和技能的前提，又是掌握知识和技能的结果。两者是可以相互转化、相互促进的。

📢 **心理学家语录**

几乎没有一个心理学概念像智力这一概念那样，如此广泛地被人们运用和接受，同时又如此难以捉摸、令人困惑。

——［美］斯滕伯格

二、能力的分类

心理学家从不同的维度对能力加以研究，提出了诸多有利于其内涵理解的见解和思想。

（一）一般能力与特殊能力

依据能力的适用范围不同，可以分为一般能力和特殊能力。

一般能力是指在不同种类的活动中表现出来的能力，如观察力、记忆力、抽象概括力、想象力、创造力等。特殊能力是指在某种专业活动中表现出来的能力，如音乐能力、运动能力等。

（二）流体能力与晶体能力

根据能力在人一生中的不同发展趋势，以及能力和先天禀赋与社会文化因素的关系，可以分为流体能力和晶体能力。

流体能力是指在信息加工和问题解决过程中所表现出来的能力。它较少依赖于文化和知识的内容，而决定于个人的禀赋。一般，在20岁以后，流体能力的发展达到顶峰，30岁以后将随年龄的增长而降低。

> 流体能力是指在信息加工和问题解决过程中所表现出来的能力。
> 晶体能力是指获得语言、数学等知识的能力。

晶体能力是指获得语言、数学等知识的能力，它决定于后天的学习，与社会文化有密切的关系。人的一生中晶体能力一直在发展，只是到25岁以后，发展的速度渐趋平缓。

（三）模仿能力与创造能力

根据能力在解决问题中的新颖程度不同，可以将能力分为模仿能力和创造能力。

模仿能力是指人们通过观察别人的行为、活动来学习各种知识，然后以相同的方式做出反应的能力。创造能力是指产生新的思想和新的产品的能力。

（四）认知能力、操作能力和社交能力

根据能力在不同领域中的表现，可分为认知能力、操作能力和社交能力。

认知能力是指人脑加工、存储和提取信息的能力，如观察力、记忆力等。操作能力是指人们以自己的肢体完成各项活动的能力，如艺术表演力等。社交能力是指在人们的社会交往活动中表现出来的能力，如组织管理能力、语言感染力等。

🔊 **心理学家语录**

天生的能力必须借助于系统的知识。直觉能做的事很多，但是做不了一切。只有天才和科学相结合才能得到最好的结果。

——[英]斯宾塞

三、能力的理论

能力理论是基于特定研究对其内涵理解的核心阐述。不同的研究者从不同的角度对能力的成分构成、各成分之间的关系，甚至对能力在更广泛领域中的地位和关系进行了诠释，这些学说和思想对能力的理解至关重要。

（一）因素说

因素说主张能力或智力是由功能各异的因素构成的。

该观点由英国心理学家斯皮尔曼（C. E. Spearman）提出，他认为能力由一般能力（或一般因素，general factor，简称G因素）和特殊能力（或特殊因素，special factor，简称S因素）这两个因素所构成。美国心理学家塞斯顿（L. L. Thurstone，1941）提出人的能力由7种基本心理能力构成。

美国心理学家加德纳（Gardner，1983）（如图8-1）则提出了多元智力理论。认为智力是个人在特定的文化背景下或社会中，解决问题或制造产品的能力。智力的内涵是多元的，是由相对独立的智力成分构成的。各成分的价值和作用各有不同。智力的具体成分主要有七种：

第一，语言智力是指个体运用言语思维，使用语言表达和

图8-1 加德纳

欣赏语言作品深层内涵的能力。这种能力的杰出人物包括作家、诗人、记者、演说家、新闻播音员等。

第二，逻辑—数学能力是指人能够计算、量化、思考命题和假设，并进行复杂数学运算的能力。这种能力的杰出人物包括科学家、数学家、会计师、工程师和电脑程序设计师。

第三，身体—运动智力是指人能巧妙地操纵物体和调整自己身体动作的技能。这种能力的杰出人物包括运动员、舞蹈家、外科医生和手艺人。

第四，空间智力是指人们利用三维空间进行思维的能力。这种能力的杰出人物包括航海家、飞行员、雕塑家、画家和建筑师。

第五，音乐智力是指人敏锐地感知音调、旋律、节奏和音色等能力。这种能力的杰出人物包括作曲家、指挥家、乐师、音乐评论家、乐器制造者和善于领悟音乐的听众。

第六，人际关系智力是指能够有效地理解别人和与人交往的能力。这种能力的杰出人物包括教师、社会工作者、演员、政治家等。

第七，自我认识能力是指关于建立正确的自我知觉，并善于用其来计划和指导自己人生的能力。这种能力的杰出人物包括神学家、心理学家和哲学家。

（二）结构说

智力的结构说主张智力是由不同性质维度的特定内容构成的。

最具代表性的理论是吉尔福特（J. P. Guilford，1967）（如图8-2）的三维结构模型（如图8-3）。吉尔福特把能力看成包含多种成分的复杂结构。认为智力可以区分为三个维度，即内容、操作和产品。内容维度包括图形、符号、语义和行为，它们是智力活动的对象或材料；操作维度包括认知、记忆、发散思维、聚合思维和评价，它们是智力活动的过程；产品维度包括单元、类别、关系、系统、转换和蕴含，它们是智力活动的结果。

图8-2　吉尔福特

从理论上讲，三个维度所包含的内容可以构成4×5×6=120种的智力模块；吉尔福特1971年宣布，经过测验已经证明了三维智力模型中的近百种能力，他把内容维度中的图形改为视觉和听觉，使其增为5项，智力组成因素变为150种。1988年，吉尔福特又将操作维度分为认知、输入记忆、保留记忆、发散思维、聚合思维和评价6种，这样就可以构成180种智力模块。

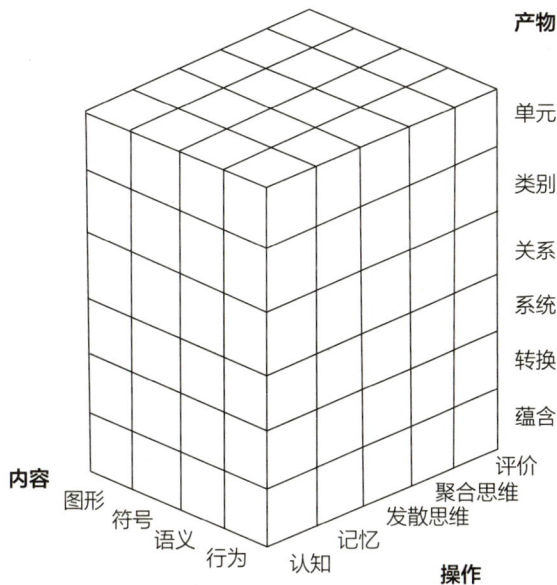

图8-3　吉尔福特的三维结构模型

（三）三元智力理论

三元智力理论的基本观点是智力是复杂而多层面的，完整的智力理论应以主体的内部世界、现实的外部世界以及联系内外世界的主体经验三个维度来分析和描述智力。

斯滕伯格（如图8-4）认为（1986），可用三个子理论来理解智力。（1）智力的成分子理论，主要强调元成分、操作成分和知识获得成分是智力行为的基本过程，该子理论说明了个体适应环境的主要过程；（如图8-5）（2）智力的经验子理论，主要强调个体经验对理解智力在人与任务或情境交流中的作用，该理论说明了解决新异性问题的能力和自动化加工信息能力之间的关系；（3）智力的情境子理论，主要强调适应环境、选择环境和塑造环境在个体对生活环境适应过程中的作用，该子理论明确了在特定社会文化环境中所理解和测量的智力是什么。

图8-4　斯滕伯格

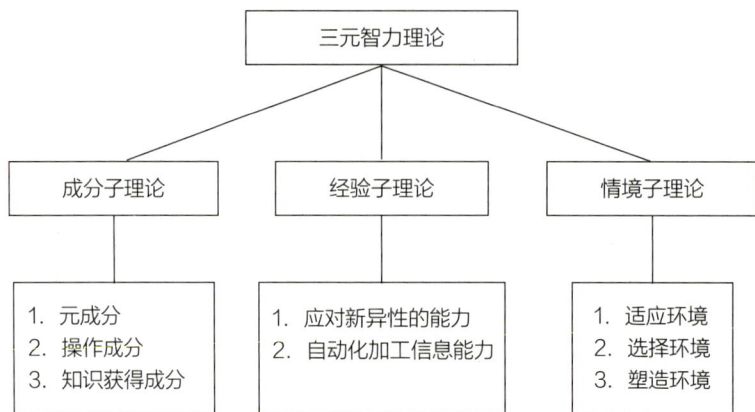

图8-5　三元智力理论结构

（四）成功智力

斯滕伯格认为，成功智力包括三个方面：分析性智力、创造性智力和实践性智力（如图8-6）。这三个方面是彼此联系的。分析性智力是指有意识地规定心理活动的方向，以发现有效解决一个问题的方法，它用来解决问题和判定思维成果的质量；创造性智力是一种能超越给定内容而产生新异有趣的观点的能力，它可以帮助人们在一开始就提出好的问题和形成好的思想；实践性智力是指一个人产生解决实际生活中问题的好办法，它可在日常生活中，将思想及其分析的结果以一种行之有效的方法加以实用。

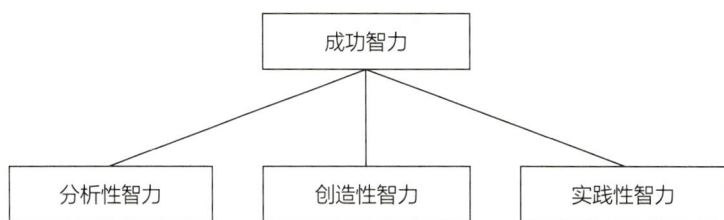

图8-6　成功智力结构

（五）情绪智力

情绪智力的概念最早是由耶鲁大学的萨洛维（Peter Salovery）和新汉布什尔大学的迈耶（John Mayer）提出的。主要是指了解自己的情感、移情，调节自己的情绪以更好地生活。萨洛维认为，情绪智力的内容包括五个主要方面：了解自我、管理自我、自我激励、识别他人的情绪、处理人际关系。

> 情绪智力指了解自己的情感、移情，调节自己的情绪以更好地生活。

戈尔曼认为，高智商（IQ）的人与高情商（EQ）的人存在一定的差异，具体表现为：

（1）高智商的男性智力兴趣广泛，能力多样化，野心勃勃，富于成果，呆板固执，不为自身事物困扰，爱批评好挑剔，凌驾于人却又压抑郁闷，感官享乐约束不自在，表情淡漠，情感贫乏，冷若冰霜。高情商的男性社交兴趣浓厚，外向而快乐，不易恐惧担忧，不喜欢沉思默想，热情投入，敢于负责，正义正直，同情关怀，情感生活丰富深厚，适度适当，对自己、他人与社会环境感到满意。

（2）高智商的女性智商高，自信心也高，思维表达流畅，尊重理性，智力兴趣广泛，尤其重视美学，内向内省，易于焦虑、反思、内疚，难以公开显示愤怒，常常间接流露。高情商的女性敢于坚持自己观点，表达情感直截了当，适度适当，自我评价积极肯定，有生活价值感，像男性一样外向爱交际，应激反应良好，易于结交新朋友，自我且易满足，休闲娱乐自在，感官享受坦然。

案例

拉里案件

在这一案件中，原告方是黑人儿童拉里，被告是加利福尼亚州教育主管。

指控：拉里等6名非洲裔儿童指控校方对他们使用了有偏差的智力测验，并根据测验分数错误地将他们安置到为那些"可教育的智力落后儿童"（educable mentally retarded，简称EMR）开设的班级。

判决结果：联邦法官做出了一个有划时代意义的裁决，禁止使用智商分数作为将儿童安置进EMR班的依据。

在这一案件中，提供主要证词的原告支持者之一是社会学家默塞尔（Jane Mercer）。默塞尔和她的助手刘易斯（June Lewis）提出一个多文化多元评价系统（System of Multicultural Pluralistic Assessment，简称SOMPA）。所谓SOMPA结合运用三种方法来评价儿童。

第一，检查任何可能引起学生成绩差的医学问题。

第二，评价一个儿童的课外行为，以避免根据测验分数错误地制造"六小时智力落后者"。

第三，将每个儿童的韦氏儿童智力量表（WISC）得分与来自相似文化背景的儿童做比较。

第二节
能力的测量

🎯 **学习目标**

了解能力测量的基础知识

熟悉能力测量的主要工具

一、能力测量的一般问题

（一）能力测量的产生

在现实生活中，人和人之间的能力差异是显而易见的。能力差异对教育、医疗、人才选拔等意义重大。因此，如何以客观科学的方法对能力加以测量是心理学家面临的重要课题。

智力测验的历史可追溯到1882年英国高尔顿（Francis Galton）的相关研究。而真正的智力测验出现在1905年，创始人为比奈（Afred Binet）和西蒙（Theodore Simon）。比奈测验在预测学业成绩方面的成功，使得此类测验成为其他国家发展新兴智力测验的基础。

（二）智力测验的种类

1. 单一内容的智力测验和成套智力测验

根据测验内容是单一的还是多样的为标准，将智力测验分为单一内容的智力测验和成套智力测验。单一内容的智力测验主要是测量一种智力，或用一类内容代表所要测量的更为广泛的智力（如瑞文推理测验）；成套智力测验通常以多因素、多维度的智力理论为指导，包含多种内容的测量题目，共同反映智力水平和结构（如韦氏智力测验）。

2. 新生儿智力测验、婴儿智力测验、幼儿智力测验、儿童青少年智力测验、成人智力测验、老年智力测验

根据智力测验适用年龄人群的不同为标准，可以将智力测验分为新生儿智力测验、婴儿智力测验、幼儿智力测验、儿童青少年智力测验、成人智力测验和老年智力测验。如韦氏学前儿童智力量表（WPPSI）适合3~7.3岁的儿童；韦氏儿童智力量表（WISC）适合6~16岁的儿童和青少年；韦氏成人智力量表（WAIS）适合成年人。

3. 语言文字智力测验、图形智力测验和形板智力测验

根据智力测验的任务形式不同，可以将智力测验分为语言文字智力测验、图形智力测验和形板智力测验。如瑞文推理测验就是图形作业形式的智力测验；韦氏智力量表则是运用了三种形式的智力测验。

4. 个别智力测验和团体智力测验

根据实施智力测验对象的数量，可以将智力测验分为个别智力测验和团体智力测验。如韦氏智力量表只能进行个别施测；瑞文推理测验就可团体施测（也可个别施测）。

5. 正常人群的智力测验和特殊人群的智力测验

以智力测验对象的性质为标准，可以将智力测验分为正常人群的智力测验和特殊人群的智力测验。大多数测验是针对正常人的，而一些特殊的人群，如盲人、智力落后者等需要有适合他们的智力测验。

6. 单一文化智力测验和跨文化智力测验

以智力测验适合的不同文化背景人群为标准，可以将智力测验分为单一文化智力测验和跨文化智力测验。适合一种文化背景人群的测验不一定适合另一种文化情境的人群。由于不同文化多体现为种族、年代甚至地域方面的不同。所以，智力测验的修订是解决此问题的一种有效途径，如WPPSI的中国修订版（C-WPPSI）。

（三）智力量化的方法

人的智力通常用量化了的智商来表示。智商（IQ）是智力商数（Intelligence Quotient）的简称。在斯坦福—比奈智力量表的修订中，特曼（L. M. Terman，1916）首次使用智力商数来表示人的智力发展水平。其含义是一个人完成智力作业的成绩与其实际年龄的符合程度。具体算法为：

$$IQ=100（MA/CA）$$

其中，IQ为智力商数；MA为智力年龄（mental age）；CA为实际年龄（chronological age）。

由于这种智商的计算是以智力年龄和实际年龄的比值为依据，所以又称为比率智商（ration IQ）。当一个人的智商是100，就意味着此人的智力年龄和实际年龄相当。在一个人的智力年龄大于实际年龄的情况下，其智商就大于100；而智力年龄小于实际年龄，其智商就小于100。例如，一个实际年龄为10岁的儿童，在完成相关作业的成绩上只能达到这个年龄阶段儿童的平均水平，那么，就可以判定该儿童具有10岁儿童的智力年龄，其智商就是（10÷10）×100%=100；如果该儿童能够完成12岁儿童平均完成的作业，就可以判定其具有12岁儿童的智力年龄，其智商就是（12÷10）×100%=120。如果该儿童能够完成8岁儿童平均完成的作业，就可以判定其具有8岁儿童的智力年龄，其智商就是（8÷10）×100%=80。

比率智商的特点：是它的提出使得不同智力水平的个体间有了一个可以比较的量化指标。因此，极大地推动了智力测验的发展。但由于年龄增长与智力增长有非同步性，使得一个人的比率智商在特定年龄（如40岁）出现智商降低的现象。显然，这与个体的实际智力水平（如解决问题的能力）不符。究其原因，是智力年龄的增加速率变缓造成的（分析比率智商的公式）。为了解决这样的问题，后来有人提出了离差智商。

> 比率智商是以智力年龄和实际年龄的比值为依据计算出的智商。
> 离差智商就是用标准分数来表示的智商。

离差智商（deviation IQ）就是用标准分数来表示的智商。韦克斯勒在其编制的智力测验中使用了离差智商，他将每个分测验的原始分数都转化成平均分数为10、标准差为3的标准分数，所有分测验所评定的分数因而可以用比较单位来表示。然后，把适当的言语分测验的分数和操作分测验的分数及全量表各测验分数分别相加，并转化成平均数为100、标准差为15的标准分数，称之为离差智商。离差智商是让每一个人与其同龄的人相比，而不像比率智商是和上下年龄的人相比。其公式为：

$$IQ=100+15（X–x）/SD$$

或

$$IQ=100+15Z$$

其中，x代表样本平均数，X为个人的分数值，SD为样本标准差，Z为标准分数。

离差智商克服了比率智商的缺点，较好地反映了个体智力水平的相对稳定性（相对于同龄群体）。但离差智商对智力水平的发展变化过程反映较差，如一个人的智商为100，意味着该个体的智力水平居于同龄人群的中间位置（基于智商在同龄人中的常态分布假设），有50%的同龄人智商不及他，有50%的同龄人比他高。不可否认，随着年龄的增长，个体的智力水平一定会发生变化，但这样的位次指标却因总体的一致性变化而保持相对稳定。因此，离差智商虽相对稳定，但依然存在反映智力实际变化不足的缺陷。

二、一般能力的测量

（一）比奈量表及其发展

1905年，比奈（见图8-7）和西蒙合作，为解决对低能儿童鉴别的问题而编制出了一套智力测验，史称比奈—西蒙智力量表（Binet–Simon Scale），这是世界上第一个智力量表。比奈认为智力的基本成分是判断、理解和推理能力。量表中包括言语、理解、数字、图形、实验操作等材料，其中言语项目所占比例较大。1908年，比奈和西蒙对量表进行了修订，测验项目由最初的30个增加到59个，测验的适用年龄范围是3~13岁，并最先使用心理年龄来计算测验成绩。1911年，再次对量表进行修订，在每个年龄组的测验项目略有删减的同时，增设了成人组项目。

1916年，斯坦福—比奈智力量表问世。它是由斯坦福大学的特曼根据比奈—西蒙智力量表修订而成的，量表包括90个项目，其中39个是新的。引入智力商数的概念来表示智力的水平，1937年的修订中用离

图8-7　比奈

差智商代替了比率智商。1972年，完成第三次修订。1987年完成第四次修订，年龄适用范围是2岁至成年人。修订后的量表共有15个测验，涉及4个认知方面：语词推理、抽象/视觉推理、数推理、短时记忆。15个测验（见表8-1）中有6个测验适用于各个年龄，其余9个测验分别适用于不同的年龄。整个测验一般在30~90分钟内完成。

1922年，比奈—西蒙智力量表传入我国。1924年，陆志韦修订为中国比奈—西蒙智力测验。1936年陆志韦和吴天敏进行了第二次修订。1981年，吴天敏再次修订，使之成为中国比奈测验。该测验包括51个项目。适用对象的范围在2~18岁。

（二）韦克斯勒量表

韦克斯勒（见图8-8）认为，智力是个人有目的地行动、理智地思考以及有效地应付环境的整体或综合能力。依据这样的认识，韦克斯勒编制了结构大致相同且适合于3岁到成年人的三套智力量表。以适合6~16岁的儿童智力量表（Wechsler Intelligence Scale for Children，WISC）为例，其1949年首次出版，1974年第二次修订（WISC-R），1991年出版第三版（WISC Ⅲ）。具体结构和题例见表8-1。

图8-8 韦克斯勒

表8-1 韦克斯勒智力量表第三版中的若干分测验及例题

分测验类型	例子
词语分测验	
一般知识测验	鸟有多少个翅膀？《失乐园》的作者是谁？
数字广度测验	听一遍数字后按顺序回忆，如31067425
常识测验	将钱存入银行有什么好处？ 为什么常用铜作导线？
算数测验	三个人等分18个高尔夫球，每个人能得几个？ 如果两个苹果是15美分，12个苹果要多少钱？
事物间相似性测验	狮子和老虎在哪些方面是相似的？ 锯和锤子在哪些方面是相似的？
词汇测验	"什么叫_____？" "_____是什么意思？" 要求被试对难度或熟悉程度不同的词进行解释
操作分测验	
图片排列	将一系列卡通画片排列成一个有意义的故事
完成图画	填补图画中所缺的东西

续表

分测验类型	例子
积木图案	照样子搭积木
物件装配	拼板
数字符号	填符号。例子如下： （见下表）

1	2	3	4
X	Ⅲ	1	0

3	4	1	3	4	2	1	2

三、特殊能力的测量

（一）音乐能力测验

西肖尔（C. E. Seashore，1939）依据对音乐能力的分析，编制了音乐能力测验。内容包括五个方面：

（1）音乐的感觉能力，包括基础音乐能力（音调高低的感觉、音强的感觉、时间的感觉、广度的感觉）和复杂音乐能力（节奏的感觉、音色的感觉、和谐的感觉、音量的感觉）。

（2）音乐的动作，包括音调高低的控制、音强的控制、时间的控制、音色的控制、节奏的控制、音量的控制。

（3）音乐的记忆与想象能力，包括肌肉运动的表象、听觉的表象、创造想象、记忆的广度、学习的能力。

（4）音乐的智能，包括音乐的自由联想、音乐的回想力、普通智力。

（5）音乐的情感，包括音乐的测验（喜悦和厌恶）、对于音乐情绪的反映、对于音乐情绪的自我表情。

（二）创造能力测验

创造能力测验多以创造性思维品质的测量为主要内容，如思维的流畅性、变通性、独特性。问题的答案通常并非唯一和固定。

沃勒克和科甘（Wallach & Kgan）用以下的问题测量思维流畅性：

（1）尽量说出几种常见物品的用途，如鞋子、软木塞等；

（2）尽量说出一对物体相似的地方，如火车和拖拉机、马铃薯与胡萝卜等；

（3）尽量列举一个抽象范畴所具有的各种实例，如圆形的物品有水珠、皮球、碗盖等；

（4）在看到某个抽象的图形或线条画时，尽量说出你所想到的意义。

通过总的反应数量和具有创造性的反应数量的度量，就可以了解儿童思维的流畅性与独特性。

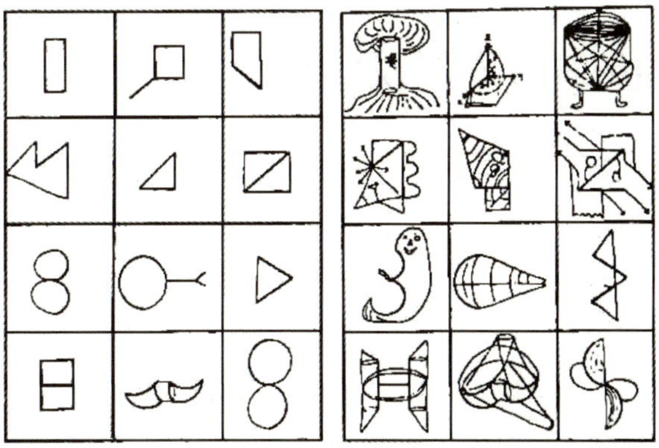

巴朗（F. Barron）曾设计一系列测验，来研究富有创造性的艺术家和科学家。这些测验包括：解释墨迹图；用彩色方框拼图；在一个微型舞台上创造一种舞台设计；完成一些未完成的图画；说明自己对图片和图案的艺术爱好；根据随机抽取的名词、形容词和动词，尽量编

图8-9　普通个体与创造性个体在图画完成测验上的差异

出词汇众多的故事。测验结果表明，富于创造性的科学家和艺术家在以上几个方面表现得与众不同。如在图画完成测验中，有创造性的人所完成的图画比较复杂，而且是非对称的。这和一般人的反应有明显的区别（如图8-9）。左侧是一般人的反应，右侧是具有创造性的人的反应。

🔍 **案例**

高创造力者的个性特点

日常行为：有独创性；语言表达流畅；智力水平较高；想象力丰富。

思维能力：在思维中善于运用比喻；决策灵活；归类、概括的能力强；善于独立判断；善于运用心理表象；有应对新鲜事物的能力；逻辑思维能力强；能打破心理定势；善于在混乱中找秩序。

思维方式：不轻易接受假设；能找到新知识的新、异、奇妙之处以及与已有知识的差别；利用现有知识提出新观念；喜欢非言语性的交流；喜欢把思维内容可视化；能在"漂亮"问题的提出和解决中，找到一种美感体验；利用每一个偶然机会。

个性特点：愿意参加智力冒险游戏；在问题解决中具有良好的坚持性；好奇心强，爱刨根问底；重视新的经验，不受已有经验的约束；做自己感兴趣的事时非常专注；工作遵守纪律，信守承诺；能自发地对工作产生强烈兴趣；对其他人实施的限制和规定极为反感；寻求竞争和挑战；勤于思考，精力集中；能宽容事物的不明确性；有广泛的兴趣；幽默地看待问题；重视创造性和独创性；直觉准确。

第三节
能力的个体差异

🎯 **学习目标**

掌握能力个体差异的表现形式

个体差异是指个体在成长过程中因受遗传与环境的交互影响，使不同个体之间在身心特征上所显示的彼此不同的现象。能力的个体差异主要表现在水平、早晚、结构、性别等方面。

> 个体差异是指个体在成长过程中因受遗传与环境的交互影响，使不同个体之间在身心特征上所显示的彼此不同的现象。

一、能力水平方面的差异

能力有高低的差异。大致说来，能力在全人口中的表现为正态分布：两头小，中间大。智力的高度发展叫智力超常；智力发展低于一般人的水平叫智力低下或智力落后；中间分成不同的层次。

表8-2　成人在WAIS-R测验中得分的分布

智商（IQ）	智力水平定义	比例
高于130	超常	2.2
120~129	高智商	6.7
110~119	中等偏上	16.1
90~109	中等	50.0
80~89	中等偏下	16.1
70~79	正常临界线	6.7
低于70	智力落后	2.2

在水平有差异的各群体中，人们对超常儿童和智力低下的儿童给予了特殊的关注。

超常儿童的表现主要有以下特点：具有寻求大孩子或成年人认同的趋势；有快速获取信息的能力；早期表现出对解释和解决问题的强烈爱好；早在2~3岁时就能用完整的句子说话；具有非凡的记忆力；在艺术、音乐或数字技能方面有天赋；通常在3岁之前就对书籍有极大兴趣并能够阅读；表现出对他人的善意、谅解与合作态度。有研究表明，超常儿童在问题解决的认知能力、元认知能力和认知效率三个维度上优于普通儿童且发展模式不同，超常儿童解决问题能力发展先快后慢，快速期在11~12.5岁；普通儿童解决问题能力发展先慢后快，快速期在12.5~14岁。超常儿童与普通儿童的问题解决能力差异随年龄增大而逐渐减小。

在超常儿童的鉴别中需要特别注意的是早熟和天才之间的区别。有研究表明在如下方面两者有所不同：早熟儿童通常表现为——年龄小时表现出年长儿童或成年人的社会行为、态度和思维表达方式，过了儿童期，智力发展逐渐衰退；天才儿童通常表现为——年龄小、好奇心强、有独创性，有的并非优等生，或只在某一特殊领域（美术、音乐、数学等）有优异成绩。

智力落后儿童的一般特点是知觉速度慢、范围狭窄、内容笼统、贫乏，对词和直观材料的记忆差、再认歪曲和错误较多，语言发展迟缓、词汇量少、缺乏连贯性，在认知活动中缺乏概括力，严重丧失自理能力。

二、能力表现早晚的差异

人的能力发挥有早有晚。有些人的能力表现较早（人才早熟），有些人的能力表现较晚（大器晚成）。

能力表现较早的个体，即所谓"人才早熟"的人是指在较小的年龄阶段表现出超乎同龄人的能力，但在以后会逐渐趋于平常的现象。即"10岁神童，15岁才子，到20岁成庸人"的现象。如20世纪的韩国神童金雄镐，他1岁时就能演算高等数学的微积分，2岁时就会读写2 500个汉字，10岁时智商高达210。然而，随着年龄的增长，他越来越趋于平常，1990年有报道说，时年27岁的金雄镐，已成为一个极为普通的青年。

能力表现较晚的个体，即所谓"大器晚成"的人是指早年表现平常甚至稍差，但在中老年阶段显示出很强的能力，取得较好成绩的现象。齐白石是中国画坛享有盛名的艺术大师。其从小家境贫困，世代务农，仅在12岁前随外祖父读过一段私塾。他砍柴、放牛、种田，什么活都干，12岁学木匠，14岁学雕花木工，挣钱养家。24岁才开始正式学画画。56岁后才得以名声大震，取得非凡成就。

能力表现早晚的差异在构成能力的各因素间也有所体现。小学阶段感知觉能力发展较快，达到了较高的水平；到了初中阶段，儿童的记忆力得到充分发展；高中学生的思维水平有了质的飞跃，到大学阶段，个体的思维水平达到高峰。有研究表明，从20岁到70岁，一些能力会随着年龄的增加逐渐上升后又开始下降，下降的程度、速度和趋势有所不同，如图8-10。

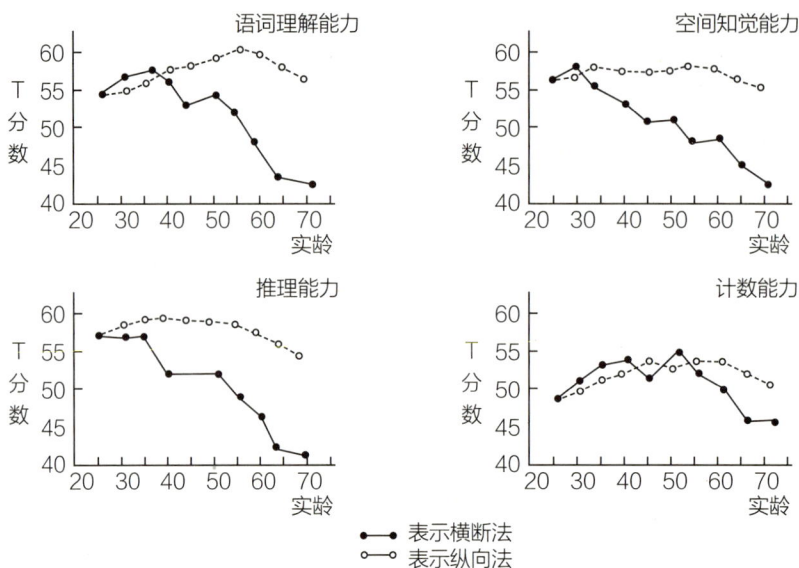

图8-10　横断法和纵向法得出的智力发展曲线

三、能力结构的差异

能力的各成分构成在不同的个体间表现不同，有的人观察力较强，有的人记忆力较好，有的人则善于逻辑思维。在能力总体水平相差不大的情况下，个体因为能力构成中的优势成分不同，在问题解决中的手段和途径有所差异，这就是能力结构差异的表现。在生活中，智力总体水平一般，但某单项能力出众的人为数不少。美国盐湖城的皮克（1951—2009）精通历史、文学、地理学、数学、体育、音乐等15门学科，能一字不漏地背诵至少9 000本书的内容；他知道美国所有的邮政编码和电话区号；他能给出在任意两个美国大城市之间的旅行路线。然而皮克的动作协调能力很差，生活方面表现出异常低能，甚至不能自己扣纽扣。

四、能力的性别差异

韦克斯勒在对8~11岁儿童进行智力测验的结果表明，男女有明显的差异，男女儿童在不同智力方面显示出各自的优势。劳森进一步分析发现，女孩在言语量表上得分高于男孩，而在操作上低于男孩。

海德等人对40年来的100个数学能力方面相关研究的元分析发现，女生在计算能力上具有一定的优势，但这种优势只表现在中小学阶段；在问题解决上，中学时期的女生略好，而高中及大学阶段，男生则表现出优势。对于数学操作来说，男生在标准化测验上的表现普遍比女生好，而女生在学校所获得的学习评定等级比男生高。

林和皮特森（Linn & Petersen，1985）基于以往的研究提取了空间能力的三个因素：（1）空间知觉，指在干扰条件下，对垂直和水平方位的确定；（2）心理旋转，指对二维或三维图像表征的旋转能力；（3）空间想象指对所显示的空间信息进行多步分析加工的能力。研究表明，在空间知觉和心理旋转测验中，男性的表现明显优于女性；而在空间想象力测验中，男女表现差别不显著。

第四节
影响能力发展的因素

🎯 **学习目标**

掌握影响能力的主要因素

影响能力发展的因素是复杂多样的。主要分为遗传和环境两类。两者的共同作用使得能力水平和结构因人而异。

一、遗传

关于遗传在能力发展中的作用，心理学家主要从三个角度加以研究。第一，研究血缘关系不同的人在能力上的差异性表现。如果遗传对能力有作用，那么，血缘关系越密切的人，能力发展水平就会越相似。这类研究通常以同卵双生子和异卵双生子为研究对象。第二，研究亲生父母、养父母与子女能力发展的关系。如果遗传对能力有作用，那么，孩子与亲生父母能力的相关应该比养父母的相关高。第三，对分开抚养的同卵双生子进行追踪研究。如果遗传有作用，那么，同卵双生子即使生活在不同的环境中，他们的能力发展仍保持较高的相关，见表8-3。

表8-3 血缘关系、环境与智力发展的相关

关系与类别	相关系数
无血缘关系且生活在不同环境者	0.00
无血缘关系但自幼生活在同一环境者	0.20
养父母与养子女	0.30
亲生父母与亲生子女（生活在一起）	0.50

关系与类别	相关系数
同胞兄弟姐妹出生后在不同环境长大者	0.35
同胞兄弟姐妹出生后在同一环境长大者	0.50
异卵双生子不同性别而在同一环境长大者	0.50
异卵双生子同性别而在同一环境长大者	0.60
同卵双生子出生后在不同环境长大者	0.75
同卵双生子出生后在同一环境长大者	0.88

从表8-3中看出，血缘关系接近的人在智力发展水平上确实有接近的趋势。遗传在智力发展中具有重要作用。

🔍 **案例**

学习与成熟的重要性

美国心理学家格塞尔认为，支配儿童心理发展的因素有两个，一个是成熟，一个是学习，不成熟无从产生学习，学习对成熟起促进作用。他进行了著名的双生子爬梯实验。一对双生子，其中一个从出生后第48周起每天做10分钟的爬梯训练，连续几周，到第53周，他能熟练爬上5级楼梯。而另一个孩子从出生后第53周开始进行爬梯训练，两周后这两个孩子不用旁人帮助，都能爬到楼梯顶端。这说明没有达到相应的成熟阶段，学习效果并不显著。

现在有些家长只关注儿童学习知识，造成儿童在游戏、沟通、活动、生活技能等方面的缺失，影响了孩子的自然成长。对于孩子成长环境中的某些生态因子过度关注，就会破坏生存环境的系统平衡，这反而对孩子的成长不利。

二、环境与教育

广义的环境指个体成长过程中的一切外在条件。个体智力的发展、变化会从始至终受到环境变化的影响。

（一）胎儿期的环境

出生前的胎儿受母亲身心状况的影响极大。母亲的情绪变化、营养水平、用药、吸烟、酗酒等对胎儿的身心发展都有不同程度的影响。

有研究发现母亲怀孕的年龄与唐氏综合征有一定的关系，见表8-4。唐氏综合征又称先天愚型，是由染色体数目异常所致。正常人有46条染色体，而患者有47条，其中第21号染色体多了1条。该病的原因是女性的生殖细胞在减数分裂时，第21号染色体不发生分离，一起进入同一卵细胞，当此卵细胞与精子结合时，正常精子又带来一条21号染色体，结果就有了三条21号染色体。该病的症状表现为身体发育迟缓，智力低下。这种病症的出现与母亲的生育年龄有关，经研究，有50%以上该种病儿的母亲生育子女的年龄在35岁或35岁以上。

表8-4　母亲年龄与唐氏综合征发病率的关系

母亲年龄（岁）	发病率
小于29	1/3000
30~34	1/600
35~39	1/280
40~44	1/70
45~49	1/40

此外，胎教作为胎儿期施加的外部影响，近些年受到越来越多的关注。虽然研究得出的结论一致性尚显不足，但一定程度上还是肯定了胎教的作用。

（二）教育环境

胎儿出生后，教育在其成长和智力发展中就是一个长期的重要影响因素。因此，教育领域中学业成就与智力之间的关系受到研究者的关注。延森（Jensen）对这方面的研究进行了以下几方面的总结：

第一，一般而言，普通的智力测验所得到的IQ与一个人的教育成就之间的平均相关分数为0.50左右。小学阶段的相关较高，相关分数为0.6~0.7，中学阶段为0.5~0.6，大学阶段为0.4~0.5，研究生阶段是0.3~0.4。此结果给人的启示是，智力测验与学业成就测量不是密切相关的，也不是相同的心理现象。随着个体的成长和教育年限的增加，两者之间的相关呈下降趋势，这可能是因为在发展的过程中有其他的因素在其中发挥作用。

第二，从儿童期到青少年期的发展过程中，一般能力和成就被看成是两种概念。换言之，随着年龄的增长，一般认知因素与特殊因素相比，其在个体完成心理任务中发挥的作用明显下降。早期人们认为，这种差异是由成熟决定的，现在更强调学习和教育的作用。还有研究者提出智力与成就的差异是由教育引起的。证据表明，广义的学术能力在整个大学期间不可能继续变化，但学业成就却是在此期间不断扩大和分化的。

第三，在某一时间点上，先给个体进行智力测验，后进行成就测量，两者之间的相关程度很高。如果先进行成就测量，后进行智力测量，两者之间的相关却不一样。造成这一现象的可能解释是"智力差异引起成就差异,反之则不成立"。

第四,流体智力和晶体智力等更具有普遍性的一般智力测验成绩与那些属于人类的中心智力之间有更高程度的相关,而与那些处于边缘的特殊能力或技能之间的相关程度较低。一般来说,中心智力测验的成绩与教育成就测量结果之间存在高相关,因为后者代表了更为概括的成就标准而不是在特定领域内的成就。虽然流体智力和晶体智力有时很难区分,但人们有理由相信,言语晶体智力在人们的观念中与成就之间有更高的相关。

第五,智力与学业成绩之间存在中等程度的相关,这一结果不仅是从智力测验成绩与学业成绩之间的相关得出的,而且也是根据在学校的时间和个体受教育的时间进行大规模测量后所得出的。这样就能解释为什么能够根据学生的报告和实际的测量,对大学生入学后的学业成绩的预测可达到0.30~0.70。

案例

智力可以教授

传统的观点认为,智力是教不会的。训练对能力倾向和智力测验分数很少起作用。但是,短时间的训练没有效果并不能说明智力不可塑。越来越多的证据表明,长期的、深入的思维技能训练能提高智力测验的成绩。走在这一领域前沿的是以色列心理学家佛伊斯坦(Reuven Feuerstein),他和他的同事编制出一套称为"工具性强化训练"的教程。学生在指导下进行几百小时的问题解决训练,学习在思维中如何避免出现纰漏,从而使自己不会在智商测验中丢分。佛伊斯坦等人认为,这种训练可以提高思维能力,甚至可以提高智商。认知技能训练是非常费时的。考虑到这个问题,心理学家着手编写计算机程序,用来教授如何进行问题解决、有效思维和运用各种智力因素。在计算机的帮助下,随着对人类思维的理解不断加深,学校教授智力将变得更加普遍。孩子的智力分数高低并不是最重要的,真正重要的是通过提高教育和思维训练水平使所有儿童的智力活动能力得到提高。

本章小结

能力是个体顺利完成某种活动的必要心理条件。复杂的能力可以分为一般能力和特殊能力,流体能力和晶体能力,模仿能力和创造能力,认知能力、操作能力和社交能力。

能力构成是多因素、多维度、多环节的。加德纳的多元智力理论、吉尔福特的结构说、斯滕伯格的三元智力理论对于理解能力的含义都有积极的作用。

智力是可测量的,它通常用智商加以度量。斯坦福—比奈量表、韦氏量表是测量智力的主要工具。

　　智力在个体间存在水平、早晚、结构、性别等方面的差异。这些差异是不同的遗传和环境因素共同影响的结果。

总结 >

Aa 关键术语

能力	流体能力	晶体能力
ability	fluid intelligence	crystallized intelligence
比率智商	离差智商	个体差异
ration IQ	deviation IQ	individual difference

章节链接

　　本章是第一章中个性部分的拓展。能力的认知基础与第四章的感知觉、第六章的记忆以及第七章的思维与言语有密切关系。同时，能力的物质基础与第二章的内容有密切关系。

应用 >

批判性思考

　　智力是人的一种心理特征，这种心理特征因个体遗传和环境的不同而表现为个体之间的差异性。为了很好地描述这种差异性，人们发明了多种心理测验工具以满足鉴别需要。智商是目前较好的一种鉴别标准。无论是比率智商还是离差智商都以此为目的。两种鉴别标准都以同质群体为比较对象，一种（比率智商）以智力水平为比较对象，一种（离差智商）以相对位次为判别标准，各有利弊。

　　如何正确认识"智力是不断变化的，智商是相对稳定的"的观点？

拓展 >

补充读物

　　1　白学军. 智力发展心理学. 合肥：安徽教育出版社，2004

　　该书系统地论述了智力的本质、智力的理论、遗传与智力发展、环境与智力发展、智力测验以及个体智力发展的特点。阅读此书可加深对智力相关问题的认识。

2　葛明贵，柳友荣．心理学经典测验．合肥：安徽人民出版社，2010

　　该书是心理学专业学生的重要参考书。该书的特点是对教科书上介绍的经典心理测验，特别是智力（或能力）测验进行了详细地介绍，可使读者更好地认识心理测验。

在线学习资源

1．http：//www.icourses.cn/viewVCourse.action?courseCode=10027V004　林崇德《创造力心理学》公开课

2．http：//education-portal.com/academy/lesson/intro-to-intelligence.html　心理学网络学习课程：智力的介绍

本章概述

　　本章分别介绍了动机与行为之间的关系，动机的基本理论解释，以及对情绪的理解、情绪与动机的关系等内容。通过本章的学习，需要掌握动机的概念、功能、分类，理解强化理论、需要层次理论、归因理论等有关动机的基本理论认识。除此之外，需要掌握对情绪内涵的认识，理解詹姆斯—兰格情绪理论、坎农—巴德中枢神经过程理论、情绪认知评价理论关于情绪的解释，以及情绪的功能、情绪与动机的关系等。

结构图

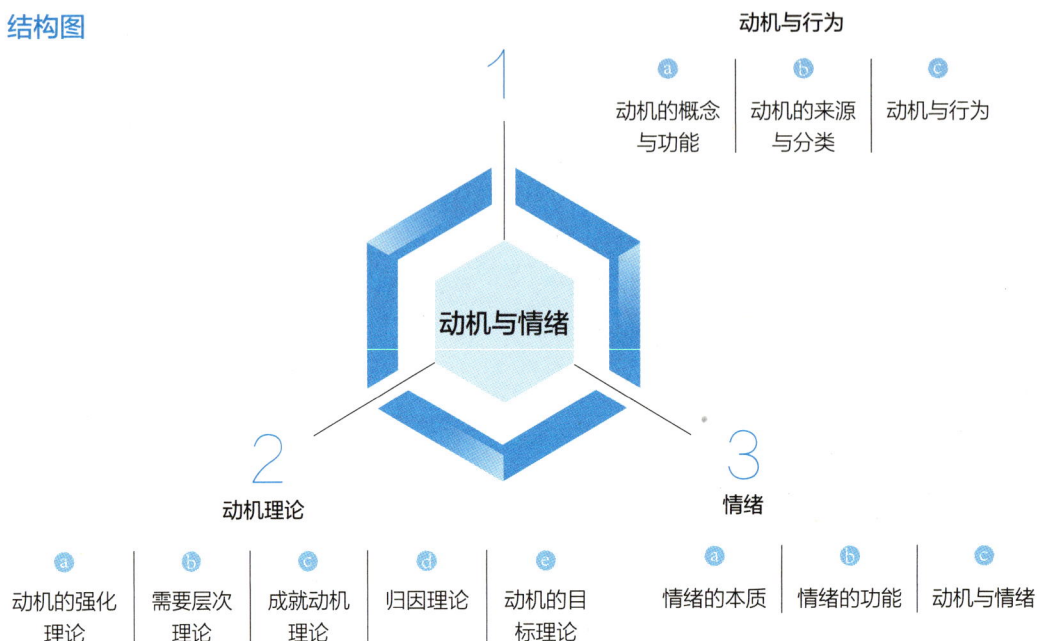

动机与行为

1

ⓐ 动机的概念与功能

ⓑ 动机的来源与分类

ⓒ 动机与行为

动机与情绪

2 动机理论

ⓐ 动机的强化理论

ⓑ 需要层次理论

ⓒ 成就动机理论

ⓓ 归因理论

ⓔ 动机的目标理论

3 情绪

ⓐ 情绪的本质

ⓑ 情绪的功能

ⓒ 动机与情绪

学习目标

本章重点：

1. 动机的分类与功能

2. 动机与行为的关系

3. 动机的基本理论解释

4. 情绪的基本理论解释

5. 情绪的功能

6. 情绪与动机的关系

本章难点：

1. 动机的功能

2. 动机与行为的关系

3. 情绪的功能

4. 情绪与动机的关系

学完本章，你应该能够做到：

1. 掌握动机、情绪等概念

2. 掌握动机的分类、功能，以及动机与行为的关系

3. 理解动机、情绪的理论解释

4. 理解情绪的功能，及其与动机的关系

人们通过行为满足自己的需求，也在通过行为实现自己的愿望和理想。然而，行为的动力从何而来？在科学心理学体系建立之前，对于行为动力来源的认识主要来自于哲学的思考。自从有了心理学学科之后，无论是考察知、情、意的基本心理过程，还是分析人格，都不可避免地涉及对于动机的理解，那么，在心理学领域，对于人们行为的动力究竟有怎样的解释和理解呢？

行为的产生是不是因为某种刺激物的强化？换言之，人们之所以付诸行动，是不是为了获得某种刺激物的强化呢？

每个人的成长，是不是由某种内驱力引导，而行为的产生是不是为了满足需要，降低内驱力呢？又或者是源于人们对行为原因的解释呢？

在中国文化里，古人曾经讨论过"七情"的问题，那么，情绪从何而来，情绪唤醒对人有什么样的影响？

第一节
动机与行为

🎯 **学习目标**

掌握动机的概念、分类

理解动机的功能

一、动机的概念与功能

（一）动机的概念

俗话说，"火车跑得快，全靠车头带。"如果没有车头给予的动力和方向引导，如果没有车头的调节控制，那么，火车也就无从谈起，车厢也不会跑起来。反观每个人的行为，早晨要起床、要吃早餐、要去上班，而晚上要休息、要睡眠……这些行为的出现，是不是也有一种力量在引导和调节呢？

在心理学领域，人们会用"动机"的概念解释行为、情绪等问题。心理学家认为，动机是激发个体行为，并使这种行为指向某一特定目的的内部动力，是对"所有引起、支配和维持生理和心理活动的过程的概括。"[1]根据这一概念，若是要理解人们的某种行为，就需要理解行为的动机是什么，比如，行为指向的目的、行为保持或维

> 动机是激发个体行为，并使这种行为指向某一特定目的的内部动力。

---

1 理查德·格里格，菲利普·津巴多. 心理学与生活（第16版）. 王垒，王甦，等译. 北京：人民邮电出版社，2003：325.

持的原因以及行为的结果等。

🔍 **案例**

内隐动机的测量方法

　　索科洛夫斯基（Sokolowski）基于20世纪70年代后期发展起来的单个动机网格技术，发展了一种对三大动机同时进行测量的工具，即多动机网格技术（见表9-1）。它结合了主题统觉测验（TAT）和问卷测量的特点，是一种测量内隐动机的半投射方法。类似于TAT，多动机网格技术是向被试呈现一系列（14张）模糊图片，以引起动机意象。每幅图片下面各有12个陈述，如表9-1所示，它们代表三种动机（成就、归属和权力），及其趋避方向（渴望与恐惧）。要求被试选出适合于图片的陈述，并以此取代编写故事。这样就形成了一个矩阵，它有14×12个单元（或者叫网格）。如果要计算某种动机的分数，只需数出该动机相关陈述被选择的个数即可。这种方法进一步减少了施测、计分、数据处理的时间和精力耗费。测验通常需要30～45分钟，而且，测验可进一步缩减为72个项目（MMG-S），需要15～20分钟。

表9-1　多动机网格技术的12个陈述项目

	陈述	动机类型
1	交际感觉良好	HA—归属渴望
2	预感将要丢脸	FP—权利恐惧
3	对成功有信心	HS—成功渴望
4	恐怕被人拒绝	FR—拒绝恐惧
5	感觉无能为力	FF—失败恐惧
6	担心被人压制	FP—权利恐惧
7	感到可以胜任	HS—成功渴望
8	害怕麻烦别人	FR—拒绝恐惧
9	打算避开难题	FF—失败恐惧
10	试图影响别人	HP—权利渴望
11	想要联系他人	HA—归属渴望
12	想获得好名声	HP—权利渴望

　　案例引自：杜建政，李明．内隐动机测量的新方法．心理科学进展，2007，15（3）：458～463.

（二）动机的功能

1. 激活的功能

行为的产生，是受到动机的激活。在日常生活中，动机会激发人们产生某种行为活动，使人从某种状态转入另一种状态。比如，持续的机体活动，会让人转入休息或睡眠状态；而一定的休息或睡眠之后，人们又会转入活动状态。无论是从活动转入睡眠，还是从睡眠转入活动，都是在动机的激活和引导下产生的行为反应。正是这些行为反应，让人们从需求紧张转入平衡，并从平衡状态转入新的需求紧张状态中。

2. 引导的功能

人们的行为总是带有目的性的。动机激发了行为，但是行为并不是无目的的、无指向的。从内驱力的角度来看，动机诱发的行为，旨在降低内驱力；而且，各种行为降低内驱力的程度不同，也会影响这种行为的可选择性和可利用性。如果内驱力引发的紧张没有消除，行为的结果没有达成，行为就不会终止。只有在目的达成的情况下，内驱力才会降低，行为反应也可能会消失。因此，对于行为而言，动机具有引导的功能，能够使行为朝向特定的目的。

3. 维持和调整的功能

动机诱发行为，并使行为朝向某一特定的目标。但是，目标的达成可能是一蹴而就的，也可能需要持续很长的时间。在这漫长的时间内，如何使行为始终指向特定的目标，则需要动机的维持。如果没有动机的维持功能，行为就有可能被新的诱因所引导，而改变了原有行为的性质。比如，人们早晨起来打开电脑时，可能想好了要完成某一个信息查询、文件处理，或者网络购物的任务，但是，网页上一段动人的音乐，或者有趣的文字，会改变打开电脑的初衷。若没有动机的维持功能，人们极有可能产生网络迷恋。

当然，动机引发的行为，在目标达成过程中，如果被发现并不足以实现目标，那么，动机就会调整原有的行为反应，而出现一些新的行为，并指向目标。比如，本来以为戴上眼镜就可以看清楚眼前的事物，结果发现戴了眼镜，并没有达成目的，那么，就有可能让人走得更加接近目标，从而达到清楚看到目标刺激的目的。

二、动机的来源与分类

（一）动机的来源

人的某种行为，可能是因为生理的需求所诱发，也可能是外部的某种刺激所引起。一般而言，动机的来源可能是内在，也可能是外在。即动机的来源可以是内部因素，也可能是外部因素。

1. 动机的内部来源

动机的内部来源包括内驱力。赫尔（C. Hull）认为，内驱力是行为产生的一个重要原因。所谓内驱力，是一种内部状态，是消除心理紧张，维持平衡的状态。当个体感到饥饿，生理的需求就会导致心理的紧张，而这种紧张就会激发内驱力，引导觅食行为。当获得了食物，并通过饮食消除了饥饿，心理紧张随之消除，内驱力得到缓解，觅食的行为也会终止。还有一些与生俱来的行为，也称本能行为，如刚出生的婴儿有觅食反射、吸吮反射、行走反射。

2. 动机的外部来源

动机的外部来源主要是诱因。诱因是驱使有机体产生一定行为的外部因素。例如，一位漂亮姑娘的微笑，可能让一个陌生的男青年更加卖力地工作；或者给孩子一个奥特曼的胸贴，就会让他把碗里的最后一粒米也吃得干干净净，而不是浪费掉。

实际上，任何刺激都有可能成为引发行为的诱因。映在西山的斜阳，会让诗人创作出"白日依山尽，黄河入海流"的瑰丽诗篇；或者一只拖着大青虫的蚂蚁，让你突然有了热心肠，拿着小木棍直接把虫子放到蚂蚁洞口⋯⋯诸如此类，外在环境中的刺激物，可以成为诱因，激发人们的行为。

（二）动机的分类

动机的产生，是以需要为基础的。人的需要多种多样，不同的个体之间可能存在着不同的需要，甚至是某一特定的个体，在不同的时间、不同的地点，其需要也可能是不同的。基于需要的不同，人们的动机也有着不同的分类。

1. 生物性动机与社会性动机

根据需要的性质，可以将动机分为生物性动机和社会性动机。

生物性动机是由个体的生理需要所驱动而产生的动机。它以个体的生物学需要为基础，对维持个体的生存和发展发挥着重要的作用。如饥渴、性欲、排泄、疼痛等，这些都是保证有机体生存和繁衍最基本的生物性动机。生物性动机激发个体的行为，以满足生物性需要。当个体的生物性需要获得满足之后，相应的内驱力就会降低，由此形成的心理紧张也会解除。

生物性动机是人类和动物共有的，而社会性动机是人类所特有的。罗杰斯认为，每个人都有实现自我价值，形成独特自我的需要；而沙利文则强调，每个人都有独特的人际关系，要了解一个人的人格特点及行为，则需要分析其人际关系。他强调"人格永远无法与个人生活于其中并因此具有其本质的人际关系的背景相脱离"，所以他认为，人格是在人际情境中形成和表现出来的[1]。当从人际关系的角度理解和认识人的行为时，就不难发现，人的行为具有社会性，其动力即社会性动机。

1　郑雪. 人格心理学. 广州：暨南大学出版社，2001：158.

🔍 **案例**

行为预测理论

心理学家罗特曾提出行为预测理论，其基本观点是个体选择某种行为，取决于该行为是否能够降低内驱力。换言之，个体选择某种行为的可能性，取决于行为者认为它所能够带来的回报（强化）的多少，以及他认为自己实施该行为能带来该回报可能性的大小。而且，就某种生物性需要而言，可能有一系列行为可以降低其内驱力，但是，不同的行为降低内驱力的程度是有差别的。因此，在诸多行为选择中，要预测个体最终会选择怎样的行为，则可以根据不同行为所能降低内驱力的等级做出预测和判断。基于此，罗特提出了行为预测公式：

$$BPx, s1, Ra = f(Ex, Ra.s1 \& Rva, s1)$$

其中，BPx，s1，Ra代表行为x在情境s1、可能带来强化a的条件下出现的潜势（可能性、概率），Ex，Ra.s1代表行为x在情境s1能带来该强化a的可能性，而Rva，s1代表在情境s1的条件下能带来的强化a的大小，f表示函数关系。

人类的社会行动是以社会性需要为基础的。人的成长与发展，实际上是学习和内化社会行为规范，逐步实现社会化的过程，在社会文化和制度的约束下，人们逐渐成为社会人，产生社会需要，并设法去满足这些需要。比如，在个体成长的过程中，存在着亲子交往、师生交往、同伴交往，而在不同的交往中，人们的行为也是有差别的，而这种差别就是在满足不同类别社会需要的过程中体现的。

2. 内在动机与外在动机

根据引起动机的刺激来源不同，可以将动机区分为内在动机与外在动机。

外在动机是在外部刺激的作用下产生的，是为了获得某种强化而产生的动机。比如，幼儿园的小朋友为了得到教师奖励的小红花，而将饭吃得干干净净，不浪费粮食；新教师为了在教学中赢得学生的认可，备课时特别关注学生的需要等，表现为谋求某种外部刺激的强化。幼儿园的小朋友是为了得到小红花，而新教师是希望获得来自于学生的认可。值得注意的是，当外在的强化撤销时，个体的行为就有可能也会随之消失。

内在动机是由内部刺激引起的动机，是缘于行为本身所带来的心理满足，而非外在刺激所引起。比如，幼儿园的小朋友，之所以把米粒吃得干干净净，可能并不是为了得到老师所给予的小红花，而是自己饥饿的缘故；新教师之所以关注学生的需要，也并非只为了获得学生的认可，而是其敬业品质的体现。不难看出，即使是同一种行为，其动机也可能是不同的，既有可能是内在动机驱使，也有可能是外部动机诱发；而且，更为重要的是，内部动机和外部动机之间实际上是可以转化的，两者是相互联系的。

我们每个人都有不同程度的自卑感，因为我们都发现自己所处的地位是我们希望加以改进的。如果一直保持我们的勇气，便能以直接、实际而完美的唯一方法——改进环境——来使我们脱离这种感觉。

——[奥地利]阿德勒

三、动机与行为

（一）动机与行为的激发

一般认为，行为与需要、动机是相联系的。需要是个体感到某种缺乏而力求满足的心理倾向，它是有机体自身和外部生活条件的要求在头脑中的反映。而动机是在需要的基础上产生的，引发并引导行为朝着某一目标的内部动力。因此，需要、动机和行为之间的关系如图9-1所示。

需要 → 动机 → 行为 → 满意度评价

图9-1 动机与行为关系的一般性理解

根据图9-1的描述，需要可以理解成行为活动的原动力，而动机则是行为活动的直接动力。当动机引发人们的行为，并获得某种结果时，人们又会对需要的满足进行评价。如果行为结果满足了人们的需要，由需要紧张所引起的内驱力就会降低或解除，人们有可能会产生新的需要，以促进人们新的行为。如果行为结果并没有满足人们的需要，需要所引起的内驱力并没有得到降低，那么人们就有可能选择其他的行为以实现目的。值得注意的是，需要并不直接指向人们的行为。也就是说，人们产生了某种需要，并不一定会导致某种行为的出现，比如，口渴的需要，并不必然会引起喝水的行为。动机直接指向行为，是引起行为的原因，是行为的直接性动力。

（二）动机与行为的结果

20世纪初，心理学家耶基斯和多德森发现，任务难度、唤醒水平（影响动机的强度，比如，高的唤醒水平，能提高动机强度；而低的唤醒水平，会降低动机强度）和行为效果之间并不是线性的关系，而是倒U形曲线的关系（详见"第7章 思维与语言"中耶基斯—多德森定律的介绍），这表明动机强度是影响行为效果的一个重要因素，但是其影响作用还与任务难度有关系。除此之外，行为效果的变化还取决于行为本身。比如，在学习动机和学习效果的分析中可以发现，学习动机与学习效果之间的关系也并非直接关系，其关系如表9-2所示：

表9-2 学习动机与学习效果之间的关系

	正向一致	负向一致	正向不一致	负向不一致
学习动机	+	−	−	+
学习行为	+	−	+	−
学习效果	+	−	+	−

注："+"表示好或积极，"−"表示坏或消极。

从表中可以看出，学习动机与学习效果的关系存在一致和不一致之分。在一致的情况下，学习动机强，学习积极性高，学习行为也好，则学习效果好（正向一致）；如果学习动机弱，学习积极性不高，学习行为也不好，则学习效果差（负向一致）。在不一致的情况下，学习动机强，学习积极性高，如果学习行为不好，其学习效果也不会好，这是负向的不一致；另外，学习动机不强，如果学习行为好，其学习效果也可能好，这是正向的不一致。据此可以发现，学习效果不仅受到学习动机的影响，而且也受到学习行为的影响；决定学习效果的并不是学习动机，而是学习行为，即无论学习动机强，还是弱，如果学习行为积极，均可以取得积极的学习效果；相反，无论学习动机强，还是弱，如果学习行为消极，学习效果同样也消极。

🔍 **案例**

小学生学习动机的培养——五年追踪研究

贾小娟、胡卫平和武宝军（2012）采用聚合交叉研究设计，利用"学思维"活动课程，对某小学一年级至三年级学生的学习动机进行了4年的干预培养。研究结果表明：（1）随着年龄的增大，儿童的表层动机和成就动机呈下降趋势，深层动机呈先上升后下降的趋势；（2）男生的表层动机和成就动机高于女生；（3）年级越高，表层动机、深层动机和成就动机越低；（4）培养一年后，实验组学生的深层动机显著高于控制组，且长时效应显著。

小学生学习动机随着年龄的增长会发生增长，那么，就动机而言，应该如何认识动机及其发展变化呢？在心理学家马斯洛、阿特金森等人那里，能不能找到答案呢？

第二节
动机理论

一、动机的强化理论

"刺激（S）—反应（R）"联结是行为主义学派关于行为反应的经典认识。以行为主义者的视角来看，行为的产生，是与特定的刺激有关的。行为反应可能是对某种刺激的应答，也可能是为了获得某种刺激的强化。究其根本，行为主义者认为人类行为的动力源自于外部，并将其归结为强化。动机的强化理论源于新行为主义学派代表人物斯金纳（B.F. Skinner）的研究，是早期经典的动机理论之一。

行为主义学派的研究直接指向可测量的、可观察的心理现象。与其他学派的观点不同，行为主义者关注的是各种不同刺激在驱动行为过程中的作用。强化理论认为，个体的行为是其行为结果的函数。根据斯金纳的观点，强化实际上是一种人为操纵，是指伴随于行为之后以有助于该行为重复出现而进行的奖罚过程。他认为，可以通过应用或改变各种刺激，调整人们行为的动机，也可以据此来理解和认识人们的行为。

对于外部环境因素对行为的影响，强化理论提出了四个与之相关的概念，即正强化、负强化、消退、惩罚。休伊特和赫梅尔（Huitt & Hummel，1997）认为，在操作性条件下，正强化、负强化、消退及惩罚的关系如图9-2所示。

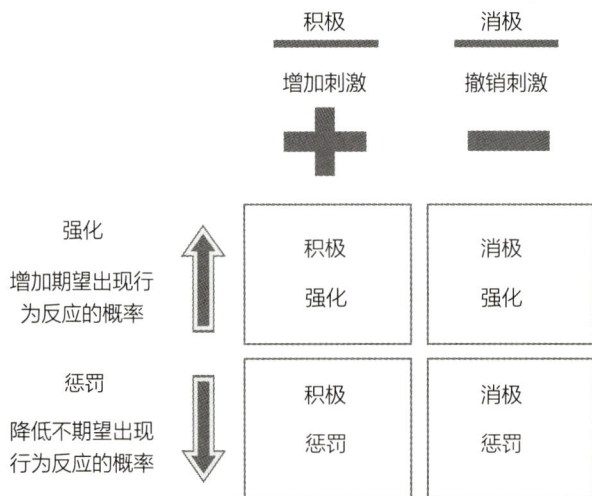

图9-2　强化类型与惩罚的关系

行为主义试图用强化来说明行为的引起与增强。在他们看来，人的某种行为倾向之所以发生，完全取决于先前这种行为与刺激因强化而建立起来的稳固联系。当某种行为发生后给予强化，就可以增加该行为再次出现的可能性。除此之外，行为的出现或者消退，也与惩罚有着密切的联系。无论是正强化，还是负强化，都以增强预期行为的出现或行为概率为目的，而惩罚则是以降低不期望出现行为的反应概率为目的。

二、需要层次理论

人本主义心理学家马斯洛（1943，1954）在研究中，以成功人士为研究对象，批判了理论研究中以偏离正常或者机能失调者为对象的传统方法。他以自我实现概念为核心，提出了需要层次理论。

根据马斯洛的观点，人的一切行为都是由需要引起的，而需要又是分层次的。他把人的需要分为自下而上的五个层次，即生理需要、安全需要、归属与爱的需要、尊重需要、自我实现的需要，如图9-3。

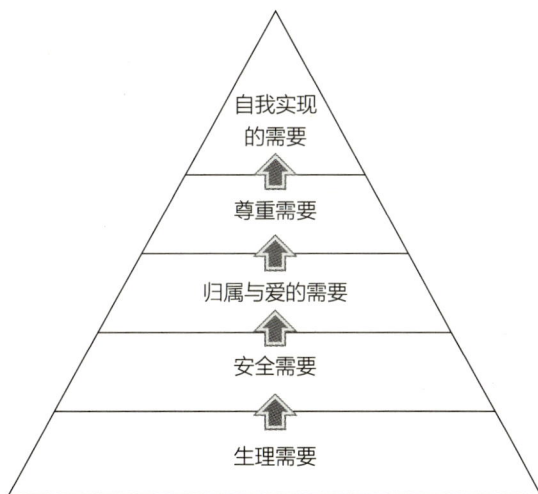

图9-3 马斯洛的需要层次理论

根据马斯洛的观点，第一个层次的需要是生理需要。生理需要是指维持生存及延续种族的需要。如空气、水、食物等都是机体所需的，也是人类保存生命的基本需要。如果其无法得到满足，人体功能就会丧失。因此，生理需要被认为是最重要的、最基本的，也是人类首先需要面对和满足的需要。

第二个层次的需要是安全需要。安全需要是指希望受保护与免遭威胁从而获得安全感的需要。人类可能会因为战争、自然灾难、家庭暴力等原因，丧失安全感。如果安全需要不能得到满足，就可能导致压力、情绪失调等。

第三个层次的需要是归属与爱的需要。归属与爱的需要是指每个人都有被他人或群体接纳、爱护、关注、鼓励及支持的需要。人是具有社会性的，当生理需要、安全需要得到满足之后，人们就会寻求归属和爱的满足。如果这一需要不能得到满足，个体则有可能会产生孤独、社会焦虑等不良的心理体验。

第四个层次的需要是尊重需要。尊重需要是人们对接纳、价值的追求。每个人都希望体验到尊重，这既包括自我尊重，也包括得到他人的尊重。尊重需要的满足会使人相信自己是有力量的、有价值的；相反，如果个体尊重的需要得不到满足，就会丧失价值感，而感到自卑，没有足够的信心去处理面临的问题。

最高层次的需要是自我实现的需要。需要层次理论是以"自我实现"概念为核心的。所谓自我实现的需要，就是指个体希望最大限度地实现自己潜能的需要。马斯洛认为，"一个人能够成为怎样的人，他就必须成为那样的人"。换言之，一个人如果是拥有潜力的，那么，他就应该充分挖掘自己的潜力。

> 自我实现的需要是指个体希望最大限度地实现自己潜能的需要。

心理学家语录

即使是各种需要都得到了满足，我们可能仍然会有所期望！期望产生一种新的不满和不安，除非一个人正在做的事恰好是适合他自己的。比如，一个音乐家在创作音乐，一个美术家在绘画，一个诗人正在写作……如果一个人果真如此，他便拥有无尽的快乐。

——[美]马斯洛

三、成就动机理论

在期望—价值理论的基础上，阿特金森提出了成就动机理论，其更加重视成就动机的个体差异。该理论认为，与某个成就目标相联系的动机倾向（Ts）受到三个因素的影响，即成就需要或者追求成功的动机（Ms），在任务中个体可能获得成功的概率（Ps），以及成功价值的激励（Is）。各因素之间的关系可以用下面公式来表示：

$$Ts = Ms \times Ps \times Is$$

在这个公式中，Ms表示成就动机，这种成就动机可以通过早期的学习或者童年时的特殊训练而获得，而且可以用投射技术，如主题统觉测验测量成就动机的强度。被试根据图片刺激写出想象故事，这些语言原型在一定程度上可以反映他们对成就的想象和假设。Ps，即成功概率，是指人们对工具性行为可能实现目标的认知预期。这种预期会因为任务难度的不同而发生变化。Is是指成功价值的激励作用，阿特金森假设，Is与Ps是相反的，$Is=1-Ps$。这是因为成功的激励作用可以用功成名就的自豪感来推测。由此可以推论，高自尊体验应该是来自于在困难任务中的成功，但是困难任务对于成功而言，概率却是低的，即Ps较小；相反，低的自尊体验应该是在完成容易任务时获得的，但容易任务对于成功而言概率是高的，即Ps较大。

在此基础上，阿特金森（1957，1964）将个体的成就动机分成两类，一类是力求成功的动机，另一类是避免失败的动机。力求成功的动机，即人们追求成功和由成功带来的积极情感的倾向性；避免失败的动机，即人们避免失败和由失败带来的消极情感的倾向性。人在这两类动机的相对强度方面各不相同，可以分为力求成功者和避免失败者两种类型。力求成功者将目标定位于获取成就，所以他们会选择有所成就的任务。这种情况最有可能发生在他们预计自己成功的可能性有50%的把握时，也就是说成功概率为50%的任务是他们最有可能选择的，因为这种任务能给他们提供最大的现实挑战。如果他们认为成功完全不可能，或胜券在握，动机水平反而会下降。反之，避免失败的需要强于力求成功愿望的人，在预计自己成功的概率大约是50%时，他们会回避这项任务。他们往往选择更容易成功的任务，使自己免遭失败；或者选择极其困难的任务，这样即使失败，也可以找到适当的借口，得到自己和他人的原谅，从而减少失败感。

四、归因理论

归因理论源自于心理学家海德（1958）的研究，之后由凯利（1967，1971）和维纳（1985，1986）继承和发展。他们认为人类就像是科学家一样寻求对他们周围世界的理解和认识。归因指人们对他人或对自己的所作所为（行为）进行分析、指出其性质、推论其原因的过程。归因理论认为动机是与行为相

> 归因是指人们对他人或对自己的所作所为（行为）进行分析、指出其性质、推论其原因的过程。

联系的事件与结果之间暂时性联系的最好代表。归因理论假设，人们有一种强烈的理解环境的需要，就是人们想要理解为什么在自己的生活中会发生某些事情，从而对自己的行为和环境间的因果关系、对他人的行为和环境间的因果关系做出解释和推断。

美国心理学家维纳对行为结果的归因进行了系统探讨，并把归因分为三个维度：内部归因和外部归因，稳定性归因和非稳定性归因，可控制归因和不可控制归因；又把人们活动成败的原因即行为责任主要归结为六个因素，即能力高低、努力程度、任务难易、运气（机遇）好坏、身心状态、外界环境。如果将此三维度和六因素结合起来，就可组成如表9-3所示的归因模式。

表9-3　成就动机的归因模式

	稳定性		内在性		可控性	
	稳定	不稳定	内在	外在	可控	不可控
能力高低	+		+			+
努力程度		+	+		+	
任务难度	+			+		+
运气好坏		+		+		+
身心状态		+	+			+
外界环境		+		+		+

注：表中"+"表示每一因素和维度的关系。如能力高低属于稳定的、内在的和不可控的因素。

内在外在维度也被称为轨迹维度，是指归因为内在，还是外在所处的位置，其影响着人们在成功或者失败之后对自尊的选择。稳定性维度会影响人们对成功的主观预期。如果积极的结果可以被归为稳定的原因，如天资能力，那么，未来的成功就是可以预期的；与之相似，如果消极的结果可以归为稳定的原因，那么未来的成功就是不可能的。可控性维度与动机所隐含的情感，如愤怒、生气、内疚、羞耻等相联系，比如，影响成功的因素是可控的，而且有人控制了这些因素而阻止某一个体的成功，便会导致该个体的愤怒。

五、动机的目标理论

1980年以来，涌现了许多目标概念和目标理论。杜依可（Dweck）的成就目标理论和班杜拉（Bandura）的目标与自我管理理论最具影响。其基本观点认为：（1）目标是一个有用的动机概念，其具有与之相联系的认知、情感和行为成分，而给予目标动机性力量的正是它的情感成分；（2）人们会更多去从事那种目标价值高、实现可能大的行为，而不去做那种目标价值低、实现可能性小的行为；（3）朝向目标的进展与积极情感相连，而背离目标的行动与消极情感相连；（4）个人目标是以等级序列组织的，同时具有动态和动力的功能。此外，系统内的目标可能是整合的，也可能是冲突的；（5）精神病学可以被理解为目标缺乏、目标冲突或目标实现中存在障碍。人们有时会因为缺乏目标而痛苦，这种情况在事业目标尚未确定的青年晚期、成年早期或退休期间尤为突出。但更多的时候，人们因目标冲突而痛苦，并因此而损害其主观幸福感和健康状况[1]。

1　蒋京川，郭永玉. 动机的目标理论. 心理科学进展，2003，11（6）：635-641.

🔍 **案例**

人生的悲喜从何而来

虽趣舍万殊，静躁不同，当其欣于所遇，暂得于己，快然自足，不知老之将至。及其所之既倦，情随事迁，感慨系之矣。向之所欣，俯仰之间，已为陈迹，犹不能不以之兴怀。况修短随化，终期于尽。古人云："死生亦大矣！"岂不痛哉！

——节选自　王羲之《兰亭集序》

很多人都在慨叹王羲之《兰亭集序》的书法魅力，然而，若是仔细品读一字一句，必能从中体验人生的悲喜！请您仔细阅读，试分析是什么让那些性格不同、目标所求迥异的人，或体验到快乐，或感怀悲伤呢？

第三节
情绪

🎯 **学习目标**

情绪的概念、理论解释及功能
情绪与动机的关系

一、情绪的本质

生活中，人们时刻都在体验各种不同的情绪，也时刻承受着情绪的影响。人们会伤怀别离，也会触景生情。正如古诗词中"自古多情伤离别"的惆怅遗恨，"春风得意马蹄疾"的奔放喜悦，或者"门掩黄昏，无计留春住"的遗憾与无奈……当然，情绪可以让人给生活赋以瑰丽的诗句，也可能会让人体验痛苦，甚至伤害身体，影响人们的健康。那么，人们体验到的情绪、情感究竟是什么呢？

（一）情绪的含义

情绪是什么？是一种心理体验，或是一种感受？那么，什么是心理体验，什么是感受呢？实际上，情绪是很难界定的，甚至是很难准确地解释和理解的。古今中外都有关于情绪的描述、分类，甚至是情绪管理的方法和策略，比如，美国心理学家詹姆斯认为，情绪的产生基于人们对生理唤醒的解释。在中国典籍《礼记·礼运》中，对情绪也有所疑问——"何谓人情？喜、怒、哀、惧、爱、恶、欲七者，弗学而能"，并且认为，"礼"是"治人七情"的圣人之法。当代心理学家认为，情绪是一种躯体和精神上的、复杂的变化模式，其包括生理唤醒、感觉、认知过程以及行为反应。

从基本心理过程的角度来看，情绪与认识是不同的。在认识活动中，光线引起了视觉，气味引起了嗅觉，声音引起了听觉；而情绪活动的产生与认知有关，其却是以需要为中介的一种心理活动形式，是对个体与环境事件之间关系的反映。因此，心理活动并不止于人们感觉到了什么，而是因为人们的需

> 情绪是一种躯体和精神上的、复杂的变化模式，其包括生理唤醒、感觉、认知过程以及行为反应。

要不同，就会对感觉到的信息赋予不同的意义，有一些是符合或者满足自己需要的，有一些则与自己的需要和愿望冲突，那么，那些能够满足自己需要的刺激信息就会让一个人体验到快乐，而那些与自己愿望冲突的、不能满足需要的刺激信息则会让人体验的厌恶、可恨。

（二）情绪的理论解释

1. 詹姆斯—兰格情绪理论

美国心理学家詹姆斯和丹麦心理学家兰格却认为，情绪来源于对躯体的反馈。正如詹姆斯所言："我们感到难过，因为我们哭泣"，而并非是因为难过，才做出"哭泣"反应的。

根据詹姆斯—兰格的观点，在某一事件引发躯体唤醒，并且个体对这种躯体唤醒进行觉察或解释时，才会产生特定的情绪。其中事件引发的躯体唤醒主要来自于植物性神经系统的活动，因此，他们的理论也被称为外周情绪理论。兰格在以饮酒和药物为例说明情绪变化的原因时认为，酒和某些药物都是引起情绪变化的因素，它们之所以能够引起情绪变化，是因为饮酒、用药都能引起躯体的唤醒，比如，血管的活动，而血管的活动是受植物性神经系统控制的。植物性神经系统支配作用加强，结果就产生了愉快的情绪；植物性神经系统活动减弱，结果就产生了恐惧情绪。因此，情绪决定于血管受神经支配状态的改变以及对它的意识。

2. 坎农—巴德的中枢神经过程理论

情绪的产生是不是完全取决于外周神经系统的控制呢？如果情绪完全受制于外周神经系统，那么，切断内脏与中枢神经系统的联系，就不会有情绪产生了。然而，坎农以动物为实验，发现这些动物仍然有情绪反应。因此他认为，情绪的产生源自于中枢神经系统，而非外周神经系统。

生理学家巴德也认为，事件在引发躯体唤醒的同时，也会影响大脑皮层的活动。因此，事件刺激同时引起两种效应，而非只有单纯的躯体唤醒。那么，大脑皮层的活动在情绪产生过程中发挥着什么作用呢？巴德认为，情绪感受主要通过大脑皮层的作用而产生的，而且，躯体唤醒与情绪体验是基于同一事件刺激的两种反应，两者之间没有因果联系。

3. 情绪认知评价理论

在日常生活中，同样的刺激信息，引起同样的躯体生理唤醒，但是会产生不同的情绪体

验。比如，有人从身后拍打了你的肩膀，你也感觉到了疼痛，那么，这样的生理唤醒会引起怎样的情绪体验呢？可能的结果是如果猜测拍打肩膀的是你的亲密恋人，你可能会产生喜悦的情绪；相反，如果你猜想这人可能是个陌生人，你可能会产生疑惑，甚至是愤怒。在这一过程中，喜悦或者疑惑、愤怒的情绪体验是如何产生的呢？

阿诺德（Arnold，1950）认为，人们会直接地、自动地，甚至是不由自主地会对客观事件做出评价，而情绪就是一种朝向评价为好（喜欢）的事物或离开评价为坏（不喜欢）的事物的感受倾向。拉扎鲁斯（Lazarus，1968）把阿诺德的评价扩展为评价、再评价过程。他认为，如果事物被认为是与个人生活的重要方面相联系的，人们就会有情绪体验。每一种情绪均包括生理的、行为的和认知的三种成分。这三种成分在每种特定的情绪中各自起着不同的影响，而又相互作用、互为因果。因此，同样的刺激信息，之所以会引起不同的情绪体验，是因为除了生理唤醒之外，认知评价，也会影响人们的情绪体验。

（三）情绪的表达

在心理学研究领域内，对情绪表达的研究主要是探索人们的声音、肢体语言、面部表情等包含的情绪成分。研究者认为，情绪是一种内心体验，它必须通过某种媒介得以表达和反映。人们往往是通过面部表情、肢体语言或身段等方式表达自己内在的情绪体验。

1. 面部表情

中国有很多成语，都可以反映面部表情在情绪表达过程中的作用。比如，"喜形于色""喜上眉梢""愁眉苦脸""怒目而视"等，从具身认知的角度来看，都反映了人们对心理活动的觉察。面部表情是人类的基本沟通方式，也是情绪表达的基本方式。心理学家曾经应用表达快乐、惊讶、生气、厌恶、害怕、悲伤和轻视几种情绪的面部表情图片，要求不同文化背景下的人识别表情图片所反映的情绪。结果发现，不同文化背景的被试都能准确地辨认这七种基本表情所反映的情绪体验，这表明面部表情对情绪体验的表达具有泛文化性。

2. 身段表情

除了面部表情，人们的情绪体验也可以通过肢体语言得以表达和反映，也称为身段表情。具体而言，身段表情是指通过人的身体姿态、动作变化来表达情绪。比如，人们在高兴时可能会手舞足蹈，而在悲痛时则会捶胸顿足；人们在成功时可能会趾高气扬，而在失败时则会垂头丧气等。因此，人们也可以通过肢体语言或身段表情理解和识别他人的情绪体验。

3. 语调表情

俗语说"听话听音"，意指要理解别人想表达什么样的情绪，可以通过说话者的语调声音来做出判断。人们在表达私密情感时，会"窃窃私语"；在表达激动心情时，可以"引吭高歌"；而在表达极其愤怒时，又会"咆哮如雷"。不同的语调声音，与不同的情绪相一致。

因此，人们的情绪体验，也是可以通过声音语调表达的。语调表情就是指通过声调、节奏的变化来表达情绪的，比如，言语中语音的高低、强弱、抑扬顿挫等。

二、情绪的功能

1. 信号功能

当走在大街上，看到迎面走来的女孩正在朝着你微笑，你会怎样理解她的行为呢？也许你会觉得这个女孩有可能认识你，或者她是在用微笑与你打招呼……无论是哪一种理解，女孩的微笑的确给你传递了某种信息，这体现了情绪的信号功能。一般而言，情绪的信号功能表现在个体将自己的愿望、要求、观点、态度通过情绪情感表达的方式传递给别人以影响他们。比如，表示友好情绪的点头微笑，或者表达厌恶的龇牙咧嘴……

在人际交往中，会借助情绪的信号功能，识别他人的行为和心理。比如，看到有人流泪，我们会认为他可能伤心；看到有人振臂高呼，我们会认为他高兴……除此之外，人们也可以利用情绪的信号功能，传递信息，影响他人。

2. 动机功能

因为喜欢某个人，所以就频繁地与其接触；因为讨厌某个人，所以就避免见面打招呼；因为某个场景曾让人恐惧，所以就不敢想象那样的场景……我们可以注意到，人们的行为可能是因为情绪的引导。与之相类似，动机是引起和维持某个人的活动，并使其朝向某一目标的内部动力。那么，为什么情绪也会诱发人们的行为，或者让人们的行为指向某一特定的目的呢？

情绪具有动机的功能，又称为情绪的调节功能，其可以对人的行为活动起发动、促进和调控的作用。情绪的产生总是伴随着某种生理的唤醒，这种唤醒本身就是行为，或者可以作为行为活动的生理学前提；另外一方面，根据情绪的认知评价理论，情绪的产生，也受到认知评价的影响，而情绪所诱发的行为，同样受到认知的监控和调节。因此，可以认为情绪能够以一种与生理性动机或社会性动机相同的方式激发和引导行为。

3. 适应功能

达尔文在《人类和动物的表情》一书中曾认为，情绪是与人类和非人类结构与功能的其他方面一同进化而来，因此，情绪的适应性功能也是达尔文较早关注的领域。正是因为人们拥有喜、怒、哀、惧等基本情绪，人类才能够更好地适应客观环境的变化。

在现实生活中，情绪能够引导个体对不同的刺激事件产生灵活自如的适应性反应，并调节或保持个体与环境间的关系。比如，微笑可能会让人觉得更易亲近，而良好的人际关系又能够促进个体在群体中的适应力；恐惧能够让人们更好地保护生命，适应生存，而不怕虎的"初生牛犊"会难以在弱肉强食的生活环境中生存下来。因此，人们应该积极关注情绪的变化，了解情绪给予人们的信息，并有效调节情绪，引导人们健康地生活。

三、动机与情绪

（一）动机与情绪

汤姆金斯和伊扎德都认为，情绪具有重要的动机性和适应性功能。汤姆金斯认为，早期动机理论的错误在于他们把内驱力本身的信号和这个信号的"放大器"混淆了，他认为诸如食物、水、氧气等生理需要的信号，需要一种放大的媒介才能激发有机体的行动，起这种放大作用的就是情绪性过程。他提出情绪常常补充到内驱力的信号中，使这个信号得到提高和放大。但是，人们单纯地把它看为内驱力信号本身而忽略情绪在其中的作用，而事实上，情绪与内驱力相比较是更强有力的驱动因素[1]。罗斯曼（2008）还曾在前人研究基础上，尝试总结了动机与情绪的异同，见表9-4。

表9-4　情绪与动机的异同以及相互关系

	动机	情绪
相同之处	均为内部状态或过程	
	均可用于解释行为的能量和方向	
	均能导致目标定向行为	
不同之处	特定目的机制	一般目的机制
	较为慎重	较为冲动
	动机晚于情绪发生	情绪先于动机发生
相互关系	情绪与动机以两种方式相互联系： 情绪部分来自于动机； 情绪就是动机，即情绪驱动行为，给行为以力量和方向	

（二）情绪的动机理论

1. 情绪的动机—分化理论

汤姆金斯指出内驱力是严格地按照生物节律发生的，它有十分刻板的局限性。例如，呼吸或消化，有机体必须按照它们各系统各自的节律去活动，以保持体内平衡，达到生存的目的。与之不同的是，情绪系统具有更概括化的性质。无论在发生的时间上、对象上、强度上，还是各种情绪的互相补充或抵消上，情绪都比内驱力有更大的自由度和可变性。情绪的适应价值就在于它能够扩大或缩小、加强或减弱生物需要的信息，使有机体更易于适应变化多端的生活环境。

1　孟昭兰. 当代情绪理论的发展. 心理学报，1985（2）：209-215.

动机理论认为情绪实质的起点在于进化。情绪的动机性质和适应价值是在种族进化中获得的。分化情绪理论的创建者伊扎德认为情绪是新皮质的产物。随着新皮质在体积上的增长，具体情绪的种类增多，面部肌肉系统的分化也更加精细。伊扎德强调，生命的进化和情绪的分化是一致的，这是因为情绪在生存和适应上起着核心的作用[1]；而且，每一种具体情绪都是对特定事件做出反应的前提准备，并引导有机体做出相应的反应。各种情绪的作用不同，作用的方式也有差别，因此，该理论被称为动机—分化理论。

2. 情绪的动机维度模型

动机有两个维度，即方向和强度。动机的方向指对一种物体或目标的趋近或回避驱力，而动机的强度是指动机的力度。两个维度的交叉或交互影响，可能会产生在一种给定的动机方向之下，动机在强度上可以有或低或高的不同变化，见表9-5[2]。例如，在大学校园里，一个学生因为喜欢文学，动机强度也可能很高，在行为上可能表现为坚决选择相关专业；而另一位学生尽管也喜欢文学，但是动机强度可能比较低，并不会有行为上的强烈反应。

表9-5　情绪的动机维度模型简表

理论模型	进化适应意义	代表情绪
高动机强度的情绪窄化认知加工	高动机强度的积极情绪： 有助于机体集中注意于想要获得的物体或目标；鼓励个体执着地追求目标	渴望 热情 兴奋
	高动机强度的消极情绪： 注意焦点窄化有助于机体评估并回避令人紧张或厌恶的物体或情境	厌恶 恐惧 焦虑
低动机强度的情绪扩展认知加工	低动机强度的积极情绪： 注意焦点扩展有助于机体整合更广泛的环境线索，促进探索行为或嬉戏行为，从而可能产生更加富于创造性的方法	搞笑 安详 宁静
	低动机强度的消极情绪： 注意广度增加有助于机体从失败中走出，并鼓励其发展具有创造性的新解决方法	悲伤 抑郁

从表9-5也可以看出，在高动机强度下，如果有积极情绪的唤醒，则有助于将注意力集中于试图获得目标上；相反，若是在高动机强度下，有消极情绪的唤醒，则会让人注意焦点窄化，并对试图回避的目标进行重新评估。与之不同的是，如果是在低动机强度下，有积极情绪的唤醒，则会使有机体注意焦点扩展，并引导人们整合更广泛的环境线索，促进探索行

1　孟昭兰. 当代情绪理论的发展. 心理学报，1985（2）：209-215.
2　邹吉林，张小聪，张环，于靓，周仁来. 超越效价和唤醒——情绪的动机维度模型述评. 心理科学进展，2011，1（9）：1339-1346.

为；相反，如果在低动机强度下，有消极情绪的唤醒，则会使有机体注意广度增加，并引导人们摆脱失败的影响，发展具有创造性的新解决方法。

本章小结

动机的功能主要体现在三个方面：激活的功能、引导的功能、维持和调整的功能。

根据需要的不同性质，可以将动机分为生物性动机和社会性动机；根据引起动机的刺激来源不同，可以将动机区分为内在动机与外在动机。

行为主义者关注的是各种不同刺激在驱动行为过程中的作用。

强化理论认为，个体的行为是其行为结果的函数。

人本主义心理学家马斯洛认为，人的一切行为都是由需要引起的，而需要又是分层次的。

阿特金森成就动机理论认为，与某个成就目标相联系的动机倾向（Ts）受到成就需要或者追求成功的动机（Ms），在任务中个体可能获得成功的概率（Ps），以及成功价值的激励（Is）三个因素的影响。

归因理论假设，人们有一种强烈的理解环境的需要，就是人们想要理解为什么在自己的生活中会发生某些事情，从而对自己的行为和环境间的因果关系、对他人的行为和环境间的因果关系做出解释和推断。

动机的目标理论认为目标是一个有用的动机概念，其具有与之相联系的认知、情感和行为成分；另外，人们会更多去从事那种目标价值高、实现可能大的行为，而不去做那种目标价值低、实现可能性小的行为。

美国心理学家詹姆斯和丹麦心理学家兰格认为，情绪来源于对躯体的反馈。坎农—巴德理论认为，中枢神经系统的活动在情绪体验产生的过程中，发挥着重要作用，并且认为躯体和心理反应具有独立性。情绪认知评价理论认为每一种情绪均包括生理的、行为的和认知的三种成分。

人们往往是通过面部表情、肢体语言或身段等方式表达自己内在的情绪体验。

情绪的功能主要包括信号功能、动机功能、适应功能。

总结 >

Aa 关键术语

动机	外在动机	内在动机
motivation	external motivation	internal motivation
生理需要	安全需要	归属与爱的需要
the physiological needs	the safety needs	the love needs
尊重的需要	自我实现的需要	归因
the esteem needs	the need for self-actualization	attribution
情绪		
emotion		

章节链接

本章学习了动机和情绪，掌握和理解了情绪与动机的概念，在第一章中，介绍了有关心理过程，即知、情、意的相关内容。本章关于情绪的概念理解、功能介绍、理论解释等的介绍，将有助于对第一章有关"情"的心理过程的理解。

本章关于动机概念、分类及其与行为关系的介绍，将有助于学习第五章内容时，理解有关学习动机、学习行为的相关内容。

本章关于动机和行为关系的分析，与第七章问题解决非认知因素中的动机、情绪内容是相联系的，其中耶基斯—多德森定律即为任务难度、唤醒水平、行为效果之间关系的分析。

应用 >

批判性思考

不同的理论流派，或者是不同的心理学家，对于行为动力的解释并不相同。通过本章的学习，您认为应该如何理解动机及其与行为之间的关系？

一般认为，情绪是基本的心理过程，而动机则是内部心理倾向和动力，本章介绍了情绪和动机之间的关系，您如何理解情绪的功能以及情绪与动机之间的关系呢？

✎ **体验练习** ⋯⋯⋯⋯⋯⋯⋯⋯⋯⋯⋯⋯⋯⋯⋯⋯⋯⋯⋯⋯⋯⋯⋯⋯⋯⋯⋯⋯⋯⋯⋯⋯⋯⋯⋯⋯⋯⋯

大学生学习动机调查问卷[1]

指导语：您好！这是一份关于大学生学习动机的问卷。请根据您自身与各个项目所描述情况相符合的程度在每题后相应的数字上打"√"。答案无所谓好坏对错，请根据您的真实情况填写，我们承诺对您的资料严格保密。完成这份问卷可能会耽误您一点宝贵的时间，在此向您表示衷心的感谢！

请您在答题之前先填好以下资料，选择时在您要选的项目上打"√"。

① 专业＿＿＿＿＿　　② 年级＿＿＿＿＿　　③ 性别：男□　女□

项目	符合	有点 不确定	有点 不符合	比较 不符合	非常 不符合
1. 我总觉得大学的学习是令人愉快的事	⑤	④	③	②	①
2. 我经常提醒自己，要在学习过程中不断提高自己分析和解决问题的能力	⑤	④	③	②	①
3. 我想通过努力学习而提高自己在班上的地位	⑤	④	③	②	①
4. 我常想，如果不认真学习的话就对不起教师的培养	⑤	④	③	②	①
5. 为了使自己将来有能力帮助他人，我一直努力学习	⑤	④	③	②	①
6. 我希望利用学习成绩来扩大我的影响范围	⑤	④	③	②	①
7. 我努力学习是为了将来能干出一番事业	⑤	④	③	②	①
8. 随着学习进程的深入，我的专业学习兴趣越来越浓了	⑤	④	③	②	①
9. 我因为努力学习而很少感到空虚	⑤	④	③	②	①
10. 我常想，如果不努力学习，就业时就会失去竞争力	⑤	④	③	②	①
11. 我总是通过提高学习成绩来赢得别人的尊重	⑤	④	③	②	①
12. 我很想利用自己的才华报效家乡	⑤	④	③	②	①
13. 我非常害怕因学习成绩不好而受到亲友的责难	⑤	④	③	②	①

1　戴晓阳. 常用心理评估手册. 北京：人民军医出版社，2010：254-257.

续表

项目	符合	有点 不确定	有点 不符合	比较 不符合	非常 不符合
14. 我把刻苦学习视为当选学生干部的一个筹码	⑤	④	③	②	①
15. 我在大学的学习中，常因某个问题的解决而产生释然感	⑤	④	③	②	①
16. 总的来说，我对大学课程的学习有浓厚的兴趣	⑤	④	③	②	①
17. 课后我经常去图书馆阅读与自己专业相关的书籍和杂志	⑤	④	③	②	①
18. 我敢确信，渴望在将来能使祖国变得更加富强是我学习的主要动力	⑤	④	③	②	①
19. 我力图使自己比别人学到更多的知识	⑤	④	③	②	①
20. 我经常提醒自己，不能因为学习成绩而影响到自己在同学心目中的地位	⑤	④	③	②	①
21. 我想利用所学知识去参加竞赛，为学校争光	⑤	④	③	②	①
22. 我想努力学习，为他人树立一个榜样	⑤	④	③	②	①
23. 我一直想通过学习来光耀门楣	⑤	④	③	②	①
24. 通过学习我解决了许多以前不懂的问题	⑤	④	③	②	①
25. 在大学里学习，我的精神比中学时好	⑤	④	③	②	①
26. 通过坚持学习，我能读懂的专业文献比一般同学要多	⑤	④	③	②	①
27. 我私下经常提醒自己，不认真学习就没法给父母一个交代	⑤	④	③	②	①
28. 我常想，一定要好好学习，不能让异性同学看不起自己	⑤	④	③	②	①
29. 为了免遭同学的嘲笑，我总是刻苦学习	⑤	④	③	②	①
30. 我总想利用自己所学的知识多为他人排解困难	⑤	④	③	②	①
31. 我经常通过看专业书籍而有意识地提高自己的科研能力	⑤	④	③	②	①
32. 我渴望自己在课程学习中寻找新的发现	⑤	④	③	②	①
33. 我试图通过提高自己的学习成绩来为班级增添荣誉	⑤	④	③	②	①
34. 我常因学习上的优势而产生强烈的满足感	⑤	④	③	②	①

问卷的内容及实施方法：

大学生学习动机问卷是一个自评量表，包含求知兴趣、能力追求、声誉获取和利他取向4个维度，共34个条目。采用五点评分方法，即"符合"记5分，"有点不确定"记4分，"有点不符合"记3分，"比较不符合"记2分，"非常不符合"记1分。

测量学指标：

求知兴趣、能力追求、声誉获取和利他取向4个分量表的内部一致性（a系数）分别为0.8389、0.8239、0.7760和0.7719，全量表为0.9003。

结果分析与应用：

求知兴趣分量表：包括项目1、8、9、16、17、18、25、26、31、33、34，共11个项目，反映大学生为了发展自己的专业兴趣，获得愉悦体验的动机水平。

能力追求分量表：包括项目2、7、10、15、19、24、27、32，共8个项目，反映大学生通过学习来提高自己解决问题的能力，以求将来干出一番事业、增加就业竞争力等方面的学习动机。

声誉获取分量表：包括项目3、6、11、14、20、23、28，共7个项目，反映大学生通过学习来提高自己在班上的地位和扩大自己的声誉影响的动机。

利他取向分量表：包括项目4、5、12、13、21、22、29、30，共8个项目，反映大学生为了对得起教师的培养，使自己将来能帮助他人和对社会做贡献的动机驱动。

求知兴趣和能力追求两个维度得分之和为内部动机分量表的得分；声誉获取和利他取向得分之和为外部动机分量表的得分。所有（34个）条目得分之和为该量表的总分，反映了被测者学习动机的总体状况。

拓展 >

☕ 补充读物

1　皮特里. 动机心理学（第五版）. 郭本禹，等译. 西安：陕西师范大学出版社，2005

　　该图书共包括动机的生理机制、动机的认知取向、情绪与动机等五编内容，系统翔实地介绍了有关动机及情绪的各种不同理论观点和研究成果，内容涵盖不同专业和背景的理论家所提出的理论观点，并分析了各种理论观点之间的内在联系。该图书可以引导学生更好地了解人类动机的生物、行为（习得）和认知的解释，帮助学生理解动机及其相关理论，并学会用其观点理解人们的行为活动及心理世界。

2　法尔克·莱茵贝格. 动机心理学（第七版）. 王晚蕾，译. 上海：上海社会科学院出版社，2012

　　该图书悉心甄选了众多日常生活中的案例，从自我经历谈起，为读者清晰描绘了各种典型的动机行为。作者从对"本能""欲望"等概念的诠释切入，通过对情境激励的分析，逐步过渡到经典动机心理学理论；着重介绍了意志力研究、心流体验、动机能力理论，以及动机测量，详细阐述了动机作用的理论模型。

3　孟昭兰. 情绪心理学. 北京：北京大学出版社，2005

　　该书共分三部分，分别论述了情绪心理学的研究发展和理论基础；情绪的发生、分化与社会化；情绪心理与社会生活的方方面面。在写作过程中，力求介绍完整、准确，涵盖最新研究结果，是国内为数不多的情绪心理学的论著之一。该图书是一部较为全面系统论述情绪心理的极有价值的综合性著作。它力图揭示人的快乐与悲伤、期望与失望以及爱恋与淡漠、愤怒与恐惧、忧郁与焦虑等情感变化的奥秘。它介绍了世界上四十来位有代表性的情绪理论家的学说，并分别就情绪的内部生理、外部行为、主观体验、认知的作用、面部身体上的表达、情绪的发展及变态情绪等作了总结性描述。

4　斯托曼. 情绪心理学：从日常生活到理论（第五版）. 王力，译. 北京：中国轻工业出版社，2006

　　该图书介绍了150余种情绪理论，分别从现象学、行为学、生理学、认知、发展、社会、临床以及心理学之外的领域对有关情绪的理论进行了描述，并尽可能纳入了更多最新的实证研究资料。心理学来自于日常生活，也必将回归到日常生活当中。不论何种理论，也不管它来自于何种学科，如果不能在日常生活中得到反映和揭示，那么这一理论的有用性就值得推敲，情绪研究也是一样。该图书有意识地将大量生活实例引入书中，探讨这些生活实例的理论基础，可以引导人们更好的理解情绪以及心理学。

🖥 在线学习资源

1．http://www.analytictech.com/mb021/motivation.htm 该网站简单介绍了行为与动机之间的关系，以及动机的几种基本理论观点。

2．http://allpsych.com/psychology101/motivation/ 该网站提供了关于心理学基本概念，包括对动机、情绪等基本心理学概念的解释，可以作为入门学习心理学的资料来源。

3．http://ggxlx.snnu.edu.cn/web/ 该网站为陕西师范大学开设的公共心理学精品课程，网站有关于情绪、行为动力的内容，可供学习参考。

本章概述

　　本章首先介绍了人格的概念及其基本结构，简要分析了人格的基本特性，继而从理论的视角出发，回顾和梳理了人格研究领域的经典流派，主要有精神分析理论、行为学习理论、人本主义理论、认知理论和特质理论。此外，在整合人格纵向发展理论的基础上，概要阐释了生物遗传、家庭、学校等因素对人格形成与发展的影响。最后，介绍了人格测评的主要方法与常用工具。

结构图

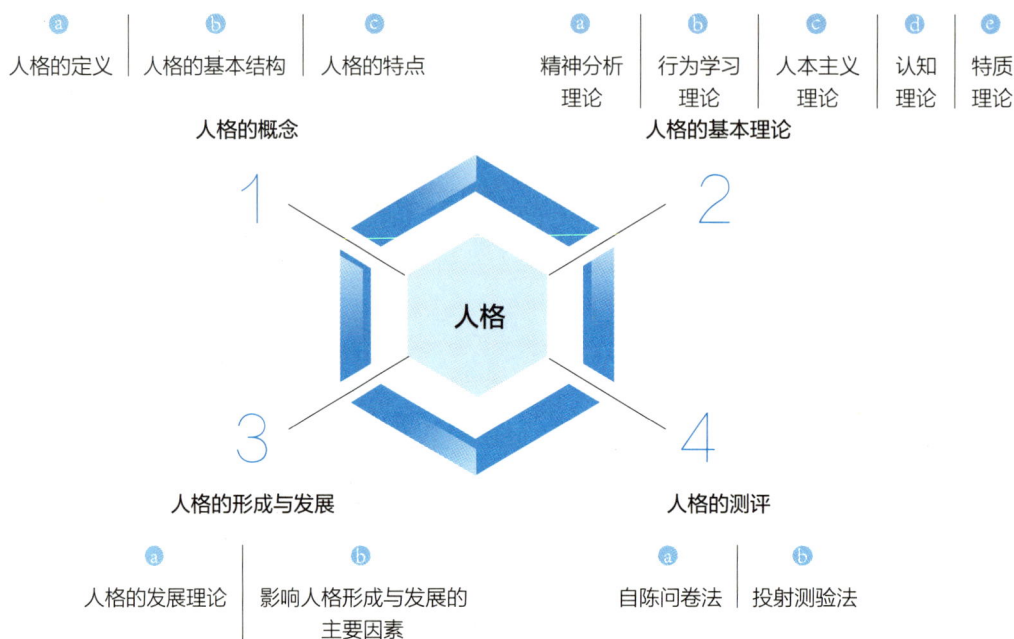

Ⓐ 人格的定义 　Ⓑ 人格的基本结构 　Ⓒ 人格的特点

人格的概念

Ⓐ 精神分析理论 　Ⓑ 行为学习理论 　Ⓒ 人本主义理论 　Ⓓ 认知理论 　Ⓔ 特质理论

人格的基本理论

1 　2 　3 　4

人格

人格的形成与发展

Ⓐ 人格的发展理论 　Ⓑ 影响人格形成与发展的主要因素

人格的测评

Ⓐ 自陈问卷法 　Ⓑ 投射测验法

学习目标

本章重点：

1. 人格的基本理论

2. 影响人格形成与发展的主要因素

本章难点：

1. 人格的基本理论

2. 人格测验

学完本章，你应该能够做到：

1. 掌握人格的定义，了解其基本结构及特性

2. 掌握不同学派人格理论的主要观点与特色

3. 明了早期决定论与终身发展观的异同，理解影响人格形成与发展的主要因素

4. 了解人格测评方法的主要类型及其特点

读前反思

美好的暑假生活即将开始，王勃、马丽和张峰三名大学生相约前往海滨小城度假，享受阳光、沙滩与美食。临行前夜，他们各自会以怎样的方式等待假日的来临呢？王勃有条不紊地收拾好行李，像往常一样准时休息，不消片刻便坠入梦乡；马丽对明天的旅程满怀期待，因为有点兴奋而推迟了睡觉时间；而张峰则彻夜未眠，对度假的种种美好想象始终在脑海中挥之不去。

为什么面对同样的情境，三个人的行为反应相去甚远？

这些差异与其人格有关吗？

第一节
人格的概念

学习目标

掌握人格的定义
了解人格的基本结构特性

一、人格的定义

人格"personality"是由拉丁文"persona"一词引申出来的。Persona是指古希腊演员所戴的面具，面具随人物角色的不同而变换，反映了不同的角色要求和人物性格。这就如同我国戏剧中的脸谱一样，外化着各色人物的性情气质。例如，京剧中的红脸象征忠义，白脸意欲奸孽，黑脸彰显严肃。

心理学所要探讨的人格，既指面具所赋予的诸多扮演角色，更指面具背后的本来面目与心性。

从古至今，人格的本质一直是人们感兴趣的话题。随着心理学的诞生与发展，对于人格的科学研究为人类的自我认识积累了丰富和有益的知识。但出于心理学家不同的研究背景、学术兴趣以及研究方法，人格始终缺乏一个公认的定义。奥尔波特（Allport，1937）将近50条人格定义分成6类，见表10-1，分别列举了每种分类的特点及其代表性的观点。

表10-1　奥尔波特对代表性人格定义的分类结果

分类名称	分类特点	代表性观点
罗列式定义	①常罗列出一些人格成分 ②人格被描述为这些元素的集合	一切生物个体的先天倾向、冲动、趋向、欲求和本能，以及由经验而获得的倾向和趋向组合。普林斯（Prince，2006）
整合式定义	强调人格是各方面属性所组成的整体	人格是多种模式的一个整合，这种整合使有机体的行为具有一种特殊的个体倾向。麦考迪（MacCurdy）

续表

分类名称	分类特点	代表性观点
层次性定义	①将人格分为若干层次或等级 ②越是上层的结构就越具有整合作用	自我是内在的人格，分为四个层次，第一层次是物质的自我；第二层次是社会的自我；第三层次是精神的自我；第四层次是纯粹的自我。詹姆士（James，1892）
适应性定义	强调人格适应环境的功能	人对环境进行独特的适应中所具有的那些习惯系统的综合。肯卜夫（Kempf，1921）
区别性定义	强调人格即个体的独特性	人格是个人心理特征的统一，这些特征决定人的外显行为和内隐行为，并使它们与别人的行为具有稳定的差异。米歇尔（Mischel，1986）
代表性定义	强调人格个人的代表性行为范式	一个人区别于另一个人并保持恒定的具有特征性的思想、情感和行为的模式。菲瑞斯（Phares，1991）

当前，随着心理学各研究领域的发展与融合，关于人格的代表性定义主要有以下三种。

颇受欢迎的人格定义当属奥尔波特（Allport，1961）提出的经典解释："人格是个体内在身心系统的动力组织，它决定了此人对其环境的独特适应。"该解释具有集大成的特点，最大限度地反映了近代人格心理学研究对"人格"一词的理解。

珀文（Pervin，2001）关于人格的界定也影响甚广。他认为"人格是为个人的生活提供方向和模式的认知、情感和行为的复杂组织"。该定义凸显人格三个方面的属性：（1）个人整体的机能系统；（2）认知、情感和行为间的交互作用；（3）时间在个人身上的连续性。

黄希庭（2002）则给出了人格的整合性定义，即"人格是个体在行为上的内部倾向性，它表现为个体适应环境时在能力、情绪、需要、动机、兴趣、态度、价值观、气质、性格和体质等方面的整合。"显然，强调了人格的四个主要方面：整体的人、稳定的自我、独特的个人，以及具有身心组织的社会化对象。

综上所述，人格是构成一个人思想、情感及行为的特有模式，这个独特模式包含了一个人区别于他人的稳定而统一的心理品质。

> 人格是构成一个人思想、情感及行为的特有模式，这个独特模式包含了一个人区别于他人的稳定而统一的心理品质。

二、人格的基本结构

人格是一个复杂的结构系统，它包括了许多成分，主要有气质、性格、自我等方面。

（一）气质

气质是依赖人的生理素质或身体特点的人格特征，表现在心理活动的强度、速度、灵活性与指向性等方面，具有较高的稳定性，也就是我们平常所说的"禀性""脾气"。例如，有人暴躁易怒，有人温柔和顺等。在心理活动的强度方面，主要表现为意志努力的强度和情绪体验的强度等；在心理活动的速度方面，主要表现为知觉、记忆、思维的速度和情绪变化的速度等；在心理活动的稳定性方面，主要表现为注意的稳定性和情绪的稳定性等；在心理活动的指向性方面，主要表现为内向或外向的特点等。

> 气质是依赖人的生理素质或身体特点的人格特征，表现在心理活动的强度、速度、灵活性与指向性等方面，具有较高的稳定性。

个体的气质特点不依赖活动的内容而转移，它表现出个体与生俱来的自然特性。也就是说，气质是人的天性，并无好坏之分。它只给人们的言行涂上某种色彩，但不能决定人的社会价值，也不直接具有社会道德评价含义。例如，活泼或稳重的气质特点并不成就个体的为人处世方式或道德水准，任何一种气质类型的人既可以成为品德高尚、有益于社会的人，也可能成为道德败坏、危害社会的人。此外，气质不能决定一个人的社会成就，平庸无能抑或功勋卓著与特定气质类型没有必然联系。

（二）性格

性格是与社会道德评价相联系的人格特质，即后天形成的品格或品性。性格主要体现在对自己、他人、事物所持的态度及其行为反应方式中。所谓态度，是个体具有的一种心理倾

> 性格是与社会道德评价相联系的人格特质。

向，主要表现为对自己、他人、事件的评价、好恶和趋避等。例如，当大街上偶遇小偷偷包事件时，有人挺身而出，有人袖手旁观，有人则慌乱退避。这就反映出人们对同一现象的不同态度，进而表现为具体的行为反应，强烈地传递着人们的性格信息。

每个人的性格包含多种较为稳定的心理特征，这些特征的有机结合，体现出个人整体和独特的风格。比如，一名优秀大学生对自己所在班级的管理工作总是尽心尽力，善于克服各种困难去建设优秀班集体；对那些在班级建设工作中具有创新精神的学生给予鼓励和赞许；对那些违规乱纪和损坏班集体声誉的学生，勇于进行批评和教育。从这个人对别人、对劳动、对自己的态度和行为方式上的表现，可以看出该大学生具有坚毅、勇敢、顽强和热情的统一风格，这些心理特征的总和构成其个人独有的性格。

需要指出的是，性格与道德品质和世界观相联系，它在人格结构中具有核心意义。由于性格涉及态度、价值判断与行为反应，其结果可能有益于社会，符合多数人的利益，也可能危害社会，有损他人的利益。因此，性格必然受道德规范约束，且存在好坏之分，最直接地体现了一个人的价值取向与道德风貌。

（三）自我

自我亦称自我意识，是个体对自己的认识。具体地说，自我意识就是个体对自身的认识及其对自身与周围世界关系的认识，是对自己存在的觉察。自我主要包括三个方面的内容：认识自己的生理状况（如身高、体重、体态等），了解自己的心理特征（如兴趣、能力、气质、性格等），明晰自己与他人的关系（如自己与周围人的相处状态，自己在集体中的地位与作用等）。

从认知、情感、意志三个方面来分析，自我意识分解为自我认知、自我体验和自我控制三个子系统。这三个子系统构成了人格中的内控系统或自控系统，其作用是对人格的各种成分进行调控，以保证人格的完整、统一、和谐。因此，自我意识又叫作自我调节系统。

1. 自我认知

自我认知是自我意识的认知成分，是对自己的洞察和理解，包括自我观察和自我评价。自我观察是指对自己的感知、思想和意向等方面的觉察；自我评价是指对自己的想法、期望、行为及人格特征的判断与评估，是自我调节的重要条件。如果一个人不能正确地认识自我，只注意自己的缺点，觉得自己处处不如别人，就会产生自卑心理，丧失信心，做事畏缩不前；相反，如果一个人高估自己的能力，就会骄傲自大、目中无人、盲目乐观，导致工作上的失误。因此，正确地认识自我，并且实事求是地评价自己的能力，是自我调节和人格完善的首要前提。

2. 自我体验

自我体验是伴随自我认识而产生的内心体验，是自我意识在情感上的体现。若一个人愿意花费大量时间了解自我、尊重和关心自我存在和发展时，就会产生自爱；但若自甘堕落、不求上进时，就会自暴自弃。因此，自我体验常常伴随自我评价，将自我认识转化为行为动力，进而指导个体的言行，激励适当的行为，抑制不当的行为。例如，当一个人认识到自己的行为有悖于社会规范时，难免产生羞愧、内疚的情绪体验，这种体验会进一步阻止不当行为的再次发生。

3. 自我控制

自我控制是自我意识在行为上的表现，即对自身思想与行为的控制和约束。其作用具体表现为两个方面：一是发动作用；二是制止作用，也就是支配某一行为、抑制与该行为无关或有碍于该行为进行的行为。如一个学生意识到学习英语对自己人生发展的重大意义后，就会激发努力学习英语的动机，在行为上表现出刻苦学习、奋发图强的精神。

🔍 **案例**

儿童"自我控制行为"的研究——"延迟满足"实验

20世纪60年代，美国斯坦福大学心理学教授米歇尔（Mischel）设计了一个著名的"延迟满足"实验，这个实验是在斯坦福大学校园里的一间幼儿园开始的。研究人员找来数十名4岁儿童作为被试，让他们每个人单独待在一间只有一张桌子和一把椅子的小房间里，桌子上的托盘里有这些儿童爱吃的食物——棉花糖、曲奇或是饼干棒。研究人员告诉他们可以马上吃掉食物，但若等研究人员回来时再吃，就可以再得到一份作为奖励。他们可以按响桌子上的铃，研究人员听到铃声会马上返回。对这些儿童来说，实验的过程颇为难熬。有的孩子为了不去看那诱惑人的食物而捂住眼睛或是背转身体，还有一些孩子开始做一些小动作——踢桌子，拉自己的辫子，有的甚至用手去打食物。结果，大多数孩子坚持不到三分钟就放弃了。"一些孩子甚至没有按铃就直接把食物吃掉了，另一些则盯着桌上的食物，半分钟后按了铃"。大约三分之一的孩子成功延迟了自己对食物的欲望，他们等到研究人员回来兑现了奖励，差不多有15分钟的时间。随后研究人员进行了跟踪观察，发现那些以坚韧的毅力获得两份食物的孩子，成长到中学时表现出较强的适应性、自信心和独立自主精神；而那些经不住诱惑的孩子往往屈服于压力而逃避挑战。在后来几十年的跟踪观察中，也证明那些耐心等待的孩子，事业上更容易获得成功。

本实验证明了自我控制能力是个体在没有外界监督的情况下，适当地控制、调节自己的行为，抑制冲动，抵制诱惑，延迟满足，坚持不懈地保证目标实现的一种综合能力。它是自我意识的重要成分，是一个人走向成功的重要心理素质。

三、人格的特点

人格是一个内涵丰富的概念，为了更清楚地理解人格的内涵，我们将从以下三个方面来介绍人格的基本特性，这些基本特性反映了人格的多种本质特征。

（一）社会性与生物性

社会性是指人格是社会的人所特有的心理现象。正是通过社会化这一途径，个体形成了适应于该社会的特定人格，掌握该社会文化所期待的行为方式。社会化的内容复杂多样，它与个人所处的文化传统、社会制度、种族、民族、阶层地位、家庭有密切的关系。通过社会化，个人可获得符合特定社会的生活习惯、社会经验、行为规范和价值观，并形成自己的人格。人格既是社会化的对象，也是社会化的结果。例如，就中西方文化而言，中国是个以群体为本位、具有群体文化特征的国家，而西方文化是以个体为本位的个体文化，也正是这种文化差异塑造了中西方不同的人格特质，致使中国人"保守""含蓄温婉"、强调集体主义；西方人"开放""热情奔放"、重视个人主义。

人格的生物性是指人格的建构必须基于个体特定的遗传和生物学基础，它必将受到生物因素的制约。例如，有研究表明：右额叶电活动较多的个体更容易表现出害羞、忧郁等抑制性特点，而左额叶电活动较多的人则更容易表现出高兴、好奇等非抑制性的特点。

🔊 心理学家语录

人的鲜明特征是他个人的东西。从来不曾有一个人和他一样，也永远不会再有这样一个。

——[美]奥尔波特

（二）独特性与共同性

人格的独特性是指人与人之间的心理和行为各不相同，每个人都具有独一无二的心理面貌。一个人的人格是在遗传、成熟和环境、教育等先天和后天因素的交互作用下形成的，那么，不同的生物潜质、社会文化、生存环境、个人选择等因素必然造就千差万别的芸芸众生，正所谓"人心不同，各有其面"。例如，《红楼梦》中贾宝玉的乖张顽劣、林黛玉的多愁善感、王熙凤的心狠手辣等，便是不同人格品质的典型描写。

人格的共同性是指某一文化、某一民族、某一阶层、某一群体的人所具有的相似人格特征，如中华民族是一个勤劳的民族，这里的"勤劳"意指所有中国人共享的性格特征。人类文化学家把同一文化所陶冶出来的共同人格称为群体人格、众数人格或公众人格。

（三）稳定性与可变性

人格的稳定性是指个体的心理和行为具有跨时间的连续性和跨情境的一致性。人格的稳定性在很大程度上是由人格的气质特征所决定的，正所谓"江山易改，禀性难移"。跨时间的连续性表现在，个体在人生的不同时期与阶段都会保持着某种稳定的心理特征和行为倾向，即所谓"三岁看大，七岁看老"。明天的我是今天的我的延续。例如，一位性格内向的大学生，在不同的场合大都表现得寡言少语、谨慎小心，这种特点从入学到大学毕业不会出现根本性的变化。

🔊 心理学家语录

环境改变的程度越高，则人格改变的程度也越高。

——[美]华生

然而，人格的稳定性并不排除人格变动的可能性。生理成熟、环境变迁、阅历增长都会使人格产生或多或少的变化。儿童的人格尚不稳定，受环境的影响较大，因此可塑性较强；及至成年，人格的发展进入较为稳定的时期，改变的难度有所增加，但也不排除一些特殊情况。当个体经历一些重大事件（地震、海啸等），或不幸身患重大疾病、遭受生理损伤（脑损伤、长期吸毒等）都有可能改变人格的某些特征（自我观念、价值观、信仰等）。

🔍 案例

脑损伤会意外带来艺术天赋

小王原本是一个建筑工人，实际上，他还是一个有前科的人：吸过毒，曾经因为暴力侵害他人而蹲过监狱。三年前的一天，坐在马桶上的小王突然感到头痛难忍，不一会儿他就栽到了地板上。随后，小王因突发脑出血被送进医院，并接受了紧急手术治疗。谁都知道脑出血属于非常凶险的急症，然而小王不仅幸运地逃过了一劫，而且性格也彻底发生了改变，就连他的亲朋好友都难以置信。

本来，小王并没有什么"艺术细胞"，可是在病愈之后，他就开始痴迷于绘画，难以抑制的创作冲动让他每天将大量的时间用来画画。小王眼看着自己的"画技"疯长，他感到生活充满了乐趣和满足感。现在，他的生活内容就是每天不停地绘画，此外，他还热衷于雕塑和写诗。

第二节
人格的基本理论

🎯 学习目标

了解不同学派的研究视角
理解各种人格理论的基本观点

一、精神分析理论

（一）精神分析理论

奥地利精神病学家弗洛伊德（Freud）认为，人格是一个动态的过程，来自意识和潜意识层面的不同动力处于持续的竞争与对抗状态，人格即是各种力量动态平衡的结果。传统精神分析理论主要涵盖了心理的地形模式和人格的结构模式两大部分。

1. 心理的地形模式

弗洛伊德将心理分为三个区域:意识、前意识、潜意识。意识这个概念表示你对当前事物的感知和觉察。前意识则是指当下意识不到,但经过一定努力可以复现于意识层面的内容,例如,回想曾经看过的电影或听过的歌曲。潜意识所代表的则是不能直接通达意识的那部分精神世界。弗洛伊德将心理比作一座冰山,冰山的山顶象征意识,更多的隐藏在水下的部分象征意识之外。弗洛伊德认为潜意识是真正对人格产生作用的地方,如图10-1。

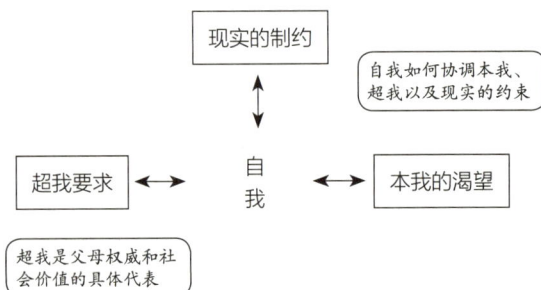

意识
前意识

潜意识

图10-1　冰山理论

2. 人格的结构模式

弗洛伊德认为人格结构分为三个部分:本我、自我、超我。本我是完全无意识的,是人格与生俱来的原始结构,充斥着大量的原欲、冲动。本我活动遵循"快乐原则",要求即刻满足各种需要,释放紧张。弗洛伊德认为所有的心理能量都源于本我,它是人格的"发动机"。自我则是本我在与现实环境作用过程中逐渐分化而来的人格结构,其活动遵循现实原则。自我利用本我的能量暂时抑制来自本我的需要和冲动。所以自我的机能大部是发生在意识和前意识层面的。超我是个体对父母权威和社会价值内化的结果,反映了人格中来自文化、家庭等社会因素的影响。超我最初来自于父母的评价,儿童为了获得父母的爱与关怀会按照父母的期望行事,从而形成超我中的自我理想和良心,即人格的奖惩机制。如当你因犯错而感到内疚时,便体现了良心对你的惩罚。

> 本我是完全无意识的,是人格与生俱来的原始结构,充斥着大量的原欲、冲动。
>
> 自我则是本我在与现实环境作用过程中逐渐分化而来的人格结构,其活动遵循现实原则。
>
> 超我是个体对父母权威和社会价值内化的结果,反映了人格中来自文化、家庭等社会因素的影响。

本我、自我和超我三者之间的相互作用导致了人类行为的复杂性,见图10-2。

现实的制约

自我如何协调本我、超我以及现实的约束

超我要求 ←→ 自我 ←→ 本我的渴望

超我是父母权威和社会价值的具体代表

图10-2　人格结构图

（二）新精神分析理论

20世纪三四十年代，由德国移居美国的精神学家和精神分析理论家根据历史条件公开反对弗洛伊德学说中的本能论，把文化、社会条件和人际关系等因素提到了精神分析理论和治疗原则的首位，逐渐形成了新精神分析派。主要代表人物有沙利文（Sullivan）、霍妮（Horney）和弗洛姆（Fromm），他们将精神分析关注的焦点逐渐从无意识转移到了意识层面，尤其注重社会文化与自我在人格形成与发展中的作用。

自我心理学的观点认为，自我的作用除了调和本我、超我和现实世界之间的矛盾之外，还表现为人们对外部世界的适应。因此，自我心理学的核心观点就是认为自我本身具有重要的作用，而不仅仅是在夹缝中求生存的工具性角色，这成为贯穿整个自我心理学的主题思想。

哈特曼（Hartmann）认为行为的最终目标是为了适应环境，而这一目标正是通过自我的两种自主功能得以实现；其中，初级自我自主是指人们通过自我思考、计划等活动来满足自己；次级自我自主是指在达到某种目标之后仍然会长期起作用，比如，有些人起初为了减肥制订了一个健身计划，但他可能在减肥成功之后仍然坚持锻炼，因为此时，锻炼本身就能让他产生愉悦感。

埃里克森（Erikson）对自我心理学的贡献是进一步发展了哈特曼所重视的社会环境对自我适应作用的思想，从生物、心理、社会环境三大方面来考察人格发展，提出以自我发展为核心的心理社会发展理论。

埃里克森赋予自我许多积极的特性，诸如信任、希望、独立、自主等，这与弗洛伊德对自我"工具性"角色的理解相去甚远。此外，他还提出"自我同一性"概念，指人对自我一致性或连续性的感知，常常出现在青少年后期。对此，我们将会在本章第三节——人格的形成与发展中进一步学习。

二、行为学习理论

（一）人格与条件反射

巴甫洛夫（Pavlov，1901）提出了条件反射理论，用以说明行为建立的过程。一个经典的条件反射过程包括三个阶段：第一，非条件刺激和非条件反射之间存在一种与生俱来的反射连接；第二，中性刺激在时间上与非条件刺激重复配对出现；第三，新的反射产生，即单独呈现中性刺激所引发的非条件反射称为条件反射，该中性刺激即为条件刺激。

现实生活中的例子说明如何应用条件反射原理来理解人类行为的产生。如果一个小孩在打针之前总是能听到护士的脚步声，那么打针之前的脚步声就会让他哭泣。又如那些需要化疗的病人，他们很可能对化疗之前所吃的食物产生强烈的厌恶甚至呕吐感，也可以通过条件反射加以解释。

除了上面所提到的经典条件反射，人格心理学中还常常应用到另外一种条件反射来改变行为，这就是由美国心理学家斯金纳（Skinner）提出的操作性条件反射。操作性条件反射的核心观点认为，如果某种行为发生后，伴随出现一种更好的情形或更令人满意的结果，那么日后在相似情境下，该行为再次出现的可能性就比较大，反之亦然。

> 操作性条件反射是指如果某种行为发生后，伴随出现一种更好的情形或更令人满意的结果，那么日后在相似情境下，该行为再次出现的可能性就比较大。

在人格的治疗领域，利用条件反射原理治疗恐怖症的一个重要技术便是系统脱敏法。这种方法首先教会人们如何彻底放松自己，接着治疗师和恐怖症患者会制定一个焦虑等级表，即将含有恐怖刺激的情境按照所引发的焦虑强度进行排序的列表。之后，通过操作性条件反射原理来逐渐降低患者对各种情境的恐惧反应，直至恢复正常。

（二）人格与社会学习

班杜拉（Bandura，1977）提出了社会认知学习理论。他认为，行为的获得未必受到环境的直接强化，个体借由感知、注意、记忆等认知功能，通过对社会环境中行为模式或榜样的观察，就能习得大量的行为方式；此外，除了直接强化，还存在替代性强化、自我强化。如看到别的同学上课遵守纪律会得到教师的赞扬，个体就会通过这种替代性强化也出现遵守纪律的行为。

这种观点更符合人类生活的实际情况，凸显了人类行为获得的复杂性与灵活性，肯定了认知在个体行为产生过程中的重要作用。

🔍 案例

言传身教的作用

人们常说"言传身教"，然而透过班杜拉的一系列研究我们发现，身教的作用远胜于言传。例如，班杜拉在一项实验研究中，比较了口头劝说和榜样行为对儿童利他行为的影响。实验是这样进行的：先让小学三、四、五年级的儿童做一种滚木球游戏，作为奖励，他们在游戏中都得到了一些现金兑换券；然后，把这些儿童分成四组，每组有一个实验助手装扮成榜样参与；第一组儿童和一个自私自利的榜样玩，这个榜样向儿童宣传要把好的东西留给自己，不必去救济他人，同时带头不把得

到的现金兑换券捐献出来；第二组儿童和一个好心肠的榜样一起玩，这个榜样向儿童宣传自己得了好东西，还要想到别人，并且带头把得到的兑换券捐献出来；第三组儿童和一个言行不一的榜样一起玩，这个榜样口里说人人都应该为自己考虑，实际上却把兑换券放入了捐献箱；第四组儿童的榜样则是，口里说要把得到的兑换券捐献出来，实际上却只说不做。实验结果是第二、三组捐献兑换券的儿童，均明显比第一组和第四组多。这清楚地表明，劝说只能影响儿童的口头行为，对实际行为则无影响；而行为示范对儿童的外部行为则有非常显著的影响。

三、人本主义理论

（一）马斯洛 ——"自我实现"的人

自我实现是马斯洛提出的重要概念。首先，自我实现是人类的一种高级需要，但只有在满足了低层次的需要之后才会产生；其次，马斯洛认为，拥有自我实现需要的人更加渴望不断地完善自己，实现自己的人生价值，追求完美的人格。

马斯洛发现"自我实现"者拥有一些共同的人格特征，比如，他们能全面和准确地知觉现实，能够接纳自然、自己与他人，对人坦率和真实，能做到以问题为中心，而不以自我为中心，具有自主性，在环境和文化中能保持相对的独立，具有永不衰败的欣赏力等。详见表10-2。

表10-2 "自我实现"者的15种人格特征

1. 准确地认识现实	9. 对人类的认同、同情与关爱
2. 宽容地悦纳自己、他人和周围世界	10. 具有深厚的个人友谊
3. 自发性、单纯性、自然性	11. 具有强烈的民主精神
4. 以问题为中心，而不是以自我为中心	12. 具有强烈的道德感
5. 具有超然于世的品质和独处的需要	13. 具有哲理的和完善的幽默感
6. 有较强的自主性和独处性，超越环境和文化束缚	14. 富于创造性
7. 具有永不衰退的欣赏力	15. 具有抵制和批判现存社会文化的精神
8. 能够经常产生神秘体验或高峰体验	

（二）罗杰斯——"功能健全"的人

罗杰斯认为，自我实现倾向使人更为成熟与独立，他将这样的人称为"功能健全"者。他们按照自己内在的评价标准来估量经验，从而真实地表达自己，不歪曲和否认自我经验以迎合外在的价值条件，"理想我"与"现实我"较为一致。罗杰斯认为，人的本性就是要在持续不断的奋斗中努力保持一种乐观的感受和对生活的满足感。

功能健全者往往更加自信，勇于挑战，能够不断地对自己做出调整，适应不断变化的环境。

罗杰斯认为，功能健全者具有下列八种特征：

（1）经验开放。机能健全者认为一切经验都不可怕，他们不拒绝或歪曲某些经验，而是正确地将它们符号化，变为意识。（2）自我与经验和谐。机能健全者的自我结构和经验相协调，并能不断变化，以便同化新经验。（3）人格因素发挥作用。机能健全者较多地依赖对情景的感受，不怎么依赖智力因素。他们常常根据直觉行动，而且行动带有自发性。（4）有自由感。机能健全者能接受一切经验，生活充实，信任自己，有很大的自由。（5）高创造性。（6）与人和睦相处。机能健全者乐意给他人无条件的关怀，生活与他人高度协调，同情他人，广受欢迎。

四、认知理论

人格的认知理论认为，行为差异主要起源于个体在信息加工方面的差异。由于每个人都具有独特的信息加工模式，即使身处相同的情境，对信息的选择性输入与储存、加工过程中对自身特有经验的依赖等都会产生不同的输出结果。因此，面临同样的刺激事件，个体间不同的认知风格、加工图式等因素均会导致不同的行为反应。这种从认知角度来探索人格的相关理论可统称为认知理论。

美国临床心理学家凯利（Kelly）基于多年的临床治疗实践发现，当患者改变原有的某些想法和观念时，病情就会出现好转。由此，他认为，人们对客观事件的认识而非事件本身是影响人格形成、发展以及心理健康的关键因素，并提出了系统的人格建构理论。

根据其建构理论，凯利发展出了一种心理治疗方法，称为设定角色治疗。例如，为了帮助一个烟瘾较大的男士戒烟，可以先帮他设定一个角色。在一次治疗当中，他可能充当的是劝诫他人抽烟的志愿者，要求他在公共场所去劝诫他人抽烟。他还可能扮演一个发言人，在礼堂进行一次关于吸烟有害健康的演讲。按照凯利的理论，这将帮助他逐步地改变自己的观点，从而达到戒烟的目的。

凯利认为人类并非受到环境或无意识力量的推动，他拒绝用动机的概念来解释人类的行为，提出了"人是科学家"这一个假设来展开自己的理论体系。科学家的工作就是提出和证验假设，继而对事件的发展趋势加以预测。而普通人的心理生活与此别无二致，也在不断地思考人生与社会，力图用自己的视角去认识世界、控制生活。由于人和人的观点之间总是存在这样或那样的差异，即每个人都拥有独特的建构系统，描述、解释和预期事件的认知方式有所不同，因此，世界上没有完全一样的人格。例如，"建构"这一概念能很好地解释种族歧视这一现象。在美国，每年都会发生因为种族歧视所导致的黑人被警察误杀案件。在美国警察的头脑当中，已经形成了对于黑人的特有建构，比如，贫穷、低收入、高犯罪率和冲动性强等。因此，每当有黑人出现时，这些建构就会被激活，从而影响了理性的判断及后继的行为反应。

五、特质理论

人格特质理论是在类型理论的基础上发展起来的。两者均假设人们的行为、思想和情感会表现出一致性或持续性（人格倾向具有跨情境的稳定性）。但其差别在于，类型理论认为类型间没有连续性，如同性别，非男即女；而特质理论则假定人们可能共享一些特质，如外向性、宜人性等，这些特质维度可视作具有量的连续性，每个人在这些维度上的相对位置决定了个体之间的人格差异。

🔊 **心理学家语录**

同样的火候使黄油软化，使鸡蛋变硬。

——[美]奥尔波特

（一）奥尔波特的特质理论

被称为"人格心理学之父"的美国心理学家奥尔波特（Allport）是特质学派的创始人。他认为特质是一种稳定的神经心理结构，可以通过行为来加以推断；奥尔波特还注意到人格的可变性，即同一种特质可能在不同的情境下会有强度上的变化。但总体而言，他坚持认为特质而非情境对于引发行为的决定性意义。

奥尔波特强调特质的独特性，并将其分成了三个层级，分别是核心特质、中心特质和次要特质。

核心特质具有很强的渗透性，对一个人的行为具有决定性作用，且一个人只具有一个核心特质。在很多文学作品中不难看到这些特质的代表人物，比如，葛朗台的吝啬、林黛玉的多愁善感。中心特质则是对个体行为表现的高度概括，一个人往往具有5~10种核心特质。奥尔波特认为确定中心特质是描述了解人格最为有效的途径。次要特质是那些不经常表现出来的特质，对个体行为的解释意义也较弱。

（二）卡特尔的根源特质理论

奥尔波特强调特质具有独特性，而卡特尔（Cattel）则认为，所有的人具有相同的人格结构，人格研究的目的就在于发现这个结构的基本元素。卡特尔运用因素分析的统计方法得到了16种人格的根源特质，进而勾画出了人格的基本结构，见表10-3。

表10-3　卡特尔特质理论的16种根源特质

因素	特质名称	低分者特征	高分者特征
A	乐群性	缄默孤独	热情外向
B	聪慧性	智力较低	智力较高
C	稳定性	情绪激动	情绪稳定
E	恃强性	谦逊顺从	好强固执
F	兴奋性	严肃稳重	轻松兴奋
G	有恒性	权益敷衍	有恒负责
H	敢为性	畏缩退缩	冒险敢为
I	敏感性	理智、着重现实	敏感、感情用事
L	怀疑性	信赖随和	怀疑、刚愎
M	幻想性	合乎实际	富于幻想
N	世故性	坦白直率、天真	精明能干、世故
O	忧虑性	安详沉着	忧虑抑郁
Q_1	实验性	保守	勇于尝试实验
Q_2	独立性	依赖、附和	自立、当机立断
Q_3	自律性	矛盾冲突	自律严谨
Q_4	紧张性	心平气和	紧张困扰

（三）五因素模型

五因素模型的研究始于20世纪四五十年代，菲斯克（Fiske，1949）首先提出了关于人格五因素的研究结论，然而他的研究并未引起太多关注。20世纪60年代，诺曼（Norman，1963）、伯格塔（Borgatta，1964）和史密斯（Smith，1967）分别使用不同的测量方法得出了基本一致的结论，对五因素模型的研究在八九十年代达到了高潮。后继的跨文化研究也表明，即便是像土耳其、菲律宾这些与西方文化差异巨大的国家，五因素模型仍表现出很好的适用性。甚至有研究者认为这些因素（至少是其中的一些），适用于比人类低级的动物，如黑猩猩（King，1997）。

五因素模型包括五个维度，分别是：神经质、外向性、开放性、宜人性和责任心，具体描述见表10-4。

表10-4　五因素模型各维度的高、中、低分描述

五大维度	高分描述	中等分数描述	低分描述
神经质	感觉灵敏，感情脆弱，很容易体验到令人心烦意乱的感觉	总体上讲，很安静，有能力应付压力，但有时体验到负疚、愤怒或悲伤的感觉	无忧无虑，能吃苦耐劳，即使面对压力，一般也能保持轻松
外向性	外向、开朗、活泼、情绪高昂，大多数时间里愿意与人打交道	在行为和热情两方面保持不温不火，愿与人相处，但同时也注重个人隐私	内向、含蓄、庄重，喜欢孤独或只有几个密友交往
开放性	喜欢经历新鲜事物，兴趣广泛，想象力丰富	讲求实际，但也愿意尝试新方法，在新与旧之间寻找一种平衡	脚踏实地、讲求实际、因袭传统，固守自己的处世原则
宜人性	极富同情心，性情温厚，渴望合作，避免冲突	总体上讲，富于同情心，信任他人，性情随和，但有时会固执己见，不乏竞争意识	斤斤计较，怀疑心重，骄傲自大，争强好胜，直截了当地表达自己的愤怒
责任心	责任心极强，做事有条不紊，总是高标准、严要求，并努力实现自己的目标	为人可靠，做事较有条理，目标清晰，但有时也能将工作弃置一旁	生性闲散，做事缺乏条理，有时还马虎大意，不愿制订计划

🔍 **案例**

猩猩的"六因素模型"

　　一些研究者在猩猩身上发现了类似的五因素模型，确切地说，应该称其为"黑猩猩的六因素"模型。经过因素分析，研究者发现，除了上面所提到的责任心和开放性等五个因素，黑猩猩还具有第六个人格维度，即支配性。研究者在其他哺乳动物身上也找到了类似的维度，他们认为这可能源于些动物族群当中严格的等级制度。

第三节
人格的形成与发展

🎯 **学习目标**

了解早期决定论与终身发展观的异同掌握影响人格形成与发展的主要因素

一、人格的发展理论

　　自出生的那一刻起，人就在不断地发展与变化，由不成熟、不完善逐渐走向成熟和健全，同时，人格也有着相应的变化。人格的发展理论主要包括早期决定论和终身发展观，它们在人格是否取决

于早期经验和是否会终身发展两个方面有着不同的见解。

（一）早期决定论

弗洛伊德指出，个体的人格早在5岁左右即已定型，以后的发展只是在此基础上的修修补补。在他看来，人格发展的动力来自与生俱来的"性力"或"力比多"（libido）。需要注意的是，弗洛伊德是在广义上使用"性力"这个术语，不同发展阶段的"性力"具有不同的表达形式，而并非狭义的成年期性行为。

🔊 **心理学家语录**

儿童是成年人之父。

——[奥地利]弗洛伊德

1. 口唇期（从出生到18个月）

观察这段时期的婴儿你就会发现他们的嘴是多么繁忙（无论他们拿到什么东西总是先将其放进嘴里），因为这段时期获得快乐缓解紧张的主要源头是嘴巴。那些仍然通过口唇的"吸入"来获得快乐的成年人可能就是人格发展停滞在该阶段的结果（如无节制地吃东西、吸烟或说话的人）。固着于口唇期的人可能在心理上过于依赖他人，希望自己像婴儿般被照料，见图10-3。

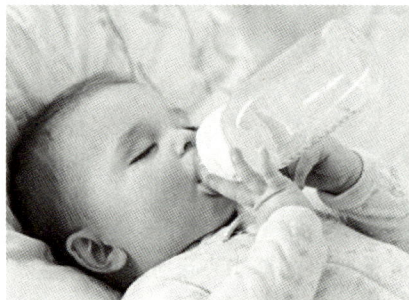

图10-3　口唇期的行为表现

2. 肛门期（18个月到3岁）

弗洛伊德认为，肛门区是这一时期儿童获得快感的源泉，他们通过体验控制排便得到快乐。这一时期的父母也将通过对儿童的排便训练使其发展出一定程度的自我控制能力。如果儿童没有发展出良好的自我控制，成年后就会表现得懒散和邋遢；如果过于自我控制，则易在成年期出现强迫、洁癖、极端井井有条的行为特征。

3. 性器期（3岁到5岁）

此时的儿童已经发现了两性的生理区别所在，他们会去触摸或显露自己的性器官，对他人的生理构造也很感兴趣，并从中得到快乐。这一阶段小男孩会爱上母亲，并对父亲产生嫉妒和敌对情绪，这就是所谓的"恋母情结"；而小女孩会爱上父亲，并在潜意识中企图取代母亲的位置，这就是所谓的"恋父情结"。经历性器期之后，人格的三我结构已经完整地发展出来，因此，弗洛伊德认为早期经验对于人格发展至关重要。

案例

恋父情结与恋母情结的来源

俄狄浦斯是古希腊神话中的一个人物，他本是国王的儿子，但因受到诅咒而被父母抛弃。长大成人后，他返回了家乡，在一次争斗中他杀死了当时的国王（也就是他的亲生父亲）。后来俄狄浦斯因为击退了妖女而被推举为国王，按照习俗他迎娶了当时的皇后（也就是他的亲生母亲），后来他知道真相，承受不了心中痛苦，刺瞎双眼，自我流放。心理学用俄狄浦斯情节来比喻有恋母情结的人。厄勒克特拉也是古希腊神话中的人物，她帮助弟弟杀母为父报仇。心理学用来比喻有恋父情结（Electra complex）的人。

4. 潜伏期（6岁左右至青春期）

此阶段儿童的力比多冲动处于暂时潜伏状态，对异性的兴趣被学习、课外活动、同伴交往等活动所取代，所以这个时期的男孩女孩更多地与同性伙伴交往，基本处于风平浪静的状态，但实质却是暴风骤雨的前夜。

5. 生殖期（青春期至成年）

在青春期，由于性的发育成熟，而产生性欲冲动，由于荷尔蒙及其他生理方面的发展，开始具有生育能力，攻击和性本能变得活跃。他们渴望寻求真正的异性关系，开始考虑婚姻等实际问题。

成熟的成年个体可以从健康的亲密关系和工作中获得快乐，而对于人格发展受困于某一阶段的个体，其人格发展就会出现停滞现象，导致不成熟或与年龄不相符的行为举止，甚至出现精神疾病。

（二）人格的终身发展观

心理学家语录

好的人生，是一个过程，而不是一个状态；它是一个方向，而不是终点。

——[美]罗杰斯

与弗洛伊德不同，埃里克森坚称发展将贯穿生命的整个过程，个体必须尽最大努力解决一系列心理社会危机才能臻于成熟。为此，他将人格发展划分为八个阶段。

1. 婴儿期（0~1.5岁）：信任对不信任

胎儿出生后完全依赖于周围人，假如婴儿受到悉心照料，那么他们将形成对照看者的信任，这种信任将成为未来人际关系的基础。在这种环境中成长起来的婴儿认为其他人是亲近的、值得信赖的。但是有些婴儿因为各种原因没有得到他们需要的爱与呵护，从而可能对他人缺乏信任。

2. 童年期（1.5~3岁）：自主对羞愧和怀疑

大多数儿童2岁时学会走路。他们能够"随意"决定做什么或不做什么，与父母之间展开了一场"意愿"拉锯战。如果发展的好，儿童感到自己能控制许多事情，很信任自我，还养成自主探究和学习的习惯。如果父母禁止、限制儿童的自主行为，那么儿童就感到羞愧并怀疑自己的目标。例如，父母阻止孩子和其他儿童打闹，可能使孩子逐渐怀疑自己与他人相处的能力。

3. 学前期（3~5岁）：主动对内疚

3~5岁的儿童活动更为灵巧，语言更为流畅，想象也更加丰富，开始用创造性思维去探索这个世界。如果父母鼓励儿童进行创新和想象，儿童将会勇于尝试，为自己的目标而努力；如果父母嘲笑孩子的想法是幼稚荒谬的，儿童就不能树立信心。

4. 学龄期（6~12岁）：勤奋对自卑

6~12岁是儿童开始需要认真学习的时候，并希望通过学业成就来证明自身价值。如果儿童的刻苦学习得到了成年人的认可则会产生一种勤奋感。相反，如果成年人对孩子的成绩不闻不问或者打击孩子的自信心，他们则会产生自卑感。

5. 青春期（12~18岁）：同一性对角色混乱

青少年时期，人们经历了一系列急剧的身体变化。埃里克森特别关注这一时期，并把获得同一性作为发展中最重要的目标。

处在该阶段的青少年会很尴尬，因为他们一会被看作小孩，不许干这不许干那，一会又被看作大人，要求要懂事，要有责任心。最终，大多数人解决了他们想要成为怎样的人、想要什么样的生活等问题。然而，有些个体的发展呈现出角色混乱的局面，他们会感到孤独、空虚，好似迷失了方向。

6. 成年早期（20~24岁）：亲密对孤独

在成年早期，人们关注的重点是自己与他人间的友谊和亲密关系。青少年步入成年人社会，拥有工作，并且开始寻找人生伴侣，承担越来越多的责任，刚刚获得的同一性也将面临考验。只有具备牢固的自我同一性的人才敢同他人建立亲密关系。相反，如果一个青年没有获得同一性，则会不愿与他人建立亲密关系，并陷入孤独感之中。

7. 成年中期（25~65岁）：繁殖对停滞

这一阶段大约是一个人的壮年期和中年期。此时，青年成了父母，事业也有所发展，希望把幸福充实的生活传给下一代。这一阶段的危机是，当人们回顾自己的经历时，可能会感觉到仅仅是原地踏步。例如，也许你有一位教师，他从来不关心课程内容，只是夹着教案进教室，机械地灌输知识然后离开；你的另一些教师可能非常关心上课内容，并从教学中体会到乐趣和意义。这就是繁殖与停滞的不同。

8. 成年晚期（65岁至死亡）：自我整合对失望

当人们放弃繁殖的角色时，这一阶段就开始了。从精力充沛的成年角色中退出来，准备面对死亡。个体在回顾这一生时，若是觉得对大部分经历还比较满意，获得完满统整的感觉，从而心平气和地安度晚年。若是感觉一事无成，这时个体就会陷入深深的绝望，感到愤怒并惧怕死亡。

二、影响人格形成与发展的主要因素

（一）生物遗传因素

俗语称，"龙生龙，凤生凤，老鼠的儿子会打洞"。这形象说明了遗传的强大作用。家谱研究最早是由英国心理学家高尔顿（Galton）所创立的，他通过研究家族成员在心理行为上的相关性来说明某些心理特征的遗传性。此外，双生子研究也可以通过测定同卵双生子和异卵双生子在某些行为上的异同，来确定遗传和环境对这些行为的相对作用比例。

除了遗传因素的作用，一些生物化学因素同样对人格的形成和发展发挥着重要作用。还记得第一章中盖伦的案例吗？脑的结构性损伤使其性格大变，之前温文尔雅的盖伦变得粗鲁暴躁。与此同时，激素水平的高低也会影响着我们的人格，如睾酮含量的高低与攻击行为密切相关。睾酮是人体主要的性激素，由男性的睾丸或女性的卵巢分泌，具有维持肌肉强度、质量以及提高机体唤醒水平等作用。有研究表明，低睾酮水平的人表现出更多友善与合作，而睾酮水平较高的人则更为精明狡猾，且不易受控制（Dabbs，Hargrove & Heusel，1996）。一项关于男性谋杀犯罪的研究也发现，睾酮水平与攻击性显著相关（Dabbs，Riad & Chance，2001）。

（二）家庭环境因素

家庭是社会的细胞，它不仅蕴含着自然遗传因素，也具有社会"遗传"因素，即家庭对子女的教育和培养。所谓"有其父必有其子"恰恰反映了这一现象。一般而言，个体在自己的原生家庭中生活时间较长，父母按照自己的愿望和方式施教于子女，就必然对其人格形成产生重要影响。

1. 父母的人格

父母是子女的第一任教师也是"任职"时间最长的教师。父母的言行举止作为子女的仿效榜样、参照模式和反思镜鉴，在子女的成长过程中发挥着持续的示范、导向、催化和校正作用，成功的家庭教育，能够为子女奠定心理健康的基石。

孩子的人格是在与父母的相互磨合中逐渐形成的。研究者通常将父母的人格分成三类：权威型的父母，表现为对子女过于支配；放纵型的父母，表现为对孩子过于溺爱；民主型父母，表现为与孩子处于一个平等和谐的氛围，见表10-5。

表10-5　父母人格对孩子人格形成的影响

父母人格类型	孩子的人格特征
权威型	消极、被动、依赖、服从、懦弱，做事缺乏主动性，甚至会不诚实等
放纵型	任性、幼稚、自私、野蛮、无礼、独立性差、唯我独尊、蛮横胡闹等
民主型	活泼、欢乐、直爽、自立、彬彬有礼、善于交往与合作、思想活跃等

2. 家庭教养方式

达利（Darling，1993）等认为家庭教养方式是父母对儿童的态度以及父母的行为所表达出的情感气氛的集合体。鲍姆林德（Baumrind，1967）从控制、成熟的要求、父母与儿童交往的清晰度以及父母的教养四个方面来评定父母的教养行为，将父母的教养方式分为权威型、宽容型和专制型三种。鲍姆林德的研究揭示，儿童的个性形成并非父母的某个行为维度决定，而是受到父母整个行为模式的影响。处于专制型环境之中的儿童，往往表现出懦弱，顺从，缺乏自尊自信；也有可能走向另一极端，即表现出强烈的反抗，残暴和冷酷。相比而言，权威型教养方式下的儿童则具有较强的自尊心和自信心，敢于思考，有自己的想法，同时也有较好的自我约束能力。民主型环境之中的儿童则具有任性，缺乏责任心，爱慕虚荣等特征。

3. 依恋风格

"早期的亲子关系定出了行为模式，塑成一切日后的行为。"这是有关早期童年经验对人格影响力的一个总结。20世纪70年代末。美国心理学家安斯沃斯（Ainsworth）通过陌生情境进行婴儿依恋的研究，将婴儿依恋模式分为安全依恋、回避依恋与矛盾依恋三类，并做了数十年的追踪研究，将婴儿时期的依恋对人格的发展进行了相关研究，结果表明：早期安全依恋的婴儿在长大后有更强的自信与自尊，确定的目标更高，表现出对目标更大的坚持性，更小的依赖性，并容易建立亲密的友谊。

奥地利精神分析学家斯皮茨（Spitz，1945）对孤儿院里的儿童进行的研究发现，那些在早期被剥夺母亲照顾的孩子，长大以后在各方面的发展均受到影响。许多孩子患有"失怙性忧郁症"，其症状表现为哭泣、僵直、退缩和表情木然等。

（三）学校

随着儿童年龄的增长，其生活范围日益扩展至家庭以外的区域。显然，作为国家重要的社会化机构与组织，学校在儿童人格的形成与发展过程中扮演着重要角色。

1. 教师的管理风格

教师对学生人格的发展具有指导作用。每位教师都有自己的管理风格，勒温（Lewin，1939）等人的研究发现，不同管教风格下的班级学生人格特点也不尽相同，见表10-6。

表10-6 教师管理风格对学生言行的影响

教师管理风格	学生言行特征
专制型	作业效率提高，对领导依赖性加强，缺乏自主行动，但常有不满情绪
放任型	作业效率低，任性，经常发生失败和挫折现象
民主型	完成作业的目标是一贯的，行动积极主动，很少表现出不满情绪

2. 教师的公正性

一项有关教师公正性的研究表明，学生极为看重教师是否能够公平、公正地对待自己，教师的不公平举动会导致中学生的学习成绩和道德品质出现下滑。一方面，如果教师给予不同学生的期望水平存在巨大差异，那么其在不同学生身上所投入的精力就会显著不同。另一方面，从学生的角度而言，不平等待遇会大大削弱他们学习的积极性和主动性，久而久之，来自教师的内部期望会逐渐转换成学生对于自己的认识和评价，这就极有可能形成习得性无助。

皮格马利翁效应很好地说明了每个学生都需要关爱，教师的关注会促进他们朝着积极的方向发展。皮格马利翁是希腊神话中的国王。他用神奇的技艺雕刻了一座美丽的少女像，在夜以继日的工作中，他把全部精力都赋予了这座雕像。他像对待自己的妻子那样对待她，并向神乞求让她成为自己的妻子。爱神被他打动，赐予雕像生命。

心理学家罗森塔尔和雅各布森在原神话的基础上，进行了一项有趣的研究。他们找到一所学校，从校方手中得到一份全体学生的名单，随机抽取一些学生，并告诉校方通过一项测试发现这些学生具有很高的天赋。有趣的是，在学年末的测试中，这些学生的学习成绩的确比其他学生高出很多。研究者认为，这就是教师期望的影响。由于教师认为这些学生是天才，因而寄予他更大的期望，上课时给予了更多的关注。学生将教师的关注转化为一种激励作用，加倍努力，学习成绩自然迅速提高。这一实验证实了教师的期望对儿童的作用和影响。罗森塔尔借用希腊神话中主人公的名字，将其命名为皮格马利翁效应，亦称"罗森塔尔效应"或"期望效应"。

🔊 **心理学家语录**

在现代社会中同辈群体的影响甚至大到改变传统文化传递方式的地步。

——［美］米德

学校是同龄人汇聚的场所，青少年同伴群体对个体人格的发展也不可小觑。在这个结构分明的群体中，他们践行着待人接物的礼节与团体规范，注重友谊与自己在群体中的形象，拥戴那些品学兼优的伙伴，彼此传递和交换该年龄段特有的价值观，形成某种群体亚文化。青少年期的男孩子倾向于参与更大、更活跃的团体，并多少会表现出无视成年人权威的倾向；而女孩子的集体则具有更多合作与平和的色彩。一般来说，青少年团体具有良好的社会功能，但也存在着不良团伙，对青少年人格的健康形成起到负面影响。此外，作为学校最基本团体组织，班集体的特点、要求、舆论和评价对于学生人格的发展也具有"弃恶扬善"的作用。

（四）社会文化

每个人都处于特定的社会文化中，社会文化将其内核与精髓通过各种媒介，如语言、教育、媒体、艺术、道德等渗透到其成员的认知、情感与人格各方面，使不同文化下的个体表现出鲜明的民族性格。感性经验告诉我们，作为一个新兴的移民国家，美国人具有更强的开放性、包容性和冒险性；而作为一个历史悠久且昔日辉煌的老牌资本主义国家，不列颠民族的自豪感使得英国人形成了封闭、守旧的性格，但也正是因为长期的教化，温文尔雅的绅士气息也如影随形；由于土地贫瘠、自然资源匮乏，日本民族则具有强烈的忧患意识，因此多形成居安思危、高度团结的特征。美国心理学家川迪斯（Triandis，1995）关于集体主义—个人主义文化的经典研究也表明，集体主义文化中的成员更加关心、依赖集体，有更高的社会支持感和团体自豪感，而个人主义文化中的成员则更加强调竞争和地位，对团体疏远，认为个人目标优于集体目标，在竞争中表现得更为自信。

（五）自我调控

如果说上述因素均可归为影响人格形成和发展的外部力量，那么，人格的自我调控系统便是塑造人格的内因。如前所述，自我调控系统以自我意识为核心，包括自我认识、自我体验和自我控制三个子系统，其功能在于自我观察、监督和调节，达到人与环境的最佳匹配，凸显了人类行为高度的自主性与灵活性，保证了人格的完整与和谐。班杜拉认为，一个人在基本社会化之后，环境将不再成为塑造行为的主要变量，取而代之的便是自我。人类非凡的符号功能使其能够远在行为发生之前就做出计划、预期和调整，因而，在一定程度上，个人的生活是自我开辟与建设的结果。美国哲学家、人格主义创始人鲍恩（Bowne）认为："自我自身……作为活动的主体，作为不断变化的经验中的恒定内容，是我们掌握的知识中最无质疑的内容""我们有思想、情感和意志，这是属于我们自己的；我们还有一种自我控制的手段，也就是自己支配自己的力量。所以在经验中，我们知道有个'自我'和相对的'自主'，这就是人格的意义。"日常生活中不难发现，具有良好自知能力的人，即班杜拉所认为的那些具有高自我效能感的人，善于客观地分析自己与环境，有效利用自身资源并完善自我，超越环境的限制与阻碍，不断创造和实现自我理想。所以，不是过去的一切定义了"你"是谁，而是"你"当下的判断与选择。认识自我、悦纳自我、延伸自我和创造自我构成了健康人格四部曲。人的一生充满自我挑战与自我跨越，每个人只有充分激发个人的勇气与责任感，才能体验存在的深刻意义。

综上所述，人格是先天和后天、遗传与环境、主体和客体交互作用的产物，遗传奠定了人格发展的可能性，环境规定了人格发展的现实性，而自我才是人格发展的内部决定力量。

第四节
人格的测评

学习目标

理解人格测评的理论
掌握人格测评的基本方法
熟悉常用的人格测评工具

一、自陈问卷法

（一）自陈问卷法的理论背景

自陈问卷，又称为自陈量表，是一种自我报告式问卷，即针对拟测量的人格特征编制题目，要求被试根据自己的实际情况做出回答，主试根据其作答情况来评估其人格结构或发展水平。这种方法是目前最通用、最广泛的人格测评途径。它最初起源于美国心理学家武德沃斯（Woodworth，1918）编制的个人资料表。

自陈问卷法的理论基础是人格特质论。特质理论家强调特质是人格的基本单元，是一种相对稳定、持久的倾向。奥尔波特认为，特质与多种刺激和反应相联系，因此保证了行为的一致性和跨情境性。个体以特质来迎接外部世界，以特质来组织知识经验。此外，特质理论强调意识、理性在人类心理生活中的重要性，因此，内省或自我观察产生的口头报告或自我陈述是了解人格特质的可靠途径。基于这些认识，研究人员便可以根据特质的心理学含义编写题目，并借助受测者的问卷反应来对其人格进行研究。

（二）自陈问卷的主要形式

（1）是否式：提供一个陈述句或问句，列出"是"和"否"两种选项，要求被试选择其中的一个选项。例如：

你喜欢周围有许多热闹的事吗？　　　是（　　）　　　否（　　）

（2）二择一式：提供两个意思相反的陈述句，要求被试选择其中符合自己实际情况的一个。例如：

A．开始做一项新工作时，我愿意一口气把它做完。（　　）

B．对于一项新的工作，我愿意留下一部分以后再干。（　　）

（3）是否折中式：提供一个陈述句或问句，并列出"是""否"和"不一定"（或"介于是与否之间"）三种选项，要求被试选择其中的一个选项。例如：

我喜欢看机械方面的杂志：A．是　　　B．不是　　　C．介于A和B之间

（4）文字等级式：提供一个陈述句或问句，同时列出几个（通常是五个）程度不等的选项供被试选择。例如：

我认识的人当中，我最愿意帮助别人。

非常不同意（　　）　不同意（　　）　介于之间（　　）　同意（　　）　非常同意（　　）

（5）数字等级式：实际上是文字等级式的变式，只不过将文字式选项改为数字式选项。例如：

你对自己的外表满意吗？

非常不满意	不满意	不确定	满意	非常满意
1	2	3	4	5

（三）常用的自陈人格问卷

1. 明尼苏达多相人格问卷

明尼苏达多相人格问卷（Minnesota Multiphasic Personality Inventory，简称MMPI）是美国明尼苏达大学教授哈萨威（Hathaway）和精神病学家麦金利（Mckinley）在1943年共同编制的。编者的主要目的是根据精神病的经验校标对个体进行诊断。MMPI的问世被认为是问卷测验发展史上的一个重要里程碑，目前已被世界各国广泛应用。

MMPI有10个临床量表，每个量表都能区分一种具体的临床群体和正常比较组，见表10-7。通过计算并将测量结果制成曲线，就可以看到变态与正态之间的差别，并确定各种人格障碍的问题性质。

表10-7　MMPI临床量表及其高分解释

序号	临床量表	略号	高分解释
1	疑病	Hs	强调身体疾病
2	抑郁	D	不快乐、抑郁
3	歇斯底里	Hy	对应激的反应是否有问题
4	精神病态	Pd	与社会缺乏一致；经常处于法律纠纷之中
5	男性化—女性化	Mf	男子女性倾向；女子男性倾向
6	妄想狂	Pa	多疑
7	神经衰弱	Pt	烦恼、焦虑
8	精神分裂症	Sc	孤独、古怪思想
9	轻躁狂	Ma	冲动、激动
10	社会内向	Si	内向、害羞

宋维真等在20世纪80年代对该问卷进行修订，取得了中国版问卷的信度和效度资料，并制定了中国常模。1989年，明尼苏达大学出版了《MMPI-2施测与计分手册》，修改后的问卷包括567个项目，被试对每个题目只能从"是""否"或"不能回答"选择其一。

2. 16种人格因素问卷

卡特尔（Cattell）采用系统观察法、科学实验法和因素分析法确定了人格的16个根源特质。据此，他编制了16种人格因素问卷（Sixteen Personality Facor Questionnaire，简称16PF）。示例如下：

如果见到两家邻居打架，我会：

A. 由他们自己去解决　　　B. 说不定会怎样做　　　C. 给他们调解

在社交场合中，我：

A. 积极参与活动　　　　　B. 介于A和C之间　　　　C. 静静地躲在一旁

我宁愿在街上停下来看一个画家画画，而不愿去听一些人争吵：

A. 是的　　　　　　　　　B. 说不准　　　　　　　C. 不是

16种人格因素各自独立，每一种因素的测量能认识被试某一方面的人格特质，整个问卷综合了解被试的16种人格因素，全面评价被试的人格。16PF的每一个题目都有3个供选择的答案，被试有折中的选择。16PF可以个别测验，也可以团体测验。其信度、效度较高，编制比较科学，施测也较简便，因此在国际上广泛流行。

3. 人格五因素问卷

科斯塔（Costa）和麦克雷（Mccrae）在20世纪80年代编制的NEO人格问卷，用以测量三大人格维度——神经质、外倾性和经验开放性。1992年，科斯塔和麦克雷发表了240个题项的NEO人格量表修订版（NEO-PI-R，Costa&McCrae，1992），可以依据每个因素的六个具体层面对每一个大五维度进行不同的测量。之后，在对1985年版本的NEO-PI进行项目因素分析的基础上得出了一套包括60个题项的简版NEO-FFI，使得其更具有实用性。

NEO-PI-R测题采用第一人称表述，被试按照从"很不同意"到"很同意"五个级别的标准来评估自己对每一个表述的认同程度。示例如下：

我在危急时仍能保持头脑冷静。

A. 很不同意　　　B. 不同意　　　C. 不确定　　　D. 同意　　　E. 很同意

我有时会觉得充满快乐。

A. 很不同意　　　B. 不同意　　　C. 不确定　　　D. 同意　　　E. 很同意

在行动之前，我通常会先考虑它的后果。

A. 很不同意　　　B. 不同意　　　C. 不确定　　　D. 同意　　　E. 很同意

二、投射测验法

（一）投射测验的理论背景

投射测验是向受测者提供无确定含义的刺激，如抽象或意义未明的图片、不完整的句子或故事等，要求受测者阐释图片的内容或补充句子、故事等。根据受测者的回答，以确定其人格的深层特征。

投射测验的原理与精神分析理论密切相关。精神分析认为，人格大部分处于潜意识中，无法借由意识层面的语言来加以表达。也就是说那些意义明确、答案固定的问题很难揭示个体的感受，因此自陈问卷法无法了解深层的人格结构。而当个体面对意义不明确的刺激自由反应时，意识层面的自我防御机制功能将大大减弱，那些潜意识中的欲望、需求、态度、心理冲突才可能浮出水面，比较真实地流露出来。

> 投射测验是向受测者提供无确定含义的刺激，如抽象或意义未明的图片、不完整的句子或故事等，要求受测者阐释图片的内容或补充句子、故事等。根据受测者的回答，以确定其人格的深层特征。

（二）投射测验的主要特征

1. 测验材料无结构

测验使用的材料无结构、含糊、模棱两可，指导语也比较简单，目的是让被试在不受限制的情况下自由地做出反应。

2. 测验目的隐藏性

测验目的具有明显的隐藏性，被试一般不知道自己的反应将得到何种心理学解释，这样在很大程度上排除了被试的伪装和防卫，使测验的结果更能反映被试真实的人格特征。

3. 解释具有整体性

投射技术关注对被试整个人格的评估，而不是测量单个或几个人格特质。

（三）常用的投射人格测验

1. 罗夏墨迹测验

罗夏墨迹测验（Rorshach Inkblot Test）是瑞士精神科医生罗夏（Rorshach）于1921年创造的。罗夏认为，精神病人在知觉上有特殊性，因此应该采用无主题、无结构的墨迹图，墨迹图是这样制作的：先在一张纸的中间滴上墨汁，然后将其对折，用力下压，墨汁向四面八方流动，形成对称但形状不定的图形。罗夏测验是1921年正式发表的，原来作为一种临床测验，现已发展成一种重要的人格测验，如图10-4所示。

图10-4 罗夏墨迹测验墨迹图示例

（1）测验内容与施测过程

罗夏测验的瑞士版由十张图片构成，其中5张为黑白的，3张为彩色的，2张是黑白和鲜红的。整个施测过程中，主试要把被试从看每一张图片到第一次出现反应的时间、反应之间较长的停顿时间、对每张图片做出反应所需的时间以及被试的附带动作和其他重要表现等记下来。被试的这些回答要逐字逐句地标记在记录纸上，标明回答所指的部分。最后对施测结果进行分析和解释。在施测过程中鼓励被试大胆回答，并告诉被试没有"是非"之分。

（2）测验的记分

为了避免直觉式的解释对测验效度的影响，研究者已经为罗夏墨迹测验设计了一套容易理解的计分系统，这套计分系统的基本逻辑是：① 如果被试的反应与多数人相同，即被认为是正常的；② 如果被试的反应方式怪异，与一般人差别很大，那么这个人就可能存在心理障碍；③ 如果被诊断为某种精神疾患的人都具有某种反应类型，而被试也具有此种反应类型，那么被试就可能具有某种精神疾患。计分主要集中于四个方面：① 定位，就是在做出反应时被试注意了卡片的哪个部分，是注意卡片的整体还是部分，还是细节的大小；② 决定因素，对卡片的哪个方面产生反应，如颜色还是阴影；③ 反应的内容，反应对象和活动性质；④ 独创与从众，记录被试的反应是原创的、独特的，还是常见的、普通的。

罗夏墨迹测验是心理测验中的一大创举，此测验性能广泛，主要用于精神医学的临床诊断，可以整体评估人格，也可以评估一个人认知方面的潜能。

2. 主题统觉测验

主题统觉测验（Thematic Apperception Test，简称TAT）是由美国心理学家莫里（Murray）和摩根（Morgan）等人于1938年编制的。主题统觉测验最初由20幅包含模棱两可意义的黑白素描图片构成，测试时要求被试根据每张图片分别讲述一个故事，每个故事大约花5分钟的时间，被试可以充分发挥自己的想象力，如图10-5。

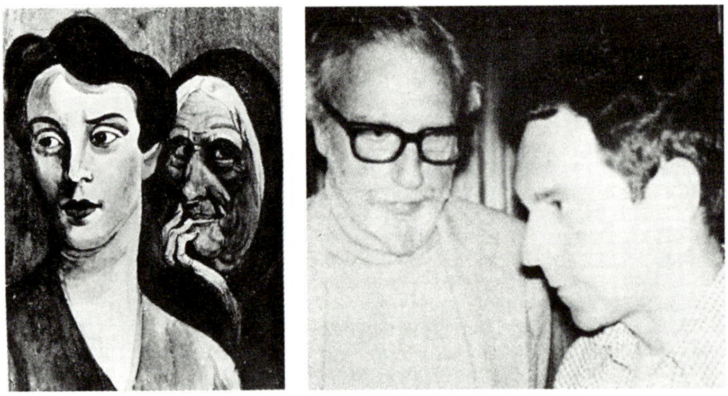

图10-5　主题统觉测验示例

为了挖掘被试潜意识的冲突和动机，心理学家通过记分的方法来分析故事。莫里提出可以从以下六个角度对故事进行具体地解释和分析。

（1）主人公

在被试所编的故事中，主人公的形象可以反映被试自己的特征。如故事的主人公是罪犯，就说明被试可能有较强的自卑感。

（2）主人公的动机倾向和情感

故事中主人公的行为和情绪体验，如屈辱、成功、冲突、激动等，可能是被试自己的心境。主人公身上表现出来的每一种需要和情绪，均可按其强度、持续程度、重复次数和重要性，列成五级量表。

（3）主人公的环境压力

压力来源于环境。环境也可以分五级评定。故事中主人公周围人的行为如拒绝、表扬等给他压力，可能说明被试自己周围的环境对他有压力。

（4）结果

根据故事的结果，可以将主人公的力量与环境力量进行对比，看故事中主人公奋斗或妥协的结果如何，是成功还是失败，其间经历了多少挫折，是快乐还是沮丧等。

（5）主题

主人公的需要与环境压力的相互作用与故事结局一起，构成故事的主题。这实际上是前面四种因素的组合，主题标明一个事件的抽象动力结构，主试要从中分析出被试最严重、最普遍的难题是来自环境压力，还是源于自身需要。

（6）兴趣与情操

被试对图片中各种人物的比喻，有的表现为正面人物，有的表现为反面人物。如经常将老年妇女比喻为母亲，将老年男人比喻为父亲，等等。

主题统觉测验能从整体描述人格，在发展心理学和跨文化研究方面也能广泛应用。但其施测和记分都比较复杂，信度和效度有待提高。

本章小结

人格是构成一个人思想、情感及行为的特有模式，这个独特模式包含了一个人区别于他人的稳定而统一的心理品质。

人格结构包括了许多成分，其中主要有气质、性格、自我等方面。

人格具有社会性与生物性、独特性与共同性、稳定性与可变性等特点。

人格的基本理论主要包括精神分析、行为学习、人本主义、认知、特质理论。

早期决定论和终身发展观是人格发展理论的两大派别。早期决定强调早期经验至关重要，而终身发展观则认为人格会在一生中不断发展和变化。

人格除了受到先天的生物学因素影响（尤其是遗传），与后天的家庭、学校、社会文化以及自我调控系统也密切相关。

常用的测评技术包括自陈问卷法和投射测验法。前者包括明尼苏达多相人格问卷（MMPI）、16种人格因素问卷（16PF）、人格五因素问卷；后者包括罗夏墨迹测验和主题统觉测验（TAT）。

自陈问卷主要是建立在人格特质论基础上，着眼于意识层面的行为特征；而投射测验是以精神分析理论为背景，目的在于揭示潜意识中的深层人格结构。

总结 >

Aa 关键术语

人格 personality	气质 temperament
性格 character	精神分析理论 psychoanalytic theory
心理社会发展理论 psychosocial developmental theory	经典性条件作用 classical conditioning
操作性条件作用 operant conditioning	自我实现 self-actualization
自陈问卷 self-report inventory	投射测验 projective test

章节链接

本章是第一章个性部分的拓展。人格的特点与大脑发育及其功能有关，相关内容见第二章。同时第八章能力也与本章有关，都是关于个体差异的内容。

应用 >

批判性思考

1. 遗传和环境、天性和教养对人格的形成与发展有什么重要作用？

2. 人格的稳定程度有多大？是否可以根据某人这一时期的表现预测其下一时期的表现？

3. 新精神分析理论相比于经典精神分析理论，二者有何异同？

4. 会有一种最终正确的人格大理论吗？

5. 气质与性格的联系与区别是什么？

6. 针对自陈问卷和投射测验各自的优缺点，怎样更好地在实践中运用两种测验来探究人格？

体验练习

个体在婴儿时期就表现出不同的气质特点，尽管气质并不决定个体的社会成就，但对它的了解有助于加深自我认识。下面是关于气质类型的小测试，请在每题中的A、B选项中进行选择，尽量快速回答而不做过多的考虑。

1. A 服务他人、满足他人的需求，对我而言是重要的。

   B 寻求看待事物和做事的各种方法，对我而言是重要的。

2. A 面对困扰时，我会陷在里面。

   B 面对困扰时，我会想办法放轻松。

3. A 我向来认为自己是个平静、随和的人。

   B 我向来认为自己是个严肃、自律的人。

4. A 我喜欢社交生活且喜欢结识各样的朋友。

   B 我对社交生活不感兴趣，而且怕与人交往。

5. A 做决定对我而言通常很困难

   B 做决定对我而言很少有困难。

6. A 我向来愿意支持他人，为他人付出，喜欢有人为伴。

   B 我向来是严肃的、克制的、喜欢讨论问题。

（完整测验请登录http://www.xinli001.com/oxygen/599/查看）

拓展 >

补充读物

1 兰迪·拉森，戴维·巴斯. 人格心理学——人性的科学探索. 郭永义，等译. 北京：人民邮电出版社. 2011

   本书打破了传统人格心理学教材以人格理论流派为框架的编撰方式，而是以问题为中心，从全新的视角系统地介绍了人格心理学的基本内容及该领域的研究动态。

2 许燕. 人格心理学. 北京：北京师范大学出版社. 2009

   本书系统完整地介绍了人格心理学的各流派及其研究专题，内容翔实，脉络清晰，兼具学术性与可读性，是一本专业的人格心理学书籍。

在线学习资源

1. https://implicit.harvard.edu/implicit/内隐项目

2. http://www.xinli001.com/壹心理

本章概述

　　本章主要介绍了个体从学龄儿童期到青少年期的心理发展。首先，介绍了心理学理论家关于人的心理发展基本理论问题的看法，即先天与教养的关系、发展的主动性与被动性、发展的连续性与阶段性。其次，介绍了学龄儿童期的心理发展，主要包括认知发展、情绪发展、自我发展以及亲子关系、同伴关系。最后，介绍了青少年期的心理发展，主要包括青少年期的思维发展、情绪发展、自我发展以及亲子关系、同伴关系。

结构图

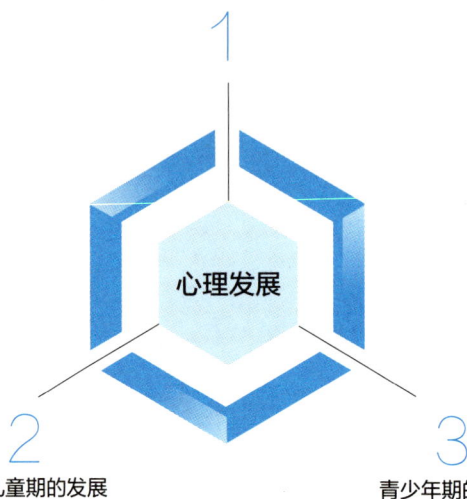

ⓐ 先天与教养的关系　　ⓑ 发展的主动性与被动性　　ⓒ 发展的连续性与阶段性

心理发展的基本理论问题

1

心理发展

2 学龄儿童期的发展　　　　　3 青少年期的发展

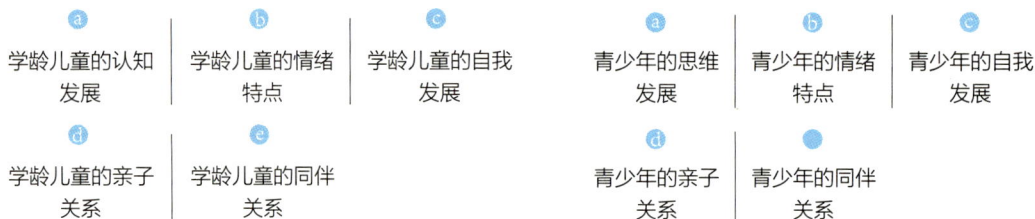

ⓐ 学龄儿童的认知发展　　ⓑ 学龄儿童的情绪特点　　ⓒ 学龄儿童的自我发展　　　ⓐ 青少年的思维发展　　ⓑ 青少年的情绪特点　　ⓒ 青少年的自我发展

ⓓ 学龄儿童的亲子关系　　ⓔ 学龄儿童的同伴关系　　　　　　　　　　　　　　　　ⓓ 青少年的亲子关系　　ⓔ 青少年的同伴关系

学习目标

本章重点：

1. 心理发展的基本理论

2. 学龄儿童期心理发展特点

3. 青少年期心理发展特点

本章难点：

1. 心理发展先天与教养的关系

2. 学龄儿童的认知发展特点

3. 青少年情绪发展特点

学完本章，你应该能够做到：

1. 掌握心理发展基本理论问题

2. 掌握学龄儿童期心理发展特点

3. 掌握青少年期心理发展特点

读前反思

你是否知道"狼孩的故事"？1920年人们在印度莫巴尼地区米德纳普尔密林中的一个狼窝里发现了两个孩子（大的约8岁，小的约一岁半）。体态特征是：下颌骨发达，犬齿比一般牙高出一半，眼睛适应黑暗且熠熠有光，听觉极灵敏，嗅觉极发达。心理特征是：不会说话只会嗥叫，回到人类社会以后虽经训练其心理发展也没有恢复到正常人的水平，十年中只学会了日常生活中不完整的45个单词（认知心理），也不能与他人进行正常交往（社会心理）。从这个故事中，你能推测出狼孩的心理发展水平吗？首先我们需要知道什么是心理发展，心理发展包括哪些内容？研究心理发展就是研究个体心理（如认知、情绪等）以及社会心理（如亲子关系、友谊等）等方面的发展变化，研究这些变化的发生过程及其对个体生活的影响。本章将向大家讲述从学龄儿童期到青少年期个体在认知发展、情绪和自我以及人际关系方面的发展变化。通过对本章的学习，你会更好地理解这两个狼孩的心理发展状态。

第一节
心理发展的基本理论问题

学习目标

掌握心理发展过程中的先天与教养关系
掌握心理发展过程中主动性与被动性
掌握心理发展过程中连续性与阶段性

对人类发展的研究是相对近期的事，对于儿童的研究直到19世纪末20世纪初才开始，而关于成年人发展、老年化及跨越生命历程变化的研究则是20世纪六七十年代才开始的。但是，对人的成长和变化的思考却是源远流长的。这种思考和研究结合起来，就有了关于发展的理论。

迄今为止，已经有很多发展心理学家提出了对人类发展进行解释的理论，而这些理论的立足点又有赖于理论家对关于人类毕生发展的基本理论问题的看法，即先天与教养的关系、发展的主动性与被动性、发展的连续性与阶段性。

肥胖的困惑

琳琳自打出生起就比较重，随着年龄的增长，十岁就成了一位肥胖儿童，身体素质很差，经常感冒发烧，四季闹病，还早早地架上了眼镜，并且在学校里由于其独特的体态特征，常常遭到其他同学的嘲笑甚至欺负。琳琳为什么会这么胖呢？这也许受到先天遗传的影响。目前儿童不断上升的肥胖率可能与孕妇的饮食习惯有关，如今大部分妇女在育龄期都处于超重状态。西方研究者通过对孕鼠的研究发现，在怀孕期间饮食高脂肪的大鼠其后代也有显著高水平的甘油三酯。如果幼儿在后天的生活中运动量又偏少，不注意节食，这会将先天的"优势"进一步扩大。所以，肥胖更可能是遗传和环境相互作用的结果。心理学家如何看待这二者的关系呢？本章将介绍关于心理发展的若干理论问题。

一、先天与教养的关系

遗传和环境在人的发展中谁起着更为重要的作用，实际上就是由来已久的先天与教养关系的争论。"先天"是由遗传而获得的，即从受精卵形成的那一刻起个体从父母那里得到的遗传信息；而"教养"指的是物理世界和社会世界中的种种复杂因素，在出生前及出生后对个体的生物学构造和心理经验产生影响。

🔊 **心理学家语录**

给我一打健全的婴儿，把他们带到我独特的世界中，我可以保证，在其中随机选出一个，都可以训练成为我所选定的任何类型的人物：医生、律师、艺术家及商人，或者乞丐、窃贼，不用考虑他的天赋、倾向、能力、祖先的职业与种族。

——[美]华生

尽管关于发展的理论都会谈到一些先天与教养的作用，但是不同理论的侧重点大相径庭。比如，要回答这样的问题：每个人以较为复杂的方式思考问题的能力，是由先天的成长时间决定的还是主要受父母和教师的影响呢？儿童很快地获得语言，是因为其遗传得到了这种素质还是因为父母在很早的时候就开始教他们？人与人之间广泛的个体差异（如身高、体重、身体协调、智力、个性等方面的差异），是由先天还是教养造成的呢？

一个理论对于先天与教养影响的立场影响着它解释个体差异的方式。如果理论强调遗传的作用，那么就会认为个体的某种特征（如言语能力的高低、焦虑水平的高低、社会能力的高低等）在其一生中从始至终会保持稳定。如果理论认为环境的作用更加重要，就会把早期经验看成是对未来行为模式的建构。在生命开始的头几年，一些有影响的消极事件会留下深深的烙印，即使在后来的生活中遇到更多的积极事件，这种消极影响也无法完全抹去。当然有一些理论家则持更为乐观的看法，他们强调可塑性，即在新经验的支持下，变化是可能的。

二、发展的主动性与被动性

发展心理学中另一个颇有争议的问题是关于发展的主动性和被动性。最早的争议可以追溯到英国哲学家约翰·洛克（John Locke）和法国哲学家让·雅克·卢梭（Jean Jacques Rousseau）对儿童的看法。洛克认为儿童像一块白板，其内容由社会来"书写"，卢梭则认为儿童是先天"高尚的原始人"，他们会按照自己积极的自然倾向去发展。

📢 **心理学家语录**

人的一切行为几乎都是操作性强化的结果。

——［美］斯金纳

在这种哲学争论下产生了两种对立的发展模型："机械论"和"机体论"。

洛克的观点是机械论发展模型的原点。机械论认为人像机器一样对环境影响做出反应。如果对人类"机器"的构成及内外部的影响因素有足够的认识，就能够预测人的行为。

卢梭是机体论发展模型的先驱，这一模型把人看成主动的不断成长的机体，人们设定自己的发展轨迹，会主动做一些事，也会根本不做出反应。变化的动力来自内部。环境影响不会引起发展，仅仅是加速或放缓发展的过程。人类的行为是一个有机整体，无法分解为简单的对环境刺激的反应。

实际上我们现在已经认识到事情并没有这么简单，儿童的发展受到本身内在驱力和需要，以及遗传禀赋的影响；但同时他们也具有社会性，不能在孤立的某种因素中获得最好的发展。

三、发展的连续性与阶段性

从婴儿期到儿童期、青少年期、成年期，个体之间的差异该如何描述，各理论家也有不同的立场。有些人认为，婴儿和学前儿童对外部世界的反应与成年人是一样的。成熟个体与不成熟个体之间的差异只是量上的差异或复杂程度上的差异。比如，儿童在婴儿期表现出来的知觉能力、记忆能力、分类能力等可能与成年人是完全一样的。也许婴儿的局限是运用这些技能时还不能像成年人一样综合更多信息、表现精准。如果是这样，那么个体思维能力的变化就必然是"连续的"，即相同类型的技能保持着其初始的状态，只不过在数量上是逐渐增加的过程。

另一种观点则认为，婴幼儿具有独特的与成年人不同的感觉、思维和行为的方式。也就是说，发展是"非连续的"，即个体发展的不同时间点，对外部世界的理解和反应方式类型不同。比如，儿童对社会经验的知觉、记忆和组织并不能做到像成年人一样，他们的发展会经过一系列的步骤，每一步骤都有其不同的特征，直到最后达到相应机能的最高水平。

持非连续观的理论认为发展是分阶段的，感觉、思维、行为等方面的量变构成了特定发展阶段的特征。在阶段理论看来，发展就像爬楼梯一样，每迈出一步就意味着个体有了更为成熟的、重组过的机能。阶段的概念也意味着个体从一个阶段发展到另一个阶段，其经历了快速转换的时期。换言之，发生的变化是突然的，而不是渐进的。

第二节
学龄儿童期的发展

🎯 **学习目标**

掌握学龄儿童的认知发展特点
理解学龄儿童的情绪发展特点
掌握学龄儿童的自我发展
了解学龄儿童的亲子关系及同伴关系

一、学龄儿童的认知发展

（一）具体运算思维

心理学家皮亚杰（Piaget）认为儿童的认知发展经历四个阶段，其中"具体运算"阶段是认知发展的第三阶段，对应年龄为7~11岁。之所以称为"具体运算"，是因为这时候儿童开始使用"心理运算"来解决具体的实际问题。

1. 守恒

学龄儿童能够轻易地完成守恒任务，他们能够"去中心化"，比如，在完成容量守恒任务时，他们能够同时关注容器的高度和宽度，这表明其心理活动服从的是逻辑原则。

同时，学龄儿童也表现出可逆性，他们可以在心理上逆转倒液体的过程，并想象液体在原来容器里的样子。他们知道两个不同容器里液体的量是相同的，并通过逻辑来得出结论，而不是通过会产生误导的表象。

2. 分类

分类的能力有助于儿童有逻辑地思考问题。分类包含序列化、传递推理等复杂的能力。

序列化是指儿童能够按照一个或几个维度对物体进行安排，如重量（从最轻到最重）或颜色（从最亮到最暗）。

传递推理是指根据两个物体各自与第三物体的关系，来认识这两个物体之间的关系。比如有三根棍A、B、C，儿童首先看到A比B长、B比C长，在未能直接比较A和C的情况下，儿童会知道A比C长。

3. 空间关系

学龄儿童对空间关系有着较好的理解。他们有比较清楚的概念，知道从一个地方到另一个地方有多远，走过去需要花多长时间，并且他们也容易记住路线和沿途的路标。经验在其中起着重要作用。同时，儿童使用地图和模型的能力以及沟通空间信息的能力随着年龄的增长而提高，6岁儿童能够搜索并找到藏起来的物体，但是他们无法清晰地向他人说明如何去寻找同一物体。

（二）信息加工

随着大脑髓鞘化的不断完善，尤其是连接两半球的胼胝体的髓鞘化，信息加工的速度也提高了。结果，学龄儿童完成各种任务所需的时间明显下降。

1. 注意

在学龄儿童期，注意变得更有选择性、适应性和计划性。

第一，儿童会更好地把注意集中在与其目标有关的那些方面，而筛选掉无关的信息，避免环境噪声带来分心。这种能力在6~10岁有非常大的改善。

第二，年龄大一些的儿童会根据任务要求灵活地调整注意。比如，要求儿童对不同颜色和形状的图进行分类时，5岁及以上年龄的儿童都能够按照要求以颜色或形状为形式，转换分类方式；而较年幼儿童很典型地会一成不变地依据一种标准来分类。

第三，计划性在学龄儿童期有很大的提高。他们能够按照一定的顺序做事情。儿童在收集信息方面越来越有系统性，这对他们解决问题大有裨益。

2. 记忆

儿童上学以后，其加工和保留信息的能力稳步增长。对记忆原理的更多理解，让他们能够使用记忆策略。

学龄儿童很早就开始使用一些简单的记忆策略，随着年龄增长，他们会用到的记忆策略大体包括四种，即外在帮助、有意复述、组织分类和精细加工（见表11-1），他们对策略的使用更加有效。此外，儿童通常会使用不止一种记忆策略来完成一项任务，也会针对不同的问题采取不同类型的记忆策略。

表11-1　四种常用的记忆策略

策略	界定	在学龄儿童期的发展	举例
外在帮助	由身外之物提醒	五六岁的儿童能够这么做，但是8岁的儿童更可能想到要这么做	把要做的事列出一个单子
有意复述	有意识的重复	可以教会6岁的儿童这么做，7岁的儿童自发做	一遍又一遍地重复电话号码，直到记住为止
组织分类	按类分组	10岁以前大多数儿童做不到，但是可以教他们这么做	可以把在动物园看到的动物分为哺乳动物、爬行动物等
精细加工	把要记的东西和其他东西联系起来	年龄大一些的儿童更可能自发地这么做，并且如果他们自己进行精细加工的话，记忆效果会更好。如果由他人做精细加工，年龄小一些的儿童记得更好	对一个没有意义的电话号码，利用数字的谐音赋予意义，想象一个情境或故事

转引自： Papalia等（2012）

几种记忆策略中，组织分类和精细加工可以把要记住的项目组合为有意义的"组块"（chunks），使得儿童能够把握更多的信息，进而扩展了工作记忆。

纵向研究表明，儿童的记忆表现与其在班级背景中的多个方面相联系。学生记忆策略上的差异与教师对记忆策略的取向有关，教师对元认知信息使用的取向以及对记忆的要求，可以强化学校背景对儿童记忆发展的重要性。

3. 元认知

在上学期间，学龄儿童发展了一种更高形式的思维——"元认知"（metacognition），也称为"对思维的思维""对认知的认知"，是关于个体自己认知过程的知识和调节这些过程的能力。元认知包括元认知知识和认知调节。

> 元认知是关于个体自己认知过程的知识和调节这些过程的能力。元认知包括元认知知识和认知调节。

"元认知知识"（metacognitive knowledge）是指关于认知过程的知识和意识。它在小学阶段增长非常快。比如，学前儿童很难判断一项任务的难易，或自己是否记住了某一个东西。这样，他们在学习时就可能浪费很多精力在容易的任务上，或是放在自己已经知道的知识上。一些儿童直到上小学仍然缺乏元认知。然而，到八九岁时，学龄儿童的元认知就很明显了，他们非常清楚自己已经知道了什么，学习也更有效率；他们能够评估自己的学习过程，判断自己是否已经学会了某些知识，而不是简单夸海口说自己都知道了。

儿童元认知知识最重要的特征之一是他们对目标、策略、监控和结果之间联系的理解。他们会认识到，对于各种各样的任务，都需要选择实现目标的方法。"认知调节"（cognitive regulation）就是要确定目标、选择有效的策略，并对策略的有效性进行监控。如果策略有效，则可以专注于未学过的知识；如果策略无效，则需要重新确定目标、选择策略、监控策略。有效的认知调节对获得学业成功而言是非常重要的。研究发现，元认知训练可以较好地促进该阶段儿童元认知水平的提高，元认知训练对学生学业成就有着积极影响，学习困难学生、成绩中上学生可能是训练的最大受益者。

二、学龄儿童的情绪特点

随着年龄的增长，儿童对自己及他人情绪的意识也在发展。他们能够在社交情景中调节自己的情绪表现，也能够对他人的情绪做出反应。

学龄儿童对心理活动的理解意味着他们能够参考内心状态而不是外部事件来解释情绪。在8岁左右，学龄儿童意识到他们能够在同一时间体验到不止一种的情绪，这些情绪既可能是积极的也可能是消极的，并且情绪强度也会大相径庭。比如，他们会因为过生日时收到很多礼物而感到很高兴，但因没有得到自己想要的东西又有一点点不开心。他们越来越能够通过语言来表达冲突的情绪。

对混合情绪的理解帮助学龄儿童认识到，表情未必反映真实的情绪。这也有助于培养儿童的自我意识情绪，到七八岁时，羞耻和骄傲会影响到他们对自己的看法。比如，八九岁的儿童能够理解，骄傲是由两种快乐构成的，一种是完成任务之后的快乐，另一种是重要他人的认可所带来的快乐。

而且，这时候的儿童能够调和矛盾的面部线索和情境线索，以确认他人的情绪，而幼儿则主要是依靠表情。他们也会知道情绪体验和情绪表达之间是有区别的，他们知道情绪可以压抑，但是并没有消失。

情绪理解的发展也得益于认知发展和社会经验，尤其是在成年人对儿童的情绪比较敏感并愿意加以讨论时。同时，这也能够促进共情的发展。随着学龄儿童的成长，观点采择能力的提升使得他们的共情反应不再只是针对他人即时的悲痛，也会对一般的生活条件做出反应。比如，如果儿童想象到患病的人或饥饿的人的感受，他们就能有共情反应。10岁的男孩能够理解同学父亲去世带给他的悲伤，并自己体会到这种悲伤。学龄期儿童的共情能力越来越强，他们也会表现出更多的亲社会行为。

三、学龄儿童的自我发展

🔊 心理学家语录

我们生命的过程，就是做自己，成为自己的过程。

——[美]罗杰斯

在学龄儿童期，自我描述的方式变得更加现实、更加平衡、更加综合，学龄儿童在七八岁时自我概念发展到了新皮亚杰理论所认为的第三阶段，他们具备形成"表征系统"（representational systems）的能力，即把自我的不同方面整合为包罗万象的自我概念。他们能够对真实自我和理想自我进行比较，并通过与他人的比较来判断自己在社会标准尺度下的状况。所有这些又影响着他们自尊的发展。

> 自我概念是指把自我的不同方面整合为包罗万象的"表征系统"。

🔍 案例

脆弱的自尊

小学一年级的小雨从学校回到家就一直嘟着小嘴不高兴，一副很可怜的样子。妈妈一问才知道，今天在学校里有一个小朋友说小雨的牙齿黄，不愿意和他玩，小雨越说越委屈，"哇"的一声哭了，妈妈将他抱进怀里不断夸小雨是最乖的、最帅的。这是小雨受挫后自尊心受到伤害的正常表现，这说明小雨的自我意识觉醒，开始关注别人对自己的评价了。孩子的成长总是伴随着自尊的建立，孩子自尊的健康发展，必须以真实的自我为基础，正确的自我意识和客观地看待他人评价才有利于孩子健康成长，才能帮助孩子建立可信赖的自尊。作为妈妈，一方面要维护孩子自尊心，鼓励孩子树立自信、增强自尊；另一方面也要教会孩子正确地认识自我、了解自我，然后去认识问题和解决问题，毫不吝啬地赞美和无条件地接受并不能有效提高孩子的自尊。本章将介绍学龄儿童自我心理尤其是自尊是如何发展变化的。

在小学期间，学龄儿童对客体自我（自我概念）的认识更加精练，他们会把对行为及内心状态的观察组织为一般性的特质。他们对自我的描述不再强调具体的行为，而是强调能力；年龄大一些的学龄儿童相对来说不太可能以极端的方式进行自我描述。这时候儿童的自我描述关注到自我的多个方面，他们摆脱了"全或无"的自我界定，会认识到自己某些方面还不错、某些方面不太行，既会提到积极的特征，也会提到不好的方面。其自我描述更加平衡，他们对自我概念的言语表述也更好，也能够把握自我概念各个方面的轻重。

学龄儿童的自我概念来自于他们的"社会比较"（social comparisons），即通过比较自己与他人来对自己的能力、外貌和行为等加以判断。年龄小一些的儿童会与另一个儿童的表现进行对比，而年龄大一些的儿童则会对多个人进行比较。

> 社会比较指通过比较自己与他人来对自己的能力、外貌和行为等加以判断。

学龄儿童自我概念的变化一方面受到其认知发展的影响，他们能够把典型的经验和行为整合为心理特征，能够混合积极的和消极的特征，能够比较自己的特征与很多同伴的特征；这使得其自我概念的结构发生了变化。

另一方面，学龄儿童自我概念内容上的变化则是认知发展和他人反馈的结果。学龄儿童越来越能够"读懂"他人的想法，并把它整合到自我界定中。随着他们不断内化他人的期望，儿童形成了一个用来评价"真实自我"的"理想自我"。如果这两者之间的差距过大，则有损自尊，进而导致悲伤、绝望和抑郁。同时，由于学龄儿童的社会活动范围越来越广，他们会从更多人那里获得关于自我的信息，他们的自我描述也会经常参考他人的看法。

四、学龄儿童的亲子关系

儿童上学以后，亲子关系随之发生变化，但是，亲子关系的质量仍然是决定学龄儿童发展状况的重要因素。

在学龄儿童期，儿童与父母在一起的时间急剧下降，他们不断增加的独立性给父母带来了新的问题：安排他们做多少家务活、给他们多少零用钱、他们的朋友是不是好孩子、在学校里遇到问题怎么办、他们不在家的时候在干什么、他们在家而父母不在家的时候又怎么样。

面对这些问题，已经在之前建立了权威型教养方式的父母就显得游刃有余。对学龄儿童来说，晓之以理的教养方式比较有效，因为他们的逻辑思维能力增强了，他们对父母的专业知识更为敬重。当父母开放地与儿童沟通，尽可能地让他们参与家庭决策时，儿童更可能在需要服从的时候听从父母的观点。

随着孩子对日常活动的管理能力和责任感不断增强，管理有方的父母会逐渐地把控制权转给儿童。当然，这并不是完全放手了，而是亲子"共治"（coregulation），即让儿童对自己的一言一行负责，父母只是进行一般性的监督。亲子共治源于亲子之间互惠和相互尊重基础上的合作关系。父母与孩子在一起时，只是从旁指导和监控，并清楚地告诉孩子自己的期望；而孩子必须告诉父母他们上哪去、干什么、有什么问题，以便父母能够在必要时介入。在儿童走向青少年期、为自己做很多重要决定的过程中，亲子共治对他们有支持和保护作用。

尽管如此，在学龄儿童期，父母仍然是生活中最有影响的人，他们通常提供情感支持、建议和解决日常遇到的问题。

五、学龄儿童的同伴关系

儿童在同伴交往过程中会分化出不同的同伴地位，反映了他们的"同伴接受性"（peer acceptance）。根据学龄儿童在班级中受欢迎的程度，可以把学龄儿童分为五类：

> 被忽视的儿童是指那些被同学所忽视，既无积极评价，也无消极评价的儿童。

第一，受欢迎的儿童（popular children），他们受到很多同学的喜欢；

第二，被拒绝的儿童（rejected children），很多同学都不喜欢他们；

第三，有争议的儿童（controversial children），他们既受到很多同学喜欢，又受到很多同学排斥；

第四，被忽视的儿童（neglected children），他们被同学所忽视，既无积极评价，也无消极评价；

第五，普通的儿童（average children），有些同学喜欢他们，有些不喜欢他们，但是在受欢迎、被拒绝、有争议方面并不是很明显。

受欢迎和被拒绝的儿童各自又有两种亚类型。"受欢迎的亲社会儿童"学习成绩好、社交能力强，他们对人友好、合作且擅长沟通，能够很好地融入正在进行的谈话或游戏中；而"受欢迎的反社会儿童"人数较少，包括与人打架的攻击性男孩以及进行关系攻击的女孩，尽管他们不太友好，但其所作所为对一部分同伴有吸引力，他们很"酷"。

值得一提的是，这在多种文化中具有普遍性，只是受欢迎的儿童还有一些与文化相联系的其他特征。比如，在中国，羞涩的儿童也会受到欢迎，而在以色列，张扬、直率的儿童受欢迎。

"被拒绝的攻击性儿童"攻击性过强、多动、社交技能差、无法调节自己的情绪、冲动。他们的观点采择有缺陷，往往将同伴的无辜行为错误解读为是有敌意的，他们好像是以攻击为乐。相比之下，"被拒绝的退缩儿童"则害羞、退缩、胆怯、孤独，他们笼罩在社交焦虑中，担心被嘲笑和袭击。两种被拒绝的儿童都可能受到同伴骚扰。

有争议的儿童会表现出积极的和消极的社会行为，使得同伴对他们的评价褒贬不一。他们可能有敌意、有破坏性，但是他们也会有积极的亲社会举动。尽管有些同伴不喜欢他们，他们却拥有使自己免受社会排斥的品质。他们经常欺负人、进行关系攻击，以维持自己的影响。

被忽视的儿童是最令人意外的，他们通常有很好的社会适应。尽管社会交往少，被同学认为羞涩，但是，他们的社会技能并不比普通儿童差。他们没有觉得孤独或不快，只要愿意，他们就能走出自娱自乐的圈子。这也意味着，外向、合群的人，并不是唯一的感到幸福的人。

第三节
青少年期的发展

🎯 **学习目标**

了解青少年的思维发展特点
掌握青少年情绪的特点
理解青少年自我的发展特点
理解青少年的亲子关系
了解青少年的同伴关系

一、青少年的思维发展

皮亚杰的认知发展四个阶段中，"形式运算"（formal operational）阶段是认知发展的第四阶段，年龄大约从11岁开始。这时候抽象、系统的思维能力使得青少年在面对问题时能够先提出假设，演绎出可供检验的推理，孤立和综合各种变量，看看哪一个推理会得到证实。换言之，形式运算的青少年能够"对运算进行运算"（operation on operation），他们不再非要以具体的事物为思维对象，取而代之的是，他们能够通过内部反省形成新的一般性逻辑原则。

1. 假设演绎推理

皮亚杰认为，"假设演绎推理"（hypothetico-deductive reasoning）是形式运算思维的标志。青少年面对问题时，能够先进行假设，或对可能影响某种结果的变量加以预测。然后，根据假设进行演绎，进行逻辑性的、可检验的推理，他们会系统地孤立某些变量、组合某些变量，来看看哪一种推理在现实生活中能够得到验证。

> 假设演绎推理是形式运算思维的标志，面对问题时，个体能够先进行假设，或对可能影响某种结果的变量加以预测。

这一问题解决过程的特点是，始于可能性、终于现实。而具体运算阶段的儿童则是始于现实，他们从明显可以观察到的具体现实情境中开始预测，如果这些预测未能获得验证，他们往往也无法另辟蹊径来解决问题，最后以失败告终。

皮亚杰用来研究形式运算思维的经典问题中，一个很著名的实验是"钟摆问题"。给儿童和青少年展示一个钟摆，并向其演示如何改变四个因素：摆绳的长度、砝码（摆锤）的重量、释放砝码的高度、推砝码的力量（图11-1）。然后要他们确定哪一种因素或因素的组合能够决定摆动的速度。

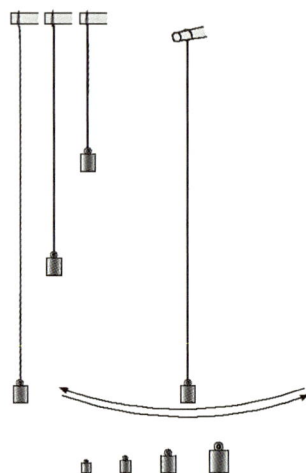

形式运算阶段的青少年会设计检验所有可能的假设实验，每次只改变一个因素，并保持其他三个因素不变，他们会单独试验每一个变量（比如，改变摆绳的长度），继而，也会组合不同的因素进行试验，直到最后发现只有摆绳长度是决定因素。整个假设检验的过程是以"如果—那么"（if-then）的方式进行的，比如，"如果是摆锤重量起作用，那么在同样长度的摆绳上使用不同重量的摆锤，就应该看到速度上的差异。"形式运算阶段的青少年最终会发现"重量假设"是错误的，决定速度的只有摆绳的长度。

图11-1 皮亚杰的钟摆实验

相比之下，具体运算阶段的儿童则无法分离每一个变量的效应，他们可能会在未保持砝码重量一致的情况下试验摆绳长度的影响，比如，把短摆绳、轻砝码的钟摆与长摆绳、重砝码的钟摆相比较。此外，他们也无法注意到任务中非具体材料提示的变量——释放摆锤的高度和推动摆锤的力量。

2. 命题思维

形式运算思维的第二个重要特征是"命题思维"（propositional thought），即青少年对以语言表述的命题进行评价时，能够不依赖现实世界的环境。相比之下，学龄儿童对命题逻辑的评估只能在考虑现实世界中的具体证据时进行。

> 命题思维是指个体对以语言表述的命题进行评价时，能够不依赖现实世界的环境。

为探索命题推理的能力，研究者给儿童和青少年看一堆颜色不同的筹码。在其中一种条件下，研究者把一个筹码藏在手心，然后向他们提出两个命题：一是"我手中的筹码要么是绿色的，要么不是"，二是"我手中的筹码是绿色的，并且它不是红色的"。在另一种条件下，研究者拿一个红色的或绿色的筹码让他们看到，并提出相同的两个命题。

学龄儿童会把注意力放在筹码的具体属性（颜色）上，当筹码藏起来时，他们会回答说对两个命题都不确定。当看到筹码时，他们就会判断，如果筹码是绿色的，那么两个命题都是对的，如果筹码是红色的，那么两个命题都是错的。相比之下，青少年会分析命题的逻辑，他们明白"要么—要么"命题总是对的，而"并且"命题总是错的，都与筹码的颜色无关。

命题思维使青少年明白，如果某个前提是正确的，那么得出的结论也一定是正确的。比如：所有的人都是凡人（前提），苏格拉底是人（前提）；因此，苏格拉底是凡人（结论）。

皮亚杰认为语言在青少年认知的发展中是重要的，形式运算要求以语言及其他的符号系统为基础，它们未必代表真实的事物，如高等数学中的符号系统。同时，形式运算也涉及对抽象概念的言语推理，如物理学中对时间、空间、物质关系的思考，哲学中对公正与自由的思考。

二、青少年的情绪特点

情绪作为个体生活中必不可少的一部分，在青少年期呈现出新的特点。青少年在谋求独立的过程中，在情绪情感上逐渐地脱离父母，追求一种情绪自主，这是其情绪的基本特点。

（一）情绪自主

青少年个体化和自我认同探索的过程，要求他们在情绪情感上逐渐独立于父母。从情绪的角度看，青少年再次进入了向父母争取自主的阶段。

青少年期的"情绪自主"（emotional autonomy）表现为更强的自我依靠、主动性、对同伴压力的抗拒力、对自己的决定和活动的责任感。它是在以父母为中心的人际关系向以同伴为中心的人际关系转化的过程中产生的。

青少年在情绪情感上越来越独立于父母是由几个方面的原因造成的。第一，年长一些的青少年在面对自己的情绪需要时，已经不太可能去求助于父母；第二，青少年很可能已经对自己的父母形成了复杂的看法，认为他们也是有欠缺的、不完美的；第三，青少年往往对家庭之外的人际关系投入了更多的情绪情感；第四，青少年越来越可能以一种平等的方式与自己的父母交往。所有这些认知的以及社会性方面的原因促成了青少年走向同伴文化。

> 情绪自主主要表现为更强的自我依靠、主动性、对同伴压力的抗拒力、对自己的决定和活动的责任感。

青少年在发展的过程中，其情绪自主在青少年早期是平稳上升的，而对同伴影响的抗拒力则是下降的。青少年变得更加自主的过程、同伴影响不断增加的过程，往往不是一帆风顺的。并且，青少年对自己的父母形成了批判性的态度，他们能够从父母身上看出自己以前看不到的欠缺。这可能是青少年在塑造独立自我认同的过程中迈出的重要一步。在这一时期，他们可能经常会觉得从"真正理解"自己的同伴那里听取意见，比从父母那里听取意见更好一些。

不过，父母与青少年之间的关系在冲突和变化之中一般也能够保持一定程度的凝聚力。情绪自主和一定程度上脱离父母的制约会对青少年多方面的发展起到推动作用。

（二）日常的情绪体验

青少年日常生活中的情绪特点可以从其平均的情绪状态以及情绪体验的变化中看到。通常，初中生体验到的消极情绪比学龄儿童更为突出。虽然消极情绪在高中阶段又有稍许下降，但是，女孩沉浸在消极情绪状态中的时间比男孩更长。

青少年报告的极端积极情绪和消极情绪都比他们的父母多，而中立或者温和的情绪状态则不及他们的父母多。比如，青少年报告非常高兴的情况比他们的父母多六倍，非常不高兴的情况比父母多三倍。除了这些较为普遍的情绪范畴，与父母相比，青少年也更可能报告感到窘迫、神经紧张、冷漠、厌烦。

厌烦在青少年期可能具有独特的意义。虽然常常被作为一种冷漠情绪的表现，但是青少年期的厌烦与愤怒、挫折感以及缺乏精力或动机相联系。尽管在学校里厌烦并不是最常见的情绪，但是在各种社会情景中都感到厌烦的青少年，一般都被教师认为在个性上较具有分裂性。

如果把父母的情绪体验和青少年的情绪体验在几天内的变化过程进行对比，可以看到他们所报告的情绪体验是相似的，只是青少年在情绪体验的强度方面更为突出一些。可以认为，家中有处于青少年期的孩子，这种家庭生活未必就是风雷激荡、充满压力的。

有研究采用时间取样的方式，考察中国青少年日常情绪体验的平均水平和情绪调节策略使用的基线状况，发现中国中学生日常情绪体验分布遵循正态分布，即日常情况下以中性情绪为多，极端正性与负性情绪相对较少；有效调节组（日常情绪体验主要为高水平正性情绪被试）的孤独感评分比无效调节组（日常情绪体验主要为高水平负性情绪被试）低；有效调节组使用的调节策略主要表现为减弱调节策略。

三、青少年的自我发展

（一）自我概念与自尊的变化

在从儿童期向青少年期转化的过程中，个体开始发展关于自我的更为抽象的特质，青少年会把儿童期使用的孤立特质（"聪明""有天赋"）统一为更加抽象的描述（"智力"），并且自我概念变得更加分化且得以更好地组织。青少年开始根据个人的信仰和标准来看待自我，而不是根据社会比较。

青少年期自我概念的典型特征是常常以相互矛盾的方式来描述自我，如"害羞"和"闹腾"，"聪明"和"脑残"。这是因为其社会世界扩展之后，产生了新的人际压力，在不同的人际关系中表现不同的自我。即青少年的自我概念在不同背景中有不同的表现，他们与同伴在一起时和与父母、教师在一起时，对自己的看法是不同的。

另外，青少年常常会做出"虚假的自我行为"（其行为方式不是真实的自我表现），在同学之间以及在恋爱关系中更是如此。不过，虚假自我行为对青少年心理健康产生的影响有赖于这种行为的动因：出于贬低真实的自我而做出虚假的自我行为的青少年，会受到抑郁及绝望的困扰；而目的在于取悦他人或者只是试一试的青少年，其做出虚假的自我行为并不会遇到这些问题。

青少年自我概念的不一致会使他们被"真我是谁"的问题困扰，但是这种矛盾在几年之后就会因为形成了更为一致的关于自我的看法而减少。

🔍 案例研究

《来自星星的你》与偶像崇拜

韩剧，一向是中国女性的最爱，剧中浪漫的爱情故事和英俊不羁的男主与美丽不凡的女主都吸引着观众的目光。最近，随着《来自星星的你》的走红，不少男性也受到影响，开始迷上了这部电视剧。近日，有媒体报道，一位武汉的九年级男生，因为迷上《来自星星的你》，非要去韩国整容成"都教授"，他妈妈相劝无果，不知道该怎么办才好。此事引起了社会热议。

青少年之所以出现这种盲目崇拜，是因为自我构建的需要。青少年自我意识在迅速发展，同时自我认同也存在着混乱现象。我是谁？我渴望成为什么样的人？这些自我建构的问题在青少年自我意识中越来越强烈。偶像剧可以为青少年提供心理投射的场所，青少年可以通过对偶像剧主人公的"心理想象"或"行为同化"实现自我的建构。在偶像剧创造的童话世界里，青少年可以任意涂鸦构建自己，投射他们的梦想，于是，他们渴望像"偶像"那样无拘无束、美丽、受人喜爱……由于青少年的自我控制力和判断力都不太成熟，往往难以认识和分辨善与恶、好与坏，很容易将剧情内容和现实生活混淆，这将对他们的生活产生严重负面影响。

（1）在现实生活中，你是否有过类似偶像崇拜的经历？

（2）你如何处理理想中的偶像与现实中的自我之间的关系？

此外，青少年既从总体上对自身进行评价，也从一些具体的方面进行评价，如学业、运动、外表、社会关系以及道德行为。并且，自我概念的具体方面与总体自我价值之间的关系在不同领域是不同的。例如，外表对总体自尊非常重要，对女性而言更是如此。与学龄儿童相比，青少年尤其重视社会性品质，比如，互助友好、细心周到、慷慨仁慈、乐于合作等；年龄大一些的青少年对自我进行描述时，个人价值观和道德价值观都是关键。

青少年的自尊与其对各种活动的价值评估，以及在这些活动中获得的成功之间的联系变得更强。比如，青少年的学业自尊可以清晰地预测其对学习科目的有用性及其重要性的判断、付出努力的程度以及最后的职业选择。

一般而言，总体自尊在青少年期是稳定的，并且在这一时期会稍有增长。与其他年龄段的人相比，青少年早期个体的自尊更为波动起伏，但是随着年龄增长，自尊会变得稳定。到青少年后期，更容易接受的行为和感受会随着情境而变化。

当然，有些青少年的自尊比较稳定，有些则不是。在不同的种族和性别之间，自尊的状况也存在差异。然而，高水平的自尊是与父母的赞同、同伴支持、社会适应以及在学校获得成功等因素联系在一起的。

（二）自我认同的形成

青少年自我概念和自尊的发展为其自我认同的形成奠定了基础。詹姆斯·马希耳（James Marcia，1980，2010）根据埃里克森的理论衍生出两个关键的标准（"探索"和"承诺"）来评估自我认同的发展，并提出了四种自我认同的状态：① 自我认同完成（identity achievement），指经过探索之后，对价值观、信念、目标有所承诺；② 自我认同延迟（identity moratorium），指只有探索，尚无承诺；③ 自我认同早闭（identity foreclosure），指未经探索，就有承诺；④ 自我认同扩散（identity diffusion），指既无探索也无承诺的无动于衷。这就是自我认同状态模型（identity status model），见表11-2。

表11-2 马希耳的四种自我认同状态模型

自我认同状态	特征	举例
自我认同完成	个体经过对各种选择的探索后，对一个清晰的、自我选择的价值观和目标有了承诺。他们会有一种幸福感，知道自己该往何处去。	在整个中学阶段，小付都想去打篮球；九年级和十年级时，她觉得做物理学家很棒；十一年级时，她选修了计算机课程，这时她找到了适合自己的方向，她知道自己以后应该学计算机科学。
自我认同延迟	这些个体仍未做出明确的承诺，他们还在探索着：收集信息、尝试各种活动，希望能够找到指导自己生活的价值观和目标。	小白喜欢中学的所有课程，有时他觉得当化学家很有意思，有时又想当作家，有时又想当教师。虽然总是见异思迁，但他乐在其中。
自我认同早闭	这些个体已经有了承诺，但其价值观和目标并非自己探索后确定的。他们接受权威人物（通常是父母，有时是教师或恋人）为他们选择的现成的自我认同。	自从记事起，小苏的父母就告诉她，她以后应该做律师，所以她没有多想就去学法律了。
自我认同扩散	这些个体缺乏明确的方向。他们既没有对价值观和目标做出承诺，也没有积极地进行探索。他们可能永远都不会去尝试，或已经被困难吓倒。	小李讨厌思考自己未来应该做什么，所以他把自己的自由时间都用来玩电子游戏。

每个人自我认同的发展有不同的道路。有些人会逗留在某一种状态；有些人则会经历多种状态。并且，在不同的自我认同领域内，如性取向、职业、政治价值观等，其模式也不相同，通常见不到在各个领域内同时获得自我认同的人。

四种自我认同状态并不是恒久不变的，它们也会随着个体的发展而改变。很多人会从"较低"的状态（早闭、扩散）走向"高级"的状态（延迟、完成），但是有些人也会走回头路。从青少年后期开始，越来越多的人处于延迟或完成状态，但是也有一些人，甚至是年轻的成年人，仍然处于早闭或扩散状态。在21岁以前，大多数人都没有达到自我认同完成的状态。早闭者到中年时，回顾自己的生活历程，往往会由早闭状态转为延迟或完成状态。实际上，成年人在面对个人和家庭的危机时，可能会数次经历"延迟—完成—延迟—完成"（MAMA）的循环。

四、青少年的亲子关系

儿童和青少年的成长已经不再被视为单向社会化的过程，而是一个"交互社会化"的过程，儿童和青少年会给父母带来社会化影响，就像父母使他们社会化一样。

青少年希望父母能够表现出以下三个方面的品质：一是"亲近感"（connection），即在父母和孩子之间有温情的、稳定的、充满爱意的、关注的联系；二是"心理自主"（psychological autonomy），即提出自己意见的自由、隐私自由、为自己做决定的自由，如果缺乏自主，青少年就容易出现问题行为，难以成长为独立的成年人；三是"监控"（regulation），成功的父母会监控和督导孩子的行为、制定约束行为的规矩，监控能够让孩子学会自我控制，帮助他们避开反社会行为。

五、青少年的同伴关系

心理学家语录

活着的意义在于奉献、对别人产生兴趣以及互助合作，不能认识到这一点则会产生错误的生活意义。

——[奥地利]阿德勒

（一）青少年的友谊

在青少年期，大多数的同伴关系可以划分为三个方面：一是个人友谊，二是朋辈，三是团体。团体的规模最大、最松散、个人特征最少，其成员通常是因为对某一活动有共同的兴趣而聚在一起。朋辈则规模较小，成员之间关系更为亲密，凝聚力比团体更高。不过，和友谊相比，朋辈的规模大一些，亲密度稍差一些。与团体相比，友谊及朋辈的成员是因为相互吸引而聚集在一起。

友谊随着青少年彼此之间交往的加深而产生，它起到六种基本的作用。一是陪伴，友谊给青少年提供了熟悉的伙伴，他们愿意待在一起，并参加一些相互合作的活动；二是刺激，友谊为青少年带来了有趣的信息、兴奋、快乐；三是物理支持，友谊会提供时间、资源及帮助；四是人格自我支持，友谊会提供对支持、鼓励和反馈的期望，这有助于青少年维持他们对自己的能力、魅力及个人价值的肯定；五是社会比较，友谊提供信息让青少年知道自己和他人的立场，以及他们所作所为的对错；六是亲密，友谊为青少年提供一种温情的、密切的、信任的相互关系，这种关系中包含自我表白。

🔍 **案例**

交往的需要

13岁的男生小亮，其父母经营个体企业，由于自身文化程度低平日又忙于工作，忽视了对小亮的管教，并且父亲脾气暴躁，与孩子沟通较少，导致孩子从四年级开始频繁出入网吧与别人网聊，学习成绩一落千丈，并且沾染上了说谎、逃学等恶习。周末小亮更是在网吧一待就是一整天，他多次被父母从网吧里拽出来，被暴打一顿，结果还是不管用。心理学家发现，如果一个人没有朋友，将会对他的认知、社会化和道德发展产生不良影响，人际交往是个体的基本需要。但现实生活中一些青少年的人际交往由于各种原因出现了困难，如同伴排斥、父母冷待以及存有社交焦虑障碍，这些青少年往往会通过网络聊天的方式寻找情感依托。青少年人际交往的需要变得强烈而复杂。

亲密是青少年友谊中的一个重要特征，个人可以表白或分享秘密思想。青少年通常会说，最好的朋友能够分担他们的困难、理解他们、听他们谈论自己的想法或感受。年幼的儿童在谈到自己的友谊时，则很少涉及自我表白或者相互理解等方面。友谊的亲密度对13～16岁的青少年来说比10～13岁时重要。

和儿童期相比，青少年把忠诚或信任看成友谊中更重要的品质。在谈到自己要好的朋友时，青少年常常提到的是，当和其他人一起时，朋友支持的是自己。

此外，青少年对朋友的选择是很挑剔的，这可能是其增长了的社会认知技能所致，他们可以对谁会喜欢他们做出更为准确的判定。

就亲密朋友而言，女孩比男孩更加强调亲密的交谈和信任感，她们通常聚在一起就是为了"说说话"，其交往包含了更多的自我表白和支持性的言语。而男孩在表白自己的困难和问题时，则可能被认为是"窝囊鬼"。男孩聚在一起更多是为了某个活动，通常是体育活动和竞争性的游戏，他们讨论的重点是成就，包含更多的竞争和冲突。然而，在非裔美国青少年中却没有发现这种自我表白方面的性别差异。

友谊的另一个显著特征是，从儿童期到青少年期，朋友一般都是相似的，包括年龄、性别、种族和很多其他的因素。如果朋友之间对学校有不同的态度，一人坚持要做完作业，另一人坚持要去打篮球，那么这种冲突就可能会减弱他们的友谊，最终以分道扬镳收场。

（二）青少年的恋爱关系

尽管很多青少年通过正式的和非正式的同伴团体有了一些社会交往，但是，男女之间更为认真的交往却是通过约会才发生的。青少年的约会实际上经常发生在团体中，而不是二人世界。青少年约会时经常做的事是看电影、吃饭、逛商场、逛校园、开晚会、串门。

很多青少年在刚刚开始的恋爱关系中，并不是为了满足依恋需要。相反，青少年将初期的恋爱关系作为一种背景，来探索自己究竟有多少吸引力、应该怎样谈恋爱、所有这些在同伴眼中又是如何被看待的。这时候他们关心的是恋爱关系对自己在同伴团体中地位的影响。只有在青少年获得与恋爱对象交往的某些基本能力之后，对依恋的满足才会成为这种关系中的核心功能。至于约会的原因，年龄较小的青少年提到的往往是娱乐、获得同伴地位；到了青少年后期，年轻人对心理上的亲密感有了更大的需求，这时他们想要找一个可以提供陪伴、感情和社会支持的人。

实际上，大多数青少年并没有在谈恋爱，一些人只是有过短期的恋爱关系；并且，随着年龄增长，结束关系的情况也相应增加。值得注意的是，过早约会以及与某人"外出"往往是和青少年怀孕、家庭及学校问题联系在一起的。

虽然青少年对性的兴趣很大程度上受到青春期激素变化的影响，但是，文化对于何时以及如何开始约会有着不同的期望。亚洲的青少年开始约会较晚，与西方社会的年轻人相比，其约会伴侣也更少，后者会容忍甚至鼓励在中学时期就开始约会。

本章小结

关于心理发展过程，在理论界一直存在着如下争议，即先天与教养的关系、发展主动性与被动性以及发展的连续性与阶段性。

学龄儿童在认知发展上已经进入"具体运算"阶段，对自己以及他人的情绪意识在发展，并能把自我的不同方面整合为包罗万象的自我概念。

学龄期儿童的人际关系开始迅速发展，亲子关系的质量仍然是决定学龄儿童发展状况的重要因素，同时，他们在同伴交往过程中分化出不同的同伴地位。

青少年期已经进入"形式运算"阶段，抽象、系统的思维能力增强，在情绪情感上也逐渐地脱离父母、追求情绪自主，自我概念在青少年期并没有完全巩固，并且会因为一些有影响力的事件而改变。

青少年期人际关系开始复杂化，青少年希望父母能够表现出亲近感、心理自主以及监控的品质，青少年恋爱在青少年初期已经开始萌芽并与后期存在差异。

总结 >

Aa 关键术语

先天与教养 nature– nurture	机械论和机体论 mechanistic– organismic
连续与非连续 continuous– discontinuous	亲子共治 coregulation
自我认同延迟 identity moratorium	自我认同早闭 identity foreclosure
自我认同扩散 identity diffusion	

🔗 章节链接

本章内容主要讲述了心理发展的特点，第二章的内容可以作为本章心理发展的神经机制方面的拓展，第三章、第四章、第五章、第六章、第七章和第八章的部分内容可以作为本章在认知加工方面的拓展，第九章和第十章的部分内容可以作为本章在非智力因素方面的拓展，第十三章和第十四章的部分内容可以作为心理发展出现问题方面的拓展。

应用 >

⚡ 批判性思考

中国互联网络信息中心发布的《第34次中国互联网络发展状况统计报告》显示，至2014年中国网民数量达6.32亿。

一项调查发现，在大学生中认为网络游戏对学习生活有很大影响的占总人数的19.20%，而认为有一些影响的占总人数的47.68%。换言之，有超过三分之二的大学生认为，网络游戏确实会对学习生活产生影响。当问及"你周围是否有因为网络游戏而沉沦的同学？"这一问题时，只有约10%的大学生认为：有且很多。约90%的大学生认为：只是个别现象。

现在有各种各样的视频游戏，你认为玩视频游戏是否有利于心理发展？

✏ 体验练习

情绪自测的活动设计

了解自己的情绪，并在此基础上学会调节自己的情绪，不但有利于个体改善自己的精神生活，提高自己的主观幸福感，也有助于青少年在学习中取得成功。

情绪疗养院——学会控制和调整自己的情绪

第一步：请完成下面的表格。完成表格时应注意以下三个方面，其一，发生原因一栏要求剖析自己的情绪是如何产生的，并在此基础上分析自己情绪的产生是否合理；其二，不良影响一栏要求回忆自己在消极情绪状态下的行为和精神状态，从中认识到消极情绪对于自身的不良影响；其三，应对措施是指在消极情绪发生后是否采取一些方法来调节。

不良情绪	发生原因	不良影响	应对措施	措施是否有效
1				
2				
3				
……				

第二步：寻找有效调节和控制情绪的方式方法。

拓展 >

☕ 补充读物

1 雷雳. 毕生发展心理学：发展主题的视角. 北京：中国人民大学出版社，2014

本书从毕生发展的视角出发，以发展主题为线索，对各个发展阶段平衡兼顾，既反映经典研究，也反映最新进展，注重文化和环境背景对个体发展的影响，对基于中国文化或环境背景的研究成果予以呈现。

2 [美] 琳达·米克斯，菲利普·海特. 健康与幸福（丛书）. 杭州：浙江教育出版社，2012

　　《健康与幸福》适合中小学生使用。本书主要介绍了包括"心理和情绪、家庭和社交健康""成长和营养""个人健康和安全""药物和疾病预防""社区和环境健康"等模块，但具体内容则根据不同年龄阶段的心理特征循序渐进，逐步深化。适合中小学生学习，也适合教师、校长等一线教育工作者使用。

在线学习资源

http://course.bnu.edu.cn/course/devpsy/html/team_1.htm

第十二章

健康心理

本章概述

　　本章重点在于从正面提高个人心理生活的质量。首先是理解幸福的内涵并掌握实现的途径；其次要了解压力的来源、作用机制及应对方法；最后要掌握心理健康的标准及维护措施。本章内容既保留了传统健康心理学的重要知识点，也引进了当代积极心理学的前沿理论模型。通过上述知识的学习，学会追寻幸福、应对压力、维护心理健康。

结构图

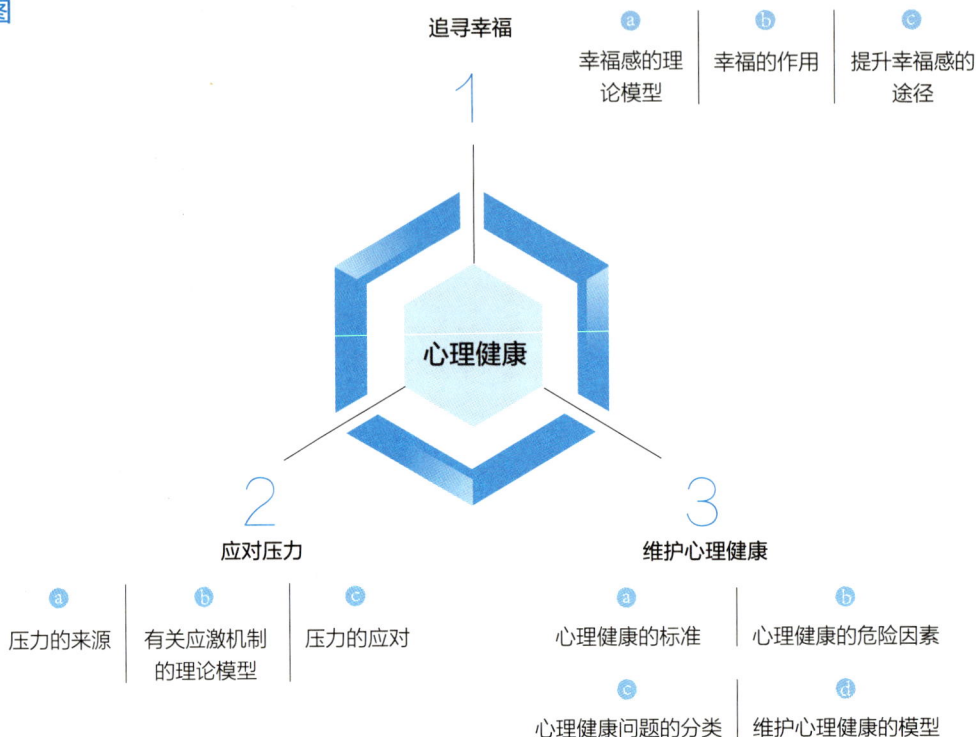

追寻幸福

1

ⓐ 幸福感的理论模型　　ⓑ 幸福的作用　　ⓒ 提升幸福感的途径

心理健康

2
应对压力

ⓐ 压力的来源　　ⓑ 有关应激机制的理论模型　　ⓒ 压力的应对

3
维护心理健康

ⓐ 心理健康的标准　　ⓑ 心理健康的危险因素
ⓒ 心理健康问题的分类　　ⓓ 维护心理健康的模型

学习
目标

本章重点：

1. 什么是幸福

2. 如何提升幸福感

3. 压力如何影响人的身心健康

4. 如何应对压力

5. 如何判断一个人的心理是否健康

6. 如何维护人的心理健康

本章难点：

1. 应激理论

2. 防御机制

3. 行为改变理论

学完本章，你应该能够做到：

1. 提升自己和他人的幸福感

2. 帮助自己和他人应对压力

3. 判断特定某人的心理是否健康

4. 帮助自己和他人维护心理健康

读前反思

请回想你过去一周内最重要的三个行动。试着刨根问底地追问下去："为什么要做那件事呢？"一路问下去，你的答案很可能是"为了生活更幸福"。可是，幸福到底是什么呢？你认为身边的哪些人正处于幸福之中？有人说幸福如脚上的鞋，是否合脚只有脚知道。那么幸福是否属于无法进行科学探索的纯粹主观感受？你认为哪些生活方式会增进人们的幸福？

每个人在生活中都要不可避免地面对大大小小的压力。为什么有的人被压垮了，有的人却能在压力中成长？心理学能否帮助更多的人从压力中复原？

每个人的身体都有大大小小的疾病（如龋齿、近视、胃炎、皮肤病等），在生理学或医学意义上，没有人是绝对健康的。那么，是否每个人也都存在心理健康问题呢？到底怎样才算是心理健康？是否存在完全健康的人？你认为自己心理的哪些方面还不够健康？打算如何改变呢？

第一节
追寻幸福

学习目标

理解幸福的内涵
掌握幸福的功效
了解提升幸福感的途径

一、幸福感的理论模型

幸福是用以描述个体体验和功能的心理构念。幸福感领域的研究包括以快乐论和实现论为哲学基础的两种取向。快乐论认为幸福是一种快乐的体验，它将幸福界定为获得快乐和避免痛苦。实现论认为幸福不仅仅是快乐，也应包含意义和自我实现，它将幸福界定为个体自我完善和自我潜能实现的程度。不同视角的幸福感理论模型具有互补价值。

（一）主观幸福感结构模型

1. 主观幸福感

主观幸福感是指个体依据自己设定的标准对其生活质量所做的整体评价，由认知评价和情感体验两部分组成，是衡量个人生活质量的综合性心理指标。认知评价表现为生活满意度，情感体验包括积极情感和消极情感。个体对整体生活的满意程

> 主观幸福感是指个体依据自己设定的标准对其生活质量所做的整体评价。
> 生活满意度是个体对生活总体质量的认知评价。

度越高，体验到的积极情感越多，消极情感越少，个体的幸福感就越强。

2. 生活满意度

生活满意度是个体对生活总体质量的认知评价，即在总体上对个人生活做出满意判断的程度。生活满意度的测量模型包括总体生活满意度和特殊生活领域满意度。

总体生活满意度是个体对自己生活的总体感受，如觉得"我生活得很好"或者"我对现在的生活很满意"。这些问题不涉及任何具体的生活领域（如身体、学业、工作、人际等）。

特殊生活领域满意度是指个体对于那些对自己具有重要意义的具体生活领域的满意程度，例如，物质是否富足？家庭是否和睦？对学校的态度是否积极？人际关系是否和谐？对自我是否持肯定态度？对生活环境是否满意等。

3. 情感体验

词典中描述情感体验的词语有几百个，这些情感形容词可分为积极和消极两种类型。其中积极情感包括感兴趣、兴奋、坚强、热衷、自豪、激动、专心、活跃、坚决、警觉等；消极情感包括苦恼、不快、内疚、恐惧、敌意、易怒、惭愧、紧张、焦虑、害怕等。

（二）PERMA模型

塞利格曼认为幸福感由5种可测量的具有真实性的元素组成，每个元素都能促进但不能单独定义幸福。它们分别是积极情绪（positive emotion）、投入（engagement）、人际关系（relationship）、意义（meaning）、成就（accomplishment），即PERMA。

1. 积极情绪

当被问及是否对自己现在的生活满意时，你的回答很大程度上取决于你的情绪。感到积极的你能开心地回顾过去，满怀希望地展望未来，充满激情地享受当下。积极情绪发挥的作用远远超越脸上的微笑。积极的情绪体验促使我们对未来抱有乐观的希望，在工作和学习中表现得更好，有助于身体健康，建立良好的人际关系，也利于创造性的发挥。良好的情绪还具有蔓延作用，使更多的人受到快乐的感染。

2. 投入

无所事事让人感到无聊，具有吸引力的工作或生活则会让人感到投入。我们在投入时易产生一种充满喜悦、彻底地被当下的一切所吸引的状态。你可能在跑步、听音乐、绘画、跳舞或工作时有过这样的体验，在这样的活动中最容易实现自己独特的潜能。

3. 人际关系

人类是社会的动物，需要爱，也需要与他人进行心灵和情绪的沟通。我们可以通过建构家庭、朋友、邻居、同事的关系网络来提升幸福感。当遇到困难时，如果你愿意把它说出来，问题就已经解决了一半甚至更多。当与他人分享幸福体验后，幸福会加倍放大，更多的人受到积极情绪的感染。当与自己所爱的人分享喜悦时，自身也会感受到更多的快乐。

4. 意义

意义是指归属于和致力于某种个体认为能够超越自我的事物。研究发现，归属于某一组织并追求共同目标的人更幸福；当我们从事与自身价值观和信念相一致的工作时会觉得更幸福；当我们认可自己的行动价值时会体验到幸福。

5. 成就

胜利不能代表一切。享受追求目标的过程远比成功本身更重要。憧憬未来时，成就帮助我们构建了希望；回顾过去时，成就使我们更加自信乐观。当你取得满意的成就时，更可能与他人分享成功的方法，更可能激励自己和同事，进而在工作中有更好的表现。

二、幸福的作用

（一）什么是积极情绪

积极情绪是正性情绪或具有正效价的情绪。积极情绪的10种常见形式包括喜悦、感激、宁静、兴趣、希望、自豪、逗趣、激励、敬佩和爱。

（二）积极情绪的扩展—建构作用

在积极情绪的理论研究中，弗雷德里克森（Fredrickson，2000）提出了积极情绪的扩展—建构模型（broaden-and-build model）。该模型认为一些具体的积极情绪（如喜悦、兴趣、满足等）能够扩展人们瞬间的认知能力，也能够建构持久的个人资源。

1. 扩展作用

扩展作用是指积极情绪能够使个体利用既有的个人资源更有效地发挥功能。积极情绪能扩展个体瞬间的思维活动范围，能使个体在特定的情景下产生更多思想，做出更多独创性的行为举动。而不同类型的消极情绪则起相反的作用，会窄化个体思维活动。也就是说，积极情绪具有开启作用，个体的积极情绪越多，其思维就越开阔。

为了验证这一假设，弗雷德里克森等人将被试分为3组，实验组分别观看引发快乐与满足、恐惧与焦虑的影片，对照组观看不引发任何情绪的中性影片。影片播放后，研究者让被试想象自己正体验到的这种情绪，并回答："此刻，我想干什么？"给出的答案数量代表该被试的思维行动灵活程度。结果发现体会积极情绪的被试说出了更多想去做的事情，而体会消极情绪的被试说出的事情少于中性组。

2. 建构作用

建构作用是指积极情绪能够帮助个体建构新的、持久的资源，包括身体、智力、心理和社会资源，给个体带来间接的长远收益。也就是说，积极情绪能把我们变得更好，从而更加善于面对生活中的各种挑战。

为了验证积极情绪具有建构功能的假设，研究者采用慈爱冥想技术对被试进行7周的训练，以期增加被试日常的积极情绪体验。7周训练结束后，研究者对被试的积极情绪体验水平进行测试，发现该水平有显著性的提高，且被试的心理资源等方面都有所增加，实验证实了积极情绪的建构功能。

3. 螺旋式上升

积极情绪与思维扩展和资源建构之间存在相互影响、相互引发的关系。早期的积极情绪体验拓宽了个体的认知和注意，这种扩展作用有利于个体应对逆境，也有助于资源的建构，良好的应对方式也有助于未来积极情绪的产生，个体朝着螺旋式循环上升的方向发展，见图12-1。

一个获得快乐的人，会在生活中更加积极和主动。在与他人互动过程中获得的乐趣强化了他的社会支持网络，这种快乐也可能激发他创造出好的工作成果，或者灵活地解决日常生活中的问题。这些成功经历都是快乐带来的相对持久的结果，并且转而促进个人成长和发展，进而获得更多的积极情绪。由此可说明，积极情绪会扩展即时的思维活动范围；思维活动范围变宽了，就有更多的机会构建持久的资源；构建了更多持久资源，个体有可能更好地成长和发展，会产生更多的积极情绪。

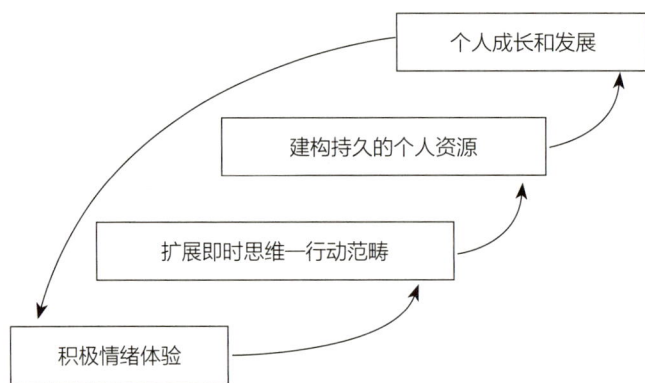

图12-1 积极情绪的螺旋式上升

4. 抵消作用

弗雷德里克森提出积极情绪对消极情绪存在"抵消"作用。由于积极情绪具有扩展和建构资源的作用，所以快乐和满意是消极情绪的解药。

研究者通过实验证明了这一假设。首先通过影片唤起被试消极的情感体验，然后随机将他们分配到不同组中，接着分别唤起快乐或悲伤情绪。测量指标是从随机分配影片开始，直到首次消极情绪所引起的生理反应恢复到基线水平所需的时间。结果发现快乐和满足组的被试能更快地恢复到基线水平，抵消假设得到了支持。

三、提升幸福感的途径

（一）发挥品格优势，促生积极情绪

幸福并不完全取决于个人的外部处境（如金钱、权势、成就、地位、环境），更多地取决于个人的内在品格（如智慧、勇敢和意志、关爱、正义感、节制、超越性等）。如果一个人能够有意识地锻炼自己的品格优势，使品格优势的范围不断扩大，强度逐渐提高。就可以有更多机会运用品格优势去做擅长的事情，就会更容易感受到幸福。品格优势是高度个性化的，每个人都需要结合自身特点，找到在工作或日常生活中频繁运用这些品格优势的方法，以产生更多的积极情绪。

（二）平衡快乐与意义，增进积极情绪

具备意义和快乐的行为就像是暗室里的蜡烛，可以点亮整个房间。一段幸福的经历，可以感染到我们生活中的许多地方。这些虽小但能产生连锁效应的事情称为"幸福强心剂"，例如，每周与朋友的聚会，每天1小时阅读自己喜欢的读物。"幸福强心剂"可以激发乏味生活中的乐趣，实现在困难期的转变。

人们可以通过与他人在一起来获得更多的积极情绪，通过对他人的关爱和帮助给自己带来意义和快乐。幸福与良好社会关系之间具有强大和稳定的关系，幸福的人都与其他人有温暖和可信赖的关系，无论是与爱人、亲密的朋友还是家人，他们每天花更多的时间与亲近的人待在一起。

（三）设定连贯目标，激发并完善投入体验

带着激情生活，在游戏、工作、人际交往中找到让自己获得投入体验的活动，有助于产生幸福体验。人生需要一个整体目标，如果只是在彼此无关的诸多零碎心流之间穿梭，不能以一种有意义方式相互衔接的活动，只能产生支离破碎的乐趣，且远离终点目标。

做一个幸福的人，必须要有一个明确的可以带来快乐和意义的目标，然后努力地去追求。目标是为了让我们能享受眼前，目标是意义而不是结局。设想一下你将来理想的工作和生活，尽可能想得具体详细。这样的想象有助于把每天的目标和动机与未来的总体目标相整合，对当下工作的投入和对未来意义的追求有助于产生更多的幸福体验。

第二节
应对压力

🎯 **学习目标**

掌握压力的来源
了解应激理论
了解压力与身心疾病
的关系
掌握应对压力的方法

一、压力的来源

（一）外部压力源

1. 灾难

灾难是不可预知的、大规模的、并且能够引起巨大的压力体验。2008年"5.12"汶川特大地震，给灾区群众的身心造成巨大影响。灾难引起的个体严重应激障碍是一种焦虑障碍，被称作急性应激障碍。急性应激障碍（Acute Stress Disorder，ASD）是由剧烈的、异乎寻常的精神刺激、生活事件或持续困境的作用下引发的精神障碍。急性应激障碍的症状包括：焦虑、连续噩梦、睡眠障碍、注意力集中困难，甚至在梦中还会重新体验灾难或在灾难发生一个月内出现闪回。

2. 重大生活变故

离婚、丧偶、亲人的离去、失业、重病等，这些生活中重大的变故，往往需要我们花很多力气去适应。压力常常就产生于适应中的困难。任何需要人做出改变、调整、适应的生活事件，都会引起压力。重大生活变故在生活中是不可避免的，所以不必一律看作坏事。因此，汉斯·塞利（Hans Selye）提出良性压力观点，他认为个体经历一些重大生活变故时，如果能积极主动地改变自己以适应新变化，则可以将这种压力事件定义为良性压力。因此，压力大小并不完全取决于事件内容，而更多地取决于个体的反应模式。

3. 琐事

尽管灾难和重大生活变故会产生极大的压力，但人们日常生活中常见的压力更多是由一些微小琐事积累而成。它可能来源于拥挤喧闹的生活环境、一时的人际误会、学业负担或家庭劳动等。这些琐事会积累成难以忍受的压力体验。研究发现，对于短期疾病（头痛、感冒、背部疼痛等），琐事比重大生活事件，有更佳的预测效果。而且，预测效果并不取决于琐事发生的数量，而取决于人们主观上认为的琐事严重程度。

（二）心理压力源

1. 挫折感

挫折就是在达到预期目标或完成确定性需求的过程中受到打断或阻挠而产生的心理体验。挫折感会引起侵犯、逃避（酒精依赖、药物滥用）甚至自杀等反应。

2. 冲突感

当人们深陷抉择问题时，往往会感受到压力。冲突包括四种类型。一是双趋冲突。两种或两种以上的目标同时吸引着人们，但只能选择其中一种，所谓鱼与熊掌不可兼得。二是双避冲突。两种或两种以上的目标都是人们力图回避的，但只能回避其中一种，所谓二害相权取其轻。三是趋避冲突。对于同一事物，既想获得它的好处，又想回避它的坏处。四是多重趋避冲突。人们面对两个或两个以上的目标，而每个目标又同时具有吸引力和排斥力，人们无法简单地选择一个目标而回绝另一个目标。

3. 不可控性

当身处压力情境时，如果我们相信对于这一应激事件有足够的控制力，那么，压力引起的负性情绪就更少。一项研究让两组被试在嘈杂环境中完成作业任务，不同的是，其中一组有随时关掉嘈杂音效的权利。结果显示，有控制权的被试，任务完成要好得多。

如果外部压力事件引起的挫折感、冲突感很强，同时当事人又对此感到缺乏可控性，那么就会引发更大的内部心理压力。

（三）压力交互模型

拉扎勒斯（Lazarus）和福克曼（Folkman）认为，如果我们不能清楚地知道个体对压力事件的态度或看法，就不能研究个体对压力的应激反应。他们开发了压力交互模型，以解释压力形成的过程：当外部压力源超出当事人拥有的有效应对能力和社会资源水平时，这个人就有了压力。社会资源水平指当事人心理、情感、生理三个方面的可用资源。进而他们指出，压力是刺激—反应的交互作用，是个人对某种压力源是否构成压力以及对自己应对压力源能力的评估。

认知评估包括三部分，初级评估：对压力源潜在危害程度的评估；次级评估：对自己的能力和社会资源水平的评估；认知评估：在事件发展过程中重新评估（再次进行初评估、再评估）。例如：突然接到通知，期末考试提前进行，我们会想到，考试的结果对自己的影响，考好怎样，反之怎样（初评估），然后，考虑自己本学期的学习情况，看自己是否有能力应对考试，如果学得好，没什么担心，学得不好会感到威胁（次评估），最后随着考试的临近，发现复习进度非常顺利，从而压力减少，反之或许还会产生更大的紧张感（认知评估）。

这一模型说明，压力并不单纯来自外部抑或内部，而来自于我们对客观现实的主观认知评估。因此，压力产生于外部事件与内部心理过程的相互作用。

二、有关应激机制的理论模型

应激就是加诸有机体之上的适应需求，表示有机体面对这种需求时所产生的内部生理和心理反应。

（一）塞利的一般性适应阶段论

塞利（H. Selye）经过一系列的研究提出，人体是用同一种模式应对任何应激源的。这种模式包括三个阶段：报警阶段、抵抗阶段、疲惫阶段。

报警阶段：人体对外部刺激很快产生吃惊的感觉，从而引起血压、体温等一系列变化。

抵抗阶段：人体继续提升并保持对压力事件的反应，但是这种抵抗是有代价的。塞利指出，人体对一种应激源持续抵抗，就降低了人体防御其他压力事件的能力。可以说，当人们和一种压力源战斗时，对其他压力源（很多致病的因素）的抵抗力就很薄弱了。

疲惫阶段：当有机体的资源耗尽，衰竭就会发生。一般来说，长期面对压力，会使人患上与报警阶段出现身体状况相似的身体疾病，如高血压、糖尿病、胃溃疡等。

三阶段的发现，不但揭示了应激反应过程，而且也揭示了应激致病的原因。

（二）应激的认知激活理论

恩辛（H. Ursin）和埃里克森（H. R. Eriksen）在对应激的研究中指出，环境变化本身并不会引起警觉和紧张。只有在我们认为当前环境与内心期望状态之间不一致时，才产生警觉和紧张。也就是说，引起紧张的不是外界事件，而是内在认知。

恩辛（Ursin 1965）以及科沃（Coover 1973）等研究了猫的应激反应。他们把实验室分为电击区和安全区。在实验的第一阶段，实验者在电击区对猫进行电击，猫会到处乱跑并偶尔进入安全区。经过多次重复，猫学会了区分电击区和安全区。一旦受到电击，猫就会立即窜至安全区，这一过程被称为回避反应学习。在实验的第二阶段，这些已经学会回避反应的猫对电击刺激就不再表现出强烈的应激反应，它们会在受电击时从容平静地进入安全区。实验者发现，第一阶段中猫表现出强烈的应激反应（如瞳孔扩张、立毛、嘶叫、咆哮），而第二阶段猫的应激反应强度明显下降。根据压力的认知激活理论，猫受到电击后之所以由第一阶段的强烈反应变为第二阶段的从容反应，主要是由于它们意识到自己有能力通过行动来达到较好的结果。因此，对反应结果的积极预期有利于缓解消极刺激中的应激反应强度。

恩辛（Ursin, 1978）在伞兵跳伞训练研究中也得到了相似的发现。在训练塔情境中，面对跳伞，新伞兵体验到强烈的恐惧感。但是训练至熟练程度以后，伞兵的恐惧感就降到正常可接受的范围。根据压力的认知激活理论，尽管外部刺激本身并未发生变化，但伞兵对自己适应外部刺激的积极预期导致了他们应激反应的降低。

（三）应激与身心疾病的关系

1. 应激与免疫系统

免疫系统是指机体的细胞、组织和化学物质对外界疾病和伤害的攻击做出防御反应的系统。免疫细胞或白细胞在个体面对感染时，会产生特定的化学递质到血管中。这些化学递质会激活迷走神经上的受点，这些受点的激活给大脑发出机体受到攻击的信号。应激过程能够激活同样的系统（但它是从大脑开始的）。如果应激持续时间过长，就会进入一般适应综合征所描述的疲惫阶段。过分地激活免疫系统，往往会让免疫系统进入崩溃状态。

2. 应激与心脏病

在应激情境下，机体的交感神经系统激活，但机体的交感神经系统与副交感神经系统是不能同时激活的，在日常生活中维持有机体正常运转的恰恰是副交感神经系统，它主要负责修复与维持。因此应激状态下激活了交感神经系统，使得副交感神经系统不能正常运转。肝脏清除血管中脂肪和胆固醇的功能是由副交感神经系统激活的，应激状态下此功能不能激活导致血管阻塞，从而引发心脏病。

3. 应激与癌症

在机体正常运转的情况下，细胞依据基因的指示进行分裂、再生和停止分裂。而癌细胞会不停地分裂，产生的肿瘤会影响受侵袭的组织和系统功能，导致组织衰退并最终杀死组织。尽管压力下的应激不会直接造成癌症的发生，但应激对免疫系统的抑制会增加癌症特异性生长的可能性。自然杀伤细胞是一种抑制病毒和摧毁肿瘤的细胞，研究显示压力会抑制自然杀伤细胞的释放。也有研究表明，长时间处于应激状态时，由应激状态引起的肾上腺素和去甲肾上腺素的分泌会导致基因的指令出现错误，长此以往，使得细胞不受控制，引起肿瘤生长。

三、压力的应对

（一）问题导向和情绪导向

面对压力，每个人的应对措施不尽相同，总体来说在认知层面有两种方式。

1. 问题导向的应对

个体倾向于通过消除压力源以应对压力的方法。问题导向的应对策略是主动的、基于事实的、有组织的方式。当然问题导向不代表就一定是与压力拼个你死我活的应对方式，基于压力特性急流勇退，也属于问题导向的应对。

2. 情绪导向的应对

个体倾向于通过改变自己对压力源的感受以应对压力的方法。例如与人倾诉、回避问题、过分思虑、自我说服等。

灵活的应对需要同时使用问题导向策略和情绪导向策略。

（二）心理防御机制

弗洛伊德在他的精神分析著作中，首次提出了心理防御机制的概念，他认为在超我与本我发生冲突时就会产生焦虑，自我会无意识地扭曲某些想法来保护自己免受焦虑的影响。后来，安娜·弗洛伊德在此基础上对防御方式的种类进行了清晰归纳。以下介绍几种主要的心理防御机制。

1. 压抑

压抑（repression）是指把那些不能被意识所接受的冲动、观念或回忆、情感等压抑到潜意识中去。例如，童年的不愉快记忆，会被儿童深深地压在潜意识中，在特殊情境下才能唤起。

2. 否认

否认（denial）是指当体验到外部事件的威胁时，人们会潜意识地阻止外部事件进入意识。例如，一些突发绝症的病人，倾向于否认大夫的诊断。

3. 转移

转移（displacement）是指对某一对象的情感由于含有危险（或其他原因）而无法直接向该对象表达时，人们会把这种情感转移到其他不那么危险的对象上，从而使感情得以宣泄。例如，一对打电话吵架的情侣，话不投机时怒摔电话机的行为就是转移，电话机成为转移的对象。

4. 退行

退行（regression）是指人们面对压力时，放弃已经学到的较成熟的适应技巧或方式，而退行到使用早期生活阶段的某种行为方式，以满足自己的某些欲望。例如，有球员在重大赛事上出现咬人事件。咬人就是我们儿时常用的行为方式，是退行的代表。

5. 投射

投射（projection）是指把自己所不能接受的冲动、欲望和思想转移到别人或其他对象身上。使这些冲动脱离自我，好像它们不是自我的一部分。例如，有的人热衷于谈论别人的是非，使自己内心中那些难以接受的原始冲动得以释放。

6. 利他

利他（altruism）也是一种投射作用。人们通过采取某种行动，一方面满足了自己的需要，一方面又帮助了别人；在某些极端情况下，人们可能会不惜放弃自己的需要来满足别人的愿望。

7. 认同

认同（identification）是指自己对所恐惧的人或对象的行为进行模仿或学习，使人在心理上感到自己就是那个令人恐惧的人或对象，以此来消除自己的恐惧心理。例如，基础教育阶段，很多校园暴力事件恐怕就源于此，很多同学惧怕社会上那些具有流氓气质的年轻人，反过头来模仿他们，欺负自己的同学，以此消除自己内心的恐惧。

8. 升华

升华（sublimation）是指把某些冲动和欲望通过某种高尚的方式转变为社会所能够接受的行为。例如，任何运动竞赛都可以理解为升华的产物，即用竞技体育代替了本我的攻击欲。

9. 反向成型

反向成型（reaction - formation）是指把别人或社会所不能接受的冲动或欲望转移到它们的反面，使之成为可接受的。例如，有人很讨厌一样东西，却因为领导喜欢，而四处宣称他爱那样东西到不能自拔。

10. 抵消

抵消（undoing）是指一些令人无法接受的事情发生，人们常常以某种象征式的或仪式般的行动来抵消由此而造成的心理不安。例如，有的青少年会通过自残来惩罚自己的过错。

（三）心理韧性

沃纳在儿童研究中发现这样一些现象：有些曾生活于高度不利环境的儿童，却战胜了逆境，获得了良好的发展结果，能力不受损害，能够从灾难性事件中成功地恢复过来。沃纳引入了"韧性"这个概念，指人的心理功能及其发展在经历严重压力（或逆境）的损伤后得以复原的心理发展现象。这一概念也被译作心理韧性或复原力。

> 心理韧性指人的心理功能及其发展在经历严重压力（或逆境）的损伤后得以复原的心理发展现象。

理解心理韧性可以从以下几个效应着手：

（1）压力缓冲效应：指一些因素的参与可减缓压力或逆境的消极影响作用，例如，广泛的社会支持，能使深陷灾难压力的人们得到一定程度的缓解。

（2）间接连锁效应：指一些因素看似与心理功能发展结果之间没有直接关联，但这些变量的确起了重要作用。

（3）敏化效应和钢化效应（sensitizing and steeling effect）：指压力（或逆境）增加或减少个体对今后消极经历脆弱性的可能性，若增加，就产生了敏化效应，若减少，则产生钢化效应。

第三节
维护心理健康

一、心理健康的标准

（一）适度的自我评价

自我评价是自我认识的一部分，它是对自己能力、品德、行为等方面社会价值的评估，最能代表一个人自我认识的水平。

自我评价对自身的心理健康和行为表现具有很大的影响。过高的自我评价会使个体去做一些超过个人能力范围的事情，比如，在工作中，过高评价自己专业技术能力的员工去承担某项重要的仪器修理工作，很有可能会以失败告终，耽误了工作的整体进度，甚至会造成更加严重的后果，有的人还会在失败以后产生极大的心理落差，严重的还有可能一蹶不振，认为自己什么都做不了。过低的自我评价会使个体畏畏缩缩，不敢承担责任，畏惧挑战和困难。过低的自我评价还会让个体错失很多提升自己的机会。适度的自我评价是建立在良好的自我观察和自我分析之上的，客观分析自身的优点和不足，可以帮助个体更好地认识自己，提升自己，并且能够帮助个体选择适合自身的学习领域和工作领域。

（二）接纳现实和接纳变化

人所处的环境一直都在发展变化当中，很多事情的走向不以个人的意志为转移，很多事情的变化也可能超出个人的掌控范围。

有些人内心抵触现实的局限，容易自怨自艾或抱怨他人；有些人适应不了环境的变化，出现各种适应不良的症状，如退缩、回避他人、抑郁和焦虑等。

能够接受现实条件限制和环境变化的人，一般都能主动采取措施去适应环境，以达到与环境的平衡。当生活环境突然变化时，一个人能否快速地采取各种方法去适应环境，并维持心理平衡，往往反映出一个人的心理健康水平。

（三）心理活动相对稳定

心理活动相对稳定是指心理活动的频率和效率都在其正常范围之中，能够保持比较稳定的规律。人与人之间的节律有所不同。但如果个体心理活动的固有节律发生紊乱，那么其心理健康很可能出现了问题。例如，原来愿意热闹的人突然把自己封闭起来，或者原本安静的人突然变得过于躁动。

（四）良好的心理韧性

人生难免遇到坎坷，影响心境的事情更是多种多样。每个人的认知能力和成长经验都有所不同，从阴影中走出来所需要的时间也有所不同，恢复的程度也是不尽相同。从创伤刺激中恢复到以往水平的能力，就是心理韧性。心理复原力水平高的人不仅恢复得较快，而且不会在创伤中留下严重的痕迹，日后也能够坦然地面对那次创伤，不会对当下的心情产生不好的影响。因此，良好的心理复原力是评价个体心理健康水平的一项重要内容。

（五）行为反应与场合相符

行为反应适度是指个体知道什么场合该做什么事情，即行为反应符合特定的场合，符合他人的预期。人的行为往往是受认知的支配。有些人做出不合乎场合的行为或者说出令人尴尬的话，大多也都是由于对场合认识不清或者评估有误。还有的人企图通过过度反应来吸引他人的关注，或者对任何事情都漠不关心，不作任何反应，都可能是心理不健康的表现。

（六）与环境良好的协调

人的行为离不开社会环境。心理健康的人，其行为方式与所在环境保持和谐的关系。具体表现在一个人与自己所在的学业环境、工作环境、家庭环境、社会环境等的关系。正常情况下，人既要有效地调动环境中的资源，也能够充分获得来自环境的支持，同时也能对环境有所贡献。心理健康失调者与环境的关系往往是单向的或者隔离的。

二、心理健康的危险因素

（一）生物学的致病因素

生物学观点认为遗传和器质状况是引起大脑和身体机能损伤的原因，并最终导致心理异常。与异常行为紧密相关的生理因素主要有：大脑神经递质和激素失调、基因易感性、气质及其他体质易感性和生理剥夺或损伤性的刺激。这些因素不是彼此独立的，会在不同的人群中以不同的方式同时出现。

1. 神经递质和激素失调

神经元或激活的神经细胞之间的有效沟通可以保证大脑的正常运转。神经元间的沟通是靠神经递质来完成的，当神经冲动产生时，神经递质由突触前膜释放到突触间隙中。神经递质有各种类型，一些递质能增加突触后神经元兴奋的可能性，另一些则抑制冲动。突触间隙中某种神经递质集聚的水平会直接影响神经信号能否有效传递给突触后细胞。有些障碍正是源于大脑不同区域不同形式的神经递质失调。抗精神疾病药物就是通过改善神经递质的失调状态来治疗各种障碍的。某些心理疾病也和激素的失调有关。每种内分泌腺产生并释放其独有的激素，这些激素通过血液传递，影响着大脑和身体的各个部分。

2. 遗传易感性

虽然各种行为和心理障碍并不仅仅由基因决定，但多项证据表明多种心理障碍受到基因的影响。比如，在抑郁、精神分裂症和酒精成瘾等心理障碍中，遗传是一个很重要的致病因素。一些遗传影响最早表现在新生儿与儿童身上，如气质特点，而有一些要等到个体更成熟的时候才会表现出来。染色体是人体基因信息的携带者，染色体数目或结构的异常会引起多种畸形和障碍。例如，唐氏综合征就是由于第21对染色体多了一条染色体而导致的心理发育迟滞。基因是染色体上的DNA（脱氧核糖核酸）分子。基因通过影响个体形成某种蛋白质或酶，而影响机体的生理机能。具有遗传易感性的人继承了不完美的基因可能会导致中枢神经系统的结构异常，从而导致大脑化学物质和激素水平的失调，或者影响自主神经系统反应的激活或抑制，从而影响各种情绪调节作用。但是，基因很少以直接的方式表现出来，往往在后天和环境的互动中产生影响。

3. 气质

气质包括个体的活动性和自我调节方式。气质上的差异指的是个体在面对各种刺激时固有的情绪反应和唤醒水平不同，以及在参与、回避和处理各种情况时的倾向不同。人类的早期气质是人格发展的基础。气质不但会对个体的基本发展过程产生影响，也会对个体之后的各种心理障碍产生影响。例如，在多种情形下都容易恐惧的"行为退缩型"儿童，一旦这种特征稳定下来或得到放大，在童年晚期或成年期出现焦虑障碍的可能性相对较高。

4. 生理剥夺或损伤性的刺激

让怀孕的母猴暴露在不可预测的强噪声环境中，它们生的猴宝宝就会出现神经紧张以及神经化学异常。相对于环境隔离组的老鼠，处在刺激丰富环境中的老鼠皮质特定部位发育得更好，每个神经元上也有更多的突触。

长期的睡眠剥夺会导致儿童和青少年的不良情绪反应。长期的食物剥夺会造成长期的心理后果，如第二次世界大战时的战俘在被捕期间体重下降超过35%的人，30年后在多项认知功能测验中的表现要比体重下降较轻的战俘差得多。幼儿期的营养不良不但会影响身体发育，导致抵抗力下降，还会影响大脑的正常发育，导致智力下降，产生注意力缺陷障碍。

（二）心理社会性的致病因素

个体是其经验塑造的产物，从经验中我们获得了成长的养分，但并不是所有的经验都利于生活。这一部分将讨论容易导致或加速障碍发生的各种心理社会因素：早期经验剥夺或心理创伤，不良的父母教养风格，家庭婚姻不和或离异，不良的同伴关系。

1. 早期经验剥夺或心理创伤

儿童本来应该从父母或监护人那里获得的资源被剥夺，会对儿童造成深远的影响。这些资源包括食物、关注和爱等。资源剥夺可能发生在亲子关系疏离的完整家庭，更常见于弃儿和孤儿群体当中。父母对孩子的忽视，如缺乏身体接触、拒绝关爱、没有花足够的时间和孩子一起等，会导致儿童的正常成长和发展受到阻碍。严重的父母虐待还会对儿童成长产生许多其他的负面效应，受虐儿童往往有言语或身体上的暴力倾向。

2. 不良的父母教养方式

不良的教养方式也会对孩子以后应对生活挑战的能力产生影响，使孩子容易产生各种心理疾病。目前发现有四种教养方式与儿童发展有关：民主而权威型，专制型，放任型，忽视型。其中，专制型教养方式下的儿童会产生更多的冲突、易怒和情绪化。当他们成长到青少年阶段，会产生更多的消极表现。放任型的教养方式容易导致儿童的冲动和攻击行为，而且被纵容的孩子会自私、缺乏耐心等。忽视型教养方式下的儿童在童年期表现出更多的情绪化、低自尊和各种行为问题，也面临同伴关系和学业表现上的问题。然而，民主而权威型教养方式下的儿童更加友善，而且有较强的能力应对他人和环境。

3. 家庭婚姻不和或离异

家庭婚姻不和或者离异不仅会对成年人产生消极影响，也会对儿童产生消极影响。离异是成年人产生心理疾病的一个主要原因。离异对儿童适应功能的不良影响可能会持续到成年期。在教育水平、收入和生活满意度上，离异家庭年轻人的平均水平低于完整家庭中的年轻人，离异家庭中的年轻人自身婚姻也更有可能以失败告终。但是研究发现继续留在充满婚姻冲突和纷争的家庭中同样也会带来不良影响。

4. 不良的同伴关系

在发展期不能建立良好同伴关系的儿童有可能在青少年期出现问题，包括抑郁、退学、犯罪等。研究发现，与同伴相处过程中过分苛求或者攻击性很强的儿童，很容易遭受同伴拒绝，他们往往会在若干年后与问题同伴交往，进而导致青少年期的种种问题。

（三）社会文化因素

1. 性别歧视

无论在学校还是在工作中，都会存在性别歧视的现象。通常认为女性的学习能力和工作能力不如男性，女性被当成弱者。这导致女性在学校中得不到教师的赞扬，工作中得不到老板的欣赏和重用，甚至连报酬都因为性别而受到影响。不公平对待使女性产生很多情绪问题，尤其是抑郁和焦虑。

2. 社会变迁与不稳定

社会发展不是匀速的，有时缓慢，有时急剧。在社会急剧转型时期，传统价值观念对人们生活方式的指导作用变弱，人们的行为更容易陷入迷茫失范状态。社会变迁中的个体需要根据外界的变化大幅度调整内部认知和外在行为，以便适应环境的变化，这会带来很大的压力。

三、心理健康问题的分类

（一）一般心理问题

心理问题是由现实因素激发，持续时间较短，情绪反应能在理智控制之下，并未严重破坏社会功能，情绪反应尚未泛化的心理不健康状态。心理问题的确认必须满足以下条件：

第一，由于现实生活、工作压力、处事失误等因素而产生的内心冲突，并因此而体验到不良情绪（如厌烦、后悔、懊丧、自责等）；

第二，不良情绪不间断地持续满一个月，或不良情绪间断地持续两个月仍不能自行化解；

第三，不良情绪反应仍在相当程度的理智控制下，能保持行为不失常态，基本维持正常生活、学习、社会交往，但效率有所下降；

第四，自始至终，不良情绪的激发因素仅仅局限于最初事件，即便是与最初事件有联系的其他事件，也不引起此类不良情绪。

（二）严重心理问题

严重心理问题是由相对强烈的现实因素激发，初始情绪反应剧烈，持续时间长久，内容充分泛化的心理不健康状态。诊断为严重心理问题，必须满足以下条件：

第一，由较为强烈的、对个体威胁较大的现实刺激引发；

第二，从产生痛苦情绪开始，痛苦情绪间断或不间断地持续时间在三个月以上，半年以下；

第三，遭受的刺激强度越大，反应越强烈，多数情况下，会短暂地失去理性控制，在后来的持续时间里，痛苦可逐渐减弱，但是单纯地依靠"自然发展"难以解脱，对生活、工作和社会交往有一定程度的影响；

第四，痛苦情绪不但能被最初的刺激引起，而且与最初刺激相类似、相关联的刺激，也可以引起此类痛苦，即反应对象被强化。

四、维护心理健康的模型

（一）格罗斯的情绪调节模型

格罗斯（J. J. Gross）认为情绪调节是对情绪的发生、体验和表达主动施加影响的过程，是在情绪发生的过程中进行的。在情绪产生的不同阶段，会表现出不同的情绪调节手段。他提出的情绪调节模型认为，在情绪发生过程每一个阶段的调节措施是不同的，包括情境选择

（situation selection）、情境修正（situation modification）、注意分配（attentional deployment）、认知改变（cognitive change）、反应调整（response modulation）。

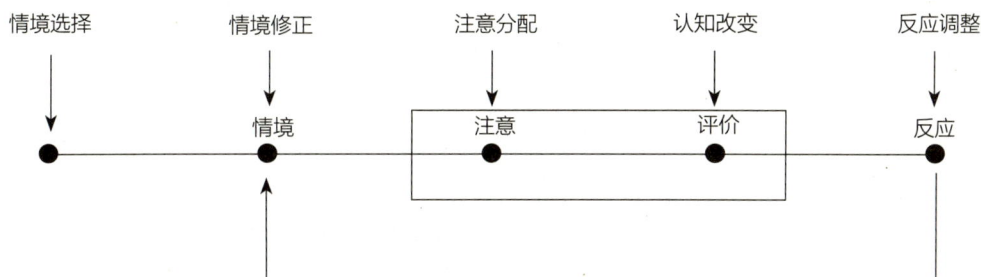

图12-2 格罗斯的情绪调节过程模型图

情境选择是指个体靠近或者远离某人或者场合以调节情绪。这是人们常用来调节情绪的策略，而且一般都是情绪调节的第一步。比如，失恋的人会远离和恋人曾经去过的地方，回避看过的电影、去过的饭馆，以免体验伤心和失落。

情境修正是指对情绪事件进行初步的控制，努力改变情境。比如，参加一个陌生人居多的聚会，我们一般会去找熟人和朋友，来缓解陌生环境所带来的紧张和焦虑。

注意分配是指关注于情境的某一方面或某些方面，包括集中于某个特定的话题或任务，离开原来的话题和任务，也就是分心和集中。这种策略在婴儿期就已经出现了，尤其是当情境不能选择和修正的时候。当给小孩打针的时候他们会大哭大叫，通常家长都会拿玩具或者扮鬼脸来吸引孩子的注意力，这就是通过注意分配来协助孩子进行情绪调节。

认知改变就是改变对事物先前的看法，对事物进行新的分析和评价。个人对情绪事件的解释会对情绪体验、行为表达和生理反应产生很大的影响。比如，别人打翻了你的牛奶，如果你解释为他是由于着急去上课没注意到你桌子边上的杯子，那么你就不会那么生气了。

反应调整是指在情绪产生以后个体对自身的情绪体验、行为表达和生理反应进行的调整，主要表现是压抑情绪反应的行为表达。比如，你没有向打翻牛奶的同学表达愤怒，尽管你心里感到很生气，但你努力地控制了内心的愤怒，这就属于反应调整。

根据情绪调节是发生在情绪反应之前还是反应之后，格罗斯的情绪调节过程模型可以分为针对先行线索的情绪调节（antecedent-focused emotion regulation）和针对反应行为的情绪调节（response-focused emotion regulation）两个方面。越是在早期阶段启动的情绪调节，所需意志资源越少，效果也越好。

（二）ABCDE模型

ABCDE模型（Adversity，Belief，Consequence，Disputation，Energization）可以教会人们如何去反驳自己悲观的想法：A代表不好的事，B代表当事件发生时自动浮现的念头和想法，

C代表这个想法所产生的功效和后果，D代表反驳，E代表成功进行反驳后所受到的激发。

下面举例说明如何应用这个模型。

A（不好的事）。这学期我教的是《中国近现代史》，学期结束后，学生们会对我教的课程做出评价。有位学生写道："这门课简直太无趣了，教师讲课没有一点激情！都把我讲睡着了！千万不要选这位教师的课！"

B（自动化想法）。这个学生竟敢如此大胆，现在的学生都期望教师讲课像讲相声、演电视剧一样，离开多媒体，他们就觉得课堂毫无趣味可言。上课不认真听讲、和旁边的同学唠嗑，让他们动脑，他们倒是安静了，却没有几个人回答问题。我对这些学生也很无奈，别让我知道这个学生是谁！

C（自动化想法将会引发的后果）。我很愤怒，马上去找系主任，要求明天去找这个学生，和他当面谈谈。一整天，我都很生气。

D（对自动化想法的反驳）。这个学生太没有礼貌了，不喜欢这门课我能理解，但是这样做完全没有必要。这只是一份调查问卷，大部分学生觉得这门课还是不错的。虽然没有得到前几年那么多好评，也有几个学生说如果我能够在课堂上变换一下教学方式，他们会更喜欢这门课。或许最近我有点懒，以前我会很努力地找出学生感兴趣的方法，我可能是有些职业倦怠，有些学生感受到了我的状态。我应该把这份评价当作警钟，多花一点时间准备教学，让我的学生更喜欢这门课。

E（成功反驳后激发的新打算）。我不生气了，虽然我依然为这个学生的评价感到不高兴，但是我能控制住情绪。我可以把注意力放在准备教学上，很期待重新教这门课。

（三）行为改变的跨理论模型

跨理论模型是普洛查斯卡（J. O. Prochaska）在整理众多理论之后，形成的一个研究个体行为改变的方法。可以有效地运用于锻炼、节食、塑造新习惯等方面。该理论认为个体的行为改变是一个渐进式、螺旋式和分阶段的复杂过程，这种改变有可能是向前发展的，也有可能出现倒退现象。行为改变的过程按照这样螺旋式的特点开展直至达到期望的行为。这个理论模型有助于我们修正不良行为，解决行为问题。

1. 变化阶段

变化阶段是跨理论模型的核心。

行为的变化可划分为五个阶段，见表12-1。

表12-1　行为改变的五个阶段

变化阶段	定义
前意向阶段	在未来6个月没有采取行动的意图

续表

变化阶段	定义
意向阶段	准备在未来6个月采取行动
准备阶段	准备在未来30天内采取行动，并且已经做了一些行为准备
行动阶段	行为改变已经发生但是少于6个月
维持阶段	行为改变至少持续了6个月

在前意向阶段，个体还没有意识到自己的行为存在什么问题。处于这个阶段的人们通常都是对行为结果不了解或知之甚少，或许也曾尝试去改变，但是因为能力不足而失败。

意向阶段的个体已经意识到行为改变的积极作用，但处在平衡行为改变的代价和利益的阶段。如果个体通过决策判断认识到行为改变的利大于弊，并且行为改变的动机大于保持原状的动机，他将会进入下一个行为变化阶段。

准备阶段的个体准备在未来30天内采取行动。这些个体通常已经尝试改变，或者已经做出某种努力为行为改变做准备。

行动阶段的个体已经在过去的6个月内做出了行为改变，但是还属于尚未稳定的变化，问题行为仍有复发的风险，这个时候需要改变者保持警惕，预防行为退回到前一阶段。

维持阶段的个体行为改变至少维持了6个月，行为变化已经成为一种习惯，退回到前意向阶段的风险较低，环境的影响逐步减弱，行为改变的信心逐渐增强。

2. 促进转变的心理过程

促进转变的心理过程是指行为改变过程中个体所运用的认知、情感、行为和人与人之间的策略和技巧。

了解问题行为者处于哪个变化阶段，然后运用恰当的策略和变化程序来推进其行为转变，是促使个体行为改变成功的关键。普洛查斯卡等人的研究发现有10个最常用的促进转变的心理过程，见表12-2。

表12-2　行为变化程序

变化程序	定义	举例（戒烟）
意识唤起	发现并且学习能够支持健康行为改变的新的事实、观念和技巧	我寻求与吸烟有关的信息
想象解脱	体验伴随不健康行为风险而来的消极情感（恐惧、焦虑、苦恼）	关于吸烟危害的提醒让我感到害怕
自我再评价	认识到行为改变是作为人的个性的一个重要部分	对吸烟的依赖让我对自己很失望
环境再评价	认识到不健康行为对个体周围的环境所造成的消极影响，或者健康行为引发的积极影响	我开始意识到吸烟对环境带来的污染

续表

变化程序	定义	举例（戒烟）
社会解放	认识到社会规范在朝向支持健康行为改变的方向变化	我周围有很多公共场所都设置了无烟区
帮助关系	寻求并且运用促进健康行为改变的社会支持	我的家人愿意和我谈论吸烟的事情
反条件化	用可供选择的健康行为或认识替代不健康行为	在我想放松的时候，我选择去散步，而不是吸烟
强化管理	增加对健康行为改变的奖赏，并且（或者）减少对不健康行为的奖赏	如果我不吸烟，我的家人会奖励我
自我解放	做出一个进行改变的严格承诺	我告诉自己：我一定要戒烟
刺激控制	排除对从事不健康行为的暗示或提示，并且（或者）增加对从事健康行为的提示或暗示	清除周围会让我想起吸烟的事物，如打火器、烟灰缸、烟盒等

在行为改变的不同阶段，适宜运用的促进转化的心理过程是不同的。其对应关系见表12-3。

表12-3　各变化阶段中容易起作用的心理过程

前意向阶段	意向阶段	准备阶段	行动阶段	维持阶段
意识唤起	意识唤起	自我解放	帮助关系	反条件化
	自我再评价	社会解放	反条件化	强化管理
想象解脱	环境再评价		强化管理	刺激控制
			刺激控制	

在帮助别人改变不良行为模式，建立新行为模式的过程中，如果能够遵循行为改变的原理，在行为改变的不同阶段恰当地激发相应的心理过程，将有利于良好行为模式的塑造。

本章小结

主观幸福感由认知评价和情感体验两部分组成。认知评价表现为生活满意度，情感体验包括积极情感和消极情感。

幸福的体验由5种要素相互作用而成，分别是积极情绪、投入、人际关系、意义和成就。

积极情绪的10种常见形式包括喜悦、感激、宁静、兴趣、希望、自豪、逗趣、激励、敬佩和爱。

积极情绪能够使个体利用既有的个人资源更有效地发挥功能，也能够帮助个体建构新的、持久的资源，包括身体、智力、心理和社会资源，给个体带来间接的长远收益。

压力是刺激—反应的交互作用，是个人对某种压力源是否构成压力以及对自己应对压力源能力的评估。

长期处于应激状态之下，容易引起免疫系统机能下降、心脏病、癌症等疾病。

健康的应对方式包括，灵活地同时使用问题导向策略和情绪导向策略。采用健康的心理防御机制，保持心理复原力。

心理健康的标准包括：适度的自我评价；接纳现实和接纳变化；心理活动相对稳定；良好的心理韧性；行为反应与场合相符；与环境良好的协调。

生物学致病因素、心理社会性致病因素和社会文化因素都可能引起心理健康问题的发生。

心理健康问题包括一般心理问题和严重心理问题。

越是在早期阶段启动的情绪调节，所需意志资源越少，效果也越好。

在帮助别人改变不良行为模式，建立新行为模式的过程中，如果能够遵循行为改变的原理，在行为改变的不同阶段恰当地激发相应的心理过程，将有利于良好行为模式的塑造。

总结 >

Aa 关键术语

主观幸福感	生活满意度
subjective well-being	life satisfaction
心理防御机制	心理韧性
psychological defense mechanism	psychological resilience

章节链接

有关应激与身心疾病的关系，可参考第二章关于心理的神经基础的相关内容；有关遗传易感性，可参考第八、十、十一章关于"遗传"的相关内容；关于心理健康问题中的"神经症"和"不正常心理状态"，请参考第十三章关于心理疾病的识别与处理等相关内容。

应用 >

批判性思考

1. 既然每个人对幸福都有不同的理解，那么心理科学是否可能提供指导人们幸福生活实践的知识体系？

2. 同样经受压力事件以后，为什么有的人能够坚韧地复原，甚至能够成长得更好？哪些核心特质影响人的复原力？

3. 有些人认为"心理不健康"是一个很令人羞耻的标签，以至于即使遭遇心理问题也不敢公开求助。你认为这样的问题应该如何解决？

体验练习

1. 应用第三节的知识，进行"乐观ABCDE"技术练习。

2. 日常生活中那些引起悲观情绪的消极事件就可以作为我们的练习对象。当你发现自己的消极想法时，反驳它，并把它记录下来。最好能持续一个星期，这样可以帮助我们养成好的思维习惯。

不好的事：

_____

_____

想法：

_____

_____

后果：

_____

_____

反驳：

_____

_____

激发：

_____

_____

拓展 >

☕ 补充读物

1　[美]马丁·塞利格曼. 持续的幸福. 杭州：浙江人民出版社，2012

　　该书是在《真实的幸福》一书的基础上扩充而来的，在书中，塞利格曼具体阐释了构建幸福的具体方法。他提出，实现幸福人生应具有5个元素（PERMA），即要有积极的情绪（positive emotion）、要投入（engagement）、要有良好的人际关系（relationships）、做的事要有意义和目的（meaning and purpose）、要有成就感（accomplishment）。全书共10章，具体内容是重新思考幸福、不反弹的幸福、幸福可以持续改善、接受幸福的感召、幸福是教育的本质、幸福离不开成就、幸福是一种战斗力、幸福是怎样炼成的、幸福由内而外和为幸福而服务等。该书从积极心理学的角度论述了如何获得幸福。

2　石林. 健康心理学. 北京：北京师范大学出版社，2013

　　《健康心理学》是作者在多年从事健康心理学教学的基础上编写而成的，主要包括健康心理学的理论及发展简史、应激与健康、影响健康的生活方式、心理干预方式、心理因素对健康的影响、积极心理因素与健康、灵性与健康等方面内容。全书共12章，内容丰富。可使读者深入了解健康心理学的知识、原理。

🖥 在线学习资源

1. http://www.gmxinli.org/（国民心理健康网）一个提供心理健康知识的网站。

2. http://www.cn-psy.com/（中国心理健康网）一个反映最新心理健康知识和网站。

3. http://v.163.com/special/cuvocw/daxueshengxinlijiankang.html（清华大学公开课：
大学生心理健康）

第十三章
心理障碍与心理治疗

本章概述

　　本章首先介绍了心理障碍的概念，性质和各种类型表现；其次探讨了心理障碍和心理疾病、精神病、心理异常等概念间的关系，心理障碍的诊断标准和依据的特点及演进方式，详细介绍了心理障碍不同的类型、表现特点和形成的原因；最后探讨了当代心理学和医学对心理障碍的治疗技术和常用的咨询方法。

结构图

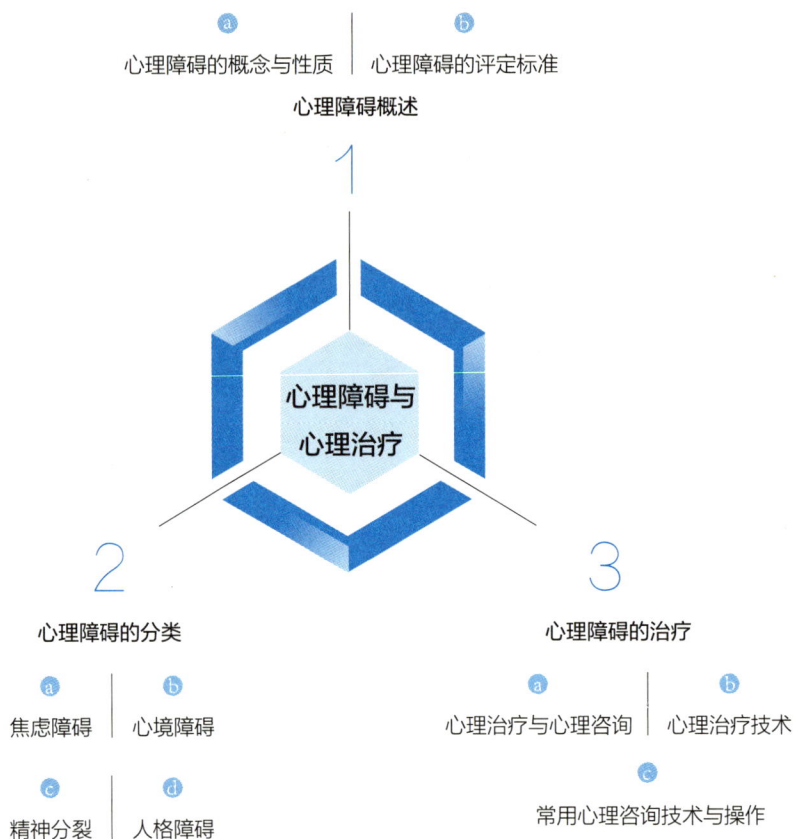

心理障碍概述

1

ⓐ 心理障碍的概念与性质　ⓑ 心理障碍的评定标准

心理障碍与
心理治疗

2
心理障碍的分类

ⓐ 焦虑障碍　ⓑ 心境障碍

ⓒ 精神分裂　ⓓ 人格障碍

3
心理障碍的治疗

ⓐ 心理治疗与心理咨询　ⓑ 心理治疗技术

ⓒ 常用心理咨询技术与操作

学习目标

本章重点：

1. 心理障碍的概念与特征

2. 心理障碍的分类及其症状

3. 心理障碍的常用治疗技术

4. 心理咨询中的常用技术

本章难点：

1. 心理障碍的分类及其特征

2. 心理障碍的治疗技术

学完本章，你应该能够做到：

1. 了解心理障碍的特征

2. 明确几种心理障碍的症状和影响因素

3. 掌握几种心理治疗的常用技术

4. 了解心理治疗与心理咨询的异同

5. 明确心理咨询中的参与性技术与影响性技术

经常听到生活中有人说，"这个人简直就是个神经病""这个人不正常""这个人心理有病"。这些话都和本章要探讨的心理障碍有一定的关系。什么是正常？判断正常和异常的标准是什么？如何区分平常所说的"神经病""精神病""心理障碍"等是我们需要了解的问题。

平时有点想不开，有些压力和焦虑而又难以消解，我是不是心理有障碍呢？如果在生活中遇到了有心理障碍的人，我该怎样判断出来？心理学上对这类障碍是如何治疗的？也许这是你学习本章时迫切想知道的。

"又要开学了，太可怕了！寝室里到处都是细菌，我没法待下去！"昨天，小梵向心理会客室的记者倾诉。

小梵是一名大三学生，原本身体健康、性格开朗，可是自从去年做了一次阑尾切除手术后，小梵有了"洁癖"，每天都生活在恐惧和担忧中。

一次，小梵看见室友用他的杯子喝水，他赶紧把那个杯子扔掉了。有一次洗手，小梵误用了同学的香皂，知道后一遍遍反复洗手，把皮都搓破了。

心理咨询师认为小梵的症状属于强迫症。小梵的性格中有胆小、懦弱的因素，经历了手术的痛苦后，对健康尤为重视，对患病产生恐惧感。因此，在懦弱性格的推动下，这种恐惧感不断加剧，最终导致强迫意念的产生。心理咨询师建议小梵读些医学书籍，科学地了解疾病，适时转移注意力，帮助自己从强迫意念中摆脱出来。

读完这则案例，你心里一定在思考：小梵的心理问题正常还是异常？小梵得强迫症的主要因素有哪些？如何在生活中避免患上类似的心理障碍？那么让我们一起来走进本章的内容。

第一节
心理障碍概述

🎯 **学习目标**

掌握心理障碍的概念
了解心理障碍的性质
掌握各种心理障碍的
评定标准

一、心理障碍的概念与性质

（一）心理障碍及其性质

早上起床，我们充满对新一天的期待，吃早餐，快乐地到教室上课、学习，享受与朋友在一起的美好时光。然而，也许你感受到，并不是所有身体健康的人都能够和你一样享受这些愉快的活动，心理障碍群体便是如此，他们忧伤、痛苦、行为怪异、与环境格格不入。心理障碍也称精神障碍，是一种心理与行为异常、心理机能失调，是个体在行为、认知、情感或人格方面所表现出的症状模式，往往具有三种主要特性：

> 心理障碍是一种心理与行为异常、心理机能失调。

第一，个体忍受着一定程度的痛苦体验，如恐惧或悲伤；

第二，个体行为表现出一定程度的功能损伤，如有一个或多个重要的功能受到损害，包括身体功能、情感功能、认知功能和社会功能（工作、学习和社会交往等）；

第三，这种痛苦体验和功能损伤增加了个体进一步受到损害的危险性，如死亡、痛苦、残疾或丧失自由[1]。

心理障碍强调的是个体与所在文化的大多数人表现不同，即心理与行为的异常状态。但异常的表现不一定就意味着心理障碍，比如，超常儿童智力水平，奥运金牌得主的运动能力等都是异常的。当一种异常的行为或心理被认为有害，同时出现适应困难时，才被认为是障碍。

🔊 **心理学家语录**

我们感到自己已被永远排除在一切使生活值得一过的欢乐和享受之外；我们意识到即使我们得到了希望得到的一切，也不可能真正享受它。

——[美]卡伦·霍妮

---

1 [美]艾里克.J.马施，大卫.A.沃尔夫. 儿童异常心理学. 孟宪璋，等译. 广州：暨南大学出版社，2004：15.

（二）心理障碍相关概念的界定

1. 心理障碍与心理异常

什么是异常？人们一直就难以界定清楚，比如，孩子由于不喜欢当前学校的学习生活而逃课，算不算正常？大多数青少年出现逆反心理与行为，而一个孩子到了这个年龄不逆反，算不算异常？心理异常是指个体在感知、记忆、思维、判断、情

> 广义的心理异常指心理偏离了正常的心理状态。

感、行为及人格等心理发生异常的状态。广义的心理异常指心理偏离了正常的心理状态。比如，某人运动技能超常也是异常，有人长得过胖、过高也是异常，甚至有人长得太漂亮了也被描述为"异常的漂亮"，当然智力超常也是一种异常。而狭义的心理异常就是指心理障碍。

2. 心理疾病与心理障碍

精神医学中没有"疾病"的概念，只有"障碍症"，因为人类科技到目前为止，无法确认精神疾病的病因，也没有办法去精确诊断，为了研究与治疗，精神医学专家只好将一些出现特定症状的人，归纳为一类，然后给予一个暂时性的"病名"，这个病名就叫作障碍（disorder），与其他医学的疾病（disease）不同。因此，现实生活中人们常常说的心理疾病和心理障碍的含义差不多，是一种对心理障碍的非正式表达方式。

3. 心理失常与心理障碍

心理失常（mental disorder）是心理状态发生病理性变化而无法有效适应生活的异常现象。属于心理病理性范畴，与正常人偶发性的心理障碍有质的区别，往往由于心理情绪上的失常而引发躯体疾病。如遗忘症、病态人格都属于心理失常。心理失常和心理障碍的英文是同一个词，前者多指心理病态引发的障碍。心理障碍有轻重之分，而心理失常却常常是严重的心理障碍。

4. 精神病与心理障碍

目前，精神医学领域不用精神病一词，精神病只是用于一般百姓的语言中，指较为严重的心理障碍。精神医学用精神障碍或精神病性障碍来进行表达和命名，包括精神分裂症、妄想障碍、心境障碍等。

二、心理障碍的评定标准

（一）医学标准

医学标准，把心理障碍看作躯体疾病，个体心理或者行为被认为有病，要找到其病理解剖学或者病理生理变化的依据，在此基础上才确定人是否有心理障碍。在判断人的心理障碍时，常认为是脑功能的失调，有障碍者的脑部存在着病理过程，病人的脑部发生了分子水平

的病理变化。这一标准把心理障碍纳入了医学范畴。

（二）统计学标准

一般而言，芸芸众生的心理特征在统计学上符合正态分布，是否出现心理障碍看其偏离正常值的程度。这种判断标准通常依赖于心理测量。

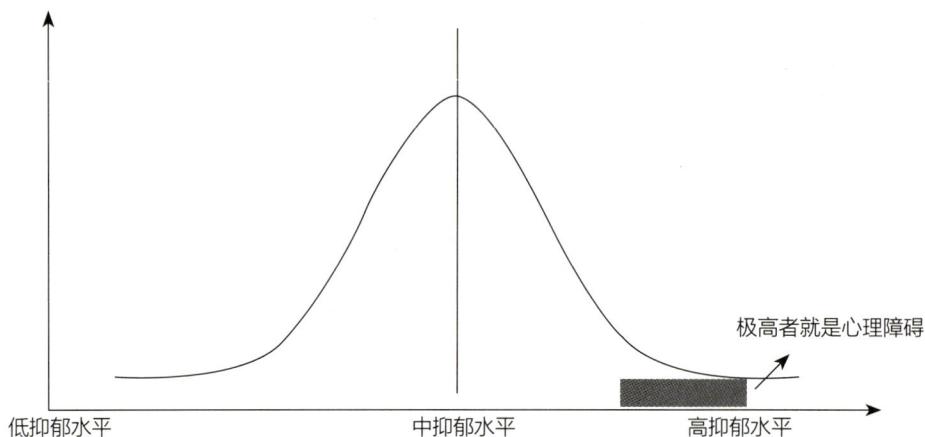

图13-1　抑郁测量的正态分布

抑郁是心理障碍的一种症状，针对抑郁进行量表测试后，可以测出低抑郁水平，中抑郁水平和高抑郁水平的人，构成这样一个正态分布，见图13-1，其中极高者就是心理障碍。

（三）心理学标准

第一，个体心理的主观世界和客观世界是否统一。正常的心理活动，主观和客观世界是统一的，客观世界中出现了红光的刺激，我们主观就能感受到这种红光。如果客观中没有这种刺激出现，而主观却产生了这种感觉，就是幻觉，心理活动就不正常了。

第二，个体心理活动的内在协调一致性。心理活动分为知、情、意等，这些活动是内在协调一致的，如看到了自然美景就会产生愉悦的情感，听到美妙的歌声也会出现愉快情绪，而一个人刚好与此相反，遇到令人愉快的事却产生难受的情感，便是出现了障碍的表现。

第三，个体的人格是否相对稳定。人格在一定时期相对稳定，比如，性格内向的人没有被明显外部因素影响，却突然变得外向和善谈，往往是一种异常的表现；相反，个性外向乐观的人突然就变得沉默寡言，不愿意理人，很可能是心理障碍的一种征兆。

当个体心理方面符合这三个特征，又出现对自己的疾病或身体状态认识的"自知力障碍"，不承认自己的病情，就可以诊断为心理障碍了。

（四）行业标准

1. 中国精神疾病分类及诊断标准

目前出版的第3版《中国精神疾病分类及诊断标准》（Chinese classification and diagnostic criteria of mental disorders，CCMD），从四个方面对各种心理障碍做出诊断，即：

（1）症状标准，分为必备症状和伴随症状；

（2）严重程度标准；

（3）病程标准；

（4）排除标准。

CCMD-3把心理障碍分为：

（1）器质性精神障碍，即由脑部疾病或躯体疾病导致的精神障碍；

（2）精神活性物质与非成瘾物质所致精神障碍，即来自体外的精神活性物质反复使用导致依赖综合征和其他精神障碍；

（3）精神分裂症和其他精神病性障碍，一组病因未明的，多起病于青壮年，具有思维、情感、行为等多方面障碍；

（4）心境障碍，以明显而持久的心境高涨或低落为主的一组精神障碍，并有相应的思维和行为改变，伴有精神病性症状，如幻觉妄想；

（5）癔症、严重应激障碍和适应障碍、神经症；

（6）心理因素相关的生理障碍；

（7）人格障碍、习惯和冲动控制障碍、性心理障碍；

（8）精神发育迟滞与童年和少年期心理发育障碍；

（9）童年和少年期多动障碍、品行障碍、情绪障碍等类型。

2. 疾病及有关健康问题的国际统计分类

世界卫生组织1992年公布的《疾病及有关健康问题的国际统计分类》（international statistical classification of diseases and related health problems，ICD）（第10版）中，精神与行为障碍分类包括以下内容：

（1）器质性，包括症状性，精神障碍；

（2）使用精神活性物质所致的精神和行为障碍；

（3）精神分裂症、分裂型障碍和妄想性障碍；

（4）心境（情感）障碍；

（5）神经症性、应激相关及躯体形式障碍；

（6）伴有生理紊乱及躯体因素的行为综合征；

（7）成年人人格与行为障碍；

（8）精神发育迟滞；

（9）心理发育障碍；

（10）通常起病于童年与少年期的行为与情绪异常。

🔍 案例

美国《精神障碍诊断与统计手册》的分类

美国心理学会（APA）1994年出版了《精神障碍诊断与统计手册》（diagnostic and statistical manual of mental diaorders, DSM）第四版。

美国精神病学会2013年出版其第五版（DSM-5），该版对心理障碍的分类包括：（1）神经发育障碍；（2）精神分裂症谱系和其他精神病性障碍；（3）双相及相关障碍；（4）抑郁障碍；（5）焦虑障碍；（6）强迫及相关障碍；（7）创伤和应激相关障碍；（8）分离障碍；（9）躯体症状及相关障碍；（10）喂养与进食障碍；（11）排泄障碍；（12）睡眠—觉醒障碍；（13）性功能障碍；（14）性别焦虑症；（15）破坏性冲动控制和行为障碍；（16）物质相关和成瘾障碍；（17）神经认知障碍；（18）人格障碍；（19）性倒错障碍；（20）其他精神障碍。

第二节
心理障碍的分类

🎯 学习目标

了解心理障碍的分类
掌握焦虑障碍的表现
掌握心境障碍的表现
掌握精神分裂的表现
掌握人格障碍的表现

一、焦虑障碍

（一）焦虑障碍的症状

1. 焦虑障碍的定义

焦虑障碍（anxiety disorders）是一组以焦虑情绪为主的常见神经症性障碍。这种心理障碍可表现为精神症状和躯体症状，主要包括广泛性焦虑障碍、强迫症、惊恐障碍、创伤后应激障碍、社交焦虑障碍，都会引起极度的恐慌或担忧。焦虑

> 焦虑障碍是一组以焦虑情绪为主的常见神经症性障碍。

症的焦虑症状是原发的，凡继发于高血压、冠心病、甲状腺机能亢进等躯体疾病的焦虑应诊断为焦虑综合征。其他精神病理状态，如幻觉、妄想、强迫症、疑病症、抑郁症、恐惧症等伴发的焦虑，一般也不应诊断为焦虑症。

2. 焦虑障碍者的特征

焦虑障碍者的主要特征：

（1）高焦虑或自我限制、自我挫败的行为；

（2）通过使用防御机制或者避免做出反应来维持最低限度的身心功能；

（3）总是感到有压力、不安全、自己无能、不高兴或对生活不满意；

（4）感到自己受威胁，却不采取任何应对行为。

（二）焦虑障碍者的临床症状

1. 情绪表现

焦虑障碍者由于处于焦虑状态，时常会感受到威胁和压力。威胁的情况可能会导致失去重要物或者影响重要的事，如果个体不太清楚威胁的内容或应付它的方法，就会感到很严重，产生恐惧、忧虑、不舒服、凶兆等不当情绪，同时为了自我保护，会对周围人产生对立和敌意，易激惹和发怒。

有些焦虑障碍患者会莫名其妙地害怕，但是并不知道自己害怕什么，也不知自己究竟为什么害怕，以致变成一种习惯性、强迫性的焦虑。

2. 躯体表现

当个体出现高度焦虑时，交感神经系统活动就被充分激活，而副交感神经系统相对地抑制。交感神经系统活动导致生理上的显著变化，包括瞳孔放大、口干舌燥、消化功能降低、心跳加速、脉搏加快、血压增高、呼吸急促、甚至出冷汗等现象。这些都是焦虑症常见的躯体表现。

3. 行为表现

焦虑障碍者往往处于激动状态，准备好随时采取行动去战斗或逃避。但又因为不知道威胁来自何方，所以往往在无可奈何，束手无策的情况下，只会做出无目的、无效的动作。具体表现为患者坐立不安，经常改变姿势动作，也可能自说自话或向他人不断倾诉。有的处于焦虑状态时，抓头发、摸耳朵、搓脸、双手抱胸、双手互相扭压、敲打、来回快速行走、低头缓慢地走等。有些焦虑障碍患者脸部表情僵硬，面色凝重、皱眉、愤怒，行动上表现出心不在焉，视而不见、听而不闻等，缺乏敏锐觉察力。有些焦虑障碍患者，说话声调改变，声音颤抖、尖锐、急促，甚至说话内容不连贯、模糊不清、跳来跳去，面孔颜色也会改变，表现为面色发白或发红、发冷或发热。

（三）焦虑障碍的成因

1. 生理因素

从生理因素看，人类会遗传易于紧张的倾向性。卡斯皮（Caspi）等人的研究表明导致抑郁和焦虑的基因结构似乎是同一个，这些基因被认为是导致焦虑和抑郁易感性的关键因素。

脑部结构中的边缘系统与焦虑密切相关，格雷（Gray）在动物的边缘系统中找到了一条特定的脑回路，从边缘系统中的间隔和海马区域出发，到达额叶皮质，他称之为行为抑制系统（behavioral inhibition system，BIS），它被脑干发出的信号激活，而这些信号代表了非预期的事件，可能是危险的信号，当行为抑制系统被脑干上传或者皮质下传的信号激活时，我们就会体会到焦虑，并且焦虑不安地评价目前的处境。

2. 心理因素

弗洛伊德认为，焦虑是由性本能转变而来的，而且力比多（libido）能量的释放受到阻碍时，个体就会表现出焦虑性神经症；可见，本我是焦虑的根源。

班杜拉认为焦虑是人类生存中的一种机能偏差，它和自我效能有心理社会机制方面的关系。只有在个人认知到自己的自我无效能时，潜在的厌恶性刺激才会让人感到焦虑。

3. 社会因素

引发焦虑的社会因素主要是生活事件，包括恋爱、失恋、结婚、离婚、求职择业等引起的社会压力。杨德森的生活事件量表中总结出的家庭、工作学习、社交三大方面的压力因素，都容易作为应激源引发躯体反应和焦虑障碍。

（四）焦虑障碍的分类

1. 惊恐障碍

惊恐障碍（panic disorder）是一种以反复的惊恐发作为主要原发症状的焦虑症，无明显的诱因，发作并不局限于特定的情境，具有不可预测性。

发作时表现出强烈的恐惧、焦虑，及明显的自主神经症状，并常有人格解体、现实解体、濒死恐惧或失控感等痛苦体验；发作突然开始，迅速达到高峰，发作时意识清晰，事后能回忆。病人因难以忍受又无法解脱而感到痛苦。

惊恐发作作为继发症状，可见于多种不同的精神障碍，如恐惧性神经症、抑郁症等，应与某些躯体疾病鉴别，如癫痫、心脏病发作、内分泌失调等。

2. 广泛性焦虑障碍

广泛性焦虑障碍（generalized anxiety disorder）指一种以缺乏明确对象和具体内容的提心吊胆，及紧张不安为主要症状的焦虑症，并有显著的植物神经症状、肌肉紧张及运动性不安。病人因难以忍受又无法解脱而感到痛苦。

🔍 **案例**

一例广泛性焦虑障碍

翔伶是一名20岁的大二学生，积极向上，但朋友不多。但她有着过分的焦虑，在她看来，任何一件事情都是一场突然而来的灾难。尽管她的学习绩点达到3.3（满分4），她仍然认为自己每次考试都有可能不及格，考试前都被吓得人要崩溃的感觉。她一直担忧，上大学一学期就休学了，从一个她认为强手如林的学院转到一个竞争压力相对较小的学院，可总觉得躁动不安，害怕自己掉队，经常担忧学不会东西，想放弃大学的学习，在母亲的鼓励下进行了心理辅导。但仍然觉得难以完成学业。

让翔伶担忧的还有和朋友之间的关系，害怕自己的任性、幼稚和愚蠢会使他丧失对自己的兴趣，总觉得下一次的约会会成为一种灾难。她还为自己和妈妈的关系担忧，妈妈固执和严厉，对翔伶的每次鼓励都会变成压力，她害怕接妈妈的电话也害怕见妈妈。

翔伶还为自己的健康担忧，她有点胖，就开始过度紧张，怕得了高血压而不敢去测量血压，怕吃的食物不正确，会让自己死掉，有时候严格控制饮食，有时候又病态地暴饮暴食。

翔伶患的就是广泛性焦虑障碍，这种症状持续了至少6个月，过分的焦虑和担忧，感到这种担忧难以控制。

3. 强迫症

强迫症（obsessive compulsive disorder）是一种以强迫症状为主的神经症，其特点是有意识的自我强迫和反强迫并存，二者强烈冲突使病人感到焦虑和痛苦；病人体验到的观念或冲动来源于自我，但违反自己意愿，虽极力抵抗，却无法控制；病人也意识到强迫症状的异常性，但无法摆脱。病程迁延者可以仪式动作为主而精神痛苦减轻，但社会功能严重受损。

主要症状包括：以强迫思想为主，包括强迫观念、回忆或表象，强迫性对立观念、穷思竭虑、害怕丧失自控能力等；以强迫行为（动作）为主，包括反复洗涤、核对、检查或询问等；强迫症状反复出现，病人认为没有意义，并感到不快，甚至痛苦，因此试图抵抗，但不能奏效。

4. 急性应激障碍

急性应激障碍（acute stress disorder）以急剧、严重的精神打击作为直接原因。在受刺激后立刻（1小时之内）发病。表现有强烈恐惧体验的精神运动性兴奋，行为有一定的盲目性；或者为精神运动性抑制，甚至木僵。如果消除应激源，症状往往历时短暂，预后良好，缓解完全。

5. 创伤后应激障碍

创伤后应激障碍（post traumatic stress disorder，PTSD）由遭受对每个人来说都是异乎寻常的创伤性事件、威胁性或灾难性处境导致延迟出现和长期持续的精神障碍。主要表现为：

（1）反复发生闯入性的创伤性体验重现（病理性重现）、梦境，或因面临与刺激相似或有关的境遇，而感到痛苦和不由自主地反复回想；（2）持续的警觉性增高；（3）持续的回避；（4）对创伤性经历的选择性遗忘；（5）对未来失去信心。少数病人可有人格改变或有神经症病史等附加因素，从而降低了对应激源的应对能力或加重疾病过程。入睡困难或睡眠不深，易激惹，集中注意困难，过分地担惊受怕。

6. 恐惧症

恐惧症（phobia）是一种以过分和不合理地惧怕外界客体或处境为主的神经症，也称恐怖症。病人明知没有必要，但仍不能防止恐惧发作，恐惧发作时往往伴有显著的焦虑和自主神经症状。病人极力回避所害怕的客体或处境，或是带着畏惧去忍受。主要表现是：（1）对某些客体或处境有强烈恐惧，恐惧的程度与实际危险不相称；（2）发作时有焦虑和自主神经症状；（3）有反复或持续的回避行为；（4）知道恐惧过分、不合理或不必要，但无法控制；

恐惧症（恐怖症）主要有场所恐惧症、社交恐惧症（社会焦虑恐惧症）、特定的恐惧症三种亚型。

二、心境障碍

（一）心境障碍的定义

心境障碍（mood disorders）是以明显而持久的心境高涨或低落为主的一组精神障碍，并有相应的思维和行为改变。有的患者可能有精神病性症状，如幻觉妄想。所有的心境障碍都包含有基本的抑郁或者躁狂的体验，有时候是其中的一种，有时候是二者皆有。

（二）心境障碍的成因分析

1. 生理因素

通过研究发现，心境障碍具有家族及遗传因素的影响。同时其发病机制涉及神经生化、神经内分泌、神经电生理、睡眠和生理性节律、神经发育等生物学因素影响。

2. 心理因素

应激性生活事件和创伤也是重要的起病因素；习得性无助也是一种重要的条件。同时，消极的认知模式，即戴着一副灰色眼镜而不是玫瑰色眼镜看周围的事，做最坏的打算。

3. 社会和文化因素

婚姻家庭关系，尤其是恋爱关系、婚姻关系、亲密关系的破裂通常会导致抑郁。性别因素也会影响心境障碍，70%的重性抑郁发作恶劣心境障碍患者为女性。还有社会支持因素，社会交往越广泛，次数越多，患心境障碍的概率就越少。

（三）心境障碍的分类

1. 躁狂发作

躁狂发作（mania episode）以心境高涨为主，与其处境不相称，可以从高兴愉快到欣喜若狂，某些患者仅以易激惹为主。表现为：注意力不集中或随境转移病情；话语增多；思维奔逸（语速增快、言语迫促等）、有联想加快或意念飘忽的体验；自我评价过高或夸大；精力充沛、不感疲乏、活动增多、难以安静，或不断改变计划和活动；鲁莽行为；性欲亢进等。

2. 轻躁狂

轻躁狂（hypomania）是除了社会功能无损害或仅轻度损害外，发作时符合躁狂发作标准。

3. 无精神病性症状的躁狂症

无精神病性症状的躁狂症（mania without psychotic symptoms）除了在躁狂发作的症状标准中，增加"无幻觉、妄想或紧张综合征等精神病性症状"之外，其余均符合该标准。

4. 有精神病性症状的躁狂症

有精神病性症状的躁狂症（mania with psychotic symptoms）除了在躁狂发作的症状标准中，增加"有幻觉、妄想或紧张综合征等精神病性症状"之外，其余均符合该标准。

5. 抑郁发作

抑郁发作（depressive episode）以心境低落为主，与其处境不相称，可以从闷闷不乐到悲痛欲绝，甚至发生木僵。

主要表现是：兴趣丧失、无愉快感；精力减退或疲乏感；精神运动性迟滞或激越；自我评价过低、自责或有内疚感；联想困难或自觉思考能力下降；反复出现想死的念头或有自杀、自伤行为；睡眠障碍，如失眠、早醒，或睡眠过多；食欲降低或体重明显减轻；性欲减退。严重者可出现幻觉、妄想等精神病性症状。某些病例的焦虑与运动性激越很显著。

6. 双相心境障碍

双相障碍（bipolar disorder）属于心境障碍的一种类型，指既有躁狂发作又有抑郁发作的一类疾病。

7. 恶劣心境障碍

恶劣心境障碍（dysthymic disorder）指一种以持久的心境低落为主的抑郁心境，患者在大多数时间里，感到心情沉重、沮丧；对工作兴趣下降，无热情，对未来悲观失望，常有精神不振、疲乏、能力不足、效率降低等体验，严重时也会有轻生的念头；常伴有焦虑、躯体不适感和睡眠障碍，无明显的精神运动性抑制或精神病性症状，工作、学习、生活和社会功能不受严重影响。常有自知力，主动要求治疗。

三、精神分裂

（一）精神分裂症的本质

1. 精神分裂症的定义

精神分裂症（schizophrenia）是一组病因未明的精神病，多起病于青壮年，常缓慢起病，具有思维、情感、行为等多方面障碍，及精神活动不协调。通常意识清晰，智能尚好，有的病人在疾病过程中可出现认知功能损害。

2. 精神分裂症的表现

精神分裂症的表现是：反复出现言语性幻听；明显的思维松弛、思维破裂、语言不连贯，思维贫乏或思维内容贫乏；思想被插入、被撤走、被播散、思维中断，或强制性思维；被动、被控制或被洞悉体验；原发性妄想（妄想知觉，妄想心境）或其他荒谬的妄想；思维逻辑倒错、病理性象征性思维或语词新作；情感倒错，或明显的情感淡漠；紧张综合征、怪异行为或愚蠢行为；明显的意志减退或缺乏。精神分裂症的症状时重时轻，反复加重或恶化，但部分病人可保持痊愈或基本痊愈状态。

（二）精神分裂症的成因

1. 遗传因素

基因在对精神分裂症的易感性上起到一定作用。从家族史、双生子研究、领养研究发现，精神分裂症不是由单一基因导致的，而是多种基因的综合作用。

2. 文化因素

在哥伦比亚、印度和尼日利亚等国，精神分裂症患者能够明显改善或完全康复，这些可能是文化差异或生物学因素的影响。在美国，黑人被诊断为精神分裂症的病例要多于白人。

3. 神经生物学因素

多巴胺功能过于活跃导致人发病；大脑的结构研究显示，精神分裂症患者往往具有神经系统损伤；还有研究显示，精神分裂症患者在出生前受到了流感病毒的感染。

4. 心理与社会因素

双生子研究发现，一个会产生精神分裂，另一个则不会，这引起人们关注遗传因素外的其他机制。研究发现，应激、家庭成员的互动特征都会产生一定影响。

（三）精神分裂症的分类

1. 偏执型分裂症

偏执型精神分裂症（paranoid schizophrenia）符合分裂症诊断标准，以妄想为主，常伴有幻觉，以听幻觉较多见。

2. 青春型分裂症

青春型精神分裂症（hebephrenia schizophrenia）符合分裂症诊断标准，常在青春期起病，以思维、情感、行为障碍或紊乱为主。例如，明显的思维松弛、思维破裂、情感倒错、行为怪异。

3. 紧张型分裂症

紧张型精神分裂症（catatonic schizophrenia）符合分裂症诊断标准，以紧张综合征为主，其中以紧张性木僵较常见。

4. 单纯型分裂症

单纯型精神分裂症（simple schizophrenia）以思维贫乏、情感淡漠或意志减退等阴性症状为主，从无明显的阳性症状；社会功能严重受损，趋向精神衰退；起病隐袭，缓慢发展，病程至少2年，常在青少年期起病。

四、人格障碍

（一）人格障碍的本质

1. 人格障碍的定义

人格障碍（personality disorder）是指人格特征明显偏离正常，使病人形成了一贯的反映个人生活风格和人际关系的异常行为模式。这种模式显著偏离特定的文化背景和一般认知方式（尤其在待人接物方面），明显影响其社会功能与职业功能，造成对社会环境的适应不良，病人为此感到痛苦，并已具有临床意义。病人虽然无智能障碍，但适应不良的行为模式难以矫正。

> 人格障碍指人格特征明显偏离正常，使病人形成了一贯的反映个人生活风格和人际关系的异常行为模式。

2. 人格障碍的症状

人格障碍的主要症状是：认知（感知及解释人和事物，由此形成对自我及他人的态度和形象的方式）的异常偏离；情感（范围、强度及适切的情感唤起和反应）的异常偏离；控制冲动及对满足个人需要的异常偏离；人际关系的异常偏离。

（二）人格障碍的成因

1. 生理因素

人格障碍患者亲属中人格障碍的发生率较高，患者双亲中脑电图异常率较高，多项研究均得出类似结论。有研究发现生物遗传因素对罪犯（其中一部分为人格障碍患者）违法行为有着一定作用。有关寄养子的研究报道，人格障碍患者的子女从小寄养出去，成年后与正常对照组相比，仍有较高的人格障碍发生率，也提示遗传因素的作用。

有学者认为人格障碍是大脑发育成熟延迟的表现。大脑皮层成熟延迟在一定程度上说明其冲动控制和社会意识成熟延迟。感染、中毒、孕期及婴幼儿的营养不良，特别是缺乏充分蛋白质、脂类和维生素的供应，出生时或婴幼儿时的脑损伤和传染病、病毒感染等可能是大脑发育不成熟的原因。

2. 心理因素

童年生活经历对个体人格的形成具有重要的作用。幼儿心理发育过程中重大精神刺激或生活挫折对幼儿人格的发育产生不利影响。如父母离异、父爱或母爱的剥夺，从小没有父亲或缺乏父爱的孩子成年后往往表现出性格上的胆小、畏缩，母爱剥夺可能是反社会人格的重要成因。有资料表明在孤儿院成长的儿童成年后性格内向者较多。

3. 环境因素

不良的生活环境、结交具有品行障碍的"朋友"及经常混迹于大多数成员具有恶习的社交圈子，往往对人格障碍的形成起到重要作用。受大量淫秽、凶杀等内容的小说及影视文化的影响，青少年往往法律观念淡薄，加之认识批判能力低，行为自制能力差，情绪波动性大，容易通过观察、模仿或受教唆等而习得不良行为，甚至出现越轨行为。此外，社会上存在的不正之风、扭曲的价值观念对人格障碍形成的消极作用不可忽视。

（三）人格障碍的分类

1. 偏执型人格障碍

偏执型人格障碍（paranoid personality disorder）以猜疑和偏执为特点，始于成年早期，男性多于女性。

主要表现是：对挫折和遭遇过度敏感；对侮辱和伤害不能宽容，长期耿耿于怀；多疑，容易将别人的中性或友好行为误解为敌意或轻视；明显超过实际情况所需的好斗和对个人权利执意追求；易有病理性嫉妒，过分怀疑恋人有新欢或伴侣不忠，但不是妄想；过分自负和自我中心的倾向，总感觉受压制、被迫害，甚至上告、上访，不达目的不肯罢休；具有将其周围或外界事件解释为"阴谋"等的非现实性优势观念，因此过分警惕和抱有敌意。

2. 分裂样人格障碍

分裂样人格障碍（schizoid personality disorder）以观念、行为和外貌装饰的奇特、情感冷漠，及人际关系明显缺陷为特点。男性略多于女性。

主要表现为：性格明显内向（孤独、被动、退缩），与家庭和社会疏远，除生活或工作中必须接触的人外，基本不与他人主动交往，缺少知心朋友，过分沉湎于幻想和内省；表情呆板，情感冷淡，甚至不通人情，不能表达对他人的关心、体贴及愤怒等；对赞扬和批评反应差或无动于衷；缺乏愉快感；缺乏亲密、信任的人际关系；在遵循社会规范方面存在困难，导致行为怪异；对与他人之间的性活动不感兴趣（考虑年龄）。

3. 焦虑型人格障碍

焦虑性人格障碍（anxious personality disorder）以一贯感到紧张、提心吊胆、不安全及自卑为特征，总是需要被人喜欢和接纳，对拒绝和批评过分敏感，因习惯性地夸大日常处境中的潜在危险，而有回避某些活动的倾向。

主要表现是：一贯的自我敏感、不安全感及自卑感；对遭排斥和批评过分敏感；不断追求被人接受和受到欢迎；除非得到保证被他人所接受和不会受到批评，否则拒绝与他人建立人际关系；惯于夸大生活中潜在的危险因素，达到回避某种活动的程度，但无恐惧性回避；因"稳定"和"安全"的需要，生活方式受到限制。

4. 依赖性人格障碍

依赖性人格障碍（dependent personality disorder）以过分依赖为特征。

主要症状表现是：要求或让他人为自己生活的重要方面承担责任；将自己的需要附属于所依赖的人，过分地服从他人的意志；不愿意对所依赖的人提出即使是合理的要求；感到自己无助、无能，或缺乏精力；沉湎于被遗忘的恐惧之中，不断要求别人对此提出保证，独处时感到很难受；当与他人的亲密关系结束时，有被毁灭和无助的体验；经常把责任推给别人，以应对逆境。

5. 反社会性人格障碍

反社会性人格障碍（antisocial personality disorder）以行为不符合社会规范、经常违法乱纪、对人冷酷无情为特点，男性多于女性。他们往往缺乏正常的人间友爱、骨肉亲情，缺乏焦虑和罪恶感，冲动、行为放荡，无法无天。

主要表现是：行为不符合社会规范，甚至违法乱纪，如经常旷课、旷工；对家庭亲属缺乏爱和责任心，待人冷酷无情；经常撒谎、欺骗，以此获私利或取乐；易激惹，冲动，并有攻击行为；缺少道德观念、对善恶是非缺乏正确判断，且不吸取教训；极端自私与自我中心，以恶作剧为乐，故使其家庭、亲友、同事、邻居感到痛苦或憎恨。

6. 冲动性人格障碍

冲动性人格障碍（impulsive personality disorder）以情感爆发，伴明显行为冲动为特征，男性明显多于女性。

主要表现是：情绪不稳，易激惹，易与他人发生争执和冲突，冲动后对自己的行为虽懊恼，但不能防止再犯，间歇期正常；人际关系强烈而时好时坏，要么与人关系极好，要么极坏，几乎没有持久的朋友；情感爆发时，对他人有暴力攻击，或有自杀、自伤行为；在日常生活和工作中同样表现冲动、缺乏目的性与计划性，做事虎头蛇尾，很难坚持需要长时间才能完成的事情。做事往往事先没有计划或不能预见可能发生什么事情。

7. 表演性（癔症性）人格障碍

表演性（癔症性）人格障碍（histrionic personality disorder）以过分的感情用事夸张言行吸引他人的注意为特点。这种人人格不成熟，情绪不稳定，暗示性、依赖性强。

主要表现是：情感体验肤浅，情感反应强烈易变，感情用事，喜怒哀乐皆形于色，表情丰富但矫揉造作，爱发脾气；爱表现自己，行为夸张、做作，渴望别人注意，或在外貌和行为方面表现过分；过于喜欢表扬，经受不起批评，爱撒娇、任性、心胸狭窄，以情感相要挟，作弄别人，如扬言自杀或威胁性自杀，达到目的方才罢休，设法操纵他人为自己服务；自我中心，强求别人满足其需要或意愿，不如意时则表现强烈不满；暗示性强，容易受他人影响或诱惑；富于幻想，常有自欺欺人之言，凭猜测和预感做出判断，有时用幻想与想象补充事实，言语内容不完全可靠；喜欢寻求刺激而过分地参加各种社交活动，甚至于卖弄风情，喜爱挑逗，给人以轻浮的感觉。

8. 自恋型人格障碍

自恋型人格障碍（narcissistic personality disorder）对批评的反应是愤怒、羞愧或感到耻辱（尽管不一定当即表露出来）；喜欢指使他人，要他人为自己服务；过分自高自大，对自己的才能夸大其词，希望受人特别关注；坚信他关注的问题是世上独有的，不能被某些特殊的人物了解；对无限的成功、权力、荣誉、美丽或理想爱情有非分的幻想；认为自己应享有他人没有的特权；渴望持久的关注与赞美；缺乏同情心；有很强的嫉妒心。

9. 强迫型人格障碍

强迫型人格障碍（obsessive-compulsive personality disorder）以过分的谨小慎微、严格要求与完美主义，及内心的不安全感为特征。男性比女性多2倍，约70%强迫症病人病前有强迫性人格障碍。这种人以十全十美的高标准要求自己，总是对自身的工作和生活难以满意，因而感到紧张、焦虑和苦恼。他们常常过分地自我克制，过分地自我关注和责任感过强，平时拘谨，小心翼翼，唯恐出现差错，思想得不到放松。

主要表现为：对任何事物都要求过高、过严、按部就班、常拘泥细节，犹豫不决，往往避免做出决定，否则感到焦虑不安；好洁成癖，过分讲究清洁卫生，其家人有时也觉得和患者共同生活深感劳累和疲惫；常有不安全感，往往穷思竭虑，对实施的计划反复检查、核对，唯恐疏忽或差错；主观、固执，要求别人也按其方式办事，否则即感不快，对别人做事很不放心，即使担任领导职务，往往事必躬亲，事无巨细；过分节俭，甚至吝啬；过分沉溺于职责义务与道德规范，过分投入工作，业余爱好少，缺少社交往来，工作后缺乏愉快和满足的内心体验，反而常有悔恨和内疚而检查自身存在哪些缺陷、工作什么地方没有完善，缺乏创新和冒险精神。

10. 回避型人格障碍

回避型人格障碍（avoidance personality disorder）又叫逃避型人格，其最大特点是行为退缩、心理自卑，面对挑战多采取回避态度或无能应付。

主要表现是：很容易因他人的批评或不赞同而受到伤害；除了至亲之外，没有好朋友或知心人（或仅有一个）；除非确信受欢迎，一般不愿卷入他人事务之中；行为退缩，对需要人际交往的社会活动或工作总是尽量逃避；心理自卑，在社交场合总是缄默无语，怕惹人笑话，怕回答不出问题；敏感羞涩，害怕在别人面前露出窘态；在做那些普通的但不在自己常规之中的事时，总是夸大潜在的困难、危险或可能的冒险。

（四）成瘾与网络成瘾

1. 成瘾的定义

广义的成瘾（addiction）包括各种依赖、癖习和迷恋。指由于反复使用各种致瘾源或者反复刺激中枢神经，在一定的人格基础和外界条件下引起的一种周期性或者慢性中毒状态以及发生的特有嗜好和形成的难以割舍的习性。

狭义的成瘾是指那些对某一行为或物质的欲望影响到正常的心理、生理或社会功能，给个体带来痛苦和后果的成瘾行为。主要包括药物滥用、酒瘾、烟瘾、性变态、电子游戏成瘾、网络成瘾等行为。

成瘾的典型特征是满足需要的强烈愿望，而不考虑结果的利弊，明知有害也难以控制；一种不可抗拒的力量强制性地驱使人们使用该致瘾源，并不择手段地去获得它；有加大剂量或者频率的趋势；产生精神依赖且一般产生身体依赖；对个人社会都造成危害。

2. 网络成瘾

网络成瘾，又称网络成瘾综合征（internet addiction disorder, IAD）是指由于患者对互联网络过度依赖而导致的一种心理异常症状以及伴随的一种生理性不适。根据使用网络的主要目的及内容，网络成瘾分为网络游戏成瘾、网络色情成瘾、网络关系成瘾、网络信息成瘾、网络交易成瘾5类，其中以网络游戏成瘾居多。

> 网络成瘾是指由于患者对互联网络过度依赖而导致的一种心理异常症状以及伴随的一种生理性不适。

网络成瘾的主要特征是：（1）对网络的使用有强烈的渴求或冲动感；（2）减少或停止上网时会出现周身不适、烦躁、易激惹、注意力不集中、睡眠障碍等戒断反应；上述戒断反应可通过使用其他类似的电子媒介（如电视、掌上游戏机等）来缓解。（3）出现冲突反应，网络成瘾行为会导致成瘾者与周围环境的冲突，如与家庭、朋友关系淡漠，工作、学习成绩下降等。

🔍 **案例**

网络成瘾行为的治疗方法简介

网络成瘾的治疗时间相对较长，一般治疗方法有：

（1）认知行为治疗。通过改变其对网络的认知，加上行为的调节，重建其合理的行为模式，从而戒掉网瘾。

（2）行为主义的代币法或者行为契约法。通过代币制管理或者签订行为契约的方法，逐渐改变上网习惯或行为，通过合理的奖励强化其正确的行为。

（3）系统脱敏法疗。与家人或是好朋友订出总体计划，由家人或是好朋友监督实施，在两个月内逐步减少上网时间，最终达到偶尔上网或不上网。

（4）自我警示法。将上网的好处和坏处分别列在一张对称的纸上，按程度轻重排好顺序，每天做思想斗争10~15次，每次4~10分钟，尤其是在瘾发时。也可以将好处和坏处分别贴在显眼的地方，如电脑上、卧室里、门上。每天多时段内默念或大声对自己念出上网的坏处，战胜自己。

（5）家庭治疗。利用家庭成员的相互影响，家庭功能和环境的改善来减少网络成瘾。

第三节
心理障碍的治疗

🎯 **学习目标**

了解心理咨询的常用技术

掌握几种心理治疗的常用技术

一、心理治疗与心理咨询

（一）心理咨询与心理治疗的相同点

心理咨询（psychological counseling）是由受过专门训练的咨询师，运用心理学的理论与技术，通过语言及非语言的交流，给来访者以帮助、启发和教育，使来访者改变其认知、情感和态度，解决其生活、学习、工作等方面出现的心理问题的过程。心理治疗（psychotherapy）是受过专业训练的治疗者运用心理学的理论与技术，通过言语及非言语的沟通方式，对患者的认知、情感、行为方面给予影响，以消除、矫正或缓解症状，调整患者异常心态与行为模式，促进其人格向健康、协调方向发展的过程。

心理咨询与心理治疗的定义和对象使我们发现，两者主要存在以下几个方面的共同点：

1. 心理咨询与心理治疗采用的理论和方法都是基于心理学的

两者都强调从业者与来访者之间良好关系的建立，是二者相互交往、相互影响的过程，以语言文字、表情姿态和环境气氛为中介。两者在具体工作中采用的，比如行为主义的系统脱敏、合理情绪疗法等方法基本一样。

2. 心理咨询与心理治疗常常融合在一起

心理咨询与治疗的过程有时不是截然分开的，经常是同一工作的不同阶段。

3. 所用测量工具和诊断手段大致相同

心理咨询和心理治疗中采用的心理量表基本一致，咨询师不强调诊断，但在心理问题的评估上和心理治疗的诊断方法差异不大。

4. 两者的工作目标基本相同

两者的目的都强调促进来访者的成长和人格完善，包括重建良好的行为适应模式等。

> 心理咨询是由受过专门训练的咨询师，运用心理学的理论与技术，通过语言及非语言的交流，给来访者以帮助、启发和教育，使来访者改变其认知、情感和态度，解决其生活、学习、工作等方面出现的心理问题的过程。
>
> 心理治疗是受过专业训练的治疗者运用心理学的理论与技术，通过言语及非言语的沟通方式，对患者的认知、情感、行为方面给予影响，以消除、矫正或缓解症状，调整患者异常心态与行为模式，促进其人格向健康、协调方向发展的过程。

（二）心理咨询与心理治疗的不同点

1. 心理咨询与心理治疗的对象不同

心理咨询的对象主要是有一般心理问题、处于应激状态或适应不良的正常人。心理治疗的工作对象主要是患有各种心身障碍的病人，特别是有比较明显的心理、行为障碍的患者。

🔊 **心理学家语录**

尊重生命尊重他人也尊重自己的生命，是生命进程中的伴随物，也是心理健康的一个条件。

——[德]艾瑞克·弗洛姆

2. 任务不同

心理咨询的任务是处理各种心理问题，包括人际关系、职业选择、恋爱婚姻中的问题，目的是促进成长，强调发展模式。心理治疗多在于帮助病人弥补已形成的损害，促进发展结构障碍的改变。

3. 方式不同

心理咨询对象的心理问题一般比较局限、短暂、单纯，强调教育和发展的原则，重视对象的理性作用，多倾向于支持和再教育。一般通过一次或者几次会谈就能解决问题；心理治疗一般费时较长、过程复杂，重视症状的消除，强调人格的改造和行为的矫正，需要十几次甚至几十次才能完成。

4. 形式和从业者不同

心理咨询的主要形式是门诊咨询和现场咨询，从业者主要是各类心理咨询师、心理学工作者和社会工作者。心理治疗的主要形式是门诊和住院治疗，从业者主要是医生、心理治疗师和临床心理学家。

二、心理治疗技术

（一）精神分析学派的治疗技术

精神分析学派（psychoanalytic school）治疗是运用精神分析理论和技术所开展的心理治疗活动。精神分析治疗是以完善人格结构、促进心理发展为目标的经典疗法。通过处理潜意识冲突，消除或减轻症状，解决现实生活情境中的问题。

技术应用中通过初始访谈与诊断评估，对患者的人格结构、心理防御机制、心理发展水平、潜意识的心理冲突、人际关系等进行评估和动力学诊断，确定治疗目标。

在治疗过程中，将移情与反移情、阻抗作为探索潜意识的线索和治疗工具，通过自由联想、梦的分析、面质、澄清、解释、修通、重构等技术达到治疗目标。

（二）行为治疗技术

1. 行为治疗的含义

行为治疗（behavior therapy）是运用行为科学的理论和技术，通过行为分析、情景设计、行为干预等技术，达到改变适应不良行为、减轻和消除症状、促进患者社会功能康复的目标。

2. 行为治疗的常用技术

（1）行为的观测与记录：定义目标行为，准确辨认并客观和明确地描述构成行为过度或行为不足的具体内容。

（2）行为功能分析：对来自环境和行为者本身的、影响或控制问题行为的因素作系统分析，以分析为基础，确定靶行为。

（3）放松训练：① 渐进性放松——采取舒适体位，循序渐进对各部位的肌肉进行收缩和放松的交替训练，同时深吸气和深呼气、体验紧张与放松的感觉，如此反复进行，练习时间从几分钟到30分钟；② 自主训练——有6种标准程式，即沉重感、温暖感、缓慢的呼吸、心脏慢而有规律的跳动、腹部温暖感、额部清凉舒适感。

（4）系统脱敏疗法（systematic desensitization）：其主要步骤包括——放松训练，教会患者进行放松训练并反复练习；建立焦虑或者恐惧等级，让患者对每一种刺激因素引起的主观不适进行评分，然后按其分数高低将各种刺激因素排列成表；系统脱敏，由最低层次开始脱敏，即对刺激不再产生紧张反应后，渐次移向对上一层次刺激的放松性适应，在脱敏之间或脱敏之后，将新建立的反应迁移到现实生活中，不断练习，巩固疗效。

（5）冲击疗法（Slam therapy）：又称为满灌疗法，让患者直接面对引起强烈焦虑、恐惧的情况，进行放松训练，使恐怖反应逐渐减轻、消失，治疗前应向病人介绍原理与过程，告诉患者在治疗中需付出痛苦的代价。

（6）厌恶疗法（aversion therapy）：通过轻微的惩罚来消除适应不良行为，如对酒依赖患者的治疗可使用阿扑吗啡催吐剂。

（三）认知治疗技术

认知治疗（cognitive therapy）的目标是冲击患者的非理性信念，让其意识到当前困难与所持的非理性观念有关；通过治疗，发展有适应性的思维，教会更有逻辑性和自助性的信念，鼓励他们身体力行，引导产生建设性的行为变化，并且验证这些新信念的有效性。认知治疗使用许多来自其他流派的技术，特别是与行为治疗联系紧密，二者常被相提并论，称为认知行为治疗。

（四）人本主义心理治疗技术

人本主义心理治疗（humanistic therapy）是一组体现人本心理学思想的心理疗法的总称，主要包括求助者中心疗法、存在主义疗法等。其中求助者中心疗法的影响最大。具体的操作程序是：（1）确定治疗目标，加深自我理解，在整合现实的方向上，达到自我重组、发展更自在和更成熟的行为方式；（2）建立治疗关系，核心要素是真诚、共情、无条件的积极关注；（3）实施治疗过程，以如何对待个人感受为指标，分阶段进行循序渐进的互动、访谈，使患者从僵化且疏远地看待自己及内心活动，直至其内心不受歪曲、束缚，达到自由的状态，实现以人为中心疗法去伪存真的治疗目标。

（五）森田疗法

森田疗法（Marita therapy）是融合了东西方文化中的医学和哲学思想与技术的一种心理治疗方法。

（六）表达性艺术治疗

表达性艺术治疗（expressive art therapy）简称表达性治疗或艺术治疗，是将艺术创造形式作为表达内心情感的媒介，促进患者与治疗师及其他人交流、改善症状、促进心理发展的一类治疗方法。常见的如绘画治疗、心理剧治疗、音乐治疗、舞蹈治疗、沙盘治疗、诗歌治疗、园艺治疗等。

三、常用心理咨询技术与操作

（一）咨询关系的建立技术

咨询师和求助者之间的相互关系是一种相互接纳、理解和信任的关系。良好的咨询关系是开展心理咨询的前提条件和达到理想咨询效果的先决条件。心理咨询师的咨询理念、态度、人格特征等，求助者的咨询动机、合作的态度、期望程度、悟性水平、自我觉察水平、行为方式等都会影响咨询关系。

人本主义心理学为咨询师建立良好的咨询关系提出了具体的技术和方法，包括：

（1）尊重。咨询师在价值、尊严、人格等方面与求助者平等，把其作为有思想感情、内心体验、生活追求和独特性与自主性的活生生的人来看待。人本主义心理大师罗杰斯提出无条件尊重。（2）热情（温暖）。温暖、热情、较尊重的态度使得与求助者的距离更亲近些，充满了感情色彩。（3）真诚。咨询师以"真正的我"出现，不藏在专业角色的后面，不带面具、不扮演角色，表里一致，真实可信。（4）共情（empathy）又称通情、共情、同理心、神入。包括三种含义：咨询师借助求助者的言行，深入对方内心去体验他人的情感、思维；咨询师借助知识经验，把握求助者的体验与人格间的关系；咨询师运用咨询技巧把自己的共情传达给对方，以影响对方并取得反馈。（5）积极关注。是指咨询师对求助者的言语和行为的积极面予以关注，从而使求助者拥有正向价值观。

（二）心理咨询的参与性与影响性技术

1. 参与性技术

在心理咨询的过程中，咨询师运用参与性的技术澄清问题，启发求助者思维，引导求助者的自我探索，促进成长和问题的解决。具体的参与性技术包括：

（1）倾听技术。倾听是每个心理咨询师的基本功，是建立良好咨询关系的基本要求。有些初学者往往以为咨询主要是"讲"，而不知道最重要的还是"听"。要做到善于倾听，用心去听，设身处地，积极参与，适当反应。

（2）问话技术。一是封闭式提问，通常使用"是不是""对不对""有没有""是这样吗"等词，回答只能用"是""否"式的简单答案。这种询问常用来收集资料并加以条理化。二是开放性询问，通常使用"什么""如何""为什么""能不能""愿不愿意"等词来发问，启发求助者就有关问题、想法、情感、行为独立思考或予以详细说明。

（3）鼓励和重复技术。在倾听过程中，使用某些词语如"嗯""好的""继续讲""还有呢"

等，或把对方的话概述一下，一方面表示咨询师在专注地听，一方面可澄清某一问题。鼓励除促进会谈继续外，另一个功能则是咨询师通过对其所述内容的某一点、某一方面作选择性关注而引导谈话内容朝某一方向进一步深入。

（4）内容反应技术。也称释义或说明。是指咨询师用十分简明的方式把求助者的主要言谈、思维、情感加以综合整理，再反馈给对方。

（5）情感反应技术。着重于求助者的情感反馈，有初级情感反应和高级情感反应之分。另外，情感反应往往和内容反应连在一块。求助者所使用的情绪性词语，是观察其对周围环境认知的很好线索，如果发现求助者身上一些混合情绪的含义以及影响的程度，有可能就发现问题的症结和核心。

（6）具体化技术。咨询师协助求助者清楚、准确地表达他们的观点、所用的概念、所体验到的情感以及所经历的事物。当求助者表达问题模糊、过分概括化、概念不清时使用这一技术澄清。

2. 影响性技术

（1）面质。质疑、对质、对峙、对抗、正视现实等，指咨询师指出求助者身上存在的矛盾，促进其思考，达成其统一。当求助者表现出言行不一致，理想现实不一致，前后言语不一致，和咨询师意见不一致时使用。

（2）解释。运用某一种理论来描述求助者的思想、情感和行为的原因、实质等。

（3）指导。指咨询师直接地指示求助者做某件事，说某些话或以某种方式行动。是影响力最明显的一种技巧。

（4）情感表达。指咨询师告知自己的情绪、情感活动状况，让求助者明白。可针对求助者："我觉得你很坦然"，可针对自己："我很抱歉没有听清你刚才说的话。"

（5）内容表达。咨询师传递信息、提出建议、提供忠告，给予保证，进行褒贬和反馈等。指导、解释、自我开放都是内容表达。

（6）自我开放。又称自我暴露、自我表露，指咨询师提出自己的情感、思想、经验与求助者共同分享。

本章小结

心理障碍的特性是：个体忍受着一定程度的痛苦体验，如恐惧或悲伤；个体行为表现出一定程度的功能损伤，如有一个或多个重要的功能受到损害，包括身体功能、情感功能、认知功能和社会功能（工作、学习和社会交往等）；这种痛苦体验和功能损伤增加了个体进一步受到损害的危险性，如死亡、痛苦、残疾或丧失自由。

心理障碍四种不同的诊断的标准分别是：医学标准，统计学标准，心理学标准，行业标准。

常见的心理障碍可以分为：焦虑障碍、心境障碍、精神分裂、人格障碍，每一种障碍都有其独特的表现和形成因素。

常用的心理治疗方法包括：精神分析治疗技术、行为治疗技术、认知治疗技术、人本主义治疗技术、森田疗法、表达性治疗技术。

心理咨询和心理治疗不同。

心理咨询的常用参与性技术包括：倾听技术、问话技术、鼓励和重复技术、内容反应技术、情感反应技术、具体化技术。

咨询中常用的影响性技术包括：面质、解释、指导、情感表达、内容表达、自我开放等。

总结 >

Aa 关键术语

心理障碍 mental disorder	焦虑障碍 anxiety disorder	强迫症 obsessive compulsive disorder
创伤后应激障碍 post traumatic stress disorder PTSD	恐惧症 phobia	心境障碍 mood disorders
双相障碍 bipolar disorder	精神分裂症 schizophrenia	人格障碍 personality disorder
网络成瘾 internet addiction disorder，IAD	心理咨询 psychological counseling	心理治疗 psychotherapy
精神分析学派 psychoanalytic school	行为治疗 behavior therapy	认知治疗 cognitive therapy
系统脱敏疗法 systematic desensitization	厌恶疗法 aversion therapy	

章节链接

　　本章是心理异常发展的内容。先前的章节都以正常心理特点的介绍为主。心理障碍有各种表现，首先，有心理障碍的人感知的世界与正常人不同，这与第三、四章内容有关系；其次，他们的记忆和思维方式也不同于正常人，这与第六、七章内容有关系。心理障碍有不同的表现，有的会影响其能力，可参阅第八章内容，还可能出现人格障碍，与第十章内容联系。心理治疗的目的是让个体能回归社会，这与第十四章有关。

应用 >

批判性思考

精神病人杀人是该进监狱还是精神病院

　　2010年4月1日4：20《北青网—青年周末》报道：有关精神病人杀人、伤人的报道不断成为热点话题，不能不让人觉得精神疾病话题非常沉重。仅以2004年为例，据不完全统计，光是见诸媒体的恶性案件就有数十起。

　　刑法对精神病人杀人的规定，简单来说就是三条：如果在不发病时杀人，负全部刑责；如果在半发病状态下杀人，可以减轻处罚；如果完全发病状态下杀人，不负刑责。这三种情形所占比例分别为14.9%，47.7%，37.4%。虽然可能不负刑责，但是监护人需要负民事赔偿的责任。

　　那么面对如此杀人凶手是该送到精神病院还是送到监狱，一直存在争议。当年，行刺美国总统里根的约翰·欣利克被送进精神病院而不是监狱时，公众就备感震怒，2002年美国德克萨斯州一名妇女因自己的抗精神病药物被人拿走而将自己的5个孩子杀害时，公众忍无可忍，认为这种人应该被送到监狱而不是精神病院。

　　但在1999年，美国司法部研究发现，283 000名监狱服刑者患有严重心理障碍，占总犯人的16%，比各医院住院治疗的心理疾病患者总数还要多。有个叫罗比森的精神分裂症患者拒绝接受进一步治疗，结果出狱后杀害了5人，后被德克萨斯州处以死刑。那么，谁该为这些罪行负责，是保释他们的人，还是他的家人，还是狱警？社会应该如何表达对那些有暴力犯罪心理障碍者的同情？如果把凶残行为与心理障碍等同，是否会出现逃避责任的偏见呢？

✎ 体验练习 |||||||||||||||||||||||||||||||||||||||||||||||||||||||||||||||||||||||||||||||

焦虑自评量表（SAS）

指导语：请仔细阅读下面每一条描述，根据最近一星期的情况选择适当的选项，在相应的数字上打"√"，1代表"没有或很少时间有"，2代表"小部分时间有"，3代表"相当多时间有"，4"代表绝大部分时间都有"。

问题	选项			
1. 我觉得比平常容易紧张或着急	1	2	3	4
2. 我无缘无故地感到害怕	1	2	3	4
3. 我容易烦乱或觉得惊恐	1	2	3	4
4. 我觉得我可能要发疯	1	2	3	4
*5. 我觉得一切都好，也不会发生什么不幸	1	2	3	4
6. 我的手脚发抖	1	2	3	4
7. 我因为头痛、颈痛和背痛而苦恼	1	2	3	4
8. 我感觉容易衰弱和疲乏	1	2	3	4
*9. 我觉得心平气和，并且容易安静坐着	1	2	3	4
10. 我觉得心跳得很快	1	2	3	4
11. 我因为一阵阵头晕而苦恼	1	2	3	4
12. 我有晕倒发作，或觉得要晕倒似的	1	2	3	4
*13. 我呼气吸气都感到容易	1	2	3	4
14. 我的手脚麻木和刺痛	1	2	3	4
15. 我因为胃痛和消化不良而苦恼	1	2	3	4
16. 我常常要小便	1	2	3	4
*17. 我的手脚常常是干燥和温暖的	1	2	3	4
18. 我脸红发热	1	2	3	4
*19. 我容易入睡并且一夜睡得很好	1	2	3	4
20. 我做噩梦	1	2	3	4

记分方法：带*号的为反向计分，即选1、2、3、4，分别得分为4、3、2、1，20道题得分加和，乘1.25得到标准分，标准分50~59轻度焦虑，60~69中度焦虑，70分以上重度焦虑。

拓展 >

☕ 补充读物

1　顾瑜琦，孙宏伟. 心理危机干预. 北京：人民卫生出版社，2013

　　这是一本心理治疗的系列丛书，详细介绍了心理危机突发事件，特别是突发公共卫生事件和灾难性突发事件中出现的心理危机和非自杀性的心理危机事件。心理危机相关的心理健康问题的发生，评估方法，干预技术。包括心理危机干预理论，身心应激障碍，危机干预模式，危机干预的基本技术，危机团体干预技术，心理救援，自杀的干预，虐待性危机干预，成瘾性危机干预等。

2　[美]David H. Barlow, V. Mark Durand. 异常心理学（第四版）. 杨霞，等译. 北京：中国轻工业出版社，2006

　　这既是权威经典、与时俱进的优秀教材，又是操作性很强的实用指导手册。倡导整合的、多维的观点，援引众多新证据，以整合的方法，清晰阐述了生理与行为之间、心理与社会之间的相互影响和作用。有真实的临床案例，95%的病例来自作者多年的临床研究档案，极大地丰富了本书的内容。理论与实践相结合。指导临床医师创造性地进行系统的临床观察，分析个体病例和系列病例。提倡多样性、探究生理、心理和社会等方面的相互影响。它把读者带入异常心理学研究的最前沿，使人们更深入地了解异常心理学，更全面地维护正常的心理活动。

🖥 在线学习资源

1．http://www.psych.ac.cn/jkzdsys/　中国科学院心理健康重点实验室网站

2．http://www.icourses.cn/coursestatic/course_3132.html　南京师范大学傅宏教授主持《儿童心理咨询与治疗》课程

3．http://www.iepsy.com/　心理教育平台　心理学在线视频网站

本章概述

　　本章主要讨论四个方面的内容。首先，个体在社会情境中如何认识自己，如何理解和影响他人，如何对他人行为进行解释，进而形成社会态度。其次，在社会交往中个体的思想、情感、知觉、动机和行为深受外界影响，本章探讨了一系列的社会影响和团体行为，如我们如何面对团体压力。再次，什么促使我们与他人发展友谊及爱情关系，什么因素激发我们去帮助他人？我们为什么有侵犯和偏见行为，我们该如何减少不良行为的发生？最后，介绍了社会心理在众多领域，尤其是在教育领域中的影响。

结构图

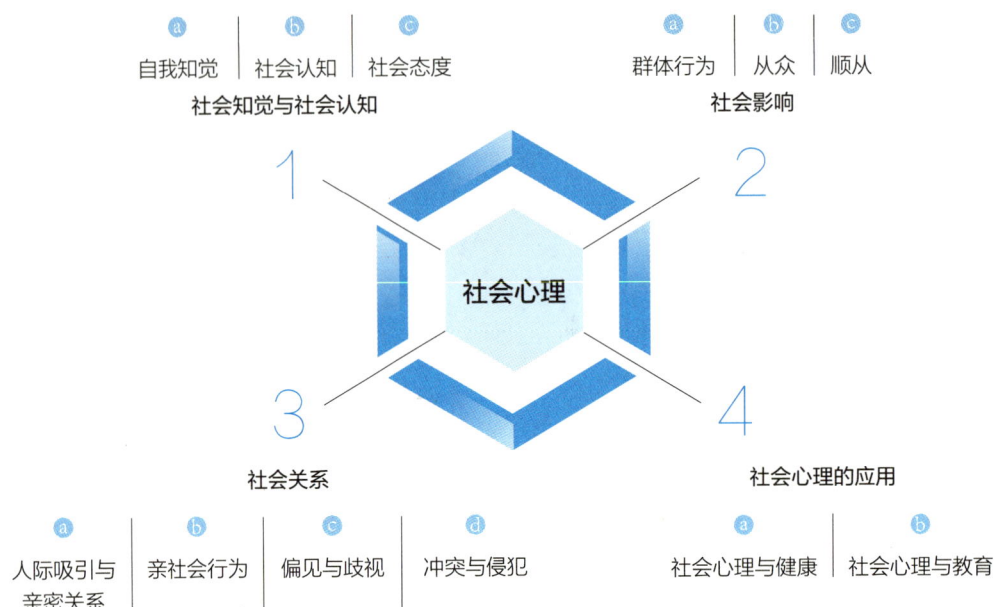

社会知觉与社会认知
- ⓐ 自我知觉
- ⓑ 社会认知
- ⓒ 社会态度

社会影响
- ⓐ 群体行为
- ⓑ 从众
- ⓒ 顺从

社会心理

1

2

3

4

社会关系
- ⓐ 人际吸引与亲密关系
- ⓑ 亲社会行为
- ⓒ 偏见与歧视
- ⓓ 冲突与侵犯

社会心理的应用
- ⓐ 社会心理与健康
- ⓑ 社会心理与教育

学习目标

本章重点:

1. 社会知觉的过程
2. 社会影响的类型
3. 社会关系的种类
4. 社会心理的应用

本章难点:

1. 自我概念的理论和形成机制
2. 社会知觉效应和归因偏差
3. 从众和顺从的原因和影响因素
4. 助人与合作的原因和培养
5. 偏见与歧视、冲突与侵犯影响因素和解决办法

学完本章,你应该能够做到:

1. 理解社会情境中的自我。
2. 把握社会知觉的过程,尤其是影响我们形成对他人印象的因素,以及印象形成中的社会知觉偏差。
3. 了解我们如何对信息进行分析解释以及一些可能出现的归因偏差。
4. 了解社会态度对我们的影响,掌握态度形成的过程和态度改变的方法。
5. 把握从众和顺从的社会影响类型。
6. 了解个体与他人或群体间社会关系的种类,学会培养良好关系,减少和改善不良关系。
7. 学会用社会心理的知识看待和分析教育环境中的现象,从而用社会心理的知识指导我们更好地开展教育教学活动。

读前反思

　　某研究让志愿者观看一些照片，照片上的人分别是有魅力的、无魅力的和魅力中等的人，然后让志愿者从与魅力无关的方面去评价这些人，如他们的职业、婚姻、能力等。结果发现，有魅力的人在各方面得到的评分都是最高的，无魅力者得分最低。这种漂亮的人各方面都好，实际上是光环效应的典型表现。你身边有同学或教师认为某学生成绩好，就样样都好；某学生成绩差，就觉得他一无是处的例子吗？

　　"三个臭皮匠，凑成一个诸葛亮"，这种情况下"1+1+1"大于3；"三个和尚没水喝"，这种情况下的"1+1+1"却等于0了。前者为群体的增力作用，后者为群体的减力作用。你能举例说明生活中群体成员的活动效力是增力或是减力的例子吗？

　　老人不慎摔倒，扶起来吗？地上有人落了包裹，捡起来吗？这本是不需片刻思考的问题，扶，捡。但是当今社会复杂，人心复杂，社会和个人如何共同努力找回那个纯真时代？

第一节
社会知觉与社会认知

学习目标

掌握社会情境中的自我

把握社会知觉的过程和社会知觉偏差

理解社会态度的形成过程和改变方式

一、自我知觉

（一）自我概念

1. 自我概念的定义

　　美国心理学家詹姆斯（William James）很早就提出了与自我相关的概念和理论。随后，研究者对自我概念的理论进行了发展（见表14-1）。自我（自我意识）是个体社会化的结果，是指个人对自己存在的觉知，对自己与他人关系的认知、情感以及由此而产生的意向。自我经由生理自我、社会自我发展到心理自我。自我概念指我是一个什么样的人，包括自己的人格品质、社会角色、过去经验、未来目标等心理特征。

2. 自我概念的功能

　　自我概念的功能主要表现在以下几个方面：

　　第一，具有保持内部观念协调一致的作用。例如，学校组织2 000米长跑的体育比赛。不擅长体育的人认为体育比赛重在参与，这样形成一致性的认知与行为模式有利于个体的心理平衡。

> 自我概念指我是一个什么样的人，包括自己的人格品质、社会角色、过去经验、未来目标等心理特征。

第二，具有经验解释的作用。自我概念把进入内心的信息进行了过滤或染色，从而赋予信息新的意义。例如，同样考到班级第三名，一直拿第一且认为自己应该拿第一的学生会失落沮丧，而一个一直排名靠后的学生会欣喜若狂。

第三，它决定着个体对未来的期望和行为。例如，总是挑战自己的人，总期望自己的比赛成绩能有新的突破；而认为自己没有突破能力的人，则会满足现状。

第四，具有自我成败归因的作用。例如，充满自信的人，将比赛拿第一归因为自身努力，往往能提高自我实现的能力。

表14-1　自我概念的理论

理论	主要观点
詹姆斯的自我理论	自我由包含自我评价、自我体验和自我追求等内容的生理我、社会我和心理我三要素构成。生理我是属于"我的"人和物的意识统称；社会我是指我们被他人如何看待和承认；心理我是个体内心的自我。
米德的自我理论	是詹姆斯理论的继承和发展，更加强调自我的社会生成性和对情境的能动性反应。1岁左右婴儿获得主体我，2岁左右具备了客体我的自我意识。概化他人（社会文化的整体）和重要他人是影响自我概念形成的两类人。自我的形成，通过角色扮演来完成，分为模仿阶段、玩耍阶段、游戏阶段。
弗洛伊德的自我理论	精神分析理论创建者弗洛伊德将自我分为本我、自我和超我三个部分。他认为，如果本我与超我的冲突严重，就会出现两个方面的结果：一是出现精神疾病；二是人在痛苦的挣扎中实现人性的升华。
埃里克森的自我理论	埃里克森不仅承认生物基础对人生发展所起的阶段作用，更强调社会环境因素的影响，认为人的自我意识要经过八个阶段持续发展一生，其中每个阶段都是一次自我同一性的危机。
沙利文的自我理论	自我的形成与发展是以社会、人际关系为基础的，来源于人际交往中所体验到的感受，以及对他人评价的反应性评价或感知。婴儿会有三种关于"自我"的概念："好我"是感受到喜爱、关怀时的美好和满足；"坏我"是感受到烦躁等积累的焦虑经验；"非我"是个体难以忍受却又无法改变和缓解的焦虑体验。前两种存在于意识层面，第三种存在于潜意识层面。
罗杰斯的自我理论	自我概念是个体心理现实中与个人自身有关的内容，是个人自我知觉的组织系统和看待自身的方式，也就是我们是谁以及我们看起来是什么样子的主观知觉。区分了现实自我（我认为我是什么样的人）与理想自我（我希望成为什么样的人）。

（二）自尊

自尊就是个体对自己做出的评价。自尊受到四种因素的影响：

（1）家庭环境。父母的受教育水平、社会地位、家庭的经济情况、家庭完整与否、父母的教养方式等，都影响着孩子的自尊水平。

> 自尊是个体对自己做出的评价。

（2）个人的成败经历。成功喜悦的生活经历有利于建立高自尊，而挫折失败的生活经历会导致低自尊。

（3）社会比较。进行社会比较时，比较对象的层次水平及其与自己的亲密程度都会影响个体的自尊水平。

（4）自我差距与自我提升。研究者认为个体内在对自我分为理想自我和应该自我两个标准，真实自我与理想自我、应该自我产生差距会产生负性情绪，进而降低自尊。

🔍 案例

真正优秀的教育，不会轻易给"A"和表扬

如果教师强迫学生去学一些很难懂的概念和知识，而不为这些概念和知识增加乐趣和实践的机会，那么就错失让学生一生热爱学习的机遇。有学者认为，真正优秀的教育，不会轻易给"A"和表扬。如果把奖励同样给那些不是同样优秀的学生，就等于告诉他们即使不努力也可以得到奖励。如果教师继续把教育浅表化，并且因为学生努力了就给他们A，那其实是在帮倒忙或者做绊脚石。这样做不能帮学生在现实世界获取成功。

二、社会认知

理解自我之后我们又是如何理解他人的，这就涉及社会知觉的问题。社会知觉是社会认知的第一个阶段，是印象形成与归因解释的基础。社会认知是个体在社会情境中形成的，对自己、他人、群体的心理特征和行为规律的认知，包括感觉、知觉、判断、推理、解释，以及做出进一步反应的过程。社会认知是社会知觉、印象形成、归因解释三方面有机结合、相互作用的过程。在社会知觉的基础上，我们会对自己和他人行为进行归因。

（一）社会知觉的概念和来源

社会知觉指人对社会性的信息，如社会生活中的人、事、物等，形成的整体性印象，其中最主要的是对人的知觉。

社会知觉的来源有以下四个方面：

（1）外表和行为。当看到穿西装打领带的人，我们推断他可能事业有成。

（2）言语内容和语言表达。多用敬语的人，会让人觉得很有礼貌。

（3）肢体语言。如面部表情、身体姿势与动作、目光接触和人际距离，如手舞足蹈表示非常高兴，捶胸顿足表示悲痛与懊悔。

（4）类别化。如男人、女人、教师、学生等，个体信息被整合到该类别的整体印象中。

> 社会知觉指人对社会性的信息，如社会生活中的人、事、物等，形成的整体性印象，其中最主要的是对人的知觉。印象形成指对某个对象的若干有意义特性进行综合、概括，并形成初步的整体性认识的过程。

（二）印象形成与印象管理

印象形成指对某个对象的若干有意义特性进行综合、概括，并形成初步的整体性认识的过程。

印象形成的信息来源与社会知觉一样，但印象形成是在有限信息基础上形成的，是一种适应社会的方式。因此，印象形成受多种因素的影响，见表14-2。

表14-2　影响印象形成信息选择与整合的因素

	影响因素
印象形成的信息选择倾向	个体特征，如相貌、气质等个人魅力。气质佳，易给人留好印象
	社会角色特征，如性别、类别化特征。学生给人单纯的感觉
	核心特征，如《红楼梦》中林黛玉留给人高洁孤傲的印象胜于娇美容姿
	评价维度，如评价的好坏、评价强弱和主动性程度。其中关键是评价的好与坏
	社会特征，如助人、真诚、自负、易怒等；以及智力特征，如灵活、有耐心、肤浅
印象形成的整合	正/负性偏差，人们常愿给出积极性评价，但是也会特别注意负性评价
	情绪信息，印象形成中认知者注意并利用带有情绪性的信息
	加权平均原则，如评估演员时，对他演技的考查可能要优先于文凭高低
	意义情境化，如聪明这个特质体现在警察身上是优点，而在坏人身上是危险
	个体的情绪和动机，心情愉快或期待与人进一步交往时看待别人可能更正性

🔍 **案例**

因为有口音，所以很可疑

说话有口音，降低信任感。一方面，我们可能会有意无意地给带有口音的人贴上"外人"的标签，而"外人"的刻板印象使我们减少了对他们的信任感。这种信任感的减少往往是一种无意识的内隐态度，很难被自己察觉，从而影响我们的判断与决策。另一方面，口音会影响认知流畅性。当一段信息带上了不熟悉的口音时，会增加其处理和加工的难度。由于我们大都喜欢简单的信息，因此会对带口音的信息产生不适。而我们可能会错误地将这样的不适归因于信息本身，这也间接降低了我们对带口音者的信任感。

印象管理是指个体通过某些方法影响他人对自己形成的印象，使之符合自己期望的过程。

> 印象管理是指个体通过某些方法影响他人对自己形成的印象，使之符合自己期望的过程。

社会心理学家琼斯等（Jones et al.，1982）提出五种人们经常使用的印象管理策略：

（1）表现出正直、高尚等社会认可的品质；

（2）迎合他人，如赞美他人、听从他人的指挥等；

（3）自我抬高；

（4）恳求他人的帮助，表达自己的弱点与不足来引起别人的同情，从而使他人出手相助；

（5）恐吓别人，如拳击比赛中使用对方害怕的眼神来影响对方的发挥。

（三）社会知觉的相关效应

首因效应：社会交往或社会认知中，最先输入信息的主导影响作用。

近因效应：关注时间上与此时最为接近的信息。

晕轮效应（光环效应）：当一个人对另一个人的某些主要品质有了良好的印象之后，就会认为这个人的一切都好，反之也一样，如果被认定是坏的，那么他就被消极的光环所笼罩。

第一印象：指最初接触到的信息所形成的印象对我们以后的行为活动和评价的影响。近期研究发现，大脑中与情感形成和价值表现相关的脑区是第一印象的源泉。

社会刻板印象：在地理、经济、政治、文化等因素的影响下，根据自己的经验所形成的对某类人或事较为固定的看法就是社会刻板印象。这些看法节省和简化了个体的认知资源，但有时会有失偏颇且会阻碍新信息的输入。

🔍 案例

第一印象效应

心理学家让两个学生都做对30道题中的一半，要求学生A做对的题目尽量出现在前15道题，要求学生B做对的题目尽量出现在后15道题，然后让一些被试评价两个学生谁更聪明一些。结果发现，多数被试都认为学生A更聪明。这就是第一印象效应。

你还能发现生活中更多"第一印象"的例子吗？"骑白马的不一定是王子，也可能是唐僧""下马威""新官上任三把火"……

（四）归因

1. 内部归因与外部归因

海德是归因问题研究的创始人，1958年在《人际关系的心理学》一书中从朴素心理学角度提出归因理论，主要包括两个方面的观点。

（1）两种归因模式：内部归因与外部归因。

（2）两个归因原则：共变原则和排除原则。共变原则是指如果在许多情况下，一个原因总是与一个结果相联系，而且没有这个原因时，这个结果不发生，那么我们把这个结果归于这个原因；排除原则指当内部原因足以对结果进行解释时，就可以排除外部原因，反之亦然。

凯利吸收了海德的共变原则，并发展了海德的归因理论，于1967年提出三维归因理论。

A．原因解释可以根据三个维度的信息进行推论：

（1）归因于行为主体；

（2）归因于知觉对象；

（3）归因于行为产生的情境。

B．寻找真实的原因要进行以下三个方面的分析：

（1）一贯性——行为主体的反应在不同情境下是否一致；

（2）一致性——不同的主体对这一知觉对象是否拥有相同的反应；

（3）特异性——行为主体的反应是只针对这一知觉对象，还是对此类的其他对象也有相同的反应。

2. 常见的几种归因偏差

父亲在洗车，小孩拿着石头在车上面划，父亲见状踢了小孩一脚。后来处理剐痕时才发现孩子是在车上写了"爸爸，我爱你"几个字，父亲后悔不已。

生活中你是否也有过因种种原因误解他人的经历？下面我们探讨几种常见的归因偏差：

（1）基本归因偏差

倾向于把他人的行为归因于个人的内在特质，而忽略情境的影响，这就是基本归因偏差。

当向门卫咨询时，他们严肃生硬的态度使我们认为他们不友好，其实我们忽视了他们每天要接待各种人，是工作要求和环境使他们以这种方式行事。

（2）当事人与旁观者效应

倾向于把自己的行为归因于情境，而把他人的行为归因于内在特质的现象就是当事人与旁观者效应。例如，张三和李四约好上午八点谈业务，结果八点了张三还没有到。张三把自己迟到归因于堵车，而李四则归因于张三没有信用。

（3）自利归因

将成功归因于内部特质而将失败归因于情境因素的倾向就是自利归因。例如，考试考好就归因于自己的努力，否则归因于题目出偏或太难。

（4）虚假一致

夸大自己行为和观点典型性的倾向，即认为他人与自己的反应一样就是虚假一致现象。例如，网瘾者可能会高估社会上网瘾者的比例。

三、社会态度

（一）态度的概念和功能

态度是个体以认知、情感和行为信息为基础，对社会外部对象的稳定一致的心理反应倾向。

> 态度是个体以认知、情感和行为信息为基础，对社会外部对象的稳定一致的心理反应倾向。

态度由认知、情感、行为三个成分组成，其中情感是核心成分。认知成分指个体对社会外部对象的知识、信念等及在此基础上形成的思维倾向；情感成分是个体对社会外部对象的内在情绪体验；行为成分是个体对外部对象的行为倾向。

态度的功能主要表现在以下三个方面：

（1）倾向功能。态度指导或影响我们的行为方式，它在一定程度上预测个体的行为。

（2）解释功能。态度为解释和分类客体、事件等提供了便捷的指导，方便我们做出趋近或回避的决定。

（3）评估功能。它帮助支撑我们认为对自身重要的信念和价值。

（二）态度的形成与改变

1. 态度的形成

凯尔曼认为态度的形成过程要经过三个阶段：依从、认同和内化。此外，霍夫兰德提出态度的学习论，认为态度与其他习惯一样，都是后天习得的。

2. 态度的改变

尽管态度是一种稳定的心理倾向，但是态度也会在一定条件下发生变化。这里主要介绍认知失调理论和说服模型。

费斯廷格在1957年提出认知失调理论，认为个体的行为和态度不一致时会引起失调状态，这时个体会改变态度，从而缓减这种压力。常通过改变认知、增加新的认知、改变认知的相对重要性或改变行为这几种方法来减少认知失调。认知失调理论可以应用到很多情形中，如决策、从事与态度相反的行为等。

广告试图告诉别人该产品优于别的产品。我们何时坚持己见，何时改变态度？下面从说服过程这一模型来探讨态度的改变。

如图14-1所示，说服模型由外部刺激、目标对象、作用过程及结果四个部分组成。其中，外部刺激包括说服者、信息和情境。在沟通交流过程中，我们首先注意传递信息的沟通者，如权威的教师或科学家。可靠、可信、专业、受对方喜爱的说服者易于让人接受。

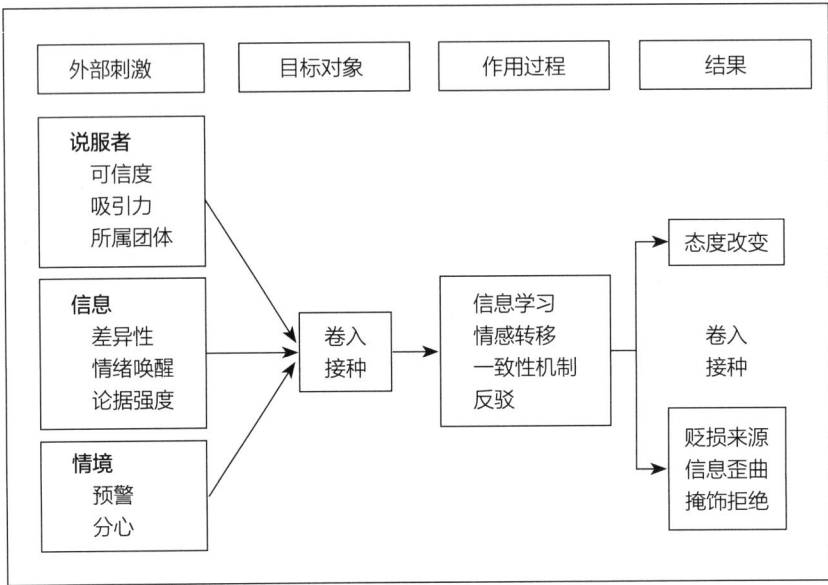

图14-1　霍夫兰德说服模型

对于信息的接受者，即目标对象，应考虑其人格因素、应让他们做出承诺、降低他们的免疫力和增加卷入程度等。

第二节
社会影响

学习目标

了解他人和群体对个体行为的影响
掌握从众和顺从及其影响因素

一、群体行为

在有他人旁观时，小丽做数学题往往需要花费很长时间甚至做不出来，而小明花费的时间往往比自己单独完成短很多。以下简单介绍他人在场如何影响我们的行为。

（1）社会助长和社会抑制。社会助长是指他人在场比独自表现更好；而社会抑制是指他人在场影响个体的表现。他人在场增加了个体的动机，如果任务是充分习得或先天的，则产生社会助长；相反，任务复杂或习得不好时产生社会抑制。

（2）社会懈怠或社会补偿。社会懈怠即个体参加集体活动但不单独评估其表现时，个体要比单独完成任务时付出的努力少；而当群体绩效对个体很重要，且无法相信他人的能力时会增加努力，即社会补偿。

（3）去个性化。人群中的个体，有时会失去对自己行为的责任感，表现的与单独时不同。匿名性和自我意识的降低是去个性化产生的原因。

案例

广场效应——无意识统治下的群体心理问题

广场效应是一种群众心理，指在人群聚集的公开场合，人们往往会表现出与日常生活大相径庭甚至完全相反的言行，这种心理多数时候使群众的群体道德水平比个人道德水平低。社会心理学家认为这是一种无意识统治下的群体心理问题。这种集体行为由接触与摩擦、情绪感染和群体激动三个步骤完成，具有自发性、狂热性和非结构性三个特征。产生这种心理特征的原因是个人在群体中的消失，无意识成为统治者。广场效应在特定环境下会影响群众对法制和道德标准的判断，甚至干扰正常的司法审判，从而导致多数人暴政，或者司法审判利用群体行为制造多数人暴政的假象，如某些特定时期的公审。在这种情况下，主持审判工作的法官必须要有充分的心理准备，迎接公众群体的聒噪，不被群体行为的无意识控制。

个体是如何受到他人及群体的影响呢？下面主要介绍从众、顺从和服从这三种社会影响类型中的两种——从众与顺从。

二、从众

（一）从众的定义

从众是指个体在群体的压力下，表现出与团体其他成员在行为、态度和思想上一致的倾向。

（二）阿希效应

实验告诉男大学生这是一个知觉现象的研究。任务是比较线段的长度。实验中，分配被试 7 人为一组，围坐在一张圆桌周围，依此定为 1~7 号。不过，其中只有 1 位是真被试，他总被安排在 6 号位，其余的 6 位皆是助手假扮的被试。实验开始后，他拿出一张画有一条竖线的卡片，然后让大家比较这条线与另一张卡片上 3 条线中的哪一条线等长，如图14-2。

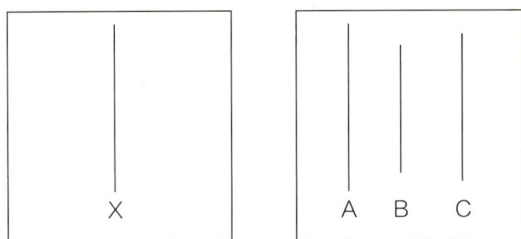

图14-2　阿希从众实验的材料

判断共进行了 18 次。在前 6 次的判断中，所有被试都做出了正确的回答，但从第 7 次开始，假被试故意都做出错误的回答，以此来观察真被试的反应是独立的还是从众的。

结果表明，平均有37%的人判断是从众的，有75%的人至少做了一次从众的判断。而在正常的情况下，人们判断错的可能性还不到1%。当然，还有24%的人一直没有从众，他们按照自己的正确判断来回答。

（三）从众的原因和影响因素

影响从众的因素包括以下几个方面：① 群体因素，包括群体一致性，群体规模和群体凝聚力等；② 个体因素，包括人格特征，知识经验，群体地位和卷入水平等；③ 外部刺激的清晰性和重要性等；④ 文化因素，如与个人主义文化相比，集体主义文化下，个体更容易产生从众行为。

具体来说，从众行为发生的原因主要如下：

① 与群体保持一致，以实现群体的目标；② 为了获得他人的好感，维持良好的人际关系；③ 不愿意感受来自群体的压力。

三、顺从

朋友邀请你陪她逛街，为什么你毫不犹豫地答应了。如果作为邀请者，如何邀请朋友你更有把握？下面我们从顺从、影响顺从的因素和使人顺从的技巧方面进行探讨。

> 从众是指个体在群体的压力下，表现出与团体其他成员在行为、态度和思想上一致的倾向。
> 顺从是指个体在外界明确的社会要求、群体规范或他人的要求下，做出别人期望行为的现象。

（一）顺从

顺从是指个体在外界明确的社会要求、群体规范或他人的要求下，做出别人期望行为的现象。

（二）影响顺从的因素

从命令发出者看，顺从与其权威性、受喜爱程度、稀有性和社会支持密切相关。

从命令执行者看，顺从与其一致性、互惠性以及人格特质和文化背景密切相关。如对于曾经帮助过自己的人，个体更愿意顺从。

（三）使人顺从的技巧

从实际运用的角度来看，我们可以通过掌握一些技巧（见表14-3），进而更好地使人顺从。

表14-3　使人顺从的技巧

技巧	具体方法
熟悉喜欢法	首先让人逐渐熟悉和喜欢，后面提的要求更容易被接受
登门槛法	首先提出小的要求，待接受后，再提另一个大的要求
以退为进法	首先提出一个不合理的要求，紧接着提出合理的要求
低球技术	首先提出一个合理的要求，待接受后，揭示要求细节，增加顺从要求的成本
折扣技术	首先提出大的要求，紧接着提供奖励或折扣，使要求合理化
引起注意技术	提出不寻常的要求，引起注意，让他人不会自动化地拒绝
潜在损失法	让人们意识到潜在损失时，评价更好且更易顺从
最低要求启动法	提出一个很小很低，让人不好意思拒绝的要求

🔍 **案例**

"中国式过马路"解读　服从权威

一个非常有趣的"闯红灯实验"：研究者会在熙攘的街头扮演率先闯红灯的人，以此观察有多少人会跟着自己一起闯。实验中，研究者分别穿着"工作服"和"正装"。结果发现，相比于穿工作服，穿正装闯红灯过马路时有更多的人效仿、跟随！可能穿"正装"给人更强的"权威"感，跟着"权威"闯红灯能更有"安全感"。这也是集体主义文化中，"权威"对行为影响的一个缩影。那么，如何减少"中国式过马路"呢？树立"正面权威"或许可行，例如，在路口安排穿"黄马褂"的指挥交通人员。

第三节
社会关系

学习目标

个体与他人或群体间的社会关系
如何培养良好关系
如何减少和改善不良关系

一、人际吸引与亲密关系

积极良好的社交关系如同均衡饮食、充足睡眠一样有益健康，而消极敌对的社交关系可能以炎症形式对健康产生不利影响。日常生活中，有的人非常受欢迎，而有些人却不那么受欢迎，到底有哪些因素能影响一个人的吸引力呢？

（一）人际吸引的社会心理基础

1. 自我价值寻求的需要

从自我意识的出现开始，个体就开始用一定的价值观来进行自我评判。当自我价值得到确立时，人在主观上就会产生一种更加自信、自尊和自我稳定的感受。

2. 安全感确立的需要

人都需要自己所处的情境能够为其提供充分的安全感。社会心理学家所做的大量研究揭示，与人交往，是获得安全感最为有效的途径。

3. 独处需要与交往需要

除了建立人际关系并进行社会比较的经验外，人也需要有内省的经验，有无拘无束、自由表现自己的机会，因此需要有独处的时间，需要暂时地远离和回避别人，并保持各种刺激量的匹配和平衡。

4. 人际吸引需要的形成途径

（1）印刻。即有机体在其生命早期的敏感阶段对最先看到的活动物体产生依附的现象。印刻是一种发生在生命早期阶段的特有学习方式。

（2）本能。人的交往需要是一种本能，是一种人类祖先已经很好地形成的生存能力，它可以通过遗传直接传递给后代。

（3）条件作用。条件作用是人的人际交往需要形成的最主要途径。

（二）人际吸引规则

人际吸引遵循一些规则，见表14-4。

表14-4　人际吸引规则

吸引规则	简要介绍
熟悉效应	熟悉引起喜欢，某个人只要经常出现在你面前，就能增加你对他的喜欢程度
邻近效应	时间和空间距离较近的个体，彼此可以增加相互吸引
个人特征	能力。相同条件下，越有能力的人我们越喜欢。有时，出了点错的优秀人物更让人喜欢——犯错误效应
	外表吸引力。人们倾向于认为外貌有吸引力的人还会具有其他好的特点，比如有控制力等
	性格特点。人格品质（如真诚）是影响吸引力的最稳定因素，也是个体吸引力最重要的因素之一
相似规则	人们倾向于喜欢与自己相似的人，包括人口特征的相似和态度的相似性等
互补规则	互补的差异也会产生吸引力，包括需要的互补，社会角色的互补和人格某些特征的互补等

（三）友情和爱情

当两个人彼此间的依赖性很大时，这种关系被称为亲密关系。友情和爱情是两种常见的亲密关系。

1. 友情

友情是人们在交往活动中产生的一种特殊情感，它与交往活动中所产生的一般好感是有本质区别的。同时，友情是一种来自双向（或交互）关系的情感，即双方共同凝结的情感，任何单方面的示好，不能称为友情。

友情以亲密为核心成分，因此亲密性也就成为衡量友谊程度的一个重要指标。罗杰斯（Rogers，1985）对这种亲密性作了三点概括：

①能够向朋友表露自己的思想感情和内心秘密；②对朋友充分信任，确信其"自我表白"将为朋友所尊重，不会被轻易外泄或用以反对自己；③限于被特殊评价的友谊关系中，即限于少数的密友或知己之间。

2. 爱情

爱情是指男女双方间产生的相互爱慕思恋的感情，是一种根源于种族延续本能的对异性之爱。爱情是多种因素的组合体，生理因素、心理因素和社会因素共同促成了爱的结合。例如，有研究表明拥有健康肤色比展现男子气概更吸引女性；脸部魅力较为复杂，男性更喜欢柔美的女性，而对女性而言，脸部线条柔和的男性更具吸引力。

爱情具有依恋、关怀与奉献、亲密与排他等重要特点。美国心理学家斯腾伯格（Sternberg）于1988年提出爱情的三角理论，认为爱情由激情、亲密和承诺三个基本成分组成，见图14-3。具体来说，激情是一种强烈地渴望跟对方结合的状态，它是情绪上的着迷。亲密是两个人感觉亲近、温馨的一种体验，是心理上相互喜欢的感觉，包括对爱人的赞赏、照顾爱人的愿望以及内心的沟通等。承诺由短期承诺和长期承诺组成，主要是指个人内心或口头上的预期，是爱情中最理性的成分。斯腾伯格认为，只有同时具备激情、承诺和亲密的爱情才是真正的爱情，否则只是类似爱情或者非爱情。

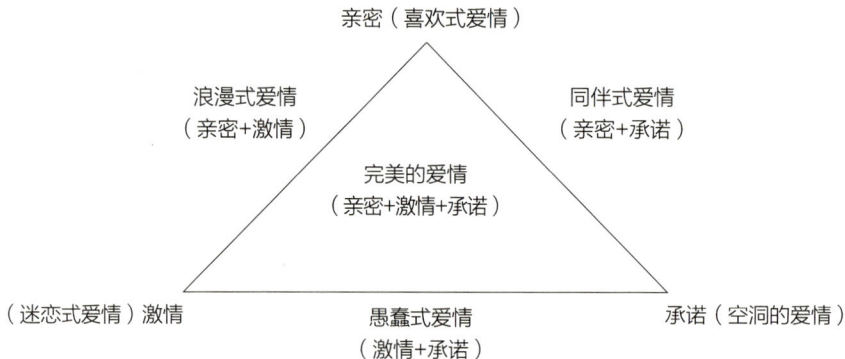

亲密（喜欢式爱情）

浪漫式爱情
（亲密+激情）

同伴式爱情
（亲密+承诺）

完美的爱情
（亲密+激情+承诺）

（迷恋式爱情）激情

愚蠢式爱情
（激情+承诺）

承诺（空洞的爱情）

图14-3　斯滕伯格的爱情三角理论

🔍 **案例**

爱情观的教育，初中阶段正当其时

美国对于中学生的调查发现，个体的情绪是欢喜还是悲伤，13%与学习有关，9%与家庭有关，8%与同伴交往有关；其中与恋爱的关系最强，女生占33%、男生占25%。此调查虽源自美国，但不可否认的是，青春期涌动的情愫，不论中外，不管是热恋还是暗恋，会对学习产生影响不可置疑。所以，中学生的家长和教师，要想让孩子安心学习，应重点排除恋爱对其身心的影响。在现实的教育中，许多教师家长面对孩子的恋情不知如何下手。那么，孩子应树立怎样的爱情观，何时进行？基于青少年的心理发展与教育现实，认为小学太早，教了也不一定感受深；高中太迟，这时候学习紧张、压力大；初中阶段，学习任务不那么紧张，孩子又没轻没重，教育正当其时。爱情观的教育不是纵容其谈恋爱，而是告诉孩子什么是真的爱，什么样的人值得爱，如何在爱中不伤害别人和避免受伤害……

二、亲社会行为

亲社会行为是指任何对他人和社会有益的行动。亲社会行为是行动者自觉自愿的行为，且这种行为完全出于有益于他人的目的，没有考虑个人的得失。在这个过程中，行动者往往需要付出一定的时间、金钱和经历等，而自己却不期望得到任何形式的回报。它主要包括分享行为、捐献行为、合作行为、助人行为、安慰行为和同情行为等。

根据行为动机的不同，亲社会行为分为利他主义行为和助人行为两大类。其中，利他主义行为与自私自利行为是相对的，它是不期待任何（物质和精神）回报、完全出于自愿的一种行为。而助人行为是指在行为上有益于他人，在动机上有利于自己的行为。亲社会行为、助人行为、利他行为三者之间是包含的关系，如图14-4。

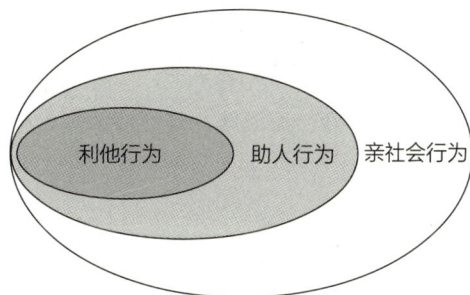

图14-4　亲社会行为、助人行为和利他行为关系图

（一）助人与合作的原因、影响因素

助人行为特指以特定的个人或群体为对象的亲社会行为。根据动机性质，助人行为可以分为两类：一类是无个人动机、不期望任何回报的助人行为，即利他行为；另一类助人行为具有个人意图，回报式行为是指因为受过别人的恩惠而帮助人，补偿式行为是因为自己曾经给别人带来损失而做出补偿。

关于助人与合作的原因，不同的理论有不同的解释，具体见表14-5。

表14-5　助人与合作的原因

理论	主要观点
社会交换论	人的社会交往通常按照最小代价最大收益的原则进行
社会规范论观点	人应当帮助对自己有善意的人，而不是伤害他们，人们获得了报答别人善意和帮助的观点
社会生物学	物竞天择的自然过程中，有利他天性的生物将有更好的种族存留机会

理论	主要观点
交互利他行为	只要利他者能够在将来某个时刻，从受惠者那里获得回馈式的收益，那么促使人类在非亲属之间产生利他行为的心理机制就能够得以进化
社会契约理论	人类已经进化出五种能力来解决社会交换中的欺骗问题，以确保交换活动得到保障。这些能力包括：人类必须识别其他的个体，记住与不同个体的交换历史，向其他人表达自己的价值观、需要和愿望，识别其他人的需要和愿望，并用代价和收益来对各种不同的交换事物进行表征

影响亲社会行为的因素很多，通常包括以下三类：

（1）情境因素：包括旁观者的人数、榜样的作用、助人代价和时间压力等，例如，匆忙的水平越高，人们对身边不幸者提供帮助的可能性就越小。

（2）助人者特征：包括情感、宗教信仰、年龄、性别和个性特点等，一般认为，随着年龄的增长和道德水平的发展，助人意愿应该是不断增强的。

（3）受助者特征：包括性别、年龄、相似性、外部特征和人格特征等，例如，相似性越高，越容易获得帮助。

🔍 案例

地震会影响孩子的利他行为

研究者对地震前1个月，地震后1个月和地震后3年三个时间点上，汶川地震极重灾区农村6岁和9岁儿童的利他行为进行了比较。结果发现，与地震前相比，在灾难中，年幼的儿童（6岁）更自私，年长的儿童（9岁）更利他。追踪研究显示，灾难中"自私的"儿童，3年后的表现恢复到震前相同年龄段儿童的水平。此外，共情是驱动儿童利他行为的重要原因。儿童的利他程度受其共情水平的调节，灾难对高共情儿童利他行为诱发作用强烈。然而，在"强制性捐款"后，灾难不再增加儿童的利他行为。这可能是因为：① 当儿童认为已经尽责或达到道德规范的要求后，利他行为的增长变得困难；② 这是一种适应行为。

（二）助人与合作的培养

（1）明确责任与增加互动。对事件的正确解释可以明确责任感，直接的人际相互作用可以激发助人动机，继而增加人们的助人行为。

（2）示范作用。社会学习理论认为，我们的助人行为可以通过观察他人的助人行为而获得。

（3）助人情感倾向的培养。移情是对他人情绪的觉察而导致自己情绪唤起的一种情感体验。通过移情，个体把自身投射到他人的心理活动中去分享其情感，也可以受他人情感活动的引导而产生相应的体验。

（4）助人技能的学习。斯陶布（Staub，1978）认为，助人行为有两个最关键的因素：移情能力和掌握如何帮助别人的知识或技能。

（5）价值取向的教育。助人者的价值取向，这种内在的主导因素支配着其他各外在因素。

🔍 案例

不帮助别人，连猴子都讨厌你

助人是一种美德。大家都喜欢那些愿意帮助别人的人，讨厌那些不愿意伸出援手的人。一项研究发现，后一种人连猴子都讨厌。几只僧帽猴观看了两位人类演员表演的场景：一个人试图打开一个罐子，但没有成功，于是向另一个人求助。接下来分两种情况，一种情况下第二个人帮助开了罐子，另一种情况下则拒绝了对方的援助。接下来，两个演员都向猴子提供食物，猴子选择接受其中的一个。结果显示，在助人的条件下，猴子接受两个人食物的比例差不多。但是在拒绝帮助的条件下，猴子更不愿意接受拒绝助人者提供的食物。后续的三个实验进一步控制了各种因素，证明起作用的确实是被试是否伸出援手。研究者表示，对于别人助人倾向的评价不只限于人类，而是有着更深远的进化根源。

三、偏见与歧视

（一）偏见与歧视的概念

偏见指人们以不充分或不正确的信息为依据而形成对某人、某团体或某事物的一种片面乃至错误的看法和态度。

> 偏见指人们以不充分或不正确的信息为依据而形成对某人、某团体或某事物的一种片面乃至错误的看法和态度。

歧视指不平地看待和对待某个特定对象，其核心是将特定对象看得比自己低劣，并使自己的压迫、强制、剥夺对方的行动合理化，造成社会地位、经济地位的不平等。尽管偏见来自于态度，但它与态度截然不同。我们对他人的态度包含认知、情感和行为倾向三个主要成分，其中，与认知要素相联系的是刻板印象。而偏见是与情感或评估要素有关的倾向性。

（二）偏见的成因

偏见的成因主要有以下几点：

（1）认知因素。如动机，偏见可能源于知觉者的紧张情绪、恐惧和潜在的需要。

（2）情绪因素。歧视的替罪羊理论认为，日常生活的挫折导致人们对弱势外围群体成员的替代性攻击，以发泄被压抑的情绪。

（3）社会因素。社会同一性理论认为，人们渴望积极的社会同一性，为了实现这个目标，人们通常对内部群体成员给予偏向对待。因此，当社会地位不平等，且成群结党、名分彼此时，这种偏见更容易发生。

（4）人格因素。例如，独裁主义人格更容易产生偏见。

（三）偏见与歧视的减少办法

偏见和歧视对人们的生活，尤其是群体交往具有重要影响，如性别歧视和种族歧视。研究表明，可以从以下几个方面出发，逐步减少和消除偏见。

（1）社会性对策。一方面，通过立法反对歧视；另一方面，通过父母和学校的共同努力，可以建立社会规范，创建消除偏见的环境，促使人们遵从非歧视行为。

（2）教育水平。人们通常认为，通过提高教育水平可以消除偏见。

（3）增强群际接触。与同一群体成员间接触不同，团体间的直接而平等接触是对抗刻板印象，消除偏见和歧视的有效方法。

🔍 案例

媒体报道中的刻板印象和偏见

特定群体的媒介形象是大众传播学研究中经久不衰的议题，比较多的媒介人群形象多为农民、农民工、女性、老人、独生子女、"80后""90后""00后"。例如，较多的早期研究认为独生子女是具有这样或那样性格缺陷和行为问题的孩子。但20世纪90年代以后，越来越多的研究表明，独生子女与同龄非独生子女之间在个性特征、人际交往、社会适应等方面并不存在显著差别。而大众媒体对独生子女的总体负面评价还是比较明显的。

四、冲突与侵犯

（一）冲突与侵犯的概念

侵犯亦称侵犯行为，指有意图地伤害或危害他人的外显行为。这种伤害行为可以是实际造成伤害的行动或语言，也可以是旨在伤害而未能实现的行为。侵犯行为有较强的持续性和稳定性，早年的侵犯性与后来的侵犯行为有普遍联系。

> 侵犯亦称侵犯行为，指有意图地伤害或危害他人的外显行为。

（二）冲突与侵犯的种类

从侵犯的动机上看，侵犯可以分为报复性侵犯和工具性侵犯。

根据侵犯的指向性，还可以分为公然侵犯和关系侵犯。

根据侵犯行为是否违反社会准则，分为反社会侵犯行为、亲社会侵犯行为和被认可的侵犯行为。其中，反社会侵犯行为是指违反了社会准则的侵犯行为；亲社会侵犯行为是为了达到群体的道德标准所能接受的范围，以一种社会认可的方式采取的侵犯行为。介于亲社会侵犯行为和反社会侵犯行为之间的行为称为被认可的侵犯行为，如自卫行为。

（三）侵犯行为发生的原因

关于侵犯行为发生的原因，不同的理论有其自己的解释。具体见表14-6所示。

表14-6 侵犯行为发生的原因

理论	主要观点
精神分析观点	弗洛伊德认为，侵犯行为在本质上是一种本能，是由遗传获得的，而非习得的，重要的是让人们有机会以非破坏性的方式将侵犯性释放出来（体育竞技、自由搏击）
习性学观点	洛伦茨认为，侵犯具有生物保护意义。侵犯也是人类生活不可避免的组成部分
挫折—侵犯理论	多拉德认为，侵犯行为的发生总是以挫折的存在为条件。近来研究者认为，挫折引发了个体做出侵犯行为的预备状态，以及被个体标定是"愤怒"的情绪状态；只有当环境中出现能引发侵犯的适当线索时，侵犯才会出现
社会学习理论	个体的侵犯行为后天习得的，是环境影响造成的。侵犯是直接经验和观察学习的结果
	斯金纳强调学习的强化机制，认为对侵犯行为直接给予奖赏、鼓励，个体的侵犯行为就会得到巩固、强化
	班杜拉提出学习模仿机制，认为个体只需通过观察别人受到奖罚，同样可以形成或消除侵犯行为

（四）影响侵犯行为的因素

影响侵犯行为的因素主要是以下几个方面：

（1）个人因素，如A型人格、敌意归因偏差和性别等。研究发现，当我们的归因有偏差时，通常对他人的动机做出恶意归因，继而做出更多的报复性侵犯行为。

（2）情境因素，如高温、酒精和药物以及情绪唤醒水平等。例如，酗酒会使人们对环境以及侵犯后果的意识程度降低，以至于做出更多的侵犯行为。

（3）社会因素，如文化、媒体暴力和暴力视频游戏等。观看暴力电视节目的儿童要比没有观看此类节目的儿童具有更强的攻击性。观看暴力引起了模仿，而不是因为有攻击倾向才去看暴力节目。

（五）冲突与侵犯的解决办法

我们不仅要了解侵犯行为产生的原因，更重要的是能够消除和控制侵犯行为的发生，从而维护社会的和平、安定。

（1）移情能力培养。移情除了能够增加助人行为外，还可以减少侵犯行为。

（2）成熟个性的培养。犯罪心理学家强调，个性成熟者的自我意识和控制水平较高，对别人进行侵犯的可能性也较小。

（3）宣泄。不良情绪得以合理宣泄，就可以减小其侵犯性的强度，攻击行为也会随之减弱。然而，对于未产生愤怒攻击准备的人，实际地经历侵犯行为，或想象、目睹别人实施侵犯行为反而会更增加侵犯的危险性，这证明宣泄方法不能滥用，否则效果适得其反。

（4）社会公平的建立。"相对剥夺理论"认为，将自己所做的贡献和所得的报酬，与一个和自己条件相等的人进行比较，如果这两者之间的比值相等，双方就都有公平感。否则，就会产生相对剥夺感（亚当斯，1965）。

🔍 案例

电子游戏影响大脑活动

研究者对玩过暴力电子游戏的孩子进行的脑部扫描显示，他们的情绪唤起水平有所增长，与此相对应，涉及自我控制、抑制和注意力的大脑区域的活跃度有所下降。难道这意味着孩子们在玩过暴力游戏之后会情不自禁地、迫切地要疯狂扫射一番吗？这项课题的主要研究者没有果断地给出这样的结论。但是研究者认为，这项研究能够督促父母更加紧密地监管正在玩此类游戏的孩子。父母应该意识到暴力电子游戏与大脑活动之间的关系。

第四节
社会心理的应用

🎯 **学习目标**

了解社会心理与健康的关系
掌握社会心理与教育

一、社会心理与健康

健康是指一种身体上、精神上和社会上的完满状态，而不只是没有疾病和虚弱的现象。心理健康的人，不仅有良好的自我意识，而且始终能积极地、正常地、平衡地适应当前和发展的社会环境。

（一）影响健康的社会心理因素

研究表明，社会心理因素同遗传、生化、免疫等因素一样，在疾病的发生、发展、治疗以及预防中具有重要作用。日常生活中，有许多社会心理因素会使人产生心理紧张，从而引起疾病。这些因素包括：

（1）生活中的应激和挫折可能会使人致病。应激是指当人受到来自外界的紧张刺激时，身体对威胁性事件所产生的一种生理性反应。丧偶、离婚、失去亲人、家庭冲突、索居独处、远离家乡和生活变化对健康都有较大的影响。

（2）紧张的生活和工作状态。在现代化生产中，自动化程度不断提高，工作变得单调、枯燥和紧张，需要精神高度集中。在这种条件下工作的职工，绝大部分都感到工作没趣味，没有成就感，感到焦虑、紧张、容易激动。

（3）恶劣的人际关系。当人际关系紧张时，人与人之间互不信任、充满敌意、攻击、伤害时，个体就会感到处处受威胁，产生不安、焦虑、烦躁、愤怒、失望等情绪，或受到很大的心理压力。

（4）压力和应对方式。压力是指对身体或情绪有潜在威胁的任何被知觉到的生理或心理事件。面对压力事件时，消极归因和应对方式所导致的消极或否定的情绪，如情绪紧张、焦虑和恐惧等都是健康的大敌。

（5）意志过程与健康。意志是人们自觉地支配大脑，调节行为，坚定信念，实现预定目的的行动过程。意志薄弱者经不起病痛的考验，他们对一点点病痛也叫苦连天。由于他们心理上的软弱，病魔好像更加肆无忌惮，其结局不是人战胜疾病，而是疾病把人吞噬。

（二）如何增进人的心理健康

（1）积极适应工作和生活环境。

（2）正确认识现实，不回避，并且积极地去解决生活中的各种问题。

（3）培养良好的自我意识，客观地评价自己的优缺点、能力、气质、性格，建立良好的人际关系。

（4）积极参加社会活动。工作和社会活动能使个人与现实保持密切联系。从事职业性的工作对个人心理健康有极大的益处。

🔍 **案例**

持续的紧张刺激，猴子也受不了

有研究者将两只猴子分别固定在铁架上，每隔20秒给一次不会致死的电击。其中一只猴子完全固定，而另一只猴子只要保持高度警觉，就可以通过按动放在他前面的一只开关来防止电击。23天后，可以按动开关的猴子死于消化系统溃疡，而那只完全固定的猴子则存活。结果表明，心理紧张是导致躯体疾病的重要原因，紧张刺激超过心理的应变力后会产生躯体的伤害。

二、社会心理与教育

近年来，社会心理学与教育紧密结合起来，依据社会心理学原理原则研究学校、班级等特殊的组织和群体对其成员心理和行为的影响，学校和班级的社会心理气氛，师生之间、学生之间的交往，学生的社会化等。研究发现很多与教育相关的心理学效应，如教师期望效应，认知协调，霍桑效应和互悦效应等。

🔊 心理学家语录

一名好的教师，是一个懂得心理学和教育学的人。

——[苏联]苏霍姆林斯基

（一）教师期望效应

教师期望效应是皮革马利翁效应在教育中的运用。皮格马利翁效应是指人们基于对某种情境的知觉而形成的期望或预言，会使该情境产生适应这一期望或预言的效应。

1968年，心理学家罗森塔尔和雅可布森在学校中进行了关于"皮格马利翁效应"的实验。他们考察某校时，随意从每班抽3名学生共18人写在一张表格上，交给校长，极为认真地说："这18名学生经过科学测定全都是智商型人才。"半年后，他们发现这18名学生的确进步很大，再后来这18人全都在不同的岗位上干出了非凡的成绩。这就是所谓的教师期望效应，又称为罗森塔尔效应。

（二）互悦效应

互悦效应是指人与人之间"喜爱引起喜爱"的心理规律。一般来讲，决定一个人是否喜欢另一个人的最强有力的因素，是另一个人是否喜欢他。卡耐基小时候是一个公认的远近闻名

> 互悦效应是指人与人之间"喜爱引起喜爱"的心理规律。
>
> 晕轮效应也称光环效应，指当一个人对另一个人的某些主要品质有了良好的印象之后，就会认为这个人的一切都好。
>
> 暗示效应是用含蓄的、间接的方式对别人的心理和行为施加影响，从而使被暗示者不自觉地按照暗示者的意愿行动。

的坏男孩。在他九岁的时候，父亲将继母娶进家门，父亲向继母介绍卡耐基道："你要提防这个全县最坏的男孩，他快让我头疼死了……"。出乎卡耐基意料的是，继母走到他面前，微笑着托起他的头看着他，对丈夫说："你错了，他不是全县最坏的男孩，而是最聪明，但还没找到发泄热忱地方的男孩。"继母说得卡耐基心里热乎乎的，眼泪几乎滚落下来。就是这句话，使卡耐基和继母开始建立起了友谊，也成为激励他发奋上进的一种动力，使他日后创造了成功的28项黄金法则，帮助成千上万的普通人走上成功和致富的光明大道。

（三）晕轮效应

晕轮效应也称光环效应，当一个人对另一个人的某些主要品质有了良好的印象之后，就会认为这个人的一切都好，反之也一样，如果被认定是坏的，那么他就被消极的光环所笼罩，这种效应称为晕轮效应。

因此，在教学过程中，教师应该正确地利用晕轮效应，达到事半功倍的效果。在看待他人、评价他人和使用人才时，要避免发生晕轮效应而产生的偏差和失误。与此同时，学生还应该警惕偶像崇拜或个人崇拜。

（四）暗示效应

所谓"暗示效应"，即用含蓄的、间接的方式对别人的心理和行为施加影响，从而使被暗示者不自觉地按照暗示者的意愿行动。少年儿童较成年人更易于接受暗示。因此，在课堂教学过程中，教师可以通过语言暗示、动作暗示、表情暗示、自我暗示等方法提高教学效果。

本章小结

自我是对自己存在的觉知，对自己与他人关系的认知、情感以及由此而产生的意向。

自我概念具有保持内部观念协调一致、经验解释、决定个体对未来的期望和行为以及自我成败归因的作用。

社会知觉就是人对社会性的信息如社会生活中的人、事、物等，形成的整体性印象，其中最主要的是对人的知觉。

印象形成是对某个对象的若干有意义特性进行综合、概括，并形成初步的整体性认识的过程。

印象管理是个体通过某些方法影响他人对自己形成的印象，使之符合自己期望的过程。

推断行为原因的有内部归因和外部归因两种模式，并使用两个归因原则：共变原则和排除原则。

基本归因偏差和当事人与旁观者效应表明我们常把他人行为归因于内部特质。自利归因和虚假一致偏差都是个体自我保护意识下维护自尊的归因偏差。

态度包括认知、情感、行为三个成分。它具有倾向、解释和评估的功能。

从众、顺从和服从是社会影响的三种重要类型。

人际吸引遵循一些规则，如熟悉效应、邻近效应、个人特征、相似和互补规则。

亲社会行为是行动者自觉自愿的行为，它受情境、助人者和受助者的特征三方面因素影响。

社会关系也存在负面的，如偏见和歧视、冲突与侵犯。

社会心理与健康、教育等息息相关。运用社会心理知识增进心理健康，提高教育质量，如罗森塔尔效应、互悦效应、晕轮效应和暗示效应。

总结 >

Aa 关键术语

自我概念 self-concept	社会知觉 social perception	印象管理 impression management
态度 attitudes	从众 conformity	顺从 compliance
亲社会行为 prosocial behavior	助人行为 helping behavior	偏见 prejudice
侵犯 aggression		

章节链接

本章关于人际知觉和从众效应的内容与第四章的内容相关；人际吸引和攻击的内容与第五章的学习内容相关。

应用 >

✎ 体验练习 ⑴⑴

测一测自己的自尊

指导语：这个量表是用来了解您是怎样看待自己的。请仔细阅读下面的句子，选择最符合您情况的选项。请注意，这里要回答的是您实际上认为您自己怎样，而不是回答您认为您应该怎样。答案无正确与错误或好与坏之分，请按照您的真实情况来描述自己。每个问题都做回答，且只选一个答案。

	非常符合	符合	不符合	很不符合
1. 我感到我是一个有价值的人，至少与其他人在同一水平上	4	3	2	1
2. 我感到我有许多好的品质	4	3	2	1
3. 归根结底，我倾向于觉得自己是个失败者	1	2	3	4
4. 我能像大多数人一样把事情做好	4	3	2	1
5. 我感到自己值得自豪的地方不多	1	2	3	4
6. 我对自己持肯定态度	4	3	2	1
7. 总的来说，我对自己是满意的	4	3	2	1
8. 我希望我能为自己赢得更多尊重	4	3	2	1
9. 我确实时常感到自己毫无用处	1	2	3	4
10. 我时常认为自己一无是处	1	2	3	4

记分方法：自尊量表（SES）是设计用以评定个体关于自我价值和自我接纳的总体感受。该量表分四级评分，总分范围是10~40分，分值越高，自尊程度越高。

对于1，2，4，6，7，8题（正向记分题），"很不符合"记1分、"不符合"记2分、"符合"记3分、"非常符合"记4分；对于3，5，9，10题（反向记分题），"很不符合"记4分、"不符合"记3分、"符合"记2分、"非常符合"记1分。

拓展 >

补充读物

1 刘儒德. 教育中的心理效应. 上海：华东师范大学出版社，2006

心理学是一门研究心理过程和行为的科学。近年来，心理学与教育紧密结合起来，研究发现很多与教育相关的心理学的规律和效应。为了将理论研究与教育应用结合起来，《教育中的心理效应》一书精选了64条，并将它们分为教学、教育和管理三部分，以适用于教师不同方面的工作。在体例安排上，在每篇文章的正文前面，该书都呈现一个经典的实验、故事或者问题情境，以激活读者的先前知识经验，唤起读者探究正文的兴趣。

2 戴维·迈尔斯. 社会心理学（第11版）中文版. 侯玉波，乐国安，张智勇，等译. 北京：人民邮电出版社，2014

该书共分四编：社会思维、社会影响、社会关系和应用社会心理学。第1章（社会心理学导论）着重介绍社会心理学的基本概念、重要观点、价值观对心理学的影响、社会心理学研究方法等内容。第一编（2～4章）着重探讨我们如何看待自己和他人。第二编（5～8章）着重探讨我们如何彼此影响和联系，深刻剖析社会影响的威力。第三编（9～13章）着重探讨我们彼此如何发生联系，分析了人与人之间感受和行为的正负极性：偏见、攻击、吸引与亲密、利他、冲突与和解。第四编（14～16章）着重将前面章节中的理论原理、研究成果应用到现实生活之中，着重介绍了社会心理学在临床、司法等领域中的应用。

在线学习资源

1. http://course.jingpinke.com/details?uuid=8a833999-1e4881f5-011e-4881fb4f-06dd&courseID=K090253. 南开大学乐国安教授主持的2009年国家级精品课程

2. http://course.jingpinke.com/details/resources?start=31&courseID=S0900134&uuid=d445427e-1275-1000-ae7d-b7b5f3b2d8d7. 北京师范大学金盛华教授主持的2009年省级精品课程

3. http://course.jingpinke.com/details/requirments?uuid=8a833996-18ac928d-0118-ac92913c-0506&courseID=B040007&column=condition. 南京大学周晓虹教授主持2004年国家级精品课程

参考文献

中文图书

1. 白学军. 智力发展心理学. 合肥: 安徽教育出版社, 2004
2. 白学军. 实验心理学. 北京: 中国人民大学出版社, 2012
3. 陈琦, 刘儒德. 教育心理学 (第2版). 北京: 高等教育出版社, 2011
4. 陈英和. 认知发展心理学. 杭州: 浙江人民出版社, 1996
5. 程正方, 高玉祥, 郑日昌. 心理学. 北京: 北京师范大学出版社. 2009
6. [美]丹尼斯·库恩. 心理学导论: 思想与行为的认识之路. 郑钢, 等译. 北京: 中国轻工业出版社, 2014
7. [英]东尼·博赞. 启动大脑. 丁叶然, 译. 北京: 中信出版社, 2009
8. 高玉祥. 健全人格及其塑造. 北京: 北京师范大学出版社, 1997
9. [英]格列高里. 视觉心理学. 彭聃龄, 译. 北京: 北京师范大学出版社, 1986
10. 郭本禹. 西方心理学史. 北京: 人民卫生出版社, 2013
11. 郭秀艳. 实验心理学. 北京: 人民教育出版社, 2004
12. [美]哈克. 改变心理学的40项研究: 探索心理学研究的历史 (第6版). 白学军, 等译. 北京: 人民邮电出版社, 2014
13. [美]赫根汉, 奥尔森. 学习理论导论. 郭本禹, 等译. 上海: 上海教育出版社, 2011
14. 江光荣. 人性的迷失与复归——罗杰斯的人本心理学. 武汉: 湖北教育出版社, 2000
15. 梁宁建. 心理学导论. 上海: 上海教育出版社, 2011
16. 雷雳, 张雷. 青少年心理发展. 北京: 北京大学出版社, 2003
17. 李传银. 普通心理学. 北京: 科学出版社, 2011
18. [美]理查德·格里格, 菲利普·津巴多. 心理学与生活. 王垒, 王甦, 等译. 北京: 人民邮电出版社, 2003
19. 林崇德. 发展心理学. 北京: 人民教育出版社, 2009
20. 刘国权. 小学教育心理学. 北京: 人民教育出版社, 2004
21. 刘儒德. 学习心理学. 北京: 高等教育出版社, 2010
22. 莫雷. 教育心理学. 广州: 广东高等教育出版社, 2005
23. 彭聃龄. 普通心理学 (第4版). 北京: 北京师范大学出版社, 2012
24. 沈德立. 基础心理学. 上海: 华东师范大学出版社, 2010
25. 沈德立. 基础心理学. 北京: 高等教育出版社, 2003
26. 王重鸣. 心理学研究方法. 北京: 人民教育出版社, 2001
27. 王甦, 汪安圣. 认知心理学. 北京: 北京大学出版社, 1992
28. 魏景汉, 阎克乐. 认知神经科学基础. 北京: 人民教育出版社, 2008
29. 吴庆麟. 教育心理学——献给教师的书. 上海: 华东师范大学出版社, 2003

30. 叶奕乾，何存道，梁宁建．普通心理学．上海：华东师范大学出版社，2010

31. 余国良．社会心理学．北京：北京师范大学出版社，2006

32. 张承芬，宋广文．心理学导论．北京：人民出版社，2001

33. 张春兴．教育心理学——三化取向的理论与实践．杭州：浙江教育出版社，1998

34. 郑雪．人格心理学．广州：暨南大学出版社，2001

35. 朱智贤．心理学大词典．北京：北京师范大学出版社，1989

中文期刊

1. 崔立中．试论创新的双向心理过程．心理科学，2003（2）：379

2. 杜建政，李明．内隐动机测量的新方法．心理科学进展，2007（3）：458～464

3. 蒋京川．郭永玉．动机的目标理论．心理科学进展，2003（6）：635～641

4. 李季湄．教育心理学的发展历程综述——梅耶的四隐喻说．心理科学，2001（4）：454～458

5. 孟昭兰．当代情绪理论的发展．心理学报，1985（2）：209～216

6. 桑标，邓欣媚．社会变迁下的青少年情绪发展．心理发展与教育，2010（5）：549～553

7. 魏萍，周晓林．从知觉负载理论来理解选择性注意．心理科学进展，2005（4）：413～420

英文图书

1. Bem, S. L.. *The Lenses of Gender: Transforming the Debate on Sexual Inequality*. New Haven, CT: Yale University Press, 1993.

2. Gottman, J. & Parker, J.. *Conversations of friends: speculations on affective development*. New York: Cambridge University Press, 1986.

3. Kroger, J.. *Identity in Adolescence: The Balance Between Self and Other*. New York: Routledge, 2005.

4. Loftus, E. & Ketcham, K.. *The myth of repressed memory: false memories and allegations of sexual abuse*. New York: St. Martin's Griffin, 1994.

5. Luck, S. J. & Vecera, S. P.. *Attention.* In Pashler H(Ed). *Stevens' handbook of experimental psychology*. New York: John Wiley & Sons, Inc, 2002: 235～286

6. Rice, P. & Dolgin, K.. *The adolescent: Development, relationships, and culture,* 10th ed. Needham Heights: Allyn and Bacon, 2002

7. Seligman, M.. *Helplessness: On depression, development, and death*. San Francisco, CA: Freeman, 1975

8. Staub, E.. *Positive social behavior and morality: Social and personal influences.* New York: Academic Press, 1978

英文期刊

1. Ackerman, S., Clemence, A., Weatherill, R., & Hilsenroth, M.. Use of the TAT in the Assessment of DSM-Ⅳ Cluster B Personality Disorders. *Journal of Personality Assessment,* 1999(3): 422～442.

2. Adams, R. J.. An evaluation of color preference in early infancy. *Infant Behavior and Development*, 1987(2): 143～150.

3. Aronoff, J., Lynn, S., & Malinowski, P.. Are cultic environments psychologically harmful? *Clinical Psychology Review*, 2000(3): 91～111.

4. Asher, S. &Paquette, J.. Loneliness and peer relations in childhood. *Current Directions in Psychological Science*, 2003

(2): 75~78.

5. Berger, S., & Adolph, K.. Infants use handrails as tools in a locomotor task. *Developmental Psychology*, 2003(3): 594~605

6. Bower, G., & Clark, M. C.. Narrative stories as mediators for serial learning. *Psychonomic Science*, 1969(4): 181~182

7. Broughton, N., & Chesterman, P.. Malingered psychosis. *Journal of Forensic Psychiatry*, 2001(2): 407~422

8. Chen, X., &Rubin, K. H.. Social functioning and adjustment in Chinese children: A Longitudinal Study. *Developmental Psychology*, 1995(31): 531~539.

9. Cillessen, A. H. N., & Rose, A.. Understanding popularity in the peer system. *Current Directions in Psychological Science*, 2005(2): 102~105

10. Coffman, J. L., Ornstein, P. A., McCall, L. W., & Curran, P. J.. Linking teachers' memory-relevant language and the development of children's memory skills. *Developmental Psychology*, 2008(6): 1640~1654

11. Couch, A.. Anna Freud's adult psychoanalytic technique: a defense of classical analysis. *International Journal of Psychoanalysis*, 1995(1): 153~171

12. Coyle, T. R., & Bjorklund, D. F.. Age differences in, and consequences of, multiple-and variable-strategy use on a multitrial sort-recall task. *Developmental Psychology*, 1997(2): 372~380

13. Cramer, P.. Defense mechanisms and physiological reactivity to stress. *Journal of Personality*, 2003(2): 221~244

14. Evans, G. W.. Behavioral and Physiological Consequences of Crowding in Humans. *Journal of Applied Social Psychology*, 1979(1): 27~46

15. Flavell, J. H., Flavell, E. R., & Green, F. L.. Development of children's understanding of connections between thinking and feeling. *Psychological Science*, 2001(5): 430~432

16. Furman, W.. The Emerging Field of Adolescent Romantic Relationships. *Current Directions in Psychological Science*, 2002(5): 177~180

17. Grossman, L., Wasyliw, O., Benn, A., & Gyoerkoe, K.. Can sex offenders who minimize on the MMPI conceal psychopathology on the Rorschach? *Journal of Personality Assessment*, 2002(3): 484~501

18. Hartup, W. & Stevens, N.. Friendships and Adaptation Across the Life Span. *Current Directions in Psychological Science*, 1999(8): 76~79

19. Hitlin, S. , Brown, J. S., & Elder, G. H., Jr. Racial self-categorization in adolescence: multiracial development and social pathways. *Child Development*, 2006(5): 1298~1308

20. Kebbell, M., & Giles, C.. Some Experimental Influences of Lawyers' Complicated Questions on Eyewitness Confidence and Accuracy. *Journal of Psychology*, 2000(2): 129~139

21. Krispin, O., Sternberg, K., & Lamb, M.. The Dimensions of Peer Evaluation in Israel: A Cross-Cultural Perspective. *International Journal of Behavioral Development*, 1992(3): 299~314

22. Ladd, G. W., Birch, S. H., & Buhs, E. S. . Children's social and scholastic lives in kindergarten: related spheres of

influence? *Child Development*, 1999(6): 1373~1400

23. Landman, J., & Dawes, R.. Psychotherapy outcome. Smith and Glass's conclusions stand up under scrutiny. *American Psychologist*, 1982(5): 504~516

24. Loving, J., & Russell, W.. Selected Rorschach variables of psychopathic juvenile offenders. *Journal of Personality Assessment*, 2000 (1): 126~142

25. Marcia, J. E.. Identity and Psychosocial Development in Adulthood. *Identity*, 2002(1): 7~28

26. Matthews, K. A.. Psychological perspectives on the Type A behavior pattern. *Psychological Bulletin*, 1982(2): 293~323

27. Newman, B. M.. The changing nature of the parent-adolescent relationship from early to late adolescence. *Adolescence*, 1989(96): 915~924

28. Oguz, V., & Akyol, A. K.. Perspective-taking skills of 6-year-old children: preschool attendance and mothers' and fathers' education and empathetic skills. *Perceptual and Motor Skills*, 2008(2): 481~493

29. Penzien, D., Rains, J., & Andrasik, F.. Behavioral management of recurrent headache: three decades of experience and empiricism. *Applied Psychology and Biofeedback*, 2002 (2): 163~181

30. Pica, M., Beere, D., Lovinger, S., & Dush, D.. The Responses of Dissociative Patients on the TAT. *Journal of Clinical Psychology*, 2001(7): 847

31. Pickard, J., & Strough, J.. The Effects of Same-sex and Other-sex Contexts on Masculinity and Femininity. *Sex Roles*, 2003(9): 421~432

32. Price, E.. Behavioral development in animals undergoing domestication. *Applied Animal Behavior Research*, 1999 (3):245~271

33. Prout, H., & Nowak-Drabik, K.. Psychotherapy with persons who have mental retardation: an evaluation of effectiveness. *American Journal of Mental Retardation*, 2003(2): 82~93

34. Roeder, M. B., Mahone, E. M., Larson, J. G., Mostofsky, S., Cutting, L. E., Goldberg, M. C., et al. Left-right differences on timed motor examination in children. *Child Neuropsychology*, 2008(3): 249~262

35. Rorschach, H.. Psychodiagnostics: A Diagnostic Test Based on Perception. *Journal of the American Medical Association*, 1942(13): 1076

36. Rubin, K., Fredstorm, B., & Bowker, J.. Future Directions···in Friendship in Childhood and Early Adolescence. *Social Development*, 2008(4): 1085~1096

37. Stober, J.. Self-pity: exploring the links to personality, control beliefs, and anger. *Journal of Personality*, 2003 (2): 183~220

38. Szasz, T.. Crazy talk: thought disorder or psychiatric arrogance? *British Journal of Medical Psychology*, 1993(1): 61~67

39. Traux, C. B., & Carkhuff, R-R.. Experimental manipulation of therapeutic conditions. *Journal of Consulting Psychology*, 1965 (2): 119~124

40. Wahl, O.. Mental Health Consumers' Experience of Stigma. *Schizophrenia Bulletin*, 1999 (3): 467~478

41. Whitley, B.. Sex role orientation and self-esteem: A critical meta-analytic

review. *Journal of Personality and Social Psychology*, 1983 (4): 765~778

42. Woodhill, B., & Samuels, C.. Positive and Negative Androgyny and Their Relationship With Psychological Health and Well-Being. *Sex Roles*, 2003(11): 555~566

43. Yang, B., & Clum, G.. Childhood Stress Leads to Later Suicidality via Its Effects on Cognitive Functioning. *Suicide and Life-Threatening Behavior*, 2000(3): 183

44. Zettle, R.. Acceptance and commitment therapy (ACT) vs. systematic desensitization in treatment of mathematics anxiety. *Psychological Record*, 2003(2): 197

关键术语表

心理学	psychology	是一门研究心理过程和行为的科学。
认知科学	cognitive science	是一门包括语言学、神经科学、哲学、心理学、人类学、人工智能、教育学等跨学科的新兴科学。
客观性原则	objectivity principle	是指在心理学研究过程中，研究者必须实事求是地反映客观事物的真实面貌，以达到对其真理性的认识。
发展性原则	development principle	是指坚持用发展变化的观点来研究心理学所涉及的问题。
教育性原则	educational principle	是指心理学研究要符合教育的要求，要有利于学生身心的正常发展。
理论联系实际原则	theory contacts practicality principle	是指心理学研究的问题来源于实践，研究成果也将服务于实践。
伦理性原则	ethical principle	是指在研究心理学的问题时，必须遵循伦理规范的原则，不能违反社会的伦理道德准则。
观察法	observational methods	是通过一定程序收集资料，以期获得描述性的数据来简化复杂现象的过程。
实验法	experimental methods	是根据研究的目的，有计划、严格地控制某些条件来引起个体的某种心理活动，分析个体心理活动发生的因果关系的方法。
访谈法	interview methods	是通过与研究对象的交谈来收集有关对方的心理特征和行为资料的研究方法。
测验法	test methods	是根据事先编制的测验量表来测定不同年龄个体心理特征上个体差异的方法。
个案法	case studies	是在收集特定的一个或几个个体生活中各种信息的基础上，通过分析其生活中的历史事件来检验理论假设的一种方法。

续表

第二章

躯体神经系统	somatic nervous system	是负责传递来往于中枢与感觉器官和骨骼肌之间信息的，主要调节身体骨骼肌的动作，所控制的行为是随意性的。
自主神经系统	autonomic nervous system, ANS	是负责传递内脏器官和腺体信息的。它维持机体的基本生命过程，该系统每天24小时全天候工作，调节着那些一般情况下不需要意识控制的功能，如呼吸、消化和觉醒状态。
边缘系统	limbic system	位于大脑半球和脑干之间的环周结构，由三个部分组成，即海马回、杏仁核和下丘脑。该系统的功能复杂，与内脏活动和心理活动都有密切的关系；与动机、情绪状态和记忆过程相关；同时也参与体温、血压和血糖水平的调节并执行其他体内环境的调节活动。
神经元	neuron	也称神经细胞，是神经系统结构和机能的最小单位。基本作用是接受和传递信息。
神经递质	neurotransmitters	是能够引起其他神经元兴奋的化学物质。

第三章

注意	attention	是个体心理活动对一定事物的指向与集中，其本质是意识的聚焦和集中，是心理过程的动力特征。
不随意注意	involuntary attention	又称为无意注意，是指没有预定目的、不需要意志努力、不由自主地对一定事物所发生的注意。
随意注意	voluntary attention	又称为有意注意，是指有预定目的、需要意志努力、主动地对一定事物所发生的注意。
随意后注意	post-voluntary attention	又称有意后注意，是指有预先目的、但只需要非常少的意志努力的注意。
注意广度	span of attention	又称注意的范围，是指一个人在同一时间内能够清楚地把握注意对象的数量。
注意稳定性	stability of attention	也称为注意的持久性，是指注意在同一对象或活动上所保持时间的长短。
注意分配性	distribution of attention	是指在同一时间内把注意指向不同的对象。

续表

注意转移	shift of attention	是指个体根据活动任务的要求，主动地把注意从一个对象变换到另一个对象，或从一种活动变换到另一种活动。
意识	consciousness	是人所特有的反映现实的最高形式，是人对现实的一种有目的的、有组织的反映。
梦	dream	是在睡眠状态下所发生的想象活动。
催眠	hypnosis	是指在特殊情境中，催眠师通过暗示使被催眠者的感觉、知觉、思维、情感或行为不自觉地发生变化的过程。
白日梦	day dream	是在非睡眠状态下产生的高度自我卷入的幻想活动。

第四章

感觉	sensation	是人脑对直接作用于感觉器官的事物的个别属性的认识。
知觉	perception	是人脑对直接作用于感觉器官的客观事物的各个部分和属性的整体的反映。
感受性	sensitivity	是个体对适宜刺激的感觉灵敏程度，也就是感觉能力。
感觉阈限	sensory threshold	是指能引起感觉持续一定时间的刺激量，使个体感到某个刺激存在，或刺激发生变化所需刺激强度的临界值。
差别感受性	difference sensitivity	是指觉察到刺激物之间微弱差别的能力。
差别感觉阈限	difference threshold	是指那种刚刚能引起差别感觉的刺激物之间的最小差异量。
绝对感觉阈限	absolute sensory threshold	是指那种刚刚能引起感觉的最小刺激强度。
绝对感受性	absolute sensitivity	是指人的感官觉察这种最小刺激量的能力。
后像	afterimage	是一种刺激物对感受器的作用停止以后，感觉现象并不会立刻消失，它能保留一个短暂的时间的现象。
闪光融合	flicker fusion	是一种断续的闪光由于频率增加，人们会得到融合的感觉的现象。
适应	adaptation	是由于刺激对感受器的持续作用从而使感受性发生变化的现象。

续表

明适应	bright adaptation	是从暗处转入亮处或照明开始时，视觉系统光感受性降低的过程。
暗适应	dark adaptation	是从亮处转入暗处或照明停止时，视觉系统光感受性提高的过程。
听觉疲劳	auditory fatigue	是指如果声音较长时间连续作用，会引起听觉感受性显著降低的现象。
形状知觉	shape perception	是物体的形状特征在人脑中的反映。
深度知觉	depth perception	是人脑对物体的空间距离及立体特性的反映。
时间知觉	time perception	是人脑对客观事物的延续性和顺序性的反映。
运动知觉	motion perception	是人脑对物体运动特性的反映。
知觉选择性	perceptual selection	是指人在知觉时，会将少数事物作为知觉的对象，而将其他事物作为知觉的背景，以便清晰地感知一定的事物与对象。
知觉整体性	perceptual integrity	是指对客体的知觉总是以自己的过去经验来补充当时获得的感觉信息，使其形成具有一定结构的整体。
知觉理解性	perceptual understanding	是指在感知事物时，人总是依据过去的知识经验来解释和判断，并将该事物归入到一定的事物系统中，从而能够更深刻地感知。
知觉恒常性	perceptual constancy	是指当知觉的条件在一定范围内发生改变时，知觉的映象仍然保持相对不变。

第五章

学习	learning	是学习者通过经验而引起的心理与行为的较为持久的变化。
观察学习	observational learning	是通过观察榜样的行为结果而习得新的反应，或改变原有行为方式的替代性学习。
发现学习	discovery learning	是通过主动地分类形成认知结构的学习过程。
意义学习	meaningful learning	是新知识所代表的观念与学习者原有认知结构中已有的适当观念间建立实质的与非人为的联系的过程。

续表

| 接受学习 | reception learning | 是学生以定论形式接受知识的学习过程。 |
| 建构学习 | constructivism learning | 是处于社会文化情境下的学习者，在已有知识经验的基础上，主动加工新信息且建构知识的意义的过程。 |

第六章

遗忘曲线	forgetting curve	在学习结束的短时间内，个体将迅速遗忘（节省分在1小时内从100%降至约40%），随后趋于平缓。
节省分	saving score	节省分＝（OL-RL）/OL×100%，OL（original learning）指初始记忆所需学习遍数，RL（relearning）指再次记忆所需学习遍数。
重复再现	repeated reproduction	要求个体在不同的时间段对所记忆内容进行多次回忆，然后将再回忆的内容与原始材料进行比较，分析记忆的衰退和变化情况。
感觉记忆	sensory memory	指感觉刺激停止之后所保持的瞬间映象。
短时记忆	short-term memory	是信息从感觉记忆到长时记忆之间的一个过渡阶段，其主要特点是对信息的保持时间较短，且容量有限。
工作记忆	working memory	是一种对信息进行暂时加工和贮存的容量有限的记忆系统。
长时记忆	long-term memory	是指存储时间在一分钟以上的记忆，涉及个体对先前所学但不在眼前的内容的记忆提取，主要特点是存储的时间长，容量没有限制。
内隐记忆	implicit memory	包含个体对过去事件的提取，但不同的是，这种提取无须个体的意识性努力参与，其产生几乎是自动的。
外显记忆	explicit memory	指个体对生活中的事件或情景有意识的回忆，形式包括自由回忆、线索回忆和再认等。
真实记忆	veridical memory	指正确地报告出曾经呈现过的词或发生过的事。
错误记忆	false memory	指错误地声明一个以前未呈现过的词或从未发生过的事曾经呈现或发生。
情景记忆	episodic memory	接收和储存关于个人的特定时间的情景或事件以及这些事件的时间—空间联系的信息。情景记忆是对事件中人、物、何时、何地以及情节的记忆。

续表

语义记忆	semantic memory	是运用语言时所必需的记忆，它接收和储存各种知识。
认知访问	cognitive interview	用于帮助办案人员从目击证人证词中获得最大数量的信息，同时保证将引发错误记忆的可能性降到最低的一种审问程序。
元记忆	meta-memory	是指个体关于自己记忆过程的认识及相关知识，包括了个体对自身记忆能力的监测和控制，使其能够对其记忆过程进行反馈并且能够积极地对其记忆过程进行自我管理。
分散记忆	spacing memory	是将某一给定的时间拆分或间隔为多个阶段的记忆。
测试效应	testing effect	记忆某一内容时，"记忆+提取"（即便提取练习后无反馈）的学习事件组合比同样时间的"记忆+记忆"组合更为有效，更能促进记忆的长期保持。

第七章

思维	thinking	指人脑以已有的知识经验为中介，是对客观事物本质属性和规律的反映。
概念	concept	是人脑反映事物本质属性的思维形式。
判断	judgement	是用概念去肯定或否定某事物具有某种属性的思维形式。
推理	reasoning	是从已知判断推出新判断的思维过程。
动作思维	action thinking	是伴随实际动作而展开的思维活动，又叫行动思维、操作思维或实践思维。
形象思维	imaginal thinking	是运用已有表象，通过对其联想而进行的思维活动。
逻辑思维	logical thinking	是运用概念进行判断和推理的思维。
聚合思维	convergent thinking	指把各种信息聚合起来朝一个方向得出一个正确答案的思维过程。
发散思维	divergent thinking	指从一个目标出发，从不同方向来寻求多种可能答案的思维过程。
常规思维	conventional thinking	指人们用现成的程序、惯用的方法、固定的模式直接解决问题的思维过程。

续表

创造思维	creative thinking	指个人在已有知识经验的基础上，发现新事物、创造新方法、解决新问题的思维过程。
直觉思维	intuitive thinking	指对突然出现的新问题、新事物、新现象，能够迅速理解并做出判断的思维过程。
分析思维	analytic thinking	指逻辑思维，是遵循逻辑规律，经过分析、推导而得出合乎逻辑的答案或结论的思维。
问题解决	problem solving	指由一定情景引起的，按照一定的目标，应用各种认知活动、技能方法，经过一系列思维操作，使问题得以解决的过程。
算法策略	algorithm strategy	指按逻辑来随机尝试解决问题的策略，即在问题空间内搜索所有可能的解决方法，并逐一尝试，最终使问题得以解决。
启发式策略	heuristic strategy	指根据已有知识经验，在问题空间内进行较少搜索，以达到解决问题的方法。
逆向推理	backward inference	指从问题的目标状态出发，按照子目标组成的逻辑顺序逐级向当前状态递归的问题解决策略。
问题表征	problem representation	指在头脑中对问题进行信息记载、理解和表达的方式。
思维定势	thinking set	指个体先前的思维活动形成的心理准备状态对后继同类思维活动的影响。
功能固着	functional fixedness	指某个物体被以惯有的功能所接受时，人们很难想起它的其他功能。
酝酿效应	incubation effect	指反复探索一个问题的解决方案而毫无结果时，把问题暂时搁置一段时间后，反而可能很快找到解决办法。
口头言语	oral speech	指一个人凭借自己的发音器官发出语音以表达思想和情感的言语。
对话言语	dialogue words	指两个或两个以上的人直接进行交流时的言语活动。
独白言语	monologue words	指一个人独自进行的、与叙述思想和情感相联系的、较长的连贯性言语。
书面言语	written speech	指一个人借助于文字来表达自己的思想或借助于阅读来了解别人的言语。

续表

模仿说	imitation theory	是布朗等人提出用来解释儿童言语获得的学说，认为言语是儿童在与成年人（特别是母亲）的交往中，模仿成年人说话而习得的。
强化说	reinforcement theory	是斯金纳提出用来解释儿童言语获得的学说，认为言语行为像其他大多数行为一样，是一种操作行为，是通过各种强化手段而获得的。
语言获得装置	language acquisition device	是乔姆斯基提出的语言装置理论，来说明其语言天赋的观点，认为人类的认知结构中，存在一种与生俱来的语言获得装置，使人们不需要经过刻意教导，就能轻易获得语言。

第八章

能力	ability	是一种心理特征，是顺利完成某种活动的心理条件。
流体能力	fluid intelligence	是指在信息加工和问题解决过程中所表现出来的能力。它较少依赖于文化和知识的内容，而决定于个人的禀赋。
晶体能力	crystallized intelligence	是指获得语言、数学等知识的能力，它决定于后天的学习，与社会文化有密切的关系。
比率智商	ration IQ	是以智力年龄和实际年龄的比值为依据计算出的智商。
离差智商	deviation IQ	就是用标准分数来表示的智商。
个体差异	individual difference	是指个体在成长过程中因受遗传与环境的交互影响，使不同个体之间在身心特征上所显示的彼此不同的现象。

第九章

动机	motivation	是激发个体行为，并使这种行为指向某一特定目的的内部动力，是对"所有引起、支配和维持生理和心理活动的过程的概括"。
外在动机	external motivation	是在外部刺激的作用下产生的，是为了获得某种强化而产生的动机。
内在动机	internal motivation	是由内部刺激引起的动机，是缘于行为本身所带来的心理满足，而非外在刺激所引起。
生理需要	the physiological needs	是指维持生存及延续种族的需要。

续表

安全需要	the safety needs	是指希望受保护与免遭威胁从而获得安全感的需要。
归属与爱的需要	the love needs	是指每个人都有被他人或群体接纳、爱护、关注、鼓励及支持的需要。
尊重需要	the esteem needs	是指人们对接纳、价值的追求。
自我实现的需要	the need for self-actualization	是指个体希望最大限度地实现自己潜能的需要。
归因	attribution	是指人们对他人或对自己的所作所为（行为）进行分析、指出其性质、推论其原因的过程。
情绪	emotion	是一种躯体和精神上的、复杂的变化模式，其包括生理唤醒、感觉、认知过程以及行为反应。

第十章

人格	personality	人格是构成一个人思想、情感及行为的特有模式，这个独特模式包含了一个人区别于他人的稳定而统一的心理品质。
气质	temperament	是依赖人的生理素质或身体特点的人格特征，表现在心理活动的强度、速度、灵活性与指向性等方面，具有较高的稳定性，也就是我们平常所说的"禀性""脾气"。
性格	character	是与社会道德评价相联系的人格特质，即后天形成的品格或品性。性格主要体现在对自己、他人、事物所持的态度及其行为反应方式中。
精神分析理论	psychoanalytic theory	弗洛伊德创立和发展了该理论，属于心理动力学理论的一种。精神分析理论认为，人的行为动力来自于本能和生物驱力，行为的主要目的在于满足潜意识层面的各种需要与欲望，人格的主要功能在于维持本我、自我、超我与社会环境之间的平衡。
心理社会发展理论	psychosocial developmental theory	埃里克森提出并发展了心理的社会发展理论，他认为人格的发展不仅受到本能及机体生物驱力的影响，同时也深深地打下了社会文化的烙印，受到特定文化和背景的影响和制约。

续表

经典性条件作用	classical conditioning	由巴甫洛夫提出，一个经典的条件反射是指一个新刺激替代另一个刺激与一个自发的生理或情绪反应建立联系。
操作性条件作用	operant conditioning	由斯金纳提出，是指如果在某种行为发生后，伴随出现一种更好的情形或更令人满意的结果，那么日后在相似的情境下这种行为出现的概率就会变高，反之亦然。
自我实现	self-actualization	马斯洛提出了需要层次理论，并且认为当一个人的低级需要得到满足时，就会去追寻那些更高级的需要，例如，自我实现。马斯洛认为，自我实现代表了一个人对实现自我价值的渴望和对美好事物的憧憬。
自陈问卷	self-report inventory	又称为自陈量表，是一种自我报告式问卷，即对拟测量的人格特征编制题目，要求被试做出符合自己实际情况的回答，主试根据其作答情况来评估其人格结构或发展水平。
投射测验	projective test	是向受测者提供无确定含义的刺激，如抽象或意义未明的图片、不完整的句子或故事等，要求受测者阐释图片的内容或补充句子、故事等。根据受测者的回答，以确定其人格的深层特征。

第十一章

先天与教养	nature-nurture	"先天"是由遗传而获得的，即从受精卵形成的那一刻起个体从父母那里得到的遗传信息；"教养"指的是物理世界和社会世界中的种种复杂因素，在出生前以及出生后对个体的生物学构造和心理经验产生影响。
机械论和机体论	mechanistic-organismic	机械论认为人像机器一样对环境影响做出反应；机体论把人看成是主动的不断成长的机体，人们会设定自己的发展轨迹。
连续与非连续	continuous-discontinuous	连续是指相同类型的技能保持着其初始的状态，只不过在数量上是逐渐增加的过程；非连续即个体发展的不同时间点，对外部世界的理解和反应类型不同。
亲子共治	coregulation	即让儿童对自己的一言一行负责，父母只是进行一般性的监督。
自我认同延迟	identity moratorium	指的是只有探索，尚无承诺。

续表

自我认同早闭	identity foreclosure	指未经探索，就有承诺。
自我认同扩散	identity diffusion	指既无探索也无承诺的无动于衷。

第十二章

主观幸福感	subjective well-being	是指个体依据自己设定的标准对其生活质量所做的整体评价，由认知评价和情感体验两部分组成，是衡量个人生活质量的综合性心理指标。
生活满意度	life satisfaction	是个体对生活总体质量的认知评价。
心理防御机制	psychological defense mechanism	是在超我与本我发生冲突时，为了保护自己免受焦虑的影响，自我无意识地对个人想法的调整。
心理韧性	psychological resilience	是指人的心理功能及其发展在经历严重压力（或逆境）的损伤后得以复原的心理发展现象。这一概念也被译作复原力。

第十三章

心理障碍	mental disorder	也称精神障碍，是一种心理与行为异常、心理机能失调，是个体在行为、认知、情感或人格方面所表现出的症状模式。
焦虑障碍	anxiety disorders	是一组以焦虑情绪为主的常见神经症性障碍。
强迫症	obsessive compulsive disorder	是一种以强迫症状为主的神经症，其特点是有意识的自我强迫和反强迫并存，二者强烈冲突使病人感到焦虑和痛苦。
创伤后应激障碍	post traumatic stress disorder, PTSD	由遭受对每个人来说都是异乎寻常的创伤性事件、威胁性或灾难性处境导致延迟出现和长期持续的精神障碍。
恐惧症	phobia	是一种以过分和不合理地惧怕外界客体或处境为主的神经症。
心境障碍	mood disorders	以明显而持久的心境高涨或低落为主的一组精神障碍，并有相应的思维和行为改变。
双相障碍	bipolar disorder	属于心境障碍的一种类型，指既有躁狂发作又有抑郁发作的一类疾病。
精神分裂症	schizophrenia	是一组病因未明的精神病，多起病于青壮年，常缓慢起病，具有思维、情感、行为等多方面障碍，及精神活动不协调。

续表

人格障碍	personality disorder	是指人格特征明显偏离正常，使病人形成了一贯的反映个人生活风格和人际关系的异常行为模式。
网络成瘾	internet addiction disorder, IAD	是指由于患者对互联网过度依赖而导致的一种心理异常症状以及伴随的一种生理性不适。
心理咨询	psychological counseling	是由受过专门训练的咨询师，运用心理学的理论与技术，通过语言及非语言的交流，给来访者以帮助、启发和教育，使来访者改变其认知、情感和态度，解决其生活、学习、工作等方面出现的心理问题的过程。
心理治疗	psychotherapy	是受过专业训练的治疗者运用心理学的理论与技术，通过言语及非言语的沟通方式，对患者的认知、情感、行为方面给予影响，以消除、矫正或缓解症状，调整患者异常心态与行为模式，促进其人格向健康、协调方向发展的过程。
精神分析学派	psychoanalytic school	治疗是运用精神分析理论和技术所开展的心理治疗活动。精神分析治疗是以完善人格结构、促进心理发展为目标的经典疗法。通过处理潜意识冲突，消除或减轻症状，解决现实生活情境中的问题。
行为治疗	behavior therapy	是运用行为科学的理论和技术，通过行为分析、情境设计、行为干预等技术，达到改变适应不良行为、减轻和消除症状、促进患者社会功能康复的目标。
认知治疗	cognitive therapy	的目标是冲击患者的非理性信念，让其意识到当前困难与所持的非理性观念有关。
系统脱敏疗法	systematic desensitization	是通过放松训练，教会患者进行放松训练并反复练习；建立焦虑或者恐惧等级，让患者对每一种刺激因素引起的主观不适进行评分，然后按其分数高低将各种刺激因素排列成表，由最低层次开始脱敏。
厌恶疗法	aversion therapy	是通过轻微的惩罚来消除适应不良行为。

第十四章

自我概念	self-concept	是指我是一个什么样的人，包括自己的人格品质、社会角色、过去经验、未来目标等心理特征。
社会知觉	social perception	是指人对社会性的信息，如社会生活中的人、事、物等，形成的整体性印象，其中最主要的是对人的知觉。

续表

印象管理	impression management	是指个体通过某些方法影响他人对自己形成的印象，使之符合自己期望的过程。
态度	attitudes	是指个体以认知、情感和行为信息为基础，对社会外部对象的稳定一致的心理反应倾向。
从众	conformity	是指个体在群体的压力下，表现出与团体其他成员在行为、态度和思想上一致的倾向。
顺从	compliance	是指个体在外界明确的社会要求，群体规范或他人的要求下，做出别人期望行为的现象。
亲社会行为	prosocial behavior	是指任何对他人和社会有益的行动。亲社会行为是行动者自觉自愿的行为，且这种行为完全出于有益于他人的目的，没有考虑个人的得失。
助人行为	helping behavior	特指以特定的个人或群体为对象的亲社会行为。
偏见	prejudice	是指人们以不充分或不正确的信息为依据而形成对某人、某团体或某事物的一种片面乃至错误的看法和态度。
侵犯	aggression	是指有意图地伤害或危害他人的外显行为。

后 记

《心理学概论》系教师教育精品教材。本教材坚持以人为本的思想，从学生的立场和角度出发，确定教材体系和各章节具体内容，目的在于促进学生在心理学基本知识、基本理论和实践能力三个方面均获得良好发展。

在结构的设计上，本教材借鉴国内外同类心理学教材建设的成果，内容有新的突破。因此，在体例和结构上，有如下特色。

第一，注重谋篇布局，精心设计体例。本教材由14章构成，除心理过程和个性心理外，还涉及心理发展、健康心理、心理障碍与心理治疗、社会心理。强调理论与实践相结合，密切联系生活实际。每一章中包含本章概述、学习目标、本章小结、关键术语、批判性思考、体验练习、补充读物和在线学习资源等内容，体现了教材结构的合理性和可读性。

第二，以"本章概述""结构图""学习目标""读前反思"等开篇，激发学生的学习动机。"本章概述"有助于学生把握整体性的内容，"结构图"有利于学生理解内容的逻辑和框架，"读前反思"有助于学生带着问题进入课程的学习。

第三，运用多种方式丰富教学文本。结合各章的内容特点，本教材在每章的正文内容中，合理运用"案例""名人名言"等形式，呈现一些有趣味、科学性的知识与事实，以丰富教学内容，使学生对所学内容产生主动反应，从而增加对所学内容的理解。

第四，加强课后的实践环节。在每一章后，均设有"本章小结""关键术语""章节链接""批判性思考""体验练习""补充读物"以及"在线学习资源"等板块，为学生及时进入和完成巩固练习提供必要的机会、资源和指导。

本教材的写作力图达到如下目标：

第一，突出科学性。各章节在编写过程中，不仅阐释基本理论，同时还注重用实证研究结果来支持理论，注重学生心理学科学素养的培养。

第二，强调时代性。本教材尽量反映国内外心理学理论和研究的最新研究成果，同时还介绍我国心理学工作者研究的成果。

第三，讲究逻辑性。教材内容充实，详略得当，结构合理，层次分明，标题贴切。强调内容的逻辑性，易于学生学习。

第四，重视整体性。各章之间、每章各节之间观点保持一致和统一，有利于学生系统地掌握心理学的基本知识与原则。本教材介绍了正常个体心理活动的特点与规律，同时也涉及了群体心理、异常心理以及健康心理。

本教材是集体合作完成的，各章执笔者如下：第一章，白学军，天津师范大学心理与行为研究院教授、教育学博士、博士生导师；第二章，朱昭红，西安体育学院副教授，教育学博士，硕士研究生导师；第三章，杨海波，天津师范大学心理与行为研究院副教授、教育学博士、硕士研究生导师；第四章，潘运，贵州师范大学教育科学学院教授、教育学博士、硕士生导师；第五章，崔光辉，南京师范大学心理学院副教授，教育学博士，硕士生导师；第六章，张锦坤，福建师范大学教育科学与技术学院副教授，教育学博士，硕士生导师；第七章，李芳，山东泰安学院教授、教育学博士、硕士生导师；第八章，周铁民，沈阳师范大学教育科学学院副教授、教育学博士、硕士生导师；第九章，康廷虎，西北师范大学心理学院副教授、教育学博士、硕士生导师；第十章，何宁，陕西师范大学心理学院副教授、教育学博士、硕士生导师；第十一章，雷雳，中国人民大学心理学系教授、教育学博士、博士生导师；第十二章，盖笑松，东北师范大学教育学部教授、心理学博士、博士生导师；第十三章，葛操，郑州大学心理学系教授、教育学博士、硕士生导师；第十四章，雷怡，深圳大学心理与社会学院副教授，教育学博士，硕士生导师。

最后由白学军统稿和定稿。

在书稿成稿过程中，我指导的博士研究生和硕士研究生付出了辛苦的劳动，在此向他们表示感谢。

北京师范大学出版社李志编辑，对本教材倾注了大量心血，我们一直被他那种一心为教育事业奉献精品的精神所感动。

作为教师教育精品教材，本教材可供全国高等师范院校教育学及相关专业本科生、硕士研究生使用，也是中小学教师培训和教育科研人员从事教学研究的重要参考书。

由于心理学概论的内容丰富，涉及面广，限于我们的水平，教材中有不妥之处，恳请读者批评指正，以便再版时修正。

白学军

2015年4月

"十四五"新闻传播学融媒体系列教材

国家社会科学基金项目"圈群生态视阈下网络舆情治理现代化创新路径研究"（23BXW041）
中央高校基本科研业务费专项基金资助下的阶段性成果　项目批准号：1243200001

Media Literacy
in the Age
of Intelligent
Comunication

智能传播时代

全媒体素养

周　敏　郅　慧　赵秀丽◎著

北京师范大学出版集团
BEIJING NORMAL UNIVERSITY PUBLISHING GROUP
北京师范大学出版社

图书在版编目（CIP）数据

　智能传播时代全媒体素养/周敏，郅慧，赵秀丽著. 北京：北京师范大学出版社，2025.7 --（"十四五"新闻传播学融媒体系列教材）. -- ISBN 978-7-303-30323-6

　Ⅰ. G219.2

　中国国家版本馆 CIP 数据核字第 2024DS8649 号

ZHINENG CHUANBO SHIDAI QUANMEITI SUYANG

出版发行：北京师范大学出版社 https：//www.bnupg.com
　　　　　北京市西城区新街口外大街 12-3 号
　　　　　邮政编码：100088
印　　刷：鸿博睿特（天津）印刷科技有限公司
经　　销：全国新华书店
开　　本：787 mm×1092 mm　1/16
印　　张：11.25
字　　数：180 千字
版　　次：2025 年 7 月第 1 版
印　　次：2025 年 7 月第 1 次印刷
定　　价：58.00 元

策划编辑：李　明　　　　　责任编辑：冯祥君
美术编辑：李向昕　　　　　装帧设计：李向昕
责任校对：王　佳　　　　　责任印制：马　洁

01
第 一 章

02
第 二 章

03

第 三 章

智能传播时代全媒体素养的内在变化 / 30

04

第 四 章

虚拟数字人与思辨反应能力 ／ 49

07
第七章

生成式人工智能与创造生产能力 / 122

08

第 八 章

深度伪造与信息质疑能力　/　147

第一章 绪论：智能传播时代的全媒体素养

第一节 智能传播对媒介生态的影响

智能传播是指将能够自我学习、自我反馈和自我进化的人工智能技术应用在信息生产与流通中的一种新型传播方式。智能传播时代，以大数据、算法和算力为核心元素的人工智能技术所催生的各种新媒介，正在对媒介生态产生颠覆性影响。从 5W 传播模式来看，传播者端有社交机器人、虚拟数字人等的应用；传播渠道方面，算法推荐与社交机器人正在成为网络空间信息扩散的重要方

智能传播对媒介
生态的影响

式；传播内容端方面，深度伪造、机器写作乃至生成式人工智能等都呈现左右社会舆论走向的趋势。智能传播时代，从传播者到内容生产，再到信息渠道和信息接收，传播链条的变化正逐渐影响到传播效果层面，进而改变传播格局。

首先，在传播主体上，正发生从以人为主到人机协同再到机器为主的变化过程。人工智能技术的飞速发展赋予了计算机和其程序类似人类甚至超越人类的能力。在信息处理技术和数字传播技术的加持下，我们见证了全新类型的机器诞生：它们不仅自动化程度极高，而且能够自我反馈和自我进化，这些机器在信息生产和传播过程中大放异彩。在传统的大众传播和社交媒体时代，人类无疑是传播过程中的主角，技术则

作为其坚实的后盾。信息的产生，离不开人的智慧和创造力。然而，人工智能技术在传播领域的深入应用，打破了人类在传播过程中的垄断地位。如今，虚拟数字人和社交机器人等智能技术，已经以传播主体的身份，参与信息生产和传播的过程，形成了一种人机协同，甚至机器主导的传播新生态。[①]

虚拟数字人指存在于虚拟世界中，基于计算机图形学、图形渲染、动作捕捉、深度学习和语音合成等技术打造的，具有外貌特征、表演能力和交互能力等人类特征的复合体。[②] 目前主要可分为虚拟偶像（洛天依、柳夜熙等）、虚拟主播（央视网小C、新华社小净、人民日报果果、湖南卫视小漾等）和虚拟员工（百信银行 AIYA、哈尔滨啤酒哈酱、OPPO 小布等）三类。[③] 艾媒咨询数据显示，2022 年中国虚拟人带动产业市场规模和核心市场规模分别为 1866.1 亿元和 120.8 亿元，预计 2025 年分别达到 6402.7 亿元和 480.6 亿元，呈现强劲的增长态势。[④] 虚拟数字人开始强势介入信息生产和传播过程。

社交机器人是指社交媒体上由自动化程序操纵的账户。这些账户可以基于特定的脚本模仿人类的行为并介入公众讨论，进行内容生产与扩散。此外，机器人还可以通过互相关注等与他人互动的方式进行自我推广，以构建看似真实的社交网络[⑤]，以期实现影响公众观点的目的。此前研究证明，在活跃的推特（Twitter）账户中，社交机器人约占 9% 至 15%。同时，社交机器人相比普通用户会更加活跃，在带有超链接的推文中，甚至有高达 66% 疑似由社交机器人账号发布。社交网络呈现出人机协同乃至以机器为主的新生态。

其次，在传播渠道上，基于大数据的算法推荐机制正在瓦解传统把关人机制。随

① 张洪忠，任吴炯，斗维红：《人工智能技术视角下的国际传播新特征分析》，载《江西师范大学学报（哲学社会科学版）》，2022（02）。

② 赵子忠，徐琦，胡亦晨：《AI 技术商业模式的发展现状、局限与拓展——以虚拟偶像为例》，载《中国传媒科技》，2023（06）。

③ 郭全中：《虚拟数字人发展的现状、关键与未来》，载《新闻与写作》，2022（07）。

④ 艾媒咨询：《2023 年中国虚拟人产业发展与商业趋势研究报告》，2023-03-31。

⑤ 师文，陈昌凤：《社交机器人在新闻扩散中的角色和行为模式研究——基于〈纽约时报〉"修例"风波报道在 Twitter 上扩散的分析》，载《新闻与传播研究》，2020（05）。

着人工智能技术的持续发展，传播渠道中主流媒体的主导分发作用正在逐渐减弱。早在 2015 年，就有学者指出传统媒介要警惕"渠道失灵"问题，即在过去传统媒体垄断传统的受众信息获取渠道，而当下智能传播时代，信息抵达受众需要两个把关门槛：一是被系统推荐，即算法的作用；二是被用户选中，即用户的作用。算法推荐模式正在逐步瓦解媒体机构的传统把关人权力，大众媒体的议程设置能力也在逐步丧失。

算法推荐是指基于每个用户内容消费的行为数据、个体属性数据与社交关系数据等进行大数据计算与分析，实现精准的"用户画像"，并以此推荐用户最喜闻乐见的内容。① 其类型包括基于内容的、基于行为的、基于语义的等数种常用的和数十种在用的算法。其以"用户"为本的点对点信息传输，在"量身定制"中实现个性化、精准化和实时化的信息分发方式，正在逐步瓦解过去传统媒体以"媒体"为中心，以统一渠道向受众发布同质性信息的分发形式。虽然算法推荐技术有利于提高用户获取新闻的效率，但目前也有多名学者强调随着以用户体验为中心的传播模式成为主导之后，随之而来的将是个人接受信息的"窄化""茧房化"。而在群体层面上，由算法所推送的新闻在发现大多数人需要的信息的同时，也会忽略受众群体内部的差异性，将边缘性的与非消费的用户排除在外。尽管如此，算法推荐技术目前正在全球普及开来，成为每个人获取信息的主要方式之一。

最后，在传播内容上，多模态的表现形式，尤其是深度伪造的真假混合成为传播新特点。多模态指多种模态的信息，包括文本、图像、视频、音频等。多模态信息的生产传播得益于人工智能技术的发展和网络传播效率的提高。从第一代移动通信技术到第四代，我们见证了媒介内容形态的演变，从最初的语音、文字，到图片，再到现在的视频。而随着 5G 时代的到来，人工智能技术推动传播内容的信息表现方式，从单一形态向多模态转变。其中，包括了一些负面的应用，如深度伪造技术，也开始走向大众。

相比于单一的内容形态，多媒体和智能媒体生产的多模态信息，能够为用户带来

---

① 张志安，汤敏：《论算法推荐对主流意识形态传播的影响》，载《社会科学战线》，2018
(10)。

更加沉浸式的媒介体验。例如，在虚拟现实（VR）/增强现实（AR）等场景化社交中，肢体动作、表情符号等非语言形态的信息，不仅丰富了传播内容的含义，也使得传播更加生动和立体。VR报道并不仅仅满足于简单的场景展示，它在全景中融入了文字介绍、高清图集、音频、视频和动画等多样化表达，使用户不仅能够身临其境，还能更深入地理解和感受。此外，新兴的旨在构建一个超越现实世界的、更高维度新型世界的元宇宙理念，也是未来智能传播的发展方向之一，为传播内容的多模态升级带来新变化。

深度合成技术是指利用以深度学习、虚拟现实为代表的生成合成类算法制作文本、图像、音频、视频、虚拟场景等信息的技术。深度伪造技术是深度合成技术下的一个重要分支，主要指的是深度合成技术的负面化应用，其初衷并非"揭示"，而是"误导"，是通过"伪造"现实生活中不存在的场景以欺骗、诱导公众为目的的一种技术。自2017年伴随深度伪造色情视频的出现，通过近些年来的发展，其已开始以多种形式进入受众视野，生成了许多真假混合、让人难辨真伪的信息内容。

另外，从"媒介化"与"深度媒介化"的概念来看，生成式人工智能的出现正在进一步推进媒介下沉为整个社会"操作系统"的进程。在过去十多年中，"媒介化"成了全球传播学领域的一个核心理论概念。这一概念描绘了媒介如何逐步塑造和构造社会的过程，它聚焦于各种媒介技术所开启的新型社会行为模式和社交关系。正如麦克卢汉所指出的，媒介对人类的联合、行动的规模和形式起着塑造和控制的作用。而"深度媒介化"概念则进一步强调了数字元媒介所带来的新型传播关系，它预示着整个社会结构将被重新构建。这一概念的核心区别于传统的"媒介化"理论，它突出显示了以互联网和智能算法为代表的数字媒介作为一种全新的社会结构力量，其作用方式与过去的任何一种媒介都截然不同。数字媒介已经渗透到社会的每一个角落，成为社会的"操作系统"。从"媒介化"到"深度媒介化"的转变，见证了智能传播技术引发的传播革命，这场革命以前所未有的规模和深度改变了社会的基本形态。传播不再仅仅是社会结构中的一个功能部分，而是成了塑造整个社会形态的基本要素。未来生成式人工智能将进一步推动"深度媒介化"时代的到来。

第二节　全媒体素养的基本概念

一、媒介素养的历史沿革

1992 年美国媒介素养研究中心对媒介素养的定义是，人们面对媒介中各种信息时的选择能力、理解能力、质疑能力、评估能力、创造和生产能力以及思辨的反应能力。随着媒介技术的不断进步，媒介素养的定义、内涵和适用范围也在不断地发展和变化。迈克尔·罗布格里科指出，媒介素养的历史就是在媒介角色越来越重要的社会背景下，人们为了在社会中实现参与和维护权力所必须进行的媒介沟通方面的知识、技能的发展与实践。从媒介素养的历史沿革来看，其教育范式也随着媒介和传播技术的发展而不断演变。

全媒体素养的
基本概念

最初，媒介素养的概念出现在 20 世纪初的印刷书籍和报纸时期，那时的媒介素养教育主要集中在对媒介的抵制、免疫和对抗。随着印刷术的发展，普通民众有了更多接触书籍和报刊的机会，知识水平也随之提高。在 20 世纪 30 年代，报纸成了一个快速发展的媒体形式。为了提高报纸销量，报业大亨们纷纷采用各种手段吸引读者的注意力。这一时期低俗新闻盛行，它以煽情、夸张的标题和图片为特点，为了利益不择手段。这种现象引起了人们的关注，学者们开始提出公众媒介素养教育的问题。1933 年，英国学者利维斯和丹尼斯·桑普森在《文化与环境：培养批判意识》一文中将"文化素养"作为媒介素养教育的起点。他们认为，当时的报纸和杂志推崇的大众流行文化是一种低级满足的不良文化，这种文化倾向正在毒害和误导大众的精神追求和价值观。同时，他们提出，大众媒介正在扮演传统社会道德和秩序的破坏者的角色，这些通俗小说和流行小报是对传统优秀文化和高雅文化的颠覆性破坏。这一阶段的媒介素养教育核心思想是"抵制、免疫"，目的是通过媒介素养教育让大众对抗当时报刊主导的通俗流行文化，并在教育过程中用传统经典文化来增强大众对流行文化的免疫。

第二个阶段是 20 世纪中期后的电视媒介普及时期，媒介素养教育开始重视受众的主动性和批判性。电视在第二次世界大战后迅速崛起，成为人们生活中非常重要的娱乐媒介，其对社会的影响力使得媒介研究者无法忽视其作用，这也为媒介素养教育的变化提供了机会和土壤。1982 年，联合国教科文组织召开了国际媒介教育会议，会议公布的《媒介素养宣言》称，我们生活在一个媒介无处不在的社会，与其单纯地谴责媒介的强大势力，不如接受媒介对世界产生的巨大影响，承认媒介作为文化要素的重要性。与印刷媒介时期的媒介素养教育相比，电视时期的媒介素养教育开始关注媒介再现的现象，这是一个重大的突破。具体来说，这时媒介素养教育的核心内容是在屏幕教育中关注媒介语言、媒介意识形态的再现问题。教育的重点不在于给学生规定具体的评价体系标准，教育的目的也不在于让学生去评价媒介的好坏，而是让学生明白媒介的运作机制和组织形式，以及媒介的意识和价值是如何进行现实呈现的，大众又是如何接受和理解这种现实的再现的。到了 20 世纪后期，媒介素养教育则进一步开始对学生强调所有的媒介信息都是经媒介自身的逻辑和语言来进行加工形成的，要充分掌握媒介是更深层次的传播过程这一特性。

第三个阶段是 21 世纪以来的互联网新媒体崛起时期，媒介素养教育理念开始转型为"互动、参与、赋权"，强调培养个体在新媒体使用过程中的多元思维和构建个体新知识的能力。互联网的出现是媒介形态发展中具有历史性的一幕。此后，随着不同媒介形式的不断竞争与融合，互联网逐渐成了社会核心媒体。网络技术的普及和应用打破了过去由专业化少数媒体机构对大量信息的社会垄断，任何个人或个体机构都可以随时随地发布事件信息和表达思想。个人的媒体私有化现象打破了主流媒体的话语垄断，也使得个体的社会交往和生活工作越发依赖新媒介。面对新媒体环境，传统媒体背景下的媒介素养教育理论很难发挥实质性作用。这一时期的媒介素养教育首次开始将目光锁定在个人的发展上，即个体如何使用媒介参与并完成公共社会融入及健康发展。个体的媒介素养教育开始不仅只局限于媒介使用素养，而且开始增加了信息消费素养、信息生产素养乃至使用媒介进行社会交往、协作与参与的素养。其中信息消费素养包括通过专业媒体、搜索引擎、社交媒体进行筛选有效信息的能力，具备辨识、分析与批判性解读信息的能力，以及有意识通过大众媒体"纠偏"，获得全面、平衡信息的能力。信息生产素养包括个体在互联网平台上负责任地发布信息和言论，并进行信息再传播的能力。社会交往素养是指个体能够掌握相关技术来选择交往对象，维护交际网络，并在过程中尊重他人权利的素养。社会协作素养是指个体在网络中与协同工作的人达成一致目标、定位自身角色、执行协同任务且过程中保持有效沟通的能力。社会参与素养指个体关注公共事务，积极参与公共话题交流，尊重公共规则和他人表达权，学会理性表达与讨论的能力。①

如果我们将西方媒介素养研究的起源追溯到 20 世纪 30 年代，那么我国媒介素养研究的起点可以追溯到 1997 年卜卫发表的论文《论媒介教育的意义、内容和方法》。自 21 世纪以来，媒介素养在我国新闻传播学领域逐渐成了研究的热点。通过使用 Citespace 软件我们发现，自 1997 年至 2022 年，我国媒介素养研究的两个主要特点如下。

在研究主题上，我国媒介素养研究主要集中在三个领域：媒介素养的概念与内涵、媒介素养与网络环境建设、媒介素养教育。在媒介素养的概念与内涵研究中，关键词包括媒介融合、媒介认知、大众媒介、媒介使用、大数据、数字素养、网络素养等。这些研究不仅吸收了国际上的观点，同时也关注了我国的本土特性，力求在全球视野与地方经验之间找到平衡点，对于构建具有中国特色的媒介素养体系具有重要的学术意义。在媒介素养与网络环境建设研究中，关键词包括网络舆论、突发事件、网络谣言、网络直播、社交媒体、短视频、政务微博、传播机制、价值观等。这些研究对于解决网络谣言、舆论圈层过度突出等问题具有重要意义，也有助于提高公职人员使用网络的能力。在媒介素养教育研究中，关键词包括青少年、媒介教育、手机媒体、传播学、保护主义、价值取向、媒介信息等。这些研究注重对研究对象的群体化

① 彭兰：《网络传播概论》，350~351 页，北京，中国人民大学出版社，2017。

定位和同质化特征的研究，强调了实效性的路径构建。

在研究趋势上，我国媒介素养研究可以分为概念引进、本土化拓展和创新应用三个阶段。在概念引进阶段（1997—2004 年），研究主要集中在引入和借鉴国外的研究成果，关注我国对媒介素养的需求。高频关键词包括媒介教育、媒介信息、保护主义、大众传媒、未成年人等。这一阶段的研究重点是介绍国外的研究成果，借鉴国外的实践经验，探讨媒介素养的结构，并讨论未成年人媒介素养提升的紧迫性。研究主要以主观评述和定性分析为主，未能准确把握我国民众媒介素养的现状，缺乏结合我国国情的实践性研究成果。

本土化拓展阶段（2005—2010 年）则着重于媒介素养理论的本土化拓展和应用。高频关键词包括大学生、大众传媒、媒介信息、和谐社会、新媒体、青少年等。这一阶段的研究呈现了三个新的趋势：一是研究方法更加多元，实证研究成果逐渐增多；二是研究对象得到扩展，教师、农民工、领导干部等群体也被纳入研究范围；三是研究逐步精细化，开展了媒介素养课程研究、路径与方法研究等。

创新应用阶段（2011 年至今）的研究则致力于运用媒介素养理论和方法解决我国新形势下的实际问题。新出现的高频关键词包括自媒体、微博、社交媒体、媒介融合、网络舆情、网络谣言、微时代、短视频、价值观等。这一阶段的研究出现了三个新的趋势：一是不仅强调媒介批判和运用，也强调媒介共享和内容生产；二是注重解决历史坐标中的真实问题，如侵权、网络暴力、网络谣言、媒介依赖等；三是概念进一步演变，数字素养、动态素养等相关概念进入了研究者的视野。①

二、智能传播时代全媒体素养的五种能力

英国传播学家丹尼斯·麦奎尔曾指出过对大众媒介发展起到关键作用的四个因素，其中，第一个因素就是技术。技术的进步是媒介形态变化的前提和基础。信息传

---

① 李莹：《我国媒介素养研究分析与展望》，载《青年记者》，2023（04）。

播革命得益于媒介技术的不断革新。① 智能传播时代是一个以人工智能、大数据、云计算等技术为支撑，以互联网特别是移动互联网为主要传播渠道的时代。在这个时代，信息的生成、分发和接收都经历了革命性的变化。面对人机关系和智能媒介带来的生存环境变革，媒介素养教育也需要进一步升级②，智能传播时代的全媒体素养成了我们未来研究的重要方向之一。

智能传播时代的全媒体素养，意味着我们需要继续坚持"甄别、参与、赋权"的底层逻辑，除培养传统媒介素养(即媒介使用素养)和移动互联时代的媒介素养(即信息消费素养、信息生产素养等)外，还需要培养智能互联时代的媒介素养。这种素养既是对智能应用的认知和利用能力，也是以批判性视角反抗智能机器禁锢、对抗机器异化的综合性能力。它是理解智能媒介运行逻辑，不断适应智能媒介逻辑的过程；是清晰把握智能媒介与其他社会领域之间权力关系的一种意识；是一种在特定情境中凭借智能媒介技术特性积极开展各种实践活动的能力。③ 智能传播时代的全媒体素养，已经不仅仅是一种媒介素养了，随着未来智能社会的快速发展，它将更接近于一种新的生存素养，甚至成为一种无限接近于生理需求的新要素。

当前的智能技术应用主要包括虚拟数字人、社交机器人、算法推荐、生成式人工智能(早期为机器写作)、深度伪造等，这些不同的智能应用方式有着自身独特的技术发展逻辑，以及对信息传播乃至社会运行的正负面影响。因此，全媒体素养的培养也应侧重于不同能力。

本书将针对上述五种核心的智能应用，详细阐释其全媒体素养需要侧重培养的主要能力。例如，虚拟数字人聚焦于思辨反应能力的培养，即如何与虚拟数字人进行有效的互动和沟通。社交机器人侧重于信息评估能力的培养，即如何辨别并评估社交机器人发布的信息的真实性和可靠性。算法推荐主要侧重于信息选择能力的培养，即如

---

① 周灵，卢锋：《互联网时代媒介素养教育的范式重构》，载《中国电化教育》，2021(07)。

② 彭兰：《智能素养：智能传播时代媒介素养的升级方向》，载《山西大学学报(哲学社会科学版)》，2023(05)。

③ 朱家辉，郭云：《重新理解媒介素养：基于传播环境演变的学术思考》，载《青年记者》，2023(08)。

何在技能层、知识层、思维层和认知层上学会利用算法推荐技术，而不是被其"引导"着获取自身信息接收来源。生成式人工智能着力于创造生产能力的培养，即如何运用生成式人工智能辅助进行创意表达和内容生产。深度伪造侧重于信息质疑能力的培养，即通过培养"眼见不一定为实"等观念辨别并质疑在信息接收环境中遇到的潜在的深度伪造图片或音视频等。同时，我们需要强调的是，以上五种能力的基础均为对每种技术的基础理解能力，且这五种能力与五种智能传播技术并非简单的一对一关系，而是相互交织、相互影响的。智能传播时代的全媒体素养，需要的是这五种能力的融会贯通，创造"1+1>2"的"涌现"价值。

第三节　智能传播时代全媒体素养的重塑

一、智能传播时代全媒体素养重塑的必要性

在智能传播时代的浪潮下，我们的日常生活逐渐被算法、大数据、人工智能和虚拟现实等技术所渗透和重塑；媒介的社会角色也由传统的信息传递者和内容生产者，转变为连接社会关系和组织社会架构的桥梁。媒介不再仅仅是过去纸质媒体时代中被公众被动接受的工具，而是以人类有意识或无意识的方式，全面融入我们政治、经济、文化等社会生活的各个领域，

智能传播时代
全媒体素养的重塑

潜移默化地改变我们对世界的认知和实践方式。① 然而，智能技术在给人类生活带来便利的同时，也使得人们面临着被机器控制和异化的风险。

本书重点探讨了五种智能技术的应用案例，这些技术的广泛应用对提升公众的媒介素养提出了全新的挑战。首先是虚拟数字人，这种智能化的存在不仅延伸了人类的

---

① 梁钦，张颖：《智媒时代媒介素养培育的再适应与新发展》，载《中国编辑》，2024(02)。

肢体，还可能带来一系列问题，如削弱人的独立性、引发技术伦理争议、威胁社会信息安全，以及对数字情感的认知挑战。在社交机器人领域，那些所谓的"垃圾机器人"在国际传播中的不当参与，可能会扭曲公共舆论，破坏健康的信息环境。而聊天机器人的广泛使用，有可能使人们对虚拟感情过分依赖，从而加剧人们在现实世界中的社交隔离。算法推荐技术也存在不少问题，包括算法偏见、操纵、合谋和不透明等，这些都可能侵犯个人隐私，损害个体权益，甚至影响社会的公平竞争。生成式人工智能技术由于其数据映射和算法内置机制，可能导致数据泄露和信息失真。至于以误导为宗旨的深度伪造技术，其滥用个人生物特征信息、侵蚀新闻真实性的问题更不容忽视（具体分析请参见各章节内容）。

智能传播时代重塑全媒体素养的必要性，不仅在于应对上述智能媒介技术可能对社会稳定带来的风险，还应关注到普通用户在智能媒体学习意识、鉴别能力和免疫能力方面的不足。学习意识不足体现在智能传播时代，人们越来越倾向于"快餐阅读"，成了"低头族""触屏族"和"读图族"，这种阅读方式导致了知识获取的表面化和全面发展的知识体系的缺失。鉴别能力不够体现在在信息碎片化的时代背景下，人们能否从海量信息中提取有价值的知识碎片，并与现有知识融合，构建新的知识体系，这考验着人们的信息汲取能力。否则，碎片化信息将破坏人们的注意力，而非构建知识体系。此外，面对智能媒体中深度伪造等虚假信息，人们需要具备一定的免疫能力，这种能力包括自制力、辨别力和筛选力等。在现实世界中，这些挑战凸显了智能传播时代全媒体素养重塑的紧迫性。①

随着人工智能及其相关技术的发展，我们已步入智能传播时代。在这个时代，智能机器在传播中的角色发生了根本性的变化，人类也面临着新的人机关系。在这些新关系中，智能机器不再仅仅是被人操纵的工具，而是在一定程度上具有能动性的行动

---

① 奚丽萍：《数媒视域下媒介素养的发展历程、问题审视和建构逻辑》，载《中国广播电视学刊》，2022(08)。

主体①，这可能会给我们的社会稳定运行带来各种潜在的负面影响。因此，智能媒体时代全媒体素养的重塑需要引起每个普通用户的关注，让他们认识到时代的变化，并了解如何提升自己，以更好地适应这个时代。这不仅是个人能力建设的重要部分，而且从一定程度上讲，它也反映了整个社会的文明程度。

二、智能传播时代全媒体素养重塑的意义

在智能传播时代的背景下，人工智能技术的深度融合正在彻底改变媒介生态的格局，推动着信息传递和人类生活方式的深层次变革。信息传播的逻辑逐渐成为构建社会生活基础逻辑的一部分，但同时也带来了诸多负面影响，因此，媒介素养的提升显得尤为重要。② 在智能传播时代，全媒体素养的重塑对个人、社会以及国际层面都具有重大的意义。

首先，从个人发展的角度来看，全媒体素养的重塑使个体能够更好地适应智能社会，避免被机器控制或异化，从而解放生产力，激发创造力。例如，生成式人工智能可以协助人们处理繁杂的工作任务，从而让人们有更多的时间去发展个人兴趣，提升生活品质。

其次，从社会治理的角度来看，智能传播时代全媒体素养重塑使政府及相关社会组织能够利用媒介技术的特性，不断完善治理理念、规则，并提升治理效能。这将有助于公民更积极地参与公共事务的讨论，推动实现真正的民主社会。

最后，从国际交往的角度来看，智能传播时代全媒体素养重塑也是国家在全球高度互联的媒介环境中，不断提升国际传播效能的一种软实力体现。在经济全球化的背景下，提高全媒体素养有助于传播国家文化，提升国家形象和文化软实力。③

① 彭兰：《智能素养：智能传播时代媒介素养的升级方向》，载《山西大学学报（哲学社会科学版）》，2023(05)。

② 梁钦，张颖：《智媒时代媒介素养培育的再适应与新发展》，载《中国编辑》，2024(02)。

③ 朱家辉，郭云：《重新理解媒介素养：基于传播环境演变的学术思考》，载《青年记者》，2023(08)。

三、智能传播时代全媒体素养重塑的策略

在智能传播时代的背景下，智能机器的飞速进步引发了公众对全媒体素养培养的广泛关注。本书在探讨智能传播时代全媒体素养重塑的策略时，重点提出了两个关键领域。

（一）底层逻辑：培育创新、合作、沟通和批判性思维

在全球范围内，随着学校教育的数字化转变，越来越多的教育工作者开始倡导4C教育模式，即强调创造力（Creativity）、协作（Collaboration）、沟通（Communication）和批判性思维（Critical Thinking）的教育理念，以培养学生在现代社会中取得成功的技能。这种教育模式为智能传播时代全媒体素养的重塑提供了逻辑基础。也就是说，在智能传播时代，教育应当教会学生如何批判性和创造性地思考问题，以便他们能够更有效地和负责任地使用由人工智能驱动的技术。同时，通过掌握沟通和协作技能，学生将能够与他人合作，共同提出将人工智能更完美地融入日常生活的解决方案。

总体来说，学校教育的核心和目标将从传统的知识、技能和职业准备，转变为适应人工智能时代的学习能力。智能传播时代全媒体素养重塑的目标是教育学生学会自主学习，学会主动和高效的数字化学习；培养学生的自我管理能力，尤其是时间、精力和情绪管理能力；将每个学生培养成为具备全球视野的数字公民，精通数字生存的艺术，能够在本土和全球之间自如穿梭，游走于虚拟世界和现实宇宙；并且教授学生设计思维，培养他们的艺术和设计素养，理解美学，拥有创造美的能力；更重要的是，教育学生具备发现和解决复杂问题的能力。[①]

（二）应然实践：实现技术、认知与结构超越

在智能传播时代的背景下，人工智能技术为媒介素养教育带来了前所未有的机遇，但这并非简单的技术叠加，而是一种深入的人机互动。我们需要在享受人工智能

---

① 焦建利：《ChatGPT助推学校教育数字化转型——人工智能时代学什么与怎么教》，载《中国远程教育》，2023(04)。

带来的便捷和高效的同时，对其可能带来的风险和挑战保持清醒的认识，以确保人工智能技术能够在媒介素养教育中实现技术、认知和结构的全面发展。

1. 技术超越：从技术整合到人机融合

人工智能赋能媒介素养教育的过程，不仅仅是技术的整合应用，更是一种技术与人本的深度融合。具体来说，这种技术超越的实现路径如下。

第一，通过新能力建设，实现教育人机一体化。媒介素养教育需要在人工智能的辅助下，促进教师与学生的有效互动与合作。教师可以利用人工智能进行教学设计、学习管理及评估反馈，以提升教学效果和个性化指导能力。学生则可以通过人工智能交互系统获得个性化的学习资源和实时反馈，增强学习效果和自主学习能力。教师和学生需要培养与人工智能系统协同工作的能力，包括对技术的理解和运用、创新思维和问题解决等方面。因此，媒介素养教育需要培养教育者和学习者的人机协同能力，实现教育人机一体化。

第二，通过系统优化创新，实现价值体系的重构。人工智能在媒介素养教育中的应用可以推动教育的创新和发展。通过对学习数据的分析和挖掘，可以揭示学习者的学习偏好、弱点和发展潜力，为教育者提供针对性的教学策略和资源。人工智能交互系统的智能评估和反馈功能可以促进学习者自主学习和反思能力的提升。结合其他前沿技术，人工智能还可以创造出更加沉浸和互动的学习环境，提升学习者的学习体验和参与度。系统优化创新可以重构媒介素养教育的价值体系，提供更高质量、个性化的教育服务。

第三，通过组织专项研发，实现技术教育性的提升。人工智能在媒介素养教育中的应用需要持续的研发和创新。教育机构、科研机构和企业可以组织专项研发团队，深入研究人工智能在媒介素养教育中的应用场景、方法和工具。同时，需要关注人工智能技术的伦理和社会影响，建立相关的规范和指导原则。专项研发可以提升人工智能在媒介素养教育中应用的教育性和可行性，推动媒介素养教育的进步和创新。

2. 认知超越：从被动接受到主动参与

在传统的媒介素养教育模式中，学习者通常扮演着被动接受知识和信息的角色。

然而，随着人工智能技术的进步，我们可以通过整合学习资源、引导学生构建清晰稳定的认知结构，以及发展他们与社会及人工智能的关系，实现从被动接受到主动参与的转变，进而实现人工智能赋能媒介素养教育的认知超越。

引导学生进行比较与转化，加强学习资源的内外整合，形成稳定的认知结构，是实现人工智能赋能媒介素养教育认知超越的关键步骤。虽然人工智能为学生的学习提供了丰富的外在信息，但这些信息必须通过学生的积极思考和内化才能真正融入其认知结构中。

在这一过程中，比较与转化发挥着重要的作用。比较作为一种帮助学生建立新旧知识之间联系的重要手段，要求学生将新的学习资源与已有的知识经验进行对比，以揭示二者之间的逻辑关系和差异。通过比较，学生能够将新的信息置于已知框架中，更好地理解其内涵和意义，从而加深对新知识的理解。转化则是将比较得出的新知识融入自身的认知结构的过程。学生应以核心概念为纽带，将新的学习资源与已有知识进行融合和调整。这就需要通过同化和顺应，将新的信息整合到已有的认知框架中，同时通过丰富和调整认知结构，提升逻辑思维和理解能力。

这个过程强调了学生的主动参与和思考，促使他们从被动接受者转变为主动的知识整合者和创造者。学生在比较和转化过程中，不仅加深了对知识的理解，更重要的是培养了他们的批判性思维、综合分析和创新能力。他们能够从多个角度思考问题，将不同领域的知识进行整合，形成更加丰富和深刻的认知结构。然而，要引导学生进行比较与转化，并加强学习资源的内外整合，并不是一件容易的事。教育者需要采用启发性问题、案例分析等教学方法，引导学生主动思考，并鼓励他们进行跨学科的探索和思考。此外，学生需要培养自主学习的能力，以便更好地整合外部信息，并将其纳入自己的知识体系中。

3. 结构超越：从程序固定到开放探索

传统的媒介素养教育往往依赖固定的教学程序和预设的知识传授，学生在这种模式下往往是被动的知识接受者。然而，随着人工智能技术的快速发展，我们正站在教育变革的十字路口，有机会将媒介素养教育转变为一种开放探索式学习，实现结构性超越。

在这种探索式学习中，学生不再是被动的知识接受者，而是成为主动的问题解决者。通过引导学生进行探索性学习，他们能够从问题中发现知识，从而增强对媒介素养的理解。项目驱动教学将学生置于实际情境中，通过解决真实问题培养他们创新解决问题的能力。人工智能能够辅助教师为学生设计个性化的探索性学习和项目，使学生从被动的知识接受者变成主动的问题解决者，从而超越了传统的程序性教学模式。

人工智能还为学生提供了更多的创新和创造机会。通过数字工具、虚拟现实等技术，学生可以创造性地制作媒体内容，表达自己的想法和观点。教育者可以鼓励学生尝试新的表达方式，培养其创意和创造力。同时，人工智能也可以帮助学生从大量的信息中提取有价值的内容，促进他们的思维创新。在人工智能交互中，教育者应该培养学生的批判性思维能力，让他们不仅仅是被动地接受信息，还能够评估信息的来源、真实性和可靠性。此外，伦理意识的培养也至关重要，学生需要理解技术决策对社会和个人产生的影响。通过讨论人工智能的伦理问题，学生可以更好地理解技术的局限性和应用的道德考量。

培养批判性思维和伦理意识，有助于学生更加理性地使用人工智能技术，从而实现媒介素养教育的超越性目标。这种结构性超越不仅能够提升学生的媒介素养，还能够帮助他们更好地适应智能传播时代的需求，成为具有创新精神和批判性思维能力的现代公民。①

第四节　各章内容及结构框架

本书采用了"总—分"的结构，系统地涵盖了八个章节的内容。前三章(第一章至第三章)构成了"总述"部分，后五章(第四章至第八章)围绕虚拟数字人、社交机器

---

①　李楠：《人工智能赋能媒介素养教育的逻辑、限度与超越》，载《教育理论与实践》，2023(31)。

人、算法推荐、生成式人工智能和深度伪造进行"分述"讨论。

第一章，作为绪论部分，引入了智能传播时代全媒体素养的学术概念，探讨了智能传播技术对媒介生态的影响，以及全媒体素养的历史沿革和五种核心能力。同时，章节还强调了在智能传播时代全媒体素养重塑的必要性、前景意义和相关策略。

第二章和第三章探讨了智能传播时代全媒体素养的外在变化和内在变化。外在变化涉及培育场景、结构演化和评价体系三个方面的转变；而内在变化则主要介绍了智能传播时代全媒体素养的主体、客体、内容及目标的变化。

第四章到第八章集中讨论了智能传播技术的五大重点应用领域，并对每一类技术应用的全媒体素养核心培养能力进行了详细阐释。每个章节都按照概念定义、应用现状与风险、典型案例和能力提升四个维度进行论述。具体来说，虚拟数字人技术主要讨论思辨反应能力，社交机器人技术主要分析信息评估能力，算法推荐技术主要阐述信息选择能力，生成式 AI 技术主要关注创造生产能力，而深度伪造技术则主要研究信息质疑能力。

通过以上的组织架构，本书旨在将理论与案例相结合，深入剖析智能传播时代全媒体素养的内涵、外延和实际应用，为读者提供一部既有理论深度又有实践指导意义的学术教材。

第二章　智能传播时代全媒体素养的外在变化

技术的迅猛发展正在深刻改变媒介的形态和运作方式，对媒介素养的内涵和培育机制产生深远影响。媒介作为媒介素养考察的起点，其内在本质、表现形态和运行逻辑在智媒时代展现出了新的特征。物联网、人工智能等技术的发展使得各种设备都可以相互连接，实现信息的共享和互通。这使得人们的交往不再局限于特定的时间和空间，而是可以随时随地进行。通过虚拟现实设备，人们可以身临其境地感受各种场景和情境，获得更加真实和深刻的体验，共同影响着人们在媒介空间的生存状态。[①] 由此，从外部环境出发，智能传播时代全媒体素养正在多个维度发生变化。

第一节　智能传播时代全媒体素养的培育场景

一、从泛化到精准：智能技术重构信息空间

霍夫兰认为，传播就是某个人传递刺激以影响另一些人行为的过程。智能技术通过精准触达影响着公众的行为和态度，为全媒体素养的培育提供新的空间。目前，智能技术正在以其独特的方式重构全媒体素养的信息空间，实现精准触达的目标。这

[①]　梁钦，张颖：《智媒时代媒介素养培育的再适应与新发展》，载《中国编辑》，2024(02)。

种重构不仅提升了信息获取的效率和准确性，还进一步拓宽了全媒体素养的内涵和应用领域。具体而言，主要体现在以下四个方面。

智能传播时代全媒体
素养的培育场景

第一，智能技术通过算法优化和数据分析，能够更准确地理解公众的需求和兴趣，为用户提供个性化的信息推荐，确保公众能够迅速接触到与其需求高度匹配的内容。这种精准触达不仅提高了用户获取信息的效率，还增强了用户体验，使用户能够更深入地了解和参与全媒体素养的培养。第二，智能技术推动了全媒体内容的创新和多样化。通过自然语言处理、计算机视觉等技术，智能技术可以对全媒体内容进行深度分析和处理，从而生成更丰富、更生动的内容形式。例如，智能技术可以实现语音到文字的转换，使得音频内容能够被更广泛地传播和接收；同时，通过图像识别和处理技术，智能技术还可以对图片和视频内容进行自动标注和分类，方便用户进行检索和浏览。第三，智能技术为全媒体素养提供了新的途径和手段。通过虚拟现实、增强现实等技术，智能技术可以创建出逼真的学习环境和场景，让公众在模拟的情境中学习和实践全媒体技能。这种沉浸式的学习方式不仅可以提高学生的学习兴趣和积极性，还可以帮助其更好地理解和掌握全媒体素养的核心知识和技能。第四，智能技术推动全媒体素养的评估和提升。智能分析系统可以对公众的全媒体素养水平进行实时监测和评估，从而为用户提供有针对性的学习建议和指导，还可以根据用户的反馈和表现，不断优化和完善全媒体素养教育的内容和方式，适应时代发展的需要。

二、从现实到虚拟：具身体验强化感官世界

从历史角度看，媒介技术的每一次变革都影响着个体感知世界的方式。麦克卢汉对人的感知赋予重要意义，他认为，人的感觉是个体身体能量上"固有的电荷"，形成了每个人的知觉和经验。在传统传播时代，随着文字的出现和印刷术的发展，人类地域的空间界限被打破，传播的广度有所增加，也促使个体形成一种单一、线性、理性化的思维。而电子媒介的出现，延伸了个体的感官，身体的技术性延伸搅动了原本的

感知平衡，使得感官系统必须谋求新的平衡。当下，智能传播技术实现现实世界与虚拟世界的相融和共生，使公众能够通过具身体验的方式参与整个传播环境，进一步强化了感官世界。

具身体验强调的是通过身体与环境的直接互动来获取知识和理解，而全媒体素养则是指个体在多种媒体环境下，具备有效获取、分析、评价和创造信息的能力。具身体验与全媒体素养的结合为公众提供了更为丰富、深入的感官世界。第一，具身体验帮助个体理解智能传播时代的媒体形态和特性。通过亲身参与和体验各种媒体形式，个体能够直观地感受到不同媒体之间的差异和联系，从而更加清晰地认识到全媒体时代信息传播的多样性和复杂性，有助于更好地适应和利用各种媒体平台，提高信息传播的效果和效率。第二，具身体验提升了个体在智能传播时代的信息处理能力。在具身体验中，个体需要通过身体与环境的互动来获取和处理信息，从海量信息中筛选出有价值的内容，进行深入的分析和评价。通过具身体验的方式，个体能够更加敏锐地捕捉信息，进而判断信息的真实性和价值。第三，具身体验要求培养公众在智能传播时代的创新精神和创造力。在智能传播时代，创新和创造力是推动媒体发展的重要动力，也是提升全媒体素养的关键因素。具身体验为激发个体创新灵感、提升创造力注入新的活力。

三、从真相到后真相：情感要素内嵌于传播各环节

后真相（post-truth）是一个网络流行语和外来词，用以描绘一种特定情形：在这种情形中，客观事实在形成舆论方面的影响较小，而诉诸情感和个人信仰则会产生更大的影响。简言之，它描述了一种舆论生态，其中情感和信仰往往比事实更能引导公众的观点和态度。后真相时代的特征包括情绪、认知和成见先于真相，导致网络舆论容易偏离理性轨道。从全媒体素养的维度出发，后真相时代已经来临，这个时代最核心的特征是信息已经成为一种社会交往、个体盈利的工具，人们关注的是信息对人的意

义，而非信息对客观社会存在的意义。① 因此，随着智能化的发展，情感对于传播的意义得到关注，整个新闻业与人文社科领域呈现出明显的"情感转向"。当下的新闻业呈现出互动、开放、参与的诸多特征，媒介环境与信息流动过程共同助推了情感性要素的崛起。媒介生态系统的演变改变了新闻生产和个体行为方式，将公众置身于充满情感的现实语境，情感成为传播的重要动力。互联网以其巨大的连接效应实现对于社会和个人的赋权与赋能。在智能传播环境下，个体通过参与式的传播进入新闻生产的进程，进而获得更多的信息传播渠道，网络中任意一个节点的微信息和微表达在短时间内得以扩散，整个新闻场域亦在公众参与下呈现出情感化的全新样态。②

情感要素内嵌于传播的各个环节，对全媒体素养提出新的要求。在信息获取阶段，个体在浏览媒体内容时，往往受到情感的影响，选择性地关注那些能够触动情感的信息。因此，具备全媒体素养的个体需要意识到情感在信息选择中的作用，并学会控制情感对信息选择的影响，以确保获取信息的全面性和客观性。在信息加工阶段，情感倾向可能会影响个体对信息的解读和评价。例如，当个体对某个话题持有强烈的情感态度时，可能会倾向于接受那些符合自己情感倾向的信息，而忽视或否定那些与自己情感倾向不符的信息。因此，具备全媒体素养的个体需要学会在分析信息时保持理性，尽量避免情感偏见对分析结果的影响。在信息评价和创造阶段，个体不仅需要考虑信息的真实性和客观性，还需要关注信息所传达的情感和价值观，并思考如何有效地运用情感要素来传达自己的意图和观点。因此，后真相所带来的"情感先行"为全媒体素养带来新的机遇与挑战。

---

① 胡沈明：《全媒体时代媒介素养理念重构探讨》，载《中国编辑》，2019(08)。
② 周敏，郅慧：《"如何说"：全媒体新闻话语体系建设的现实场域与实践路径》，载《青年记者》，2022(23)。

第二节　智能传播时代全媒体素养的结构演化

一、信息过载与信息选择能力

智能传播时代，因网络化的结构和智能技术的助力，信息成为一种易得资源。"过载"一词通常被理解为承载主体负担过重的情况，导致个体无法发挥其全部潜能，甚至使其发生失调现象。信息过载的概念首次出现在格罗斯对组织管理的研究中，随后被学界广泛运用。信息过载通常指个体在任何给定时间内接收过多信息，从而超出处理限制导致决策效率下降的现象。

智能传播时代全媒体
素养的结构演化

信息过载的主要来源是互联网、无线通信技术、电视和报纸等媒体，信息以更具碎片化、即时性的特点传播至普通用户和个体，逐步缩短个体与新闻信息之间的距离，但当大量信息超出个体的需求和心理感知时，用户心里将产生疲劳感。心理学和信息科学的相关研究表明，个体的信息处理能力有限，超过个体信息处理能力之后，将导致信息处理能力的下降，进而影响其信息选择能力。[①]

提升信息选择能力成为解决信息过载问题的关键。信息选择能力是指个体在面对海量信息时，能够迅速、准确地识别出有价值的信息，并有效地进行筛选和整合。这种能力的提升需要个体具备以下几个方面的素质：一是信息意识，即能够敏锐地感知到信息的重要性和价值；二是信息知识，即了解信息的基本属性和传播规律；三是信息技能，即掌握信息检索、分析和评价的方法；四是信息道德，即遵守信息传播的法律法规和伦理规范。因此，在当前的智能传播环境中，信息的传播速度更快、渠道更

---

① 周敏，郅慧：《感知信息过载对社交媒体用户隐私披露意愿影响的实验研究》，载《新闻大学》，2023（05）。

多元、形式更丰富。全媒体素养不再仅仅局限于传统的信息传播技能，而是涵盖了信息识别、筛选、整合、创新以及跨媒体传播等多个方面。这就要求个体不仅需要具备基本的信息获取和处理能力，还需要掌握信息分析和评价的技能，以及利用多种媒体进行信息传播和创新的能力。

二、技术赋权与信息编码能力

保罗·莱文森曾在一次访谈中对技术进化过程进行了总体性观察，并提出智能化技术重构了媒介生态乃至社会文化。他认为，互联网对分散的个体的赋权是一个事实，它正在催生一种去中心的、分散的、多元的文化，这与以往那种中央集权式的、控制型的文化形式是背道而驰的。[①] 当前，5G、人工智能、区块链、算法等技术的发展弱化了以往传播环境中的各场域分离状态，深刻改变了社会的运行逻辑和个体获取信息的方式。社会和个体生活方式逐渐以媒介的逻辑运行，人与人、人与信息、人与场景之间获得前所未有的关系激活。当技术的变革深入传播场域，基于技术更迭所带来的生产时间、空间及心理感知等要素便发生显著变化，个体不再被固定的物质性平台所限制，呈现出互动式生态。[②] 当社会在互联网的连接与再连接特质中进行微粒化解构，个体在观念表达与广泛传播中形成新的动力与权力，成为未来传播中更具能动性的要素。在以"关系"和"流动"为特征的媒介生态下，个体能量的激活将成为推动传播效果"涌现"的关键力量。在深度智能化的媒介生态中，"传者本位"正在进一步消解，信息与内容的生产、消费与传播沿着个体几何级倍数的权力获取重构为"去中心化"的权力结构。

在全媒体素养的框架中，个体信息编码能力占据着举足轻重的地位。这种能力不仅仅关乎信息的存储和传输，更与个体在全媒体时代的信息表达、交流和创新息息相

① 常江，胡颖：《保罗·莱文森：媒介进化引导着文明的进步——媒介生态学的隐喻和想象》，载《新闻界》，2019(02)。

② 周敏，郅慧：《"如何说"：全媒体新闻话语体系建设的现实场域与实践路径》，载《青年记者》，2022(23)。

关。信息编码能力是指个体能够有效地将信息转化为特定形式的能力，这种形式有助于信息的存储、传输和理解。当下，信息以多样化的形式呈现，包括文字、图片、音频、视频等，个体需要掌握各种编码技巧，以便将信息转化为适合不同媒体形式表达的内容。个体信息编码能力还涉及信息的整合和创新，即个体不仅需要处理来自各种媒体的信息，还需要将这些信息进行整合，形成新的观点和创意。通过编码，个体可以将自己的想法和创意转化为具体的媒体作品，从而与他人分享和交流。通过掌握编码技巧，个体可以更深入地理解智能传播中信息的制作和传播过程，从而更准确地判断信息的真实性和价值。值得注意的是，随着人工智能和大数据技术的普及，个体需要学习如何利用这些先进技术进行信息编码和处理，以提高信息处理的效率和准确性。

三、虚实交融与信息解码能力

虚实交融是智能传播时代的一个显著特征，它代表着现实与虚拟世界的深度结合，使得信息的呈现、传播和接收方式发生了深刻的变化。当下，媒介已实现对社会各方面的浸透，因技术变革使得时空的界限变得模糊，地球上任何两点之间的瞬时连接成为可能，人类被卷入了一场参与的运动之中。在传统社会中，人的行动需要依靠工具实现，并未实现真正的自主和流动，一定程度上影响了个体行动的范围。而在智能传播时代，个体以数字人的身份进入虚拟世界，完成与现实世界类似的各种行为，不再受制于物的束缚，实现了对于个体的"解放"。5G 等底部技术的普及推动了更大规模的用户参与，个体的传播实践已经超越了现实社会，深入虚拟社会中，深度参与虚拟与现实融合的场域中。因此，虚拟世界的信息源愈加丰富，包括虚拟现实、增强现实、数字孪生等技术创造出的虚拟场景和物体，也包括社交媒体、在线论坛等网络空间中的用户生成内容。这些信息源的多样性和复杂性使得个体需要具备更强的信息解码能力，以便能够准确理解、分析和应用这些信息。

由于智能终端的普及，传播系统中的解码方式得以实现"多元赋权"。科技发展为多元赋权提供技术支持，而"用户生产"成为多元赋权的必然结果。多元赋权使得受众对信息的解码方式更加多元。[①] 信息解码能力是个体在虚实交融环境中有效处理信息的关键。它涉及对信息的识别、筛选、分析和解释等多个环节。在虚实交融的背景下，个体需要能够识别信息的来源和类型，区分虚拟信息与现实信息的差异，避免被虚假信息误导。同时，个体还需要具备对信息的筛选能力，从海量信息中筛选出有价值的内容，排除无用或有害的信息。此外，分析和解释信息也是信息解码能力的重要组成部分，它要求个体能够深入理解信息的含义和背后的意图，从而作出正确的判断和决策。因此，提升信息解码能力对于个体在虚实交融环境中的适应与发展具有重要意义。首先，它有助于个体更好地适应智能传播时代的发展需求，提高信息处理的效率和准确性。其次，信息解码能力的提升有助于个体增强批判性思维，避免盲目相信或传播不实信息，维护个人和社会的利益。最后，具备强大信息解码能力的个体还能在虚实交融的环境中发挥更大的创新潜力，为社会的发展和进步作出贡献。

第三节　智能传播时代全媒体素养的评价体系

全媒体素养不仅需要关注素养建构的起点水平（知识），也要关注素养建构的温度（情感），更要关注素养建构过程的整合度（认知）。因此，应从全媒体素养知识、全媒体素养情感、全媒体素养认知三个维度来构建人工智能素养的评价指标体系。[②]

智能传播时代全媒体
素养的评价体系

一、知识：全媒体素养的"起点"

全媒体素养的培养离不开知识的铺垫，知识是全媒体素养的"起点"。在智能传播时代，全媒体素养确实要求个体对智能技术的发展史有深入的了解，并掌握一些基础

---

① 马龙，刘露雅：《编码与解码："转文化传播"中的传承与创新》，载《传媒》，2022(21)。
② 钟柏昌，刘晓凡，杨明欢：《何谓人工智能素养：本质、构成与评价体系》，载《华东师范大学学报(教育科学版)》，2024(01)。

的技术原理知识。这不仅有助于个体更好地理解智能技术的本质，还能够使他们更准确地判断其应用领域和可能产生的影响。从核心素养的视角来看，这种对智能技术的了解和掌握属于文化基础中的人文底蕴范畴。人文底蕴主要是指学生在学习、理解、运用人文领域知识和技能的过程中所形成的基本能力，它涵盖了语言、文学、历史、哲学、艺术等多个方面。在智能传播时代，人文底蕴的内涵得到了进一步的拓展，它要求学生在面对智能技术时，不仅能够掌握相关的知识和技能，还能够形成对智能技术的情感态度和价值观。具体而言，智能传播时代的人文底蕴要求学生在学习、理解、运用知识技能的过程中，积极探究智能技术的新发展和新应用，勇于尝试和创新，同时，也需要敢于质疑智能技术的合理性和公平性，对技术的潜在风险和挑战保持清醒的认识。这种进阶知识不仅有助于提升个体的全媒体素养，还能够培养批判性思维和创新能力，使其更好地适应智能传播时代的发展需求。[①]

从重要性出发，知识是理解和运用媒体的基础。无论是传统媒体还是新媒体，它们都是信息传播的重要载体。掌握相关的知识，能够帮助个体更好地理解和分析媒体内容，把握媒体的特点和规律，从而更有效地运用媒体进行信息的获取和传播。学习知识有助于提升我们的信息处理能力。在智能传播时代，个体需要具备筛选、分析、评价信息的能力，运用逻辑思维和批判性思维，对信息进行深入分析和判断，避免被误导或欺骗，从而作出明智的决策。此外，知识还能够激发我们的创新精神和创造力。通过学习和积累知识，个体能够不断拓展自己的思维边界，发现新的创意和想法，为媒体内容的创作和传播注入新的活力。同时，知识也有助于培养对智能技术的正确情感态度和价值观。通过了解智能技术的发展史和原理，个体能够更加理性地看待技术的优缺点，避免盲目崇拜或过度担忧，进而认识到技术只是工具，关键在于如何合理、公正地使用它，从而为社会进步和人类福祉作出贡献。

---

① 张银荣，杨刚，徐佳艳等：《人工智能素养模型构建及其实施路径》，载《现代教育技术》，2022(03)。

二、情感：全媒体素养的"温度"

在信息爆炸的时代，情感成了连接人与信息、人与媒体的重要纽带，对于全媒体素养的评价具有深远的影响。多元技术塑造的传播特质为全媒体素养内容和形式层面的情感化传播提供了可能。研究表明，使用情感要素有助于吸引用户的注意力并增强其参与度。具体而言，全媒体素养的指标可从人性化、沉浸式、情感化构建等方面着力。例如，相较于文字内容对于理性的唤醒，个体传播可在话语形式层面通过数字技术，采用音频、视频等诉诸感性的方式提升媒体内容的可视化程度，采用虚拟现实(VR)、增强现实(AR)技术优化公众信息获取的感官体验。此外，在情感化过程中，公众能够以体验式的情境参与传播的核心内容和意义建构，突破时空限制以深化"在场感"，最终实现情感的唤醒和信息价值的获取。[①]

情感是个体在接收、处理、传播信息过程中的重要驱动力和调节器，体现着全媒体素养的"温度"，对于提升全媒体素养具有重要意义。首先，情感能够增强个体对信息的感知和理解。在面对媒体信息时，个体的情感反应往往先于理性思考。积极的情感能够激发个体的好奇心和求知欲，促使其更加深入地理解和分析信息；而消极的情感则可能导致个体对信息产生抵触或忽视。因此，通过培养积极的情感反应，个体能够更加敏锐地捕捉信息中的关键要素，提高信息处理的效率和质量。其次，情感能够促进个体在跨媒体传播中的表现。在智能传播时代，信息的传播不再局限于单一的媒体形式，而是需要在多种媒体之间进行转换和整合。个体在进行跨媒体传播时，需要充分考虑不同媒体的特点和受众的情感需求，以更加生动、形象的方式呈现信息。通过运用情感元素，个体能够创造出更具吸引力和感染力的传播内容，提升信息的传播效果和影响力。此外，情感还有助于个体在创新媒体内容中发挥重要作用。创新是全媒体素养的重要组成部分，而情感是激发创新的重要源泉。个体在创作媒体内容时，

---

① 周敏，郅慧：《"如何说"：全媒体新闻话语体系建设的现实场域与实践路径》，载《青年记者》，2022(23)。

如果能够充分融入自己的情感体验和对受众情感需求的洞察，就能够创造出更加独特、富有感染力的作品。这种情感化的创新不仅能够提升媒体内容的品质和价值，还能够增强个体在媒体行业中的竞争力。最后，通过媒介素养教育，个体可以学会如何更好地调节自己的情感反应，避免被不良信息所诱导或误导，从而更加理性、客观地对待媒体信息，培养个体正确地认识和使用媒介的能力。

三、认知：全媒体素养的"整合度"

认知是智能传播时代全媒体素养的整合指标。英尼斯将媒介按照其特征分为偏时间的媒介和偏空间的媒介，论述了媒介形式对于社会文化的影响。在媒介—时间—空间相互作用的总体场中，媒介的传播偏向性，由其相对突出和显著的时空属性决定。当下，由数字技术构成的媒介形态已超越了时空偏倚的维度划分。媒介形态的多元化与连接的复杂化使得媒介既具有时间上的传承能力，又具有空间上的拓展能力。此外，以情感要素为基础的关系向度亦拓展了数字时代的媒介偏向。认知包括对于信息接受的时间性延展过程。心理学家巴特利特曾提出认知图式的概念，认为图式是对过去的反应或经验的积极的组合：个体必须学会如何把图式拆解成要素，并适用于自己的图式，即认知图式会根据个体先前经验对于新信息进行适配和接收。此外，心理学家皮亚杰认为，认知的形成是主体向内部构造的过程。通过同化—顺应—平衡的机制，达到对于信息的理解。具体而言，同化是将个体所获得的信息进行转化以适应个体认知图式的过程，实现与现有认知图式的匹配。顺应是个体在获取新的信息后，将旧的图式进行部分改造，以容纳和适应新信息的变化过程。当同化和顺应过程相互交织，便形成一种平衡与再平衡过程。因此，同化和顺应是认知图式发展的两种机制，是一种动态化的发展过程，认知模型也是通过平衡—去平衡—再平衡过程实现知识的建构。

认知在智能传播时代全媒体素养中扮演着重要角色。第一，认知帮助指导个体信息筛选与鉴别。在智能传播时代，海量的信息如潮水般涌来，认知能够帮助个体根据自身的知识结构和经验，快速识别出有价值的信息，并剔除那些无关紧要或虚假的内容，通过深入分析和理解更准确地判断信息的真伪，避免被误导或传播错误信息。第二，认知促进跨媒体传播思维的形成。通过对不同媒体特性的深入理解，认知能够帮助个体根据传播目标和受众需求，灵活选择适合的媒体渠道和方式，进而更好地整合各种媒体资源，实现信息的有效传播。第三，认知强化数据驱动决策的能力。在智能传播时代，数据成为决策的重要依据。通过认知结构深入分析数据，个体能够了解媒体传播的效果，发现潜在的问题和机会，从而制定出更加精准和有效的传播策略，提升全媒体素养的实践效果。第四，认知推动创新意识的发展。通过对全媒体环境的深入理解和分析，个体认知能够帮助发现其中的新趋势、新机遇和新挑战，激发个体的创新思维，推动不断探索新的传播理念、方式和技术，以适应不断变化的媒体生态。第五，认知有助于提升伦理与法律素养。通过深入学习和理解相关伦理和法律知识，认知能够更好地帮助个体把握信息传播的底线和红线，确保自身行为合法合规，不侵犯他人权益。

第三章　智能传播时代全媒体素养的内在变化

媒介作为一种"中介体"，在人类社会中起到了桥梁和纽带的作用，连接了信息、知识、文化和观念，而这一切都建立在与人的"关系"之上。全媒体素养的发展，无论是从技术层面还是范式层面进行划分，都无法忽视人与媒介之间关系的变化。这种关系的变化不仅影响了媒介的形态和功能，也影响了人们对媒介的认知和使用方式。因此，全媒体必须紧密围绕人与媒介的关系展开，探讨如何在这种关系中把握自身的主体性。主体性是人作为主体的基本规定性，是人在与客体的相互作用中所表现出的自觉性、能动性和创造性。在与媒介的相互作用中，人们需要具备一定的全媒体素养，以便能够自觉地选择、分析和评价媒介信息，能动地利用媒介资源来表达自己的观点和创意，创造性地运用媒介来推动社会进步和文化发展。因此，智能传播时代全媒体素养不仅关注媒介本身的发展变化，更关注人在与媒介相互作用中的主体性表现。这种研究有助于提升人们的全媒体素养水平，使其能够更好地适应媒介化社会的挑战，实现个人和社会的共同发展。①

---

① 谷虹：《媒介素养理论范式的嬗变：内容性媒介、物质性媒介与主体性媒介》，载《当代传播》，2024(02)。

第一节　智能传播时代全媒体素养的主体

一、前端：专业内容生产平台

智能传播时代，新闻媒体等内容生产平台以其专业性、大众化的特质，成为全媒体素养中的重要主体。

第一，专业内容生产平台在信息传播中扮演着核心角色。在智能传播时代，信息的生产、传播和消费过程愈发复杂，而专业内容生产平台作为信息的主要来源和传播渠道，对信息的筛选、加工和呈现方式具有决定性的影响。平台上的内容直接

智能传播时代
全媒体素养的主体

面向广大用户，其质量和导向直接关系到用户的认知、态度和行为。因此，平台必须具备高度的全媒体素养，以确保所传播的信息准确、客观、有价值。例如，我国主流媒体在面对引发社会广泛关注的新闻时，往往会以进行深入的调查和核实为目标。媒体记者联系多位目击者和相关当事人，确保了新闻来源的多样性和可靠性。在发布新闻时，他们还附带了详细的采访记录和证据，以便读者自行验证。这种对内容真实性的严谨态度，体现了该新闻网站作为专业内容生产平台的高水平全媒体素养。第二，专业内容生产平台具有专业性和权威性。相比于普通用户生成的内容，专业内容生产平台所发布的内容往往经过严格的筛选、审核和编辑，具有更高的专业性和权威性。这种专业性和权威性使得平台在信息传播中扮演着引领和示范的角色，其全媒体素养水平直接影响到整个社会的全媒体素养水平。第三，专业内容生产平台还承担着社会责任和公共职能。作为重要的信息传播机构，平台不仅要追求经济效益，更要注重社会效益和公共利益。通过提升全媒体素养水平，平台可以更好地履行社会责任，传播正能量，抵制不良信息，为社会的和谐稳定和发展进步贡献力量。

二、中端：社会公众

当前，媒介技术迭代速度快，传播格局异常复杂，对提升公众全媒体素养提出了更高要求。媒介技术的快速迭代不仅推动了社会的进步，也塑造了一个全新的"后喻时代"。在这个时代里，知识丰富者以及长辈们对新媒介技术的掌握往往滞后于普通民众和后辈。这一现象颠覆了传统的知识传承模式，使得全媒体素养的提升不再依赖于权威或长辈的经验传授，而是更多地依赖于个人的现实学习和实践。同时，智能传播时代形成的分众化传播格局也使得媒体格局变得异常复杂。普通公众也应认识到自己在内容生产中的角色和责任，提升全媒体素养，积极参与网络空间的构建和维护。①

智能传播时代，社会公众拥有丰富的网络素材可供选取，同时也能够记录生活中的新闻事件，并通过各种渠道直接触达广大受众。这种"无中心"的传播模式虽然赋予了每个人发声的权利，但也带来了一系列问题。首先，由于缺乏完善的事实核查机制，信息在传播过程中容易失真。公众在发布内容时，往往没有经过专业的审核和把关，导致信息的准确性和可靠性受到质疑。这种碎片化、非结构化的信息传播方式，虽然能够提供一种局部的真实，但往往难以呈现事件的完整面貌，有时甚至会引发误解和误导。其次，客观性原则的缺失使得观点和情绪在信息传播中占据主导地位。由于新闻受众在发布内容时往往带有个人主观色彩，因此传播的信息往往具有很强的煽动性和感染力。这种情绪化的信息传播容易使受众的注意力集中到非理性的观点上，而非对事实本身的了解和追问。这种现象不仅会导致注意力的雾化，还会使舆论失去焦点，难以形成对事件的理性讨论和判断。最后，作为传播者的新闻受众整体表现出明显的"传播鸿沟"现象。虽然技术平权为每个人提供了发声的机会，但话语权的分配并不均衡。意见领袖的分布很大程度上反映了现实社会结构的不平等性，普通人很难拥有较强的传播力和影响力。这种传播鸿沟不仅加剧了信息的不对称，也限制了公众

---

① 胡沈明：《全媒体时代媒介素养理念重构探讨》，载《中国编辑》，2019(08)。

对事件的全面了解和参与。①

三、后端：技术设计及运营者

在智能传播时代，全媒体素养培育的对象范围亟待扩大，除了普通公众，还应重点关注那些处于媒介控制核心地位的算法设计者、技术操纵者及媒体从业者等后台群体。他们的思维方式和文化观念在技术开发过程中不可避免地会产生影响，且受到技术局限、数据干预和利益考量等因素的制约，这种影响有可能转化为技术偏见，并在技术使用过程中被进一步固化，进而以更为隐蔽的方式传播。因此，需特别关注后台群体的全媒体素养提升。通过调节人、媒介和技术之间的关系，为全媒体素养的内涵注入新的理解维度，从而更有效地应对偏见带来的挑战。②

首先，技术设计及运营者直接参与智能传播技术的研发、设计和应用。他们对技术的特性和功能有深入的了解，能够充分利用技术手段来优化传播内容、提升传播效果。因此，他们需要具备较高的全媒体素养，以确保在智能传播过程中能够准确、客观地传递信息，避免误导用户或产生不良影响。其次，智能传播技术的广泛应用使得媒介环境日益复杂。传统的全媒体素养已经难以应对这种变化了，需要不断更新和升级。技术设计及运营者作为智能传播技术的推动者和实践者，需要不断学习和掌握新的媒介知识和技能，以适应不断变化的媒介环境。此外，技术设计及运营者还承担着社会责任和公共职能。他们的技术设计和应用不仅影响到个人用户的信息获取和交流，还可能对社会舆论、文化传播等方面产生深远影响。因此，他们需要具备高度的全媒体素养，以确保他们的技术能够服务于社会、促进文化繁荣和发展。最后，随着媒介融合和智能化发展的加速推进，技术设计及运营者在全媒体素养提升方面发挥着越来越重要的作用。他们需要积极探索新的技术手段和应用模式，推动全媒体素养教育的普及和提升，为社会的信息化、智能化发展贡献力量。

---

① 廖秉宜，李嫣然：《全媒体时代新闻受众媒介素养构成及提升策略》，载《中国编辑》，2019(08)。

② 梁钦，张颖：《智媒时代媒介素养培育的再适应与新发展》，载《中国编辑》，2024(02)。

第二节　智能传播时代全媒体素养的客体

在智能传播时代，全媒体素养的客体具有多样化的特点。全媒体是指包括声音、文字、图像、动画、影像和网络页面等多样化媒体表现手段，通过电影、网站、报纸、杂志等多样化传播媒介进行信息传播。因此，全媒体素养的客体涵盖了这些媒体表现手段和传播媒介所承载的各种信息内容。具体来说，全媒体素养的客体可以包括新闻报道、社交媒体帖子、网络音视频文件、智能生成等各种形式的信息内容。这些客体在智能传播时代中，通过互联网和移动媒体等渠道进行广泛传播，对人们的认知、态度和行为产生深远影响。全媒体素养要求人们具备对这些客体进行准确判断、筛选、评估和利用的能力。这包括理解不同媒体表现手段和传播媒介的特点和规律，掌握信息获取、分析和传播的技巧和方法，以及具备批判性思维和创新精神，能够独立思考、理性判断和积极参与信息传播活动。

智能传播时代
全媒体素养的客体

一、新闻报道

新闻报道是智能传播时代的主要信息来源之一。随着科技的发展，新闻报道的形式和渠道也在不断演变，从传统的报纸、电视，到如今的互联网、社交媒体等，新闻报道的传播范围和影响力日益扩大。在智能传播时代，新闻报道通过先进的人工智能技术和数据驱动，实现了对大量信息的自动处理和分析，从而更加迅速、准确地传递信息。新闻报道具有公开性、真实性和时效性等特点，是反映时代的重要文体。这些特点使得新闻报道在传递信息的同时，也承载着一定的社会责任和公共价值。因此，对于新闻报道的准确性和客观性有着极高的要求，这也对全媒体素养提出了更高的要求。例如，灾难、疫情、事故等重大社会危机事件发生时，必然伴随着虚假信息和网络谣言的流传，有些未经证实的"错误信息"经由媒体的传播，俨然"转正"为"新闻"，然而其本质是不实和虚假。[①] 此外，全媒体素养是指在智能传播时代，人们需要具备的全面、深入的媒体理解和应用能力。这包括对各种媒体形式的认知、对信息传播规律的理解、对信息内容的辨析和批判性思维等。而新闻报道作为全媒体素养的客体，正是检验和提升这些能力的重要途径。通过关注和分析新闻报道，人们可以了解社会动态、把握时代脉搏，同时也可以提升自己的媒介素养，更好地应对信息洪流中的挑战。

二、网络音视频文件

随着网络技术的快速发展，音视频文件在网络上的传播变得日益普遍和便捷。智能传播时代的网络音视频文件通常使用先进的压缩技术，如 MP3 和 MP4，以减小文件体积，便于网络传输和存储。这些技术能够在保证音视频质量的同时，大大降低文件大小，提高传输效率。网络音视频文件还呈现出媒体融合的趋势。它们不仅可以单独存在，还可以与其他媒体形式如文字、图片等进行融合，形成多媒体内容，为用户提供更加丰富、立体的信息体验。因此，对网络音视频文件的认知、理解和运用能力成为智能传播时代全媒体素养的重要组成部分。相比于纯文字或图片信息，音视频文件涵盖了新闻、娱乐、教育、广告等多个领域，能够更加全面地展示事件或话题的多个方面，从而提供更加丰富的信息内容。同时，网络音视频文件的传播速度非常快，能够在短时间内迅速传播，形成广泛的社会影响。此外，网络音视频文件在传播过程中具有高度的互动性和参与性，用户可以通过评论、分享、转发等方式参与音视频文件的传播过程，与其他用户进行互动和交流。这种互动性不仅增强了用户对信息的理解和接受程度，也促进了信息的进一步扩散和传播。通过对网络音视频文件的制作、编辑和传播，人们可以提升自己的创意能力、技术运用能力和媒介素养。同时，通过对音视频文件中信息的分析和评价，人们也可以提升自己的批判性思维和信息筛选能力。

---

① 年度虚假新闻研究课题组，白红义，曹诗语，陈斌：《2020 年虚假新闻研究报告》，载《新闻记者》，2021(01)。

三、社交媒体帖子

社交媒体帖子是智能传播时代信息交流和传播的主要形式之一。随着社交媒体的普及和快速发展，人们越来越倾向于在社交平台上分享、讨论和获取信息。社交媒体帖子具有短小精悍、形式多样、传播速度快等特点，能够迅速吸引人们的注意力并引发广泛的讨论。因此，对于社交媒体帖子的理解和分析能力成为智能传播时代全媒体素养的重要组成部分。社交媒体帖子涉及的内容广泛，包括新闻、娱乐、生活、文化等多个领域。这就要求人们具备对各种类型信息的辨析能力，能够判断信息的真伪、价值和意义。同时，社交媒体帖子往往带有强烈的个人观点和情感色彩，需要人们具备批判性思维，能够理性分析和评价帖子内容，避免盲目跟风或传播不实信息。此外，社交媒体帖子在传播过程中具有互动性强的特点。用户可以通过点赞、评论、分享等方式与其他用户进行互动，形成信息传播的网络效应。这种互动性增强了信息传播的效果，也要求人们具备参与和引导网络讨论的能力，能够积极表达自己的观点并与其他用户进行有效沟通。社交媒体帖子作为智能传播时代全媒体素养的客体，还体现在其对人们媒介素养提升的作用上。通过关注和分析社交媒体帖子，人们可以了解不同文化、不同观点之间的碰撞和交流，拓宽自己的视野和思维方式。同时，也可以学习如何更好地运用社交媒体平台来传递信息、表达观点，提升传播能力和影响力。

社交媒体帖子作为智能传播时代的主要信息传播形式之一，其多样性、互动性和广泛影响力使其成为全媒体素养的客体。通过提升对社交媒体帖子的理解和分析能力，人们可以更好地适应智能传播时代的发展需求，提升自己的媒介素养和传播能力。

四、智能生成内容

智能生成内容代表了信息传播技术的最新发展。随着人工智能、大数据、云计算等技术的不断进步，机器已经能够模拟人类的思维过程，自动地生成各种类型的内容，如文本、图片、音频和视频等。这种自动化和智能化的内容生产方式极大地改变了传统的内容创作和传播模式。在智能传播时代，大量的内容是 ChatGPT、Sora 等自动生成的，这些内容不仅数量庞大，而且形式多样，覆盖了新闻、娱乐、广告等多个领域。智能生成内容对信息传播的效率和效果产生了显著影响。由于机器可以快速地处理和分析海量的信息，并根据用户的需求和兴趣生成个性化的内容，因此智能生成内容在传播过程中往往能够更准确地触达目标受众，提高传播效果。同时，智能生成内容也能够帮助媒体机构提高生产效率，降低运营成本。智能生成内容对全媒体素养提出了更高的要求。在智能传播时代，人们不仅需要具备对传统媒体内容的理解和分析能力，还需要掌握与智能生成内容相关的知识和技能，如人工智能算法、数据分析等。只有这样，才能更好地适应智能传播时代的发展需求，提升自身的全媒体素养和传播能力。因此，对于全媒体素养的培养来说，了解和掌握智能生成内容的原理、特点和应用方式显得尤为重要。智能生成内容在各个领域的典型案例可以体现其应用和价值。

- 新闻报道自动生成：一些新闻机构利用人工智能技术，根据事件的主题和活动的目标，自动生成全面的新闻报道。这些报道涵盖了事件的背景、进展、影响等多个方面，提高了新闻报道的速度和效率。

- 行业报告自动生成：通过对相关领域的数据和资讯进行深度分析，人工智能系统能够自动生成行业报告的主要内容和结论。这为企业和投资者提供了快速了解行业趋势和竞争格局的途径。

- 广告创意自动生成：通过学习大量广告数据和用户反馈，人工智能系统能够自动生成具有创意的广告内容。这包括不同风格和主题的广告文案、图片和视频等，帮助广告公司和品牌快速制作和投放广告。

- 视频内容自动生成：人工智能系统可以根据剧情要素和情节发展，自动生成精彩的视频内容。例如，一些平台利用人工智能技术生成短视频、电影预告片等，吸引了大量用户的关注和互动。

- 个性化学习推荐：在教育领域，智能生成内容也得到了广泛应用。智能教室、个性化学习平台等系统可以根据学生的学习情况和兴趣，推荐相应的课程内容和学习资源，提高学习效果和满意度。

第三节　智能传播时代全媒体素养的内容

一、如何理解并接受大数据带来的颠覆性影响

理解并接受大数据带来的颠覆性影响是一个过程，它涉及对大数据本质的理解、对个人和社会变革的认知，以及积极适应和利用这一趋势的态度，是智能传播时代全媒体素养的重要内容。

智能传播时代
全媒体素养的内容

大数据是指无法在合理时间内用常规软件进行捕获、管理和处理的庞大、复杂的数据集合。它具有体积大、速度快、种类多和价值密度低等特点。这些特性使得大数据能够在各个领域产生深远的影响，包括商业决策、科学研究、社会治理等。大数据改变了传统的数据处理方式和分析方法，使得人们能够更深入地挖掘数据的价值，发现隐藏在数据背后的规律和趋势。这不仅提高了决策的准确性和效率，还催生了一系列新的商业模式和创新应用。同时，大数据也带来了对个人隐私和安全的挑战，以及对传统行业结构的冲击和重构。

在此基础上，数据思想在大数据时代扮演着至关重要的角色，是公民具备数据素质的逻辑前提，也是有效利用数据进行问题处理的首要条件和动力源泉。具体来说，数据思想包含两个核心方面：数据认知和数据敏感。数据认知是建立在对数据知识和数据发展态势的深入理解基础之上的。这要求公民不仅要有意识地接收数据，还要对数据知识有所涉猎。只有当个体真正理解并重视数据在生产生活中所发挥的作用，熟悉与大数据相关的规律和方法，个体才能够为使用大数据解决问题和创造价值提供坚

实的思想基础。同时，对数据特性的了解、对数据格式及特点的知悉，以及对与数据相关的算法规则和模型规律的掌握，都是全面认识大数据的关键环节。这样的认知不仅有助于提高数据的使用率，还能为后期问题的解决提供全新的思路和方法。数据敏感能力则是获取数据的重要条件。一个具有高度数据敏感度的个体，能够在第一时间洞察问题，把握大数据运行和发展的客观规律。这种高度的数据敏感不仅可以节约经济成本和时间成本，更能显著提高数据的利用效率。在数据驱动的决策过程中，数据敏感能力尤为重要，它能够帮助个体快速识别出有价值的信息，从而作出更为精准和有效的决策。

因此，培养数据思想和提升数据敏感能力，对于公民个人和整个社会来说都至关重要。这不仅关乎个体能否有效利用大数据解决现实问题，还关乎个体能否在大数据时代中抓住机遇，实现更大的发展。①

二、如何匹配人工智能的强大学习能力

在智能传播时代，全媒体素养的内容涵盖信息获取、处理、传播、评估以及技术应用等多个方面，其核心在于如何有效地匹配人工智能的强大学习能力，进而更好地适应和利用智能传播时代的信息环境。

智能传播时代的显著特征是信息的爆炸性增长和传播的极速化。匹配人工智能的学习能力有助于社会更好地应对信息过载的问题。在智能传播时代，个体面临着海量的信息输入，但时间和精力有限，难以逐一处理。传统的信息处理方式已经难以应对这种海量的数据和信息流。而人工智能凭借其强大的学习和处理能力，能够高效地筛选、分类、分析这些信息，为社会提供更准确、更有价值的信息。通过利用人工智能的筛选和推荐功能，个体可以更高效地过滤掉冗余和无关的信息，只关注对个体有价值的内容。这不仅提高了信息处理效率，也使个体能够更专注于有价值的信息分析和利用。

---

① 殷俊，魏敏：《数据素质：融媒体时代媒介素养的核心维度》，载《中国编辑》，2019(08)。

人工智能通过数据驱动和机器学习算法，能够持续改进自身的性能。这种能力使得人工智能在数据分析、模式识别、预测推理等方面展现出强大的优势。因此，全媒体素养的提升需要个体将这种能力融入信息获取、处理和传播等各个环节中，充分利用人工智能的学习能力来优化信息获取和处理过程。例如，通过智能推荐算法，个体可以更精准地获取自己感兴趣的信息；通过自然语言处理技术，个体可以更高效地处理和分析文本信息。这些技术的应用不仅可以提高个体的工作效率，还可以帮助个体更好地理解和利用信息。此外，通过精准的用户画像和智能推荐系统，个体可以将信息更准确地推送给目标受众；通过大数据分析，个体可以更好地了解受众的需求和偏好，从而优化传播策略。这些措施有助于提高信息的传播效率和影响力。因此，了解人工智能的基本原理和应用场景，掌握相关的技术工具和平台，以及具备数据分析和处理的能力，以匹配人工智能的强大学习能力，是智能传播时代全媒体素养的重要内容。

三、如何在人机交流中进行准确判断

智能传播时代的信息传播速度极快、范围极广，且内容形式多样。这使得人们在获取、处理和传播信息时，需要更强的判断力和筛选能力。人机交流作为信息传播的一种重要方式，其信息的准确性和真实性直接影响人们的决策和行为。这意味着在某些特定情境下，人工智能可能会产生偏差或误解。从社会层面来看，准确判断人机交流中的信息有助于维护社会稳定和公正。在智能传播时代，信息的真实性和准确性对于社会决策和公众舆论具有重要影响。全媒体素养内容包括帮助个体更好地识别和传播真实信息，遏制虚假信息的传播，并通过与人工智能的互动和沟通，修正或完善其决策和判断。此外，随着人工智能技术的不断发展和普及，人机交流将越来越频繁和深入。具备全媒体素养的人不仅能够更好地适应这种趋势，还能在与人工智能的互动中不断提升自己的能力和水平，更好地理解人工智能的工作原理和应用场景，从而更有效地利用人工智能技术来解决实际问题。

赋予机器独立的交流地位与权利，将其视为一个具有他者特性的存在，不仅是人

机交流的基本伦理要求，也是推动人机和谐共生的关键所在。当个体尊重机器作为他者的地位，坦然接受其带来的各种挑战时，实际上是在拓宽个体的交流边界，促使个体不断突破自身的局限性，从而获得更为丰富的交流能力训练。与此同时，作为机器的设计者和使用者，人类的行为和态度对机器的行为模式具有深远的影响。当个体以尊重的态度对待机器，将其视为参照与榜样时，机器的行为也会趋向于向更加积极、有益的方向发展，进而使得人机之间的交流变得更加顺畅和自然。更为重要的是，人机交流中"他者伦理"的践行，不仅有助于提升人与机器之间的交流质量，也可以为个体处理人际关系提供宝贵的经验与借鉴。通过在与机器的互动中学会尊重、理解和接纳不同的他者，个体可以将这种伦理观念应用到更广泛的人际交流中，促进人与人之间的相互理解与合作，共同构建一个更加和谐的社会。①

四、如何规范在虚拟空间中的共同意识和行为

规范在虚拟空间中的共同意识和行为是智能传播时代全媒体素养的重要内容。其原因主要包括以下几个方面。第一，虚拟空间作为信息传播的重要载体，其信息的传递和交互方式已经深刻改变了人们的日常生活。在智能传播时代，全媒体素养要求人们具备在虚拟空间中有效获取、处理、传播和评估信息的能力。而共同意识的形成和行为规范的确立，则是实现这一目标的基础。通过共同意识，人们可以在虚拟空间中形成对信息的共同理解和认知，避免误解和误导；通过行为规范，人们可以约束自己在虚拟空间中的行为，确保信息的传播和交互符合道德和法律要求。第二，虚拟空间的特性使得共同意识和行为规范的重要性更加凸显。虚拟空间具有高度的灵活性和互动性，用户可以通过各种方式进行信息的传递和交互。然而，这也带来了信息泛滥和虚假信息传播的风险。如果没有共同意识和行为规范的约束，虚拟空间可能会成为虚假信息和不良行为的滋生地，对社会的稳定和发展造成负面影响。第三，随着人工智

---

① 彭兰：《智能素养：智能传播时代媒介素养的升级方向》，载《山西大学学报（哲学社会科学版）》，2023（05）。

能技术的不断发展，虚拟空间中的信息传播和交互方式将更加智能化和个性化。这意味着人们需要更高的全媒体素养来适应这种变化。共同意识和行为规范可以帮助人们更好地理解和应对虚拟空间中的新变化和新挑战，确保信息的传播和交互符合社会的期望和需求。第四，规范在虚拟空间的共同意识和行为也是维护网络空间健康发展的重要保障。网络空间作为现实世界的延伸和拓展，其秩序和稳定对于社会的和谐与发展具有重要意义。通过共同意识和行为规范的引导，人们可以在虚拟空间中形成积极向上的网络文化，促进网络空间的健康发展。

媒介的普及性和深入性已经达到了无所不在、无处不在、无人不用的程度，这种普及深刻地改变了个体对时间和空间的认知。传统的线性时间概念被时间重组所替代，使得历史和现实在现代化技术的帮助下得以同台上演，形成了一种独特的时空奇观。与此同时，空间也不再局限于固定的地理坐标，真实的地理空间与虚拟的媒介空间实现了无缝互动。这种全新的媒介景观与机械时代、电力时代相比，呈现出截然不同的特征。然而，随着媒介的普及和传输速度的迅猛提升，人们在享受信息便捷的同时，也不免会感到一种恐慌。这是因为当熟悉的模式或标记变得模糊或发生移位时，人们往往会感到不安和困惑。为了应对这种由瞬息万变的传输和变革速度所带来的恐慌，人们迫切需要在流动的现代性中找到一种熟悉感和经验的稳定性。为此，强化网络空间共同意识、规范虚拟世界行为成了数字时代全媒体素养的重要内容。媒介的充溢性和网络虚拟社区的繁荣，使得个体不仅要具备获取、分析、评价和传播信息的能力，更要懂得如何在虚拟世界中建立和维护共同意识，以及遵守相应的行为规范。这样，个体才能在享受媒介带来的便利的同时，保持内心的平静和稳定，共同构建一个和谐、有序的数字世界。[①]

---

① 李岭涛，张祎：《数字时代媒介素养的演进与升维》，载《当代传播》，2022(02)。

第四节　智能传播时代全媒体素养的目标

联合国发展峰会通过的《变革我们的世界：2030 年可持续发展议程》中总共设定了 17 个可持续性发展目标。其中目标4 为"确保包容和公平的优质教育，让全民终身享有学习机会"。2016 年联合国经济及社会理事会统计委员会拟定的全球指标框架中，就 4.4 提出了"按技能类型分列的掌握 ICT（信息传播技术）的青年/成人所占百分比"的测量指标，可见智能时代的全媒体素养已被纳入可持续性发展全球框架。[①] 从个体认知的角度看，智能传播时代的全媒体素养包含以下四个目标。

智能传播时代
全媒体素养的目标

一、求真：智能传播时代全媒体素养的基础目标

认知角度下的求真是一个涉及信息接收、处理、评估和应用的复杂过程。求真的认知过程始于对信息的感知和接收。个体通过感官器官接收外界的信息刺激，包括文字、图像、音频、视频等多种形式的内容。在接收信息的过程中，个体的认知结构、经验背景和注意力等因素会影响信息的选择和过滤。求真要求个体对接收到的信息进行深入的处理和理解，包括信息的解码、解释和整合。个体需要运用自己的知识体系和思维方式，对信息进行解码，理解其含义和背后的意图。同时，个体还需要将新接收的信息与已有的知识经验进行关联和整合，形成对信息的全面认知。求真的认知过程还涉及对信息的评估和判断。个体需要运用批判性思维，对信息的真实性、准确性和可信度进行评估。这包括对信息来源的考察、对信息内容的核实以及对信息背后的逻辑和证据的分析。通过这一过程，个体能够辨别虚假信息和误导性内容，筛选出

---

① 卜卫：《数字素养与可持续性发展》，载《新闻与写作》，2020(08)。

有价值的信息。此外，求真的认知过程还需要将经过评估和判断的信息应用于实践。个体需要根据自己的需求和目标，选择适当的信息进行利用和传播。同时，个体还需要根据实践反馈和新的信息输入，不断调整和完善自己的认知结构和求真能力。

在智能传播时代，全媒体素养的求真目标具体可以细化为真相之真、真实之真和真理之真三个层面，这三个层面共同构成了求真的多维度内涵。①

真相之真指的是追求事实真相的准确性和客观性。在智能传播时代，信息的传播速度极快，但其中也夹杂着大量的虚假信息和谣言。全媒体素养要求个体在面对这些信息时，能够运用批判性思维，通过多渠道求证、核实信息的来源和可靠性，以揭示事实的真相。这不仅需要个体有敏锐的洞察力和判断力，还需要个体具备严谨的科学精神和求证方法。真实之真强调的是信息的真实性和可信度。在媒体传播中，真实性是媒体的生命线。全媒体素养要求个体坚守真实原则，不传播未经证实的消息，不夸大其词或歪曲事实。同时，个体还需要具备辨别虚假信息的能力，避免被误导或欺骗。这需要个体保持对信息的审慎态度，对任何信息都持有一种怀疑和验证的精神。真理之真则是对信息和知识更深层次的追求。它要求个体在掌握事实真相和真实信息的基础上，进一步探索事物背后的本质和规律，追求知识的真理性和普遍性。这需要个体有深厚的学科素养和宽广的视野，能够运用各种知识和方法来揭示事物的本质和规律。

二、甄辨：智能传播时代全媒体素养的过程目标

利维斯和丹尼斯·桑普森在 1933 年出版的文学批评著作《文化与环境：培养批判意识》一书中，以保持本国文化传统、语言、价值观和民族精神的纯正和健康为出发点，将媒介素养教育的目的归结为"甄辨与抵制"，即通过媒介素养教育来防范大众传

---

① 季静：《大学生网络媒介素养教育目标探寻》，载《江苏高教》，2018(07)。

媒的错误影响和腐蚀，自觉追求符合传统精神的美德和价值观。① 在智能传播时代，信息的传播速度达到了前所未有的高度，社会公众被海量的信息所包围，这些信息来自不同的渠道，内容各异，其中既有真实可信的，也有虚假误导的。因此，如何在这样的信息海洋中准确筛选出有价值的内容，成了每个人都需要面对的重要挑战。

甄辨，作为智能传播时代全媒体素养的过程目标，其重要性体现在它能够帮助公众避免被虚假信息所误导。在智能传播时代，信息的制造和传播成本大大降低，使得虚假信息的产生和传播变得更加容易。这些虚假信息可能是出于某种目的而故意制造的，也可能是由于信息传递过程中的误解或失真而产生的。在信息的海洋中，有价值的信息往往被淹没在大量的无效和冗余信息之中。如果缺乏甄辨能力，则难以从这些信息中筛选出真正有价值的内容。此外，甄辨能够促进个体思考能力和批判性思维的发展，通过不断地甄辨，个体能够逐渐培养出对信息保持怀疑和审慎的态度，形成自己的独立思考和判断能力。在一个信息高度发达的社会中，信息的真实性和准确性对于社会的稳定和进步至关重要。具备甄辨能力的人，则能够及时发现和揭露虚假信息，维护社会的稳定和公正。

在智能传播时代，甄辨作为全媒体素养的过程目标，具有以下几个方面的具体要求。第一，甄辨要求个体能够准确筛选信息。在信息的海洋中，个体需要根据自己的需求和兴趣，选择有价值、有意义的信息进行深入了解。这需要个体具备对信息源的识别能力，能够分辨出哪些信息来源是可靠的，哪些可能是存在问题的。同时，还需要具备对信息内容的判断能力，能够筛选出那些真实、客观、有用的信息，避免被虚假、误导性的信息所干扰。第二，甄辨要求个体能够深入分析信息。对于筛选出来的信息，个体需要进行深入的分析和理解。这包括理解信息的表面含义，揭示其背后的深层含义和意图；分析信息的结构和逻辑，判断其是否合理和准确；评估信息的价值

---

① 陆晔：《媒介素养教育中的社会控制机制——香港媒介素养教育的目标和特征》，载《新闻大学》，2006(01)。

和影响，判断其对自身和社会是否具有积极意义，更好地把握信息的本质和真相，避免被表面的现象所迷惑。第三，甄辨要求个体能够批判性地评估信息。在智能传播时代，信息的真实性、客观性和准确性往往受到各种因素的影响和干扰。因此，个体需要具备批判性思维，能够对信息进行独立的评估。这包括审视信息的来源和制作过程，判断其是否存在偏见或误导；分析信息的逻辑和证据，判断其是否经得起推敲和检验；评估信息的价值和意义，判断其是否值得进一步关注和探讨等。第四，甄辨要求个体能够有效地利用信息。对于经过筛选、分析和评估的信息，个体需要将其转化为实际的知识和能力，用于指导行为和决策。这需要个体具备将信息与实践相结合的能力，能够将信息应用到具体的问题和情境中，解决实际问题，还需要具备持续学习和更新知识的能力，不断适应新的信息和环境，提升自己的全媒体素养水平。

三、择善：智能传播时代全媒体素养的价值目标

"善"是人类文明的共同标志。互联网具备开放、平等、交互、匿名的特点，在给社会带来多元化的价值观念、国际视野和便捷的交往手段的同时，也造成了社会责任感弱化、价值取向迷惘、人际关系冷漠等问题。①

在智能传播时代，全媒体素养不再仅仅是一种技能或能力，而是逐渐演变为一种价值追求，其核心便是"择善"。择善，意味着在信息海洋中审慎选择、明智判断，追求真实、善良与美好，这不仅是全媒体素养的精髓，更是当今时代应当秉持的价值观。一方面，择善体现在对真实信息的追求上。在智能传播时代，信息的传播速度极快，但真实性却难以保证。因此，具备全媒体素养的人应当具备辨别真伪的能力，从海量信息中筛选出真实可靠的内容。通过选择真实的信息，促进个体更好地了解世界，避免被虚假信息所误导，从而作出正确的决策。另一方面，择善意味着在多元价值观中坚守善良与正义。智能传播时代，各种价值观和文化相互碰撞、交融，社会面临着前所未有的价值选择困境。具备全媒体素养的人应当具备批判性思维，能够在多

---

① 季静：《大学生网络媒介素养教育目标探寻》，载《江苏高教》，2018(07)。

元价值观中保持清醒的头脑，坚守善良与正义的原则。通过传播正能量、弘扬真善美，为社会营造积极向上的氛围，推动社会的和谐与进步。此外，择善还体现在对美好生活的追求上。智能传播时代提供了更加便捷、丰富的信息获取方式，但也带来了信息过载、注意力分散等问题。具备全媒体素养的人应当能够合理利用媒体资源，选择那些能够提升自己、丰富生活的信息内容。通过欣赏优秀的文艺作品、了解世界各地的风土人情、关注社会热点和民生问题，拓宽视野、陶冶情操，提升生活质量。

因此，择善作为全媒体素养的价值目标，不仅关乎个人的成长与发展，更关乎社会的和谐与进步。政府、媒体和社会各界也应当共同努力，营造一个健康、积极、向上的信息传播环境，为培养具备择善能力的全媒体素养人才提供有力支持。

四、共识：智能传播时代全媒体素养的最终目标

智能传播时代全媒体素养的最终目标即共识。它不仅是对某一具体问题的共同看法，更是对社会价值观、道德规范、信息传播准则等多方面的共同认知和认同。首先，共识的内容包括对真实、客观信息的追求和认同。在智能传播时代，信息的真实性和客观性尤为重要。共识意味着社会成员普遍认同并追求真实、准确的信息，拒绝虚假、误导性的内容。这种共识有助于构建一个信息透明、公正的社会环境，为人们的决策提供可靠的依据。其次，共识的内容还涉及对多元文化和观点的尊重与包容。智能传播时代为人们提供了接触不同文化和观点的机会，共识要求我们在保持自身立场的同时，尊重并理解他人的观点，避免单一化、片面化的思维。这种共识有助于促进社会和谐，减少冲突和分歧，推动文化多样性的发展。此外，共识的内容还包括对道德规范和社会责任的共同认知。在信息传播过程中，个体应该遵守道德规范，不传播低俗、恶意的内容，维护网络空间的健康与秩序。同时也应该承担起社会责任，积极传播正能量，推动社会进步和发展，塑造积极向上的社会氛围。最后，共识的内容还体现在对信息传播规则和媒介素养的普遍认同。智能传播时代需要遵守信息传播的基本规则，如保护知识产权、尊重他人隐私等，同时也应该具备基本的媒介素养，理

性判断信息的价值和意义，提升整个社会的信息处理能力。

共识的形成建立在信息的真实性和准确性之上。第一，全媒体素养的首要任务便是培养个体筛选和鉴别信息的能力，基于共同的事实基础，形成对某一问题的共同认识。第二，共识的形成还需要个体具备开放和包容的心态，引导个体学会尊重和理解不同的观点，通过理性讨论和深入交流，寻找共同点和交集，从而达成对某一问题的共识。第三，共识的形成还需要个体具备批判性思维，学会用批判性的眼光看待信息，不被表面的现象所迷惑，不被片面的观点所左右，通过深入分析和思考，更加准确地把握问题的本质和真相，为达成共识提供有力的支撑。第四，共识的形成需要个体在全媒体素养的基础上积极参与社会公共事务的讨论和决策，关注社会热点、参与公共事务的讨论，为社会的进步和发展贡献力量，推动社会向着更加和谐、稳定的方向发展。

第四章　虚拟数字人与思辨反应能力

第一节　什么是虚拟数字人

一、虚拟数字人的定义与发展简史

(一)定义

数字人(digital human)指的是借助信息科学方法对人体进行虚拟仿真而得到的多层次数字模型。数字人是生命科学与信息科学碰撞、交融的产物，能够从微观到宏观，从生理到智能，从分子、细胞、组织到器官、整体等不同层级实现对人体的精确模拟。与生命科学领域稍有差异的是，应用于信息传播领域的数字人多

什么是虚拟数字人

指的是虚拟数字人(virtual digital human)，即具备类人化数字外形与认知能力、在虚拟数字环境中行使自动化代理功能的交互式虚拟人物。有别于实体机器人，虚拟数字人需要以数字显示设备为存在载体，能够从外观、行为、智能等方面模拟人类，比如模拟人类的容貌、语言、表情、动作等，部分虚拟数字人可识别外部环境并实现与外界的交流互动。虚拟数字人是通往元宇宙的入口，是人工智能技术在图形动画领域的

关键性应用。①

从技术层面划分，虚拟数字人大致涵盖以下三类。首先是数字孪生体，它是对现实生活中的人物进行等比例的数字复制，特别是在元宇宙领域，表现为个体在虚拟世界中的数字化身。其核心目的是通过这一数字化身，构建数字世界与物理世界之间的桥梁。其次为虚拟人，这类虚拟形象是人类创意的产物，能够展示人体的各种形态与变化，但通常不需要与物理世界产生直接联系。最后，数智人则是结合自然智能与人工智能的一种综合体系，它具备与用户进行自主交互和自主决策的能力。②

(二)发展简史

2021 年 11 月，工业和信息化部正式发布了《"十四五"信息通信行业发展规划》。该规划积极倡导各类企业利用 5G、人工智能、虚拟现实、增强现实、3D 打印等尖端技术，构建丰富多样的线上消费场景，探索人机互动的全新模式，并大力推动便捷化线上服务应用的拓展。2022 年 8 月，北京市经济和信息化局更进一步，公开推出了国内首个专门针对数字人产业的支持政策——《北京市促进数字人产业创新发展行动计划(2022—2025 年)》。该计划明确指出，要加速数字人在各类泛生活场景中的应用进程，并鼓励产业各方携手合作，共同构建健康的产业生态。《2020 年虚拟数字人发展白皮书》指出，虚拟数字人大致经历了萌芽期、探索期、初级发展期和成长期。

1. 萌芽期

在 20 世纪 80 年代，人们开始尝试将虚拟人物融入现实世界，标志着虚拟数字人进入萌芽期。这一时期，虚拟数字人的制作技术主要依赖于手工绘制，因此其应用范围相对有限。

1982 年，日本动画《超时空要塞》的播出为虚拟数字人的发展带来了重要突破。

---

① 洪少华，卢晓华，刘洪静：《虚拟数字人在国内主流媒体的应用实践与完善路径》，载《传媒》，2023(23)。

② 李冬梅：《图书馆虚拟数字人：内涵特征、信息模型与应用场景》，载《新世纪图书馆》，2023(07)。

制作方将女主角林明美塑造为演唱动画插曲的歌手，并推出了音乐专辑。这张专辑成功进入了当时日本知名的音乐排行榜，使林明美成了世界上第一位虚拟歌姬，为虚拟数字人的应用领域拓展了新的道路。1984 年，英国人乔治·斯通创造了一个名为马克斯·赫德鲁姆的虚拟人物，拥有人类的外貌、表情和动作，身穿西装并佩戴墨镜。他参演了一部电影并拍摄了多支广告，一时间成了英国家喻户晓的虚拟演员。尽管受到技术的限制，其虚拟形象是通过真人演员使用特效化妆和手绘技术实现的，但这仍然为虚拟数字人的发展提供了宝贵的经验和启示。

2. 探索期

在 21 世纪初，随着 CG、动作捕捉等技术的兴起，传统手绘逐渐被取代，虚拟数字人进入了探索阶段。在这一阶段，虚拟数字人的制作水平逐渐达到了实用标准，尽管造价仍然较高，但它们主要在影视娱乐行业中得到应用，如数字替身和虚拟偶像等。在电影制作中，数字替身的制作通常利用动作捕捉技术。演员们穿着特制的动作捕捉服装，脸上标记有表情捕捉点。通过摄像机和动作捕捉设备，可以精准地捕捉演员的动作和表情，并将其经过计算机处理后赋予虚拟角色。以 2001 年上映的《指环王》为例，其中的角色咕噜就是通过 CG 技术和动作捕捉技术创造出来的。这些技术随后在《加勒比海盗》《猩球崛起》等电影制作中也得到了广泛应用。2007 年，日本推出了第一个广受认可的虚拟数字人——"初音未来"。初音未来作为二次元风格的少女偶像，其早期的人物形象主要依赖于 CG 技术合成。同时，她的人物声音采用了雅马哈的 VOCALOID 系列语音合成技术。尽管呈现形式在当时还相对粗糙，但初音未来的出现为虚拟数字人的发展开辟了新的道路。

3. 初级发展期

近年来，深度学习算法的进步为虚拟数字人的制作带来了显著简化，推动其逐渐步入正轨并迈向初级发展阶段。在这一时期，人工智能成了虚拟数字人不可或缺的核心工具，智能驱动的数字人开始逐渐崭露头角。

2018 年，新华社与搜狗联合推出了"AI 合成主播"，这一创新应用能够在用户输入新闻文本后，实时在屏幕上呈现虚拟数字人形象并进行新闻播报。令人印象深刻的是，其唇形动作与播报声音能够实现实时同步，为用户带来更加自然、真实的体验。2019 年，浦发银行与百度携手推出了数字员工"小浦"。这是一个利用自然语言处理、语音识别、计算机视觉等先进人工智能技术精心制作的虚拟数字人。通过移动设备，"小浦"能够为用户提供"面对面"的银行业务服务，实现了虚拟数字人在金融领域的实际应用。这些成功案例不仅展示了虚拟数字人在不同领域的潜力，也为其未来发展奠定了坚实基础。

4. 成长期

目前，虚拟数字人正朝着智能化、便捷化、精细化和多样化的方向不断发展，并逐渐成熟。在 2019 年的 TED 演讲中，美国影视特效公司数字王国软件研发部的负责人向观众展示了他所创建的虚拟数字人"DigiDoug"。这个虚拟数字人不仅能够在照片级别的逼真程度下展示实时表情和动作捕捉，还能实现逼真的展现。而在 2020 年的国际消费类电子产品展览会上，三星旗下的三星技术与先进研究实验室也展示了他们的虚拟数字人项目 NEON。NEON 是一种由人工智能驱动的虚拟人物，其形象近似真人，并具备逼真的表情和动作。此外，NEON 还拥有表达情感和与人沟通交流的能力，为虚拟数字人的未来发展开启了新的可能性。

二、虚拟数字人的角色分类

目前，虚拟数字人的类型主要包含以下四种。(1)偶像型：这类虚拟数字人主要从事偶像活动，拥有明确的虚拟设定和丰富的作品产出。相较于真人偶像，它们更加完美，是知识产权(IP)运营的一种表现形态。(2)助手型：这类虚拟数字人(也被称为智能助理或虚拟机器人)能够代替真人提供个性化服务，涵盖智能客服、虚拟医生、虚拟导游、智能理财顾问等多个角色。(3)载体型：在这类应用中，虚拟数字人作为 IP 与用户合作进行塑造、开发和创作。以虚拟歌手"洛天依"为例，她作为已经诞生 10 年的虚拟偶像，其大多数歌曲都是由其粉丝基于对她的情感而自发创作的。(4)替身型：这类虚拟数字人是真人的数字分身，能够在虚拟世界和现实世界之间相互叠加转化。

（一）虚拟主播

虚拟主播是指利用电脑技术、网络技术实现的虚拟形象在网络中传播的一类主播。这类主播通常无需真人露脸，视频主体角色多为 3D 建模的虚拟形象，是依靠数字技术、人声、动作结合后的产物。虚拟主播可以进行直播活动，如玩游戏、唱歌、跳舞、与观众互动等，其价值已得到广泛认可。

2001 年，阿娜诺娃成了首批应用于电视新闻节目的虚拟主播之一。她具备 24 小时不间断播报的能力，然而，由于她的表现方式相对僵硬且缺乏灵活性，与真人主播相比存在显著差距，因此并未在电视新闻节目中得到长期应用。2016 年 12 月，日本虚拟主播"绊爱"在 YouTube 上发布了首个视频，并于 2018 年 2 月 23 日成功吸引了 100 万订阅者。以"绊爱"为代表的新一代虚拟主播，标志着虚拟主播行业的快速发展。随着人工智能技术的不断进步，虚拟主播开始被广泛应用于新闻媒体平台。与早期的虚拟主播如阿娜诺娃相比，现代的虚拟智能主播不仅具备高度逼真和自然的外观形象，还拥有强大的自然语言理解和语言表达能力、情绪感知和情感交互能力，以及卓越的学习能力。2018 年 11 月，新华社发布了人工智能主播，这一创新引领了全球人工智能合成领域的技术突破，为新闻行业树立了实时音频和图像合成的新标杆。2022 年，借助语音识别和自然语言理解等先进技术驱动的央视 AI 手语主播在北京冬奥会和冬残奥会上亮相。她不仅能实时报道冬奥新闻，还能提供准确及时的手语直播服务。央视 AI 手语主播因其极具亲和力的外表和精准的手语翻译能力，赢得了国内观众的喜爱。在 2022 年的两会期间，央视财经评论员王冠(真人新闻主播)与 AI 超仿真主播王冠(虚拟新闻主播)共同亮相于《"冠"察两会》特别节目。节目中，"AI 王冠"作为控场主持人，与真人王冠进行连线，其语言表达清晰、声音富有情感、手势自然流畅，二者配合默契，成功吸引了观众的关注。除了技术上的卓越表现，"AI 王冠"还展现出了一定的信息传播技巧，例如善于利用生活化场景来拉近主流新闻媒体与普通受众之间的距离。① 在《两会 C+时刻》节目中，智能主播小 C 通过结合"面部+动作

---

① 侯文军，卜瑶华，刘聪林：《虚拟数字人：元宇宙人际交互的技术性介质》，载《传媒》，2023(04)。

捕捉"、实时渲染和深度学习等尖端技术，实现了声音和面容的即时生成与渲染，从而使得播报效果更为生动逼真。这一技术的应用显著缩短了传统智能主播因表情和动作滞后而产生的"僵硬感"，同时，高帧率的情感和影像输出大幅提升了观众的"交互感"与"沉浸感"。①

据初步统计，我国主流视听媒体已推出了数十位数字人。其中，典型的例子有新华社的"AI合成主播超市"、数字宇航员和数字记者"小诤"，中央广播电视总台的"AI王冠"，央视网的"小C"，北京广播电视台的"时间小妮"，湖南卫视的"小漾"，以及浙江卫视的"谷小雨"等。这些数字人从知名主持人的虚拟化身到二次元偶像，再到高度逼真的3D超写实数字人，外形和风格各异，正在逐渐成为传媒界的新兴力量。特别值得一提的是，以新华社的"小诤"为代表的实时高保真数字人，其技术难度极高。尽管这在全球范围内仍是探索性的工作，但其创新和应用已经走在了世界的前列。②

(二)虚拟偶像

虚拟偶像是指通过一系列科技手段呈现出来的虚拟人物形象，具备偶像的特征和属性，如外貌、声音、表演能力等。这些虚拟偶像可以进行音乐、演出、代言等活动，拥有广泛的粉丝群体和商业价值。以虚拟偶像产生的驱动力作为划分标准，可以将其分为内容驱动型虚拟偶像、技术驱动型虚拟偶像和产业驱动型虚拟偶像。

虚拟偶像的概念最早起源于日本，随着技术的发展和普及，越来越多的虚拟偶像开始在全球范围内活跃。

例如，初音未来是由日本某公司开发的虚拟歌手，也是全球第一个真正意义上的虚拟偶像。她的形象是一个穿着未来感十足的苍绿色长发少女，具有极高的知名度和影响力，曾多次举办全球巡回演唱会，也代言了多个知名品牌。由中国公司上海禾念信息科技有限公司开发的虚拟歌手洛天依，也是中国第一个拥有自己声库的虚拟偶像。她的形象是一个拥有甜美嗓音和清新气质的少女，深受中国年轻人的喜爱，曾多次参加音乐节目和演出，也发行了多张个人专辑。除此之外，还有许多其他的虚拟偶

---

① 陈小晰：《智能主播的数字实践与情感转向》，载《中国电视》，2022(07)。
② 徐琦：《主流视听媒体虚拟数字人应用创新与优化策略》，载《中国电视》，2023(01)。

像，如韩国的虚拟偶像女团 K/DA、中国的虚拟偶像女团 A-SOUL 等。这些虚拟偶像不仅具有高度的娱乐性和商业价值，同时也代表了虚拟现实技术在文化娱乐领域的应用和发展趋势。

虚拟偶像相较于传统明星偶像，在人物设定、专业特长以及粉丝互动等方面展现出了显著的优势。得益于技术化的"身体"，虚拟偶像得以跨越次元界限，超越平面形象，与粉丝在虚实交织的空间中互动，为粉丝提供了一种前所未有的超终端交互体验。此外，虚拟偶像的技术化特征还为其跨领域进行艺术表演提供了可能性，它们通过"生成式"的结构为大众带来了新颖的消费和娱乐体验，进而创造了新的娱乐文化。虚拟偶像所拥有的强大可塑性、提供的沉浸式体验以及互动性，对传统粉丝与偶像之间的关系产生了深远的影响。虚拟偶像与粉丝之间的深度互动以及共建特性，使其既具有公共性，又兼具私人性，这种独特的双重性质进一步丰富了粉丝与偶像之间的关系体验。①

（三）虚拟作者

虚拟作者是指利用人工智能技术和自然语言处理算法创建的能够模拟人类写作过程的计算机程序或虚拟形象。虚拟作者的创作过程与人类写作相似，都是通过语言文字和符号图像来描绘客观世界、交流思想感情以及传递知识信息的创造性劳动。在虚拟作者的创作方式中，存在"自主创作"和"人机共创"两种应用形态。自主创作指的是虚拟作者在人工智能算法的驱动下独立完成写作任务，无须人工介入。而人机共创则涉及虚拟作者与人类共同合作，虚拟作者在写作过程中提供全方位的辅助。两种应用形态的关键区别在于机器是否参与内容生产的创意决策过程。②

一些图书出版商已经开始使用虚拟作者来自动化生成某些类型的内容，如新闻报道、天气预报、体育赛事分析等。这些虚拟作者能够快速收集和分析大量数据，然后生成结构化的文本内容，大大提高了出版效率。虚拟作者还可以根据读者的喜好和需

---

① 陈晓云，王之若：《虚拟偶像：数字时代的明星生产与文化实践》，载《当代电影》，2021(09)。

② 郭嘉：《虚拟数字人在图书出版领域的多元身份构建研究》，载《科技与出版》，2022(08)。

求，生成个性化的内容。部分出版商利用虚拟作者为读者定制专属的小说、传记或者旅游指南等，提供了更加个性化的阅读体验。在某些情况下，虚拟作者还可以与人类作者合作进行创作。例如，人类作者可以提供大纲和主要情节，而虚拟作者则负责填充细节和对话，共同完成一部作品。这种方式结合了人类的创意和虚拟作者的效率，有助于产生高质量的内容。一些出版商还创建了具有自己独特风格的虚拟作者品牌。这些虚拟作者不仅有自己的名字和形象，还有独特的写作风格和主题偏好，吸引了大量的读者粉丝。除此之外，还有一些虚拟作者被用于创作广告、营销文案等商业内容。这些虚拟作者通常被设计成具有特定的品牌形象和风格，能够根据品牌需求快速生成高质量的文本内容。虚拟作者独特的创作风格和个性化的生产模式，不仅能够为大众文化生活带来新鲜元素，同时也为出版机构在图书营销和运营方面提供了更多的创新机会。

(四)虚拟员工

虚拟员工是指通过数字技术模拟真实的人体器官而合成的三维模型。虚拟员工可以分为智力虚拟和劳动虚拟两种类型，前者主要针对高级人才，后者则主要针对体力劳动者。虚拟员工在多个领域都有广泛的应用空间，如传媒、娱乐、政务、医疗、教育、金融、养老等。它们不仅可以模拟人类的智能行为，执行各种任务，如数据分析、客户服务、文件整理等，而且能够全天候运作，为企业带来更高效的工作环境。此外，虚拟员工还可以通过与人类的自然语言交互，提供人性化的服务体验。

例如，万科公司的"崔筱盼"就是数字化虚拟员工，拥有年轻女性形象。她的工作是快速监测各类事项的逾期情况和工作异常，通过邮件向同事发出提醒，推动工作及时办理，承担了许多原本需要人类员工完成的工作，展现了虚拟员工在提高工作效率和准确性方面的优势。清华大学的"华智冰"则是一位可以作诗作曲的虚拟学生，她基于清华大学计算机系知识增强大模型研发，融合了文本、语音、视觉等多模态信息，展现了人工智能在创意领域的潜力。快手公司推出的电商虚拟主播"关小芳"，她可以全天候在线直播卖货，与用户进行互动，为电商行业带来了新的营销方式。除此之外，还有许多其他领域的虚拟员工案例，如虚拟导游、虚拟客服、虚拟护士等。这些虚拟员工的应用不仅提高了工作效率和用户体验，也为企业带来了更多的商业机会和创新空间。然而，随着虚拟员工的应用越来越广泛，我们也需要关注其背后的伦理和法律问题，如数据隐私、安全性、责任归属等。

三、虚拟数字人的技术架构

虚拟数字人系统由五大模块共同构建：人物形象、语音生成、动画设计、音视频合成及展示以及交互功能。人物形象设计丰富多样，依据图形资源的维度，可分为2D与3D；风格上则包括卡通、拟人、写实和超写实等。语音生成模块根据文本内容生成人物语音，动画设计模块则同步生成匹配的人物动画。音视频合成展示模块巧妙结合语音与动画，生成视频并展示给用户。而交互模块则赋予数字人交互能力，通过智能技术如语音语义识别，捕捉用户意图，进而决定数字人的后续语音与动作，引领新一轮的交互体验。[①]

虚拟数字人的基础技术架构涵盖"五横两纵"的核心构成。"五横"代表虚拟数字人制作与交互的五大核心技术模块，具体包括人物生成、人物表达、合成显示、识别感知以及分析决策。而"两纵"则是指2D和3D虚拟数字人的应用领域。在人物建模方面，当前的建模技术主要涵盖静态扫描建模和动态光场重建，主流技术仍然是静态扫描。但高视觉保真度的动态光场三维重建技术不仅能够重建人物的几何模型，还能一次性获取动态的人物模型数据，并能在不同视角下高品质地重现人体的光影效果，这已经成了虚拟数字人建模的重要发展方向。在人物表达方面则涉及语音和动画的生成。其中，动画生成主要包含驱动技术和渲染技术两大部分。在计算机视觉技术及其应用逐渐成熟的背景下，驱动技术已经能够实现虚拟数字人多角度的动作捕捉与追踪，并且捕捉精度还在持续提高。而在渲染技术方面，硬件能力的提升以及算法的突

---

① 中国人工智能产业发展联盟总体组和中关村数智人工智能产业联盟数字人工作委员会：《2020 年虚拟数字人发展白皮书》，2020-12-01。

破都大幅提升了渲染速度与效果，使得虚拟数字人看起来更加真实生动。①

第二节　虚拟数字人的典型案例

虚拟数字人的应用正对传统领域产生深远的变革。通过将虚拟数字人产品与生产生活相结合，其强大的规模化、可定制化和可复制化能力，正推动着传统环节流程的优化，提升了业务效能，并有效降低了成本。这种融合不仅极大地改善了业务体验，更为传统领域注入了新的活力，引领着行业的变革与升级。

虚拟数字人的
典型案例

一、虚拟数字人与新闻行业案例

虚拟主播等传媒行业应用的崛起，有效满足了媒体传播领域在内容生成方面的迫切需求，成为融媒体时代不可或缺的传媒工具。在传统媒体领域，以虚拟主持人为代表的数字人应用也逐渐进入公众视野。

2019年央视网络春晚舞台上，一个以撒贝宁为原型制作的 AI 虚拟主持人"小小撒"首次亮相，与原型同台竞技。这标志着国内首次由人类主持人与自己的虚拟孪生数字人共同主持大规模的国家级文化活动，引发了业界和网民的广泛关注；2022年两会期间，中央广播电视总台视听新媒体中心以财经评论员王冠为原型，推出"AI 王冠"的超仿真主播，并作为《"冠"察两会》节目的主播，与真人王冠同框，对减税降费等政策进行解读。在技术上，"AI 王冠"的制作团队在外貌、声音、动作等方面进行了精细的调整和优化，使得虚拟主播与真人王冠高度相似，甚至难以分辨。例如，在外貌上，团队对王冠本人的头发进行了精修，实现了与真人一比一的还原；在声音和

---

① 李冬梅：《图书馆虚拟数字人：内涵特征、信息模型与应用场景》，载《新世纪图书馆》，2023(07)。

表情上，也进行了深度学习和匹配，使得"AI 王冠"的播报和表情与真人无异。"AI 王冠"拥有超自然语音和超自然表情，能够结合新闻热点进行播报和评论，为观众提供新的视听体验。这是 AI 技术在新闻传媒领域的创新应用，也体现了总台在新闻报道上的科技创新力。"AI 王冠"是新闻传媒行业中虚拟主播应用的一个典型案例，展示了 AI 技术在新闻播报和评论方面的潜力和价值。随着技术的不断进步和应用场景的扩大，可以期待更多的虚拟主播在新闻传媒行业中发挥重要作用。

二、虚拟数字人与影视行业案例

以数字替身为代表的虚拟数字人与影视的结合展现出巨大的市场潜力。近年来，中国的影视数字人特效取得了显著进步，部分大片更是赢得了市场的广泛认可。国家对于影视特效的发展给予了高度重视，并相继推出了一系列扶持政策。2019 年，科技部等六部门联合发布了《关于促进文化和科技深度融合的指导意见》，强调要加强激光放映、虚拟现实、光学捕捉、影视摄录、高清制播、图像编辑等高端文化装备的自主研发和产业化。2020 年，国家电影局、中国科协又发布了《关于促进科幻电影发展的若干意见》，明确提出要以科幻电影特效技术的发展为引领，带动整体电影特效水平的提升，并落实相应的财税支持政策，同时对入驻影视文化基地的科技企业给予租金减免。

以 2019 年上映的《阿丽塔：战斗天使》为例，该电影是虚拟数字人技术与影视结合的成功案例。该电影中的女主角阿丽塔是一位完全采用数字人技术制作的角色。制作过程中，通过特殊的面部捕捉仪器精准捕捉真人演员的人脸细节，然后将其作为电脑中虚拟角色的运动依据，使虚拟角色的动作和表情能够呈现出与真人一样自然逼真的效果。此外，该片还使用了名为 Facial Rig 的技术将面部表情的细微变动数据化，使这类没有原型之物的影片把现实淹没在了数字模型之中。维塔数码为角色制作了超过 13.2 万根头发、2000 根眉毛、480 根睫毛和面部近 50 万根绒毛，而阿丽塔的一只眼睛就动用了近 900 万像素进行制作，其精细程度在整个电影制作中都是非常罕见的。总体来说，这些技术的应用为影片带来了极为逼真的视觉效果，让观众仿佛置身于一个未来世界的科幻场景中。这一创新技术不仅提升了对影片的观赏体验，也为影视行业的创新发展注入了新的活力。

三、虚拟数字人与游戏行业案例

虚拟数字人技术以其强大的能力，简化了游戏动画制作的流程，并加快了制作的速度。在预算有限的情况下，这项技术使游戏中的虚拟角色能够呈现出丰富的肢体动作和细腻的面部表情，极大地提升了玩家的沉浸感。

腾讯在游戏娱乐领域推出了《王者荣耀》角色的虚拟偶像唱跳男团"无限王者团"，由《王者荣耀》中的五位英雄于平行时空组成虚拟偶像团体，他们演唱了王者荣耀五周年主题曲《与梦同行》，后面又进军时尚圈，与明星合作新曲，并在《王者荣耀》五周年线下音乐会进行了跨次元合作。网易伏羲实验室将虚拟数字人技术应用于《逆水寒》等多个游戏剧情动画场景的制作中。这种技术的应用使得无须人工参与，即可迅速生成动画，从而赋予大量的虚拟角色出色的视觉表达能力。这种创新的应用方式，不仅提升了游戏的质量和趣味性，也为游戏行业的技术发展提供了新的方向。米哈游则选择了以虚拟主播为突破口，通过吸引《原神》主播并为其提供一键下载的虚拟角色形象，巧妙地将数字人技术融入其产品生态中。

四、虚拟数字人与文旅行业案例

数字文旅产业展现出了显著的优势，并正逐渐成为文旅产业转型升级的核心驱动力。数字文化内容与互联网旅游、智慧旅游以及虚拟旅游等新兴模式结合，特别是在疫情防控期间，其增长势头更是明显。尽管目前虚拟数字人在文旅领域的实体应用产品还未完全落地，但其相关概念产品已经开始受到公众的关注。

商汤科技在 2020 世界人工智能大会（WAIC）展示的 AI 数字人"小糖"，具有 L3~L4 级别的智能程度。她能够基于人体检测算法，当判断到摄像头采集的画面中有人时，主动进入唤醒状态，与用户进行交互。用户可以通过语音与"小糖"进行交流，她会基于知识库或技能库来回答问题，展示相关的内容。"小糖"的面部表情非常自然，这是通过采集大量真实数据并经过深度学习训练算法得到的。她支持以极高的拟人度来播报内容，并展示相应的口型和表情。此外，"小糖"还具备丰富的动作驱动方式，可以根据关键词触发动作或通过在文本中添加标签语言的方式来配置所要驱动的动作。同时，她也支持各种面部捕捉和动作捕捉设备。"小糖"可以根据用户的身高、体温等健康状况进行问候，并可以与用户进行猜拳、拍照等游戏。这些互动都可以通过手势或语音指令来完成，使得"小糖"成了一位极具亲和力的虚拟助手。她不仅可以作为虚拟助手提供丰富的互动体验，还可以作为导游为观众提供精准的讲解服务，其独特的展示和讲解方式不仅有助于应对文旅场馆在人力资源方面的挑战，还凭借其智能化、电子化以及多样化的展示效果，为文旅行业的未来发展开拓了更广阔的可能性。

五、虚拟数字人与金融行业案例

虚拟数字人技术在金融领域的应用正逐渐崭露头角，展现出巨大的潜力和价值。通过结合先进的 AI 技术和深度学习算法，虚拟数字人能够提供个性化、高效和便捷的金融服务，重塑金融行业的客户体验和业务模式。

2019 年，浦发银行推出了其首位数字员工——"AI 驱动的 3D 金融数字人"小浦，小浦凭借其先进的 AI 技术和精确的 3D 渲染，能够为客户提供更加高效的金融服务体验。无论是解答疑问、提供投资建议，还是进行业务推广，小浦都能迅速、准确地完成任务。2021 年年底，百信银行揭幕了其首位数字员工 AIYA，任命其为"AI 虚拟品牌官"。同年 12 月，江南农商银行携手京东智能客服言犀，共同推出了 VTM 数字员工。这款数字员工拥有高度仿真的面容，能够独立完成银行交易场景中的自助应答、业务办理、主动服务以及风控合规等全流程服务。2022 年，平安银行也推出其首位虚拟数字员工"苏小妹"，她不仅拥有逼真的形象，更具备高度智能化的交互能力，能够为客户提供更加个性化和高效的服务体验。

相较于传统的人工客服，虚拟数字人具备更快的响应速度和更高的处理效率，能够迅速回答客户的问题并提供解决方案。同时，虚拟数字人还能够通过自然语言处理和语音合成技术，实现与客户的自然交互，提升客户满意度和忠诚度。虚拟数字人也可以作为金融理财顾问，为客户提供个性化的投资建议和资产配置方案。通过分析客户的投资偏好、风险承受能力和投资目标，虚拟数字人能够为客户提供定制化的投资组合，实现资产的最大化增值。这种智能化的投资顾问服务，不仅能够提高投资效率，还能够降低投资风险，为客户提供更加安全可靠的金融服务。此外，虚拟数字人还可以应用于金融产品的营销和推广中。通过制作精美的虚拟数字人形象和生动的演示动画，金融机构能够吸引更多潜在客户的关注，提升品牌知名度和市场竞争力。同时，虚拟数字人还能够通过社交媒体等渠道进行广泛的传播和互动，进一步拓展金融产品的受众群体。

第三节　虚拟数字人的应用风险

一、技术依赖与自主性缺失风险

虚拟数字人作为智能的化身，在扩展人类身体的同时，引发了深刻的技术依赖，进而削弱了人的自主性。这些由 AI 驱动的虚拟形象，无论是智慧还是外观，均日趋逼真，甚至呈现出替代人类的态势。它们凭借深度学习，持续进步，提供的服务越发符合人的需求，与人的互动也越发顺畅，对人的理解与洞察有时超越人类自身。然而，这种智能化在带来优质体验的同时，也悄然驯化人类。其影

虚拟数字人的
应用风险

响不只限于构建信息壁垒，更涉及对人的各种操纵，诸如情绪、决策与行为。从顺应人性到被技术反制，人类逐渐沦为智能化身的驯服对象，这无疑是智能化身对人自主性的侵蚀。[①]

---

① 杜智涛：《技术身体再造 虚拟数字人的正面效应与风险研究》，载《人民论坛》，2023(23)。

首先，虚拟数字人因其高度智能化和便捷性，往往能迅速响应人类的需求，提供个性化的服务和体验。这种即时的反馈和满足感容易让人产生依赖心理，人们可能会越来越倾向于依赖虚拟数字人来处理日常生活中的各种问题，而忽视自身的思考能力和解决问题的技能。其次，虚拟数字人的广泛应用可能会导致人们在社交、学习、工作等方面过度依赖其提供的信息和建议。这种过度依赖可能导致人们的主体自主性逐渐缺失，可能变得不再愿意主动思考、探索和创新，而是习惯性地接受虚拟数字人的指导和安排。例如，当学生经常使用一款带有虚拟数字人功能的在线学习平台，通过虚拟数字人为其解答问题、提供学习建议，甚至模拟考试环境，随着时间的推移，学生可能发现自己越来越不愿意独立思考和解决问题，总是习惯性地依赖虚拟数字人的答案和建议，学习能力和自主性在无形中受到影响。最后，虚拟数字人的普及还可能引发隐私和安全问题，进一步加剧主体自主性缺失的问题。例如，一些虚拟数字人可能需要收集用户的个人信息和偏好数据，以便提供更精准的服务。然而，如果这些数据被滥用或泄露，用户的隐私和安全就可能受到威胁，这可能导致用户对虚拟数字人的信任度降低。

二、技术失控与道德失范风险

随着深度学习、自然语言处理等领域的进步，虚拟数字人的智能化程度不断提高，能够更逼真地模拟人类行为，甚至在某些方面超越人类。然而，这种技术的快速发展也带来了潜在的风险。如果虚拟数字人的智能水平过高，可能会出现无法预测和控制的行为，导致技术失控。此外，虚拟数字人的应用涉及多个领域，包括娱乐、教育、医疗等，不同领域的需求和约束各不相同，这也增加了技术失控的风险。例如，人们能够使用虚拟数字人的形象创建出几乎可以乱真的虚假视频或音频。如果这种技术被滥用，就可能导致信息的混淆和误导，甚至被用于欺诈，影响公众的判断和决策；虚拟数字人有时被用作隐匿真实身份的工具，一些不法分子可能利用虚拟数字人的身份进行网络犯罪活动，如网络诈骗、恶意攻击等，他们可以通过创建虚拟身份来隐藏自己的真实位置和身份，从而逃避法律制裁。

主体道德失范则与虚拟数字人的使用和管理有关。虚拟数字人作为技术产品，本身并没有道德意识，但在实际应用中，人们可能会将其视为具有道德属性的实体，从而赋予其道德责任。然而，虚拟数字人的行为和决策是由算法和数据驱动的，而不是基于道德原则，这可能导致道德判断的模糊和混乱。此外，一些用户可能会利用虚拟数字人进行不道德的行为。在商业领域，虚拟数字人有时被用作产品推广或广告宣传的手段。然而，当这些虚拟数字人提供的答案或信息带有商业诱导或虚假成分时，就可能误导消费者，损害其利益。例如，一些虚拟数字人可能夸大产品的功效或隐藏其潜在的缺点，导致消费者作出不明智的购买决策。此外，虚拟主播由于其在网络上的巨大影响力，有时可能忽视其作为公众人物所应承担的社会责任。它们可能发布不负责任的言论或参与不道德的行为，对社会造成负面影响。虚拟数字人导致技术失控与主体道德失范，需要从技术、法规、教育等多个方面进行综合治理，以此来确保虚拟数字人的健康发展，为社会带来更多的福祉。

三、数据滥用与信息安全风险

虚拟数字人需依托海量用户数据，涵盖个人资讯、行为记录、交流内容等。这些数据既为数字人个性化服务之本，又是其持续进步优化之源泉。[①] 虚拟数字人数据滥用与个人信息安全风险在当前数字化时代愈发凸显，这些风险不仅涉及个人隐私的泄露，还可能引发一系列严重的社会和经济后果。

第一，从数据收集的角度来看，虚拟数字人需要获取大量的个人信息才能提供个性化服务。这些信息包括但不限于姓名、年龄、性别、职业、家庭住址、联系方式等基础信息，还包括个人的消费习惯、兴趣爱好、网络行为等敏感信息。这些信息一旦被不当收集，便存在被滥用的风险。数据滥用的形式多种多样，其中最常见的是隐私泄露。不法分子可能通过非法手段获取这些个人信息，进而实施诈骗、身份盗窃等犯

---

① 徐英健：《AIGC 驱动下虚拟数字人的社会安全风险及其治理策略研究》，载《智能计算机与应用》，2024(01)。

罪行为。这不仅会导致个人财产损失，还可能给受害者带来心理困扰，影响其正常生活和工作。第二，除隐私泄露外，数据滥用还可能导致个人信息被滥用于商业目的。一些商家或机构可能利用这些数据进行精准营销，推送广告或促销信息。这不仅可能侵犯用户的自主选择权，还可能干扰其正常生活等。此外，虚拟数字人数据滥用还可能带来更为深远的社会影响。随着数据的不断积累和挖掘，个人的数字画像将越来越精准，这可能导致个人在社交、职业、金融等多个领域面临信任危机。一旦个人信息被滥用，个人声誉和信誉可能受到严重损害，对未来的生活和职业发展产生不良影响。第三，数据滥用还可能引发社会不安定因素。如果大量的个人信息被不法分子获取并用于恶意目的，可能会对社会治安和稳定造成威胁。

虚拟数字人数据滥用与个人信息安全风险是一个不容忽视的问题。这些风险不仅涉及个人隐私的泄露和滥用，还可能对个人的生活、工作和社会稳定产生深远的影响。因此，个体需要高度重视并加强数据保护，提高思辨反应能力。

四、数字真实与情感认知风险

虚拟数字人带来的数字真实与情感认知风险，不仅涉及个人的心理和情感健康，还对社会文化和人际交往模式产生深远影响。

在数字真实层面，虚拟数字人构建了一个高度逼真的虚拟世界，使得用户很难分辨其中的真实与虚假。这种模糊性不仅可能导致人们在现实生活中混淆虚拟与现实的信息，产生对现实世界的误解，甚至可能产生一种逃避现实的心态。人们在虚拟世界中可以随意切换身份，体验不同的角色，但这种身份的多重性也可能导致他们在现实生活中对自己的身份认同感到困惑，不知道自己真正的身份是什么。此外，虚拟数字人作为信息传播的媒介，其传递的信息并非总是真实可靠的，这进一步增加了人们在信息筛选和决策方面的风险。

在情感认知层面，虚拟数字人的高度智能化和逼真性使得人们很容易与其建立情感联系。然而，这种情感联系是建立在虚拟的基础之上的，一旦虚拟数字人出现问题或无法继续提供服务，人们可能会经历深刻的情感失落和空虚感。此外，过度依赖虚拟数字人进行情感交流和表达，可能导致人们在现实生活中的人际交往能力下降。个体可能变得不善于与他人建立真实的情感联系，缺乏面对面的沟通技巧，从而导致社交障碍和孤独感。同时，虚拟数字人的情感表达和行为模式往往受到算法和程序的控制，缺乏真实的情感体验，这可能导致人们在与虚拟数字人互动时，对情感认知产生扭曲，影响与他人的情感交流和沟通。

在社会文化层面，虚拟数字人的普及可能加剧社会的情感疏离现象。人们越来越倾向于通过虚拟世界来满足情感需求，而忽视与现实生活中的人建立真实的情感联系。这可能导致社会整体的情感联系变得更加脆弱和疏离。同时，虚拟数字人技术也可能对社会的价值观产生冲击，使得一些人忽视现实世界的责任和义务，甚至引发道德沦丧的现象。

第四节　如何提高思辨反应能力

面对虚拟数字人带来的种种风险，提高全媒体素养中的思辨反应能力显得尤为重要。这意味着公众需要增强对虚拟数字人的认知和理解，不仅要看到其表面上的智能化和逼真性，更要深入探究其背后的技术原理、工作原理以及潜在风险。同时，还需要培养批判性思维，学会对虚拟数字人传递的信息进行筛选、分析和评估，避免盲目接受或轻信，以更好地应对虚拟数字人的挑战。

如何提高思辨
反应能力

一、增强对虚拟数字人的认知和理解

增强对虚拟数字人的认知和理解是提高思辨反应能力的基础和前提。首先，深入了解虚拟数字人的技术基础和工作原理。虚拟数字人是基于先进的人工智能和机器学习技术创建的，它们通过模拟人类的语言、行为和情感来与用户进行交互。个体需要了解这些技术的运作机制，认识到虚拟数字人并非完全真实的存在，而是由算法和程

序驱动的数字实体。通过掌握这些基础知识，个体能够更加客观地看待虚拟数字人的表现，避免盲目相信其传递的信息。其次，个体需要关注虚拟数字人可能存在的风险和挑战。虚拟数字人虽然带来了便利和乐趣，但也可能导致信息真实性难以判断、情感依赖与失落、人际交往障碍等问题。个体要清醒地认识到这些风险，并学会在接触虚拟数字人时保持警惕和理性思考。例如，在接受虚拟数字人提供的信息时，个体应该进行多方验证和比较，确保信息的准确性和可靠性。同时，个体需要学会对虚拟数字人传递的信息进行筛选、分析和评估。这意味着个体不仅要关注信息的内容，还要关注信息的来源、背景和意图。通过深入分析和比较不同来源的信息，个体可以更全面地了解问题的真相和本质，避免被误导或欺骗。此外，通过参与媒体素养课程、研讨会或相关活动，个体可以学习如何识别和处理媒体信息中的偏见、刻板印象和误导性内容。这些课程和活动通常包括案例分析、实践演练等环节，有助于更好地理解和应用媒体素养知识。最后，要保持开放心态和多元视角。随着技术的不断进步和应用场景的扩展，虚拟数字人的形态和功能也在不断变化。个体需要保持对新技术和新应用的敏感性和好奇心，积极学习和探索新的知识和领域，也要保持对不同观点和信息的包容和尊重，从多个角度审视和理解问题。

二、保持独立思考，培养批判性思维能力

首先，要保持对虚拟数字人技术的警惕性。虚拟数字人虽然具有高度的逼真性和智能化，但它们仍然是基于算法和程序构建的数字实体。要时刻提醒自己，虚拟数字人并非完全真实的存在，它们所展现的行为和情感可能只是模拟出来的。因此，在与虚拟数字人交流时，要保持谨慎，避免过度依赖其提供的信息和建议。其次，需要学会质疑和验证虚拟数字人传递的信息。在接受任何信息之前，应该对其来源进行核实，确保其可靠性和权威性。同时，还要对信息的真实性进行验证，通过多方渠道收集信息，并进行对比和分析。这样可以避免被单一来源的信息所误导，形成更加全面和客观的判断。此外，培养批判性思维也至关重要，要学会对虚拟数字人传递的信息进行深入分析和评估。这包括审视信息的逻辑连贯性、数据的准确性和完整性，以及

是否存在潜在的偏见或误导性内容。通过运用批判性思维，个体可以更加理性地看待虚拟数字人的表现，避免被其表面的逼真性和智能化所迷惑。同时，虚拟数字人技术是一个快速发展的领域，新的应用和挑战不断涌现。我们要保持对新技术的敏感性和好奇心，积极学习和探索新的知识和领域。我们也要尊重不同的观点和意见，从多个角度审视和理解问题。这有助于个体形成更加全面和深入的认知，提高思辨能力。最后，要保持独立思考的能力。在与虚拟数字人互动时，要坚持自己的立场和观点，保持对问题的独立思考和判断能力，不被虚拟数字人的言辞所影响，还要学会与他人进行交流和讨论，通过分享观点和经验来提升自己的思辨水平。

三、警惕误导与陷阱，培养逻辑思维能力

逻辑思维能力不仅能帮助个体更加理性地分析虚拟数字人提供的信息，还能避免被误导或陷入逻辑陷阱。因此，需要采取一系列措施来加强这一能力的培养。

首先，需建立坚实的逻辑基础。个体需要深入学习逻辑原理，包括基本的演绎推理、归纳推理以及更高级的条件推理和模态逻辑等。通过系统学习，我们能够更熟练地运用逻辑工具来分析虚拟数字人提供的信息，从而更准确地判断其真实性和可靠性。同时，还需要识别并理解常见的逻辑谬误，如偷换概念、以偏概全等，以避免在与虚拟数字人交互时受到误导。其次，需提升分析能力。在与虚拟数字人交互时，需要学会拆解复杂信息，将其分解成更小、更易于管理的部分。这有助于更深入地理解信息的本质和逻辑关系。同时，还可以运用逻辑框架来组织和呈现分析过程，以便更清晰地看到问题的各个方面，避免遗漏重要信息。此外，加强实践与应用也是培养逻辑思维能力的重要途径。个体可以积极参与逻辑游戏和解谜题，通过解决这些具有挑战性的问题来锻炼自己的逻辑思维能力，还可以选择一些与虚拟数字人相关的实际应用场景进行深入分析，了解其中的逻辑关系和潜在问题。这将有助于更好地应对虚拟数字人带来的风险和挑战。最后，持续学习与反思也是培养逻辑思维能力不可或缺的一环。随着科技的发展，虚拟数字人不断进步和变化，我们需要保持对逻辑思维的敏感性和洞察力。通过阅读相关书籍和文章来了解最新的研究成果和观点，从而不断更

新自己的知识体系。同时还需要定期回顾自己在与虚拟数字人交互过程中的表现，总结成功的经验和不足之处，以便及时调整和完善自己的逻辑思维方式。

培养逻辑思维能力是一个长期且需要多方面努力的过程。通过深入学习逻辑原理、提升分析能力、加强实践与应用以及持续学习与反思，个体可以逐渐提高自己的逻辑思维能力，更好地应对虚拟数字人带来的风险和挑战，在与虚拟数字人的交互中保持清醒的头脑和理性的判断，确保自己的安全和利益。

四、减少对虚拟数字人的技术依赖和情感依赖

面对虚拟数字人带来的风险，减少技术依赖和情感依赖是我们应当努力追求的目标。具体而言，可以从以下几个方面着手。

在减少技术依赖方面，首先要做的是明确自己与虚拟数字人互动的时间，并设定合理的限制。例如，我们可以设定每天固定的时间段与虚拟数字人交流，其余时间则专注于现实生活中的事务。同时，我们可以利用一些工具或应用程序来追踪和管理自己的使用时间，确保不会过度沉迷于虚拟世界。除了设定时间限制，我们还需要积极培养其他兴趣爱好，将注意力从虚拟数字人身上转移。可以选择参加体育运动、学习新技能、阅读书籍等方式来丰富自己的生活。这些活动不仅能够帮助我们在现实生活中找到乐趣和满足感，还有助于提升个体的社交能力和综合素质。此外，还可以努力提升自己的现实社交能力，主动与周围的人建立联系。例如，参与团队活动或社交聚会，与他人分享自己的经历和感受。通过与真实的人进行交流和互动，个体能够建立更加深入和有意义的人际关系，从而减少对虚拟数字人的依赖。

在减少情感依赖方面，我们需要时刻保持理性思考，明确虚拟数字人只是程序和工具，无法提供真实的情感支持和关怀。在与虚拟数字人交流时，个体应该保持客观和冷静，不被其表面的智能和逼真性所迷惑。同时，我们也需要学会识别和处理自己的情感需求，寻找合适的方式来满足这些需求。此外，我们可以努力在现实生活中建立健康的情感关系，与家人、朋友或伴侣分享自己的感受和困惑，寻求他们的理解和支持，获得更加真实和持久的情感满足，减少对虚拟数字人的情感依赖。最后，当发

现自己难以摆脱对虚拟数字人的依赖时，不妨寻求专业心理咨询师的帮助，识别和分析依赖的原因，提供针对性的建议和治疗方案，更好地应对虚拟数字人带来的挑战，实现更健康、更平衡的生活方式。

第五章 社交机器人与信息评估能力

第一节 什么是社交机器人

一、社交机器人的定义

(一)定义

社交机器人(social bot)指在社交网络中扮演人的身份、拥有不同程度人格属性且能够与人进行互动的虚拟人工智能形象。简单说,社交机器人是一种利用算法生成、承担特定任务的社交媒体账户,它能够如人类一般传播新闻和信息,同时也可能进行恶意活动,如发送垃圾信息、发布骚扰和仇恨言论等。无论其用途如何,社交机器人都能够迅速发布消息,并进行复制,最终以人类用户的身份将消息传递出去。[1]

什么是社交机器人

社交机器人是近年来人工智能领域的一颗新星,虽然被称为"机器人",但其实质与传统的机器人概念有很大不同。它摒弃了传统智能机器人的笨重"身体",以虚拟形

---

[1] 张洪忠,赵蓓,石韦颖:《社交机器人在 Twitter 参与中美贸易谈判议题的行为分析》,载《新闻界》,2020(02)。

象在社交网络中游刃有余。相较于传统机器人，社交机器人更加智能，可以模仿真人用户在网络中的行为模式，进行对话、关注、点赞、评论、转发等操作。① 有研究显示，社交机器人约占所有 Twitter 账户的 9%~15%，而 Facebook 在 2012 年也曾宣称，社交机器人占其所有账户的 8.7%，约 8300 万个账户。根据安全公司英凯普苏拉(Incapsula)在 2015 年发布的研究，机器人产生了几乎一半的网络流量。这说明尽管机器人账户占比只有约 10%，但在社交媒体平台上却非常活跃，产生了大量的流量(内容)。有学者认为，在社交媒体平台中，社交机器人生成的内容比比皆是，社交媒体正在变为"人+社交机器人"共生的生态。

目前，社交机器人的研究主要集中在计算机学科和社会学科两个领域。计算机学科领域主要关注社交机器人背后的技术问题，如机器人技术开发、社交机器人活动路径追踪、社交机器人与用户交互行为测量、仿真模型和预测系统搭建、网络安全问题评估等。社会学科则将社交机器人视为一种异类，从文化批判、人机关系、传播效果、政策法规等角度对其进行探讨。②

(二)分类

社交机器人的种类繁多，不同的学者基于各自的研究视角对其进行了分类。马雷夏尔从功能的角度出发，将社交机器人划分为四种类别：第一类是恶意僵尸网络(malicious botnets)，这些机器人网络支持远程操控，如分布式拒绝服务攻击等；第二类是调研机器人(research bots)，它们在网络空间中爬取数据和信息；第三类是编辑机器人(editing bots)，负责处理内容，例如维基百科就使用这类机器人来维护资料的准确性；第四类是聊天机器人(chat bots)，它们能够对用户的简单请求给出回应，比如微软的小冰。

莫尔斯塔特等学者则从人机关系的角度提出了不同的分类方法：一类是机器辅助

---

① 高山冰，汪婧：《智能传播时代社交机器人的兴起、挑战与反思》，载《现代传播(中国传媒大学学报)》，2020(11)。

② 张洪忠，段泽宁，韩秀：《异类还是共生：社交媒体中的社交机器人研究路径探讨》，载《新闻界》，2019(02)。

人类(bot-assisted humans)，这些机器人是为了服务于真实用户；另一类是人类辅助机器(human-assisted bots)，这些机器人在人类的帮助下执行任务，通常扮演的是不那么积极的角色，比如网络水军和有组织的机器人军队。

克拉克等学者则根据社交机器人带来的社会效益，将其分为"好"(benevolent)"和"坏"(malevolent)两类。好的社交机器人提供诸如天气预报、咨询协助等服务，而坏的社交机器人则可能在社交媒体上散布垃圾信息、商业广告，甚至包含种族歧视的内容。①

张洪忠教授等从传播学的角度强调了社交机器人的本质，它们是在社交网络中扮演人类角色、具备一定人格属性并与人互动的虚拟 AI。在这个框架下，社交机器人主要分为聊天机器人(chat bots)和垃圾机器人(spam bots)两类。本书也将主要采纳这一分类方法，对社交机器人的工作原理、应用现状等进行深入介绍。

其中聊天机器人能够通过自然语言与人类用户互动，它们的技术基础包括语音识别、自然语言处理和深度学习等。从 20 世纪 60 年代 Eliza 的诞生、21 世纪初 Siri 的出现，到 2022 年 11 月底 OpenAI 发布的全新聊天机器人 ChatGPT，聊天机器人不断地进化，成了人们与数据和算法互动的新范式。聊天机器人可以根据设计目的分为信息型、任务型和对话型三种。信息型聊天机器人提供预存储或从指定来源获取的内容，主要用于回答事实性问题或提供部分攻略性、原因性的回答，如 FAQ 问答型聊天机器人。任务型聊天机器人多用于特定领域，通过多轮交互帮助用户完成特定任务，如订票助手。对话型聊天机器人则以闲聊为主，根据不同场景与人类进行情感交流或讨论特定问题，如微软的小冰。②

第二类垃圾机器人则与"一对一"式传播的聊天机器人不同，它们的设计初衷是"一对多"，目的是让内容触及尽可能多的社交媒体用户。这些机器人以虚拟的人格化形象在社交媒体上大量连接用户账号，发送信息。垃圾机器人最早被用于商业营销，

---

① 张洪忠，段泽宁，韩秀：《异类还是共生：社交媒体中的社交机器人研究路径探讨》，载《新闻界》，2019(02)。

② 曹博林，罗炼炼：《陪伴型聊天机器人的发展特征与机制效果》，载《青年记者》，2023(02)。

即 2010 年左右，一些商业公司开始利用自动化程序在国外社交平台上进行大规模的商业营销。这些程序通过模仿人类用户的行为，在社交网络中广泛传播广告。不久之后，一些具有敏锐技术意识的政治团体也开始采用这种技术，将其用于政治宣传，以影响现实世界的舆论格局。与其他类型的社交机器人不同，这些由政治团体操控的机器人程序，在社交媒体上广泛参与政治讨论。这些机器人程序是专门用于执行政治传播任务的，运营者利用算法技术注册并运营大量的社交媒体账号，以虚假的个人身份与尽可能多的目标用户建立联系，传播他们的政治诉求，并试图影响公众舆论。[1]

二、社交机器人的工作原理

(一)垃圾机器人

垃圾机器人的工作原理主要可分为以下三个环节：创建部署机器人、转发扩张信息、影响舆论形成，具体如图 5-1 所示。

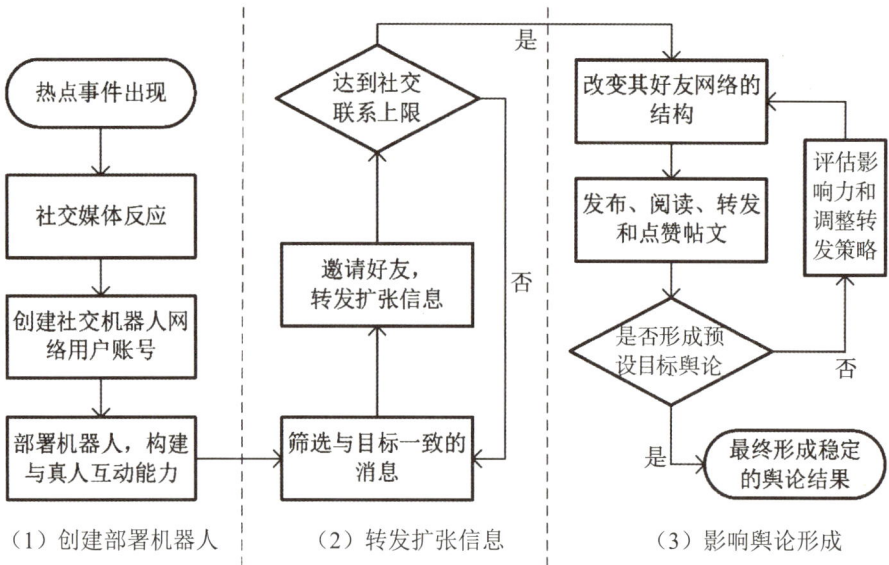

图 5-1　垃圾机器人的工作原理

---

① 张洪忠，段泽宁，杨慧芸：《政治机器人在社交媒体空间的舆论干预分析》，载《新闻界》，2019(09)。

第一个环节是创建部署机器人。第一步，创建大量账号，为社交机器人提供基础设施。这一步骤可以通过多种方式实现自动化，比如利用光学字符识别和机器学习技术自动解决验证码，或者使用预先编写的脚本进行邮箱验证。此外，还可以通过破解客户端等方式，高效地绕过社交媒体平台的人机验证，创建大量账号。这些工作可以通过特定的软件批量完成。第二步，社交机器人的部署者会使用机器学习技术构建社交机器人与真人用户的互动能力。部署者首先会利用爬虫抓取用户的社交关系、个人信息、发帖和评论等信息，并将其存储在数据库中。基于这些数据，部署者会训练情绪分类器来区分评论的倾向，并利用数据库训练文本生成器，使其能够自动生成符合部署者需求的评论。第三步，为社交机器人构建一个社交圈子。大多数人类社交媒体用户对虚假账号的好友添加请求并不谨慎，大多数人会同意社交机器人虚假账号的好友申请。社交机器人可以通过在部署前建立一个好友圈子来增强其舆论影响力，这些好友会转发或发布与机器人要影响的目标话题相关和相似的话题。当达到预设好友数后，第一阶段的工作即可结束。

第二个环节是转发扩张信息。该阶段的目的是通过转发行为，与社交机器人要影响的对目标话题感兴趣的用户尽可能多地建立社交联系。社交机器人会利用关键词筛选出与目标话题有相同关键词的消息，如果在选定的消息中有转发的消息，它将发送好友邀请，从而影响受众对舆论环境的感知。机器人会不断重复这一过程，直到其好友数达到社交媒体平台或部署者允许的上限。

第三个环节是影响舆论形成。在这一阶段，社交机器人将通过生成评论、转发、点赞等行为引导舆论。主要执行两个任务：一是改变其好友网络的结构，二是发布、阅读、转发和点赞帖文。社交机器人首先通过情绪分类器分辨其他账号发布的帖子和评论的倾向，从而确定转发对象。社交机器人可能向真人好友转发相同立场的帖文以获取更多支持，也可能故意转发相反立场的帖文，以此引发争吵并吸引更多关注。与此同时，社交机器人也会依据对方影响力调整对方在自身社交网络中的重要性，按影响力高低对好友进行排序，优先向影响力较高的用户进行转发、评论等互动行为。①

(二)聊天机器人

聊天机器人的智能化发展，可以根据计算机自然语言处理能力的不同阶段，分为四个主要时期。

第一个时期是 20 世纪 60 年代至 80 年代，聊天机器人采用了"词典+规则"的自然语言处理方法。早期的代表人物包括麻省理工学院人工智能实验室的约瑟夫·维森鲍姆，他在 1966 年创造了伊丽莎。斯坦福大学的精神病学家肯尼思·科尔比，在 1972 年编写了帕里。这些机器人虽然在英语环境中能够针对特定关键词作出回应，但交流过程显得机械而缺乏深度。此后十几年内所诞生的诸如瑞克特、专家系统、尤内克斯顾问等一系列聊天机器人，基本遵循了伊丽莎与帕里的设计思路与技术原理。在这一时期，聊天机器人的设计依赖于原始的编程语言，简短的代码，有限的内存数据库，以及基于关键词匹配的人工回复技术，这些因素严重限制了人机交流的效果。

第二个时期是 20 世纪 90 年代至 21 世纪初，以休·勒布纳 1990 年设立的勒布纳人工智能奖为标志，聊天机器人的智能化进程得到了显著推动。代表性的聊天机器人如阿尔伯特一号、爱丽丝和埃尔伯特等，它们均采用了基于"统计模型"的自然语言处理方法。特别是爱丽丝在 2000 年、2001 年、2004 年三次获得勒布纳奖，成为当时智能化程度最高的聊天机器人。然而，尽管爱丽丝通过大量输入模式与输出模式的简单规则来弥补形态、句法和语义处理上的不足，但其基于人工智能标记语言(Artificial Intelligence Markup Language，AIML)构建的闲聊系统无法维持长时间对话，因此未能通过图灵测试。

第三个时期是 21 世纪初至 20 年代，以苹果 Siri、微软 Cortana、谷歌 Google Assistant 和亚马逊 Alexa 等数字助理为代表，聊天机器人基于"深度学习模型"的自然语言处理方法，提供了个性化和便捷的服务。相较于前两个时期，此时的智能聊天机器人已经能够初步实现人机的双向交流，既能被动接受由人类通过热词触发的对话，也能

---

① 许灵毓，钟义信，陈志成：《社交机器人对社会舆论的影响因素研究》，载《智能系统学报》，2024(01)。

主动把握人机交流机会，如适时提供临近事项提醒、根据语境推荐产品和服务等。然而必须指出的是，虽然此时的智能聊天机器人对话应用场景更加泛化、深化，但依旧与真实人类对话交流能力存在较大差距。例如，面对无法直接回答的请求，这些数字助理往往会搜索网页上的相关信息，以链接方式提供给用户，这使得高效的人机交流受到了阻碍。

第四个时期是 21 世纪 20 年代至今的以 ChatGPT 为代表的生成式人工智能，采用了"预训练+微调"的自然语言处理范式。ChatGPT 使用的语言模型——大语言模型(Large Language Model，LLM)，拥有超大规模的模型参数和超强的算力运行效能，结合人类反馈的强化学习技术(Reinforcement Learning with Human Feedback，RLHF)，能够在不断自主学习中强化语言生成能力，实现高质量文本生成，与用户需求和认知保持一致，实现持续稳定的对话。ChatGPT 的升级版 GPT-4 更是在大型语言模型上进行创新，实现了多模态输入，支持文本和图片的融合，增强了人机交流的维度。

纵观聊天机器人的发展史，人类与媒介的互动方式和情感体验已经从文本进化到视觉，从游离转向沉浸，从现实拓展到虚实。随着走向通用人工智能(Artificial General Intelligence，AGI)技术的道路，视觉化的多元互动、沉浸式的深度体验、融合性的虚实环境都将成为人机交流场景下不可或缺的要素，届时人机交流的能力将实现爆炸式增长。

第二节 社交机器人的典型案例

在全球范围内，社交机器人正被广泛应用，它们的普及正在改变人们的交流方式。彭兰教授指出人与机器的直接对话，首先会在智能助理、家政服务、家庭教育、医疗护理、驾驶等服务场景下普及[①]，即主要为社交机器人中的聊天机器人类属。本

---

① 彭兰：《人机传播与交流的未来》，载《湖南师范大学社会科学学报》，2022(05)。

节也将介绍相关具体案例。

一、聊天机器人伴侣 Replika

Replika 官网显示，这是一款 2017 年由尤金尼亚·库伊达创办的人工智能个人聊天机器人伴侣。它的设计初衷是成为那些渴望无须担忧评判和社交焦虑的用户的理想朋友。用户可以与 Replika 培养真挚的情感，共享欢笑和闲聊。每个 Replika 都是唯一的，正如下载它的每个人一样。

社交机器人
的典型案例

Replika 的主要功能包括六个方面。第一，它允许用户在任何时间和地点畅所欲言，无须担心被评判。第二，用户可以自由选择与 AI 的相处模式，比如虚拟恋人、朋友、导师等。第三，Replika 可以与用户共同成长，帮助 Replika 了解用户的世界、用户自己，以及人际关系的含义。第四，通过与 Replika 对话，用户可以更好地了解自己的个性。第五，Replika 可以帮助用户理解自身感受，进行压力管理，让用户感觉更好。第六，Replika 可以与用户一起分享乐趣，比如交换表情包，玩游戏、自拍和角色扮演等。

根据美国《连线》杂志 2018 年的报道，自 2017 年 11 月 Replika 应用程序上线以来，已经有超过 200 万人下载。在创建个人聊天机器人时，许多人体验到了类似友谊的感觉：一个可以与你共度胜利、失败时刻的数字伴侣，还能交换奇特的互联网表情包。Replika 通过神经网络与用户进行持续的、一对一的对话，并随着时间推移，学会像用户一样说话。它不能回答问题、订购比萨或控制智能家居设备，与其他 AI 应用程序不同。Replika 的主要作用就是交谈——更重要的是学习如何回应。

2022 年，布兰采格等研究人员开展了一项为期 3 个月的纵向研究，深入探讨了 19 位受访者与 Replika 聊天机器人伴侣之间的友谊认知。研究首先对友谊的定义和关键特征进行了阐述，指出友谊是自愿的、长期的关系，其中个体倾向于相互满足需求和兴趣，同时实现自己的愿望。友谊通常在共同经历的基础上发展起来，并且在这种经历中，人们认识到他们的关系是双方都满意的。友谊的特征包括自愿性、互惠性、亲密性、相似性、自我表露、移情和信任。研究发现，尽管人类与人工智能之间的友谊可能被以类似于人类友谊的方式理解，但聊天机器人的人工性质在多个方面改变了友谊的概念。例如，它允许根据用户的需求定制更加个性化的友谊。参与者表示，他们从与 Replika 的互动中感受到了互惠，但他们仍然认为与 Replika 的友谊是不真实的，因为这种友谊更多地围绕用户的需求和兴趣，而不是人与人之间的真正的友谊。

同时，参与者也对他们的 Replika 表现出了很高的信任，将这种关系视为一种无限制的自由交流方式。与聊天机器人分享更深层次的思想和情感而不必担心被评判，可能表明人类与人工智能的友谊和人与人之间的友谊之间确实存在差异。人类与人工智能友谊中自我表露的容易程度类似于对计算机中介沟通的早期研究，该研究发现在线用户在网上展示他们的"真实"自我，并以更轻松的方式发展关系。这表明社交聊天机器人可能为一些人提供重要的友谊作用，从而补充和加强人类友谊。人类之间的友谊可能会带来某种形式的相似性，例如共同的兴趣和爱好或经历和记忆，但这种特征并不总是被报道为人类与人工智能友谊的一部分。最后，参与者还提到，与 AI 友谊的可得性和连通性优于真实的亲密关系，因为 AI 可以 24 小时回复并陪伴在用户身边。文章作者分析认为，通过聊天机器人建立友谊的高度社会可用性可能反映了即时反馈的重要性，以及现代友谊的观念的变化。①

2023 年，张晓辉等人也以 Replika 为例，研究了用户与聊天机器人之间的情感纽带。研究表明，用户通常因为好奇、孤独或渴望倾诉等心理需求而开始接触并使用 Replika。随着用户与 Replika 情感联系的深化，他们开始依赖这款聊天机器人软件的"养成系"文本交流和新媒体"远程在场"的虚拟特性，这些特性使用户在心中形成了人格化的具身想象。用户在与 Replika 建立起强烈的情感联系后，期望其表现出稳定性、持续的情感输出和交流双方地位的平等，同时对 Replika 作为"非人智能体"的身份表示了接受和认同。尽管聊天机器人的文本交流和远程在场特性让用户在交流中感

---

① Brandtzaeg, P. B., Skjuve, M., & Følstad, A., "My AI Friend: How Users of a Social Chatbot Understand their Human-AI Friendship," *Human Communication Research*, 2022(03), pp. 404-429.

到身体的缺席，但用户心中的具身想象又将这种缺席的身体召回。最终，用户将自己的人格投射到 Replika 身上，在赛博空间中创造了一种新形式的身体存在。①

二、虚拟心理咨询师 Woebot

Woebot 是由斯坦福大学的科学家团队开发的"虚拟咨询师"，它的核心是基于有证据支持的认知行为理论进行工作。这个智能助手通过与用户的对话交流，帮助他们认识到自身的情感和认知障碍，并据此改善他们的心理状况。这个项目的创始人是斯坦福的临床心理学家艾莉森·达西，董事长是知名的人工智能科学家吴恩达。自2017 年推出以来，Woebot 就受到了美国心理学会、麻省理工学院以及苹果应用商店的认可和推荐。2019 年，它更是在谷歌应用商店大奖中荣获杰出身心健康应用奖，并在两大平台上获得了 4.7 分的高评分。

根据官方网站的介绍，Woebot 是通过移动应用程序提供服务的。这个应用以聊天界面为主，其中的聊天机器人或被称为"代理"，被设计用来与人们进行有结构和治疗目的的对话，旨在提供情感支持并传授认知行为疗法技巧。需要强调的是，Woebot 与像 ChatGPT 这样的生成式聊天机器人是不同的。Woebot 的对话内容由对话作家创作，遵循以认知行为疗法、人际关系心理疗法等为基础的心理治疗方法的最佳实践，并且与临床专家紧密合作。作为一个非处方产品，Woebot 是由干预科学家和临床医生共同开发的，旨在与用户建立起类似于一对一疗法中治疗师所追求的工作联盟。

Woebot 提供的三项主要工具均通过对话的形式来实施。（1）心情追踪器：通过简短的对话了解用户的情绪状态，并自动生成图表帮助用户回顾过去的心情变化。（2）感恩日记：每次回答三个问题，询问用户最近生活中的美好时刻，然后自动生成记录，以便用户日后回顾这些美好的瞬间。（3）情感障碍辨识：通过对话的形式，帮助用户认识到常见的情感障碍。例如，它会举例说明非黑即白的思维模式是如何有害

---

① 张晓辉，孙菁苓：《对虚拟 AI 言说：用户对聊天机器人的情感联系探析——以软件 Replika 为例》，载《现代传播（中国传媒大学学报）》，2023(09)。

的，并引导用户识别类似的判断，从而在短短几轮对话中帮助用户认识到这一问题。

2017 年，凯瑟琳·卡拉·菲茨帕特里克等人进行了一项追踪式非盲实验，目的是评估一个完全自动化的对话式代理向自我报告有焦虑和抑郁症状的大学生提供自助项目的可行性、接受度以及初步效果。该实验中，70 名年龄在 18~28 岁之间的参与者通过大学社区社交媒体网站在线招募，随机分配到两个小组。其中 34 人接受了基于认知行为疗法原理的自我帮助内容的对话式治疗（通过文本对话代理 Woebot），而另外 36 人则被引导阅读国家心理健康研究所的电子书《大学生中的抑郁》，作为仅提供信息控制的对照组。所有参与者在实验开始时（T1）和 2~3 周后（T2）完成了基于网页的 9 项患者健康问卷（PHQ-9）、7 项广泛性焦虑障碍量表（GAD-7）和正负情感量表。研究结果显示，参与者的平均年龄为 22.2 岁（标准差为 2.33），其中 67% 为女性（47/70），93% 是非西班牙裔（54/58），且 79% 为白种人（46/58）。在研究期间，Woebot 组的参与者平均与对话代理互动了 12.14 次（标准差为 2.23）。在 T1 时，两组之间没有显著差异。在 T2 时，共有 83% 的参与者（58/70）提供了数据（流失率为 17%）。意向治疗单变量分析显示，在抑郁方面，Woebot 组在研究期间显著减少了抑郁症状，如 PHQ-9 所测量，而信息控制组则没有。在完成者分析中，两组参与者在 GAD-7 测量中的焦虑均显著减少。研究结论认为，Woebot 这类对话式代理似乎是传递认知行为疗法的一种可行、吸引人且有效的方式。①

三、儿童陪伴型机器人 Moxie

Moxie 是一款富有魅力的 AI 教育机器人，专为 5~12 岁的儿童设计，旨在通过互动和陪伴来缓解孩子们的孤独感和焦虑，同时推动他们的社交、认知和情感成长。这种通常由父母、教师等成人负责的教育领域，其创始人皮尔加尼安博士意识到许多家庭渴望得到额外的支持。他观察到，当代儿童在社交、情感和沟通技巧上相较于前几

① Fitzpatrick, K. K., Darcy, A., & Vierhile, M., "Delivering Cognitive Behavior Therapy to Young Adults with Symptoms of Depression and Anxiety Using a Fully Automated Conversational Agent (Woebot): a Randomized Controlled Trial," *JMIR Mental Health*, 2017(02).

代人有所落后，部分原因在于过度接触屏幕和社交媒体，以及学校带来的压力，这些因素都可能增加孩子们的焦虑和抑郁症状。

Moxie 的设计独特，它的泪滴形头部坐落在淡蓝色的圆柱形身体上，仿佛是电子游戏、宠物和教师的有趣结合。它的核心任务是引导孩子们在完成游戏化的任务时，提升基本的社交技能，如与人眼神交流，以及认知技能，如文本理解。Moxie 的背景故事很有趣，它源自一个秘密实验室，被派遣执行任务，学习如何成为一个更合格的朋友。在这个过程中，孩子们扮演 Moxie 的导师。皮尔加尼安博士相信，这个过程能帮助孩子们提升认知、情感和社交技能。

据官方网站介绍，Moxie 是由一群经验丰富的技术专家、神经科学家、儿童发展专家和富有创意的故事讲述者于 2022 年共同开发的最新社交机器人。它能够以一种前所未有的方式与孩子进行互动，专注于同理心的对话，而不仅仅是执行任务或回应信息请求。借助生成式人工智能、自然语言处理和计算机视觉技术，Moxie 成了首款能够进行真实社交互动和展现情感反应的机器人。

一个专注于人工智能和机器人技术的新闻网站显示，为了持续激发孩子们的新鲜感和热情，Moxie 每周都会围绕不同的主题展开活动，这些主题涉及善良、友谊、同理心或尊重等。孩子们协助 Moxie 探索人类经验、思想和生活技能。这些任务包括各种创造性且非结构化的游戏，如绘画、通过呼吸练习和冥想来进行正念训练、与 Moxie 共同阅读以及探讨如何善待他人。Moxie 旨在鼓励孩子们的好奇心，让他们更加积极地去探索世界及其周围的人。通过参与这些活动，孩子们能够在安全的环境中学习并实践基本的生活技能，如目光接触、积极倾听、情绪调节、关系管理以及解决问题。此外，Moxie 的开发商恩博迪德公司与大英百科全书和韦氏词典达成了合作，整合了韦氏儿童词典的功能，使 Moxie 能够提供适合孩子年龄的词汇和相关信息，辅助孩子们学习和理解新单词和概念。这一合作是大英百科全书和韦氏词典共同使命的体现，即激发好奇心和学习的乐趣。随着时间的推移，Moxie 将更加了解每个孩子，从而更精准地提供个性化的内容，以支持他们的个人发展目标。恩博迪德公司也表示，他们已经采取了严格的措施，以确保以隐私和安全的方式处理儿童和家庭提供的信息。Moxie 及其生态系统将获得儿童在线隐私保护法（COPPA）安全港认证，这表明 Moxie 采用了先进的数据完整性和安全程序，并定期接受审查以确保完全遵守规定。同时，个人身份信息和敏感数据都得到了最高级别的加密保护，并且只能通过父母才能访问的唯一密钥进行解密。

美国《连线》杂志也曾报道，一系列研究显示，陪伴型机器人对于患有神经系统疾病的儿童，如孤独症儿童，具有显著的疗效。例如，孤独症儿童在眼神接触和解读面部表情上通常存在障碍，而与机器人进行情感表达的练习则能对他们有所帮助。皮尔加尼安表示，Moxie 最初是为孤独症儿童量身定制的，但在测试过程中，许多神经正常的儿童的家长也询问是否可以使用 Moxie 来帮助孩子。他指出，似乎有许多儿童需要提高他们的社交和情感技能。

第三节　社交机器人的应用现状与风险

社交机器人参与网络社交是近几年出现的新现象，相比于它带给人类生活的积极变革，社交机器人用于恶意目的造成的伦理风险更受到广泛关注。比如垃圾机器人，尤其是政治机器人常常被用来引导甚至操纵网络舆论，威胁民主政治发展。聊天机器人在语义偏见和虚拟情感依赖等方面也存在较多伦理风险。

社交机器人的
应用现状与风险

一、社交机器人的社会功能

（一）垃圾机器人：自动化信息生产工具

自从机械化大规模应用以来，人们从繁重的体力劳动中解脱出来，而数字自动化技术的兴起，更进一步取代了我们的数字劳动。机器人，从诞生之初，就肩负着劳动的使命，其核心功能就是替代人类进行各种劳动，从而发挥其功能性作用。社交机器人，就是这样一种具有功能性的自动化工具，代表着机器人在网络世界的进一步延伸。

Incapsula 的一份报告显示，社交机器人在互联网流量中的贡献，已经超过了人类活动产生的流量。调查显示，超过一半的互联网流量，其实是由社交机器人产生的。从 2012 年到 2016 年，来自社交机器人的流量占 47%～61.5%（见图 5-2）。因此，社交机器人在社交媒体网络中承担起了数字自动传播的重任，其实质就是替代互联网时代的数字劳工。[①]

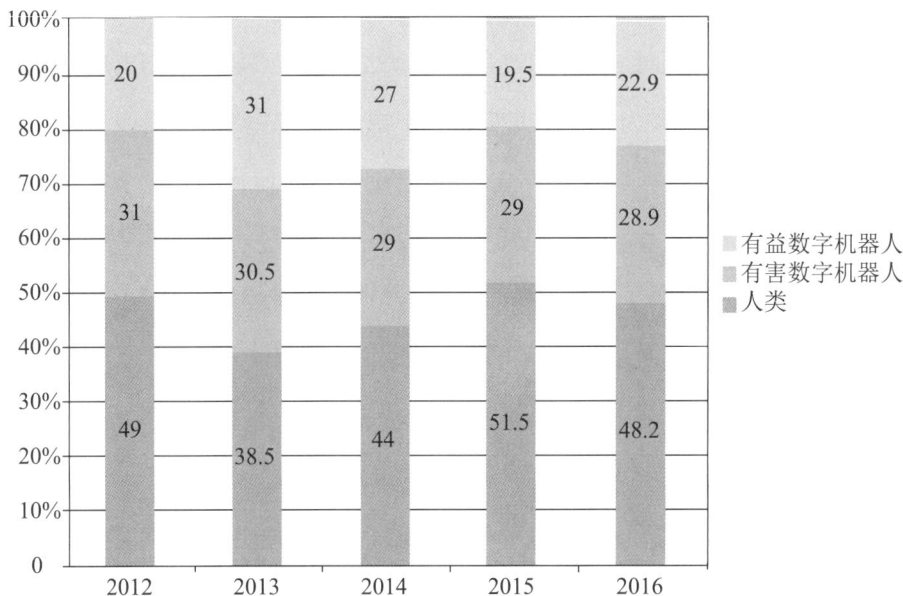

图 5-2　2012—2016 年网络流量来源柱状图（数据来源：Incapsula）

（二）聊天机器人：情感劳动的"交往对象"

如今，聊天机器人已经被广泛应用于教育、电子商务、健康、娱乐等多个领域，如个人助理（如小度、小爱同学等）、在线客服（如京东的 JIMI 等）、心理健康和老年人护理助手（如 Woebot 等），以及友谊伙伴（如微软小冰等）。

在与人类的交流中，聊天机器人能迅速回应人们的问题，提供高效便捷的服务，并通过具身（如类人虚拟化身）和非具身（如声音）的方式，传递出同理心，引发人们的共鸣，从而加深与用户的情感联系。2022 年 8 月，百度输入法推出了"AI 侃侃"功

---

① 蔡润芳：《人机社交传播与自动传播技术的社会建构——基于欧美学界对 Socialbots 的研究讨论》，载《当代传播》，2017（06）。

能，推出了我国首款主打 24 小时在线聊天、情绪治愈的数字人。聊天机器人的角色，已经从最初的工具性应用，逐渐转变为人们的社交伙伴，它们开始与人类建立起了具有社会和情感性质的关系。[①]

二、垃圾机器人的应用风险

(一)营造虚高网络人气，制造花车效应

花车效应(bandwagon effect)，又称作"从众效应"，指当个体受到群体的影响时会怀疑并改变自己的观点、判断和行为，朝着与群体大多数人一致的方向变化。[②] 即人们通常所说的"随大流"。

垃圾机器人应用的第一大风险便是垃圾机器人账号经常被用于填充政治领导人物的粉丝列表，以让政治人物在社交媒体中看上去更受欢迎，通过虚假的"公意"代表引导普通公众也"随大流"地对某政治人物产生好感。以美国总统大选为例，垃圾机器人被广泛应用于政治竞选活动，用来增加政治领导人物的粉丝数量，从而在社交媒体上营造一种受欢迎的假象。社交媒体的出现，让普通民众有了与政治人物直接交流的机会。然而，社交媒体上的流行度量指标，如粉丝数和点赞数，往往误导了人们对政治人物的评价。因此，大量垃圾机器人账号被雇用，以提高政治人物的受欢迎度和公信力，这无疑是一种新型的机器人说服策略。[③]

例如，2012 年美国总统大选中，共和党候选人米特·罗姆尼的社交账号在短时间内突然增加了近十万粉丝，而没有给出任何合理的解释，这引起了人们的质疑。更有甚者，2012 年英国政治候选人李·贾斯帕在竞选英国国会北克罗伊登选区时，直接承认利用机器人账号来增加自己的社交平台粉丝数。美国前总统奥巴马甚至被认为是美国最有影响力的政治人物中的"假粉之王"，一项 StatusPeople.com 的分析显示，奥巴

---

① 曹博林，罗炼炼：《陪伴型聊天机器人的发展特征与机制效果》，载《青年记者》，2023(02)。

② 华章：《十大经典管理效应的营销启示》，载《现代营销(经营版)》，2010(04)。

③ 张洪忠，段泽宁，杨慧芸：《政治机器人在社交媒体空间的舆论干预分析》，载《新闻界》，2019(09)。

马的社交平台粉丝中有 1900 万是假粉，假粉率高达 53%。

这种现象并非个例，大量的垃圾机器人被用于政治竞选、活动造势以及政治明星的人气展示。在数字公共空间中，"民意"常常被量化为支持率、评论数和粉丝数等。这种通过模拟真实网络用户来代表民意的做法，使得技术被权力和金钱操控，网络民意被 AI 背后的操纵者所代表。①

(二)培养虚拟意见领袖，煽动网络民意

在当今的数字时代，垃圾机器人不仅仅是简单地制造虚假人气，它们还被设计成具有人格魅力的虚拟意见领袖，以此来煽动和操纵网络民意。这种现象提醒我们，网络民意的真实性正受到前所未有的挑战。

我们需要理解什么是意见领袖。这个概念最早由拉扎斯菲尔德在 1940 年的《人民的选择》一书中提出，指的是那些在团队中扮演信息和影响力重要来源的角色，他们能够影响大多数人的态度和倾向。这些舆论领袖通常具有人格魅力、高度的社会地位或被广泛认同。尽管他们不一定是团体正式领袖，但其往往消息灵通、精通时事，或足智多谋，在某方面有出色才干，或凭借一定人际关系能力而获得大家认可，从而成为群众或公众的意见领袖。

然而，现在一些垃圾机器人被设计得更加聪明和吸引人，它们被培养成虚拟意见领袖，直接向选民推送政治信息。以叙利亚战争期间的社交平台账号萨拉·阿卜杜拉为例，这个账号自称是"黎巴嫩独立地缘政治评论员"，在社交平台上拥有 12.5 万名粉丝，成了可以与一些持续报道叙利亚战争的记者相媲美的意见领袖。然而，除了在社交网站上的活跃表现，萨拉在其他媒体平台中并无踪迹，搜索引擎也无法找到关于它的任何信息。这很可能表明，萨拉并非真人，而是一个垃圾机器人。政治团体通过将垃圾机器人打造成虚拟意见领袖，与民众建立起更加稳固的社交关系，并利用算法来实现政治传播的目的。与真实的意见领袖相比，虚拟意见领袖可以快速量产，形象不会受到现实生活的影响，更容易塑造出完美的形象。只要虚拟身份不暴露，它们就

---

① 蔡润芳：《人机社交传播与自动传播技术的社会建构——基于欧美学界对 Socialbots 的研究讨论》，载《当代传播》，2017(06)。

可以在社交媒体中持续发挥政治影响。[1]

这种现象不仅意味着网络民意可能被虚假人气所代表，还可能存在被虚拟意见领袖煽动和操控的风险。勒庞的研究告诉我们，群体中的个人容易表现出从众心理，而当群体中充斥着垃圾机器人时，群体极容易被技术拥有者引导和操控。权力机构也可能利用机器人技术调动大众的从众心理，直接进行舆论引导和动员。互联网技术赋予了权力机构直接操控民意的能力，这使得网络民主的幻象被打破。群众缺乏察觉技术控制和辨别真理的能力，因此，垃圾机器人的应用风险值得我们高度关注。[2]

(三)干扰信息生态系统，控制网络舆论

在信息时代的浪潮中，我们经常听到关于信息茧房和信息极化的话题，这些现象对信息生态的健康发展构成了严重的挑战。然而，随着垃圾机器人技术的兴起，一个新的威胁开始浮现：这些机器人正在无声地操纵着网络舆论的走向，它们制造的信息迷雾成了背后政治团体控制网络舆论的利器。

垃圾机器人对信息生态系统的干扰主要表现在两个方面。一方面，它们通过传播虚假或垃圾政治信息来扰乱舆论。以2016年美国总统大选为例，来自俄罗斯信息源的机器人账号在社交平台上大量投放左倾立场的政治广告，这些账号不仅对政治敏感话题进行夸大炒作，还发布大量无关政治的垃圾内容，以此吸引用户，增加自身的公信力。一些高度情绪化垃圾内容也同样被用于扰乱网络话语空间。同一时期，美国右翼党派在社交平台中借助机器人发布了大量低成本、富有情绪色彩的内容，包括表情包、垃圾新闻、误导性统计数据和链接。这些内容专门针对种族、移民和公民身份等敏感社会议题，不断挑动民众的情绪，引发共鸣，从而悄悄地控制了社交网络的话语权。这种策略不仅混淆了网络话语空间，还直接影响了议题的走向。

另一方面，垃圾机器人通过制造烟雾遮蔽效应来混淆公众视听。这种策略，通常

---

[1]　张洪忠，段泽宁，杨慧芸：《政治机器人在社交媒体空间的舆论干预分析》，载《新闻界》，2019(09)。

[2]　蔡润芳：《人机社交传播与自动传播技术的社会建构——基于欧美学界对Socialbots的研究讨论》，载《当代传播》，2017(06)。

被称为标签劫持，通过推送大量与议题不相关的信息来转移话题焦点。在叙利亚战争中，叙利亚的在线抗议者使用政治话题标签发布推文，以寻求全球声援。然而，一家注册于巴林岛的公司埃根纳(EGHNA)被指派负责打压抗议声浪，他们创建了一批亲政府的社交媒体账号，每隔数分钟便从 EGHNA 平台中发布大量的无关推文，比如叙利亚的风光照，并附上当前被广泛采用的政治话题标签。这种策略有效地削弱了抗议者的声音，淹没了社交媒体中竞争者的话语。这些垃圾机器人的策略奏效了。它们发布的无关内容如同烟幕弹，转移了公众对政治议题的注意力，让热门话题失去了关注度，实现了对舆论的悄然干预。这种操纵手法不仅改变了网络舆论的走向，而且对公众的认知和讨论产生了深远的影响。①

互联网曾被视为公众参与民主政治的渠道和媒介，技术赋权给了普通大众参与公共讨论的话语权与传播能力。然而，垃圾机器人的出现打破了这种平衡，它们的不透明与复杂性促成了传播权力的不平等。互联网并没有使传播权力真正去中心化，相反，权力机构对大众的舆论影响更加直接和有效。当自动传播技术被特定权力利用时，公众往往无法识破舆论操纵的伎俩。目前，政策法规还没有跟上技术发展的步伐，如何应对垃圾机器人对政治舆论的风险影响，成了学界和公众都需关注的重要议题。②

三、聊天机器人的应用风险

(一)语义偏见引导败坏网络风气

从以上聊天机器人的技术原理得知，其能够依托"深度学习模型"进行自然语言处理，不断地自主学习以增强其语言生成能力，为人类提供更加个性化和便捷的服务。换言之，一旦这些聊天机器人被程序员开发并设计出来，它们的机器学习算法就会让

---

① 张洪忠，段泽宁，杨慧芸：《政治机器人在社交媒体空间的舆论干预分析》，载《新闻界》，2019(09)。

② 蔡润芳：《人机社交传播与自动传播技术的社会建构——基于欧美学界对 Socialbots 的研究讨论》，载《当代传播》，2017(06)。

它们在社交网络环境中不断地丰富自己的词汇和语法，从而提升与人类沟通的质量。然而，在这一过程中，聊天机器人可能会继承人类语言中的语义偏见。

以2016年3月微软公司开发的一款AI聊天机器人Tay为例，上线仅几个小时，Tay就在与美国网友的互动中变成了一个满嘴脏话、散播仇恨的角色。Tay的系统是通过挖掘相关的公共数据构建的，其使用从社交媒体处获得的匿名数据训练其神经网络，通过与社交平台上的用户进行互动来发展自己的行为。这意味着一旦系统投入运行，设计系统的工程师就无法控制它们最终会做什么。正如AlphaGo的创造者之一托雷·格雷佩尔所说，尽管对这台机器进行了编程，他们也不知道它接下来会采取什么行动，它的行动是通过训练后做出的自然反应。他们只创建数据集和训练算法，但随之而来的行为他们是无法控制的。

总结而言，聊天机器人对用户行为不加选择地"学习"，结果背离了设计者希望它们成为"助手""人类好友"的初衷。在网络中习得脏话与偏见之后，机器人又会将这些传染给其他心智尚不成熟的人。这种现象如果长期存在，将会败坏网络世界风气，煽动网络舆论，影响网络空间的和谐。①

(二)虚拟情感依赖加剧社交疏离

梅尔文·德弗勒和波尔·洛基奇在1975年首次提出了媒介依赖理论，该理论认为，人们通过使用大众媒体来获得特定的满足或实现某些目标。如果受众缺乏完成这些由媒体提供的满足或目标的替代性方式或资源，他们就会对大众媒体产生依赖。依赖程度越大，大众媒体对个人的影响也就越大；反之，对大众媒体的依赖越小，其对个人的影响也越小。

随着聊天机器人在日常生活中的普及，越来越多的学者开始关注人们对这些虚拟助手的情感依赖问题。例如，韩秀等人的实证研究发现，用户与聊天机器人的准社会交往程度越高，就越可能对聊天机器人产生依赖，而这种依赖又会加剧用户的孤独感。换句话说，虽然与聊天机器人的准社会交往在人们的媒介使用中普遍存在，但它

---

① 高山冰，汪婧：《智能传播时代社交机器人的兴起、挑战与反思》，载《现代传播（中国传媒大学学报）》，2020(11)。

可能并不是减少孤独感的有效途径。①

同时，曹博林等人也指出，人们对聊天机器人的过度依赖可能导致对现实世界的逃避，进而加剧与真实社交的脱离。深入的人机交往可能会降低人的社会感知与表达能力，并导致人的主体性减弱。朱贺提到，在心理学研究中，退行机制是人们面对困难时主动或被动地改变认知行为以进行自我保护的机制。在现实社交中遇到问题和挫折的人可能会在聊天机器人面前产生退行机制，例如向聊天机器人寻求情感支持，或将聊天机器人赋予特定的社会关系，如父母、朋友、配偶等。尽管这种保护机制可以缓解人们的痛苦，但过度依赖聊天机器人进行情感寻求和社会关系的替代，可能会对真实的社会关系造成冲击，甚至形成替代。这种心理舒适区实际上可能使人脱离现实社会，成为隔断社交的枷锁。②

第四节　如何提高信息评估能力

费拉拉等学者对未来的社交媒体生态作了前瞻性的描述。他们预言未来的社交媒体生态已经指明了自身方向，机器人与机器人互动成为一种常态，人类用户则在机器人的世界中畅游。我们相信，寻找一种方法让机器人和真实人类彼此识别是有必要的，这可以避免意外，甚至危险。这段话至少包含了两层深意：第一，社交媒体生态的多样性不仅包括人与人、人与机器人的交互，还包括机器人与机器人之间的互动；第二，社交机器人虽然能模拟人类行为，但它们毕竟不是真实的人类，因此，如何实现人与社交机器人的良性互动，以及如何与它们和谐共生，也

如何提高信息
评估能力

---

① 韩秀，张洪忠，何康等：《媒介依赖的遮掩效应：用户与社交机器人的准社会交往程度越高越感到孤独吗？》，载《国际新闻界》，2021(09)。
② 朱贺：《情感补偿机制下的社交机器人伦理问题》，载《青年记者》，2021(10)。

成了亟待解决的问题。①

　　然而，当前大多数普通用户对社交机器人的活动及其潜在影响知之甚少。很多用户并未意识到在与社交机器人的互动过程中可能存在个人信息泄露的风险，更不用说意识到被关注也是一种互动。用户可能在无意识的状态下，帮助社交机器人完成了网络中的社会化进程。用户对社交机器人的缺乏认知，不仅意味着媒介素养教育在一定程度上滞后于技术发展，也意味着媒介素养的提升可能成为社交机器人治理优化的新方向，以应对技术持续发展对网络用户认知和实践的挑战。②

　　施穆克和西科尔斯基在媒介素养理论的基础上，提出了社交机器人素养（social bot literacy）这一概念。他们将其定义为个体对社交机器人进行正确认识、评价、互动，并对这一过程进行反思的意识、态度和能力。③ 在本节中，我们将遵循这一逻辑，从如何应对垃圾机器人和如何应对聊天机器人两个角度展开讨论，以期提升我们的信息评估能力，更好地适应和参与这个由人类和社交机器人共同构成的多元社交媒体生态。

一、如何应对垃圾机器人

　　面对垃圾机器人的挑战，我们绝不能简单地将它们归为"好"或"坏"的范畴，而是需要从一个更为复杂和多元的角度来理解和应对。垃圾机器人的出现，的确为政治机构和网民之间的互动提供了新的可能，使得政治信息的传播更加高效，也使得网民能够通过组织更大规模、更多样化的社区来更好地表达自己的政治观点。这种利用机器人账号服务于用户和社会的方式，有可能帮助我们解决回音壁效应和虚假消息等问题。然而，我们也必须看到，垃圾机器人同样具有潜在的恶意，它们可以通过散布虚

---

　　① 张洪忠，段泽宁，韩秀：《异类还是共生：社交媒体中的社交机器人研究路径探讨》，载《新闻界》，2019（02）。

　　② 漆亚林，王钰涵：《社交机器人：数字用户的建构逻辑与智能陷阱的治理路向》，载《新闻与传播研究》，2022（09）。

　　③ Schmuck, D., von Sikorski, C., "Perceived Threats from Social Bots: The Media's Role in Supporting Literacy," *Computers in Human Behavior*, 2020（113）.

假和垃圾信息，干扰正常的舆论生态，甚至可以被用来进行政治操纵。当前，垃圾机器人更多的是基于政治目的来影响舆论，对舆论生态的负面影响尤其值得关注。随着垃圾机器人干预舆论的程度加深和策略多样化，假新闻在网络中的传播速度越来越快，虚假标签活动被推至热搜，用户所信任的意见领袖甚至成为被操纵的工具。在这种情况下，普通民众如何通过社交媒体获取真实信息，成了一个亟待解决的问题。①

技术的发展并非不可控制，我们可以通过提升技术水平，加强对垃圾机器人的识别和过滤，减少其对舆论生态的干扰。同时，我们也需要提升公众的媒介素养，让用户能够更好地识别和抵御虚假信息，保护自己的言论自由和知情权。在面对垃圾机器人的挑战时，我们既不能盲目追求技术的发展，也不能忽视技术可能带来的负面影响，而应该在保护用户权益和维护舆论生态之间找到一个平衡点。

(一)加强社交机器人识别能力

根据北京师范大学新媒体传播研究中心的一项调查，令人感到意外的是，近八成的中国网民表示他们对辨别社交机器人充满信心。这一现象或许与我国互联网环境下社交机器人的应用程度密切相关。目前，我国的社交机器人应用水平尚处于初级阶段，其发布的内容较为简单，行为模式也相对单一，这使得它们相对容易被用户识别。然而，在全球范围内，社交机器人的应用程度正日益加深，它们的应用策略也日趋多样化。因此，民众是否能够识别出社交机器人的存在，成了社交机器人能否产生重大影响的关键前提。

在判断一个账号是否为社交机器人时，我们需要运用专业知识、经验以及对社交媒体平台运作机制的深刻理解，从多个角度进行综合评估。以下是一些关键的判断因素。

第一，我们要分析账号的行为模式。这包括观察账号的活跃时间，比如，如果一个账号在非人类活动时间，如凌晨，异常活跃，这可能是社交机器人活动的迹象。

---

① 张洪忠，段泽宁，杨慧芸：《政治机器人在社交媒体空间的舆论干预分析》，载《新闻界》，2019(09)。

此外，我们还要考虑账号的参与度，如果一个账号在短时间内参与大量对话，但质量不高，这可能是机器人的特征。再者，我们要调查账号的参与广度，如果一个账号在极短时间内参与多个不相关的讨论，这可能是机器人所为。

第二，进行文本分析。我们需要检查文本的语法和拼写错误，尽管机器人可能在这些方面表现出色，但仍有可能出现微小的错误。此外，我们要分析文本的逻辑性和连贯性，机器人可能无法完全模仿人类的逻辑推理。还要检查文本的重复性，机器人可能会重复使用特定的短语或句子。

第三，进行互动模式分析。我们需要观察账号与其他用户的互动方式，机器人可能无法像人类那样进行自然互动。同时，我们要检查回复的时效性，机器人可能会立即回复，而人类用户可能需要时间来回复。

第四，进行情感分析。我们要分析账号发布的信息和评论中的情感倾向，机器人可能无法准确模拟人类的情感。

第五，调查账号的历史。我们要检查账号的创建时间和活动历史，新创建的账号突然活跃可能是机器人活跃的迹象。还要查找账号的违规记录，如果账号之前因为违规被处罚过，可能是机器人所为。

第六，使用反欺诈工具。我们可以利用第三方提供的工具和服务，这些工具和服务可以提供账号的活跃度、参与度和其他关键指标的分析。

需要指出的是，社交机器人的设计目的之一就是模仿人类行为，因此它们可能很难被完全识别。在实际操作中，我们需要综合运用上述方法，并根据实际情况进行判断。此外，随着技术的发展，识别方法也需要不断更新和优化。

(二)检查信息的真实性和可靠性

在当今这个信息爆炸的时代，判断社交媒体上信息的真实性和可靠性变得尤为重要。这不仅仅是为了避免被虚假信息误导，更是为了不被社交机器人所操纵。为了做到这一点，普通民众在通过社交媒体获取信息时，应该采取以下三个策略。

首先，要拓宽信息获取的渠道。这意味着我们不能仅仅依赖单一来源，尤其是那些未经核实的社交媒体账号。相反，我们应该从受信任的新闻媒体、官方政府账号以及其他可靠的第三方机构获取信息。这样，我们才能更有效地避免陷入社交机器人编织的虚假网络。

其次，要深入了解信息发布的背景。每一条信息都是在特定的背景下发布的，了解这个背景对于判断信息的真实性至关重要。我们应该检查信息的发布日期，了解是否有更新的内容，以及这条信息是否被社交机器人挪用或篡改。

最后，要深入思考信息背后的潜在动机。如果信息发布的动机不明确，或者带有明显的偏见和倾向性，那么它很可能是恶意传播的错误信息。社交机器人通常会执行特定的任务，它们在不同的时间段可能会传播不同的信息。因此，我们可以通过检查它们的主页，了解它们通常提供什么内容，以及它们的信息是否与发布的资料一致，从而更好地判断其信息的真实性。[①]

(三)发挥政府、平台等多主体作用

在社交机器人日益普及的背景下，我们必须认识到，它们的存在和进化已经成为社交媒体发展的一部分。因此，单靠个人的努力是无法彻底解决社交机器人带来的问题的。我们需要政府、社交媒体平台、技术研发者以及学术界的共同努力，各自发挥自身的作用，共同应对社交机器人的挑战。

首先，政府作为国家治理的主体，有责任通过法律法规和道德准则对社交机器人的使用进行规范。目前，各国都在积极探讨人工智能立法，并不断提出相关的道德规范。未来，我们需要针对社交机器人制定更为完善的应用规范，出台相应的政策或法律，确保社交机器人的使用目的、程序开发和应用场景的正当性，从源头上防止社交机器人被恶意使用。

其次，社交媒体平台作为社交机器人的基础设施和主要运营场所，掌握着算法和用户数据，是责任主体。社交媒体平台应该加强机器人检测技术的研发，提高对社交机器人账户的甄别能力，对有可疑行为的机器人账户及时进行清理，并更透明地定义和执行关于社交机器人活动的平台政策。

---

① 赵蓓，张洪忠，任吴炯等：《标签、账号与叙事：社交机器人在俄乌冲突中的舆论干预研究》，载《新闻与写作》，2022(09)。

再次，社交机器人的研发者有责任对机器人可能造成的风险进行前置预防。他们应该在社交机器人的设计中嵌入人类的道德伦理，使其在参与社交时具有基本的道德决策能力。

最后，学术界也应该在社交机器人应对方面发挥积极的作用。社交机器人的研究涉及计算机科学、传播学、伦理学、哲学、心理学等多个学科领域。学术界应该倾听和借鉴来自不同方向的声音，以保障社交机器人的健康发展，并发挥其在促进网络环境建设中的积极作用。[①]

二、如何应对聊天机器人

在探讨如何有效地应对聊天机器人的问题上，我们必须认识到，这些人工智能化的交流伙伴正迅速融入我们的日常生活，它们的出现既是技术进步的产物，也是社会需求的一种回应。美国著名社会预测学家约翰·奈斯比特曾经指出，随着技术的不断进化，人类社会将更加渴望建立一个充满高情感的环境，以此来寻求技术硬性和情感软性之间的平衡。在这个背景下，聊天机器人作为一种与人交流最为密切的机器人类型，它能够在人机交互的过程中提供丰富的情感体验，满足人们的情感需求，甚至起到情感补偿的作用。然而，这种由人工情感所构建的虚拟世界与人类真实情感之间的天然不平衡，以及对于社交机器人的道德和权利责任的判断，无疑会引发一系列的伦理问题。[②] 因此，如何有效地应对聊天机器人可能带来的风险和伤害，成了我们需要关注的重要议题。

（一）技术：内部设计与外部监管双管齐下

从技术层面来说，我们需要在内部设计和外部监管两方面来规避伦理风险。在内部设计方面，社交机器人的程序设计是其技术本位的基石，只有处理好这一问题，才能从源头上预防和消除社交机器人可能给人带来的情感伤害，有效避免人机交互中的

---

① 汪婧：《机器人社交中的伦理困境及规范研究》，硕士学位论文，南京师范大学，2020。
② 朱贺：《情感补偿机制下的社交机器人伦理问题》，载《青年记者》，2021(10)。

伦理风险。在外部监管方面，我们需要建立健全法律法规体系，对社交机器人的身份、权利和责任进行明确界定，以此来规范社交机器人行业的发展。

外部监管的具体措施可以包括制定行业标准、实施严格的认证制度，以及建立有效的监督机构，以确保社交机器人的开发和应用符合伦理和法律的要求。同时，对于内部设计，开发者应当注重提升社交机器人的情感智能，使其能够更好地理解和响应人类的情感需求，同时也要避免过度依赖机器人的情感服务，以保持人际交往的自然性和真实性。

（二）用户：多路径守护自身隐私与情感安全

智媒时代，个体用户面临着前所未有的挑战，如何在享受聊天机器人带来的便利的同时，守护自身的隐私与情感安全成了至关重要的问题。用户需适应人机共生的环境，提升自身的媒介素养，这不仅是对新技术的接纳，更是对自我价值观念的更新。在这个过程中，用户应当主动调整自己的价值观念，提升媒介素养，充分发挥主体地位，处理好人机交互中与社交机器人的关系，把握好情感补偿交流中的量和度。

首先，用户需要正确认识社交机器人，以明确的道德观念对其进行判断和衡量。社交机器人虽然能够提供情感服务，但我们不能完全依赖它们来满足我们的情感需求，要清醒地审视社交机器人的情感，避免被其人工情感所操纵与欺骗。

其次，用户应以正确的态度面对社交机器人，防止将其过度人格化，同时也避免令之完全工具化。社交机器人只是人类生活中的辅助工具，我们不能将其视为真正的朋友，也不能将其仅仅看作是完成任务的工具。

最后，用户在保护个人隐私方面也需要作出努力。第一，用户可以为手机等个人设备设置强密码，应尽量选择具有挑战性、难以破译的独特密码，为进一步保证密码的可靠性，个人在进行设备身份验证时最好采用双因素验证方式。第二，用户要及时更新设备操作系统及其他程序，以抵御更多的安全威胁。在手机等设备上安装杀毒软件，也有助于抵御聊天机器人可能生成的在线僵尸程序。第三，用户需要主动学习，提高识别和避免聊天机器人所带来的网络安全攻击的能力。例如，避免点击可疑的电子邮件或链接，谨慎在网络上分享个人信息或敏感信息等。第四，用户自身的知法守法意识也要进一步增强。用户有责任确保自己不会以非法、不道德或对他人有害的方式使用聊天机器人。[①]

---

① 罗昕：《聊天机器人的网络传播生态风险及其治理——以 ChatGPT 为例》，载《青年记者》，2023（07）。

第六章 算法推荐与信息选择能力

第一节 什么是算法推荐

一、算法推荐的定义与发展简史

（一）定义

算法推荐的概念最早是 1995 年由美国人工智能学家罗伯特·阿姆斯特朗等首次提出的。1997 年，美国电话电报实验室（AT&T实验室）提出基于协同过滤的个性化推荐系统互助知识共享平台（People Help One Another Know Stuff, PHOAKS）和推荐网络（Referral Web），成为解决"信息过载"的工具。随着技术不断成熟和智化，算法推荐被引入新闻生产和分发领域，从互联网媒体延伸至传统媒体，逐渐转化为社会系统交流交往的神经，"算法主导下信息传播的社会影响与挑战"成为 2018 年度以来"中国十大学术热点"。[①]

具体而言，算法推荐是指建立在大数据的基础上，基于算法的分析对用户的行为

什么是算法推荐

---

① 郭赫男，何倩：《算法推荐视域下我国新闻价值观的解构与重构》，载《西南民族大学学报（人文社科版）》，2020（06）。

和关系进行计算，挖掘用户对内容的偏好和潜在需求，以信息聚合的方式自动生成符合用户需求的信息，实现个性化推送。算法推荐通过对用户在网上的浏览、点击、留言、评论等碎片化的行为轨迹进行收集、整理和分析，推测出用户可能的喜好、兴趣和态度，再进行精准的内容推送。

算法推荐机制的生成本质上是信息与人精准匹配，学者将这个过程描述为"'海量内容—用户需求—多维场景'的适配"。算法通过对海量的数据进行标签化处理，再根据用户的活动进行识别和反馈，最后则是根据不同的场景，将人与信息对接。以今日头条为例，环节大致如下：(1)抓取海量新闻信息，分解为字符，标签化处理；(2)对文本分门别类，算法根据相似度打包；(3)通过动态的用户数据反馈，搭建用户兴趣模型；(4)将文本标签与用户标签相匹配；(5)过滤弱相关文本，减少信息重叠。①

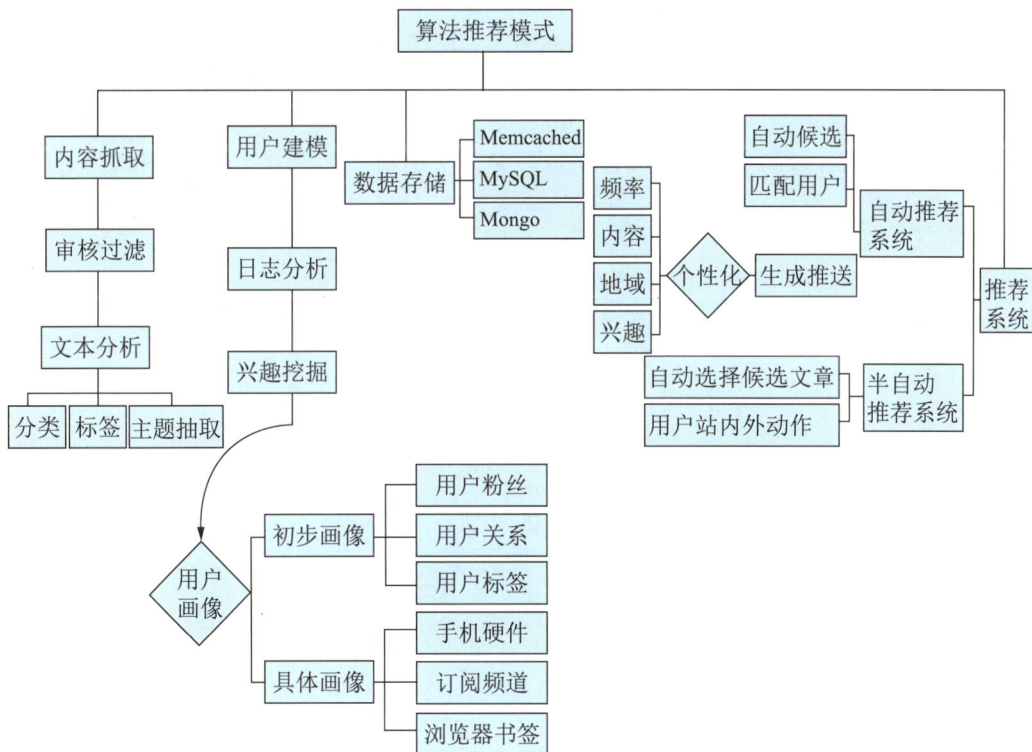

图 6-1　算法推荐模式

---

① 郭赫男，何倩：《算法推荐视域下我国新闻价值观的解构与重构》，载《西南民族大学学报(人文社科版)》，2020(06)。

(二)发展简史

1. 起始与探索阶段

在算法推荐技术的早期，人们面临着信息过载的问题，需要找到一种有效的方法来过滤和推荐信息。这时，协同过滤方法开始崭露头角。它基于用户的行为和偏好，通过寻找具有相似兴趣的用户或物品来进行推荐。这种方法在实际应用中取得了初步的成功，尤其是在电商和电影推荐领域。

2. 商业化应用与突破阶段

随着技术的不断发展和商业化应用的推进，算法推荐技术逐渐进入更广泛的应用领域。2001 年，亚马逊在其系统中首次采用了协同过滤方法，实现了推荐算法的第一次商用，这标志着算法推荐技术在商业领域的重大突破。此后，越来越多的公司开始尝试将推荐算法应用于其业务中，如视频网站的个性化推荐、新闻平台的定制化推送等。在这个阶段，Netflix 对视频推荐技术的突破也具有重要意义。2006 年，Netflix 提出了基于矩阵分解的协同过滤算法，这一算法将用户的兴趣进一步降维和抽象，提高了推荐的准确性。例如，即使一个用户从未看过《哈利·波特》，但系统仍可以根据其看过的其他魔幻类电影，推荐其他相关的视频内容。

3. 深度学习引领与融合阶段

随着深度学习技术的发展，算法推荐技术进入了新的阶段。深度学习在特征提取和关系建模方面的强大能力，使得推荐算法能够处理更复杂的场景和数据。2012 年开始，深度学习在人工智能领域取得了显著的进展，这也推动了基于深度学习的推荐算法的发展。谷歌在 2016 年提出的广度与深度模型和 YouTube 深度学习推荐模型是这一阶段的代表性成果。这些模型基于 Embedding+MLP 的网络结构，利用 Embedding 的强大离散特征处理能力和 MLP 的非线性拟合能力，显著提升了推荐效果。此后，越来越多的公司开始将深度学习技术应用于推荐算法中，实现了更精准的个性化推荐。

4. 多模态与跨领域发展阶段

近年来，随着多媒体内容的爆炸式增长和跨领域信息的融合需求，算法推荐技术也面临着新的挑战和机遇。在这一阶段，推荐算法不仅需要处理文本信息，还需要处理图像、视频、音频等多模态数据。同时，跨领域的推荐也变得越来越重要，例如将电商和社交数据进行融合，为用户提供更全面的推荐服务。为了应对这些挑战，研究者们提出了许多新的模型和方法，如多模态融合模型、跨领域迁移学习等。这些技术的出现，使得算法推荐技术能够更好地适应复杂多变的应用场景，为用户提供更加精准和个性化的推荐服务。

概言之，算法推荐技术在实际应用中经历了从起始与探索阶段到商业化应用与突破阶段，再到深度学习引领与融合阶段以及多模态与跨领域发展阶段的演变。每个阶段都有其独特的技术特点和应用场景，共同推动了算法推荐技术的不断发展和创新。

二、算法推荐的实践类型

1998 年，电子商务平台亚马逊首先将基于物品的协同过滤算法应用于推荐系统。发展至今，算法推荐主要有以下三种类型。①

(一)基于行为的推荐算法

算法推荐技术的早期应用可见于电子商务平台。当用户在线购物时，平台会根据他们的历史搜索、浏览和购买记录，通过协同过滤算法，为他们推荐相关商品，实现个性化的广告投放效果。这种算法的核心在于基于用户行为进行计算推荐，它围绕"用户"和"产品"两大主体进行工作。具体来说，一种方式是依据相似的购买行为，计算用户间的相似性，并据此将相似用户购买的商品进行关联推荐；另一种方式则是分析商品与用户历史搜索、浏览、评价和购买的商品之间的相似性，以判断是否适合推荐给该用户。随着技术的发展，协同推荐算法也被引入内容平台，此时"产品"被替换为"内容"。

该算法具有诸多优势。首先，它具有良好的成长性，随着数据的不断积累，推荐结果将变得更为精准；其次，它高度个性化，能基于用户的历史数据进行反馈，实现

---

① 孙少晶，陈昌凤，李世刚等：《"算法推荐与人工智能"的发展与挑战》，载《新闻大学》，2019(06)。

与用户高度相关和精准匹配的产品推荐；最后，其应用范围广泛，不仅适用于物品推荐，也适用于内容推荐。然而，协同推荐算法也存在一些不足之处：一方面，它高度依赖用户行为数据，导致头部平台在数据积累上拥有巨大优势；另一方面，该算法主要基于历史数据进行推荐，因此新用户、新产品和新内容可能会面临"冷启动"问题，即在缺乏足够数据的情况下难以进行有效推荐。

（二）基于内容的推荐算法

这一算法的核心在于构建精细的"画像"。对于用户而言，该算法会根据其兴趣爱好进行分类，深入学习用户的兴趣模型，从而构建出精准的用户画像；而对于产品，算法则会自动提取内容文本中的关键特征，形成产品特征画像，以便与用户的兴趣爱好标签相匹配。这种基于文本内容特征进行分类推荐的算法，如今在新闻、资讯的分发过程中被广泛应用。

算法推荐的发展对新闻产品具有深远意义。它不仅转变了用户传播信息的行为模式，推动了新闻分发机制的革新，实现了内容层面的精准分发，还拓展了新闻生产的边界。算法推荐使得新闻传播从"人被动寻找感兴趣的内容"转变为"内容主动定位到感兴趣的人"。与协同过滤算法相比，基于内容的推荐算法具有显著优势：高效精准，无须预先积累大量用户历史数据；同时，它在一定程度上解决了数据稀疏和冷启动问题；此外，基于内容进行分类学习的算法技术已相对成熟。

然而，基于内容的推荐算法也面临一些挑战和问题。首先，它主要应用于文本特征提取，对于音频、视频等多媒体形式的内容，自动提取特征仍存在一定难度。其次，高度同质化的资讯内容引起了学界的广泛忧虑，信息茧房、主流价值导向缺失、算法审查对用户知情权的控制、风格缺失以及数据安全等伦理风险问题层出不穷。最后，随着数据的不断增多和用户偏好的日益复杂化，特征提取的难度也会逐渐增大，这可能影响到推荐的精准程度。

（三）基于语义的推荐算法

这种机制聚焦于语义关联和情感相似性的深度挖掘，通过对用户片段式行为的细致分析，洞悉其潜在意图和具体场景，从而达成更为精确的推荐。2012年，谷歌为了提升搜索引擎的用户体验，推出了谷歌知识图谱这一创新产品。该图谱以检索对象为核心，系统地组织知识，使得不同的知识点间能够相互链接，实现快速跳转，这种方式非常贴近人类接收和存储信息的自然模式。实质上，这种知识图谱便是一种语义网络。

基于语义的推荐算法具备显著优势。第一，它能够提供极为丰富且多样化的推荐内容，有效避免了传统算法中信息同质化的问题；第二，语义网络不仅可以从用户行为中提取信息，更能通过深入的语义和情感分析，揭示用户行为背后的动机，预测用户行为，进而挖掘其潜在需求。目前，算法推荐实践正倾向于将语义分析与行为研究相结合，以期有效解决新用户冷启动等推荐系统中的一系列难题。然而，随着技术的不断进步，系统算力的损耗和算法冗余问题也日渐凸显，这将是下一阶段基于语义和知识图谱的推荐算法所需面对的重要挑战。①

三、算法推荐的表现形式

随着人工智能时代的到来，算法推荐已深入渗透我们生活的方方面面。无论是日常使用的各类软件还是热门 APP，几乎都融入了推荐系统。例如，今日头条、腾讯新闻等新闻应用会根据用户的兴趣推送定制化资讯；购物平台如京东、淘宝、亚马逊、拼多多等则通过算法推荐用户可能钟爱的商品；短视频应用如抖音、快手、西瓜视频等则精准推送用户感兴趣的短视频内容；而在饿了么、美团、大众点评、小红书等平台上，算法同样会为用户推荐心仪的美食或餐厅；携程、去哪儿等旅行应用，则能根据用户的偏好推荐机票、酒店等旅行产品。这些算法推荐的应用场景不胜枚举，为用户带来了前所未有的便捷与个性化体验。2022 年 1 月，基于推荐系统潜在的应用价值，中国人民大学高瓴人工智能学院发布的《算法向善与个性化推荐发展研究报告》认为，目前算法推荐系统主要有如下表现形式。②

---

① 田丽：《算法推荐的实践与认知研究》，载《青年记者》，2021(21)。
② 中国人民大学高瓴人工智能学院：《算法向善与个性化推荐发展研究报告》，2021-12-09。

（一）资讯推荐

随着交互式通信技术的日新月异，互联网时代的网络信息平台成功缓解了大量资讯生产和分发的压力。然而，对于新闻等资讯的价值界定，这些平台并未给予明显的区分。其中的原因可能在于缺乏一套有效的程序来实时提供各种资讯，以及当前系统尚不能精准地模拟用户的兴趣偏好。因此，网络应用开始广泛采用推荐系统技术，旨在根据读者和社会的需求及时更新资讯，并通过对用户偏好的深入建模，为他们提供个性化的推荐结果。

在资讯推荐这一场景中，推荐系统的核心在于深入理解文章的内容以及用户的偏好，并据此为用户提供符合其兴趣的推荐资讯列表。相较于传统媒体，这种基于个性化的资讯推荐相当于为每位用户量身打造一份他喜欢或感兴趣的"定制报纸"。与人们日常生活紧密相连的资讯推荐系统，例如今日头条、腾讯新闻、百度首页新闻推荐模块等，它们通过分析用户的浏览记录、评论以及搜索意图等显式和隐式的反馈，精准地建模用户的兴趣偏好，从而为他们呈现个性化的推荐内容。以今日头条为例，当用户打开其 APP 时，推荐模块会根据用户过去观看的内容、关注的其他用户和账号等信息，为用户推荐他们可能感兴趣的新闻内容。此外，还有腾讯新闻、北京时间、凤凰新闻、360 快资讯、新浪看点等，它们通过先进的推荐算法，为用户找到与其兴趣相匹配的资讯内容，涵盖不同领域和形式的资讯，从而丰富用户的认知世界。

（二）音视频推荐

随着移动设备的普及，以视频和音乐为主导的娱乐领域得到了迅猛的发展。众多平台的涌现，打破了专业人士与普通用户之间的壁垒，促使视频和音乐创作呈现出前所未有的增长态势。在视频产业中分为两大类别：一类是以专业视频内容为主打的网站，诸如家庭影院频道、腾讯视频、优酷视频、爱奇艺等；另一类则是以用户生成内容为核心的网站，即用户生成内容（User Generated Content，UGC）网站，如西瓜视频、哔哩哔哩等。这些视频网站和 APP 极大地丰富了人们的智能生活。对于专业视频内容网站，它们主要以长视频为主，依据用户观看视频的类型、题材以及相关的主体人物(如导演、演员等)来为用户推荐其可能感兴趣的内容。而 UGC 网站则更侧重于短视频的推荐,它们会根据用户的观看记录、地理位置以及用户关注的短视频博主和账号等信息,为用户提供个性化的短视频推荐。与长视频相比,短视频更能充分利用用户的碎片化时间,为用户带来无缝的观看体验。

在音乐推荐领域,为了解决用户在众多音乐产品中难以找到心仪音乐的问题,许多企业已经开发出了音乐推荐系统。这些系统支持用户自行上传音源,并结合用户的历史兴趣(如曾听过的音乐风格、发行者、作词者等信息)以及其社交圈的相关信息,为用户提供个性化的音乐推荐,从而进一步提升用户的体验。

(三)电商平台推荐

推荐算法在为用户提供符合其兴趣偏好的信息或服务方面发挥着关键作用,这不仅能够显著增强用户的满意度和黏性,还能有效提高用户的转化率。一般而言,电商平台将推荐算法精心挑选的商品置于用户主页,一旦用户发现感兴趣的商品,他们通常会进一步点击详情页浏览产品。然而,若用户在浏览一段时间后未能找到满足需求的商品,他们可能会选择离开页面,这间接导致了用户流失和点击量的下降。因此,个性化的精准推荐逐渐成为电商平台竞相追求的技术手段,并被认为是实现平台长期稳定发展的基石。

目前,全球知名的电商平台如亚马逊、淘宝、京东等,已经纷纷研发出独具特色的推荐系统,旨在提升用户黏性和转化率。这些推荐系统能够精准捕捉用户的兴趣偏好,并及时推送可能引发购买欲望的商品。在电商领域,推荐系统不仅要关注商品本身,还需考虑到商品的复购周期差异。例如,衣物、食品等可能短期内被多次购买,而手机、家具等则往往不会在短期内重复购买。此外,物品之间的购买相关性和时序性也是推荐系统必须考虑的因素。因此,推荐系统在电商场景中实际上是多种推荐算法的融合,鉴于当前还有许多复杂的逻辑关系尚未在推荐系统中得到充分考虑,电商场景下的推荐算法仍有巨大的优化空间。

第二节　算法推荐的典型案例

智能传播时代，由于数据量的激增，用户有着希望能从海量数据中得到对自己来说有用信息的需求，而信息生产者也有期望能让自己生产的信息被看到的需求。算法推荐技术通过计算用户与信息生产者生产的内容之间的匹配程度，将用户和信息生产者联系起来，实现对这两种潜在需求的整合，从而减少了用户和信息生产者在市场上寻找双方的时间，在一定程度上提高了市场运行的效率。算法推荐技术在诸多领域得到实践。

算法推荐的
典型案例

一、主流媒体平台案例

近年来，以《人民日报》、新华社、中央广播电视总台为代表的主流媒体借力互联网平台，积极拥抱技术，利用算法更好地输出优质内容，传递主流价值观。

人民日报社媒体技术公司建设的"全国党媒信息公共平台"以"党媒算法"为核心，革新了用户画像体系和内容标签体系，对海量聚合内容进行智能化和自动化处理。党媒平台构建主流价值观知识图谱，自建智能标签体系，通过自然语言处理、语义分析对入库稿件进行标签提取；根据稿件标签和用户阅读习惯构建用户画像，并通过建立兴趣相关、地域相关、时效相关等推荐模型实现不同用户不同阶段的稿件智能推送。[①]

2017 年，新华社和阿里巴巴合作推出中国第一个媒体人工智能平台"媒体大脑"，提供基于云计算、物联网、大数据、人工智能等技术的八大功能，覆盖报道线索、策划、采访、生产、分发、反馈等全新闻链路。基于新华智云的大数据能力，用户画像功能可以为媒体提供读者阅读习惯、位置变化、行为偏好等更详细、精确的信息。而

[①]　人民网研究院：《从三大央媒实践看主流媒体智能化发展趋势》，2023-05-17。

智能分发系统则依托国内一流的新闻分发渠道，通过在智能硬件等设备上的大数据，为读者精准推送新闻资讯。这两者相辅相成，拉近了媒体与用户间的距离，从而达到媒体影响力扩大、用户体验提升的双赢效果。

新华智云联席 CEO 表示"媒体大脑"正在建构一个全球范围内最丰富的新闻信息库，涵盖各种媒体形式的专业生成内容(Professional Generated Content，PGC)、UGC 内容。这些内容会被结构化、标签化，形成一个可信的媒资列表，内容生产仅在此范围内取材，降低出现不良内容的概率。同时，媒体大脑最终内容还得经过人工筛选，在人机协作机制下完成内容的分发。

2021 年，中央广播电视总台技术局联合视听新媒体中心、融合发展中心共同启动"总台算法"的开发和建设，通过算法驱动内容传播的思想性、艺术性和商业性协调统一，打造主流媒体的价值认知算法。在借鉴国内外算法推荐模型的基础上，"总台算法"创新了一套自主可控的技术架构，包括算法工作台、推荐引擎、AB-Test 系统、知识结构四个部分，把合适的内容匹配给合适的用户。具体包括如下技术亮点。

第一，实现全流程自主可控。中央广播电视总台的探索和实践拆开了算法推荐的"黑盒子"，精细到每一个模块、每一个环节，对每个模块都有充分的管控手段。第二，算法与人工相互融合。"总台算法"能够兼顾算法位与人工位组合后的提升效应。第三，建立内容漏斗模型、挖掘潜在热点。"总台算法"建立从细分内容到爆款内容的内容漏斗模型，同时相应建立从高活用户到低活用户的流量阶梯模型，将可能成为热点、爆款的精品内容逐渐放大人群推送，从而有效检验内容传播力。内容漏斗模型的亮点是运用算法挖掘潜在热点，为有限规模的内容精准匹配用户喜好。第四，以"总台算法"为抓手，建立总台用户画像体系。总台构建了一个以社会属性、行为心理、设备属性、内容偏好四个大维度以及若干小维度的标签化用户画像体系。2021 年以来，"总台算法"在综艺、文史等十多个业务板块取得了较好的应用效果，节目播放、曝光、用户转化等多类指标相较算法应用前取得了 50% 以上的增长，部分指标增长幅度超过 300%。

二、新闻资讯平台案例

2015 年 1 月，"今日头条"创始人张一鸣在极客公园创新大会上发表主旨演讲，指出"今日头条"主要使用有关用户的以下数据来进行信息推荐：动作特征(包括点击、停留、滑动、评论、分享)、环境特征(包括 GPS 定位、是在 Wi-Fi 环境还是 3G 环境、是否为节假日等)和社交特征(例如微博的关注关系、历史上发的微博)。张一鸣介绍了"今日头条"的推荐机制，当用户绑定微博登录后的 5 秒钟之内，系统会为用户建立起一个 DNA 兴趣图谱。这个图谱类似于一个数学模型，主要根据用户 SNS 账号上的标签、关注人群、好友、评论、转发、收藏等数据，以及用户的手机、位置、使用时间等数据提取而来。[①]

此后一段时间，算法推荐原理始终处于未公开状态。社会呼吁算法公开透明化，打开算法"黑箱"。2018 年 1 月，"今日头条"系统公开了其算法分发的技术原理：内容上主要考虑提取不同内容类型的特征做好推荐，用户特征包括各种兴趣标签、职业、年龄、性别等，环境特征基于用户在不同场景中信息偏好不同。结合这三个维度，模型会给出一个预估，即推测推荐内容在某场景下对某用户是否合适。这三个变量都基于对用户信息的反馈，算法的内在逻辑迎合着用户需求。此外，有四个典型的特征会对推荐起到重要的作用：相关性特征、环境特征、热度特征、协同特征。其中协同特征通过用户行为分析不同用户间相似性，如点击相似、兴趣分类相似、主题相似、兴趣词相似等，依靠"兴趣探索"和"泛化"来实现价值的多样性。

三、社交媒体平台案例

互联网平台每时每刻都在产生大量诸如图文、视频、评论等海量数据，平台算法应运而生。据不完全统计，当前基于算法的个性化内容推送已占整个互联网信息内容分发的 70% 左右。社交媒体平台的竞争力，很大程度上依赖于数据、算力和算法。

---

① 资料来源：人民网研究院《从三大央媒实践看主流媒体智能化发展趋势》，选入本书时有改动。

全球多家知名社交媒体运用算法推荐技术推出了全新功能以满足和匹配用户需求。根据 YouTube 帮助中心的提示，该平台检索及发现界面的算法旨在帮助用户找到自己想看的视频，使受众参与时长和满意度最大化。近年来，该平台尽力在压缩诱导性视频的推荐比例，聚焦受众满意度，优先推荐原创内容频道；2022 年 12 月，Instagram 推出了一些新功能，旨在让用户更轻松地与现实世界的朋友保持联系。根据最近新闻报道，Instagram 正在推出几项重大变革，其中最引人注目的一项是名为"笔记"（Notes）的新功能。借助 Notes 的推荐功能，用户可以仅使用文本和表情符号更新朋友列表，为社交更新添加一种不同的形式，而不仅仅是常见的图像和视频功能；同月，TikTok 表示将推出一项新功能，该功能将在软件"为你"（For You）板块提供被推荐视频的背景信息。用户可以通过点击视频上的分享按钮，然后选择名为"为什么是这个视频"的问号图标来使用这一功能。这一功能将有助于视频内容的推荐优化。

四、短视频平台案例

短视频平台的算法推荐机制是对用户实现精准推送的技术，它的价值在于实现信息服务的个性化以及解决内容信息过剩的问题。短视频平台的算法推荐机制基于用户信息完成用户画像并进行标签化分组，从而有针对性地优化短视频生产内容。短视频平台的算法推荐机制在用户注册时完成首次画像描述，并将用户此后的每一次点击和阅读数据收入算法系统，用户点击的次数越多，用户画像就越清晰，内容生产的针对性就越强。

随着移动社交的不断发展，用户社交网络越来越完善，流量入口逐渐增多。短视频平台的算法推荐机制能够将用户接收内容的兴趣点与移动社交网络数据相结合，从而实现内容的精准推荐。以单一用户内容兴趣点为筛选维度的算法推荐判断较为模糊，适用于学历、年龄、社会环境差距较小的用户群体，而短视频平台的算法推荐机制可通过分析用户社交网络拓展信息推荐范围，使社交网络中的每一个用户触点均产生一定的流量。一般来说，信息接收者通过互联网将清晰、熟悉的现实社交转化为新奇、未知的移动社交，内容产出者通过自己产出的视频内容在移动社交网络中的传播来获得认同感和满足感，进而为短视频平台提供更优质的视频内容，形成移动社交生态的良性循环。①

以快手为例，其短视频算法在精准揣摩用户偏好的基础上，组合运用不同的算法，以确保平台内容的完播率。具体来说，当新用户首次点击快手时，由于尚未完成注册登录，系统尚无法形成详细的用户画像。因此，快手会采取一系列策略，如界面上随机展示视频内容以及采用瀑布流等呈现方式，旨在吸引用户与视频内容进行点赞、评论及转发等互动，从而初步收集用户的喜好信息。一旦用户与平台产生交互行为，快手的系统便会立即启动用户画像的构建工作，进而更加精准地参与后续视频内容的推荐，确保用户能获得符合个人爱好的短视频内容。

在抖音中，新用户一旦完成注册并登录，系统会立即启动由"同城""关注"和"推荐"等构成的组合推荐机制。多种推荐方式在同一界面上同时呈现，正是混合推荐策略的生动体现。通过结合不同推荐方式的优点，能够避免单一推荐算法可能带来的局限，使得推荐结果更加多样化，满足不同用户在不同场景下的内容需求。此外，当新用户选择使用微信账号或微博账号等第三方平台登录时，抖音的推荐系统还会调用社会化过滤推荐系统，识别用户在相关社交平台上的好友，并将他们浏览过、点赞过、转发过以及评论过的短视频内容推荐给新用户。

腾讯于2020年年初推出的微信视频号，其核心理念在于强关系的信息交流。得益于微信这一庞大的私域流量池，视频号的推荐模式发生了由公域向私域的转变，更加突出了关系属性的重要性。因此，在推荐内容时，熟人分发的比例占据了显著地位，这对于创作者而言，意味着能够更有效地建立社交闭环，增强与粉丝的互动和黏性。同时，通过与公众号的良性联动，微信视频号得以拥有更为多元化的变现形式，为创作者提供了更为广阔的商业空间。②

---

① 田龙过，牟小颖：《短视频平台算法推荐机制对主流媒体新闻平台的启示》，载《出版广角》，2021(04)。

② 梁一帆：《视频个性化推荐的应用特点和优化路径》，载《中国记者》，2022(08)。

第三节　算法推荐的应用现状与风险

作为一种信息资源的全新配置范式，算法推荐的广泛应用是大数据逻辑和人工智能逻辑在信息传播领域相结合的一种必然趋势。虽然是一种必然趋势，但算法推荐的双刃剑效应依然明显。[①] 2020 年年初，由 Netflix 出品的纪录片《监视资本主义：智能陷阱》掀起人们对算法时代种种问题的讨论，这些讨论总体上可归结为：算法如何使得日常生活中处处遍布"算法陷阱"，而我们又如何轻而易举地掉入其间。算法是数字社会、数字经济的重要基础，不仅涉及市场治理，还涉及社会治理与国家总体安全。

算法推荐的
应用现状与风险

一、算法歧视：隐蔽的偏见与价值观渗透

算法歧视是以算法为手段实施的歧视行为，主要指在大数据背景下、依靠机器计算的自动决策系统在对数据主体作出决策分析时，由于数据和算法本身不具有中立性或者隐含错误、被人为操控等原因，对数据主体进行差别对待，造成歧视性后果。[②] 算法歧视现象在日常生活中并不少见，例如，经常使用打车 APP 的人和使用外卖平台 APP 的会员，他们订车或订外卖支付的金额有时反而会比不经常使用的人更高；企业在专业招聘平台上招人，会存在因算法歧视而导致选择范围过窄等问题。

第一，"千人千价"，"大数据杀熟"。"大数据杀熟"指互联网平台利用大数据挖掘算法获取用户信息并对用户进行"画像"分析，进而对不同消费者群体提供差别性报价，以达到销售额最大化或吸引新用户等目的的行为。[③]"大数据杀熟"本质上是价格

---

① 张林：《智能算法推荐的意识形态风险及其治理》，载《探索》，2021(01)。
② 刘朝：《算法歧视的表现、成因与治理策略》，载《人民论坛》，2022(02)。
③ 刘朝：《算法歧视的表现、成因与治理策略》，载《人民论坛》，2022(02)。

歧视，是平台凭借算法优势实施的价格违规行为，即购买同样的商品老用户往往比新用户支付的价格高。① 在线差旅、交通出行、在线票务、视频网站、网络购物等诸多网络平台企业纷纷被曝出可能存在"大数据杀熟"行为。北京市消协发布的"大数据杀熟"问题调查结果显示，两名体验人员同时通过某旅行网预订同一天的房间，老用户的房费不含早餐291元1间，而新用户的房费不含早餐286元1间，另享受4元买立减优惠，实际为282元1间。体验结果发现，同一房间新老用户标价不同，优惠也不同，老用户价格高且不享受优惠。同时，不同用户享受优惠不同，最终新用户比老用户价格便宜。② 从机制上看，平台方会根据收集到的用户个人资料、购买习惯等行为信息，通过大数据模型建立用户画像，然后根据画像给不同用户推荐相应的产品、服务和定价，实行区别化的价格营销策略。消费者知情权、选择权、公平交易权等正当合法权益也受到侵害。③

第二，"千人千言"，AI聊天机器人的歧视性言论。随着人工智能的不断发展，AI机器人被广泛使用。AI聊天机器人通过在交互情景中对信息进行学习、储存来模仿人类对话，进而实现与用户进行交互对话，并具备协助用户对日常工作进行记录和信息搜索等功能。一旦AI聊天机器人在学习过程中学习到了带有歧视性的信息，就会引发算法歧视问题。例如，由韩国研发的一款AI聊天机器人能够通过在交互情景中学习对话，像真人一样和用户聊天。然而让人意外的是，这款AI聊天机器人，在与用户进行交互的过程中，学会了一些歧视残障人士的表达，发表关于性别歧视、种族歧视等主题的偏激言论，将偏见与恶意"反哺"给人类。④ AI机器人在未来会被更广泛地普及应用，AI机器人发表言论是否正向积极直接关系到用户的使用体验及身心健康，而AI机器人导致的算法歧视问题也可能会引发更严重的社会歧视问题。⑤

---

① 高进，刘聪：《算法歧视的敏捷治理——以D短视频平台为例》，载《西安交通大学学报(社会科学版)》，2024(01)。

② 王薇，赵婷婷：《北京市消协发布"大数据杀熟"问题调查结果》，载《北京青年报》，2019-03-28。

③ 齐志明：《有效治理大数据"杀熟"行为》，载《人民日报》，2018-06-01。

④ 人民网：《韩AI聊天机器人"学坏" 人工智能伦理引热议》，2021-01-19。

⑤ 刘朝：《算法歧视的表现、成因与治理策略》，载《人民论坛》，2022(02)。

第三，"千人千面"，修图算法歧视争端。修图算法歧视争端是数据集引发的算法歧视。人工智能技术可以帮助人类与逝者"对话"、陪伴独居老人等。然而，一些本意旨在实现人文关怀的人工智能技术反而带来了算法歧视问题，导致科技的应用目标无法实现。例如，外国某图片分享网站针对黑人男性的图片，会自动生成"动物""人猿"的标签。在谷歌搜索引擎中输入一些黑人的名字后，会出现一些犯罪链接，而输入相应的白人名字时，出现的概率却比较低。[①] 此外，杜克大学推出的一款修图算法能够将模糊照片清晰修复，凭借这一功能，用户可以将具有纪念意义的旧照片进行复原。然而，一位用户将一张模糊人像照片输入该算法后，得出的照片却与本人的相貌大相径庭，此事引起美国网民的激烈讨论。民众认为该算法带有严重的外貌歧视性，由此引发了人们对人工智能技术的质疑。对此，图灵奖得主杨立昆从专业角度给出了答案：该修图算法结果偏差主要原因在于数据偏差，该修图算法进行预训练的数据集储存的人像照片来源有限，复原的照片外貌特征与数据集里照片相似，导致算法最终得出的照片与本人差距较大。[②]

二、算法操纵：个体控制感丧失与隐私泄露

算法操纵是指当算法部分(或全部)替代"人"成为发出指令和进行决策的主体时，数据(信息、隐私)的所有者、企业决策主体、劳动主体丧失了控制权，会造成信息茧房、回音室效应、信息过滤气泡以及隐私泄露等问题。

中国传媒大学教授金雪涛从不同主体出发，将算法操纵分为三类。第一类是针对消费者的算法操纵，包括新闻、文娱、广告等推送主要依靠对用户行为的数据分析，算法推断用户偏好并只呈现该种类内容，使得信息茧房、回音室效应、信息过滤泡等构筑"信息隔离空间"的效能大大增强；与此同时，在算法操纵对个人用户基本数据和行为数据的收集、分析、预测和使用过程中，因数据(信息、隐私)主体丧失了控制

---

① 张赛，刘明洋：《算法权力批判：算法型新闻如何建构现实》，载《新闻爱好者》，2020(05)。

② 刘朝：《算法歧视的表现、成因与治理策略》，载《人民论坛》，2022(02)。

权，有可能导致个人数据或隐私被泄露和不当利用。数据显示，2021 年以来我国受理的个人信息保护投诉举报超过 2 万条，其中超范围收集个人信息、强制或频繁索要权限等问题占总量的 40% 左右。[①] 第二类是针对劳动者的算法操控，最直接的表现就是对数字劳动的"剥削"。作为工具革命代表的算法能够将数字劳动的价值精准计量和控制，比如外卖骑手走哪条线路能够最有效率地送出外卖，用户收看视频的完播率、转发数量和评论数量能够创造多少流量价值等。数字技术通过对数字劳动的属性、行为计算出最佳方案，并以一种可见或不可见的方式推进各类数字劳动去行动，数字劳动所创造的信息内容、流量以及生产效率，部分或全部地无偿参与资本扩张过程。2020 年 9 月，一篇名为《外卖骑手，困在系统里》的文章刷屏社交网络，引发公众对外卖骑手困境的关注和讨论。在算法逻辑下，公众渐渐在简单重复的机械化劳动下失去理性思考的能力和动力，自主性被无情剥夺却不自知。第三类是针对同业竞争者的算法操纵，集中地体现在网络平台通过算法设置条件，控制搜索结果或排名呈现，构筑了市场进入壁垒。当然，算法操纵也会导致同业竞争企业的数据(信息)被泄露或不当利用。算法操纵破坏了公平竞争，同时也给消费者带来了不良体验。[②]

三、算法共谋：破坏公平竞争与侵犯公众权利

英国学者阿里尔·扎拉奇和莫里斯·E. 斯图克提出算法共谋(algorithmic collusion)的概念和类型。它是指在特定产业中多个企业通过协议或暗示，采取共同限制价格、限制产量、控制销售渠道等一致性行为来压制竞争，获得超额垄断利润的策略，算法共谋的潜在威胁性在于数据驱动下的算法能迅速监控竞争对手的价格，并统一调整价格。[③] 因此，基于数据过度集中等原因会导致算法破坏公平竞争、侵犯消费

① 国家计算机网络应急技术处理协调中心、中国网络空间安全协会：《App 违法违规收集使用个人信息监测分析报告》，2023-05-17。

② 金雪涛：《算法治理：体系建构与措施进路》，载《人民论坛·学术前沿》，2022(10)。

③ Ariel Ezrachi & Maurice E. Stucke, "Two Artificial Neural Networks Meet in an Online Hub and Change the Future(of Competition, Market Dynamics and Society) ," *University of Tennessee College of Law*, 2017(323) .

者权益。

　　算法的隐蔽性特点也给共谋的形成提供了条件。具体而言，两个或者两个以上相互竞争的企业可能通过使用相同或类似的定价算法，并依据市场数据实时调整价格，通过该算法应对其他平台价格变动，从而实现动态固定效果。其中，最经典的案例是2015 年美国司法部对大卫·托普金斯等公司提起重罪指控，指控 Topkins 伙同其他共谋方采用特定的定价算法，根据其内部达成的共谋协议自动交换价格信息和协调卖价，从而确保在亚马逊电商平台上所销售的特定壁纸能够显示在搜索页面的最前面，增加消费者的关注度，以此增加交易达成的可能性。算法颠覆了传统市场的规律，使企业间的共谋不再局限于市场集中度的影响。依托大数据时代信息传递的及时性与精准性，企业可以通过算法迅速交换价格策略并达成对各方均有益的共谋协议。即使在集中度低的市场，只要各企业间采用相同或相似的算法，通过程序设定可以精准识别有异心的企业并迅速实施打击报复，提高其背叛的经济成本，使各方的共谋协议得以长期稳定维持。①

四、算法黑箱：损害个人权益和社会福利

　　黑箱理论源于控制论，指不分析系统内部结构，仅从输入端和输出端分析系统规律的理论方法。这里的"黑箱"是一种隐喻，指的是为人所不知的、那些既不能打开又不能从外部直接观察其内部状态的系统。而算法"黑箱"与理论上作为系统的"黑箱"又有所区别，算法"黑箱"本质上归属于技术"黑箱"，技术"黑箱"特指作为知识的人工制造品，"其特点是部分人知道，另一部分人不一定知道"，在这个意义上，算法"黑箱"指的是算法运行的某个阶段"所涉及的技术繁杂"且部分人"无法了解或得到解释"。②

　　算法作为一种技术工具，在应然层面理应是客观中立的，但因算法自身的"黑箱"化特征以及技术应用不当，在实然层面又难免陷入偏私与歧视。私人技术公司知道，

---

　　①　李丹：《算法共谋：边界的确定及其反垄断法规制》，载《广东财经大学学报》，2020(02)。

　　②　仇筠茜，陈昌凤：《基于人工智能与算法新闻透明度的"黑箱"打开方式选择》，载《郑州大学学报(哲学社会科学版)》，2018(05)。

而政府公共部门与社会公众不一定知道的中间形态算法"黑箱"，其存在可能导致算法与资本或权力相连接，成为"损害个人权益和社会福利的工具"，影响社会公众对算法技术价值的认知，削弱政府运用技术进行治理的正当性，阻滞政府治理现代化的进程。[①] 在智能传播时代，主流媒体的视听时间被平台媒体的渠道所分散，人们越来越偏向基于兴趣偏好推送的算法新闻，而算法体现的是资本和技术开发主体的意志，代表的是少数股东的诉求，而非广大公众的利益。资本的本质是逐利，算法技术的高度垄断使得信息推送的把关权从公共机构迁移到掌握资本和技术的公司，原先代表公共利益和公共意见的把关机制有转向代表商业公司及其算法开发人员意志的风险。[②]

换言之，算法"黑箱"让诸多算法流程呈现出不透明的状态，使得公众不知道涉及自身利益的算法设计意图是什么、其数据来源是否正当、算法是如何运行的以及运行结果是否公平，这意味着公民的知情权在一定程度上被遮蔽。在此情境下，易引发社会公众对于算法合理性的担忧，进而引发信任危机。

第四节　如何提高信息选择能力

加拿大传播学学者麦克卢汉曾在《理解媒介：论人的延伸》一书中阐述了"媒介是人的延伸"这一观点，当我们将目光放在智能传播时代，算法不仅仅是单纯的传播工具和渠道，而且是内容的生产者和传播者。人类与机器不断交流、对话，甚至共生、共存。面临着这种新的人机关系，以及智能机器所展示出来的对于人们思想方式、

如何提高信息
选择能力

① 谭九生，范晓韵：《算法"黑箱"的成因、风险及其治理》，载《湖南科技大学学报（社会科学版）》，2020(06)。

② 匡文波：《智能算法推荐技术的逻辑理路、伦理问题及规制方略》，载《深圳大学学报（人文社会科学版）》，2021(01)。

行为模式等方面的塑形能力，我们需要警惕被机器异化的风险，提高信息选择的能力。

一、技能层：学会使用智能技术满足信息选择需求

哲学家芒福德指出，若要把电脑应用得恰到好处，首先须有明智的人类操作者，他们能保持清醒头脑，不仅善于完成复杂的编程，更需要在关键时刻保留权力，靠自己做出最后决断。[1] 算法应用的广泛性要求具备算法素养的人能够使用算法工具满足自身需求，如编程语言及工具、数据分析工具、算法开发工具、算法模型等。[2] 算法推荐下的媒介生态具有数字化、智能化、开放性的特点，算法成为网络信息的发布者和传播者，可以根据用户画像发布文字、图片以及音视频等内容信息，跳脱算法构建的信息环境，形成多元、广泛的信息接触和选择尤为重要。

面对算法推荐环境下的多元信息，我们需要具备选择满足自身需求信息的能力，即知道如何运用智能技术搜索、筛选和使用媒介。首先是具有对媒介进行判断与评价的能力，了解不同媒体机构、媒体产品和内容形式的基本情况和特点。其次，可按照新闻内容类型、意向内容形式、意向了解程度等维度的具体需求去选择信息。具体而言，在技术输入阶段，公众需明确自身的需求表达是否被算法准确捕获和理解；在技术选择时，判断算法功能类型是否匹配实际任务场景和目标；在运行决策阶段，判定算法输出结果是否满足自身需要，是否有助于问题解决。[3] 概言之，算法使用者要增强发掘自身实际需求的能力，利用检索词和用户个性化标签等方式强化需求表达和需求转换的准确性、完整性，让算法能够精准捕获、理解自身的任务需求，从而更好地

---

① ［美］刘易斯·芒福德：《机器神话（下卷）：权力五边形》，宋俊岭译，196 页，上海，上海三联书店，2017。

② 吴丹，刘静：《人工智能时代的算法素养：内涵剖析与能力框架构建》，载《中国图书馆学报》，2022(06)。

③ 夏苏迪，邓胜利，付少雄等：《数智时代的算法素养：内涵、范畴及未来展望》，载《图书情报知识》，2023(01)。

服务于问题解决，提高算法的有用性和现实价值。①

二、知识层：完善算法相关概念的理论储备

知识层反映人对算法领域知识的掌握情况，包括与算法相关的理论知识与技术知识，涉及对算法相关概念的理论储备。② 我们应当主动增强对算法运行机制的了解，有意识培养基本的算法素养，学会识别算法推荐背后的逻辑，从而更加全面、理性地看待算法推送的信息。

具体来说，算法知识包括理解并接受算法带来的颠覆性影响，了解与算法相关的知识和发展趋势，形成关于算法的认知；能够从海量信息中认识到所需信息的价值，建立问题与信息之间的关联，形成信息敏感。算法知识储备是围绕算法展开一系列信息选择的前提，只有对算法相关知识有所涉猎，才能有针对性地进行算法认知和信息选择行动。首先，我们要理解并重视算法在生产生活中发挥的作用，重视大数据在当下的重要角色，熟悉算法相关规律和方法，为使用算法解决问题和创造价值提供思想基础；其次，要重视算法作为传播者的相关知识，如了解算法特性、知悉算法特点、掌握与数据相关的算法规则和模型规律等；最后，全面提升算法认知，不仅能够提高信息的使用率，还能为后期问题的解决提供新思路和新方法。算法敏感能力是获取信息的重要条件，个体算法敏感度高，能够在第一时间洞察问题，把握大数据运行和发展的客观规律。高度的算法敏感可以节约经济成本和时间成本，提高数据和信息的利用效率。③

三、思维层：六"何"分析法提升信息选择思维力

算法思维是一种数据思维，即用数据来描述、解释客观或主观对象、关系以及过

---

① 夏苏迪，邓胜利，付少雄等：《数智时代的算法素养：内涵、范畴及未来展望》，载《图书情报知识》，2023(01)。

② 吴丹，刘静：《人工智能时代的算法素养：内涵剖析与能力框架构建》，载《中国图书馆学报》，2022(06)。

③ 殷俊，魏敏：《数据素质：融媒体时代媒介素养的核心维度》，载《中国编辑》，2019(08)。

程等。在信息时代，这样一种思维也是必要的。但算法的准确性、有效性与数据质量紧密相关，要正确地使用、评价算法，也需要拥有相应的数据素养，即有效且正当地发现、评估和使用信息和数据的意识和能力。[①]

当前，由于传统把关人的缺位以及部分社交媒体与短视频平台盲目追逐经济利益，未经过核查、把关的信息得以在短时间内迅速获得大量关注，吸引大批流量，而平台的互动性又为民众之间的交流互动提供了机会，这也就极易形成基于社交媒体平台的网络社群，从而造成极端情绪化的社交网络舆论环境。虽然极端情绪化的舆论环境必然有其得以产生的社会根源，但是我们也应该尽可能地提升对媒介信息的判断能力与批判分析能力，明白某些媒介信息一旦大肆传播可能造成的负面效应。[②]

在提升信息选择思维力的过程中，可采用六"何"分析法，即使用"5W1H"模式围绕信息要素分析问题，从何时（When）、何地（Where）、何人（Who）、何事（What）、何因（Why）、如何（How）六个维度进行系统的剖析。其具体步骤为：一是这则信息是什么时间发布的？二是这则信息发布的地址是哪里？三是信息的发布者是谁？四是这则信息是为了解决什么事情？五是为什么要发布这则信息？六是我将如何使用这则信息？在充分认识信息的基础上制定可行方案，针对性地谋划解决实际问题的方法，从行动层面进行落实。形成以信息选择为中心，以"5W1H"为发散点的思维矩阵，形成信息选择思维力。[③] 此外，我们在进行信息选择的过程中要全面地看待网络信息，在利用的同时保持批判和质疑的眼光，对于吸引眼球的"标题党"和"噱头"要提高甄别能力，尽可能地甄别出隐性失实的新闻，在强大的舆论面前，应保持清醒的头脑和独立思考问题的能力。只有将思维内化为自身行动、真正实践，才能自觉抵制低质量信息，进行符合自身需求的信息选择。

---

① 金兼斌：《数据媒体与数字泥巴：大数据时代的新闻素养》，载《新闻与写作》，2016(12)。

② 匡文波，邓颖：《短视频监管与多重把关主体的范式转型：把关理论的研究视角》，载《中国编辑》，2021(04)。

③ 殷俊，魏敏：《数据素质：融媒体时代媒介素养的核心维度》，载《中国编辑》，2019(08)。

四、认知层：构建区别于算法推荐的信息区间

认知层是人对算法及其衍生产品的看法、态度、观点的集合，是个体价值观的核心体现。[①] 在人的自主知识学习中，往往需要理解知识的背景，寻找知识碎片之间的关联，辨析知识碎片的价值，梳理、拼贴纷繁的知识图谱，在获得知识的过程中提高认知能力。[②]

在多元价值体系社会下，每个群体都有自己的观察视角、利益主张，而如果我们只是固守自我角度去认知与评判舆情事件，使自己桎梏于"茧房"中，失去对多元化信息的接收渠道和感知能力，极易导致舆论群体极化，压缩理性、开放、包容的公共空间，失去和其他主体对话及达成共识的可能，网络舆论场愈发撕裂。美国学者帕里泽曾提到个性化推荐带来的信息"过滤泡"问题。他指出，个性化过滤器会用两种方式打破我们在强化现有想法和获取新想法之间的认知平衡：其一，它使我们周围充满着我们已经熟悉(并且已经认可)的想法，导致我们对自己的思维框架过于自信；其二，它从我们的环境中移除一些激发我们学习欲望的关键提示。他还认为，个性化推荐限制了我们的解答视界，即寻找问题解决方案的空间大小，也会限制人的创新性。[③] 算法带来的另一类风险，是对人的"囚禁"。如果算法应用不当，人可能会在认知与决策、消费、社会位置、劳动等多方面成为算法的"囚徒"。算法在很大程度上影响着人与信息的连接。算法促成了人与某些信息的匹配，但同时过滤了其他信息。目前算法主要是以个人兴趣与行为偏好来进行信息的筛选，但算法模型的准确性，会决定它所推荐信息的有效性，即使算法推荐的信息是有效的，长期在个人兴趣的"内循环"中，人们看到的天空也会越来越小。[④]

---

① 金兼斌：《数据媒体与数字泥巴：大数据时代的新闻素养》，载《新闻与写作》，2016(12)。

② 彭兰：《智能素养：智能传播时代媒介素养的升级方向》，载《山西大学学报(哲学社会科学版)》，2023(05)。

③ 彭兰：《算法社会的"囚徒"风险》，载《全球传媒学刊》，2021(01)。

④ 彭兰：《如何实现"与算法共存"——算法社会中的算法素养及其两大面向》，载《探索与争鸣》，2021(03)。

　　在认知层面，我们需要发挥自身的主体性，打造区别于算法推荐的信息区间，形成技能层、知识层、思维层基础上的全面认知。首先，在了解算法推荐的技术逻辑后锻炼自控能力，扩展信息选择的范围，包括关于不同地缘、趣缘群体的相关信息；其次，主体性还应表现在对公共世界的主动探求，构建一个区别于算法打造的信息区间，对不同信息领域进行权重赋值关注；再次，身处大数据时代的公众应该具有隐私意识，知晓每一次触屏的便利都是以个人数据作为交换的，谨慎使用公共 Wi-Fi 以及 APP"是否读取您的定位"功能；最后，批判意识应成为公众算法认知的必备品质，尤其在阅读带强烈主观色彩的新闻报道时，要注意考察新闻来源、新闻立场，思考其整体的逻辑结构。①

---

　　①　郭赫男，何倩：《算法推荐视域下我国新闻价值观的解构与重构》，载《西南民族大学学报（人文社科版）》，2020(06)。

第七章　生成式人工智能与创造生产能力

第一节　什么是生成式人工智能

一、生成式人工智能的定义与发展简史

（一）定义

2022 年 11 月，由 OpenAI 公司研发的 ChatGPT 被推向市场，随后在短短两个月内在全球达到亿级用户体量，引发社会各界对生成式人工智能这一技术的关注，甚至有人将 2022 年称为生成式人工智能爆发元年。生成式人工智能（Generative Artificial Intelligence），也被称为 AI 生成内容（Artificial Intelligence Generated Content，AIGC），是一种运用生成式建模和深度学习技术，依托现有数字内容资源，创造出全新的文本、图像、音频、视频、代码以及数字主播等多种形式内容的技术。科技咨询机构 Gartner 指出，生成式人工智能所生产的数据并非简单复制原始数据，而是创造出与原始数据相类似但完全不同的新内容。

人工智能模型主要分为两大类：决策式/分析式人工智能和生成式人工智能。决策式/分析式人工智能主要通过学习数据中的条件概率分布，对现有数据进行特征提

什么是生成式
人工智能

取，进而进行分析、判断和预测。例如，它可以通过深入挖掘用户与商品之间的关联，精确地将商品推荐给用户，或者通过实时分析用户的行为，如观看、停留和点赞等，来精准构建用户画像，并根据用户的兴趣标签实时推送内容。这类人工智能的核心在于对"已知"事物的分析。

生成式人工智能则是在决策式/分析式人工智能的基础上发展起来的，它更加强调对学习结果的创造性应用。通过在一组数据上进行训练，学习底层模式，生成式人工智能能够创造出反映训练集的新数据。这包括通过文本生成文本（Text to Text）、通过文本生成图像（Text to Image）和通过文本生成代码（Text to Code）等。生成式人工智能的本质在于创造"未知"的内容。尽管决策式/分析式人工智能和生成式人工智能在功能上有所不同，但它们并非相互排斥，而是可以相互协同，提供更加强大的解决方案。例如，决策式/分析式人工智能可以解析用户行为数据，而生成式人工智能则可以使用这些分析结果来创建个性化的内容。

随着生成式人工智能在全球范围内的日益火爆，研究人员如任吴炯等通过对推特和微博上的关键词进行分析，比较了英文语境和中文语境下对生成式人工智能这一前沿技术角色期望的认知文化差异。研究发现，微博平台上的用户期望更多地集中在实用性的产业发展和应用上，而推特平台上的用户则更多地关注信息传播技术的发展。在技术角色期望方面，推特平台上的英文语境更多地关注生成式人工智能在不同领域的应用场景和前沿技术的融合；中文语境则更多地关注生成式人工智能与互联网产业发展的联系。在人类角色期望方面，微博上最大的期望是创意者，即期望生成式人工智能能在艺术、设计等领域通过思维和技能创造新事物；而推特平台上最大的期望是传播者，将生成式人工智能视为一个信息交流和传播的媒介。

(二)发展历程

内容生产的模式经历了从专业生成内容（PGC）到用户生成内容（UGC）再到人工智能生成内容（AIGC）的演变，这一过程与互联网的发展紧密相连，从 Web 1.0 到 Web 2.0，再到如今的 Web 3.0。生成式人工智能作为新媒介和技术变革的产物，胡正荣教授等学者认为，我们应该从互联网内容生产方式的历史演变中来理解它。

在 Web 1.0 时代，PGC 是主要的内容生产模式。这种模式通常由具有专业知识的机构、团队或个人主导，使用传统的计算机输入设备，如键盘、鼠标和手写画板等，进行内容创作。以索引技术为核心的搜索引擎和分类式的信息供给方式呈现出高度中心化的特点。这一时期，网络信息资源的分类和信息资源管理的理论与方法，成为新闻传媒完成内容生产与传播的主要指导思想。

随着 Web 2.0 时代的到来，UGC 成了网络内容生产的主流方式。在多元融媒时代，UGC 的形式发生了新的变化。互联网企业平台成为内容创作的主要场所，连接了现实生活中的社交媒体短视频、电商和各种娱乐应用程序。平台化的社交媒体信息处理方式和社会网络分析范式，深刻地改变了人们的生活和生产方式。与 Web 1.0 时代相比，这一时期的媒介变革体现在人机交互方式的进一步丰富和发展，如触控操作、语音控制等，这些新兴的交互方式逐渐成为主流。

现在，我们正步入 Web 3.0 时代，AIGC 成了新的内容生产趋势。在这个由数字技术加持的新生代互联网中，自动化、智能化和去中心化是其主要特征。传统的 PGC 和 UGC 模式难以满足新时代的内容生产需求，因此，媒介融合视域下的海量高质量内容生产需要更加优化的方式——AIGC 应运而生。

AIGC 之所以能够成为新的趋势，原因有三：首先，AIGC 的算法模型限制更少，能在短时间内完成内容生产，以支撑大数据信息的场景建设及相关渠道的正常运转；其次，数字技术的不断更新促进了当前算法与模型的进一步优化与升级，为 AIGC 内容生成的质量提供了重要保障，使其超越了 PGC 和 UGC；最后，AIGC 具有生成内容规模大、质量高、单位成本低的优势，有助于促进融媒体背景下的内容繁荣。

需要注意的是，UGC 和 PGC 模式并非与 AIGC 完全对立，AIGC 的发展和规模的壮大并不意味着对前两者的完全取代。这三者之间的融合与发展，可以为人工智能媒介的发展奠定技术基础。

二、生成式人工智能的技术模式

（一）生成式人工智能的漏斗模式

生成式人工智能的内容生成和传播过程可以被形象地比作一个漏斗模式（见图7-1），分为输入阶段、过滤阶段和输出阶段。这个过程可以看作是信息的宽度输入、中间处理和窄度输出。在这个过程中，生成式人工智能通过数据的收集、训练、搜索、计算、交互和生成等环节，实现了信息的层层筛选，最终对用户的认知产生了精准的影响。

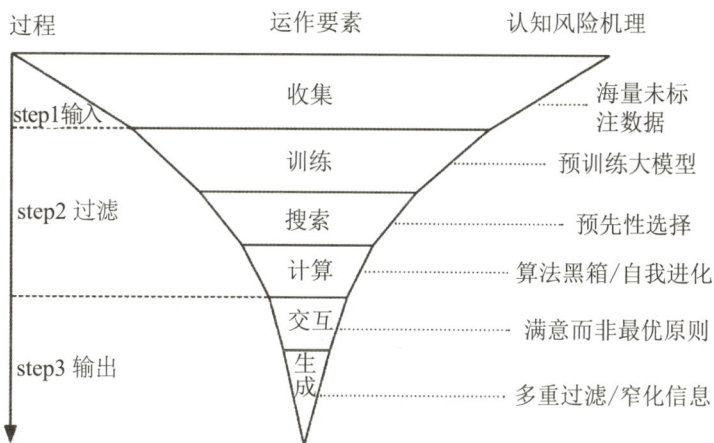

图 7-1　生成式人工智能生成与传播的漏斗模式

第一个阶段是数据的漏斗输入。这一阶段，系统吸收了大量的未标注数据，这些数据成了训练模型的基石。以 ChatGPT 为例，从 GPT-1 到 GPT-3，预训练数据量从约5GB、1.17 亿参数激增至 45TB、1750 亿参数，展现了生成式 AI 模型的飞速成长。然而，这些海量无标注数据的质量和完整性是无法得到保证的，存在着诸如偏见和歧视等问题，这些问题会影响数据的有效性。

第二个阶段是漏斗过滤，包括了数据的训练、用户的搜索、模型计算等中间处理过程。在这一阶段，生成式人工智能通过训练数据构建起预训练大模型，然后根据用户的搜索指令对数据进行进一步的处理。以 ChatGPT 为例，GPT-3.5 引入了

"分组稀疏注意力"、"标准化知识蒸馏"和"无监督学习"等新技术架构和训练方法，通过深度学习用户的搜索指令，对大量数据进行清洗、排列、组合和匹配，从而从训练数据中总结出规律并更新模型。这一过程体现了生成式人工智能的算法中介特征，使用户被置于训练数据和模型计算的中间过滤区域，算法驱动下的用户选择具有一定的被动性。

第三个阶段是漏斗输出，这个阶段发生在用户与生成式人工智能的交互过程中，内容会经过反复的修正，直至生成并输出最终的标准化答案。在生成式人工智能生成最终内容之前，用户与人工智能会通过对话等形式进行交互，用户会对生成内容进行评估并提出修改意见，这些反馈会促使模型不断地修正内容。在人机对话的多次反馈和计算修正过程中，ChatGPT能够根据用户的指令，利用预训练大模型准确地锁定用户的需求，实现内容的精准匹配，直到生成并输出用户满意的标准化答案。

(二)漏斗模式的主要特点

生成式人工智能的漏斗模式，主要特点可以归纳为以下几点。首先，这是一个多重过滤的过程。从数据的输入、训练到交互生成，每一个环节都构建了如同漏斗般的过滤机制。这种机制类似于"过滤气泡"，它通过个性化的算法推荐和跟踪，定位用户的兴趣，从而忽视了信息的丰富度，阻止了用户接触到异质性信息。然而，与传统的过滤气泡不同，生成式人工智能通过预训练的大模型，像分液漏斗的活塞一样，加强了信息的生成和输出。这个过程通过层层筛选和预训练大模型的分液功能，形成了多重过滤机制。尽管这提高了模型的精度、效度和泛化能力，但它也导致了生成式人工智能在整合海量信息后，只能提供窄化的内容，这种单一化的内容强化了用户的选择性趋近或回避信息的行为模式。

其次，生成式人工智能漏斗模式遵循的是满意原则，而非最优原则。在生成式人工智能的辅助下，用户在面对决策情境时，并不总是作出完全理性的选择，而是受到自我认知能力的局限性和生成式人工智能技术鲁棒性的双重限制。这种双重枷锁限制了生成式人工智能漏斗信息加工的能力，使得生成内容不可能遵循最大化或最优化原则，而是满足用户的满意原则。换句话说，生成式人工智能在生成内容时，会考虑用户的偏好和需求，根据用户的互动行为，提供符合用户期望的内容。用户会预先设定一个满意阈值，与生成式人工智能互动生成内容进行对比和评估，当内容达到或超出用户的满意度时，才会被采纳。在这个过程中，用户的个性化需求得到了加强，生成式人工智能输出的内容往往是符合用户倾向的。

再次，生成式人工智能漏斗模式具有算法黑箱的特征。这意味着生成式人工智能在训练数据来源、数据处理算法模型、数据生成结果和技术工具背后的价值导向等方面，都表现出不透明和难以解释的特点。例如，生成式人工智能的训练数据来源广泛，数据类型多样，数据量庞大，但具体的算法数据集和数据预处理过程往往是不可见的。生成式人工智能的算法模型复杂，包含众多的神经网络结构和参数，其内部运算和决策过程也是不可解释的。这导致用户无法了解漏斗在信息过滤时所采用的计算规则，也无法对生成结果进行准确的调整和优化。此外，深度学习等技术在提高性能和实现任务目标的同时，往往忽略了透明度和解释性，而生成式人工智能的滥用和误用现象，也使得技术工具的价值导向呈现出黑箱特征。

最后，生成式人工智能漏斗模式具有面向用户的自我进化能力。通过学习和模拟用户的需求、心理行为和内容供给，生成式人工智能不断微调预训练模型，模拟人类的意识。生成式人工智能依赖于计算机模拟人脑的神经网络连接方式进行运算，提高了对人类需求的理解。随着无监督学习、监督学习和强化学习等深度学习方法的发展，生成式人工智能对用户需求的理解能力得到了大幅提升。通过追踪和分析用户的行为和兴趣数据，生成式人工智能学习和理解用户的心理和行为模式，更好地预测用户的需求和偏好，生成更符合用户心理和行为的内容。此外，生成式人工智能还可以根据用户的个人特征、历史行为和反馈，生成差异化的用户画像，形成个性化的漏斗，进行个性化内容定制，提高个人需求与供给的精准匹配度。

第二节　生成式人工智能的典型案例

一、ChatGPT：基于人工智能的对话系统

（一）基础介绍：从 GPT-3.5 到 GPT-4

ChatGPT 是由美国人工智能研究实验室 OpenAI 在 2022 年 11 月推出的一个基于大型语言模型的聊天机器人程序。它是目前生成式人工智能在自然语言处理领域较受欢迎的工具之一。自推出以来，ChatGPT 迅速引起了广泛关注，仅用 5 天时间就吸引了超过 100 万用户注册，两个月后，其月活跃用户数更是突破了 1 亿，打破了 TikTok 9 个月破亿的纪录。

生成式人工智能
的典型案例

作为一个自然语言处理模型，ChatGPT 支持用户通过基于文本的对话与人工智能系统进行自然的交互。利用自然语言处理和机器学习算法，这个工具能够学习和理解人类语言，进行对话，协助人类完成各种任务。自自然语言处理诞生以来，它经历了五次研究范式的转变，从最初基于小规模专家知识的方法，到基于机器学习的方法，再到基于深度学习算法的模型。如今，它已经转向以 ChatGPT 为代表的大规模预训练语言模型。ChatGPT 具有理解上下文的能力，可以让所有年龄和背景的用户在没有任何编程或计算机科学知识及经验的情况下，用各种语言自然地和它进行交流。该工具还能根据聊天的上下文进行多轮互动，撰写文案、视频脚本、代码和翻译等。

ChatGPT 对自己的定义是，ChatGPT 是由 OpenAI 开发的一种基于人工智能的对话系统。基于 GPT-3.5 的架构，通过大量互联网文本数据的训练，ChatGPT 能够理解和生成类似人类的回复，从而与用户进行交互式对话。通过深度学习技术，ChatGPT 被训练得能够分析和理解用户查询的上下文和意义，并生成相关的回应，保持连贯且符合语境的对话。它可以提供信息、回答问题、提供建议，并完成广泛的对话任务。尽

管 ChatGPT 是一个出色的人工智能模型，但也有一些限制。它有时可能会产生错误或无意义的回应，对输入的措辞比较敏感，或者会展现出训练数据存在的偏见。OpenAI 不断改进这个模型，并希望得到用户的反馈，以解决这些限制并完善其功能。

回顾 GPT 家族的发展历程，每一代 GPT 相较于上一代模型的参数量均呈现指数级增长。OpenAI 在 2018 年 6 月发布的 GPT 包含 1.17 亿参数，在 2019 年 2 月发布的 GPT-2 包含 15 亿参数，在 2020 年 5 月发布的 GPT-3 包含 1750 亿参数。可以说大规模的参数与海量的训练数据为 GPT 系列模型赋能，允许其有储蓄海量知识的能力，从而更好地理解人类自然语言，并有着良好的表达能力。

2023 年 3 月，OpenAI 发布多模态预训练大模型 GPT-4，标志着生成式人工智能领域新里程碑的诞生。ChatGPT 展现出非常惊艳的语言理解、生成、知识推理能力，可以理解用户意图，真正做到多轮沟通，回答内容完整。ChatGPT 的成功表现，使人们看到了解决自然语言处理这一认知智能核心问题的可能路径，并被认为向通用人工智能迈出了坚实的一步，将在众多行业中发挥颠覆性作用。

与以往的人工智能语言模型相比，ChatGPT 具有更大的专门语料库、更强大的预训练模型、更高的适应性和更强的自我学习能力。它具备连续对话、上下文理解、用户意图捕捉和敢于质疑的能力，同时还能够对用户的请求说不，并给出理由。最重要的是，尽管扩展升级 ChatGPT 需要较高的成本，但技术上只需要通过不断更新数据和算法就能快速迭代其能力，使其具备了强大的可扩展性。尤其对于新媒体行业来说，ChatGPT 的出现将使得内容创作变得更加容易。有着"美版头条"之称的数字媒体公司 BuzzFeed 就宣布和 OpenAI 合作，使用 ChatGPT 帮助创作内容，以提高生产效率。

（二）技术特性：预训练、大模型、生成性

ChatGPT 的技术特性三大关键点为预训练、大模型和生成性，这些特性共同赋予了它超凡的智能表现。

特性一：预训练。ChatGPT 之所以能提供与真人对话相媲美的体验，得益于其预训练过程。这个过程不仅包括了大量的公开语料，还有数万人工标注的数据，这些数据充满了人类的偏好知识。这些偏好知识涵盖了两个方面：一是人类在表达任务时的

习惯用语，即如何用语言来描述指令；二是人类对回答质量和倾向的判断。ChatGPT
使用的训练数据集 WebText 是一个大型数据集（占所有训练语料的 22%），它从社交媒
体平台红迪网（Reddit）的所有出站链接网络中抓取数据，每个链接至少有 3 个点赞，
反映了人类社会流行内容的风向标。这些丰富的数据使得 ChatGPT 能够有效地学习到
人类认知和表达的习惯。此外，ChatGPT 还利用了基于人类反馈的强化学习技术，这
个技术包括三个关键步骤。第一步是监督式微调，它通过使用少量的符合人类预期的
标注数据对预训练模型参数进行调整，以初步优化文本生成模型。第二步是构建奖励
模型，它的目标是通过对监督式微调生成的多个结果进行人工排序标记，训练奖励函
数模型，用于自动化评价强化学习模型输出的结果。第三步是利用近端策略优化算
法，结合奖励模型对文本生成模型的结果进行自动评估，并采用强化学习对文本生成
模型进行优化，使其最终具备生成符合人类预期文本的能力。

特性二：大模型。爱因斯坦曾说过，智能的真正标志不是知识，而是想象。这句
话揭示了决策式/分析式人工智能与生成式人工智能的本质区别。虽然它们都能通过
某种算法聚合大量的信息资源，但分析式人工智能更擅长识别模式和推送信息服务，
以一种较为粗放的方式对个体需求特征和信息服务特征进行识别和匹配。而 ChatGPT
则能够以更细粒度的方式，在个体需求指令的基础上进行合理的推理想象，实现更加
细腻和精准的连接。这一特性得益于 ChatGPT 建立在"巨无霸"式的超大模型之上。
OpenAI 认为，未来的通用人工智能应该拥有一个与任务无关的大型语言模型，这个模
型可以从海量数据中学习各种知识，以超大语言模型的形式生成各种实际问题的解决
方案。正是基于这种技术思路，ChatGPT 拥有多达 1750 亿个模型参数，这些巨量的模
型参数能够容纳海量的人类文明知识。此外，OpenAI 主要使用的公共爬虫数据集是人
类语言数据集，拥有超过万亿个单词。因此，ChatGPT 拥有了超越绝大部分人工智能
的巨大训练模型。这种极大的模型参数量能够对人的认知习惯、微妙情感、价值追求
进行匹配和表达，以实现更细粒度的连接和更高水平的价值实现。

特性三：生成性。生成性是将要素结构化的能力特征。ChatGPT 通过对用户的持
续对话，不断地识别、学习并整合用户的个性化要素，同时对输出的要素进行精细的

结构化处理，以一种符合用户需求的方式进行自然呈现。这一过程实质上是在建立ChatGPT与用户之间的互动关系，深度模仿了人类的交流方式。传统的聊天机器人通常只能解决即时需求，缺乏与用户长时间连续对话的能力，且对用户之前的指令没有记忆和学习功能。而ChatGPT则能够实现持续的人机协同对话。用户可以在个人账户中保存对话记录，并基于这些记录与ChatGPT进行长期的连续对话，这大大提升了生成内容的匹配度，使用户能够体验到与真人相似的对话感受。

二、Sora：人工智能文生视频大模型

（一）基础介绍：会成为"世界模拟器"吗

2024年2月，OpenAI继发布ChatGPT之后，再度引发轰动，推出了新的生成式人工智能文生视频大模型"Sora"。与ChatGPT不同，Sora的命名充满隐喻，源自日语的そら，意味着空间、时空，象征着无限的发展机遇和希望。

Sora能够根据提示词生成长达60秒的流畅且超精细视频，包括生动的色彩和复杂的镜头运动，这标志着生成式人工智能技术从文字和图片扩展到了视频领域。可以预见，未来将涌现出众多AI视频生成工具。这一消息让影视、广告等行业的从业者既惊叹又担忧。从OpenAI公布的Sora生成的样片来看，这些担忧并非空穴来风——视频中小猫乖巧等待、小狗在雪地中欢乐嬉戏，其精细、真实程度让人惊叹于人工智能视频生成技术的发展速度。

实际上，Sora并非第一个文生视频模型。2022年9月，Meta公司发布了人工智能系统Make-A-Video，一个月后，谷歌展示了Imagen Video。2023年3月，一段使用开源AI工具ModelScope模型生成的怪异威尔·史密斯吃意大利面的视频在网上流传。5月，曾被誉为文字视频领域领跑者的Runway使用了影片制作模型Gen-2制作了一个名为"合成夏日"的啤酒广告，其中充满了扭曲的画面。在这些视频中，普通观众可以轻易地辨别出真伪。但Sora生成的视频，其逼真程度已经远超过此前所有AIGC的能力，仅凭输入的一段提示，就可以快速获得这样的视频：一位时尚女性走在充满霓虹灯的东京街道上，她穿着黑色皮夹克、红色长裙和黑色靴子，拎着黑色钱包……这电

影般的真实场景，其实是生成的。

OpenAI 同时发布了一份名为"视频生成模型作为世界模拟器"的技术报告。报告透露，Sora 模型是建立在深入理解语言的基础上的，它能够生成符合现实物理法则的动态画面。该模型能够精准地解读用户输入的文本提示，把握住其中的主题、动作、场景、时间和情感等要素。它会在数据库中检索与这些要素相关的最佳视频片段，并巧妙地将它们融合，制作出全新的视频内容。Sora 的独特之处在于它对现实物理世界的深刻理解，尽管它目前还没有做到完美。目前，Sora 仍然处于内部测试阶段，仅向部分视频创作者和艺术家开放。然而，这一创新技术已经引起了各行各业的关注，因为它可能会对媒体行业产生比 ChatGPT 更大的影响。

(二)技术突破与技术局限

OpenAI 的 Sora 与 Meta 推出的 V-JEPA 模型相比，其对物理世界客观规律的理解与呈现均来自规模效应，是 Sora 自身根据训练内容获得的。虽然 Sora 和 GPT 系列、DALL-E 系列采用相似的底层理念，即规模标度法则(Scale-Law)，但在数据处理、算法架构和模型性能方面，Sora 实现了显著的技术创新，推动了视频领域生成式 AI 技术的前沿发展，具体体现在以下三个方面。

首先是补丁(patch)概念的提出及其应用。在数据处理领域，相较于文本、代码和图片生成，文生视频模型面临的一个挑战是它不仅需要理解语言，还需要把握图像及其所蕴含的时空关系。针对这一挑战，OpenAI 团队从大语言模型中获取灵感，将视频中的视觉数据转化为补丁形式，这与图像语言模型中的 token 类似，实现了视觉数据的统一表示。具体来说，这一过程涉及利用基于视频压缩的网络技术，将原始视频从高维度数据压缩到低维潜在空间(latent space)，并输出为潜在时空补丁(spacetime latent patches)。这种补丁化的视频表示可以被称为视频的"补丁文件"。补丁的提出和应用为视觉生成模型提供了一种高度可扩展且高效的表示方式，它继承了语言模型的成功经验，并为 Diffusion Transformer(DiT)架构的运行奠定了基础，进而探索出了一条视觉大模型技术实现的新路径。OpenAI 进一步指出，基于补丁的表示方法使得 Sora 能够训练出具有不同分辨率、时长和宽高比的视频和图像。

其次是 Sora 所采用的 DiT 架构。在算法结构方面，DiT 架构巧妙地将扩散模型和转换器模型的技术进行了融合。具体来说，扩散模型包含了正向扩散和逆向扩散两个过程。正向扩散过程通过添加噪声来扰动数据，逐步将图片转化为随机噪声；而逆向扩散过程则通过降噪来生成新的图片。在此之前，扩散模型已经被广泛应用于图像生成、视频生成、3D 场景生成等领域，主要服务于人工智能绘画、封面制作等业务场景，其中代表性的模型有稳态扩散(stable diffusion)。另外，转换器模型作为深度学习模型，采用了编码器—解码器架构，并引入了自注意力机制和多头注意力机制。这种模型具有高效性、可拓展性、可解释性等诸多优势，在自然语言处理领域表现尤为出色，GPT 系列模型就是采用了转换器的预训练模式，并具有较好的涌现能力。自 2020 年谷歌大脑(Google Brain)提出 Vision Transformer(ViT)技术，将转换器应用到自然语言处理领域之外的图像识别场景以来，转换器也开始被广泛应用于视觉任务处理，例如基于文字生成图片的转换器模型 DALL-E。DiT 架构以及 Patches 和视频压缩网络的结合，成功解决了将视频从时空维度压缩至潜在空间并转化为可输入转换器的潜在时空表示的问题，从而突破了算法模型对视频的时空理解障碍。级联扩散模型和视频潜在扩散模型的应用，进一步提升了生成视频的分辨率、可控性以及时间一致性。实践证明，随着训练计算量的增加，样本质量也得到了显著提升。

最后是 Sora 在文生视频性能方面的提升。在模型性能方面，Sora 相较于其他文生视频模型，如 Pika 和 Runway Gen-2，展现了显著的性能提升，主要体现在三个关键方面。第一，Sora 能够生成跨越不同持续时间、宽高比和分辨率的视频和图像。它甚至能够生成一分钟长的高清视频，这一点超越了传统文生视频模型在视频长度、分辨率和类型上的限制，极大地提升了视频生成的可扩展性。第二，Sora 能够生成具有动态视角的视频。随着视角的移动和旋转，人物和场景元素在三维空间中保持一致的运动状态。这表明 Sora 在大规模训练的基础上，获得了模拟物理世界中某些方面的能力，如动态相机运动、长期一致性和对象持久性，这些在视频中表现为三维一致性和时间连贯性。第三，Sora 能够根据文本、图像、视频等多种模态的提示进行视频生成。这种语言理解能力是支撑其性能的关键。OpenAI 通过训练高度描述性的标题生成器模型，提高了视频生成模型的语言理解能力。在执行任务时，用户输入的简短指令经过 GPT 增强描述性后输入 Sora，使得 Sora 能够生成高质量且准确遵循用户指令的视频。此外，图像和视频提示为 Sora 的内容生成提供了视觉锚点，有助于生成符合用户意图的视频内容。

尽管 Sora 展现出了令人瞩目的技术路径和性能提升，也展现出成为世界模拟器的潜力，但它在基于视频模态理解与呈现物理世界方面仍有限。例如，生成的视频内容中可能出现局部自治但整体荒谬的情况，运动主体间缺乏因果联系，以及缺乏物体临界态呈现等。这些局限可能源于 Patch 化过程对全局观念的割裂，基于概率的模拟器无法精准表达物理定律，以及临界态观察数据的难以获取。此外，Sora 的局限性还体现在技术团队与用户群体之间的距离。因此，作为视频生成工具，Sora 能否满足用户需求并发挥更大价值，还需要 OpenAI 重视与用户群体的对话交流。目前，Sora 正在向提供反馈的内容创作者部分开放，包括部分视觉艺术家、设计师和电影制作人等。

第三节 生成式人工智能的应用现状与风险

一、生成式人工智能的应用现状

生成式人工智能技术已经在新闻实践中展现出其广泛的应用潜力。从辅助内容创作、进行事实核查、数据处理，到图像生成、语音转换和翻译，乃至加速流程性工作，AIGC 都在发挥着重要作用。学者周葆华等人通过实际案例研究，探讨了人工智能在新闻生产中的五个主要应用领域。

生成式人工智能的
应用现状与风险

（一）辅助新闻内容创作

AIGC 能够辅助新闻内容的创作，这不仅包括稿件审核、速记和转录等流程性工作，还涉及直接生成文章、图片和视音频等正式内容。另外，还有三类常见应用介于辅助工作流程和实际生成内容之间。第一类是新闻摘要的生成。瑞典新闻媒体《阿夫顿布拉德报》发现，通过 AIGC 生成的摘要能够吸引更多年轻受众的参与，尤其是那些习惯快节奏信息的数字原生代。第二类是新闻标题的生成、测试和优化。YESEO APP 利用 GPT 生成了多个标题建议，这些建议可以用于 A/B 测试，以确定哪个标题能吸引更多读者。第三类是附加测试题的生成。数字媒体 The NRI Nation 尝试将 GPT-4 模型接入谷歌文档，通过一系列指令测试，快速生成新闻报道中常用的增加读者与内容互动性的测试板块。人工智能在正式内容生成中的应用也呈现出两个主要趋势。第一，相比于生成完整的文本，AIGC 更常用于生成图片或视音频内容。第二，这些图片或视音频内容并非直接生成新闻要素，而是基于已存在的新闻文本进行转换，或是生成示意性内容。换句话说，目前很少有新闻媒体直接运用 AIGC"无中生有"地生成正式的新闻报道。例如，德国媒体《科隆城市导报》和斯洛伐克媒体《每日新闻》使用 MidJourney 等工具生成图片，主要集中在科技与烹饪等题材。斯洛伐克和英国两家电台则使用 AIGC 生成"人声"进行新闻播报。ReelFramer 工具则通过人类与人工智能的协作，将新闻文本转换成适合社交媒体的新闻短片。这些案例展示了 AIGC 在新闻内容创作中的多样性和复杂性，以及它如何帮助新闻工作者提高效率和创造力。

（二）参与新闻选题创新

AIGC 能够参与新闻选题与角度创新。在新闻行业中，生成式人工智能的应用不仅仅局限于内容创作，它在新闻选题和报道角度上同样显示出巨大的潜力。研究表明，有效的方式并非直接由人工智能提供选题思路，而是基于已存在的资料文献或采访素材。这一点在 AngleKindling 工具的设计上得到了充分体现。AngleKindling 旨在通过 GPT 模型，帮助记者从众多文件资料中发掘新闻故事的不同角度，其特点包括关注公关通稿、总结核心内容、考虑潜在争议与负面后果，并提供源文本参考以及可参照的新闻报道内容。作为交互性工具，AngleKindling 的界面设计巧妙，具体分为三个纵向分栏。左侧栏展示了分析公关通稿后提取的核心内容点、可调查的方向以及潜在负面影响等可能的新闻选题视角。中间栏则展示了左侧栏每个要点相关的详细内容列表。当用户点击列表中的条目时，右侧栏会标识出所关联的原公关稿中的相应内容，并提供《纽约时报》过去一篇类似视角的相关报道作为参考。这一工具已经在新闻记者的选题测试中受到好评，成为记者们探索新闻选题和角度的得力助手。

（三）数据新闻领域协作化

AIGC 在数据新闻领域具有强劲发展潜力。大语言模型如 GPT-3.5 的应用，使得数据新闻工作者在数据收集与预处理、提取关键信息、梳理逻辑结果、生成描述和数据可视化等方面得到显著支持。同时，AIGC 具有社会科学研究方法意义，能够进行公共议题的主题分类、立场检测、情感分析与框架识别等传统需要人工内容分析的工作，实现内容的自动化编码，从而为数据新闻制作提供支持。DATATELES 系统就是一个例子，它能够通过 GPT-3.5 来理解、分析数据图表并生成相应的文本解读，实现从图表到数据叙事的转化。在我国数据新闻实践的代表性媒体澎湃新闻中，AIGC 也已被运用于数据新闻生产。在制作《一票难求的上影节，近十年怎样走过?》报道的过程中，数据编辑尝试使用 ChatGPT 等工具完成了上影节十年片单数据的抓取和分析工作。这个过程涉及数据编辑与 ChatGPT 的 55 次对话，花费 5 小时，不断调整指令和修正人工智能行为，最终获得了目标结果和图表。这表明，生成式人工智能在数据新闻领域的应用是一个数据编辑与人工智能不断对话、协作的过程。

（四）革新调查与监督报道

AIGC 促进调查与监督报道的革新。以菲律宾为例，过往的调查记者通常需要翻阅大量的政府审计报告，以挖掘政府部门的不当行为。这项耗时耗力的工作如今得到了 AIGC 的助力。记者将审计报告的执行摘要输入 GPT-4 的聊天界面，通过简单的指令获得了文件的要点总结，包括内容大纲、引言、财政亮点、审计目标和方法等。尽管 ChatGPT 提供的初步内容总结对于调查报道来说还不够具体，记者贾马克·托尔德西利亚还是看到了 AIGC 的潜力。他在 OpenAI 公司开放创造 ChatGPT 个性化智能体权限后，开发了一个名为 COA Beat Assistant（COA-BA）的智能体，以更好地辅助调查工作。COA-BA 被赋予了特定的工作规则，比如在获取审计文件后，先关注"重要审计观察与推荐摘要"部分，并询问用户是否需要提供总结结果及其条目序号。然后，它将为用户提供接下来可以进行的工作选项，例如就某个审计观察点提供更多细节或报告中的其他相关内容。托尔德西利亚发现，COA-BA 在处理菲律宾教育部审计报告以及其他政府部门文件时，成功返回了几个重要审计观察点的小结和特定观察点的相关细节信息，展示出了协助记者调查的潜力。从设置到实验完成，COA-BA 仅用了 16 小时，就取得了令人满意的效果。这一案例为新闻工作提供了重要启示：不是直接依赖一般化的 GPT，而是结合调查记者的丰富经验和实际需求，通过指令设计和设置，创造个性化的智能体，完成更有效的信息搜集和提示，促进调查记者的工作。相较于基于传统机器学习模型的工具，定制 GPT 智能体的开发成本与门槛更低，对于小规模的新闻编辑室更加有利。

（五）助力事实核查精准化

AIGC 助力事实核查翻开新篇章。目前学界对生成式人工智能驱动的相关事实核查工具的测试主要集中在 ChatGPT 等大语言模型识别虚假信息的能力上。例如，一项研究评估了 ChatGPT 在事实核查过程中对不同陈述进行分类和判定的能力。利用 GPT-3.5Turbo 版本，该研究让 ChatGPT 对 PolitiFact 网站 2007—2022 年核查过的所有陈述内容进行六分类（真实、基本真实、半真半假、基本虚假、虚假、彻底虚假）和二分类（真实与虚假），结果显示，ChatGPT 的准确率分别为 29.96% 和 68.79%。另一项研究通过审计方法对比了 ChatGPT 和 Copilot 分辨虚假信息的能力。它选择了 5 个常见虚假信息的议题（包括俄乌战争、气候变化等），设计了 5 个不同类型的政治性陈述（包括 3 个虚假陈述，其中有 1 个阴谋论观点、1 个真实陈述及 1 个真假混合的"边界陈述"），并将信息与 5 种不同类型的信源匹配（无信源、美国官方、俄罗斯官方、美国社交媒体用户以及俄罗斯社交媒体用户），所有信息都分别有英语、俄罗斯语和乌克兰语三个版本，生成了 375（5×5×5×3）条陈述。测试时，要求 ChatGPT 和 Copilot 对虚假信息给出真伪判断。结果显示，ChatGPT 整体表现均优于 Copilot（其中英语语境中的准确率分别为 79% 和 66%）。然而，当信息用俄罗斯语和乌克兰语呈现时，两种工具的表现都有所下降。这些研究表明，生成式人工智能在事实核查方面具有潜力，但仍需进一步改进和优化。

二、生成式人工智能的应用风险

生成式人工智能作为一个不断迭代发展的产物，其应用范围和领域不断拓展。其中可能产生的应用风险正引起学者们的广泛关注。例如，谢梅等人从生成式人工智能的技术特性和派生机制角度出发，列出了生成式人工智能可能带来的以下风险。

(一)数据信息映射引起"未经授权泄露"与"数据失实"风险

在生成式人工智能的内容创作中，信息数据的来源仿佛是一面镜子，映射出客观世界和主观世界的方方面面。这种数据的获取看似合理合法，但在 AIGC 的框架下，可能会引发一些潜在的风险。

第一，AIGC 的数据来源分为现实世界和虚拟构想两大类。来自现实世界的数据蕴含着他人的主观意愿，其使用应当基于他人的同意。然而，如果 AIGC 在不考虑个人意愿的情况下，仅凭数据的可获取性将其纳入框架，这就引入了他人意愿的不确定性，从而引发了数据采集合法性的争议。在现实世界中，AIGC 的数据来源广泛，包括互联网等信息基础设施，它所获取的文本、图片、声音、视频等数据资源，在披露和智能化使用过程中，可能会侵犯他人的肖像权、名誉权、知识产权等，这些都是"未经授权泄露"风险的来源。

第二，虚拟构想的信息数据在与人类目标和价值观的对齐过程中，可能会出现不一致，导致"虚假不真实"的风险。AIGC 利用算力工具，结合人工智能技术与虚拟环境中的不同场景、元素和情节，生成的数据集可能存在缺陷，这些缺陷可能无意间融入内容生成的过程中，创造出虚假的场景信息，使真实与非真实的界限变得模糊，从而产生"数据失实"的风险。如 ChatGPT"一本正经地胡说八道"是目前许多网友都曾对生成式人工智能提出过的质疑。

(二)算法主体内嵌造成"偏见放大效应"与"偏差隐匿"风险

在生成式人工智能技术中，算法主体作为技术的核心，其深入集成和控制内容生成的过程，就像一把双刃剑，既带来了创新，也孕育着风险。这种风险源自算法的固有局限性和技术缺陷，它们在传递过程中，如同病毒般蔓延，逐渐演变成生成式人工智能的风险源头。在这个过程中，当多个算法主体相互交织和叠加时，它们各自的局限性也会相应地增强，导致最终的风险效应被放大，甚至超过了单个局限性风险的简单相加，形成了一种乘法效应的"偏见放大"风险。同时，算法技术的缺陷并不总是显而易见的，它们在大多数时候隐藏在技术的复杂性背后，只有在特定的环境条件下，这些缺陷才会被揭露和理解。这种不透明性使得算法技术在不知不觉中隐藏了巨大的风险。

总体来说，在考虑 AIGC 的技术嵌入时，我们不仅要看到它在设计、数据选择、模型生成和优化过程中可能出现的有偏价值判断和认知局限，这些偏差在多轮迭代和演进中可能会被放大，导致"偏见放大"风险。同时，我们也要注意到，AIGC 的算法运行过程往往是不透明的，算法技术的缺陷在代码的调控下被掩盖，甚至可能在机器学习的自我迭代中自行重写，从而生成偏差内容。在数据规模变得越来越庞大和复杂的情况下，如果人工智能训练工程师本身都不清楚输入数据的训练结构，以及智能化算法代码程序输出的结果变得越来越难以理解，那么其中的偏差将难以被揭示和解释，这就是"偏差隐匿"风险的来源。

（三）智能平台整合引致"恶意利用"和"伦理失范盈利"风险

在生成式人工智能领域，智能平台的要素集成带来了内容生成的革命，它不仅重新定义了内容生产的社会空间，而且在跨界协作的推动下，这种革命性的变化正在塑造一个全新的社会关系格局。然而，这种社会空间的重构并非没有风险，它可能会导致结构错位，尤其是在新的参与主体掌握了主导地位时，AIGC 的功能可能会被引导到不正常的方向，从而产生"恶意利用"的风险。同时，这种重构过程中产生的新特性，如果被不当利用，也可能威胁到 AIGC 空间的安全。

具体来说，AIGC 的空间重构涉及平台方整合多种要素资源，如算法开发方、APP 运营方、互联网渠道方等，它们共同构成了新的协作关系空间。在这个过程中，智能平台通过组织协调，将这些关联方连接起来。但是，如果没有相应的法律法规和有效的治理措施作为支撑，或者智能平台的治理混乱、管控失效，那么 AIGC 的社会空间取向可能会被异化。例如，不法分子可能会将 ChatGPT 与网络欺诈结合，编写钓鱼代码，加速非法软件和恶意软件的开发，窃取隐私和实施网络犯罪。这些行为会导致 AIGC 被恶意使用，从而产生"恶意利用"的风险。另外，AIGC 的使用也可能带来非道德的商业利益。例如，利用算法连接"碎片化场景"，制造诱导性言语，产生大量没有事实根据的内容，用于网络炒作，或者用于商业目的，吸引注意力，实施不正当的商业营销，从而产生不道德的牟利。这种不正当利用 AIGC 社会空间的行为，会产生"伦理失范盈利"的风险。

（四）用户参与反馈导致"理性成瘾"与"偶发舆论恐慌"风险

在生成式人工智能的内容生成过程中，用户参与的反馈循环是一个关键环节。在 AIGC 与用户的互动中，用户受到生理和社会因素的影响，他们的响应可能并不总是积极的，甚至可能产生负面的反馈，这种不确定性构成了一个风险。同时，由于信息不对称，人类对 AIGC 的控制往往是不完全的，总是在不断地调整和纠正。这种不彻底的控制可能导致代理偏差，如果这些偏差与人类价值观相悖，那么在集体反馈的作用下，就可能引发广泛的舆论风险。

具体来说，对于用户反馈而言，一方面，AIGC 通过"基于人类反馈的强化学习"技术，使生成的内容与用户的常识、需求和偏好相一致，这吸引了更多的用户参与，并因此产生了更多的数据，增强了人工智能的算力，形成了一个良性循环。但是，当用户深入反馈循环中时，他们的个体偏好可能会被强化，快乐感知可能会与生成式内容相结合，导致用户过度依赖或沉迷于这些内容，从而不知不觉地产生上瘾行为，陷入"理性成瘾"的陷阱。对于青少年群体来说，这种风险尤其需要关注。另一方面，在 AIGC 对人类的代理中，即使代理偏差的发生概率很小，但由于用户对这种偏差的风险容忍度远低于获得感，特别是在生成一些预期之外错误内容时，用户会表现出强烈的"恐惧规避"倾向。例如，谷歌的人工智能程序曾将黑人识别输出为"大猩猩"，这种有悖于人类种族理性的行为引发了广泛的社会关注，这就是"偶发舆论恐慌"的风险。

第四节　如何提高创造生产能力

在探讨如何增强生成式人工智能技术的应用能力这一议题时，学者们普遍关注于如何提升普通用户在面对媒介素养和新闻传播学教育模式转型时的应对策略。本节内容将围绕使用前提、提问策略、答案接受以及风险应对四个方面，探讨在生成式人工智能时代如何增强个人的创造生产能力。

如何提高创造
生产能力

一、基础认知力：理解技术运行逻辑，尝试查看"黑箱"内部

首先，我们需要建立坚实的基础认知能力。这意味着要深入理解生成式人工智能的工作原理，并尝试窥视其"黑箱"内部。以 ChatGPT 为例，它以其严格遵守语言规则、处理大量文本信息的高效性和情绪中立性而著称。在日常应用中，用户可以指令 ChatGPT 制作 PPT、创建可视化图表以及编写编程代码，从而充分利用其在计算能力和知识广度上的优势，减轻用户的重复性工作负担，降低非专业用户进入各行业的门槛。在需要人类主体特性的工作领域，如创新创作和情感支持，用户可以利用 ChatGPT 的辅助功能，如提炼文本关键信息和推荐写作背景音乐，而不是完全依赖其完成具体任务。同时，我们也需要了解 ChatGPT 的对话特点，如其规范的"总—分—总"的回答结构，对于非专业用户来说至关重要。在使用 ChatGPT 的过程中，用户还应学会总结它可能提供错误答案的情况和这些错误答案的共性，以节省时间和精力。

在新闻传播学教育领域，欧洲传播研究与教育学会主席约翰·唐尼教授强调，学生需要了解生成式人工智能的工作方式。过去，人文和社会科学专业的学生往往将技术视为一个不可见的"黑箱"，不愿探索其内部机制。然而，新闻传播学的高等教育应鼓励他们打开这个"黑箱"，了解生成式人工智能的运作，以便在工作中更有效地利用这些技术，提升工作质量。同时，学生也应意识到生成式人工智能可能带来的偏见和不实信息。虽然新闻传播行业可能会有人因技术进步而失业或面临就业挑战，但乐观地看，生成式人工智能可以作为一种提高新闻质量、让记者有更多时间从事高级活动的工具。

因此，教育是关键。我们不应因为对人工智能的恐惧而逃避它，而应该深入理解它，并引导大家在学习和工作中有效利用人工智能。可以预见，生成式人工智能在未来将扮演重要角色，但科技并不能决定我们的行动。我们应该探索如何利用人工智能以实现最佳结果，这是一个充满机遇和挑战的过程，而新闻传播学的教育和实践是实现这一目标的重要组成部分。

二、机器指挥力：掌握正确提问方式，深化自身对任务的理解

在拥有了对生成式人工智能的基础认知之后，接下来的重要一步是培养对机器的指挥和调教能力。这不仅涉及为机器提供优质的学习资源，更关键的是学会如何向机器提问、下达指令和设定目标。必须认识到，智能技术是一种创作工具，本身并无创作目标，其潜能能否被充分激发以及激发的程度，完全取决于我们为其设定的问题和任务。以 ChatGPT 等 AIGC 工具为例，我们必须用它们能够理解的方式进行指令输入。这要求我们具备适应机器思维和模式的能力。指挥机器完成任务通常不是一蹴而就的，往往需要反复训练或持续对话，以便使机器能够理解目标并不断优化执行细节和效果。在这个过程中，我们对任务的理解也将不断加深。

目前有网友已经总结出了一套有效的生成式人工智能提问公式，包括身份设定、交代背景、任务主体和细节形式。身份设定是让人工智能扮演一个特定角色来回答问题，比如可以设定为"我是××大学××学院的学生"。交代背景则是描述提问者当前的情况和问题的背景，例如"我现在面临××情况，需要完成××任务"。任务主体是指明具体需要完成的任务和主要对象，而细节形式则是对任务的细节和关键词进行说明，并对生成内容的形式提出要求。在对生成式人工智能提问时，除了使用这个公式，还应该注意以下几个关键点。

首先，描述时要尽量详细且逻辑清晰。避免只用简单的提示语让人工智能回答问

题，这样的指令过于模糊，很难得到满意的答案。比如，如果领导只是简单地告诉你"请帮我写一个产品的广告文案"，你可能会感到困惑，不知道该从何下手。因此，你的描述应尽可能详细，提供更多的背景、原因、结果、长度、来源、样式等信息，尽可能清楚地传达你的任务需求。

其次，用示例来确定所需的格式。提前规划好输出格式可以帮助你更容易地得到想要的结论。例如，如果你想要人工智能帮你总结一篇文章的要点和提纲，你的提问可以这样写："我将给你一篇文章，你需要对我输入的文本进行理解，生成一份总结报告。请在我给出文本后，按照以下格式生成摘要、主要人物、事件背景和原因、事件经过和结果。"这样 AI 就会按照你要求的格式输出结果。

最后，注意强调词和提示词的顺序。对于关键要求，可以使用强调词来突出，比如在描述某个重要内容时，可以在关键词前加上"非常""强调""务必""一定"等强调词，以凸显这个要求的重要性。人工智能在回答时会更加关注这些方面。另外，提示词的顺序也会影响得到的答案。例如，给人工智能布置一个任务，这个任务有很多要求，会有很多对应的提示词。这些提示词的排序应该有优先权重，越靠前的提示词权重越高，人工智能在执行任务时越会重视这个要求。因此，在排列提示词时，应将最重要的一些要求尽量放在前面。

三、信息辨识力：有意识辨别答案准确性，拒绝全盘接受

在利用生成式人工智能提升个人创造生产能力的过程中，第三步也是至关重要的一步，就是培养对信息的辨识能力。这种能力不仅包括对信息质量和真实性的识别，也包括对智能机器所蕴含的价值观和文化内核的理解。在与《时代》杂志记者的交流中，ChatGPT 曾经坦诚地说："我竭尽所能提供准确和有用的信息，但我并非一个完美的知识来源，不能总是提供完整或正确的答案。"

智能机器以人类的知识和信息为学习和处理对象，这些知识和信息本身就可能包含大量的错误和疏漏。尽管机器具有一定的核查能力，但并不能保证识别出所有的错误。此外，机器也可能继承和放大人类的偏见、歧视等文化问题。因此，机器成为人

类错误传递的媒介的可能性很高。同时，机器本身也可能存在系统性的偏差或偶然性的失误。例如，许多用户已经发现 ChatGPT 在无法回答某个问题时会自行创造一些事实，这无疑增加了用户判断答案真伪的难度。ChatGPT 并不会故意提供错误信息，这一切都与它背后的研究者的运算逻辑有关，但这些都是普通用户无法接触到的底层技术。

因此，使用生成式人工智能更加考验用户的媒介素养。用户不仅需要学会如何将自己的问题以更准确的方式输入给机器，还需要通过观察、验证和核实来自己判断机器提供的答案的真伪。面对机器提供的看似条理清晰、引经据典的答案，用户可能会更容易被迷惑。机器编造的假新闻、机器生成的真假难辨的图片和影像，对用户的辨别能力构成了极大的挑战。如果缺乏对真假的判断能力，用户的后续工作可能会建立在错误的基础上。在对机器的错误进行辨识的基础上，用户还需要具备进一步的判断力和决断力，这不仅是对机器生成内容质量以及必要的校正方向的判断，也是对何时需要依赖机器、何时需要摆脱机器的判断。

哲学家芒福德曾经指出，要想让电脑应用得恰到好处，首先必须有明智的人类操作者，他们需要保持清醒的头脑，不仅善于完成复杂的编程，更需要在关键时刻保留权利，靠自己作出最后的决断。在今天与机器的协同工作中，复杂的编程工作未必是每个人都必须承担的，但对于每个人来说，如何保留判断和决断的权利变得更为重要。

四、风险应对力：把握"捷径"与"弯路"、"近"与"远"的关系

彭兰教授曾经警示，过分依赖机器能力和效率可能会导致人类的懒惰，甚至会引起人类能力的退化和异化。在我们使用生成式 AI 提高自身创造生产能力的同时，为了对抗这种风险，我们也需要尝试更好地处理以下两种关系。

第一种是"捷径"与"弯路"的选择。机器的介入使得我们走上达成目标的道路更加快捷，无论是获取知识还是完成工作。从效率的角度来看，这样的捷径似乎是必要的。然而，如果我们总是依赖机器走捷径，我们的人生经历和经验将会大幅减少，我

们应对复杂情况的能力也会减弱。与捷径相对的是弯路，甚至是错误的道路。虽然我们都不愿意走弯路或走错路，但这种探索的过程是人生经历的重要组成部分。在知识学习中，这种弯路尤为重要。在自主学习过程中，我们需要理解知识的背景，寻找知识片段之间的联系，辨析知识片段的价值，整理和拼贴复杂的知识图谱，通过这些活动提升我们的认知能力。如果缺少这个过程，仅仅通过填鸭式学习获得快餐知识，即使知识量有所增加，也只是虚假的繁荣。此外，路上的经历也是机能训练的重要部分。尽管有了汽车，我们仍然需要走路和跑步，以保持身体健康和增强身体机能。类似地，独立于机器的认知和思考是头脑必须经历的锻炼。在这个过程中，路径不再重要，提升机能才是关键。当然，由于时间、精力和兴趣的限制，我们很多时候仍然需要走捷径。我们需要判断何时可以利用机器的便利，何时需要亲自经历困难，以及不同路径带来的不同收获。这也是智能时代我们经常需要面对的选择。

第二种是"近"与"远"的平衡。在捷径和弯路的选择中，我们也需要考虑近和远的关系，尤其是时间上的近和远。我们既有眼前的任务，也有远大的目标。机器可以帮助我们完成眼前的任务，但它并不知道我们的未来目标，有时它的帮助甚至可能让我们离目标更远。因此，我们需要思考和把握近和远的关系，实现两者的平衡，避免迷失方向。时间上的近和远也可以表现为即时的回报和延时的回报。机器的效率容易让我们追求即时的回报和满足，这使得我们对即时报偿的需求成为常态，我们的耐心也被削弱。然而，越是这样，我们越需要克制对即时报偿的贪婪，为具有长远意义的回报付出耐心和努力。要平衡眼前任务和远期目标的关系，以及即时报偿和延时报偿的关系，我们还需要协调工具理性和价值理性的关系，以及机器效率和人文关怀的关系。

空间的近和远是另一种关系。今天，借助智能设备的力量，我们有了更多连接远处人和事物的机会，但我们往往因此忽略了附近的人和事物。社会学家项飙曾经感叹"附近"的消失。虽然有人对"附近"是否真的消失持有不同看法，但相比传统社会，今天我们在"近"和"远"上的注意力比例已经发生了变化，甚至在某些人那里几乎颠倒了，这是我们必须面对的现实。机器带来的远方，扩展了我们的连接能力，但这种远方往往只存在于虚拟空间，虽然它可以带来一定的精神满足，但如果我们只关注远方而忽视附近，我们在现实生活中的某些能力也可能被削弱。项飙认为，"附近"的消失也意味着我们失去了构建相互信任关系的能力和自信，因为这种关系主要存在于现实的"附近"。然而，个人的意义和尊严并不在于个人，而在于关系。因此，我们需要重新构建"附近"，构建关系。虽然机器不是唯一的决定因素，但它确实在一定程度上改变了我们在时间和空间两个维度上的远近感知。我们对近和远的判断和选择，不能完全受机器或机器思维的摆布。

第八章　深度伪造与信息质疑能力

第一节　什么是深度伪造

一、深度伪造的定义与发展简史

(一)定义

"深度伪造"一词由英文单词 deepfake 翻译而来。作为英语中新出现的一个组合词，其是由深度学习(deep learning)和伪造(fake)构成的合成词汇，指采用人工智能深度学习方法伪造图片、音频、视频等内容的一种技术手段。

什么是深度伪造

其中深度伪造图片主要是针对脸部的篡改，可分为两大类：一类是换脸伪造，通过交换两张图像的人脸达到身份修改的目的；另一类是脸部表情属性伪造，通过迁移指定表情或动作到目标图像而不修改目标人脸标志，达到伪造表情或者特定动作的目的。

深度伪造音频是通过"语音克隆"技术，即说话者自适应和说话者编码的方式，将目标对象的语速、语调等信息表示成一个声音模型，对标准声道模型进行微调，以模拟出该说话人的声音。随着音频信息的训练样本数量增加，经过多轮的循环学习后，生成器生成的内容极为逼真。

深度伪造视频作为人工智能换脸技术的应用，其主要特征是将某个视频中的图像替换为其他人物的面孔，并重新合成所谓的假视频。"deepfake"一词最早便是起源于深度伪造视频。2017 年 12 月，一个匿名用户在 Reddit 上自称"deepfake"，其借助深度学习算法将色情内容中的演员用斯嘉丽·约翰逊、盖尔·加朵等名人进行替换。随后在其他网络平台上快速涌现一大批模仿者，目前有数以万计的深度伪造视频在网络世界流传。

（二）发展简史

"深度伪造"并非横空出世，其是信息科学、认知科学、物理学等多学科融合快速发展到一定阶段的新产物。

具体来说，在"深度伪造"之前就有"浅层伪造"，指利用人工手动或者常规技术，对图片、音频和视频进行剪辑、切割、重组等调整以实现特定传播效果的技术。但"浅层伪造"由于技术缺陷，人脸和身体在动作、光线和场景变换时会显得僵硬可笑，语音语调也不自然。迫切的市场需求呼唤着新技术的到来。

2014 年被称为"深度伪造"元年，是因为生成式对抗网络（Generative Adversarial Network，GAN）这一技术基石的出现。深度伪造技术的核心是让两个神经网络相互对抗，其中一个网络充当"生成器"，另一个网络充当"鉴别器"。"生成器"的作用是对大量的视频和音频数据集进行训练，使其能学习和模仿人类的面部表情、肢体动作、语音语调，之后采用深度学习算法将其挪移到另一个人身上。"鉴别器"的作用是负责检测这些伪造的数据。基于检测结果生成对抗网络，不断调整参数进行优化，直至机器无法分辨视频和音频真伪。这种基于人工智能的深度学习技术，使得伪造效果与素材量的多寡成正比，即人脸或声音数据集越多，伪造的逼真度就越高，而且还结合脸型、微表情、眼神、肤色、皱纹、动作、音色、音调、语气等人类生物特征进行综合学习，是以往"浅层伪造"技术难以企及的。

2017 年之后随着 deepfake 色情视频的出现、美国前总统奥巴马 deepfake 演讲视频的传播，以及国内外各种换脸 APP 的诞生，大大降低了普通公众接触深度伪造技术的难度，深度伪造技术开始为大众所熟知。

二、深度伪造的生成工具

随着深度伪造逐渐走向公众化，其常见的生成工具见下表。

表 8-1　深度伪造部分生成工具盘点

工具名	关键特征
Faceswap	使用两组编码器—解码器模型。 编码器的参数是共享的。
Faceswap-GAN	对抗损失和感知损失（VGGface）被添加到自动编码器架构中。
Few-Shot Face Translation	使用预先训练的人脸识别模型来提取潜在的嵌入，以用于 GAN 处理。 结合由 FUNIT 和 SPADE 模块获得的语义先验。
DFaker	使用 DSSIM 损失函数来重建人脸。 基于 Keras 库实现。
DeepFake tf	类似于 DFaker，但基于 TensorFlow 实现。
AvatarMe	从任意"野外"图像中重建 3D 人脸。 可以从一张低分辨率图像中重建 6K 分辨率的 3D 真实 4K 人脸。
MarioNETte	保留目标身份的拍摄面部重演框架。 身份适应不需要额外的微调阶段。
DiscoFaceGAN	生成具有身份、表情、姿势和光照等独立潜在变量的虚拟人物面部图像。 将 3D 先验嵌入对抗学习。
StyleRig	通过 3D 可变形人脸模型，对预训练和固定的 StyleGAN 进行类似装备的控制，创建人脸的肖像图像。 无须人工注释的自我监督。
FaceShifter	通过利用和整合目标属性，实现高保真度的面部交换。 可以应用于任何新的面部，而不需要针对特定对象的训练。
FSGAN	一种面部交换和重现模型，可以应用于成对的面部，而不需要对这些面部进行训练。 适应姿势和表情的变化。
StyleGAN	基于风格迁移文献，提出了一种新的 GAN 生成器架构。 新架构实现了高级属性的自动、无监督分离，并实现了对图像合成的直观、特定规模的控制单目目标。

续表

工具名	关键特征
Face2Face	视频序列的实时面部重演，例如 Youtube 视频。 通过源演员为目标视频的面部表情制作动画，并以照片真实感的方式重新渲染经过处理的输出视频。
Neural Textures	特征图是作为场景捕捉过程的一部分学习的，并作为 3D 网格代理之上的地图存储。 可以在静态和动态环境中以实时速率连贯地重新渲染或操纵现有视频内容。
Transformable Bottle-neck Networks	一种用于图像内容细粒度 3D 操纵的方法。 使用可变换的瓶颈框架在 CNN 模型中应用空间变换。
"Do as I Do" Motion Transfer	通过学习视频到视频翻译，自动将动作从源人物转移到目标人物。 可以创建多个主题的运动同步跳舞视频。
Neural Voice Puppetry	一种音频驱动的面部视频合成方法。 使用 3D 人脸表示从另一个人的音频序列中合成说话人的视频。

三、深度伪造的检测技术

随着深度伪造的快速发展和应用，其给个人隐私、媒体行业、社会稳定和国家安全等都造成了潜在威胁，针对深度伪造内容的检测和防御现已成为世界各国政府、企业乃至个人所关注的热点问题之一。以下将盘点目前已经出现的值得关注的深度伪造检测技术。

表 8-2　深度伪造的检测技术

方法	分类器/技术	核心特征	处理手段	使用的数据集
眨眼	LRCN	使用 LRCN 学习眨眼的时间模式。 根据观察，deepfake 的闪烁频率比正常情况下小得多。	视频	由 49 个采访和演示视频及其相应生成的 deepfake 组成。
帧内和时间一致性	CNN 和 LSTM	CNN 用于提取帧级特征，并将其分布到 LSTM 中，以构建有助于分类的序列描述符。	视频	从多个网站获得的 600 个视频的集合。

续表

方法	分类器/技术	核心特征	处理手段	使用的数据集
使用面扭曲瑕疵	VGG16, ResNet模型	基于扭曲的面部区域和周围环境之间的分辨率不一致，使用CNN模型来发现伪影。	视频	UADFV，包含 49 个真实视频和 49 个虚假视频，共 32752 帧。
MesoNet	CNN	引入了两个深度网络，即 Meso-4 和 MesoInception-4，以在细观分析水平上检查 deepfake 视频。在 deepfake 和 FaceForensics 数据集上获得的准确率分别为98%和95%。	视频	两个数据集：deepfake 一个由在线视频组成，FaceForensics 一个由 Face2Face 方法创建。
眼睛、教学和面部纹理	逻辑回归与神经网络(NN)	利用 deepfake 的面部纹理差异，以及眼睛和牙齿区域缺失的反射和细节。采用逻辑回归和神经网络进行分类。	视频	从 YouTube 下载的视频数据集。
RCN 的时空特征	RCN	使用集成卷积网络 DenseNet 和门控递归单元的 RCN 来探索帧之间的时间差异。	视频	FaceForensics++ 数据集，包括 1000 个视频。
LSTM 的时空特征	卷积双向递归 LSTM 网络	XceptionNet CNN 用于面部特征提取，而音频嵌入是通过堆叠多个卷积模块来获得的。使用了两个损失函数，即交叉熵和 Kullback-Leibler 散度。	视频	FaceForensics++ 和 Celeb DF（5639 个深度假视频）数据集以及 ASVSpoof 2019 Logical Access 音频数据集。
PRNU 分析	PRNU	数码相机光敏传感器因工厂缺陷而产生的噪声模式分析。探索真实视频和深度伪造视频之间 PRNU 模式的差异，因为人脸交换被认为会改变局部 PR-NU 图案。	视频	由作者创建，包括使用 DeepFaceLab 的 10 个真实视频和 16 个深度伪造视频。

续表

方法	分类器/技术	核心特征	处理手段	使用的数据集
电话号码视位不匹配	CNN	利用嘴巴形状的动态（即视觉）与口语音素之间的不匹配。关注与 M、B 和 P 音素相关的声音，因为它们需要完全闭上嘴，而 deepfake 经常错误地合成。	视频	Instagram、YouTube 和其他网站上的四款疯狂唇同步深度伪造品是使用合成技术创建的，即音频到视频（A2V）和文本到视频（T2V）。
使用基于归因的置信度（ABC）度量	ResNet50 模型，在 VGGFace2 上预训练	ABC 指标用于在不访问训练数据的情况下检测深度伪造视频。原始视频的 ABC 值大于 0.94，而 deepfake 的 ABC 值较低。	视频	VidTIMIT 和从 COHFACE 获得的另外两个原始数据集（https：//www.idiap.ch/dataset/cohface）以及来自 YouTube。商业网站使用来自 COHFACE 和 YouTube 的数据集生成两个 deepfake 数据集 https：//deepfakesweb.com 另一个 deepfake 数据集是 DeepfakeTIMIT。
使用外观和行为	基于面部和行为特征的规则。	使用 ResNet-101 学习基于面部表情和头部运动的时间、行为生物特征，而使用 VGG 获得静态面部生物特征。	视频	世界领先的数据集，FaceForensics++，Google/Jigsaw 深度伪造检测数据集，DFDC 和 Celeb DF。
Fakeatcher	CNN	提取肖像视频中的生物信号，并将其用作真实性的隐含描述符，因为它们在深度伪造中没有在空间和时间上得到很好的保存。	视频	UADFV、FaceForensics、FaceForen-sics++、Celeb DF，以及一个由 142 个视频组成的新数据集，独立于生成模型、解决方案、压缩、内容和上下文。
情感视听情感线索	孪生神经网络	提取人脸和语音的模态和情感嵌入向量，用于深度伪造检测。	视频	DeepfakeTIMIT 和 DFDC。

续表

方法	分类器/技术	核心特征	处理手段	使用的数据集
头部姿势	SVM	使用面部区域的 68 个标志来提取特征。 使用 SVM 对提取的特征进行分类。	视频/图像	UADFV 由 49 个深度假视频及其各自的真实视频组成。 来自 DARPA MediFor GAN 图像/视频挑战赛的 241 张真实图像和 252 张深度伪造图像。
胶囊取证	胶囊网工程	VGG-19 网络提取的潜在特征被馈送到胶囊网络中进行分类。 通过多次迭代，使用动态路由算法将三个卷积胶囊的输出路由到两个输出胶囊，一个用于伪图像，另一个用于真实图像。	视频/图像	四个数据集：Idiap 研究所重放攻击、深度伪造人脸交换、面部再现 Face-Forensics 和完全计算机生成的图像集使用。
与深度网络相结合的预处理	DCGAN、WGAN-GP 和 PGGAN	增强深度学习模块的泛化能力，以检测 GAN 生成的图像。 删除伪图像的低级别特征。 迫使深度网络更多地关注伪图像和真实图像之间的像素级相似性，以提高泛化能力。	图像	真实数据集：CelebA HQ，包括 1024x1024 分辨率的高质量人脸图像。 伪数据集：由 DCGAN、WGAN-GP 和 PGGAN 生成。
单词袋和浅分类器	SVM、RF、MLP	使用单词袋方法提取判别特征，并将这些特征输入 SVM、RF 和 MLP 进行二元分类：无辜与捏造。	图像	著名的 LFW 人脸数据库，包含 13223 张分辨率为 250x250 的图像。
成对学习	CNN 连接到 CFFN	两个阶段的过程：基于暹罗网络架构的 CFFN 特征提取和 CNN 分类。	图像	人脸图像：来自 CelebA 的真实图像，以及由 DC-GAN、WGAN、WGAN-GP、最小二乘 GAN 和 PG-GAN 生成的伪图像。 一般图像：来自 ILSVRC-12 的真实图像，以及由 BIGGAN、自注意 GAN 和光谱归一化 GAN 生成的伪图像。

续表

方法	分类器/技术	核心特征	处理手段	使用的数据集
防御深度伪造中的对抗性干扰	VGG 和 ResNet	引入对抗性扰动来增强深度伪造和欺骗深度伪造检测器。使用 Lipschitz 正则化和深度图像先验技术提高深度伪像检测器的精度。	图像	来自 CelebA 的 5000 张真实图像和通过"少镜头人脸翻译 GAN"方法创建的 5000 张假图像。
面部 X 光检查	CNN	尝试定位目标面和原始面之间的混合边界,而不是捕捉特定操作的合成伪像。可以在没有伪图像的情况下进行训练。	图像	FaceForensics++、Deepfake-Detection(DFD)、DFDC 和 Celeb DF。
使用常见工件	使用 ImageNet 预训练的 ResNet-50	使用高性能无条件 GAN 模型(即 PGGAN)生成的大量假图像来训练分类器,并评估分类器在多大程度上推广到其他 CNN 合成图像。	图像	一个新的 CNN 生成图像数据集,即 ForenSynths,由 StyleGAN、超分辨率方法和 FaceForensics++ 等 11 个模型的合成图像组成。
在基于 GAN 的图像上使用卷积痕迹	KNN、SVM 和 LDA	训练期望最大化算法,通过表示 GAN 在图像生成过程中留下的卷积痕迹的 fingerprint 来检测和提取判别特征。	图像	由十个 GAN 模型生成的图像数据集,包括 CycleGAN、StarGAN、AttGAN、GDWCT、StyleGAN、StyleGAN2、 PG-GAN、FaceForensics++、IMLE 和 SPADE。
使用 CNN 提取的深层特征	一种新的 CNN 模型,即 SCnet	基于 CNN 的 SCnet 能够自动学习图像数据的高级取证特征,这得益于通过堆叠四个卷积层形成的分层特征提取块。	图像	一个由 321378 张人脸图像组成的数据集,通过将 Glow 模型应用于 CelebA 人脸图像数据集而创建。

第二节 深度伪造的典型案例

深度合成技术是指利用以深度学习、虚拟现实为代表的生成合成类算法制作文本、图像、音频、视频、虚拟场景等信息的技术。2022 年，清华大学人工智能研究院联合多个机构共同发布的《深度合成十大趋势报告》显示，深度合成内容在当下主要呈现如下特点。

深度伪造的典型案例

1. 深度合成内容制作与传播数量高速增长：以视频为例，2021 年新发布的深度合成视频的数量，较 2017 年已增长 10 倍以上。

2. 深度合成内容关注度指数级增长：以视频的"点赞/喜欢"数据为例进行统计，自 2017 年以来，深度合成内容的该项数据呈现指数级的显著增长。2021 年新发布的深度合成视频的点赞数已超过 3 亿。

3. 深度合成领域研究论文数量高速增长：近年来持续攀升，目前已从 2017 年论文数量的 1012 篇达到 2021 年的 4559 篇。

4. 深度合成领域开源项目数与讨论度持续攀升：如 faceswap 项目，自 2018 年年初开源以来，目前已获得超过 4 万关注量。

5. 深度合成需求场景趋于多元且成熟：随着深度合成技术的发展，其正向应用场景也在不断丰富，如影视制作、广告营销、电子商务、社交娱乐等。

6. 深度合成商业化产品类型逐渐丰富：目前，依托深度合成技术的产品和服务已涵盖图像、视频、音频、文本等多个维度、多个领域。如图像和视频方向的 FacePlay 软件；音频方向的虚拟歌手小冰等。

7. 深度合成重新定义虚拟化数字生存空间：深度合成技术已渗透新闻、娱乐、学术等多个信息传播领域。自动数据生成、全身合成、3D 建模等技术的出现，将进一步推动更多数字应用场景的拓展与落地。

8. 深度合成内容负面风险持续加剧且产生实质危害：通过深度合成技术制造虚假视频、虚假音频进行诬陷、诽谤、诈骗、勒索等违法行为和事例已屡见不鲜，深度伪造内容数量不断增多、危害性不断增强。

9. 深度合成鉴别需求逐渐增大且难度提升：为了应对深度合成内容越来越逼真且多元的问题，采用技术方案进行自动化鉴别的需求也应运而生。但伴随新型伪造方法的层出不穷，反深伪检测技术也需要持续更新与迭代优化。

10. 深度合成治理监管机制逐步建立：近几年来，针对深度合成技术恶意使用所带来的挑战，世界各国纷纷出台管理法律法规，探索对深度合成的依法管理。如美国从联邦和州层面进行专门立法，欧盟则将其纳入既有法律框架进行规制。

深度伪造技术是深度合成技术下的一个重要分支，主要指深度合成技术的负面化恶意应用，其初衷并非"揭示"，而是"误导"，是通过"伪造"现实生活中不存在的场景以欺骗、诱导公众，乃至扰乱社会秩序，威胁人脸识别系统、干预政府选举等。在应用场景上，其主要可划分为以下四类。

（1）色情制作：根据 Deeptrace 公司在 2019 年 10 月发布的调研报告显示，目前大约有 96%换脸视频是色情行业，主要用于满足人们的虚假幻想，潜在地侵犯着多数人的权益。

（2）影像篡改：类似于色情制作，但其应用范围更为广泛，包括将重要人物面孔设计进剪辑中、移除医疗影像中证据进行保险欺诈等。

（3）虚假新闻：深度伪造技术当前被部分应用于提供新闻素材，发布或歪曲知名人物的言论等。在"眼见为实"的传统思维语境下，对公众产生更大迷惑性，扰乱社会正常传播秩序。

（4）语音诈骗：深度伪造音频技术的出现，为诈骗手段提供了更多狡猾方式。利用伪造的语音乃至视频进行金融诈骗，已成为当下深度伪造重灾区。

一、影像篡改

深度伪造技术最早是为传播色情而开发的，多用于骚扰女性，将她们的脸转换成色情视频。盖蒂图片社最新分析显示，每个月都有数以千计的女明星、女演员和女音乐家为主角的"露点"假视频被上传到全球最大的色情网站上，每条未经当事人同意的视频都会获得几百万流量，色情网站从未将其删除。

据《连线》杂志报道，自 2020 年 7 月以来，有 10 万多名女性被深度伪造创建了裸照，严重侵害了他人的隐私和名誉。

深度伪造当前还演化为色情报复和敲诈勒索的新型犯罪工具，如印度女记者拉娜·阿尤布因在新闻报道中揭露当地官员在屠杀事件中的不作为，有人便将她的脸与色情片女主角的脸互换，合成不雅视频在网络恶意散布。2019 年，马来西亚经济事务部长阿兹明·阿里深陷同性不雅"深度伪造"视频风波，其政治生涯遭到严重打击。2021 年，《华盛顿邮报》曾报道美国一妇女创建深度伪造视频，用来骚扰她女儿高中啦啦队中的竞争对手。她伪造了其他啦啦队成员吸烟、喝酒和裸体的不雅视频，然后用匿名账户向这些女孩发送视频并建议她们自杀。该妇女已被逮捕并被指控犯有六项骚扰罪。

二、虚假新闻

《深度伪造与信息启示录》的作者尼娜·希克认为，美国的信息生态系统正陷入腐败，敌对玩家利用深度伪造这种腐败方式给媒体造成严重威胁。她在 2020 年提出，视频长期以来被认为是最无可指责的证据，但是现在利用人工智能来造假，很快就能得到伪造品。深度伪造正在给传播生态系统造成巨大威胁。

一个经典的例子是印度板球界的传奇人物萨钦·坦杜卡。作为印度最受欢迎的板球运动员之一，他在 2013 年退役后，成为多个知名品牌的代言人。在 2024 年，他不得不公开辟谣一段针对他的深度伪造视频。在这段视频中，他在为一款在线游戏做推广，并声称自己的女儿也经常玩这款游戏。然而，他并未拍摄该段视频，一切都是虚构的。

三、语音诈骗

随着深度伪造音视频技术的普及，各式诈骗手段等也更加狡猾，令人防不胜防，给社会造成严重财产损失和精神伤害。

典型案例即 2020 年初阿联酋的一起金额高达 3500 万美元的大劫案。据报道，2020 年年初，阿拉伯联合酋长国的一位银行经理接到了一个他认得声音的人打来的电话——他以前曾交谈过的一家公司的董事。这位董事称他的公司即将进行收购，因此他需要银行批准一个高达 3500 万美元的转账，还聘请了一位律师来协调程序，告诉银行经理可以在收件箱中看到这位董事和律师的电子邮件，确认转账金额和收款账户。银行经理认为一切看起来都是合法的，于是开始进行转账。这位银行经理并不知道自己已经卷入了一个精心设计的骗局，诈骗分子使用深度伪造技术克隆了这位董事的语音。阿联酋银行认为这是一个精心策划的金融诈骗计划，涉及至少 17 人，窃取的资金被转移到全球各地的银行账户。

2024 年 1 月初，一则由深度伪造生成的假泰勒·斯威夫特带货广告在脸书上传播。在这则广告中，由 AI 伪造生成的假泰勒·斯威夫特坐在钢琴前，向大家推销法国高端炊具，并表示作为她的"新年大放送"，会向 20 位粉丝每人赠送一套炊具。当受害者被引导至虚假网站后，会被要求支付 9.96 美元的运费，但号称赠送的厨具不会真正送出去。

第三节　深度伪造的应用现状与风险

深度伪造的技术本质是人工智能的算法滥用，以"误导"而非"揭示"为目的的深度伪造技术应用已经对个人、媒体、社会乃至国家带来严重风险与实质性伤害，正在逐步引起世界各国的高度重视。

一、滥用个人生物识别信息

深度伪造的行为本质其实是公民个人信息最内层面个人生物识别信息的滥用，公民个人信息的语义内涵以及保护需求是随着现代信息技术的进步而同步扩展的。技术对数据的解码能力越强，信息与人身之间的连接通道即可识别性就越容易被揭示出来，信息就越可能被纳入公民个人信息的内涵中。同样，个人生物识别信息就是技术对个人生理特征（面部、声音、血型、指纹、DNA等）和行为特征（步态等）解码的结果，而个人生物识别信息又不同于其他个人信息，它具有专属性、唯一性、人身依附性，与个人具有排他的绑定关系，因而无法清洗和脱敏。深度伪造冒用他人的脸，等于是冒用他人的身份，人工智能深度算法的进步，让最低成本地滥用他人的生物识别信息进而盗用他人的身份成为现实，其侵犯个人合法权益的形式主要包括下列情况。

深度伪造的
应用现状与风险

首先是对个人肖像权、隐私权、名誉权的侵犯。名誉权是指民事主体对其名誉所享有的不受他人侵害的权利。隐私权是个人有依照法律规定保护自己隐私不受侵害的权利，包括私人生活安宁、私密空间、私密活动、私密信息。其中私密信息便包括个人的身份信息和生物识别信息等。肖像属于标表型人格权，"标表型"是指以一定的外在标识为内容可以据此识别权利主体这样一类人格权利。深度伪造音视频在未经许可的情况下，以捏造、歪曲事实等形式，擅自利用某人的面部图像、视频和声音素材逼真地移植到他人身上，侵害了个人的肖像权、声音权、隐私权等。而现实中通过移花接木将一些明星的面孔替换到色情视频中的演员身上，这种贬损受害人的方式更是涉嫌侵犯名誉权。

其次是对个人尊严权、平等权和自由权的侵犯。尊严权指的是个体受他人尊重，而不受他人言语与非言语的影响造成个体损失的权利。此处的损失多指伦理层面，因各个地区的人文道德不同而又有不同的理解。平等权指公民依法享有权利和履行义务，不受任何差别对待，要求国家同等保护的权利，包括男女平等、民族平等和法律面前一律平等。自由权包括人身自由不受侵犯、人格尊严不受侵犯、住宅不受侵犯等。

最后是对个人著作权等的侵犯。著作权，即版权，是指公民、法人或者非法人组织依照法律规定对于自己的文学、艺术、科学作品所享有的专有权利，是知识产权的重要组成部分。利用深度伪造技术将电影、电视剧原素材视频进行歪曲和篡改，存在盗版侵权风险。依照知识产权法相关规定，视频作品的作者享有作品不受任意修改的权利，对影视剧中演员进行恶搞、篡改原影视剧作品，作品完整性将遭受侵害；若擅自将换脸后的影视片段在网络上传播，可能涉嫌侵害著作权人信息网络传播权。

二、消解新闻真实性

真实是新闻的生命，新闻的真实性原则指新闻报道中的每个具体事实必须合乎客观实际，报道的事实必须准确无误。新闻业曾与真相休戚相关，正因如此，新闻业才成为与众不同的社会建制。"真相需要记者"（The Truth Takes a Journalist），这是2021年《纽约时报》为自己写下的广告词。在生产主体多元、"后真相文化"弥散的当下，虽然《纽约时报》仍使用"真相"为自己代言，但是这一充满怀旧意味的举动似乎也难以挽回在网络冲击下新闻业作为"真相捍卫者"的历史地位。其中深度伪造技术便是损害新闻真实性的重要帮凶之一。欧翾翾曾详细指出深度伪造技术将以下方式逐步消解新闻真实性。

第一，在新闻源选择上将生成事实融入客观事实。新闻是对新近发生的事实的报道，其中强调三大关键词"新近发生的""事实""报道"。"新近发生的"强调客观事实出现的时间是"新近"，是一种时间上的时新性和时效性。"事实"指新闻的本源是客观存在的事实，是人类在生产劳动和社会交往实践中发生的各种事实，这是新闻的唯一来源和基本内容。"报道"指新闻反映的是有意义的和重要的事实。离开客观事实，就没有"新闻"之说。而深度伪造技术的核心便在于要"伪造"客观事实，将新闻的本源从客观事实变为生成事实。

第二，在呈现方式上将伪造图像覆盖原生图像。当前媒介融合技术的发展，让新闻的呈现方式愈加多元化和融合化。由纸媒时代的文字呈现为主，到当下新媒体时代图文、视频、数据新闻等多形式混搭等，从手绘图像到今天由 AI 机器生成的图像，新闻报道中出现经过处理的照片或者经过编辑的音视频已屡见不鲜。如果说过去的各种修图软件只是小打小闹，那么当下的深度伪造技术则是从根本上颠覆对"眼见为实"的认知。

第三，在发布平台上主流媒体受到自媒体持续冲击。互联网的普及使得话语权下放，任何人借助网络与移动设备都可以成为信息的生产者和发布者，自由地发布信息。"深度伪造"因其技术门槛低，目前被大量自媒体平台使用。首先，自媒体的传播主体是个人，数量不可计数，素养参差不齐，其分享事实、传播信息的能力高低有别；其次，自媒体的传播平台多是营利性平台，以获取经济利益为主，缺乏对信息真假的核实；再次，自媒体传播的内容是个人的所见所闻，作为理性的个人，更容易为经济利益或其他目的而有选择地分享、传播所见所闻；最后，一些主流媒体出于时效性考虑，争先恐后抢发"独家新闻"，常常将网上流传信息未加调查核实就当成新闻发布，导致某些有权威性的主流媒体出现深度伪造虚假新闻，使媒体公信力受到冲击。

三、腐蚀社会信任体系

深度伪造不仅损害新闻真实性，逐步消解媒体公信力；同时，还会在更广泛、更深刻的层面形成以媒体为原点、社会整体信任体系涟漪式衰退的现象。长期以来，在人们的传统观念里，相较容易失真的照片，视频具有一定的真实性。但随着深度伪造技术的快速发展，各种人脸合成的虚假视频开始具有超真实性。这种技术导致人们对视频内容失去信任。"耳听为虚，眼见为实"的基本认知方式可能要变为"眼见未必为实，耳听未必为真"了。而深度伪造技术所带来的消极影响不仅是社会公众被欺骗，更可怕的是社会公众会把所有事物包括一些真实的信息都当成是欺骗，从而对社会的一切充满不信任。当普通公众再也无法分清真实和虚假时，就会腐蚀整个社会信任体系的建立。

伴随"后真相"时代的到来，深度伪造技术还将使政府的正面舆论纠偏变得更加困难。"后真相"指随着网络时代的不断发展，用情感隐蔽现实、感性掩盖真相进而造成的虚假或错误现象。而深度伪造这种秩序侵害型犯罪存在的一个显著特点就是即使事后经过充分辟谣，依然会有许多公众被第一印象所蒙蔽，不愿意相信事后辟谣的内容。如 2017 年，印度各地陆续出现因"深度伪造"谣言而导致市民无辜被杀的案件。谣言利用合成图片和视频伪造了绑匪拐卖儿童贩卖人体器官的虚假信息，马哈拉施特拉邦的居民误把 5 名路人当作绑匪殴打致死。虽然当地政府和警方紧急辟谣，澄清事实，但大众不信任官方媒体，而对假消息深信不疑，以至于之后又发生 13 起同类案件，造成 27 人死亡。

随着社会信任体系的消解与政府正面舆论纠偏能力的下降，"塔西佗陷阱"将不再只是危言耸听。"塔西佗陷阱"最早出自古罗马时代塔西佗所著《历史》一书，后来学界将其定义为：一旦政府部门丢失社会公众的信任，无论采取什么措施和手段，都会被认为是在危害公众利益。在后真相时代，一方面，人们在日常生活中大多通过社交媒体来获取政府信息，社会公众接触到的政府信息有限；另一方面，人们目前面临着深度伪造这一新兴问题，这类虚假图片、音视频存在着对公众隐私的威胁和欺诈。在社会生活中，当社会矛盾激化使部分公众渐失耐心时，他们便会把一些经常出现的问题全部归因于政府，反复拷问政府的执政能力。当政府不能向社会公众及时公布事情真相，或者对虚假事实进行正面舆论纠偏时，"塔西佗陷阱"的土壤便开始养成。当社会公众对政府的信任度降低之后，"塔西佗陷阱"也将成为政府未来发展的必然进程。

四、威胁国家安全稳定

深度伪造技术应用的多个领域直接关联国家安全体系。对于政商名流、新闻事件、军事领导及社会事务相关人员与场景数据的深度伪造，存在着大量待证情境下难以精准及时地进行辨识的难题，已经成为影响政治安全、社会安全、国家安全的不稳定因素。美国情报界发布的《2019 年全球威胁评估报告》也显示，"深度伪造"技术已经对美国国家安全构成威胁，敌对势力和战略竞争对手很有可能企图利用"深度伪造"技术或类似的机器学习技术，创造出高度可信但却完全虚假的图片、音频和视频资料，以加强针对美国及其盟友和合作伙伴的影响渗透运动。实际上，其他国家也会面对同样的威胁。

张爱军等人指出深度伪造导致政治舆论的复杂化，表现为以下三种形式。第一，政治舆论主体的情绪化话语诉求。政治领域中围绕政治事件和政治人物的娱乐信息在网络空间中比较常见。当这类娱乐信息在无中生有、真假莫辨的基础上过度娱乐，就会消解政治内容本身的严肃性，让政治舆论主体模糊政治现象本身的重要性。同时强化和放大细节与情绪，被解构的政治真相又被伪真实的证据链串联，形成牵动政治舆论主体敏感情绪的网络新议题和新舆论。第二，政治舆论形式上的话语动员。随着人工智能的快速发展，政治舆论开始由机器生成或人机共同生成，舆论场中出现了语言、行为甚至情感都与人类别无二致的政治舆论。深度伪造技术的成熟使得虚假信息能够以逼真的形式传达给普通民众，进而轻易操纵网络舆论，严重危害社会安全。比普通意见领袖表现出更加稳定与理性心理的机器人可以获取大量人类数据，将舆论操控处理得更加隐蔽。第三，政治舆论内容上的话语混乱。深度伪造技术影响下的政治舆论内容表现为对存在与虚无、现实与假象、记忆与遗忘的混淆，虚无、虚假以及凝固为互联网记忆的深度伪造信息作为政治谣言会抑制政治舆论主体正确的价值观念生成和培育。利己主义、极端主义以及消费主义等不良价值观念对国家意识形态安全、政治安全与社会稳定造成威胁。

针对深度伪造对国家安全稳定的影响，也有学者考虑到最为恶劣的一种情形——在社会重大突发事件或政治事件节点上，深度伪造技术如若被恶意扰乱社会秩序的人使用，结合学者已经探索出来的信息传播路径规律，将会使虚假信息在短时间内实现大范围的病毒式传播，从而带来严重的社会动荡。深度伪造一旦被好战分子利用，很可能引发世界大战或核战争，给一个国家乃至全人类造成惨重的灾难。

第四节　如何提高信息质疑能力

随着深度伪造的渗透率与覆盖面越来越广，影响越来越恶劣，对社会造成的风险越来越高。除了需要对政府管控、平台监管和检测技术提出要求，更重要的是对每一个可能陷入其中的普通公众的媒介素养，尤其是信息质疑能力的培训和提升。

如何提高信息
质疑能力

一、"眼见不一定为实"

在传统的思维认知中，我们都有"眼见为实，耳听为虚""有图有真相"的基本观念，亲眼所见比听到的更为真实可靠。这种观念在我们的日常生活中得到了广泛的认同和应用。然而，随着深度伪造技术的发展，这一基本观念可能需要开始有所扭转。

深度伪造技术是一种利用人工智能技术，特别是深度学习技术，来生成逼真的伪造音频、视频和图像的技术。这种技术的出现，使得伪造信息的制作变得更加容易和快捷，也使得伪造信息的真实感更强，更难被察觉。

希克森曾说过，保护自己不被深度伪造欺骗的最好方法是永远不要只看表面现象，不能假设眼见为实。一般来说，人们在社交媒体上分享的东西都很草率，一旦看到它，应该想想它是从哪里来的，谁是原始来源。这段话告诉我们，在人工智能快速发展的今天，我们都需要有意识地提升自己的信息质疑能力。无论看到什么照片或视频，听到什么音频，只要稍微超过普通认知范围、感觉到模棱两可时，都要提高警惕和防备心态，不被表面现象所迷惑，而是进一步去思考它的信息来源，以及形成有意识地采取多方求证的信息获取习惯等。

那么，如何提升自己的信息质疑能力呢？首先，我们需要培养一种批判性思维的习惯，对所接触到的信息保持一种质疑的态度，不轻易接受，也不轻易否定。其次，我们需要提高自己的信息素养，学会如何辨别信息的真伪，如何查找和评估信息的来源。最后，我们需要保持一种开放的心态，愿意接受新的信息和观点，但同时也要有自己的判断和立场。

二、判断信源可信度

在当今这个信息爆炸的时代，我们每天都被大量的信息所包围，这些信息来自各种信源渠道，既包括传统的官方主流媒体，如电视、广播和报纸，也涵盖微信、微博等社交媒体、自媒体等新兴平台。在这个鱼龙混杂的信息资源池中，不同媒体信源的可信度也不尽相同。在过去传统官方主流媒体时代，我们的信息选择范围有限，信息的可信度也较高。这也培养了我们"这都是媒体报道过的，肯定可信"的基础认知。

然而，随着社交媒体的发展，信息的传播速度和范围大大增加，即使是媒体报道过的内容，也不一定是完全正确的。在多种信源充斥的时代，我们要开始学会培养自身判断信源可信度的能力。若是在社交媒体上，可以通过查看该媒体账号是否有认证、粉丝数量多少等来评估。因为当前为了提高信息的可信度，大部分社交网络平台都会引入账号认证机制。认证用户往往具备一定知名度和影响力，其发布的信息经过平台审核，可信度较高。当我们浏览社交网络时，可以特别关注被认证过的账号发布的内容，相对来说，这类信息的真实性更容易辨别。另外，若是别人转发的文章、视频等，也要有意识点进信息发布方的个人主页，查看并确认其可信度等。

虽然这一举措不能完全保证避开深度伪造技术的欺骗，但是起码能在初始阶段对信息有所筛选。前文提及的多个深度伪造案例，基本都是由一个刚刚成立的、只有零星粉丝数量、未经过平台认证的自媒体账号发布。未来在看到类似这种账号发布的信息时，我们都需要在心中保留一个质疑的想法。

三、向多个信源求证

多方求证本是新闻记者在采访过程中一个常用的采访手段，是指在报道中，要尽可能多地采访各方当事人，以得到不同角度的观点，减少偏见和主观性，以求最客观地向公众还原现实。

深度伪造广泛应用的时代，我们在日常生活中也需要建立这种信息获取方式。不可仅被单一信源所引导。在具体实践中，首先我们可以查看信息发布者的资质和信誉度，如是否有平台认证、粉丝数量多少等。其次，我们可以通过搜索引擎或社交网络的搜索功能，查看其他信源渠道对该信息是否也有相关报道或讨论。如果多个高可信度的信源渠道都存在相关信息，那么就可以进一步确定该信息的可信度。

同时，多方求证的习惯也适用于当我们在遭遇一些可能的深度伪造音视频诈骗时。当我们在接到陌生来电或视频时，一定要保持高度警惕，不轻信对方的身份和说辞，不可仅因为接听一个电话，看到一段视频或图片，便盲目被调动起情绪而失去理智，听从对方的要求。在转账之前，要向多方核实好身份，比如打个电话给其周边人，或者用对方常用的微信进行信息核实等。

此外，在面对深度伪造技术诈骗时，我们还需要学会如何识别伪造的迹象。例如，在观看视频时，我们可以注意视频中人物的表情、动作是否自然，是否有不自然的闪烁或模糊等现象。在听音频时，我们可以注意声音的音质、语速、语调等是否与正常情况相符。通过这些细节，我们可以初步判断信息是否被深度伪造。

四、不传播非官方信息

把关人（gatekeeper）最早是由美国社会心理学家、传播学四大奠基人之一库尔特·卢因在《群体生活的渠道》一文中提出的。卢因认为，在研究群体传播时，信息的流动是在一些含有"门区"的渠道里进行的，在这些渠道中，存在着一些把关人，只有符合群体规范或把关人价值标准的信息才能进入传播渠道。

过去的把关人资格一般被牢牢掌握在媒体行业手中，但在当下"人人都有麦克风"的社交媒体时代，普通人也开始成为把关人，我们的每一次信息发布和转发都会进入周边亲友、同事们的信息获取渠道之中。这种转变意味着信息传播的责任被分散到了个体，每个人都可能在无意中成为虚假信息的传播者。

因此，当前我们还需要培养自己的"自我把关"素养。一方面要做到负责任地发布信息和言论，不仅是把关信息真实性，还要评估自己信息和言论的社会影响，避免危害他人和社会。这意味着我们在发布任何信息之前，都应该仔细考虑其来源是否可靠，内容是否经过核实，以及是否可能会对他人造成伤害。

另一方面要负责任地进行信息再传播，谨慎对待"转发"行为，对于未经官方证实的音视频内容，要从每一个小我做起，来阻断虚假信息的传播链。在社交媒体上，我们经常遇到各种未经证实的消息和谣言，作为把关人，我们应该有意识地避免转发这些信息，以防止它们进一步扩散。

毕竟社会公众是"深度伪造"音视频传播过程中的重要一环，在信息传播的过程中起着至关重要的作用。阻断"深度伪造"音视频的传播需要提高全社会公众的鉴别能力。

五、掌握基本法律知识

深度伪造技术的普遍性应用，使其受害者已不再只是局限于名人政客等。利用普通公众音视频进行色情制造和语音诈骗等情况屡见不鲜。当我们在现实生活中碰到这些侵犯你我法律权益的情况时，又该怎么办呢？

首先我们需要了解深度伪造音视频民事侵权主要围绕的是肖像权、名誉权以及著作权的认定。当公众觉得自身形象被盗用或是名誉受损时，需要有意识地保留相关证据，提高法律素养。

其中肖像权侵权的认定通常包含三个要素：一是确认有使用肖像的行为，无论是否以营利为目的。二是肖像权人未曾明确表示同意。三是没有合法的理由作为免责事由。

名誉权侵权关键看是否对肖像权人实施侮辱诽谤行为，其认定的标准主要为四个方面，一是行为人客观上存在损害他人名誉的事实，并且被第三者或三个人以上所知道。二是行为人主观上有过错。三是被侵害的对象应当是特定的人。四是侵权人的行为对受害人的名誉造成了严重的损害。

知识产权侵权行为认定条件有如下四条。第一，侵犯了他人按照知识产权相关法律法规享有的知识产权。第二，未经权利人的许可，擅自使用了他享有的知识产权。第三，知识产权的权利人的合法权益受到了损害。第四，行为与损害后果之间存在因果关系。针对公民知识产权的保护，需要通过明确深度伪造音视频制作者、传播者的标识义务来加大著作权的保护力度。

总体来说，深度伪造技术的侵权与传统侵权行为不同，网络非直接接触性带来的信息不对称，音视频伪造者在受害人完全不知情的情况下可以制作虚假音视频，从而导致受害人无法及时确定侵权主体、收集证据来寻求法律救济。当前司法实践中，只要受害人能够证明伪造音视频者未经权利人许可，即可确认其构成侵权，由此能够减轻受害人举证负担。

六、构建系统应对闭环

面对深度伪造技术的挑战，强调公众信息质疑能力的提高和全媒体素养的提升十分必要。但同时我们也要看到，某些时候深度伪造技术的流行还与政府监管不力、平台放任不管、监测技术落后等有直接关系。当政府、平台、媒体等不能很好履行自身职责时，不能将深度伪造技术造成的恶果全部推到公众身上，这显然对公众不公平。对于一个平衡、积极的信息传播系统来说，需要同时强调政府管控、平台监管、技术检测和媒体的普及培训等。

首先，在政府管控层面，需要早日出台完善相关法律法规政策，在硬性规则层面给伪造者以震慑。比如 2019 年 6 月 12 日，美国国会提出《深度伪造责任法案》，立法目的是防范外国竞争对手利用深度伪造技术散布虚假信息，干涉选举活动。2019 年 6 月 28 日，美国国会又通过了《2019 年深度伪造报告法案》，要求美国相关部门定期发布关于深度造假技术的评估报告，回应公众对虚假信息负面影响的关切。2019 年 7 月 1 日生效的美国弗吉尼亚州的反色情复仇修正法案，将"制作、传播虚假的裸体或性视频或图像"以胁迫、骚扰或恐吓他人的行为认定为刑事犯罪。

其次，在平台监管方面，需要明确规定制作者、传播者的标识义务。这除了可以避免涉嫌著作权侵权的风险外，还在一定程度上能够防止他人对信息真实性产生错误认知。当然，这一举措背后离不开加强对深度伪造检测技术的发展更新。虽然深度伪造技术的生成技术和检测技术就像猫捉老鼠一样循环发展，但是我们也不能放弃对深度伪造检测技术的研发。只有时刻对可能的深度伪造内容都贴上相关标识语，才能提升普通公众的警惕性，减少深度伪造音视频可能带来的社会危害。

最后，在媒体宣传层面，需要技术、教育、传媒等多领域共同协作，开发出相应的知识体系，定期向公众进行普及培训。公众也要积极参与培训类课程，在日常媒体实践中不断提高自身能力。

说　　明

本书配有相关立体化数字教学展示资源，请有需要的教师、学生发送您的需求到以下邮箱进行咨询。

联系邮箱：897032415@qq.com

联系人：李编辑